教育部"中国语言资源保护工程"专项任务优秀结项成果（YB1813A014）

教育部人文社科规划项目"湘鄂渝过渡地带方言的特征及数据库建设研究"

（21YJA740032）阶段性成果

全国语言文字应用研究青年学者协同创新联盟（语言资源与保护研究协同创新团队）成果

武汉大学文学院专项出版基金资助

阮桂君　南小兵／著

湖北咸丰
方言资源典藏

社会科学文献出版社
SOCIAL SCIENCES ACADEMIC PRESS (CHINA)

调查小组部分成员（左起）：谢天、冯苗、陈樱苹、何洪峰、阮桂君、谢飘飘、吴梦丽、南小兵

老年男性发音人　冯正佩

青年男性发音人　张仕波

老年女性发音人　冯家利

青年女性发音人　覃秋琼

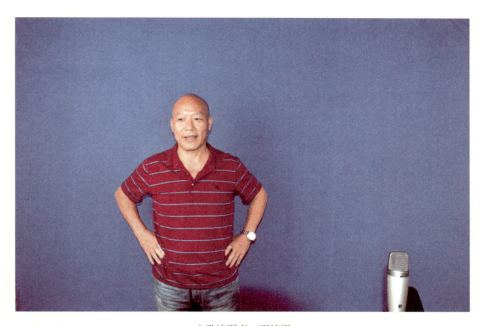

山歌演唱者　丁德煜

咸丰风俗 板凳龙

咸丰风俗 绑嫁妆

自　序

　　本书是教育部中国语言资源保护工程"湖北方言调查·咸丰卷"的原始调查材料。2018年，本人受湖北省中国语言资源保护工程首席专家汪国胜教授的委托，接受湖北恩施州咸丰方言的调查任务，并于当年暑期带领调查团队奔赴咸丰县城，在观音桥完成了纸质手册的调查，并对方言合作人进行了语音与视频采录，由于采录外部环境不甚理想，当年国庆假期，我们将老年男性、老年女性、青年男性、青年女性四位方言合作人邀请到武汉大学，在武汉大学18栋摄影棚进行了再次录制。一条条语料，一句句语音，在调查团队不分昼夜的奋战下，终于得到完整的记录和保存。

　　语保工程项目要求提交的是电子版的调查材料，包括老年男性1000个单字、1200个词条，50个语法例句；青年男性1000个单字；老年男性、青年男性、老年女性、青年女性各20分钟的话语讲述；20分钟的多人对话；口头文化部分包括歌谣、故事、顺口溜、谜语在内的20分钟的内容。

　　在实际调查的时候，为了搜集以上材料，真正调查所得的材料是最后上交材料的若干倍。比如，口头文化部分搜集的材料其实远远不止20分钟，这些材料大部分因为录音的时候周围环境较为嘈杂，不符合语保技术要求而被束之高阁。另外，因为语料整理的难度太大，话语讲述、多人对话及口头文化部分的国际音标并没有全部配上，这不得不说是一个遗憾。我们跟国际上的学者交流的时候，他们经常感叹，拿到有关中国的方言材料，非常想引用，但是因为没有国际音标标注，只好遗憾地放弃。

　　基于以上考虑，我们觉得有必要对这些基础材料进行处理，补充口头文化的内容，并给所有的转录材料标注上国际音标，整理出版，使其得到较为广泛的流传。

　　语料整理的工作极为烦琐，但是意义重大。中国地大人多，方言复杂，哪怕再来几次规模宏大的全国性方言调查，都无法完整地展现汉语方言的真实面貌。语保工程第一期工作只是调查了城市的方言，全覆盖式的以村镇为单位的调查，尚任重道远。

　　谨以本书献给咸丰方言调查过程中的全体调查成员、方言合作人以及所有关心支持方言文化保护传承的同人们。

阮桂君

2019 年 4 月 10 日于武昌珞珈山

目 录

第一章　概况

一　地理人口

咸丰县位于湖北省恩施州西南，东经 108°37′8″~109°20′8″，北纬 29°19′28″~30°2′54″。东与宣恩接界，北为恩施、利川，南为来凤，西接重庆黔江。县治高乐山镇位于县境东南部，东北距离恩施州首府 93 千米，离省会武汉市 655 千米。县境南北长约 80.38 千米，东西宽 68.95 千米，总面积 2550 平方千米。古有"荆南雄镇""楚蜀屏翰"之誉，今有湖北"西大门"之称。

咸丰县境内，有人口记载始于道光十二年（1832），总人口 9 万余人。至清同治四年（1865）突破 10 万人，清宣统三年（1911）增至 17 万余人，民国下降到 10 万余人。1949 年以后，人口上升，人口普查统计，2005 年 36 万多人，2010 年 30 万人，2016 年 42 万人，2019 年末约 38 万人。

咸丰县人口以土家族为主，主要集中在唐崖河以北的黄金洞、清坪、唐崖司、活龙坪、小村、大路坝等 6 个乡镇，2000 年统计显示，当地土家族占全县总人口的 75.99%，汉族占 15.06%，苗族占 7.61%。全县姓氏以覃、田、黄、向、冉、秦、冯为大姓。

咸丰县历史上曾有三次较大规模的人口迁徙活动：①清同治、光绪年间，四川彭黔大量人口流入咸丰；②民国初年至抗日战争时期，人口呈下降趋势；③2001 年后是人口流出高增长期，年均流出 5.5 万人，平均年流出率为 15.18%。

二 历史沿革

春秋时，咸丰为巴子国地；战国属楚巫郡地；秦属黔中郡；汉属武陵郡；三国，两晋，南朝宋、齐、梁属建平郡；北周与今来凤合为乌飞县，属资田郡；隋与今来凤合为开夷县，属清化郡；唐属清化郡清江县；五代为羁縻感化州；宋为羁縻怀远州。

元至元三十年（1293）以后，在今县境内先后置散毛、唐崖、金峒、龙潭诸土司，实行土司分治。明洪武二十三年（1390），大将蓝玉克散毛。闰四月，割散毛司之半（今龙潭河以南地）置大田军民千户守御所，"于八面环夷腹心之中，紧扼诸司之吭，以通楚属要道"（明梅拱宸《大田所舆图守御文册》），就酉阳、平茶等司随征将卒 1110 名把隘守御，复调施州卫左所汉官兵 550 名协同防御，列 36 屯，且耕且守。所治在今高乐山镇。龙潭河以北地区仍由唐崖、金峒、龙潭 3 土司分治。

清雍正十三年（1735）改土归流。冬月初七，并大田所、金峒、龙潭、唐崖诸土司地设县，治所即今咸丰县城。经湖广总督奏请雍正皇帝钦定县名为咸丰，取"咸庆丰年"之意。至宣统三年（1911）九月初七施南反正，县属施南府。

民国元年（1912）废府存县，直属湖北省。1915 年改属荆南道，1925 年改属施鹤道，1927 年废道复直属于湖北省，1928 年改属鄂西行政区。1932 年属湖北省第十行政督察区，1936 年 4 月 16 日属湖北省第七行政督察区，直至 1949 年 11 月 11 日咸丰解放。

1949 年 11 月 20 日成立咸丰县人民政府，属恩施专区。1970 年改属恩施地区。1983 年 8 月 19 日改属鄂西土家族苗族自治州。1993 年 4 月 4 日，国务院批复同意鄂西土家族苗族自治州更名为恩施土家族苗族自治州，咸丰县隶属湖北省恩施州，属全省 38 个二类老区县（市）之一。

咸丰县城的历史沿革的大致情况可见表 1-1。

表 1-1　咸丰县城的历史沿革情况

时间		所属管辖
春秋		巴子国地
战国		楚巫郡地
秦		黔中郡
汉		武陵郡
三国，两晋，南朝宋、齐、梁		建平郡
北周		资田郡
隋		清化郡
唐		清化郡清江县
五代		羁縻感化州
宋		羁縻怀远州
元	土司分治	散毛司
		唐崖司
		金峒司
		龙潭司
明洪武二十三年（1390）		龙潭河以北地区仍由唐崖、金峒、龙潭 3 土司分治
清雍正十三年（1735）		定县名为咸丰
清宣统三年（1911）		施南府
民国元年（1912）		湖北省
1915 年		荆南道
1925 年		施鹤道
1927 年		湖北省
1928 年		鄂西行政区
1932 年		湖北省第十行政督察区
1936 年		湖北省第七行政督察区
1949 年		成立咸丰县人民政府，属恩施专区
1970 年		恩施地区
1983 年		改属鄂西土家族苗族自治州
1993 年		隶属湖北省恩施州

三　行政区划

清雍正十三年建县，道光十七年（1837）编户永丰里、乐乡里、太和里、平阳里、仁孝里、义悌里、礼忠里、智信里 8 里。后经四川、湖北两省会勘，增设邦里，辖蛇盘溪、大路坝、朝阳寺。

1912 年，军阀混战，地方乡绅练团保境，先后成立 36 团，各据一隅，军政独揽。1922 年 12 月 15 日，七区专员袁济安出巡咸丰，令保安第二团将全县团防枪支概行收缴，编成保安大队，团防局撤销。36 团防局分设地点有县城三间宫（一团）、万寿宫（二团）等。1933 年，全县编成 4 区、47 联保、368 保、3874 甲。4 个区是：一区忠堡，二区丁寨，三区清水塘，四区尖山寺。1935 年，第十行政督察区专员公署整理插花地，宣恩县石虎里 3 保地——太平坝乡团坝子村划归本县。同年撤去忠堡区，全县划为 3 区、22 联保、199 保、1808 甲。

1950 年 1 月 10 日，全县划为 5 个区，同月增设六、七两区，6 月增设八、九两区。1952 年开始建乡，全县划分为 138 个乡（镇）。1953 年，调整为 160 个乡（镇），区政府由头庄坝迁李子溪。1954 年，经恩施专员公署批准，来凤县二区太平乡第十一行政组划归咸丰县。1955 年 1 月，第九区并入第二区。1956 年 7 月，第七区并入第一区，第八区并入第四、五两区；160 个乡并为 52 个乡。1958 年 10 月，全县先后成立红旗（忠堡）、卫星（城关）等 11 个人民公社。1975 年撤区并社，全县划为 14 个公社 1 个镇、280 个生产大队、2474 个生产队，公社直接领导生产大队。

1978 年开始在小公社的基础上建立管理区。1981 年茶园公社更名为马河坝公社，茅坝公社更名为钟茅公社，城关公社更名为大田坝公社，城关镇更名为高乐山镇。

1984 年 6 月撤销公社、管理区、生产大队、生产队建置，恢复区、乡、村、组建置，全县划为 9 个区、2 个区级镇、53 个乡、9 个乡级镇、284 个村、2 个居委会，3210 个村民小组。10 月 22 日，从杨洞区划出坪坝营、老岩孔、方家坝 3 个乡，增设甲马池区。1991 年 1 月，撤销国营二仙岩药材场，设二仙岩综合开发管理处。1994 年 3 月，撤销二仙岩开发管理处，改设县辖二仙岩镇，镇政府驻二仙岩板栗园集镇。同时划出杨洞区朝阳乡、尖山区泉水乡和坪桥乡设朝阳寺镇（县辖镇），镇政府驻周家坝集镇。1996年11月，实施区改乡建置，13个区（镇）改设7乡6镇。

1997年，乡镇机构改革中，7乡6镇不变，64个管理区撤并为42个；忠堡、二仙岩、大路坝3个乡镇不设管理区，由乡镇直管村；设288个村（居）民委员会，3212个村民小组。2001年3月，全县由13个乡镇撤并为10个乡镇。随后，撤销管理区，实行乡镇直管村。2002年9月至10月，合并村83个，新设村6个，保留村95个，全县由288个村撤并为184个村，减少104个村。2015年，全县设高乐山镇、忠堡镇、甲马池镇、清坪镇、朝阳寺镇、尖山乡、丁寨乡、活龙坪乡、黄金洞乡、小村乡10个乡镇和大路坝区工委，268个村（居）委会。

2019年底，咸丰县辖3乡7镇1个区工委（高乐山镇、忠堡镇、曲江镇、朝阳寺镇、坪坝营镇、清坪镇、唐崖司镇、黄金洞乡、小村乡、活龙坪乡、大路坝区工委），14个社区居委会，263个村民委员会，2420个村（居）民小组。

四 语言使用状况

咸丰是一个多民族杂居县城，土家族人口占全县人口75%以上，土家族先民属于古代巴人一支，有其独特的语言、经济生活、文化习俗。清末民初，全县仅尖山、活龙坪、黄金洞等高山土家聚族而居的少数山寨尚能听到土家语，20世纪四五十年代，仅少数高龄老人还保留着一些土家语词汇。

咸丰方言属西南官话成渝片。[1] 该县建置较晚，周边毗邻三省两市一区两县，且民族杂居，其方言受到周边来凤、宣恩、恩施、利川、四川及重庆黔江的影响。方言内部口音大体可分为城关、忠堡、巴西坝、尖山四种，其中忠堡口音与其他三个口音区别最大。

---

[1] 中国社会科学院、澳大利亚人文科学院合编《中国语言地图集》，香港朗文（远东）有限公司，1987。

咸丰城关（高乐山镇）方言是县城及周边地区使用的通用语言，县城日常交流皆使用城关话。与恩施市接壤的黄金洞乡巴西坝口音与城关音大体相同。

我们对咸丰县城的各行各业进行了走访调查，机关、学校、服务行业（旅馆、餐馆、超市、邮局、电信局等）、小商小贩以及集市等地的语言99%采用方言，当我们使用普通话时，只有在超市、政府部门、学校等地得到普通话的回答，但是对方一旦和当地人交流，立即改用方言。

从语言态度上看，咸丰当地人不管是耄耋老者还是小孩，都对自己的方言怀有感情，认为咸丰方言很好，喜欢说方言。

但从境内遗留下来的部分语词信息中，仍然可以感知古代土家语等少数民族的"底层"痕迹，一些特有的发音表示一定的意义，应与土家族等少数民族有语言无文字有关。如莽［maŋ⁵⁵］表示傻、憨、身材粗壮等；"吃"用"逮"等。

咸丰方言内部差异，在语音和词汇上皆有体现。尖山一带"床""船"不分，"晕""鹰"不分。大路坝、尖山、杨洞、甲马池临黔江一带口音更接近"渝音"。名词"子""儿"尾丰富，如，称"狗"为"狗子"、"猫"为"猫儿"等。"什么"一般说成"么子"，活龙坪说成"么儿"。

五　方言研究现状

赵元任等1936年起曾做过湖北方言的专题调查，根据这次调查编纂的《湖北方言调查报告》，1948年由商务印书馆出版。该报告记录了恩施（第412~433页）、宣恩（第434~452页）、来凤（第453~473页）、利川（第474~495页）的方言语音，并整理出了语音系统，并且对其中的各个声母、韵母和声调做了非常细致的描写和分析，同时制作了同音字表。在这个基础上进行了古今对比，并讨论了这四个地方的方言音韵特点。虽然没有咸丰这个点，但是以上四个地方紧挨咸丰，对咸丰方言后来的研究是一个很好的参考。

　　1990 年《咸丰县志》简要记录了土家族语的声韵、语序、构词特点。2011 年编写的《咸丰县志》有"方言"专章，主要内容包括语音、词汇和语法三个部分。语音部分归纳了咸丰方言的声韵调，认为咸丰方言有 20 个声母、36 个韵母、4 个声调，有儿化现象。举例说明了翘舌音基本发平舌音，后鼻音多发前鼻音，[x] 与 [f] 混同，虽然意识到了语音的内部差异，但没有列出具体的声韵调及特征分析，所得结论不是那么可靠。词汇部分列有代词、物量词、时间词、地点词、儿语以及"称谓类方言一览表"、"物称方言一览表"、"体态、动作、描述类一览表"等，分类较为详细，但举例偏少。语法部分简单提到形容词词根前后加单音节或多音节词缀产生的语法意义，没有做深入分析。

　　值得一提的是，冯正佩先生的《西南方言·湖北咸丰方言》（2010）较为系统地描写了"咸丰方言与普通话声母对照表""咸丰方言与普通话的韵母对照表""咸丰方言字音表"。比较详细地收录了咸丰方言当地的语汇以及有关咸丰方言文化、历史遗迹、历史事件等的专有名词共计 2 万余条，对研究咸丰方言词汇具有重要的参考价值。

　　其他有关咸丰方言的研究散见于一些论文，如付乔（2012）、杨佳璐（2017，2018）、刘春华、张曼（2018）等。

　　另外，随着互联网的发展，各地出现许多与地方文化相关的公众号，如"咸丰发布""咸丰信息网"里就专门有咸丰方言的一些讨论。虽然这些讨论并不专业，但是其中的语料的确值得引起方言学者的注意。

六　发音人简介

姓名	性别	出生年月	文化程度	职业	出生地
冯正佩	男	1954 年 3 月	中专	教师、公务员	高乐山镇
张仕波	男	1984 年 6 月	初中	个体户	高乐山镇
冯家利	女	1955 年 12 月	初中	菜农	高乐山镇
覃秋琼	女	1984 年 7 月	初中	个体户	高乐山镇
丁德煜	男	1957 年 1 月	大学本科	记者	丁寨乡

七　本书体例

1.音系。按照方言学界惯例排列，声母以发音部位分行，以发音方法分列。韵母按照四呼分列，按韵尾分行，同类型的韵母按主要元音开口度大小分行。声调标调值。例字的白读音使用单下画线"＿＿"，文读音使用双下画线"＿＿"。零声母符号"ϕ"除用于音系外，实际标音一律省略不用；送气符号"ʰ"统一上标，调值统一上标。

2.单字。单字按"果、假、遇、蟹、止、效、流、咸、深、山、臻、宕、江、曾、梗、通"十六摄排序，同摄先分开合口，再分一二三四等，摄、呼、等、韵相同再按"帮（非）、旁（敷）、並（奉）、明（微）；端透定泥（娘）来，精清从心邪；知彻澄，庄初崇生，章昌船书禅，日；见溪群疑，晓匣，影云以"三十六个字母排序，摄、呼、等、韵、声相同再按中古"平上去入"四声排序。

有文白异读则白读在前，文读在后，分别在音节后加注小字"白""文"；新老派异读，分别在音节后加注小字"老""新"；自由变读分别在音节后加注小字"又"。

3.词汇。词条按意义范畴分类，按实际发音标音。连读变调只记实际调值，不标单字调。儿化、小称音只记实际读音，不标本音。其他音变也只记实际读音，不标本音。

用字。使用现行规范字，有本字可用者一律使用本字，本字不明者用方言同音字，同时在该字右上角用上标"⁼"标明。既无本字又无同音字者用方框"□"。一律不使用训读字，尽量不使用俗字。

一个词条有多种说法时，按常用度由高到低排序，用单竖线"|"间隔；各种说法的性质不同时，音标后加注小字"文""白""旧""新"等；一个词条无对应说法时，注明"（无）"。

4.语法、话语、口头文化，转录文字在前，国际音标紧跟其后不另起一行。

八　常用方言字

凼 taŋ²¹³：小水坑。如：水～～ₗ。

爦水 nai²⁴：滚烫。如：～水。

牸牛 sa⁵⁵nieu²²：母牛。

草猪 tsʰau³³tsu⁵⁵：母猪。

劁 tɕʰiau⁵⁵：阉割。

脝 pʰaŋ⁵⁵：臭。

齆 oŋ²¹³：鼻子堵塞。

炠 pʰa⁵⁵：软。如：软～～。

㤚 naŋ⁵⁵：小。如：～瓜ₗ。

逮 tai⁴²：搞。

熛 pʰiau⁴²：明火燎烤。

壅 oŋ⁵⁵：掩埋。

揎 ɕyɛn⁵⁵：用手推。

撨 ɕiau⁵⁵：推。

孃 niaŋ⁵⁵：姨妈。

孬 pʰie⁵⁵：差的，次的。

第二章 语音

一 音系

（一）老年男性音系

1. 声母（19 个，包括零声母在内）

p 八兵病	pʰ 派片爬
m 麦明	f 飞风副蜂肥饭灰
t 多东毒	tʰ 讨天甜
n 脑南年泥老蓝连路	ts 资早租字贼坐竹柱争装纸主
tsʰ 刺草寸祠抽拆茶抄初床船城	s 丝三酸山双顺手书十
z 热软	tɕ 酒九
tɕʰ 清全轻权	ɕ 酸想谢响县
k 高共	kʰ 开
ŋ 熬安	x 飞风蜂肥饭灰好活
∅ 味问月温王云用药五吴物	

说明：

（1）p组［p、pʰ、m、f］四母读法同北京音。［f］、［x］常常相混同，如"飞、风、蜂、肥、饭、灰"等。

（2）边鼻音不分，本调查统一记为［n］。

（3）有成组舌尖前音［ts、tsʰ、s、z］，无舌尖后音。部分［ts、tsʰ、s］音较北京音舌位略靠后，大致介于北京音舌尖前音与舌尖后音之间。［z］浊音不明显，接近无擦通音［ɻ］。

（4）tɕ组〔tɕ、tɕʰ、ɕ〕三母读法同北京音，不分尖团。

（5）k组〔k、kʰ、ŋ、x〕四母，〔k、kʰ、x〕读法同北京音。

（6）∅组，"五、吴、物"等模韵字，有较明显的〔ʊ〕音出现，我们不将其作为单独的音位。

2. 韵母（36个）

ɿ	i	u	y
师丝试十直尺	米戏急一七锡	苦五猪骨出谷绿	雨橘局

ɚ
二

a	ia	ua	
茶塔法辣八	牙鸭	瓦刮	

o		uo	yo
歌过盒活郭壳		坐托	药学

ɛ	iɛ	uɛ	yɛ
热北色白	写接贴节	国	靴月

ai		uai	
开排鞋		快	

ei		uei	
赔飞		对鬼	

au	iau		
宝饱	笑桥		

əu	iəu		
豆走六	油		

an	iɛn	uan	yɛn
南山半	盐年	短官	权

ən	in	uən	yən
深根寸灯升硬争横	心新星	滚春寸	云

aŋ	iaŋ	uaŋ	
糖	响讲	床王双	

oŋ			yoŋ
东			兄

说明：

（1）由九个元音［ι、i、u、y、a、o、ε、ə、e］和两个辅音［n、ŋ］和一个儿化［ɚ］组成。［ι、i、u、y、a、o、ε］七个元音都可以单独作韵母，［ə、e］两个元音不单独作韵母，只作韵母的主要元音。［i、u、y］可作介音，［i、u］可作韵尾，［n、ŋ］两个辅音在韵母中只作韵尾。［ɚ］可以单独作韵母，如"而""耳""讹"。

（2）只有舌尖前音［ι］，没有舌尖后音［ʅ］。

（3）［a］在开音节以及［ŋ］韵尾中，发音部位靠后，开口度接近［ɑ］。

（4）［ε］在开音节中开口较大，有［i、u、y］介音时，开口较小，接近于［e］。比较特殊的是，［uε］中的ε开口度较大。

（5）［o］、［uo］互补分布，舌根音、双唇音与［o］相拼，其他与［uo］相拼。

（6）只有前鼻音［in、ən］，没有后鼻音［iŋ、əŋ］。部分北京音中的［əŋ］韵，在咸丰方言中读作［oŋ、ən］两韵。

（7）咸丰方言有丰富的儿化韵。

3. 声调

55 阴平　　　东该灯风通开天春

22 阳平　　　门龙牛油铜皮糖红谷百搭节急哭拍塔切刻六麦叶月毒白盒罚

42 上声　　　懂古鬼九统苦讨草买老五有

213 去声　　　冻怪半四痛快寸去卖路硬乱洞地饭树动罪近后

说明：

（1）阴平略带升，接近［45］，例字如"东、风、天、春"等，统一处理为［55］。

（2）阳平为低平调［22］，部分接近［21］，如"铜"。

（3）上声降调较为明显，动程要短于北京音，记为［42］；全浊上声归去声，记为［213］。

（4）去声为曲折调，记为［213］，实际调值接近［214］，部分接近［24］。

（5）入声派入阳平，为低平调［22］。也有部分例外字读曲折调，如

"缚、玉、式、霍"等；部分字读高平调，如"拉、憋、挖、劈"。

（二）青年男性音系

1. 声母（18个，包括零声母在内）

P 帮兵病	pʰ 派片爬
m 麦明	f 飞风副蜂肥饭
t 多东毒	tʰ 讨天甜
n 脑南年泥老蓝连路	ts 资早租字贼坐竹柱争装纸主
tsʰ 刺草寸祠抽拆茶抄初车船城	s 丝三酸山双顺手书十
z 热软	tɕ 酒九
tɕʰ 清全轻权	ɕ 想谢响县
k 高共	kʰ 开
x 好灰活	∅ 味问熬月安温王云用药五吴物

说明：

（1）p组〔p、pʰ、m、f〕四母读法同北京音。

（2）t组〔t、tʰ、n〕三母，有些鼻音〔n〕边化。

（3）有成组舌尖前音〔ts、tsʰ、s、z〕，无舌尖后音。部分〔ts、tsʰ、s〕音较北京音舌位略靠后，大致介于北京音舌尖前音与舌尖后音之间。〔z〕浊音不明显，接近无擦通音〔ɹ〕。

（4）tɕ组〔tɕ、tɕʰ、ɕ〕三母读法同北京音，不分尖团。

（5）k组〔k、kʰ、x〕三母，〔k、kʰ、x〕读法同北京音，青年男性声母〔ŋ〕基本已消失。

（6）∅组，"五、吴、物"等模韵字，有较明显的〔ʋ〕音出现，我们不将其作为单独的音位。

2. 韵母（36个）

ɿ	i	u	y
师丝试十直尺	米戏急一七锡	苦五猪骨出谷绿	雨橘局

ə
二

a	ia	ua	
茶塔法辣八	牙鸭	瓦刮	

o		uo	yo
歌过盒活郭壳		坐托	药学

ε	iε	uε	yε
热北色白	写接贴节	国	靴月

ai		uai	
开排鞋		快	

ei		uei	
赔飞		对鬼	

au	iau		
宝饱	笑桥		

əu	iəu		
豆走六	油		

an	iεn	uan	yεn
南山半	盐年	短官	权

ən	in	uən	yən
深根寸灯升硬争横	心新星	滚春寸	云

aŋ	iaŋ	uaŋ	
糖	响讲	床王双	

oŋ			yoŋ
东			兄

说明：

（1）由九个元音［ɿ、i、u、y、a、o、ε、ə、e］和两个辅音［n、ŋ］和一个儿化音［ɚ］组成。［ɿ、i、u、y、a、o、ε］七个元音都可以单独作韵母，［ə、e］两个元音不单独作韵母，只作韵母的主要元音。［i、u、y］可作介音，［i、u］可作韵尾，［n、ŋ］两个辅音在韵母中只作韵尾。［ɚ］可以单独作韵母，如"而""耳""讹"。

（2）只有舌尖前音［ɿ］，没有舌尖后音［ʅ］。

（3）［a］在开音节以及［ŋ］韵尾中，发音部位靠后，开口度接近［ɑ］。

（4）[ε] 在开音节中开口较大，有 [i、u、y] 介音时，开口较小，接近 [e]。比较特殊的是，[uε] 中的 ε 开口度较大。

（5）[o]、[uo] 互补分布，舌根音、双唇音与 [o] 相拼，其他与 [uo] 相拼。

（6）只有前鼻音 [in、ən]，没有后鼻音 [iŋ、əŋ]。部分北京音中的 [əŋ] 韵，在咸丰方言中读作 [oŋ、ən] 两韵。

（7）青年男性音系也有丰富的儿化韵。

3. 声调

55 阴平　　东该灯风通开天春

22 阳平　　门龙牛油铜皮糖红　谷百搭节急哭拍塔切刻　六麦叶月
　　　　　　毒白盒罚

42 上声　　懂古鬼九统苦讨草　买老五有

213 去声　　冻怪半四痛快寸去　卖路硬乱洞地饭树　动罪近后

说明：

（1）阴平略带升，接近 [45]，例字如"东、风、天、春"等，统一处理为 [55]。

（2）阳平为低平调 [22]，部分接近 [21]，如"铜"。

（3）上声降调较为明显，动程要短于北京音，记为 [42]；全浊上声归去声，记为 [213]。

（4）去声为曲折调，记为 [213]，实际调值接近 [214]，部分接近 [24]。

（5）入声派入阳平，为低平调 [22]。也有部分例外，少数字读曲折调，如"缚、玉、式、霍"等；少数字读高平调，如"拉、憋、挖、劈"。

（三）两字组连读变调

咸丰方言两字组连读变调主要为 24 与 33 两个变调，详见表 2-1。表 2-1 中首列为前字本调，首行为后字本调；同一两字组若有两种以上的变调，则以横线分隔。

表 2-1　咸丰方言两字组连读变调

前字	后字			
	阴平 55	阳平 22	上声 42	去声 213
阴平 55				
阳平 22		22+21		22 213 / 22 24
上声 42	33 55	33 22	33 42	33 213 / 33 24
去声 213	24 55	24 22	24 42	24 213

说明：若前字或后字为入声字时，在连读变调的基础上调值变为〔22〕。

（四）轻声

咸丰方言存在轻声调，具体调值接近 21 调，本书用 0 表示。常见的轻声情况如下：

（1）名词的后缀"子""头""们"等。例如：

雪子 $\varphi y\varepsilon^{22}ts\textrm{l}^0$　　　　　　藤子 $t^h\partial n^{22}ts\textrm{l}^0$

笋子 $s\partial n^{42}ts\textrm{l}^0$　　　　　　桃子 $t^hau^{22}ts\textrm{l}^0$

竹子 $tsu^{22}ts\textrm{l}^0$　　　　　　木头 $mu^{22}t^h\partial u^0$

芋头 $y^{213}t^h\partial u^0$　　　　　　馒头 $man^{22}t^h\partial u^0$

我们 $\eta o^{42}m\partial n^0$　　　　　　他们 $t^ha^{55}m\partial n^0$

（2）叠音词或重叠形式后面的字，有些常常跟儿化一同出现。例如：

爷爷 $i\varepsilon^{22}i\varepsilon^0$　　　　　　奶奶 $nai^{55}nai^0$

姐姐 $t\varphi i\varepsilon^{42}t\varphi i\varepsilon^0$　　　　　　舅舅 $t\varphi i\partial u^{213}t\varphi i\partial u^0$

山沟沟儿 $san^{55}k\partial u^{55}k\partial^0$　　　缝缝儿 $fo\eta^{213}f\partial^0$

木棒棒儿 $mu^{22}pa\eta^{213}p\partial^0$　　　洞洞儿 $to\eta^{213}t\partial^0$

（3）助词"的、得、哒、着"。例如：

挨千刀的 $\eta ai^{22}t\varphi^hi\varepsilon n^{55}tau^{55}ti^0$　　背坛子的 $pei^{55}t^han^{22}ts\textrm{l}^0ti^0$

没得法 $mei^{55}t\varepsilon^0fa^{22}$　　　　　要得 $iau^{213}t\varepsilon^0$

走哒 $ts\partial u^{42}ta^0$　　　　　　吃哒 $ts^h\textrm{l}^{22}ta^0$

（4）语气词"哒、吵、嘛、啰、喏"等。例如：

好哒 xau^{42}ta^{0} 　　　　　　松活哒 soŋ^{55}xuo^{22}ta^{0}

坐吵 tsuo^{213}sa^{0} 　　　　　　吃吵 tsʰʅ^{22}sa^{0}

看嘛 kʰan^{213}ma^{0} 　　　　　　写嘛 ɕiɛ^{42}ma^{0}

好啰 xau^{42}nuo^{0} 　　　　　　要得啰 iau^{213}tɛ^{0}nuo^{0}

回来喏 xuei^{22}nai^{22}nuo^{0} 　　　　饭熟喏 fan^{213}su^{22}nuo^{0}

（5）作补语的单音节趋向动词"来、去、起"。例如：

进来 tɕin^{213}nai^{0} 　　　　　　出去 tɕʰy^{22}tɕʰi^{0}

走起 tsəu^{42}tɕʰi^{0}

（6）方位词"上、下、边、头、里"等。例如：

地上 ti^{42}saŋ^{0} 　　　　　　床下 tsʰuaŋ^{22}tɕia^{0}

手边 səu^{42}piɛn^{0} 　　　　　　前头 tɕʰiɛn^{22}tʰəu^{0}

后头 xəu^{213}tʰəu^{0} 　　　　　　河里 xo^{22}ni^{0}

（五）儿化

咸丰方言儿化现象普遍。儿化音变主要特点是主元音央化并同时带上卷舌色彩 [ɚ]。以 [i、u、y] 开头的韵母，如果是 [i、u、y] 作韵腹，儿化则直接在主元音后加上 [ɚ]；如果有韵尾，则脱落韵尾后主元音变为 [ɚ]。具体例词见表 2-2。

表 2-2　咸丰方言儿化词举例

儿化音变	原韵母	儿化例词
ɚ	ʅ	丝丝_儿_
	a　ɛ	脸巴_儿_　墨墨_儿_（小偷）
	ai　ei	盖盖_儿_　飞飞_儿_
	au　əu	包包_儿_　水沟沟_儿_
	an　ən	时间_儿_　凳凳_儿_
	aŋ　oŋ	水凼凼_儿_　缝缝_儿_

续表

儿化音变	原韵母		儿化例词
iɚ	i　ia　iɛ		米米儿　匣匣儿　叶叶儿
	iau　iəu		喵喵儿　小刘儿
	iɛn		瓦片儿
	in　iaŋ		诨名儿　姑娘儿
uɚ	u　ua		指拇儿　褂褂儿
	uo　o		索索儿　脑壳儿
	uai　uei		敲磕拽儿　眼泪水儿
	uan　uən		大蒜儿　外孙儿
	uaŋ		双双儿
yɚ	y　yɛ		老女儿　缺缺儿
	yɛn　yən		旋儿　香菌儿

咸丰方言除了以上儿化音变韵的规律外，在使用上还具有以下特点。

（1）一般情况下单音节不儿化，如不能说"*裤儿""*丝儿""*牛儿"，只能说"裤裤儿""丝丝儿""牛牛儿"。但有部分的单音节词语可儿化，如"棍儿""下儿"。

（2）所指事物具有［＋小］的语义特征，如"缝缝儿""洞洞儿""站站儿""灶眼儿""芝麻点儿""细飞飞儿""桩桩儿""棒棒儿""吊吊儿""撮撮儿"。有些具有［＋大］的语义特征的事物不能用儿化，如"大山""堂屋""天""江"等。

（3）表达轻微、程度低、时间短的含义时，也可用儿化。如"才刚儿""打嘘嘘儿"。

表昵称或小称时可用儿化，能够使表达更加亲切。如"细娃儿""本家""小刘儿""小陈儿""馋头儿""滞娃儿""妹儿""弟娃儿""老女儿""孙儿""虫虫儿"。

（4）也可带贬义色彩或表示客观情况不如意。如"照闲儿""争嘴佬儿""装红脚杆儿""白板儿""差狗儿""敌人鬼儿""着慌手儿""冒鼓天儿"。

（5）也可以在表达赞美义时使用儿化。如"八哥儿""板眼儿""胆火ㄦ足"。

（6）在表示地名时，常存在儿化现象。如"高乐山ㄦ""叶家湾ㄦ""黄泥坝ㄦ""架鼓寨ㄦ""观音桥ㄦ""三眼ㄦ洞""凤凰顶ㄦ""滴水岩ㄦ""陈家坂ㄦ""螃蟹井ㄦ""龙神坳ㄦ""青龙嘴ㄦ"。这些儿化地名所指，大部分面积相对不大，但也有相对较大的，如"坝""坡""岭""湾"之类。

（六）新老派对比

咸丰方言青年男性与老年男性在音系上相较，主要存在以下几个变化。

1. 声调方面

（1）青年男性阳平字平中带降，降调较老年男性更加显著。

（2）少数阴平字（高平调）读若阳平（低平调），如"危"。

（3）少数上声读为低平调 22，如"蚁"。

2. 声母方面

（1）腭化问题。老年男性读为 [k]、[x] 的，青年男性读为 [tɕ]、[ɕ]，例字如"蟹、夹、间"。

（2）塞擦音与擦音之间的异读。部分例字如"吸"，老年男性读为塞擦音，青年男性读为擦音；"唇"字，老年男性读为擦音，青年男性读为塞擦音。

（3）声母 [ŋ] 的脱落问题。青年男性发音已脱落声母 [ŋ]，变为零声母字。例字如"藕"，老年男性读 [ŋəu⁴²]，青年男性读 [əu⁴²]。

（4）老年男性 [f]、[x] 互换的现象在青年男性发音中消失。

3. 韵母方面

老年男性 [u] 与 [əu]、[i] 与 [iɛ] 两组韵母与特定声母相拼互换的现象以及单元音 [u] 作韵母与 [ts、tsʰ、s] 相拼时有 [tsu、tsʰu、su] 与 [tɕy、tɕʰy、ɕy] 两读的现象在青年男性发音中基本消失。

二　单字音

表 2-3 收录语保工程所规定的 1000 个单字例字及老年男性发音和青年男性发音的国际音标。文白读用逗号隔开。

表2-3　咸丰方言中语保工程1000个单字的老年男性和青年男性发音状况

编号	单字		音韵地位	老年男性音	青年男性音
0001	多		果开一平歌端	tuo⁵⁵	tuo⁵⁵
0002	拖		果开一平歌透	tʰuo⁵⁵	tʰuo⁵⁵
0003	大	~小	果开一去歌定	ta²¹³	ta²¹³
0004	锣		果开一平歌来	nuo²²	nuo²²
0005	左		果开一上歌精	tsuo⁴²	tsuo⁴²
0006	歌		果开一平歌见	ko⁵⁵	ko⁵⁵
0007	个		果开一去歌见	ko²¹³	ko²¹³
0008	可		果开一上歌溪	kʰo⁴²	kʰo⁴²
0009	鹅		果开一平歌疑	uo²²	uo²²
0010	饿		果开一去歌疑	uo²¹³	uo²¹³
0011	河		果开一平歌匣	xo²²	xo²²
0012	茄		果开三平戈群	tɕʰyɛ²²	tɕʰyɛ²²
0013	破		果合一去戈滂	pʰo²¹³	pʰo²¹³
0014	婆		果合一平戈并	pʰo²²	pʰo²²
0015	磨	动	果合一平戈明	mo⁵⁵	mo²²
0016	磨	名	果合一去戈明	mo²¹³	mo²¹³
0017	躲		果合一上戈端	tuo⁴²	tuo⁴²
0018	螺		果合一平戈来	nuo²²	nuo²²
0019	坐		果合一上戈从	tsuo²¹³	tsuo²¹³
0020	锁		果合一上戈心	suo⁴²	suo⁴²
0021	果		果合一上戈见	ko⁴²	ko⁴²
0022	过	~来	果合一去戈见	ko²¹³	ko²¹³
0023	课		果合一去戈溪	kʰo²¹³	kʰo²¹³
0024	火		果合一上戈晓	xo⁴²	xo⁴²
0025	货		果合一去戈晓	xo²¹³	xo²¹³
0026	祸		果合一上戈匣	xo²¹³	xo²¹³
0027	靴		果合三平戈晓	ɕyɛ⁵⁵	ɕyɛ⁵⁵
0028	把	量	假开二上麻帮	pa⁴²	pa⁴²
0029	爬		假开二平麻并	pʰa	pʰa²²

续表

编号	单字		音韵地位	老年男性音	青年男性音
0030	马		假开二上麻明	ma^{42}	ma^{42}
0031	骂		假开二去麻明	ma^{213}	ma^{213}
0032	茶		假开二平麻澄	ts^ha^{22}	ts^ha^{22}
0033	沙		假开二平麻生	sa^{55}	sa^{55}
0034	假	真~	假开二平麻见	$tɕia^{42}$	$tɕia^{42}$
0035	嫁		假开二去麻见	$tɕia^{213}$	$tɕia^{213}$
0036	牙		假开二平麻疑	ia^{22}	ia^{22}
0037	虾		假开二平麻晓	$ɕia^{55}$	$ɕia^{55}$
0038	下	方位	假开二上麻匣	$ɕia^{213}$	$ɕia^{213}$
0039	夏	春~	假开二去麻匣	$ɕia^{213}$	$ɕia^{213}$
0040	哑		假开二上麻影	$ŋa^{42}$	a^{42}
0041	姐		假开三上麻精	$tɕiɛ^{42}$	$tɕiɛ^{42}$
0042	借		假开三去麻精	$tɕiɛ^{213}$	$tɕiɛ^{213}$
0043	写		假开三上麻心	$ɕiɛ^{42}$	$ɕiɛ^{42}$
0044	斜		假开三平麻邪	$ɕiɛ^{22}$	$ɕiɛ^{22}$
0045	谢		假开三去麻邪	$ɕiɛ^{213}$	$ɕiɛ^{213}$
0046	车	车辆	假开三平麻昌	$ts^hɛ^{55}$	$ts^hɛ^{55}$
0047	蛇		假开三平麻船	$sɛ^{22}$	$sɛ^{22}$
0048	射		假开三去麻船	$sɛ^{213}$	$sɛ^{213}$
0049	爷		假开三平麻以	$iɛ^{22}_{又}$，$ia^{22}_{又}$	$iɛ^{22}$
0050	野		假开三上麻以	$iɛ^{42}$	$iɛ^{42}$
0051	夜		假开三去麻以	$iɛ^{213}$	$iɛ^{213}$
0052	瓜		假合二平麻见	kua^{55}	kua^{55}
0053	瓦	名	假合二上麻疑	ua^{42}	ua^{42}
0054	花		假合二平麻晓	xua^{55}	xua^{55}
0055	化		假合二去麻晓	xua^{213}	xua^{213}
0056	华	中~	假合二平麻匣	xua^{22}	xua^{22}
0057	谱	家~	遇合一上模帮	p^hu^{42}	p^hu^{42}
0058	布		遇合一去模帮	pu^{213}	pu^{213}

续表

编号	单字		音韵地位	老年男性音	青年男性音
0059	铺	动	遇合一平模滂	p^hu^{55}	p^hu^{55}
0060	簿		遇合一上模并	pu^{213}	po^{22}
0061	步		遇合一去模并	pu^{213}	pu^{213}
0062	赌		遇合一上模端	$təu^{42}_{白}$，$tu^{42}_{文}$	tu^{42}
0063	土		遇合一上模透	$t^həu^{42}_{白}$，$t^hu^{42}_{文}$	t^hu^{42}
0064	图		遇合一平模定	$t^həu^{22}_{白}$，$t^hu^{22}_{文}$	t^hu^{22}
0065	杜		遇合一上模定	$təu^{213}$	tu^{213}
0066	奴		遇合一平模泥	$nəu^{22}$	nu^{22}
0067	路		遇合一去模来	$nəu^{213}$	nu^{213}
0068	租		遇合一平模精	tsu^{55}	tsu^{55}
0069	做		遇合一去模精	tsu^{213}	tsu^{213}
0070	错	对~	遇合一去模清	ts^huo^{213}	ts^huo^{213}
0071	箍	~桶	遇合一平模见	k^hu^{55}	k^hu^{55}
0072	古		遇合一上模见	ku^{42}	ku^{42}
0073	苦		遇合一上模溪	k^hu^{42}	k^hu^{42}
0074	裤		遇合一去模溪	k^hu^{213}	k^hu^{213}
0075	吴		遇合一平模疑	u^{22}	u^{22}
0076	五		遇合一上模疑	u^{42}	u^{42}
0077	虎		遇合一上模晓	fu^{42}	fu^{42}
0078	壶		遇合一平模匣	fu^{22}	fu^{22}
0079	户		遇合一上模匣	fu^{213}	fu^{213}
0080	乌		遇合一平模影	u^{55}	u^{55}
0081	女		遇合三上鱼泥	ny^{42}	ny^{42}
0082	吕		遇合三上鱼来	$nuei^{42}$	ny^{42}
0083	徐		遇合三平鱼邪	$ɕy^{22}$	$ɕy^{22}$
0084	猪		遇合三平鱼知	tsu^{55}	tsu^{55}
0085	除		遇合三平鱼澄	ts^hu^{22}	ts^hu^{22}
0086	初		遇合三平鱼初	$ts^həu^{55}_{白}$，$ts^hu^{55}_{文}$	ts^hu^{55}
0087	锄		遇合三平鱼崇	$ts^həu^{22}_{白}$，$ts^hu^{22}_{文}$	ts^hu^{22}

续表

编号	单字		音韵地位	老年男性音	青年男性音
0088	所		遇合三上鱼生	suo⁴²	suo⁴²
0089	书		遇合三平鱼书	su⁵⁵	su⁵⁵
0090	鼠		遇合三上鱼书	su⁴²	suei⁴²
0091	如		遇合三平鱼日	zu²²	zu²²
0092	举		遇合三上鱼见	tɕy⁴²	tɕy⁴²
0093	锯	名	遇合三去鱼见	tɕy²¹³	tɕy²¹³
0094	去		遇合三去鱼溪	tɕʰy²¹³	tɕʰi²¹³
0095	渠	~道	遇合三平鱼群	tɕʰy²²	tɕʰy²²
0096	鱼		遇合三平鱼疑	y²²	y²²
0097	许		遇合三上鱼晓	ɕy⁴²	ɕy⁴²
0098	余	剩~	遇合三平鱼以	y²²	y²²
0099	府		遇合三上虞非	fu⁴²	fu⁴²
0100	付		遇合三去虞非	fu²¹³	fu²¹³
0101	父		遇合三上虞奉	fu²¹³	fu²¹³
0102	武		遇合三上虞微	u⁴²	u⁴²
0103	雾		遇合三去虞微	u²¹³	u²¹³
0104	取		遇合三上虞清	tɕʰy⁴²	tɕʰy⁴²
0105	柱		遇合三上虞澄	tsu²¹³	tsu²¹³
0106	住		遇合三去虞澄	tsu²¹³	tsu²¹³
0107	数	动	遇合三上虞生	səu⁴²白, su⁴²文	su⁴²
0108	数	名	遇合三去虞生	su²¹³	su²¹³
0109	主		遇合三上虞章	tɕy⁴²白, tsu⁴²文	tsu⁴²
0110	输		遇合三平虞书	ɕy⁵⁵白, su⁵⁵文	su⁵⁵
0111	竖		遇合三上虞禅	su²¹³	su²¹³
0112	树		遇合三去虞禅	su²¹³	su²¹³
0113	句		遇合三去虞见	tɕy²¹³	tɕy²¹³
0114	区	地~	遇合三平虞溪	tɕʰy⁵⁵	tɕʰy⁵⁵
0115	遇		遇合三去虞疑	y²¹³	y²¹³
0116	雨		遇合三上虞云	y⁴²	y⁴²

编号	单字		音韵地位	老年男性音	青年男性音
0117	芋		遇合三去虞云	y²¹³	y²¹³
0118	裕		遇合三去虞以	y²¹³	y²¹³
0119	胎		蟹开一平咍透	tʰai⁵⁵	tʰai⁵⁵
0120	台	戏~	蟹开一平咍定	tʰai²²	tʰai²²
0121	袋		蟹开一去咍定	tai²¹³	tai²¹³
0122	来		蟹开一平咍来	nai²²	nai²²
0123	菜		蟹开一去咍清	tsʰai²¹³	tsʰai²¹³
0124	财		蟹开一平咍从	tsʰai²²	tsʰai²²
0125	该		蟹开一平咍见	kai⁵⁵	kai⁵⁵
0126	改		蟹开一上咍见	kai⁴²	kai⁴²
0127	开		蟹开一平咍溪	kʰai⁵⁵	kʰai⁵⁵
0128	海		蟹开一上咍晓	xai⁴²	xai⁴²
0129	爱		蟹开一去咍影	ŋai²¹³	ai²¹³
0130	贝		蟹开一去泰帮	pei²¹³	pei²¹³
0131	带	动	蟹开一去泰端	tai²¹³	tai²¹³
0132	盖	动	蟹开一去泰见	kai²¹³	kai²¹³
0133	害		蟹开一去泰匣	xai²¹³	xai²¹³
0134	拜		蟹开二去皆帮	pai²¹³	pai²¹³
0135	排		蟹开二平皆並	pʰai²²	pʰai²²
0136	埋		蟹开二平皆明	mai²²	mai²²
0137	戒		蟹开二去皆见	kai²¹³	kai²¹³
0138	摆		蟹开二上佳帮	pai⁴²	pai⁴²
0139	派	注意调	蟹开二去佳滂	pʰai²¹³	pʰai²¹³
0140	牌		蟹开二平佳並	pʰai²²	pʰai²²
0141	买		蟹开二上佳明	mai⁴²	mai⁴²
0142	卖		蟹开二去佳明	mai²¹³	mai²¹³
0143	柴		蟹开二平佳崇	tsʰai²²	tsʰai²²
0144	晒		蟹开二去佳生	sai²¹³	sai²¹³
0145	街		蟹开二平佳见	kai⁵⁵	kai⁵⁵

续表

编号	单字		音韵地位	老年男性音	青年男性音
0146	解	~开	蟹开二上佳匣	kai⁴²	kai⁴²
0147	鞋		蟹开二平佳匣	xai²²	xai²²
0148	蟹	注意调	蟹开二上佳匣	xai²¹³	ɕiɛ²¹³
0149	矮		蟹开二上佳影	ŋai⁴²	ai⁴²
0150	败		蟹开二去夬並	pai²¹³	pai²¹³
0151	币		蟹开三去祭並	pei²¹³	pi²¹³
0152	制	~造	蟹开三去祭章	tsɿ²¹³	tsɿ²¹³
0153	世		蟹开三去祭书	sɿ²¹³	sɿ²¹³
0154	艺		蟹开三去祭疑	ni²¹³白, i²¹³文	i²¹³
0155	米		蟹开四上齐明	mi⁴²	mi⁴²
0156	低		蟹开四平齐端	ti⁵⁵	ti⁵⁵
0157	梯		蟹开四平齐透	tʰi⁵⁵	tʰi⁵⁵
0158	剃		蟹开四去齐透	tʰi²¹³	tʰi²¹³
0159	弟		蟹开四上齐定	ti²¹³	ti²¹³
0160	递		蟹开四去齐定	ti²¹³	ti²¹³
0161	泥		蟹开四平齐泥	ni²²	ni²²
0162	犁		蟹开四平齐来	ni²²	ni²²
0163	西		蟹开四平齐心	ɕi⁵⁵	ɕi⁵⁵
0164	洗		蟹开四上齐心	ɕi⁴²	ɕi⁴²
0165	鸡		蟹开四平齐见	tɕi⁵⁵	tɕi⁵⁵
0166	溪		蟹开四平齐溪	tɕʰi⁵⁵	ɕi⁵⁵
0167	契		蟹开四去齐溪	tɕʰi²¹³	tɕʰi²¹³
0168	系	联~	蟹开四去齐匣	ɕi²¹³	ɕi²¹³
0169	杯		蟹合一平灰帮	pei⁵⁵	pei⁵⁵
0170	配		蟹合一去灰滂	pʰei²¹³	pʰei²¹³
0171	赔		蟹合一平灰並	pʰei²²	pʰei²²
0172	背	~诵	蟹合一去灰並	pei²¹³	pei²¹³
0173	煤		蟹合一平灰明	mei²²	mei²²
0174	妹		蟹合一去灰明	mei²¹³	mei²¹³

续表

编号	单字		音韵地位	老年男性音	青年男性音
0175	对		蟹合一去灰端	$tuei^{213}$	$tuei^{213}$
0176	雷		蟹合一平灰来	$nuei^{22}$	$nuei^{22}$
0177	罪		蟹合一上灰从	$tsuei^{213}$	$tsuei^{213}$
0178	碎		蟹合一去灰心	ts^huei^{213}	$suei^{213}$
0179	灰		蟹合一平灰晓	$xuei^{55}_{又}$，$fei^{55}_{又}$	$xuei^{55}$
0180	回		蟹合一平灰匣	$xuei^{22}_{又}$，$fei^{22}_{又}$	$xuei^{22}$
0181	外		蟹合一去泰疑	uai^{213}	uai^{213}
0182	会	开~	蟹合一去泰匣	$xuei^{213}_{又}$，$fei^{213}_{又}$	$xuei^{213}$
0183	怪		蟹合二上皆见	$kuai^{213}$	$kuai^{213}$
0184	块		蟹合一去皆溪	k^huai^{42}	k^huai^{42}
0185	怀		蟹合二平皆匣	$xuai^{22}$	$xuai^{22}$
0186	坏		蟹合二去皆匣	$xuai^{213}$	$xuai^{213}$
0187	拐		蟹合二上佳见	$kuai^{42}$	$kuai^{42}$
0188	挂		蟹合二去佳见	kua^{213}	kua^{213}
0189	歪	注意声	蟹合二平皆影	uai^{55}	uai^{55}
0190	画		蟹合二去佳匣	xua^{213}	xua^{213}
0191	快		蟹合二去夬溪	k^huai^{213}	k^huai^{213}
0192	话		蟹合二去夬匣	xua^{213}	xua^{213}
0193	岁		蟹合三去祭心	$suei^{213}$	$suei^{213}$
0194	卫		蟹合三去祭云	uei^{213}	uei^{213}
0195	肺		蟹合三去废敷	fei^{213}	fei^{213}
0196	桂		蟹合四去齐见	$kuei^{213}$	$kuei^{213}$
0197	碑		止开三平支帮	pei^{55}	pei^{55}
0198	皮		止开三平支并	p^hi^{22}	p^hi^{22}
0199	被	~子	止开三上支并	pei^{213}	pei^{213}
0200	紫		止开三上支精	$ts\gamma^{42}$	$ts\gamma^{42}$
0201	刺		止开三去支清	$ts^h\gamma^{213}$	$ts^h\gamma^{213}$
0202	知		止开三平支知	$ts\gamma^{55}$	$ts\gamma^{55}$
0203	池		止开三平支澄	$ts^h\gamma^{22}$	$ts^h\gamma^{22}$

续表

编号	单字		音韵地位	老年男性音	青年男性音
0204	纸		止开三上支章	$tsɿ^{42}$	$tsɿ^{42}$
0205	儿		止开三平支日	$ə^{22}$	$ə^{22}$
0206	寄		止开三去支见	$tɕi^{213}$	$tɕi^{213}$
0207	骑		止开三平支群	$tɕʰi^{22}$	$tɕʰi^{22}$
0208	蚁	注意韵	止开三上支疑	$ni^{22}_{白}$，$i^{22}_{文}$	i^{22}
0209	义		止开三去支疑	$ni^{213}_{白}$，$i^{213}_{文}$	i^{213}
0210	戏		止开三去支晓	$ɕi^{213}$	$ɕi^{213}$
0211	移		止开三平支以	i^{22}	i^{22}
0212	比		止开三上脂帮	pi^{42}	pi^{42}
0213	屁		止开三去脂滂	$pʰi^{213}$	$pʰi^{213}$
0214	鼻	注意调	止开三去脂並	pi^{22}	pi^{22}
0215	眉		止开三平脂明	$mi^{22}_{白}$，$mei^{22}_{文}$	mei^{22}
0216	地		止开三去脂定	ti^{213}	ti^{213}
0217	梨		止开三平脂来	ni^{22}	ni^{22}
0218	资		止开三平脂精	$tsɿ^{55}$	$tsɿ^{55}$
0219	死		止开三上脂心	$sɿ^{42}$	$sɿ^{42}$
0220	四		止开三去脂心	$sɿ^{213}$	$sɿ^{213}$
0221	迟		止开三平脂澄	$tsʰɿ^{22}$	$tsʰɿ^{22}$
0222	师		止开三平脂生	$sɿ^{55}$	$sɿ^{55}$
0223	指		止开三上脂章	$tsɿ^{42}_{文}$，$tsɿ^{22}_{文}$	$tsɿ^{42}$
0224	二		止开三去脂日	$ə^{213}$	$ə^{213}$
0225	饥	~饿	止开三平脂见	$tɕi^{55}$	$tɕi^{55}$
0226	器		止开三去脂溪	$tɕʰi^{213}$	$tɕʰi^{213}$
0227	姨		止开三平脂以	i^{22}	i^{22}
0228	李		止开三上之来	ni^{42}	ni^{42}
0229	子		止开三上之精	$tsɿ^{42}$	$tsɿ^{42}$
0230	字		止开三去之从	$tsɿ^{213}$	$tsɿ^{213}$
0231	丝		止开三平之心	$sɿ^{55}$	$sɿ^{55}$
0232	祠		止开三平之邪	$tsʰɿ^{22}$	$tsʰɿ^{22}$

续表

编号	单字		音韵地位	老年男性音	青年男性音
0233	寺		止开三去之邪	sʅ²¹³	sʅ²¹³
0234	治		止开三去之澄	tsʅ²¹³	tsʅ²¹³
0235	柿		止开三上之崇	sʅ²¹³	sʅ²¹³
0236	事		止开三去之崇	sʅ²¹³	sʅ²¹³
0237	使		止开三上之生	sʅ⁴²	sʅ⁴²
0238	试		止开三去之书	sʅ²¹³	sʅ²¹³
0239	时		止开三平之禅	sʅ²²	sʅ²²
0240	市		止开三上之禅	sʅ²¹³	sʅ²¹³
0241	耳		止开三上之日	ɚ⁴²	ɚ⁴²
0242	记		止开三去之见	tɕi²¹³	tɕi²¹³
0243	棋		止开三平之群	tɕʰi²²	tɕʰi²²
0244	喜		止开三上之晓	ɕi⁴²	ɕi⁴²
0245	意		止开三去之影	i²¹³	i²¹³
0246	几	~个	止开三上微见	tɕi⁴²	tɕi⁴²
0247	气		止开三去微溪	tɕʰi²¹³	tɕʰi²¹³
0248	希		止开三平微晓	ɕi⁵⁵	ɕi⁵⁵
0249	衣		止开三平微影	i⁵⁵	i⁵⁵
0250	嘴		止合三上支精	tsuei⁴²	tsuei⁴²
0251	随		止合三平支邪	suei²²	suei²²
0252	吹		止合三平支昌	tsʰuei⁵⁵	tsʰuei⁵⁵
0253	垂		止合三平支禅	tsʰuei²²	tsʰuei²²
0254	规		止合三平支见	kuei⁵⁵	kuei⁵⁵
0255	亏		止合三平支溪	kʰuei⁵⁵	kʰuei⁵⁵
0256	跪	注意调	止合三上支群	kuei²¹³	kuei²¹³
0257	危		止合三平支疑	uei⁵⁵	uei²²
0258	类		止合三去脂来	nuei²¹³	nuei²¹³
0259	醉		止合三去脂精	tsuei²¹³	tsuei²¹³
0260	追		止合三平脂知	tsuei⁵⁵	tsuei⁵⁵
0261	锤		止合三平脂澄	tsʰuei²²	tsʰuei²²

续表

编号	单字		音韵地位	老年男性音	青年男性音
0262	水		止合三上脂书	suei^{42}	suei^{42}
0263	龟		止合三平脂见	kuei^{55}	kuei^{55}
0264	季		止合三去脂见	tɕi^{213}	tɕi^{213}
0265	柜		止合三去脂群	kuei^{213}	kuei^{213}
0266	位		止合三去脂云	uei^{213}	uei^{213}
0267	飞		止合三平微非	xuei$^{55}_{又}$，fei$^{55}_{又}$	fei^{55}
0268	费		止合三去微敷	fei^{213}	fei^{213}
0269	肥		止合三平微奉	xuei$^{22}_{又}$，fei$^{22}_{又}$	fei^{22}
0270	尾		止合三上微微	uei^{42}	uei^{42}
0271	味		止合三去微微	uei^{213}	uei^{213}
0272	鬼		止合三上微见	kuei^{42}	kuei^{42}
0273	贵		止合三去微见	kuei^{213}	kuei^{213}
0274	围		止合三平微云	uei^{22}	uei^{22}
0275	胃		止合三去微云	uei^{213}	uei^{213}
0276	宝		效开一上豪帮	pau^{42}	pau^{42}
0277	抱		效开一上豪並	pau^{213}	pau^{213}
0278	毛		效开一平豪明	mau^{22}	mau^{22}
0279	帽		效开一去豪明	mau^{213}	mau^{213}
0280	刀		效开一平豪端	tau^{55}	tau^{55}
0281	讨		效开一上豪透	tʰau^{42}	tʰau^{42}
0282	桃		效开一平豪定	tʰau^{22}	tʰau^{22}
0283	道		效开一上豪定	tau^{213}	tau^{213}
0284	脑		效开一上豪泥	nau^{42}	nau^{42}
0285	老		效开一上豪来	nau^{42}	nau^{42}
0286	早		效开一上豪精	tsau^{42}	tsau^{42}
0287	灶		效开一去豪精	tsau^{213}	tsau^{213}
0288	草		效开一上豪清	tsʰau^{42}	tsʰau^{42}
0289	糙	注意调	效开一去豪清	tsʰau^{213}	tsʰau^{213}
0290	造		效开一上豪从	tsʰau^{213}	tsau^{213}

续表

编号	单字		音韵地位	老年男性音	青年男性音
0291	嫂		效开一上豪心	sau⁴²	sau⁴²
0292	高		效开一平豪见	kau⁵⁵	kau⁵⁵
0293	靠		效开一去豪溪	kʰau²¹³	kʰau²¹³
0294	熬		效开一平豪疑	ŋau²²	au²²
0295	好	~坏	效开一上豪晓	xau⁴²	xau⁴²
0296	号	名	效开一去豪匣	xau²¹³又, xau²²又	xau²¹³
0297	包		效开二平肴帮	pau⁵⁵	pau⁵⁵
0298	饱		效开二上肴帮	pau⁴²	pau⁴²
0299	炮		效开二去肴滂	pʰau²¹³	pʰau²¹³
0300	猫	注意调	效开三平宵明	mau⁵⁵	mau⁵⁵
0301	闹		效开二去肴泥	nau²¹³	nau²¹³
0302	罩		效开二去肴知	tsau²¹³	tsau²¹³
0303	抓	~牌	效开二平肴庄	tsua⁵⁵	tsua⁵⁵
0304	找	~零钱	效开二上肴庄	tsau⁴²	tsau⁴²
0305	抄		效开二平肴初	tsʰau⁵⁵	tsʰau⁵⁵
0306	交		效开二平肴见	tɕiau⁵⁵	tɕiau⁵⁵
0307	敲		效开二平肴溪	kʰau⁵⁵	kʰau⁵⁵
0308	孝		效开二去肴晓	ɕiau²¹³	ɕiau²¹³
0309	校	学~	效开二去肴匣	ɕiau²¹³	ɕiau²¹³
0310	表	手~	效开三上宵帮	piau⁴²	piau⁴²
0311	票		效开三去宵滂	pʰiau²¹³	pʰiau²¹³
0312	庙		效开三去宵明	miau²¹³	miau²¹³
0313	焦		效开三平宵精	tɕiau⁵⁵	tɕiau⁵⁵
0314	小		效开三上宵心	ɕiau⁴²	ɕiau⁴²
0315	笑		效开三去宵心	ɕiau²¹³	ɕiau²¹³
0316	朝	~代	效开三平宵澄	tsʰau²²	tsʰau²²
0317	照		效开三去宵章	tsau²¹³	tsau²¹³
0318	烧		效开三平宵书	sau⁵⁵	sau⁵⁵
0319	绕	~线	效开三去宵日	zau²¹³	zau⁴²

续表

编号	单字		音韵地位	老年男性音	青年男性音
0320	桥		效开三平宵群	tɕʰiau²²	tɕʰiau²²
0321	轿		效开三去宵群	tɕiau²¹³	tɕiau²¹³
0322	腰		效开三平宵影	iau⁵⁵	iau⁵⁵
0323	要	重~	效开三去宵影	iau²¹³	iau²¹³
0324	摇		效开三平宵以	iau²²	iau²²
0325	鸟	注意声	效开四上萧泥	niau⁴²	niau⁴²
0326	钓		效开四去萧端	tiau²¹³	tiau²¹³
0327	条		效开四平萧定	tʰiau²²	tʰiau²²
0328	料		效开四去萧来	niau²¹³	niau²¹³
0329	箫		效开四平萧心	ɕiau⁵⁵	ɕiau⁵⁵
0330	叫		效开四去萧见	tɕiau²¹³	tɕiau²¹³
0331	母	丈~	流开一上侯明	mu⁴²	mu⁴²
0332	抖		流开一上侯端	tʰəu⁴²	təu⁴²
0333	偷		流开一平侯透	tʰəu⁵⁵	tʰəu⁵⁵
0334	头		流开一平侯定	tʰəu²²	tʰəu²²
0335	豆		流开一去侯定	təu²¹³	təu²¹³
0336	楼		流开一平侯来	nəu²²	nəu²²
0337	走		流开一上侯精	tsəu⁴²	tsəu⁴²
0338	凑		流开一去侯清	tsʰəu²¹³又, tsʰəu⁵⁵又	tsʰəu²¹³
0339	钩	注意声	流开一平侯见	kəu⁵⁵	kəu⁵⁵
0340	狗		流开一上侯见	kəu⁴²	kəu⁴²
0341	够		流开一去侯见	kəu²¹³	kəu²¹³
0342	口		流开一上侯溪	kʰəu⁴²	kʰəu⁴²
0343	藕		流开一上侯疑	ŋəu⁴²	əu⁴²
0344	后	前~	流开一上侯匣	xəu²¹³	xəu²¹³
0345	厚		流开一上侯匣	xəu²¹³	xəu²¹³
0346	富		流开三去尤非	fu²¹³	fu²¹³
0347	副		流开三去尤敷	fu²¹³	fu²¹³
0348	浮		流开三平尤奉	fu²²	fu²²

编号	单字		音韵地位	老年男性音	青年男性音
0349	妇		流开三上尤奉	fu²¹³	fu²¹³
0350	流		流开三平尤来	niəu²²	niəu²²
0351	酒		流开三上尤精	tɕiəu⁴²	tɕiəu⁴²
0352	修		流开三平尤心	ɕiəu⁵⁵	ɕiəu⁵⁵
0353	袖		流开三去尤邪	ɕiəu²¹³	ɕiəu²¹³
0354	抽		流开三平尤彻	tsʰəu⁵⁵	tsʰəu⁵⁵
0355	绸		流开三平尤澄	tsʰəu²²	tsʰəu²²
0356	愁		流开三平尤崇	tsʰəu²²	tsʰəu²²
0357	瘦		流开三去尤生	səu²¹³	səu²¹³
0358	州		流开三平尤章	tsəu⁵⁵	tsəu⁵⁵
0359	臭	香~	流开三去尤昌	tsʰəu²¹³	tsʰəu²¹³
0360	手		流开三上尤书	səu⁴²	səu⁴²
0361	寿		流开三去尤禅	səu²¹³	səu²¹³
0362	九		流开三上尤见	tɕiəu⁴²	tɕiəu⁴²
0363	球		流开三平尤群	tɕʰiəu²²	tɕʰiəu²²
0364	舅		流开三上尤群	tɕiəu²¹³	tɕiəu²¹³
0365	旧		流开三去尤群	tɕiəu²¹³	tɕiəu²¹³
0366	牛		流开三平尤疑	niəu²²	niəu²²
0367	休		流开三平尤晓	ɕiəu⁵⁵	ɕiəu⁵⁵
0368	优		流开三平尤影	iəu⁵⁵	iəu⁵⁵
0369	有		流开三上尤云	iəu⁴²	iəu⁴²
0370	右		流开三去尤云	iəu²¹³	iəu²¹³
0371	油		流开三平尤以	iəu²²	iəu²²
0372	丢		流开三平幽端	tiəu⁵⁵	tiəu⁵⁵
0373	幼		流开三去幽影	iəu²¹³	iəu²¹³
0374	贪		咸开一平覃透	tʰan⁵⁵	tʰan⁵⁵
0375	潭		咸开一平覃定	tʰan²²	tʰan²²
0376	南		咸开一平覃泥	nan²²	nan²²
0377	蚕		咸开一平覃从	tsʰan²²	tsʰan²²

编号	单字		音韵地位	老年男性音	青年男性音
0378	感		咸开一上覃见	kan⁴²	kan⁴²
0379	含		咸开一平覃匣	xan²²	xan²²
0380	暗		咸开一去覃影	ŋan²¹³	an²¹³
0381	搭		咸开一入合端	ta²²	ta²²
0382	踏	注意调	咸开一入合透	tʰa²²	tʰa²²
0383	拉	注意调	咸开一入合来	na⁵⁵	na⁵⁵
0384	杂		咸开一入合从	tsa²²	tsa²²
0385	鸽		咸开一入合见	ko²²	ko²²
0386	盒		咸开一入合匣	xo²²	xo²²
0387	胆		咸开一上谈端	tan⁴²	tan⁴²
0388	毯		咸开一上谈透	tʰan⁴²	tʰan⁴²
0389	淡		咸开一上谈定	tan²¹³	tan²¹³
0390	蓝		咸开一平谈来	nan²²	nan²²
0391	三		咸开一平谈心	san⁵⁵	san⁵⁵
0392	甘		咸开一平谈见	kan⁵⁵	kan⁵⁵
0393	敢		咸开一上谈见	kan⁴²	kan⁴²
0394	喊	注意调	咸开一上谈晓	xan⁴²	xan⁴²
0395	塔		咸开一入盍透	tʰa²²	tʰa²²
0396	蜡		咸开一入盍来	na²²	na²²
0397	赚		咸开二去咸澄	tsuan²¹³	tsuan²¹³
0398	杉	~木	咸开二平咸生	sa⁵⁵	sa⁵⁵
0399	减		咸开二上咸见	tɕiɛn⁴²	tɕiɛn⁴²
0400	咸	~淡	咸开二平咸匣	xan²²	xan²²
0401	插		咸开二入洽初	tsʰa²²	tsʰa²²
0402	闸		咸开二入洽崇	tsa²²	tsa²²
0403	夹	~子	咸开二入洽见	ka²²	tɕia²²
0404	衫		咸开二平衔生	san⁵⁵	san⁵⁵
0405	监		咸开二平衔见	tɕiɛn⁵⁵	tɕiɛn⁵⁵
0406	岩		咸开二平衔疑	ŋai²²	ai²²

编号	单字		音韵地位	老年男性音	青年男性音
0407	甲		咸开二入狎见	tɕia²²	tɕia²²
0408	鸭		咸开二入狎影	ia²²	ia²²
0409	黏	~液	咸开三平盐泥	nia²²	nia⁵⁵
0410	尖		咸开三平盐精	tɕiɛn⁵⁵	tɕiɛn⁵⁵
0411	签	~名	咸开三平盐清	tɕʰiɛn⁵⁵	tɕʰiɛn⁵⁵
0412	占	~领	咸开三平盐章	tsan²¹³	tsan²¹³
0413	染		咸开三上盐日	zan⁴²	zan⁴²
0414	钳		咸开三平盐群	tɕʰiɛn²²	tɕʰiɛn²²
0415	验		咸开三去盐疑	niɛn²¹³	niɛn²¹³
0416	险		咸开三上盐晓	ɕiɛn⁴²	ɕiɛn⁴²
0417	厌		咸开三去盐影	iɛn²¹³	iɛn²¹³
0418	炎		咸开三平盐云	iɛn²²	iɛn²²
0419	盐		咸开三平盐以	iɛn²²	iɛn²²
0420	接		咸开三入叶精	tɕiɛ²²	tɕiɛ²²
0421	折	~叠	山开三入薛章	tsɛ²²	tsɛ²²
0422	叶	树~	咸开三入叶以	iɛ²²	iɛ²²
0423	剑		咸开三去严见	tɕiɛn²¹³	tɕiɛn²¹³
0424	欠		咸开三去严溪	tɕʰiɛn²¹³	tɕʰiɛn²¹³
0425	严		咸开三平严疑	ŋan²²白，niɛn²²文	iɛn²²
0426	业		咸开三入业疑	niɛ²²	niɛ²²
0427	点		咸开四上添端	tiɛn⁴²	tiɛn⁴²
0428	店		咸开四去添端	tiɛn²¹³	tiɛn²¹³
0429	添		咸开四平添透	tʰiɛn⁵⁵	tʰiɛn⁵⁵
0430	甜		咸开四平添定	tʰiɛn²²	tʰiɛn²²
0431	念		咸开四去添泥	niɛn²¹³	niɛn²¹³
0432	嫌		咸开四平添匣	ɕiɛn²¹³	ɕiɛn²²
0433	跌	注意调	咸开四入帖端	tiɛ²²	tiɛ²²
0434	贴		咸开四入帖透	tʰiɛ²²	tʰiɛ²²
0435	碟		咸开四入帖定	tiɛ²²	tiɛ²²

编号	单字		音韵地位	老年男性音	青年男性音
0436	协		咸开四入帖匣	$\varepsilon i\varepsilon^{22}$	$\varepsilon i\varepsilon^{22}$
0437	犯		咸合三上凡奉	fan^{213}	fan^{213}
0438	法		咸合三入乏非	fa^{22}	fa^{22}
0439	品		深开三上侵滂	p^hin^{42}	p^hin^{42}
0440	林		深开三平侵来	nin^{22}	nin^{22}
0441	浸		深开三去侵精	$t\varepsilon^hin^{213}$	$t\varepsilon^hin^{213}$
0442	心		深开三平侵心	εin^{55}	εin^{55}
0443	寻		深开三平侵邪	$\varepsilon y\vartheta n^{22}$	$\varepsilon y\vartheta n^{22}$
0444	沉		深开三平侵澄	$ts^h\vartheta n^{22}$	$ts^h\vartheta n^{22}$
0445	参	人~	深开三平侵生	$s\vartheta n^{55}$	$s\vartheta n^{55}$
0446	针		深开三平侵章	$ts\vartheta n^{55}$	$ts\vartheta n^{55}$
0447	深		深开三平侵书	$s\vartheta n^{55}$	$s\vartheta n^{55}$
0448	任	责~	深开三去侵日	$z\vartheta n^{213}$	$z\vartheta n^{213}$
0449	金		深开三平侵见	$t\varepsilon in^{55}$	$t\varepsilon in^{55}$
0450	琴		深开三平侵群	$t\varepsilon^hin^{22}$	$t\varepsilon^hin^{22}$
0451	音		深开三平侵影	in^{55}	in^{55}
0452	立		深开三入缉来	ni^{22}	ni^{22}
0453	集		深开三入缉从	$t\varepsilon i^{22}$	$t\varepsilon i^{22}$
0454	习		深开三入缉邪	εi^{22}	εi^{22}
0455	汁		深开三入缉章	$ts\eta^{22}$	$ts\eta^{22}$
0456	十		深开三入缉禅	$s\eta^{22}$	$s\eta^{22}$
0457	入		深开三入缉日	zu^{22}	zu^{22}
0458	急		深开三入缉见	$t\varepsilon i^{22}$	$t\varepsilon i^{22}$
0459	及		深开三入缉群	$t\varepsilon i^{22}$	$t\varepsilon i^{22}$
0460	吸		深开三入缉晓	$t\varepsilon i^{22}$	εi^{22}
0461	单	简~	山开三去仙禅	tan^{55}	tan^{55}
0462	炭		山开一去寒透	t^han^{213}	t^han^{213}
0463	弹	~琴	山开一平寒定	t^han^{213}	t^han^{213}
0464	难	~易	山开一平寒泥	nan^{22}	nan^{22}

续表

编号	单字		音韵地位	老年男性音	青年男性音
0465	兰		山开一平寒来	nan²²	nan²²
0466	懒		山开一上寒来	nan⁴²	nan⁴²
0467	烂		山开一去寒来	nan²¹³	nan²¹³
0468	伞	注意调	山开一上寒心	san⁴²	san⁴²
0469	肝		山开一平寒见	kan⁵⁵	kan⁵⁵
0470	看	~见	山开一去寒疑	kʰan²¹³	kʰan²¹³
0471	岸		山开一去寒疑	ŋan²¹³	an²¹³
0472	汉		山开一去寒晓	xan²¹³	xan²¹³
0473	汗		山开一去寒匣	xan²¹³	xan²¹³
0474	安		山开一平寒影	ŋan⁵⁵	an⁵⁵
0475	达		山开一入曷定	ta²²	ta²²
0476	辣		山开一入曷来	na²²	na²²
0477	擦		山开一入曷清	tsʰa²²	tsʰa²²
0478	割		山开一入曷见	ko²²又，kɛ²¹³文	ko²²
0479	渴		山开一入曷溪	kʰo²²	kʰo²²
0480	扮		山开二去山帮	pan²¹³	pan²¹³
0481	办		山开二去山並	pan²¹³	pan²¹³
0482	铲		山开二上山初	tsʰuan⁴²	tsʰuan⁴²
0483	山		山开二平山生	san⁵⁵	san⁵⁵
0484	产	~妇	山开二上山生	tsʰan⁴²	tsʰan⁴²
0485	间	房~	山开二平山见	kan⁵⁵	tɕiɛn⁵⁵
0486	眼		山开二上山疑	iɛn⁴²	iɛn⁴²
0487	限		山开二上山匣	xan²¹³白，ɕiɛn²¹³文	ɕiɛn²¹³
0488	八		山开二入黠帮	pa²²	pa²²
0489	扎		山开二入黠庄	tsa²²	tsa²²
0490	杀		山开二入黠生	sa²²	sa²²
0491	班		山开二平删帮	pan⁵⁵	pan⁵⁵
0492	板		山开二上删帮	pan⁴²	pan⁴²
0493	慢		山开二去删明	man²¹³	man²¹³

续表

编号	单字		音韵地位	老年男性音	青年男性音
0494	奸		山开二平删见	$tɕiɛn^{55}$	$tɕiɛn^{55}$
0495	颜		山开二平删疑	$iɛn^{22}$	$iɛn^{22}$
0496	瞎		山开二入鎋晓	$ɕia^{22}$	$ɕia^{22}$
0497	变		山开三去仙帮	$piɛn^{213}$	$piɛn^{213}$
0498	骗	欺~	山开三去仙滂	$p^hiɛn^{213}$	$p^hiɛn^{213}$
0499	便	方~	山开三去仙並	$piɛn^{213}$	$piɛn^{213}$
0500	棉		山开三平仙明	$miɛn^{22}$	$miɛn^{22}$
0501	面	~孔	山开三去仙明	$miɛn^{213}$	$miɛn^{213}$
0502	连		山开三平仙来	$niɛn^{22}$	$niɛn^{22}$
0503	剪		山开三上仙精	$tɕiɛn^{42}$	$tɕiɛn^{42}$
0504	浅		山开三上仙清	$tɕ^hiɛn^{42}$	$tɕ^hiɛn^{42}$
0505	钱		山开三平仙从	$tɕ^hiɛn^{22}$	$tɕ^hiɛn^{22}$
0506	鲜		山开三平仙心	$ɕyɛn^{55}_{白}$，$ɕiɛn^{55}_{文}$	$ɕiɛn^{55}$
0507	线		山开三去仙心	$ɕiɛn^{213}$	$ɕiɛn^{213}$
0508	缠		山开三平仙澄	ts^han^{22}	ts^han^{22}
0509	战		山开三去仙章	$tsan^{213}$	$tsan^{213}$
0510	扇	名	山开三去仙书	san^{213}	san^{213}
0511	善		山开三上仙禅	san^{213}	san^{213}
0512	件		山开三上仙群	$tɕiɛn^{213}$	$tɕiɛn^{213}$
0513	延		山开三平仙以	$ŋan^{22}$，$iɛn^{22}_{文}$	$iɛn^{22}$
0514	别	~人	山开三入薛帮	$piɛ^{22}$	$piɛ^{22}$
0515	灭		山开三入薛明	$miɛ^{22}$	$miɛ^{22}$
0516	列		山开三入薛来	$niɛ^{22}$	$niɛ^{22}$
0517	撤		山开三入薛彻	$ts^hɛ^{22}$	$ts^hɛ^{22}$
0518	舌		山开三入薛船	$sɛ^{22}$	$sɛ^{22}$
0519	设		山开三入薛书	$sɛ^{22}$	$sɛ^{22}$
0520	热		山开三入薛日	$zɛ^{22}$	$zɛ^{22}$
0521	杰		山开三入薛群	$tɕiɛ^{22}$	$tɕiɛ^{22}$
0522	孽		山开三入薛疑	$niɛ^{22}$	$niɛ^{22}$

编号	单字		音韵地位	老年男性音	青年男性音
0523	建		山开三去元见	tɕiɛn²¹³	tɕiɛn²¹³
0524	健		山开三去元群	tɕiɛn²¹³	tɕiɛn²¹³
0525	言		山开三平元疑	iɛn²²	iɛn²²
0526	歇		山开三入月晓	ɕiɛ²²	ɕiɛ²²
0527	扁		山开四上先帮	pia⁴²白, piɛn⁴²文	pia⁴²
0528	片		山开四去先滂	pʰiɛn²¹³文, pʰiɛn²¹³文	pʰiɛn²¹³
0529	面	~条	山开四去先明	miɛn²¹³	miɛn²¹³
0530	典		山开四上先端	tiɛn⁴²	tiɛn⁴²
0531	天		山开四平先透	tʰiɛn⁵⁵	tʰiɛn⁵⁵
0532	田		山开四平先定	tʰiɛn²²	tʰiɛn²²
0533	垫		山开四去先定	tʰiɛn²¹³	tiɛn²¹³
0534	年		山开四平先泥	niɛn²²	niɛn²²
0535	莲		山开四平先来	niɛn²²	niɛn²²
0536	前		山开四平先从	tɕʰiɛn²²	tɕʰiɛn²²
0537	先		山开四平先心	ɕiɛn⁵⁵	ɕiɛn⁵⁵
0538	肩		山开四平先见	tɕiɛn⁵⁵	tɕiɛn⁵⁵
0539	见		山开四去先见	tɕiɛn²¹³	tɕiɛn²¹³
0540	牵		山开四平先溪	tɕʰiɛn⁵⁵	tɕʰiɛn⁵⁵
0541	显		山开四上先晓	ɕiɛn⁴²	ɕiɛn⁴²
0542	现		山开四去先匣	ɕyɛn²¹³白, ɕiɛn²¹³文	ɕiɛn²¹³
0543	烟		山开四平先影	iɛn⁵⁵	iɛn⁵⁵
0544	憋		山开四入屑帮	piɛ⁵⁵	piɛ⁵⁵
0545	篾		山开四入屑明	miɛ²²	miɛ²²
0546	铁		山开四入屑透	tʰiɛ²²	tʰiɛ²²
0547	捏		山开四入屑泥	niɛ²²	niɛ²²
0548	节		山开四入屑精	tɕiɛ²²	tɕiɛ²²
0549	切	动	山开四入屑清	tɕʰiɛ²²	tɕʰiɛ²²
0550	截		山开四入屑从	tɕiɛ²²	tɕiɛ²²
0551	结		山开四入屑见	tɕiɛ²²	tɕiɛ²²

续表

编号	单字			音韵地位	老年男性音	青年男性音
0552	搬			山合一平桓帮	pan⁵⁵	pan⁵⁵
0553	半			山合一去桓帮	pan²¹³	pan²¹³
0554	判			山合一去桓滂	pʰan²¹³	pʰan²¹³
0555	盘			山合一平桓並	pʰan²²	pʰan²²
0556	满			山合一上桓明	man⁴²	man⁴²
0557	端	～午		山合一平桓端	tuan⁵⁵	tuan⁵⁵
0558	短			山合一上桓端	tan⁴²白，tuan⁴²文	tuan⁴²
0559	断	绳～了		山合一去桓定	tuan²¹³文，tuan²²文	tuan²¹³
0560	暖			山合一上桓泥	nan⁴²白，nuan⁴²文	nuan⁴²
0561	乱			山合一去桓来	nan²¹³白，nuan²¹³文	nuan²¹³
0562	酸			山合一平桓心	ɕyɛn⁵⁵白，suan⁵⁵文	suan⁵⁵
0563	算			山合一去桓心	ɕyɛn²¹³白，suan²¹³文	suan²¹³
0564	官			山合一平桓见	kuan⁵⁵	kuan⁵⁵
0565	宽			山合一平桓溪	kʰuan⁵⁵	kʰuan⁵⁵
0566	欢			山合一平桓晓	xuai⁵⁵文，xuan⁵⁵文	xuan⁵⁵
0567	完			山合一平桓匣	uan²²	uan²²
0568	换			山合一去桓匣	xuan²¹³	xuan²¹³
0569	碗			山合一上桓影	uan⁴²	uan⁴²
0570	拨			山合一入末帮	po²²	po²²
0571	泼			山合一入末滂	pʰo²²文，po²²文	pʰo²²
0572	末			山合一入末明	mo²²	mo²²
0573	脱			山合一入末透	tʰuo²²	tʰuo²²
0574	夺			山合一入末定	tuo²²	tuo²²
0575	阔			山合一入末溪	kʰo²²	kʰo²²
0576	活			山合一入末匣	xo²²	xo²²
0577	顽	～皮		山合二平山疑	uan²²	uan²²
0578	滑			山合二入黠匣	xua²²	xua²²
0579	挖			山合二入黠影	ua⁵⁵文，ua²²文	ua⁵⁵
0580	闩			山合二平删生	suan⁵⁵	suan⁵⁵

续表

编号	单字		音韵地位	老年男性音	青年男性音
0581	关	~门	山合二平删见	$kuan^{55}$	$kuan^{55}$
0582	惯		山合二去删见	$kuan^{213}$	$kuan^{213}$
0583	还	动	山合二平删匣	$xuan^{22}$	$xuan^{22}$
0584	还	副	山合二平删匣	$xuan^{22}_{又}$，$xai^{22}_{又}$	xai^{22}
0585	弯		山合二平删影	uan^{55}	uan^{55}
0586	刷		山合二入鎋生	sua^{22}	sua^{22}
0587	刮		山合二入鎋见	kua^{22}	kua^{22}
0588	全		山合三平仙从	$tɕʰyɛn^{22}$	$tɕʰyɛn^{22}$
0589	选		山合三上仙心	$ɕyɛn^{42}$	$ɕyɛn^{42}$
0590	转	~眼	山合三上仙知	$tsuan^{213}_{又}$，$tsuan^{42}_{又}$	$tsuan^{213}$
0591	传	~下来	山合三平仙澄	$tsʰuan^{22}$	$tsʰuan^{22}$
0592	传	~记	山合三去仙澄	$tsuan^{213}$	$tsuan^{213}$
0593	砖		山合三平仙章	$tsuan^{55}$	$tsuan^{55}$
0594	船		山合三平仙船	$tsʰuan^{22}$	$tsʰuan^{22}$
0595	软		山合三上仙日	$zuan^{42}$	$zuan^{42}$
0596	卷	~起	山合三去仙见	$tɕyɛn^{42}$	$tɕyɛn^{42}$
0597	圈	圆~	山合三上仙群	$tɕʰyɛn^{55}$	$tɕʰyɛn^{55}$
0598	权		山合三平仙群	$tsʰuan^{22}_{白}$，$tɕʰyɛn^{22}_{又}$	$tɕʰyɛn^{22}$
0599	圆		山合三平仙云	$yɛn^{22}$	$yɛn^{22}$
0600	院		山合三去仙云	$yɛn^{213}$	$yɛn^{213}$
0601	铅	~笔	山合三平仙以	$yɛn^{22}_{又}$，$tɕʰiɛn^{55}_{又}$	$tɕʰiɛn^{55}$
0602	绝		山合三入薛从	$tɕyɛ^{22}$	$tɕyɛ^{22}$
0603	雪		山合三入薛心	$ɕyɛ^{22}$	$ɕyɛ^{22}$
0604	反		山合三上元非	$xuan^{42}_{又}$，$fan^{42}_{又}$	fan^{42}
0605	翻		山合三平元敷	$xuan^{55}_{又}$，$fan^{55}_{又}$	fan^{55}
0606	饭		山合三去元奉	$xuan^{213}_{又}$，$fan^{213}_{又}$	fan^{213}
0607	晚		山合三上元微	uan^{42}	uan^{42}
0608	萬	麻将牌	山合三去元微	uan^{213}	uan^{213}
0609	劝		山合三去元溪	$tɕʰyɛn^{213}$	$tɕʰyɛn^{213}$

续表

编号	单字		音韵地位	老年男性音	青年男性音
0610	原		山合三平元疑	yɛn^{22}	yɛn^{22}
0611	冤		山合三平元影	yɛn^{55}	yɛn^{55}
0612	园		山合三平元云	yɛn^{22}	yɛn^{22}
0613	远		山合三上元云	yɛn^{42}	yɛn^{42}
0614	发	头~	山合三入月非	xua$^{22}_\text{又}$，fa$^{22}_\text{又}$	fa^{22}
0615	罚		山合三入月奉	xua$^{22}_\text{又}$，fa$^{22}_\text{又}$	fa^{22}
0616	袜		山合三入月微	ua^{22}	ua^{22}
0617	月		山合三入月疑	yɛ^{22}	yɛ^{22}
0618	越		山合三入月云	yɛ^{22}	yɛ^{22}
0619	县		山合四去先匣	ɕiɛn^{213}	ɕiɛn^{213}
0620	决		山合四入屑见	tɕyɛ^{22}	tɕyɛ^{22}
0621	缺		山合四入屑溪	tɕʰyɛ^{22}	tɕʰyɛ^{22}
0622	血		山合四入屑晓	ɕyɛ^{22}	ɕyɛ^{22}
0623	吞		臻开一平痕透	tʰən^{55}	tʰuən^{55}
0624	根		臻开一平痕见	kən^{55}	kən^{55}
0625	恨		臻开一去痕匣	xən^{213}	xən^{213}
0626	恩		臻开一平痕影	ŋən^{55}	ən^{55}
0627	贫		臻开三平真并	pʰin^{22}	pʰin^{22}
0628	民		臻开三平真明	min^{22}	min^{22}
0629	邻		臻开三平真来	nin^{22}	nin^{22}
0630	进		臻开三去真精	tɕin^{213}	tɕin^{213}
0631	亲	~人	臻开三去真清	tɕʰin^{55}	tɕʰin^{55}
0632	新		臻开三平真心	ɕin^{55}	ɕin^{55}
0633	镇		臻开三去真知	tsən^{213}	tsən^{213}
0634	陈		臻开三平真澄	tsʰən^{22}	tsʰən^{22}
0635	震		臻开三去真章	tsən^{213}	tsən^{213}
0636	神		臻开三平真船	sən^{22}	sən^{22}
0637	身		臻开三平真书	sən^{55}	sən^{55}
0638	辰		臻开三平真禅	tsʰən^{22}	tsʰən^{22}

编号	单字		音韵地位	老年男性音	青年男性音
0639	人		臻开三平真日	zən^{22}	zən^{22}
0640	认		臻开三去真日	zən^{213}	zən^{213}
0641	紧		臻开三上真见	tɕin^{42}	tɕin^{42}
0642	银		臻开三平真疑	in^{22}	in^{22}
0643	印		臻开三去真影	in^{213}	in^{213}
0644	引		臻开三上真以	in^{42}	in^{42}
0645	笔		臻开三入质帮	pi^{22}	pi^{22}
0646	匹		臻开三入质滂	p^{h}i^{22}	p^{h}i^{22}
0647	密		臻开三入质明	mi^{22}	mi^{22}
0648	栗		臻开三入质来	ni^{22}	ni^{22}
0649	七		臻开三入质清	tɕ^{h}i^{22}	tɕ^{h}i^{22}
0650	侄		臻开三入质澄	tsʅ^{22}	tsʅ^{22}
0651	虱		臻开三入栉生	sɛ^{22}	sʅ^{55}
0652	实		臻开三入质船	sʅ^{22}	sʅ^{22}
0653	失		臻开三入质书	sʅ^{22}	sʅ^{22}
0654	日		臻开三入质日	zʅ^{22}	zʅ^{22}
0655	吉		臻开三入质见	tɕi^{22}	tɕi^{22}
0656	一		臻开三入质影	i^{22}	i^{22}
0657	筋		臻开三平殷见	tɕin^{55}	tɕin^{55}
0658	劲	有~	臻开三去殷见	tɕin^{213}	tɕin^{213}
0659	勤		臻开三平殷群	tɕ^{h}in^{22}	tɕ^{h}in^{22}
0660	近		臻开三上殷群	tɕin^{213}	tɕin^{213}
0661	隐		臻开三上殷影	in^{42}	in^{42}
0662	本		臻合一上魂帮	pən^{42}	pən^{42}
0663	盆		臻合一平魂並	p^{h}ən^{22}	p^{h}ən^{22}
0664	门		臻合一平魂明	mən^{22}	mən^{22}
0665	墩		臻合一平魂端	tən^{55}	tuən^{55}
0666	嫩		臻合一去魂泥	nən^{213}	nən^{213}
0667	村		臻合一平魂清	ts^{h}ən$^{55}_{白}$，ts^{h}uən$^{55}_{文}$	ts^{h}uən^{55}

续表

编号	单字		音韵地位	老年男性音	青年男性音
0668	寸		臻合一去魂清	tsʰən²¹³	tsʰuən²¹³
0669	蹲	注意声	臻合一平魂从	tən⁵⁵	tuən⁵⁵
0670	孙	~子	臻合一平魂心	sən⁵⁵	suən⁵⁵
0671	滚		臻合一上魂见	kuən⁴²	kuən⁴²
0672	困		臻合一去魂溪	kʰuən²¹³	kʰuən²¹³
0673	婚		臻合一平魂晓	xuən⁵⁵	xuən⁵⁵
0674	魂		臻合一平魂匣	xuən²²	xuən²²
0675	温		臻合一平魂影	uən⁵⁵	uən⁵⁵
0676	卒	棋子	臻合一入没精	tsu²²	tsu²²
0677	骨		臻合一入没见	ku²²	ku²²
0678	轮		臻合三平谆来	nən²²	nuən²²
0679	俊	注意声	臻合三去谆精	tɕyən²¹³	tɕyən²¹³
0680	笋		臻合三上谆心	sən⁴²	suən⁴²
0681	准		臻合三上谆章	tsuən⁴²	tsuən⁴²
0682	春		臻合三平谆昌	tsʰuən⁵⁵	tsʰuən⁵⁵
0683	唇		臻合三平谆船	suən²²	tsʰuən²²
0684	顺		臻合三去谆船	ɕyən²¹³白，suən²¹³文	suən²¹³
0685	纯		臻合三平谆禅	suən²²	tsʰuən²²
0686	闰		臻合三去谆日	yən²¹³白，zuən²¹³文	zuən²¹³
0687	均		臻合三平谆见	tɕyən⁵⁵	tɕyən⁵⁵
0688	匀		臻合三平谆以	yən²²	yən²²
0689	律		臻合三入术来	ny²²	ny²²
0690	出		臻合三入术昌	tsʰu²²	tsʰu²²
0691	橘		臻合三入术见	tɕy²²	tɕy²²
0692	分	动	臻合三平文非	xuən⁵⁵文，fən⁵⁵	fən⁵⁵
0693	粉		臻合三上文非	xuən²¹³文，fən²¹³文	fən⁴²
0694	粪		臻合三去文非	xuən²¹³文，fən²¹³文	fən²¹³
0695	坟		臻合三平文奉	xuən²²文，fən²²文	fən²²
0696	蚊		臻合三平文微	uən²²	uən²²

编号	单字		音韵地位	老年男性音	青年男性音
0697	问		臻合三去文微	uən²¹³	uən²¹³
0698	军		臻合三平文见	tɕyən⁵⁵	tɕyən⁵⁵
0699	裙		臻合三平文群	tɕʰyən²²	tɕʰyən²²
0700	熏		臻合三平文晓	ɕyən⁵⁵	ɕyən⁵⁵
0701	云	~彩	臻合三平文云	yən²²	yən²²
0702	运		臻合三去文云	yən²¹³	yən²¹³
0703	佛	~像	臻合三入物奉	fu²²	fo²²
0704	物		臻合三入物微	u²²	u²²
0705	帮		宕开一平唐帮	paŋ⁵⁵	paŋ⁵⁵
0706	忙		宕开一平唐明	maŋ²²	maŋ²²
0707	党		宕开一上唐端	taŋ⁴²	taŋ⁴²
0708	汤		宕开一平唐透	tʰaŋ⁵⁵	tʰaŋ⁵⁵
0709	糖		宕开一平唐定	tʰaŋ²²	tʰaŋ²²
0710	浪		宕开一去唐来	naŋ²¹³	naŋ²¹³
0711	仓		宕开一平唐清	tsʰaŋ⁵⁵	tsʰaŋ⁵⁵
0712	钢	名	宕开一平唐见	kaŋ⁵⁵	kaŋ⁵⁵
0713	糠		宕开一平唐溪	kʰaŋ⁵⁵	kʰaŋ⁵⁵
0714	薄	形	宕开一入铎并	po²²	po²²
0715	摸	注意调	宕开一入铎明	mo⁵⁵	mo⁵⁵
0716	托		宕开一入铎透	tʰuo²²	tʰuo²²
0717	落		宕开一入铎来	nuo²²	nuo²²
0718	作		宕开一入铎精	tsuo²²	tsuo²²
0719	索		宕开一入铎心	suo²²	suo²²
0720	各		宕开一入铎见	ko²²	ko²²
0721	鹤		宕开一入铎匣	xo²²	xo²²
0722	恶	入声	宕开一入铎影	uo²²	uo²²
0723	娘		宕开三平阳泥	niaŋ²²	niaŋ²²
0724	两	斤~	宕开三上阳来	niaŋ⁴²	niaŋ⁴²
0725	亮		宕开三去阳来	niaŋ²¹³	niaŋ²¹³

续表

编号	单字		音韵地位	老年男性音	青年男性音
0726	浆		宕开三平阳精	tɕiaŋ⁵⁵	tɕiaŋ⁵⁵
0727	抢		宕开三上阳清	tɕʰiaŋ⁴²	tɕʰiaŋ⁴²
0728	匠		宕开三去阳从	tɕiaŋ²¹³	tɕiaŋ²¹³
0729	想		宕开三上阳心	ɕiaŋ⁴²	ɕiaŋ⁴²
0730	像		宕开三上阳邪	tɕʰiaŋ²¹³	ɕiaŋ²¹³
0731	张	量	宕开三平阳知	tsaŋ⁵⁵	tsaŋ⁵⁵
0732	长	~短	宕开三平阳澄	tsʰaŋ²²	tsʰaŋ²²
0733	装		宕开三平阳庄	tsuaŋ⁵⁵	tsuaŋ⁵⁵
0734	壮		宕开三去阳庄	tsuaŋ²¹³	tsuaŋ²¹³
0735	疮		宕开三平阳初	tsʰuaŋ⁵⁵	tsʰuaŋ⁵⁵
0736	床		宕开三平阳崇	tsʰuaŋ²²	tsʰuaŋ²²
0737	霜		宕开三平阳生	suaŋ⁵⁵	suaŋ⁵⁵
0738	章		宕开三平阳章	tsaŋ⁵⁵	tsaŋ⁵⁵
0739	厂		宕开三上阳昌	tsʰaŋ⁴²	tsʰaŋ⁴²
0740	唱		宕开三去阳昌	tsʰaŋ²¹³	tsʰaŋ²¹³
0741	伤		宕开三平阳书	saŋ⁵⁵	saŋ⁵⁵
0742	尝		宕开三平阳禅	saŋ²²	tsʰaŋ²²
0743	上	~去	宕开三上阳禅	saŋ²¹³	saŋ²¹³
0744	让		宕开三去阳日	zaŋ²¹³	zaŋ²¹³
0745	姜	生~	宕开三平阳见	tɕiaŋ⁵⁵	tɕiaŋ⁵⁵
0746	响		宕开三上阳晓	ɕiaŋ⁴²	ɕiaŋ⁴²
0747	向		宕开三去阳晓	ɕiaŋ²¹³	ɕiaŋ²¹³
0748	秧		宕开三平阳影	iaŋ⁵⁵	iaŋ⁵⁵
0749	痒		宕开三上阳以	iaŋ⁴²	iaŋ⁴²
0750	样		宕开三去阳以	iaŋ²¹³	iaŋ²¹³
0751	雀	注意声	宕开三入药精	tɕʰyo²²	tɕʰyo²²
0752	削		宕开三入药心	ɕyo²²白1，ɕyɛ²²白2　ɕiau⁵⁵文	ɕyo²²
0753	着	火~了	宕开三入药知	tsuo²²白，tsau²²文	tsuo²²

编号	单字		音韵地位	老年男性音	青年男性音
0754	勺		宕开三入药禅	sau^{22}	sau^{22}
0755	弱		宕开三入药日	zuo^{22}	zuo^{22}
0756	脚		宕开三入药见	tɕyo^{22}	tɕyo^{22}
0757	约		宕开三入药影	yo^{22}	yɛ^{22}
0758	药		宕开三入药以	yo^{22}	yo^{22}
0759	光	~线	宕合一平唐见	kuaŋ^{55}	kuaŋ^{55}
0760	慌		宕合一平唐晓	xuaŋ^{55}	xuaŋ^{55}
0761	黄		宕合一平唐匣	xuaŋ^{22}	xuaŋ^{22}
0762	郭		宕合一入铎见	ko^{22}	ko^{22}
0763	霍		宕合一入铎晓	xo^{22}	xo^{213}
0764	方		宕合三平阳非	xuaŋ$_{又}^{55}$，faŋ$_{又}^{55}$	faŋ^{55}
0765	放		宕合三去阳非	xuaŋ^{213}，faŋ^{213}	faŋ^{213}
0766	纺		宕合三上阳敷	xuaŋ$_{又}^{42}$，faŋ$_{又}^{42}$	faŋ^{42}
0767	房		宕合三平阳奉	xuaŋ$_{又}^{22}$，faŋ$_{又}^{22}$	faŋ^{22}
0768	防		宕合三平阳奉	xuaŋ$_{又}^{22}$，faŋ$_{又}^{22}$	faŋ^{22}
0769	网		宕合三上阳微	uaŋ^{42}	uaŋ^{42}
0770	筐		宕合三平阳溪	kʰuaŋ^{55}	kʰuaŋ^{55}
0771	狂		宕合三平阳群	kʰuaŋ^{22}	kʰuaŋ^{22}
0772	王		宕合三平阳云	uaŋ^{22}	uaŋ^{22}
0773	旺		宕合三去阳云	uaŋ^{213}	uaŋ^{213}
0774	缚		宕合三入药奉	fu^{22}	fu^{213}
0775	绑		江开二上江帮	paŋ^{42}	paŋ^{42}
0776	胖		江开二去江滂	pʰaŋ^{213}	pʰaŋ^{213}
0777	棒		江开二上江并	paŋ^{213}	paŋ^{213}
0778	桩		江开二平江知	tsuaŋ^{55}	tsuaŋ^{55}
0779	撞		江开二去江澄	tsuaŋ^{213}	tsuaŋ^{213}
0780	窗		江开二平江初	tsʰuaŋ^{55}	tsʰuaŋ^{55}
0781	双		江开二平江生	suaŋ^{55}	suaŋ^{55}
0782	江		江开二平江见	tɕiaŋ^{55}	tɕiaŋ^{55}

续表

编号	单字		音韵地位	老年男性音	青年男性音
0783	讲		江开二上江见	tɕiaŋ⁴²	tɕiaŋ⁴²
0784	降	投~	江开二平江匣	ɕiaŋ²²	ɕiaŋ²²
0785	项		江开二上江匣	xaŋ²¹³	xaŋ²¹³
0786	剥		江开二入觉帮	po²²	po²²
0787	桌		江开二入觉知	tsuo²²	tsuo²²
0788	镯		江开二入觉崇	tsuo²²	tsuo²²
0789	角		江开二入觉见	ko²²	ko²²
0790	壳		江开二入觉溪	kʰo²²	kʰo²²
0791	学		江开二入觉匣	ɕyo²²	ɕyo²²
0792	握		江开二入觉影	uo²²	uo²²
0793	朋		曾开一平登並	pʰoŋ²²	pʰoŋ²²
0794	灯		曾开一平登端	təŋ⁵⁵	təŋ⁵⁵
0795	等		曾开一上登端	təŋ⁴²	təŋ⁴²
0796	凳		曾开一去登端	təŋ²¹³	təŋ²¹³
0797	藤		曾开一平登定	tʰəŋ²²	tʰəŋ²²
0798	能		曾开一平登泥	nəŋ²²	nəŋ²²
0799	层		曾开一平登从	tsʰəŋ²²	tsʰəŋ²²
0800	僧	注意声	曾开一平登心	səŋ⁵⁵	səŋ⁵⁵
0801	肯		曾开一上登溪	kʰəŋ⁴²	kʰəŋ⁴²
0802	北		曾开一入德帮	pɛ²²	pɛ²²
0803	墨		曾开一入德明	mɛ²²	mɛ²²
0804	得		曾开一入德端	tɛ²²	tɛ²²
0805	特		曾开一入德定	tʰiɛ²²	tʰɛ²²
0806	贼		曾开一入德从	tsɛ²²	tsuei²²
0807	塞		曾开一入德心	sɛ²²	sɛ²²
0808	刻		曾开一入德溪	kʰɛ²²	kʰɛ²²
0809	黑		曾开一入德晓	xɛ²²	xɛ²²
0810	冰		曾开三平蒸帮	pin⁵⁵	pin⁵⁵
0811	证		曾开三去蒸章	tsəŋ²¹³	tsəŋ²¹³

编号	单字		音韵地位	老年男性音	青年男性音
0812	秤		曾开三去蒸昌	tsʰən²¹³	tsʰən²¹³
0813	绳		曾开三平蒸船	suən²²	suən²²
0814	剩		曾开三去蒸船	sən²¹³	sən²¹³
0815	升		曾开三平蒸书	sən⁵⁵	sən⁵⁵
0816	兴	高~	曾开三平蒸晓	ɕin⁵⁵又, ɕin²¹³又	ɕin⁵⁵
0817	蝇	注意声	曾开三平蒸以	in⁵⁵	in⁵⁵
0818	逼		曾开三入职帮	pi²²	pi²²
0819	力		曾开三入职来	ni²²	ni²²
0820	息		曾开三入职心	ɕi²²	ɕi²²
0821	直		曾开三入职澄	tsɿ²²	tsɿ²²
0822	侧	注意声	曾开三入职庄	tsɛ²²白, tsʰɛ²²文	tsʰɛ²²
0823	测		曾开三入职初	tsɛ²²白, tsʰɛ²²文	tsʰɛ²²
0824	色		曾开三入职生	sɛ²²	sɛ²²
0825	织		曾开三入职章	tsɿ²²	tsɿ²²
0826	食		曾开三入职船	sɿ²²	sɿ²²
0827	式		曾开三入职书	sɿ²¹³	sɿ²¹³
0828	极		曾开三入职群	tɕi²²	tɕi²²
0829	国		曾合一入德见	kuɛ²²	kuɛ²²
0830	或		曾合一入德匣	xuai²²	xuɛ²²
0831	猛		梗开二上庚明	moŋ⁴²	moŋ⁴²
0832	打	注意韵	梗开二上庚端	ta⁴²	ta⁴²
0833	冷		梗开二上庚来	nən⁴²	nən⁴²
0834	生		梗开二平庚生	sən⁵⁵又, sən²¹³又	sən⁵⁵
0835	省	~长	梗开二上庚生	sən⁴²	sən⁴²
0836	更	三~	梗开二平庚见	kən⁵⁵	kən⁵⁵
0837	梗	注意韵	梗开二上庚见	kən⁴²	kən⁴²
0838	坑		梗开二平庚溪	kʰən⁵⁵	kʰən⁵⁵
0839	硬		梗开二去庚疑	ŋən²¹³	ən²¹³
0840	行	~为	梗开二平庚匣	ɕin²²	ɕin²²

续表

编号	单字		音韵地位	老年男性音	青年男性音
0841	百		梗开二入陌帮	$p\varepsilon^{22}$	$p\varepsilon^{22}$
0842	拍		梗开二入陌滂	$p^h\varepsilon^{22}$	$p^h\varepsilon^{22}$
0843	白		梗开二入陌並	$p\varepsilon^{22}$	$p\varepsilon^{22}$
0844	拆		梗开二入陌彻	$ts^h\varepsilon^{22}$	$ts^h\varepsilon^{22}$
0845	择		梗开二入陌澄	$ts^h\varepsilon^{22}$	$ts\varepsilon^{22}$
0846	窄		梗开二入陌庄	$ts\varepsilon^{22}$	$ts\varepsilon^{22}$
0847	格		梗开二入陌见	$k\varepsilon^{22}$	$k\varepsilon^{22}$
0848	客		梗开二入陌溪	$k^h\varepsilon^{22}$	$k^h\varepsilon^{22}$
0849	额		梗开二入陌疑	$\eta\varepsilon^{22}$	ε^{22}
0850	棚		梗开二平耕並	$p^ho\eta^{22}$	$p^ho\eta^{22}$
0851	争		梗开二平耕庄	$ts\partial n^{55}$	$ts\partial n^{55}$
0852	耕		梗开二平耕见	$k\partial n^{55}$	$k\partial n^{55}$
0853	麦		梗开二入麦明	$m\varepsilon^{22}$	$m\varepsilon^{22}$
0854	摘		梗开二入麦知	$ts\varepsilon^{22}$	$ts\varepsilon^{22}$
0855	策		梗开二入麦初	$ts^h\varepsilon^{22}$	$ts^h\varepsilon^{22}$
0856	隔		梗开二入麦见	$k\varepsilon^{22}$	$k\varepsilon^{22}$
0857	兵		梗开三平庚帮	pin^{55}	pin^{55}
0858	柄	注意调	梗开三上庚帮	pin^{42}	pin^{42}
0859	平		梗开三平庚並	p^hin^{22}	p^hin^{22}
0860	病		梗开三去庚並	pin^{213}	pin^{213}
0861	明		梗开三平庚明	min^{22}	min^{22}
0862	命		梗开三去庚明	min^{213}	min^{213}
0863	镜		梗开三去庚见	$t\varepsilon in^{213}$	$t\varepsilon in^{213}$
0864	庆		梗开三去庚溪	$t\varepsilon^h in^{213}$	$t\varepsilon^h in^{213}$
0865	迎		梗开三平庚疑	in^{22}	in^{22}
0866	影		梗开三上庚影	in^{42}	in^{42}
0867	剧	戏~	梗开三入陌群	$t\varepsilon y^{213}$	$t\varepsilon y^{213}$
0868	饼		梗开三上清帮	pin^{42}	pin^{42}
0869	名		梗开三平清明	min^{22}	min^{42}

编号	单字		音韵地位	老年男性音	青年男性音
0870	领		梗开三上清来	nin⁴²	nin⁴²
0871	井		梗开三上清精	tɕin⁴²	tɕin⁴²
0872	清		梗开三平清清	tɕʰin⁵⁵	tɕʰin⁵⁵
0873	静		梗开三上清从	tɕin²¹³	tɕin²¹³
0874	姓		梗开三去清心	ɕin²¹³	ɕin²¹³
0875	贞		梗开三平清知	tsən⁵⁵	tsən⁵⁵
0876	程		梗开三平清澄	tsʰən²²	tsʰən²²
0877	整		梗开三上清章	tsən⁴²	tsən⁴²
0878	正	~反	梗开三平清章	tsən²¹³	tsən²¹³
0879	声		梗开三平清书	sən⁵⁵	sən⁵⁵
0880	城		梗开三平清禅	tsʰən²²	tsʰən²²
0881	轻		梗开三平清溪	tɕʰin⁵⁵	tɕʰin⁵⁵
0882	赢		梗开三平清以	in²²	in²²
0883	积		梗开三入昔精	tɕi²²	tɕi²²
0884	惜		梗开三入昔心	ɕi²²	ɕi²²
0885	席		梗开三入昔邪	ɕi²²	ɕi²²
0886	尺		梗开三入昔昌	tsʰʅ²²	tsʰʅ²²
0887	石		梗开三入昔禅	sʅ²²	sʅ²²
0888	益		梗开三入昔影	i²²	i²²
0889	瓶		梗开四平青并	pʰin²²	pʰin²²
0890	钉	名	梗开四平青端	tin⁵⁵	tin⁵⁵
0891	顶		梗开四上青端	tin⁴²	tin⁴²
0892	厅		梗开四平青透	tʰin⁵⁵	tʰin⁵⁵
0893	听	~见	梗开四平青透	tʰin⁵⁵	tʰin⁵⁵
0894	停		梗开四平青定	tʰin²²	tʰin²²
0895	挺		梗开四上青定	tʰin⁴²	tʰin⁴²
0896	定		梗开四去青定	tin²¹³	tin²¹³
0897	零		梗开四平青来	nin²²	nin²²
0898	青		梗开四平青清	tɕʰin⁵⁵	tɕʰin⁵⁵

编号	单字		音韵地位	老年男性音	青年男性音
0899	星		梗开四平青心	εin^{55}	εin^{55}
0900	经		梗开四平青见	$t\varepsilon in^{55}$	$t\varepsilon in^{55}$
0901	形		梗开四平青匣	εin^{22}	εin^{22}
0902	壁		梗开四入锡帮	pi^{22}	pi^{22}
0903	劈		梗开四入锡滂	$p^{h}i^{22}$	$p^{h}i^{55}$
0904	踢		梗开四入锡透	$t^{h}i^{22}$	$t^{h}i^{22}$
0905	笛		梗开四入锡定	$ti\varepsilon^{22}_{白}$, $ti^{22}_{文}$	ti^{22}
0906	历	农~	梗开四入锡来	ni^{22}	ni^{22}
0907	锡		梗开四入锡心	εi^{22}	εi^{22}
0908	击		梗开四入锡见	$t\varepsilon i^{22}$	$t\varepsilon i^{22}$
0909	吃		梗开四入锡溪	$t\varepsilon^{h}i^{22}_{白}$, $ts^{h}ɿ^{22}_{文}$	$ts^{h}ɿ^{22}$
0910	横	~竖	梗合二平庚匣	$xuan^{22}_{白}$, $xuən^{22}_{文}$	$xən^{22}$
0911	划	计~	梗合二入麦匣	xua^{22}	xua^{22}
0912	兄		梗合三平庚晓	$\varepsilon yoŋ^{55}$	$\varepsilon yoŋ^{55}$
0913	荣		梗合三平庚云	$yoŋ^{22}$	$zoŋ^{22}$
0914	永		梗合三上庚云	$yən^{42}_{白}$, $yoŋ^{42}_{文}$	$yoŋ^{42}$
0915	营		梗合三平清以	$yən^{22}_{白}$, $in^{22}_{文}$	in^{22}
0916	蓬	~松	通合一平东并	$p^{h}oŋ^{22}$	$p^{h}oŋ^{22}$
0917	东		通合一平东端	$toŋ^{55}$	$toŋ^{55}$
0918	懂		通合一上东端	$toŋ^{42}$	$toŋ^{42}$
0919	冻		通合一去东端	$toŋ^{213}$	$toŋ^{213}$
0920	通		通合一平东透	$t^{h}oŋ^{55}$	$t^{h}oŋ^{55}$
0921	桶	注意调	通合一上东透	$t^{h}oŋ^{42}$	$t^{h}oŋ^{42}$
0922	痛		通合一去东透	$t^{h}oŋ^{213}$	$t^{h}oŋ^{213}$
0923	铜		通合一平东定	$t^{h}oŋ^{22}$	$t^{h}oŋ^{22}$
0924	动		通合一上东定	$toŋ^{213}$	$toŋ^{213}$
0925	洞		通合一去东定	$toŋ^{213}$	$toŋ^{213}$
0926	聋	注意调	通合一平东来	$noŋ^{55}$	$noŋ^{55}$
0927	弄	注意声	通合一去东来	$noŋ^{213}$	$noŋ^{213}$

编号	单字		音韵地位	老年男性音	青年男性音
0928	粽		通合一去东精	tsoŋ²¹³	tsoŋ²¹³
0929	葱		通合一平东清	tsʰoŋ⁵⁵	tsʰoŋ⁵⁵
0930	送		通合一去东心	soŋ²¹³	soŋ²¹³
0931	公		通合一平东见	koŋ⁵⁵	koŋ⁵⁵
0932	孔		通合一上东溪	kʰoŋ⁴²	kʰoŋ⁴²
0933	烘	~干	通合一平东晓	xoŋ⁵⁵	xoŋ⁵⁵
0934	红		通合一平东匣	xoŋ²²	xoŋ²²
0935	翁		通合一平东影	oŋ⁵⁵	oŋ⁵⁵
0936	木		通合一入屋明	mu²²文，mu²¹³文	mu²²
0937	读		通合一入屋定	təu²²白，tu²²文	tu²²
0938	鹿		通合一入屋来	nəu²²白，nu²²文	nu²²
0939	族		通合一入屋从	tsʰəu²²白，tsʰu²²文	tsu²²
0940	谷	稻~	通合一入屋见	ku²²	ku²²
0941	哭		通合一入屋溪	kʰu²²	kʰu²²
0942	屋		通合一入屋影	u²²	u²²
0943	冬	~至	通合一平冬端	toŋ⁵⁵	toŋ⁵⁵
0944	统	注意调	通合一去冬透	tʰoŋ⁴²	tʰoŋ⁴²
0945	脓	注意调	通合一平冬泥	noŋ²²	noŋ²²
0946	松	~紧	通合一平冬心	soŋ⁵⁵	soŋ⁵⁵
0947	宋		通合一去冬心	soŋ²¹³	soŋ²¹³
0948	毒		通合一入沃定	təu²²白，tu²²文	tu²²
0949	风		通合三平东非	xoŋ⁵⁵文，foŋ⁵⁵文	foŋ⁵⁵
0950	丰		通合三平东敷	xoŋ⁵⁵文，foŋ⁵⁵文	foŋ⁵⁵
0951	凤		通合三去东奉	xoŋ²¹³文，foŋ²¹³文	foŋ²¹³
0952	梦		通合三去东明	moŋ²¹³	moŋ²¹³
0953	中	当~	通合三平东知	tsoŋ⁵⁵	tsoŋ⁵⁵
0954	虫		通合三平东澄	tsʰoŋ²²	tsʰoŋ²²
0955	终		通合三平东章	tsoŋ⁵⁵	tsoŋ⁵⁵
0956	充		通合三平东昌	tsʰoŋ⁵⁵	tsʰoŋ⁵⁵

续表

编号	单字		音韵地位	老年男性音	青年男性音
0957	宫		通合三平东见	koŋ⁵⁵	koŋ⁵⁵
0958	穷		通合三平东群	tɕʰyoŋ²²	tɕʰyoŋ²²
0959	熊	注意声	通合三平东云	ɕyoŋ²²	ɕyoŋ²²
0960	雄	注意声	通合三平东云	ɕyoŋ²²	ɕyoŋ²²
0961	福		通合三入屋非	fu²²	fu²²
0962	服		通合三入屋奉	fu²²	fu²²
0963	目		通合三入屋明	mu²²	mu²²
0964	六		通合三入屋来	nəu²²	nu²²
0965	宿	住~	通合三入屋心	su²²	su²¹³
0966	竹		通合三入屋知	tsəu²²白，tsu²²文	tsu²²
0957	畜	~生	通合三入屋彻	su²²文，ɕiəu²²文	tsʰu²²
0968	缩		通合三入屋生	su²²白，suo²²文	suo²²
0969	粥		通合三入屋章	tsu²²	tsəu⁵⁵
0970	叔		通合三入屋书	səu²²白，su²²文	su²²
0971	熟		通合三入屋禅	səu²²白，su²²文	su²²
0972	肉		通合三入屋日	zu²²	zu²²
0973	菊		通合三入屋见	tɕy²²	tɕy²²
0974	育		通合三入屋以	iəu²²	y²²
0975	封		通合三平锺非	xoŋ⁵⁵文，foŋ⁵⁵文	foŋ⁵⁵
0976	蜂		通合三平锺敷	xoŋ⁵⁵文，foŋ⁵⁵文	foŋ⁵⁵
0977	缝	一条~	通合三平锺奉	xoŋ²¹³文，foŋ²¹³文	foŋ²¹³
0978	浓		通合三平锺泥	noŋ²²	noŋ²²
0979	龙		通合三平锺来	noŋ²²	noŋ²²
0980	松	~树	通合三平锺邪	soŋ⁵⁵	soŋ⁵⁵
0981	重	轻~	通合三平锺澄	tsoŋ²¹³	tsoŋ²¹³
0982	肿		通合三上锺章	tsoŋ⁴²	tsoŋ⁴²
0983	种	~树	通合三平东澄	tsoŋ²¹³	tsoŋ²¹³
0984	冲		通合三平锺昌	tsʰoŋ⁵⁵	tsʰoŋ⁵⁵
0985	恭		通合三平锺见	koŋ⁵⁵	koŋ⁵⁵

编号	单字		音韵地位	老年男性音	青年男性音
0986	共		通合三去锺群	koŋ²¹³	koŋ²¹³
0987	凶	吉~	通合三平锺晓	ɕyoŋ⁵⁵	ɕyoŋ⁵⁵
0988	拥	注意调	通合三平锺影	yoŋ⁴²	yoŋ⁵⁵
0989	容		通合三平锺以	yoŋ²²	zoŋ²²
0990	用		通合三去锺以	yoŋ²¹³	yoŋ²¹³
0991	绿		通合三入烛来	nəu²²白，nu²²文	nu²²
0992	足		通合三入烛精	tsəu²²白，tsu²²文	tsu²²
0993	烛		通合三入烛章	tsəu²²白，tsu²²文	tsu²²
0994	赎		通合三入烛船	səu²²白，su²²文	su²²
0995	属		通合三入烛禅	su²²	su²²
0996	褥		通合三入烛日	zu²²	zu²²
0997	曲	~折	通合三入烛溪	tɕʰy²²	tɕʰy²²
0998	局		通合三入烛群	tɕy²²	tɕy²²
0999	玉		通合三入烛疑	y²¹³	y²¹³
1000	浴		通合三入烛以	iəu²²	y²¹³

第三章　词汇

表 3-1 收录语保工程所规定的 1200 个词条条目及相应的咸丰方言说法与国际音标。同一个词条有多个方言说法的，中间用"|"隔开，没有相应方言说法的用"（无）"标示。

表 3-1　咸丰方言中语保工程 1200 个词条相应说法及发音状况

编号	词条	注例	咸丰方言说法与发音
0001	太阳	～下山了	太阳 tʰai²⁴ iaŋ²²
0002	月亮	～出来了	月亮 yɛ²²niaŋ²⁴
0003	星星		星宿 ɕin⁵⁵ɕiəu²¹³
0004	云		云 yən²²
0005	风		风 foŋ⁵⁵
0006	台风		（无）
0007	闪电	名词	霍闪 xo²²san⁴²
0008	雷		雷 nuei²²
0009	雨		雨 y⁴²
0010	下雨		下雨 ɕia²⁴ y⁴²	落雨 nuo²² y⁴²
0011	淋	衣服被雨～湿了	淋 nin²²	□ tsʰuaŋ²¹³
0012	晒	～粮食	晒 sai²¹³
0013	雪		雪 ɕyɛ²²	铺山子 pʰu²⁴san⁵⁵tsʅ⁰
0014	冰		冰 pin⁵⁵	凌 nin212	凌冰子 nin²²pin⁵⁵tsʅ⁰
0015	冰雹		雪子 ɕyɛ²²tsʅ⁰
0016	霜		霜 suaŋ⁵⁵
0017	雾		雾罩 u²⁴tsau²¹³	罩子 tsau²⁴tsʅ⁰

续表

编号	词条	注例	咸丰方言说法与发音
0018	露		露 nəu²¹³
0019	虹	统称	虹 kaŋ²¹³
0020	日食		日食 zๅ²²sๅ²²
0021	月食		月食 yɛ²²sๅ²²
0022	天气		天色 tʰiɛn⁵⁵sɛ²²
0023	晴	天~	晴 tɕʰin²²
0024	阴	天~	阴 in⁵⁵
0025	旱	天~	干 kan⁵⁵
0026	涝	天~	□ xan⁵⁵ | 淹 ŋan⁵⁵
0027	天亮		天亮 tʰiɛn⁵⁵niaŋ²¹³
0028	水田		水田 suei³³tʰiɛn²² | 田头 tʰiɛn²²tʰəu⁰
0029	旱地	浇不上水的耕地	土 tʰu⁴² | 土头 tʰu³³tʰəu⁰
0030	田埂		田坎 tʰiɛn²²kʰan⁴²
0031	路	野外的	路 nəu²¹³
0032	山		山 san⁵⁵
0033	山谷		山沟沟 san⁵⁵kəu⁵⁵kəu⁵⁵
0034	江	大的河	江 tɕiaŋ⁵⁵
0035	溪	小的河	沟沟ₙ kəu⁵⁵kɚ⁵⁵
0036	水沟ₙ	较小的水道	水沟沟ₙ suei³³kəu⁵⁵kɚ⁵⁵
0037	湖		湖 xu²²
0038	池塘		堰塘 iɛn²⁴tʰaŋ²²
0039	水坑ₙ	地面上有积水的小洼儿	水凼凼ₙ suei³³taŋ²¹³tɚ⁵⁵
0040	洪水		大水 ta²⁴suei⁴²
0041	淹	被水~了	淹 ŋan⁵⁵
0042	河岸		河坎 xo²²kʰan⁴²
0043	坝	拦河修筑拦水的	坝 pa²¹³
0044	地震		地震 ti²⁴tsən²¹³
0045	窟窿	小的	眼眼ₙ iɛn³³ iɚ⁰
0046	缝ₙ	统称	缝缝ₙ foŋ²⁴fɚ⁵⁵

续表

编号	词条	注例	咸丰方言说法与发音
0047	石头	统称	岩头 ŋai²²tʰəu0 | 岩脑壳 ŋai²²nau³³kʰo²²
0048	土	统称	土 tʰəu⁴²
0049	泥	湿的	泥巴 ni²²pa⁵⁵
0050	水泥	旧称	洋石灰 iaŋ²²sʅ²²xuei⁵⁵
0051	沙子		岩沙沙 ŋai²²sa⁵⁵sa⁵⁵ | 沙沙 sa⁵⁵sa⁵⁵
0052	砖	整块的	水砖 suei³³tsuan⁵⁵ | 火砖 xo³³tsuan⁵⁵
0053	瓦	整块的	瓦片儿 ua³³pʰiə²¹³
0054	煤		煤 mei²²
0055	煤油		洋油 iaŋ²² iau²²
0056	炭	木炭	刚炭 kaŋ⁵⁵tʰan²¹³ | 火蚀炭 xo³³sʅ²²tʰan²¹³ | 麸〝火蚀 fu⁵⁵xo³³sʅ²²
0057	灰	烧成的	灰灰 xuei⁵⁵xuei⁵⁵
0058	灰尘	桌面上的	灰灰 xuei⁵⁵xuei⁵⁵
0059	火		火 xo⁴² | 燎子 niau³³tsʅ⁰ | 火燎子 xo³³niau³³tsʅ⁰
0060	烟	烧火形成的	烟子 iɛn⁵⁵tsʅ⁰ | 烟 iɛn⁵⁵
0061	失火		着火 tsau²²xo⁴² | 失水 sʅ²²suei⁴²
0062	水		水 suei⁴² | 波浪子 po⁵⁵naŋ²⁴tsʅ⁰
0063	凉水		冷水 nən²²suei⁴² | 凉水 niaŋ²²suei⁴²
0064	热水	如洗脸的热水， 不是指喝的开水	爛水 nai²⁴suei⁴² | 热水 zɛ²²suei⁴²
0065	开水	喝的	开水 kʰai⁵⁵suei⁴²
0066	磁铁		吸铁 tɕi²²tʰiɛ⁴²
0067	时候	吃饭的～	时候儿 sʅ²²xə²⁴ | 时间儿 sʅ²²kə⁵⁵
0068	什么时候		么子时间儿 mo⁵⁵tsʅ⁰sʅ²²kə⁵⁵ | 么子时候儿 mo⁵⁵tsʅ⁰sʅ²²xə²⁴
0069	现在		现时 ɕiɛn²⁴sʅ²² | 才刚儿 tsʰai²²kə⁵⁵
0070	以前	十年～	往边 uaŋ³³piɛn⁵⁵ | 往回 uaŋ³³xuei²² 往回子 uaŋ³³xuei²²tsʅ⁰

编号	词条	注例	咸丰方言说法与发音
0071	以后	十年~	二遍 ə²⁴piɛn²¹³ | 二天 ə²²tʰiɛn⁵⁵ | 落后 nuo²²xəu²⁴
0072	一辈子		一辈子 i²²pei²⁴tsʅ⁰
0073	今年		今年 tɕin⁵⁵niɛn²² | 今年子 tɕin⁵⁵niɛn²²tsʅ⁰
0074	明年		明年 min²²niɛn²² | 明年子 min²²niɛn²²tsʅ⁰
0075	后年		后年 xəu²⁴niɛn²² | 后年子 xəu²⁴niɛn²²tsʅ⁰
0076	去年		去年 tɕʰy²⁴niɛn²² | 去年子 tɕʰy²⁴niɛn²²tsʅ⁰
0077	前年		前年 tɕʰiɛn²²niɛn²² | 前年子 tɕʰiɛn²²niɛn²²tsʅ⁰
0078	往年	过去的年份	往年子 uaŋ³³niɛn²²tsʅ⁰ | 往回子 uaŋ³³xuei²²tsʅ⁰
0079	年初		年头 niɛn²²tʰəu⁰ | 年初 niɛn²²tsʰu⁵⁵
0080	年底		年尾 niɛn²² uei⁴² | 年底 niɛn²²ti⁴² 年颠颠ₐ上 niɛn²²tiɛn⁵⁵tiə⁰saŋ²¹³
0081	今天		今天 tɕin⁵⁵tʰiɛn⁵⁵
0082	明天		明天 mən²²tʰiɛn⁵⁵
0083	后天		后天 xəu²⁴tʰiɛn⁵⁵
0084	大后天		外后天 uai²⁴xəu²⁴tʰiɛn⁵⁵ | 大后天 ta²⁴xəu²⁴tʰiɛn⁵⁵
0085	昨天		昨ₐ天 tsʰuə²²tʰiɛn⁵⁵ | 昨天 tsuo²²tʰiɛn⁵⁵
0086	前天		前天 tɕʰiɛn²²tʰiɛn⁵⁵
0087	大前天		上前天 saŋ²⁴tɕʰiɛn²²tʰiɛn⁵⁵ | 大前天 ta²⁴tɕʰiɛn²²tʰiɛn⁵⁵
0088	整天		梗天 kən⁵⁵tʰiɛn⁵⁵ | 梗天时日 kən⁵⁵tʰiɛn⁵⁵sʅ²²zʅ²¹³
0089	每天		天天 tʰiɛn⁴⁵tʰiɛn⁵⁵ | 每天 mei³³tʰiɛn⁵⁵
0090	早晨		早晨 tsau³³sən²² | 早晨家 tsau³³sən²²tɕia⁵⁵
0091	上午		上半天 saŋ²⁴pan²⁴tʰiɛn⁵⁵ | 上午 saŋ²⁴ u⁴²
0092	中午		中间ₐ时候ₐ tsoŋ⁵⁵kə⁵⁵sʅ²²xə²⁴ | 晌午正 saŋ³³ u⁴²tsən²¹³
0093	下午		下半天 ɕia²⁴pan²¹³tʰiɛn⁵⁵ | 下午 ɕia²⁴ u⁴²

续表

编号	词条	注例	咸丰方言说法与发音
0094	傍晚		擦黑 tsʰa²²xɛ²² | 打麻子眼ㄦ ta³³ma²²tsʅ⁰ iə⁴²
0095	白天		白天家 pɛ²²tʰiɛn⁵⁵tɕia⁵⁵ | 白天 pɛ²²tʰiɛn⁵⁵
0096	夜晚	与白天相对，统称	夜些家 iɛ²¹³ɕi⁵⁵tɕia⁵⁵ | 夜晚家 iɛ²⁴uan³³tɕia⁵⁵
0097	半夜		半夜阵 pan²⁴iɛ²¹³tsən²¹³ | 半夜 pan²⁴iɛ²¹³
0098	正月	农历	正月间 tsən⁵⁵yɛ²²tɕiɛn⁵⁵ | 正月 tsən⁵⁵yɛ²²
0099	大年初一	农历	初一 tsʰu⁵⁵i²² | 大初一 ta²¹³tsʰu⁵⁵i²²
0100	元宵节		正月十五 tsən⁵⁵yɛ²²sʅ²²u⁴² | 十五 sʅ²²u⁴² | 大十五 ta²⁴sʅ²²u⁴²
0101	清明		清明 tɕʰin⁵⁵min²²
0102	端午		端阳 tuan⁵⁵iaŋ²² | 端午 tuan⁵⁵u⁴²
0103	七月十五	农历，节日名	七月半 tɕʰi²²yɛ²²pan²⁴ | 月半 yɛ²²pan²⁴
0104	中秋		中秋 tsoŋ⁵⁵tɕʰiəu⁵⁵ | 八月十五 pa²²yɛ²²sʅ²²u⁴²
0105	冬至		冬至 toŋ⁵⁵tsʅ²¹³
0106	腊月	农历十二月	腊月间 na²²yɛ²²tɕiɛn⁵⁵ | 腊月 na²²yɛ²²
0107	除夕	农历	三十夜 san⁵⁵sʅ²²iɛ²⁴ | 三十两夜 san⁵⁵sʅ²²niaŋ³³iɛ²¹³
0108	历书		历书本本ㄦ ni²²su⁵⁵pan³³pə⁴² | 历书 ni²²su⁵⁵
0109	阴历		古历 ku³³ni²² | 农历 noŋ²²ni²²
0110	阳历		阳历 iaŋ²²ni²²
0111	星期天		星期 ɕin⁵⁵tɕʰi⁵⁵ | 星期天 ɕin⁵⁵tɕʰi⁰tʰiɛn⁵⁵
0112	地方		廊场 naŋ²²tsʰaŋ⁴² | 塌 tʰa²² | 点步ㄦ tiɛn³³pə²¹³
0113	什么地方		么子廊场 mo⁵⁵tsʅ⁰naŋ²²tsʰaŋ²² | 哪塌 na³³tʰa²² | 哪个点步ㄦ na³³ko²¹³tiɛn³³pə²¹³
0114	家里		屋里 u²²ni⁴² | 屋头 u²²tʰəu⁰
0115	城里		城里 tsʰən²²ni⁴² | 城头 tsʰən²²tʰəu⁰
0116	乡下		乡里 ɕiaŋ⁵⁵ni⁰ | 乡旮旯 ɕiaŋ⁵⁵kʰa⁵⁵kʰa⁰
0117	上面	从~滚下来	皮面 pʰi²²miɛn²⁴ | 皮头 pʰi²²tʰəu⁰ | 高头 kau⁵⁵tʰəu⁰
0118	下面	从~爬上去	落兜 ⁼nuo²²təu²² | 兜⁼脚 təu²²tɕyo⁴² | 底脚 ti⁴²tɕyo⁴²

编号	词条	注例	咸丰方言说法与发音
0119	左边		左边 tsuo³³piɛn⁵⁵
0120	右边		右边 iəu²⁴piɛn⁵⁵
0121	中间	排队排在～	中间 tsoŋ⁵⁵kan⁵⁵
0122	前面	排队排在～	前头 tɕʰiɛn²²tʰəu⁰ | 前边 tɕʰiɛn²²piɛn⁵⁵ | 前面 tɕʰiɛn²²miɛn²⁴
0123	后面	排队排在～	后头 xəu²⁴tʰəu⁰ | 后边 xəu²¹³piɛn⁵⁵ | 后面 xəu²⁴miɛn²¹³
0124	末尾	排队排在～	落尾 nuo²²uei⁴² | 顶后头 tin³³xəu²¹³tʰəu⁰ | 顶后边 tin³³xəu²¹³piɛn⁵⁵
0125	对面		对边 tuei²¹³piɛn⁵⁵ | 对面 tuei²⁴miɛn²¹³
0126	面前		面前 miɛn²⁴tɕʰiɛn²²
0127	背后		背后 pei²¹³xəu³³
0128	里面	躲在～	里面 ni³³miɛn²¹³ | 里头 ni³³tʰəu⁰ | 里边 ni³³piɛn⁵⁵
0129	外面	衣服晒在～	外面 uai²⁴miɛn²¹³ | 外头 uai²⁴tʰəu⁰ | 外边 uai²¹³piɛn⁵⁵
0130	旁边		侧边 tsɛ²²piɛn⁵⁵ | 横边 xuan²²piɛn⁵⁵ | 旁边 pʰaŋ²²piɛn⁵⁵
0131	上	碗在桌子～	皮面 pʰi²²miɛn²¹³ | 皮头 pʰi²²tʰəu⁰ | 高头 kau⁵⁵tʰəu⁰
0132	下	凳子在桌子～	落兜 nuo²²təu²² | 底脚 ti³³tɕyo⁴² | 透˝脚 tʰəu²⁴tɕyo⁴²
0133	边儿	桌子的～	边边儿 piɛn⁵⁵piə⁵⁵ | 舷舷儿 ɕiɛn²²ɕiə⁰ | 舷子 ɕiɛn²²tsʅ⁰
0134	角儿	桌子的～	角角儿 ko²²kuə⁰ | 角角 ko²²ko²²
0135	上去	他～了	上去 saŋ²⁴tɕʰy²¹³
0136	下来	他～了	下去 ɕia²⁴tɕʰy²¹³ | 下来 ɕia²⁴nai²²
0137	进去	他～了	进去 tɕin²⁴tɕʰy²¹³
0138	出来	他～了	出来 tsʰu²²nai²²
0139	出去	他～了	出去 tsʰu²²tɕʰy²⁴
0140	回来	他～了	转来 tsuan³³nai²² | 回来 xuei²²nai²²

续表

编号	词条	注例	咸丰方言说法与发音
0141	起来	天冷~了	起来 tɕʰi³³nai²²
0142	树		树 su²¹³ | 树子 su²⁴tsɿ⁰
0143	木头		木棒棒 mu²²paŋ²⁴paŋ⁵⁵ | 料棒棒 niau²⁴paŋ²⁴paŋ⁵⁵ | 木头 mu²²tʰəu⁰
0144	松树	统称	松树 tsʰoŋ²²su²⁴ | 松木 tsʰoŋ²²mu²²
0145	柏树	统称	香树 ɕiaŋ⁵⁵su²¹³ | 柏香 pɛ²²ɕiaŋ⁵⁵ | 柏子树 pɛ²²tsɿ⁰su²⁴
0146	杉树		杉树 sa⁵⁵su²¹³ | 杉木 sa⁵⁵mu²²
0147	柳树		杨柳树 iaŋ²²niəu⁴²su²¹³ | 柳树 niəu³³su²¹³
0148	竹子	统称	竹 tsu²² | 竹子 tsu²²tsɿ⁰
0149	笋		笋子 sən³³tsɿ⁰ | 笋 sən⁴²
0150	叶子		叶叶ㄦ iɛ²² iə⁰
0151	花		花ㄦ xuə⁵⁵
0152	花蕾	花骨朵	花苞苞 xua⁴⁵pau⁵⁵pau⁰ | 花苞苞ㄦ xua⁵⁵pau⁵⁵ pə⁰
0153	梅花		梅花 mei²²xua⁵⁵ | 梅花ㄦ mei²²xuə⁵⁵
0154	牡丹		牡丹 mau³³tan⁵⁵ | 牡丹花 mau³³tan⁵⁵xua⁵⁵
0155	荷花		荷花 xo²²xua⁵⁵ | 莲花 niɛn²²xua⁵⁵
0156	草		草 tsʰau⁴² | 草草ㄦ tsʰau³³tsʰə⁰
0157	藤		藤子 tʰən²²tsɿ⁰ | 藤藤ㄦ tʰən²²tʰə⁰ | 藤 tʰən²²
0158	刺	名词	刺 tsʰɿ²¹³
0159	水果		果木实 ko³³mu²²sɿ²²
0160	苹果		林檎 nin²²tɕʰin²² | 花红 xua⁵⁵xoŋ²²
0161	桃子		桃 tʰau²² | 桃子 tʰau²²tsɿ⁰
0162	梨		梨 ni²² | 梨子 ni²²tsɿ⁰
0163	李子		麦李ㄦ mɛ²²niə⁴² | 麦李子 mɛ²²ni⁴²tsɿ⁰
0164	杏		杏子 xən²⁴tsɿ⁰
0165	橘子		橘子 tɕy²²tsɿ⁰
0166	柚子		橙子 tsʰən²²tsɿ⁰
0167	柿子		柿子 sɿ²⁴tsɿ⁰

续表

编号	词条	注例	咸丰方言说法与发音
0168	石榴		石榴 sʅ²²niəu⁴²
0169	枣		枣子 tsau³³tsʅ⁰
0170	栗子		板栗 pan³³ni²² | 锥栗ₗ tsuei⁵⁵niə²²
0171	核桃		核桃 xɛ²²tʰau²²
0172	银杏	白果	白果ₗ pɛ²²kuə⁴²
0173	甘蔗		甘蔗秆ₗ kan⁵⁵tsa⁵⁵kə⁴²
0174	木耳		耳子 ɚ³³tsʅ⁰
0175	蘑菇	野生的	菌子 tɕyən²⁴tsʅ⁰
0176	香菇		香菌ₗ ɕiaŋ⁵⁵tɕyə²¹³
0177	稻子	指植物	谷子 ku²²tsʅ⁰ | 稻谷 tau²⁴ku²²
0178	稻谷	指籽实（脱粒后是大米）	谷子 ku²²tsʅ⁰
0179	稻草	脱粒后的	稻谷草 tau²⁴ku²²tsʰau⁴² | 稻草 tau²⁴tsʰau⁴²
0180	大麦	指植物	三月黄 san⁵⁵ yɛ²²xuaŋ²² | 大麦 ta²⁴mɛ²²
0181	小麦	指植物	小麦 ɕiau³³mɛ²²
0182	麦秸	脱粒后的	麦秆秆ₗ mɛ²²kan⁴²kə⁰ | 麦稿稿ₗ mɛ²²kau⁴²kə⁰ | 麦草 mɛ²²tsʰau⁴²
0183	谷子	指植物（籽实脱粒后是小米）	小米 ɕiau³³mi⁴² | 小谷 ɕiau³³ku²²
0184	高粱	指植物	高粱 kau⁵⁵niaŋ²²
0185	玉米	指成株的植物	包谷 pau⁵⁵ku²²
0186	棉花	指植物	棉花 miɛn²²xua⁵⁵
0187	油菜	油料作物，不是蔬菜	油菜 iəu²²tsʰai²⁴
0188	芝麻		芝麻 tsʅ⁵⁵ma²²
0189	向日葵	指植物	葵花 kʰuei²²xua⁵⁵ | 向阳花 ɕiaŋ²⁴ iaŋ²²xua⁵⁵
0190	蚕豆		胡豆ₗ fu²²tə²⁴
0191	豌豆		豌豆ₗ uan⁵⁵tə²⁴
0192	花生	指果实，注意婉称	落花生ₗ nuo²²xua⁵⁵sə⁰
0193	黄豆		黄豆ₗ xuaŋ²²tə²⁴
0194	绿豆		绿豆ₗ nu²²tə²⁴

续表

编号	词条	注例	咸丰方言说法与发音
0195	豇豆	长条形的	豇豆儿 kaŋ⁵⁵tə²⁴
0196	大白菜	东北~	大白菜 ta²⁴pɛ²²tsʰai²¹³
0197	包心菜	卷心菜，圆白菜，球形的	包包菜 pau⁵⁵pau⁵⁵tsʰai²¹³
0198	菠菜		扯根菜 tsʰɛ⁴²kən⁵⁵tsʰai²¹³
0199	芹菜		芹菜 tɕʰin²²tsʰai²⁴
0200	莴笋		莴笋 uo⁵⁵sən⁴²
0201	韭菜		韭菜 tɕiəu³³tsʰai²¹³
0202	香菜	芫荽	芫荽 iɛn²²ɕy⁵⁵
0203	葱		葱 tsʰoŋ⁵⁵
0204	蒜		大蒜儿 ta²⁴suə²¹³
0205	姜		姜 tɕiaŋ⁵⁵
0206	洋葱		洋葱脑壳儿 iaŋ²²tsʰoŋ⁵⁵nau³³kʰuə⁰
0207	辣椒	统称	海椒 xai³³tɕiau⁵⁵
0208	茄子	统称	茄子 tɕʰyɛ²²tsɿ⁰
0209	西红柿		番茄 fan⁵⁵tɕʰyɛ²²
0210	萝卜	统称	萝卜 nuo²²pu⁰
0211	胡萝卜		胡萝卜 fu²²nuo²²pu⁰
0212	黄瓜		黄瓜 xuaŋ²²kua⁵⁵
0213	丝瓜	无棱的	丝瓜 sɿ⁵⁵kua⁵⁵
0214	南瓜	扁圆形或梨形，成熟时赤褐色	南瓜 nan²²kua⁵⁵ | 番瓜 xuan⁵⁵kua⁵⁵
0215	荸荠		慈姑子 tsʰɿ²²ku²²tsɿ⁰
0216	红薯	统称	苕 sau²² | 红苕 xoŋ²²sau²²
0217	马铃薯		洋芋 iaŋ²²y²⁴
0218	芋头		芋头 y²⁴tʰəu⁰
0219	山药	圆柱形的	脚板儿苕 tɕyo²²pə⁰sau²²
0220	藕		藕 ŋəu⁴²
0221	老虎		虎 fu⁴² | 大头猫 ta²⁴tʰəu⁰mau⁵⁵
0222	猴子		猴儿 xəu²²ə²²

续表

编号	词条	注例	咸丰方言说法与发音
0223	蛇	统称	溜子 niəu⁵⁵tsʅ⁰ | 溜老倌ₙ niəu⁵⁵nau⁴²kuə⁵⁵ | 蛇 sɛ²²
0224	老鼠	家里的	老鼠子 nau³³suei⁴²tsʅ⁰ | 老鼠 nau³³suei⁴²
0225	蝙蝠		檐老鼠 iɛn²²nau³³suei⁴²
0226	鸟儿	飞鸟，统称	雀 tɕʰyo²² | 雀鸟 tɕʰyo²²niau⁴² | 扁毛 piɛn³³mau²²
0227	麻雀		麻雀ₙ ma²²tɕʰyə²² | 麻雀子 ma²²tɕʰyo²²tsʅ⁰
0228	喜鹊		鸦鹊ₙ ia⁵⁵tɕʰyə²²
0229	乌鸦		老鸹 nau³³ ua²² | 黑老鸹 xɛ²²nau³³ ua²²
0230	鸽子		鸽子 ko²²tsʅ⁰
0231	翅膀	鸟的，统称	翅膀 tsʅ²⁴paŋ⁴²
0232	爪子	鸟的，统称	爪爪 tsau³³tsau⁰
0233	尾巴		尾子 uei³³tsʅ⁰ | 尾巴ₙ uei³³pə⁰
0234	窝	鸟的	窝 uo⁵⁵
0235	虫子	统称	虫 tsʰoŋ²² | 虫虫ₙ tsʰoŋ²²tsʰə⁰
0236	蝴蝶	统称	蝴蝶 fu²²tiɛ²² | 飞蛾ₙ fei⁵⁵ uə⁰
0237	蜻蜓	统称	阳虹虹ₙ iaŋ²²tin⁵⁵tiə⁰ | 虹虹猫ₙ tin⁵⁵tin⁵⁵mə⁰ | 点点猫ₙ tiɛn⁵⁵tiɛn⁵⁵mə⁰
0238	蜜蜂		糖蜂 tʰaŋ²²foŋ⁵⁵
0239	蜂蜜		蜂糖 xoŋ⁵⁵tʰaŋ²²
0240	知了	统称	催米子虫 tsʰuei⁵⁵mi³³tsʅ⁰tsʰoŋ²² | 催米虫 tsʰuei⁵⁵mi³³tsʰoŋ²²
0241	蚂蚁		蚂蚁子 ma³³ i²²tsʅ⁰
0242	蚯蚓		曲蟮ₙ tɕʰy³³sə²⁴
0243	蚕		蚕子 tsʰan²²tsʅ⁰ | 蚕儿 tsʰan²² ə²²
0244	蜘蛛	会结网的	蚱蛛 tsɛ²²tsu⁵⁵
0245	蚊子	统称	夜蚊子 iɛ²⁴ uən²²tsʅ⁰ | 尖嘴蚊 tɕiɛn⁵⁵tsuei⁴² uən²²
0246	苍蝇	统称	饭蚊子 fan²⁴ uən²²tsʅ⁰ | 屎蚊子 sʅ³³ uən²²tsʅ⁰
0247	跳蚤	咬人的	蛇蚤 kɛ²²tsau⁴²
0248	虱子		虱子 sɛ²²tsʅ⁰

续表

编号	词条	注例	咸丰方言说法与发音
0249	鱼		鱼 y^{22} ｜ 摆尾子 pai^{33} uei^{42}tsɿ^{0}
0250	鲤鱼		鲤鱼 ni^{33} y^{22}
0251	鳙鱼	胖头鱼	鲢鱼 niɛn^{22} y^{22}
0252	鲫鱼		鲫壳子 tɕi^{22}kʰo^{22}tsɿ^{0} ｜ 鲫壳儿 tɕi^{22}kʰuɚ^{22}
0253	甲鱼		团鱼 tʰuan^{22} y^{22}
0254	鳞	鱼的	甲 tɕia^{22}
0255	虾	统称	虾子 ɕia^{55}tsɿ^{0}
0256	螃蟹	统称	螃蟹 pʰan^{22}xai^{24} ｜ 螃夹子 pʰan^{22}ka^{22}tsɿ^{0}
0257	青蛙	统称	蛤蟆儿 kʰɛ^{22}mɚ^{42} ｜ 青蛤蟆儿 tɕʰin^{55}kʰɛ^{22}mɚ^{42}
0258	癞蛤蟆	表皮多疙瘩	癞蛤包 nai^{24}kʰɛ^{22}pau^{55}
0259	马		马 ma^{42}
0260	驴		驴 nəu^{22}
0261	骡		骡 nuei^{22}
0262	牛		牛 niəu^{22}
0263	公牛	统称	牯牛 ku^{33}niəu^{22}
0264	母牛	统称	⿱沙牛牛 sa^{55}niəu^{22}
0265	放牛		望牛 uaŋ^{24}niəu^{22} ｜ 看牛 kʰan^{24}niəu^{22} ｜ 照牛 tsau^{24}niəu^{22}
0266	羊		羊 iaŋ^{22}
0267	猪		猪 tsu^{55}
0268	种猪	配种用的公猪	角猪 tɕyo^{22}tsu^{55}
0269	公猪	成年的，已阉的	牙猪 ia^{22}tsu^{55}
0270	母猪	成年的，未阉的	草猪 tsʰau^{33}tsu^{55}
0271	猪崽		小猪儿 ɕiau^{33}tsuɚ^{55} ｜ 月猪儿 yɛ^{22}tsuɚ^{55}
0272	猪圈		猪圈 tsu^{55}tɕyɛn^{213}
0273	养猪		喂猪 uei^{24}tsu^{55}
0274	猫		猫儿 mau^{55} ɚ^{22} ｜ 喵儿 miau^{22} ɚ^{22} ｜ 猫儿 mɚ^{55}
0275	公猫		牙猫儿 ia^{22}mɚ^{55}
0276	母猫		草猫儿 tsʰau^{33}mɚ^{55}

续表

编号	词条	注例	咸丰方言说法与发音
0277	狗	统称	狗 kəu⁴² | 皮娃子 pʰi²² ua²²tsʅ⁰
0278	公狗		牙狗 ia²²kəu⁴²
0279	母狗		草狗 tsʰau³³kəu⁴²
0280	叫	狗~	咬 ŋau⁴²
0281	兔子		兔儿 tʰəu²⁴ ə²²
0282	鸡		鸡 tɕi⁵⁵ | 鸡子 tɕi⁵⁵tsʅ⁰
0283	公鸡	成年的，未阉的	鸡公 tɕi⁵⁵koŋ⁵⁵
0284	母鸡	已下过蛋的	鸡母 tɕi⁵⁵mu⁴²
0285	叫	公鸡~（即打鸣儿）	叫 tɕiau²¹³
0286	下	鸡~蛋	生 sən⁵⁵ | 屙 uo⁵⁵
0287	孵	~小鸡	菢 pau²¹³
0288	鸭		鸭 ia²² | 鸭子 ia²²tsʅ⁰
0289	鹅		鹅 uo²² | 鹅子 uo²²tsʅ⁰
0290	阉	~公的猪	割 ko²² | 骟 san²¹³
0291	阉	~母的猪	劁 tɕʰiau⁵⁵
0292	阉	~鸡	旋 ɕyɛn²¹³
0293	喂	~猪	喂 uei²¹³
0294	杀猪	统称，注意婉称	杀猪 sa²²tsu⁵⁵
0295	杀	~鱼	剖 pʰo⁴²
0296	村庄	一个~	院子 yɛn²⁴tsʅ⁰ | 寨子 tsai²⁴tsʅ⁰
0297	胡同	统称：一条~	巷子 xaŋ²⁴tsʅ⁰ | 巷巷儿 xaŋ²⁴xə⁰
0298	街道		街 kai⁵⁵
0299	盖房子		修屋 ɕiəu⁵⁵ u²² | 修房子 ɕiəu⁵⁵faŋ²²tsʅ⁰
0300	房子	整座的，不包括院子	屋 u²² | 房子 faŋ²²tsʅ⁰
0301	屋子	房子里分隔而成的，统称	房 faŋ²² | 房间儿 faŋ²²kə⁵⁵
0302	卧室		歇房 ɕiɛ²²faŋ²² | 房屋 faŋ²² u²²
0303	茅屋	茅草等盖的	茅屋儿 mau²² uə²² | 茅棚棚儿 mau²²pʰoŋ²²pʰə⁰ | 茅权棚 mau²²tsʰa⁵⁵pʰoŋ²²
0304	厨房		灶屋 tsau²⁴ u²²

续表

编号	词条	注例	咸丰方言说法与发音
0305	灶	统称	灶 tsau²¹³
0306	锅	统称	锅 ko⁵⁵
0307	饭锅	煮饭的	饭锅 fan²⁴ko⁵⁵ | 中锅 tsoŋ⁵⁵ko⁵⁵
0308	菜锅	炒菜的	菜锅 tsʰai²⁴ko⁵⁵ | 边锅 piɛn⁵⁵ko⁵⁵
0309	厕所	旧式的，统称	茅厕 mau²²sๅ⁴²
0310	檩	左右方向的	檩子 nin³³tsๅ⁰
0311	柱子		柱头 tsu²⁴tʰəu²²
0312	大门		大门 ta²⁴mən²²
0313	门槛ₗ		门槛ₗ mən²²kʰɚ⁴²
0314	窗	旧式的	窗子 tsʰuaŋ⁵⁵tsๅ⁰ | 窗户 tsʰuaŋ⁵⁵fu²¹³
0315	梯子	可移动的	梯子 tʰi⁵⁵tsๅ⁰
0316	扫帚	统称	扫把 sau²⁴pa⁴²
0317	扫地		扫地 sau³³ti²¹³
0318	垃圾		渣子 tsa⁵⁵tsๅ⁰ | 渣渣 tsa⁵⁵tsa⁵⁵
0319	家具	统称	家什 tɕia⁵⁵sๅ²² | 动用家什 toŋ²⁴yoŋ²¹³tɕia⁵⁵sๅ²²
0320	东西	我的~	东西 toŋ⁵⁵ɕi⁵⁵
0321	炕	土、砖砌的，睡觉用	（无）
0322	床	木制的，睡觉用	床 tsʰuaŋ²² | 铺 pʰu²¹³
0323	枕头		枕头 tsən³³tʰəu⁰
0324	被子		铺盖 pʰu⁵⁵kai²¹³
0325	棉絮		棉絮 miɛn²²suei²⁴
0326	床单		卧单 uo²⁴tan⁵⁵ | 单子 tan⁵⁵tsๅ⁰
0327	褥子		坝絮 pa²⁴suei²¹³ | 垫絮 tiɛn²⁴suei²¹³
0328	席子		席子 ɕi²²tsๅ⁰
0329	蚊帐		帐子 tsaŋ²⁴tsๅ⁰ | 蚊帐 uən²²tsaŋ²⁴
0330	桌子	统称	桌桌ₗ tsuo²²tsuɚ⁰ | 桌子 tsuo²²tsๅ⁰
0331	柜子	统称	柜子 kuei²⁴tsๅ⁰
0332	抽屉	桌子的	屉子 tʰi²⁴tsๅ⁰ | 抽屉 tsʰəu⁵⁵tʰi²¹³

续表

编号	词条	注例	咸丰方言说法与发音
0333	案子	长条形的	条桌 tʰiau²²tsuo²² | 案桌 ŋan²⁴tsuo²²
0334	椅子	统称	椅子 i³³tsʅ⁰ | 靠椅 kʰau²⁴ i⁴² | 靠把椅 kʰau²¹³pa³³ i⁴²
0335	凳子	统称	凳凳ₙ təŋ²⁴tə⁰ | 板凳ₙ pan³³tə²¹³
0336	马桶	有盖的	尿桶 niau²⁴tʰoŋ⁴²
0337	菜刀		薄刀 po²²tau⁵⁵ | 菜刀 tsʰai²⁴tau⁵⁵
0338	瓢	舀水的	瓢瓜 pʰiau²²kua⁵⁵ | 水瓢瓜 suei³³pʰiau²²kua⁵⁵
0339	缸		黄缸 xuaŋ²²kaŋ⁵⁵ | 黄 xuaŋ²²
0340	坛子	装酒的～	坛 tʰan²² | 坛坛ₙ tʰan²²tʰə⁰
0341	瓶子	装酒的～	瓶瓶ₙ pʰin²²pʰiə⁰ | 瓶子 pʰin²²tsʅ⁰
0342	盖子	杯子的～	盖盖ₙ kai²⁴kə⁰ | 盖子 kai²⁴tsʅ⁰
0343	碗	统称	碗ₙ uə⁴²
0344	筷子		筷子 kʰuai²⁴tsʅ⁰
0345	汤匙		调羹ₙ tʰiau²²kə⁵⁵
0346	柴火	统称	柴 tsʰai²² | 柴火 tsʰai²²xo⁴²
0347	火柴		洋火 iaŋ²²xo⁴² | 火柴 xo³³tsʰai²²
0348	锁		锁 suo⁴²
0349	钥匙		钥匙 yo²²sʅ²²
0350	暖水瓶		热水瓶 zɛ²²suei³³pʰin²² | 热水瓶子 zɛ²²suei³³pʰin²²tsʅ⁰
0351	脸盆		洗脸盆 ɕi³³niɛn⁴²pʰən²² | 脸盆 niɛn³³pʰən²²
0352	洗脸水		洗脸水 ɕi³³niɛn⁴²suei⁴²
0353	毛巾	洗脸用	毛巾帕子 mau²²tɕin⁵⁵pʰa²⁴tsʅ⁰ | 裹巾帕子 ko³³tɕin⁵⁵pʰa²⁴tsʅ⁰ | 洗脸帕 ɕi³³niɛn⁴²pʰa²⁴
0354	手绢		手巾ₙ səu³³tɕiə⁵⁵ | 帕帕ₙ pʰa²⁴pʰə⁰ | 手帕帕ₙ səu³³pʰa²⁴pʰə⁰
0355	肥皂	洗衣服用	肥皂 fei²²tsau²⁴
0356	梳子	旧式的，不是篦子	梳子 su⁵⁵tsʅ⁰

续表

编号	词条	注例	咸丰方言说法与发音
0357	缝衣针		针 tsən⁵⁵
0358	剪子		剪刀 tɕiɛn³³tau⁵⁵
0359	蜡烛		烛 tsu²²
0360	手电筒		电筒 tiɛn²⁴tʰoŋ⁴² | 电棒 tiɛn²⁴paŋ²¹³
0361	雨伞	挡雨的，统称	伞 san⁴² | 雨伞 y³³san⁴²
0362	自行车		洋马ₙ iaŋ²²mə⁴² | 自行车 tsʅ²⁴ɕin²²tsʰɛ⁵⁵
0363	衣服	统称	衣服 i⁵⁵fu²²
0364	穿	～衣服	穿 tsʰuan⁵⁵
0365	脱	～衣服	脱 tʰuo²²
0366	系	～鞋带	捆 kʰuən⁴²
0367	衬衫		衬衣 tsʰən²⁴i⁵⁵ | 汗衣 xan²⁴i⁵⁵ | 揌身衣 tʰa²²sən⁵⁵i⁵⁵
0368	背心	带两条杠的，内衣	褂褂ₙ kua²⁴kuə⁰
0369	毛衣		毛线衣 mau²²ɕiɛn²¹³i⁵⁵
0370	棉衣		袄子 ŋau³³tsʅ⁰ | 棉衣 miɛn²²i⁵⁵
0371	袖子		衣袖 i⁵⁵ɕiəu²¹³ | 袖子 ɕiəu²⁴tsʅ⁰
0372	口袋	衣服上的	荷包ₙ xo²²pə⁵⁵
0373	裤子		裤子 kʰu²⁴tsʅ⁰
0374	短裤	外穿的	瑶ᵈ裤ₙ iau²²kʰuə²⁴
0375	裤腿		裤脚 kʰu²⁴tɕyo²²
0376	帽子	统称	帽儿 mau²⁴ɚ²² | 帽子 mau²⁴tsʅ⁰
0377	鞋子		鞋 xai²²
0378	袜子		袜子 ua²²tsʅ⁰
0379	围巾		围颈 uei²²tɕin⁴² | 围巾 uei²²tɕin⁵⁵
0380	围裙		围腰 uei²²iau⁵⁵ | 围裙 uei²²tɕʰyən²²
0381	尿布		尿片ₙ niau²⁴piə²¹³ | 片片ₙ pʰiɛn²⁴pʰiə⁰
0382	扣子		扣子 kʰəu²⁴tsʅ⁰
0383	扣	～扣子	扣 kʰəu²¹³

编号	词条	注例	咸丰方言说法与发音
0384	戒指		绠子 kən³³tsʅ⁰
0385	手镯		箍子 kʰu²⁴tsʅ⁰
0386	理发		剃头 tʰi²⁴tʰəu²² | 剪脑壳 tɕiɛn³³nau³³kʰo²² | 剪奞奞ₙ tɕiɛn³³ta²²tə⁰
0387	梳头		梳脑壳 su⁵⁵nau³³kʰo²² | 梳奞奞ₙ su⁵⁵ta²²tə⁰
0388	米饭		大米饭 ta²¹³mi⁴²fan²¹³
0389	稀饭	用米熬的，统称	稀饭 ɕi⁵⁵fan²¹³
0390	面粉	麦子磨的，统称	灰面 xuei⁵⁵miɛn²¹³
0391	面条	统称	面条ₙ miɛn²⁴tʰiə²²
0392	面儿	玉米～，辣椒～	粉子 fən³³tsʅ⁰
0393	馒头	无馅的，统称	馒头 man²²tʰəu⁰ | 馒坨 man²²tʰuo⁰
0394	包子		包子 pau⁵⁵tsʅ⁰
0395	饺子		饺子 tɕiau³³tsʅ⁰
0396	馄饨		灰面疙瘩ₙ xuei⁵⁵miɛn²¹³kɛ²²tə⁰ | 麦疙瘩ₙ mɛ²²kɛ²²tə⁰
0397	馅ₙ		芯子 ɕin⁵⁵tsʅ⁰ | 包芯 pau⁵⁵ɕin⁵⁵
0398	油条	长条形的，旧称	油条ₙ iəu²²tʰiə²²
0399	豆浆		豆浆 tʰəu²⁴tɕiaŋ⁵⁵
0400	豆腐脑		豆花ₙ tʰəu²⁴xuə⁵⁵ | 嫩豆花 nɛn²⁴tʰəu²⁴xuə⁵⁵
0401	元宵	食品	汤圆ₙ tʰaŋ⁵⁵yə²²
0402	粽子		粽粑 tsoŋ²⁴pa⁵⁵ | 粽子 tsoŋ²⁴tsʅ⁰
0403	年糕	用黏性大的米或米粉做的	年糕 niɛn²²kau⁵⁵
0404	点心	统称	杂糖 tsa²²tʰaŋ²² | 糖食糕饼 tʰaŋ²²sʅ²²kau⁵⁵pin⁴²
0405	菜	吃饭时吃的，统称	菜 tsʰai²¹³ | 菜蔬 tsʰai²¹³su⁵⁵
0406	干菜	统称	干菜 kan⁵⁵tsʰai²¹³
0407	豆腐		白豆腐 pɛ²²təu²⁴fu⁴² | 豆腐 təu²⁴fu⁴²
0408	猪血	当菜的	猪血 tsu⁵⁵ɕyɛ⁴²
0409	猪蹄	当菜的	猪蹄子 tsu⁵⁵tʰi²²tsʅ⁰
0410	猪舌头	当菜的，注意婉称	猪舌条ₙ tsu⁵⁵sɛ²²tʰiə²² | 猪舌子 tsu⁵⁵sɛ²²tsʅ⁰

续表

编号	词条	注例	咸丰方言说法与发音
0411	猪肝	当菜的，注意婉称	猪肝儿 tsu⁵⁵kə⁵⁵
0412	下水	猪牛羊的内脏	下杂 ɕia²⁴tsa²² | 杂碎 tsa²²suei²⁴
0413	鸡蛋		鸡蛋儿 tɕi⁵⁵tə²¹³
0414	松花蛋		皮蛋儿 pʰi²²tə²⁴
0415	猪油		猪油 tsu⁵⁵iəu²²
0416	香油		麻油 ma²²iəu²² | 芝麻油 tsʅ⁵⁵ma²²iəu²²
0417	酱油		酱油 tɕiaŋ²⁴iəu²²
0418	盐	名词	盐 iɛn²² | 盐巴 iɛn²²pa⁵⁵ | 锅巴盐 ko⁵⁵pa⁵⁵iɛn²²
0419	醋	注意婉称	醋 tsʰu²¹³
0420	香烟		纸烟 tsʅ³³iɛn⁵⁵
0421	旱烟		叶子烟 iɛ²²tsʅ⁰iɛn⁵⁵
0422	白酒		酒 tɕiəu⁴² | 烧老二 sau⁵⁵nau³³ɚ²¹³ | 癫子水 tiɛn⁵⁵tsʅ⁰suei⁴²
0423	黄酒		绍兴酒 sau²¹³ɕin⁵⁵tɕiəu⁴²
0424	江米酒	酒酿，醪糟	甜酒 tʰiɛn²²tɕiəu⁴²
0425	茶叶		茶叶 tsʰa²²iɛ²² | 茶叶子 tsʰa²²iɛ²²tsʅ⁰
0426	沏	~茶	泡 pʰau²¹³
0427	冰棍儿		冰棒 pin⁵⁵paŋ²¹³
0428	做饭	统称	弄饭 noŋ²⁴fan²¹³
0429	炒菜	统称，和做饭相对	炒菜 tsʰau⁴²tsʰai²¹³
0430	煮	~带壳的鸡蛋	煮 tsu⁴²
0431	煎	~鸡蛋	煎 tɕiɛn⁵⁵
0432	炸	~油条	炸 tsa²²
0433	蒸	~鱼	蒸 tsən⁵⁵
0434	揉	~面做馒头等	揉 zua²²
0435	擀	~面，~皮儿	擀 kan⁴²
0436	吃早饭		逮早饭 tai⁴²tsau³³fan²¹³ | 吃早饭 tsʰʅ²²tsau³³fan²¹³ | 过早 ko²⁴tsau⁴²

编号	词条	注例	咸丰方言说法与发音
0437	吃午饭		逮中饭 tai⁴²tsoŋ⁵⁵fan²¹³ | 吃晌午 tsʰๅ²²sau³³u⁴² | 过午 ko²⁴u⁴²
0438	吃晚饭		逮夜饭 tai⁴²iɛ²⁴fan²¹³ | 吃夜饭 tsʰๅ²²iɛ²⁴fan²¹³ | 消夜 ɕiau⁵⁵iɛ²¹³
0439	吃	~饭	逮 tai⁴² | 吃 tsʰๅ²²
0440	喝	~酒	逮 tai⁴² | 吃 tsʰๅ²²
0441	喝	~茶	逮 tai⁴² | 吃 tsʰๅ²² | 喝 xo²²
0442	抽	~烟	逮 tai⁴² | 喝 xo²² | 吃 tsʰๅ²²
0443	盛	~饭	舀 iau⁴²
0444	夹	用筷子~菜	夹 ka²²
0445	斟	~酒	倒 tau²¹³ | 酌 tsuo²²
0446	渴	口~	渴 kʰo²² | 干 kan⁵⁵
0447	饿	肚子~	饿 uo²⁴
0448	噎	吃饭~着了	哽 kən⁴²
0449	头	人的，统称	脑壳 nau³³ko²² | 躴瓜儿 naŋ⁵⁵kuə⁰ | 脑瓜儿 nau³³kuə⁰
0450	头发		奤奤儿 ta²²tə⁰ | 头发 tʰəu²²fa²²
0451	辫子		辫奤奤儿 piɛn²⁴ta²²tə⁰ | 辫子 piɛn²⁴tsๅ⁰
0452	旋		旋儿 ɕyə²¹³
0453	额头		额脑 ŋɛ²²nau⁴²
0454	相貌		相貌儿 ɕiaŋ²⁴mə²¹³ | 样儿 iaŋ²⁴ə²² | 脸貌儿 niɛn³³mə²¹³
0455	脸	洗~	脸巴 niɛn³³pa⁵⁵ | 脸 niɛn⁴²
0456	眼睛		眼睛 iɛn³³tɕi⁵⁵
0457	眼珠	统称	眼睛珠珠儿 iɛn³³tɕi⁵⁵tsu⁵⁵tsuə⁵⁵
0458	眼泪	哭的时候流出来的	眼睛水儿 iɛn³³tɕi⁵⁵suə⁴² | 眼泪水儿 iɛn³³nuei²¹³ suə⁴² | 眼泪 iɛn³³nuei²¹³
0459	眉毛		眉毛 mi²²mau²²
0460	耳朵		耳朵 ə³³tuo³³
0461	鼻子		鼻子 pi²⁴tsๅ⁰

续表

编号	词条	注例	咸丰方言说法与发音
0462	鼻涕	统称	鼻子 pi²⁴tsʅ⁰ | 鼻脓 pi²⁴noŋ²² | 鼻痢脓 pi²⁴ni²⁴noŋ²²
0463	擤	~鼻涕	擤 ɕin⁴²
0464	嘴巴	人的，统称	嘴皮子 tsuei³³pʰi³³tsʅ⁰ | 嘴巴子 tsuei³³pa⁵⁵tsʅ⁰
0465	嘴唇		嘴唇 tsuei³³suən²² | 嘴皮子 tsuei³³pʰi²²tsʅ⁰
0466	口水	~流出来	涎口水 ɕyɛn²²kʰo³³suei⁴² | 清口水 tɕʰin⁵⁵kʰo³³suei⁴² | 口水 kʰo³³suei⁴²
0467	舌头		舌头ᵣ sɛ²²tʰə²²
0468	牙齿		牙齿 ia²²tsʰʅ⁴²
0469	下巴		牙巴ᵣ骨 ia²²pə⁵⁵ku²² | 下牙巴ᵣ骨 ɕia²⁴ia²²pə⁵⁵ku²²
0470	胡子	嘴周围的	胡子 fu²²tsʅ⁰
0471	脖子		颈项 tɕin³³kʰaŋ⁴² | 颈子 tɕin³³tsʅ⁰
0472	喉咙		喉咙管ᵣ xəu²²noŋ²²kuə⁴² | 喉咙 xəu²²noŋ²²
0473	肩膀		肩膀 tɕiɛn⁵⁵paŋ⁴²
0474	胳膊		手杆 səu³³kan⁴² | 膀子 paŋ³³tsʅ⁰ | 手膀子 səu³³paŋ³³tsʅ⁰
0475	手	包括臂：他的~摔断了	手杆 səu³³kan⁴² | 手 səu⁴²
0476	左手		左手 tsuo³³səu⁴²
0477	右手		右手 iəu²⁴səu⁴²
0478	拳头		锤子 tsʰuei²²tsʅ⁰ | 圪老二 kɛ²²nau³³ ə²¹³ | 掟子 tin²⁴tsʅ⁰
0479	手指		指拇ᵣ tsʅ³³mə⁴² | 手指拇ᵣ səu³³tsʅ³³mə⁴² | 手指 səu³³tsʅ³³
0480	大拇指		大指拇ᵣ ta²⁴tsʅ³³mə⁴²
0481	食指		二指拇ᵣ ə²⁴tsʅ³³mə⁴²
0482	中指		中指拇ᵣ tsoŋ⁵⁵tsʅ³³mə⁴² | 中指 tsoŋ⁵⁵tsʅ⁴²
0483	无名指		四指拇ᵣ sʅ²⁴tsʅ³³mə⁴²
0484	小拇指		小指拇ᵣ ɕiau³³tsʅ³³mə⁴²

编号	词条	注例	咸丰方言说法与发音
0485	指甲		指壳ₙ tsʅ³³kʰuə²² | 指甲壳ₙ tsʅ³³tɕia²²kʰuə²² | 手指壳ₙ sɛu³³tsʅ³³kʰuə²²
0486	腿		腿子 tʰuei³³tsʅ⁰ | 胯胯 kʰua³³kʰua⁰ | 胯子 kʰua³³tsʅ⁰
0487	脚	包括小腿和大腿	脚 tɕyo²² | 脚杆 tɕyo²²kan⁴²
0488	膝盖	指部位	磕膝脑ₙ kʰɛ²²ɕi⁵⁵nə⁴² | 磕膝包ₙ kʰɛ²²ɕi⁵⁵pə⁴²
0489	背	名词	背 pei²¹³
0490	肚子	腹部	肚子 tu²⁴tsʅ⁰ | 肚皮 tu²⁴pʰi²²
0491	肚脐		肚脐眼ₙ tu²⁴tɕi⁵⁵ iə⁴²
0492	乳房	女性的	奶奶ₙ nai³³nə⁵⁵ | 奶膀 nai³³pʰaŋ²²
0493	屁股		屁股 pʰi²⁴ku⁴² | 屁股墩墩ₙ pʰi²⁴ku⁴²tən⁵⁵tə⁵⁵
0494	肛门		屁眼ₙ pʰi²⁴ iə⁴² | 粪门 fən²⁴mən²²
0495	阴茎	成人的	鸡儿 tɕi⁵⁵ ə²² | 鸡巴 tɕi⁵⁵pa⁵⁵
0496	女阴	成人的	屄 pʰi⁵⁵
0497	㞗	动词	日 zʅ²² | 搞 kau⁴²
0498	精液		精水 tɕin⁵⁵suei⁴² | 精子 tɕin⁵⁵tsʅ⁰
0499	来月经	注意婉称	身上来哒 sən⁵⁵saŋ²¹³nai²²ta⁰ | 下身来哒 ɕia²¹³sən⁵⁵nai²²ta⁰
0500	拉屎		屙屎 uo⁵⁵sʅ⁴² | 屙粪 uo⁵⁵fən²¹³
0501	撒尿		屙尿 uo⁵⁵niau²¹³ | 唰尿 sua⁵⁵niau²¹³
0502	放屁		打屁 ta⁴²pʰi²¹³
0503	相当于"他妈的"的口头禅		妈屄 ma⁵⁵pʰi⁵⁵ | 妈了个屄 ma⁵⁵nɛ⁰ko²¹³pʰi⁵⁵
0504	病了		病哒 pin²⁴ta⁰ | 着病哒 tsau²²pin²⁴ta⁰ | 害病哒 xai²⁴pin²⁴ta⁰
0505	着凉		搞凉哒 kau⁴²niaŋ²²ta⁰ | 凉着哒 niaŋ²²tsʰuo²²ta⁰
0506	咳嗽		咳 kʰɛ²² | 咳嗽 kʰɛ²²səu²⁴
0507	发烧		发烧 fa²²sau⁵⁵
0508	发抖		发抖 fa²²təu⁴² | 糠糠抖 kʰaŋ⁵⁵kʰaŋ⁵⁵tʰəu⁴²

续表

编号	词条	注例	咸丰方言说法与发音
0509	肚子疼		肚子痛 təu³³tsɿ⁰tʰoŋ²¹³
0510	拉肚子		屙稀 uo⁵⁵ɕi⁵⁵ | 屙肚子 uo⁵⁵təu³³tsɿ⁰
0511	患疟疾		打摆子 ta⁴²pai³³tsɿ⁰
0512	中暑		失汗 sɿ²²xan²⁴
0513	肿		肿 tsoŋ⁴²
0514	化脓		贯脓 kuan²⁴noŋ²²
0515	疤	好了的	疤子 pa⁵⁵tsɿ⁰ | 干疤子 kan⁵⁵pa⁵⁵tsɿ⁰
0516	癣		癣 ɕyɛn⁴²
0517	痣	凸起的	痣 tsɿ²¹³
0518	疙瘩	蚊子咬后形成的	包包ⅼ pau⁵⁵pə⁵⁵ | 包儿 pau⁵⁵ ɚ²² | 疙瘩ⅼ kɛ²² tə²²
0519	狐臭		老鸹臊 nau³³ua⁰sau⁵⁵ | 狐臊 fu²²sau⁵⁵
0520	看病		看病 kʰan²⁴pin²¹³
0521	诊脉		拿脉 na²²mei²²
0522	针灸		打银针烧灯火 ta⁴² in²²tsən⁵⁵sau⁵⁵təŋ⁵⁵xo⁴²
0523	打针		打针 ta³³tsən⁵⁵ 锥针 tsuei⁵⁵tsən⁵⁵
0524	打吊针		打吊命针 ta⁴²tiau²⁴min²¹³tsən⁵⁵
0525	吃药	统称	喝药 xo²²yo²² | 逮药 tai³³ yo²²
0526	汤药		水药 suei³³ yo²²
0527	病轻了		松和哒 son⁵⁵xo²²ta⁰ | 好些哒 xau³³ɕiɛ⁵⁵ta⁰
0528	说媒		说媒 suo²²mei²² | 做媒 tsuo²⁴mei²²
0529	媒人		大媒 ta²⁴mei²² | 媒脑壳 mei²²nau³³ko²²
0530	相亲		看门户ⅼ kʰan²⁴mən²²fə⁰ | 看人户ⅼ kʰan²⁴zən²² fə⁰
0531	订婚		订婚 tin²¹³xuən⁵⁵ | 插香 tsʰa²²ɕiaŋ⁵⁵ | 放炮火ⅼ faŋ²⁴pʰau²⁴xuə⁰
0532	嫁妆		陪嫁 pʰei²²tɕia²⁴ | 嫁奁 tɕia²⁴niɛn²²
0533	结婚	统称	成亲 tsʰən²²tɕʰin⁵⁵ | 成家 tsʰən²²tɕia⁵⁵ | 安家 ŋan⁵⁵tɕia⁵⁵
0534	娶妻子	男子~，动宾	接媳妇ⅼ tɕiɛ²²ɕi²²fə²⁴ | 穿鼻子 tsʰuan⁵⁵pi²²tsɿ⁰

编号	词条	注例	咸丰方言说法与发音
0535	出嫁	女子~	出嫁 tsʰu²²tɕia²⁴ ｜ 走婆家 tsəu³³pʰo²²tɕia⁵⁵ ｜ 高升 kau⁵⁵sən⁵⁵
0536	拜堂		拜堂 pai²⁴tʰaŋ²²
0537	新郎		新郎 ɕin⁵⁵naŋ²² ｜ 新郎官ₙ ɕin⁵⁵naŋ²²kuə⁵⁵
0538	新娘子		新姑娘ₙ ɕin⁵⁵ku⁵⁵niə²² ｜ 新娘子 ɕin⁵⁵niaŋ²²tsɿ⁰
0539	孕妇		大肚子 ta²⁴tu⁴²tsɿ⁰ ｜ 怀胎夫人 xuai²²tʰai⁵⁵fu⁵⁵zən²²
0540	怀孕		怀娃ₙ xuai²² uə²² ｜ 怀细娃ₙ xuai²²ɕi²⁴ uə²²
0541	害喜	妊娠反应	害喜 xai²⁴ɕi⁴²
0542	分娩		生娃 sən⁵⁵ ua²² ｜ 生细娃 sən⁵⁵ɕi²⁴ ua²²
0543	流产		小产 ɕiau⁴²tsʰan⁴² ｜ 没怀起 mei²²xuai²²tɕʰi⁴²
0544	双胞胎		双双ₙ suaŋ⁵⁵suə⁵⁵ ｜ 一对双 i²²tuei²¹³suaŋ⁵⁵
0545	坐月子		坐月 tsuo²⁴ yɛ²²
0546	吃奶		喝奶 xo²²nai⁴² ｜ 喝奶奶ₙ xo²²nai³³nə⁰ ｜ 吃奶 tsʰ²²nai⁴²
0547	断奶		隔奶 kɛ²²nai⁴² ｜ 隔奶奶ₙ kɛ²²nai³³nə⁰
0548	满月		满月 man³³ yɛ²²
0549	生日	统称	过生 ko²⁴sən⁵⁵
0550	做寿		做生 tsuo²⁴sən⁵⁵ ｜ 做寿 tsuo²⁴səu²⁴ ｜ 整寿酒 tsən³³səu²⁴tɕiəu⁴²
0551	死	统称	死 sɿ⁴² ｜ 躬 tɕioŋ²² ｜ 大脚指拇ₙ朝天 ta²⁴tɕyo²²tsɿ³³mə⁴²tsʰau²²tʰiɛn⁵⁵
0552	死	婉称	走哒 tsəu³³ta⁰ ｜ 去哒 tɕʰi²⁴ta⁰
0553	自杀		自杀 tsɿ²⁴sa⁵⁵ ｜ 自尽 tsɿ²⁴tɕi²¹³ ｜ 寻短 ɕyɛn²² tuan⁴²
0554	咽气		断气 tuan²⁴tɕʰi²¹³ ｜ 落气 nuo²²tɕʰi²¹³
0555	入殓		入材 zu²²tsʰai²²
0556	棺材		枋子 faŋ⁵⁵tsɿ⁰ ｜ 寿木 səu²⁴mu²¹³ ｜ 寿材 səu²⁴ tsʰai²²
0557	出殡		发丧 fa²²saŋ⁵⁵ ｜ 上路 saŋ²⁴nəu²¹³
0558	灵位		灵牌子 nin²²pʰai²²tsɿ⁰

续表

编号	词条	注例	咸丰方言说法与发音
0559	坟墓	单个的，老人的	坟 fən²² | 坟堆堆儿 fən²²tuei⁵⁵tuə⁰
0560	上坟		送亮 soŋ²⁴niaŋ²¹³
0561	纸钱		钱纸 tɕʰiɛn²²tsʅ⁰ | 纸钱 tsʅ³³tɕʰiɛn⁰
0562	老天爷		天老爷 tʰiɛn⁵⁵nau³³ iɛ²² | 老天爷 nau³³tʰiɛn⁵⁵ iɛ²² | 天王爷 tʰiɛn⁵⁵ uaŋ²² iɛ²²
0563	菩萨	统称	菩萨 pʰu²²sa²²
0564	观音		观音 kuan⁵⁵ in⁵⁵ | 观音菩萨 kuan⁵⁵ in⁵⁵pʰu²²sa²²
0565	灶神	口头的叫法	灶神菩萨 tsau²⁴sən²²pʰu²²sa²² | 灶王菩萨 tsau²⁴ uaŋ²²pʰu²²sa²²
0566	寺庙		庙 miau²¹³ | 庙儿 miau²⁴ ə²²
0567	祠堂		祠堂 tsʰʅ²²tʰaŋ²²
0568	和尚		和尚 xo²²saŋ²⁴
0569	尼姑		尼姑 ni²²ku⁵⁵
0570	道士		道士 tau²⁴sʅ²¹³
0571	算命	统称	算八字 suan²⁴pa²²tsʅ²⁴ | 算命 suan²⁴min²¹³
0572	运气		时运 sʅ²²yən²¹³ | 火气 xo³³tɕʰi²¹³ | 运气 yən²⁴tɕʰi²¹³
0573	保佑		保佑 pau³³ iəu²¹³
0574	人	一个 ~	人 zən²²
0575	男人	成年的，统称	男人 nan²²zən²² | 男般 ⁼nan²²pan⁵⁵ | 男般 ⁼家 nan²²pan⁵⁵tɕia⁵⁵
0576	女人	三四十岁已婚的，统称	女人 ny³³zən²² | 女般 ⁼ny³³pan⁵⁵ | 女般 ⁼家 ny³³pan⁵⁵tɕia⁵⁵
0577	单身汉		单个子 tan⁵⁵ko²⁴tsʅ⁰ | 个自人 ko²⁴tsʅ⁰zən²²
0578	老姑娘		老女儿 nau³³nyə⁴² | 实女儿 sʅ²²nyə⁴²
0579	婴儿		奶娃儿 nai³³ uə²² | 奶细娃儿 nai³³ɕi²⁴ uə²²

编号	词条	注例	咸丰方言说法与发音
0580	小孩	三四岁的，统称	细娃儿ɕi²⁴ uə²² | 小细娃儿ɕiau³³ɕi²⁴ uə²² | 伢儿ŋə²²
0581	男孩	统称：外面有个~在哭	男娃儿nan²² uə²² | 男伢儿nan²²ŋə²²
0582	女孩	统称：外面有个~在哭	女娃儿ny³³ uə²² | 女伢儿ny³³ŋə²²
0583	老人	七八十岁的，统称	老人nau³³zən²² | 老杆杆nau³³kan⁵⁵kan⁰ | 老年人nau³³niɛn²²zən²²
0584	亲戚	统称	亲戚tɕʰin⁵⁵tɕʰi²²
0585	朋友	统称	朋友pʰoŋ²² iəu⁴² | 伴儿pə²¹³ | 要伴儿sua³³ pə²¹³
0586	邻居	统称	隔壁邻舍kɛ²²pi²²nin²²sɛ²² | 屋上坎下u²²saŋ²⁴kʰan³³ɕia²¹³ | 团方四邻tʰuan²²faŋ⁵⁵sɿ²⁴nin²²
0587	客人		客kʰɛ²² | 客情kʰɛ²²tɕʰin²²
0588	农民		农民noŋ²²min²² | 农二哥noŋ²² ə²⁴ko⁵⁵ | 办阳春的pan²⁴ iaŋ²²tsʰuən⁵⁵ti⁰
0589	商人		商人saŋ⁵⁵zən²² | 做生意的tsuo²⁴sən⁵⁵ i²⁴ti⁰ | 生意客sən⁵⁵ i²⁴kʰɛ²²
0590	手艺人	统称	匠人tɕiaŋ²⁴zən²² | 做手艺的tsuo²¹³səu³³ni²¹³ti⁰
0591	泥水匠		泥水匠ni²²suei³³tɕiaŋ²¹³ | 泥瓦匠ni²² ua³³tɕiaŋ²¹³
0592	木匠		木匠mu²²tɕiaŋ²⁴
0593	裁缝		裁缝tsʰai²²foŋ⁰
0594	理发师		剃头的tʰi²⁴tʰəu²²ti⁰ | 剪脑壳的tɕiɛn⁴²nau³³kʰo²²ti⁰ | 剃脑壳的tʰi²⁴nau³³kʰo²²ti⁰
0595	厨师		大师傅ta²¹³sɿ⁵⁵fu²² | 厨子tsʰu²²tsɿ⁰
0596	师傅		师傅sɿ⁵⁵fu²²
0597	徒弟		徒弟娃儿tʰu²²ti²⁴ uə²²
0598	乞丐	统称	告花子kau²⁴xua⁵⁵tsɿ⁰ | 告花儿kau²⁴xuə⁰

续表

编号	词条	注例	咸丰方言说法与发音
0599	妓女		妓女 tɕi²⁴ny⁴² | 燕儿 iɛ²⁴ ɚ²² | 卖屁婆娘 mai²⁴ pʰi⁵⁵pʰo²²niaŋ²²
0600	流氓		流氓 niəu²²maŋ²² | 流子 niəu²²tsɿ⁰ | 流子娃儿 niəu²²tsɿ⁰ uɚ²²
0601	贼		强盗 tɕʰiaŋ²²tau²⁴ | 扒老二 pʰa²²nau³³ ɚ²⁴ | 墨脑壳儿 mɛ²²nau³³kʰɚ²²
0602	瞎子	统称	瞎子 ɕia²²tsɿ⁰ | 摸子 mo⁵⁵tsɿ⁰
0603	聋子	统称	聋子 noŋ²²tsɿ⁰
0604	哑巴	统称	哑巴 ŋa³³pa⁵⁵ | 哑子 ŋa³³tsɿ⁰
0605	驼子	统称	驼子 tʰuo²²tsɿ⁰ | 驼背子 tʰuo²²pei²⁴tsɿ⁰
0606	瘸子	统称	跰子 pai⁵⁵tsɿ⁰ | 跛子 po³³tsɿ⁰
0607	疯子	统称	癫子 tiɛn⁵⁵tsɿ⁰
0608	傻子	统称	傻子 xa³³tsɿ⁰ | 傻包儿 xa³³pɚ⁵⁵ | 褒包儿 ɕiɛ³³ pɚ⁵⁵
0609	笨蛋	蠢的人	傻包儿 xa³³pɚ⁵⁵ | 撞棒 tsuaŋ²⁴paŋ²¹³ | 苕包儿 sau²²pɚ⁵⁵
0610	爷爷	呼称，最通用的	公 koŋ⁵⁵ | 爷爷 iɛ²² iɛ⁰ | 爹爹 tia⁵⁵tia⁰
0611	奶奶	呼称，最通用的	婆 pʰo²² | 奶奶 nai³³nai⁰ | 小爹 ɕiau³³tia⁵⁵
0612	外祖父	叙称	家公 ka⁵⁵koŋ⁵⁵ | 大家家 ta²⁴ka⁵⁵ka⁰
0613	外祖母	叙称	家婆 ka⁵⁵pʰo²² | 小家家 ɕiau³³ka⁵⁵ka⁰
0614	父母	合称	爹妈 tiɛ⁵⁵ma⁵⁵ | 妈老汉儿 ma⁵⁵nau³³xɚ²¹³ | 娘老子 niaŋ²²nau³³tsɿ⁰
0615	父亲	叙称	爹 tiɛ⁵⁵ | 爷 ia²² | 老汉儿 nau³³xɚ²¹³
0616	母亲	叙称	妈 ma⁵⁵ | 老娘 nau³³niaŋ²² | 老母亲 nau³³mu²² tɕʰin⁵⁵
0617	爸爸	呼称，最通用的	爹 tiɛ⁵⁵ | 老汉儿 nau³³xɚ²¹³ | 爷 ia²²
0618	妈妈	呼称，最通用的	老娘 nau³³niaŋ²² | 伯娘 pɛ²²niaŋ²²
0619	继父	叙称	后老汉儿 xəu²¹³nau³³xɚ²¹³ | 后老 xəu²¹³nau⁴²
0620	继母	叙称	后妈 xəu²¹³ma⁵⁵ | 后娘 xəu²¹³niaŋ²²
0621	岳父	叙称	亲爷 tɕʰin⁵⁵ iɛ²² | 丈人老儿 tsaŋ²⁴zən²²nɚ⁴² | 老丈人 nau³³tsaŋ²⁴zən²²

编号	词条	注例	咸丰方言说法与发音
0622	岳母	叙称	亲娘 tɕʰin⁵⁵niaŋ²² | 丈母娘 tsaŋ²⁴mu⁴²niaŋ²² | 老丈母 nau³³tsaŋ²⁴mu⁴²
0623	公公	叙称	公公老ﾉ koŋ⁵⁵koŋ⁵⁵nə⁴²
0624	婆婆	叙称	婆婆妈 pʰo²²pʰo²²ma⁵⁵
0625	伯父	呼称，统称	伯伯 pɛ²²pɛ²²
0626	伯母	呼称，统称	伯娘 pɛ²²niaŋ²²
0627	叔父	呼称，统称	叔叔 su²²suə⁰ | 晚晚 man³³man⁰ | 爷爷 ia²²ia⁰
0628	排行最小的叔父	呼称，如"幺叔"	幺叔ﾉ iau⁵⁵suə²² | 晚晚 man³³man⁰ | 幺幺 iau⁵⁵iau⁵⁵
0629	叔母	呼称，统称	婶娘 sən³³niaŋ²² | 晚娘 man³³niaŋ²²
0630	姑	呼称，统称	嬢嬢 niaŋ⁵⁵niaŋ⁵⁵
0631	姑父	呼称，统称	姑爷 ku⁵⁵iɛ²² | 姑爹 ku⁵⁵tiɛ⁵⁵
0632	舅舅	呼称	舅舅 tɕiəu²⁴tɕiəu⁰
0633	舅妈	呼称	舅娘 tɕiəu²⁴niaŋ²² | 舅母 tɕiəu²⁴mu⁴²
0634	姨	呼称，统称	姨娘 i²²niaŋ²² | 姨嬢ﾉ i²²niə⁵⁵
0635	姨父	呼称，统称	姨爹 i²²tiɛ⁵⁵ | 姨父老ﾉ i²²fu²⁴nə⁴²
0636	弟兄	合称	弟兄 ti²¹³ɕyoŋ⁵⁵ | 兄弟伙 ɕyoŋ⁵⁵ti²¹³xo⁴² | 弟兄伙 ti²¹³ɕyoŋ⁵⁵xo⁴²
0637	姊妹	合称	姊妹 tsʅ³³mei²¹³
0638	哥哥	呼称，统称	哥哥 ko⁵⁵ko⁵⁵ | 哥大爷 ko⁵⁵ta²⁴iɛ²² | 老冒 nau³³mau²¹³
0639	嫂子	呼称，统称	嫂嫂 sau³³sau⁰ | 嫂娘子 sau³³niaŋ²²tsʅ⁰
0640	弟弟	叙称	弟娃ﾉ ti²⁴uə²² | 毛弟 mau²²tiə²⁴ | 佬=佬 =nau³³nau⁰
0641	弟媳	叙称	兄弟媳妇ﾉ ɕyoŋ⁵⁵ti²¹³ɕi²²fə²⁴ | 弟媳妇ﾉ ti²⁴ɕi²²fə²⁴
0642	姐姐	呼称，统称	姐姐 tɕiɛ³³tɕiɛ⁰
0643	姐夫	呼称	姐夫哥 tɕiɛ³³fu⁰ko⁵⁵ | 姐夫 tɕiɛ³³fu⁵⁵
0644	妹妹	叙称	妹ﾉ mei²⁴ə²² | 妹娃ﾉ mei²⁴uə²² | 妹ﾉ mə²¹³
0645	妹夫	叙称	妹夫 mei²⁴fu⁵⁵ | 妹夫佬ﾉ mei²⁴fu⁵⁵nə⁴²

续表

编号	词条	注例	咸丰方言说法与发音
0646	堂兄弟	叙称，统称	叔伯兄弟 su⁵⁵pɛ²²ɕyoŋ⁵⁵ti²¹³ | 叔伯弟兄 su⁵⁵pɛ²²ti²¹³ɕyoŋ⁵⁵
0647	表兄弟	叙称，统称	表兄弟 piau³³ɕyoŋ⁵⁵ti²¹³ | 表兄表弟 piau³³ɕyoŋ⁵⁵piau³³ti²¹³ | 表弟表兄 piau³³ti²¹³piau³³ɕyoŋ⁵⁵
0648	妯娌	弟兄妻子的合称	妯娌 tsu²²ni⁴²
0649	连襟	姊妹丈夫的关系，叙称	老姨 nau³³i²²
0650	儿子	叙称：我的～	儿ɚ²² | 伢ₗ ŋɚ²² | 男娃ₗ nan²²uɚ²²
0651	儿媳妇	叙称：我的～	儿媳 ɚ²²ɕi²² | 儿媳妇 ɚ²²ɕi²²fu²⁴
0652	女儿	叙称：我的～	女ₗ nyɚ⁴² | 姑娘ₗ ku⁵⁵niɚ²²
0653	女婿	叙称：我的～	女婿 ny³³ɕi²¹³
0654	孙子	儿子之子	孙ₗ sɚ⁵⁵ | 孙娃ₗ sən⁵⁵uɚ²² | 孙伢ₗ sən⁵⁵ŋɚ²²
0655	重孙子	儿子之孙	重孙ₗ tsʰoŋ²²sɚ⁵⁵ | 曾孙ₗ tsʰən²²sɚ⁵⁵ | 重孙娃ₗ tsʰoŋ²²sən⁵⁵uɚ²² | 曾孙娃儿 tsʰən²²sən⁵⁵uɚ²²
0656	侄子	弟兄之子	侄儿子 tsʅ²²ɚ²²tsʅ⁰ | 侄娃ₗ tsʅ²²uɚ²² | 老侄 nau³³tsʅ²²
0657	外甥	姐妹之子	外外 uai²¹³uai⁵⁵
0658	外孙	女儿之子	外孙ₗ uai²¹³sɚ⁵⁵ | 外孙伢ₗ uai²¹³sən⁵⁵ŋɚ²²
0659	夫妻	合称	夫妻 fu⁵⁵tɕʰi⁵⁵ | 两口子 niaŋ³³kʰəu²⁴tsʅ⁰ | 两个老 niaŋ³³ko²¹³nau⁴²
0660	丈夫	叙称，最通用的，非贬称： 她的～	男的 nan²²ti⁰ | 男客 nan²²kʰɛ²²
0661	妻子	叙称，最通用的，非贬称： 他的～	右客 iəu²⁴kʰɛ²² | 婆二客 pʰo²²ɚ²⁴kʰɛ²² | 婆娘 pʰo²²niaŋ²²
0662	名字		大名 ta²⁴min²² | 大号 ta²⁴xau²¹³
0663	绰号		诨名ₗ xuən²⁴miɚ²²
0664	干活儿	统称：在地里～	做活路 tsuo²⁴xo²²nu²⁴
0665	事情	一件～	事情 sʅ²⁴tɕʰin²²
0666	插秧		栽秧 tsai⁵⁵iaŋ⁵⁵

续表

编号	词条	注例	咸丰方言说法与发音
0667	割稻		割谷子 ko²²ku²²tsๅ⁰ | 打谷子 ta⁴²ku²²tsๅ⁰ | 搭谷子 ta²²ku²²tsๅ⁰
0668	种菜		种菜 tsoŋ²⁴tsʰai²¹³ | 栽菜 tsai⁵⁵tsʰai²¹³ | 办园子 pan²¹³yɛn²²tsๅ⁰
0669	犁	名词	铧口 xua²²kʰəu⁴²
0670	锄头		薅锄 xau⁵⁵tsʰu²² | 挖锄 ua⁵⁵tsʰu²² | 窖锄ㄦ kau²⁴tsʰuə²²
0671	镰刀		镰刀 niɛn²²tau⁵⁵
0672	把儿	刀~	刀把ㄦ tau⁵⁵pə⁰ | 刀把把ㄦ tau⁵⁵pa²¹³pə⁰
0673	扁担		扁担 piɛn³³tan²¹³ | 扁条 piɛn⁵⁵tʰiau²²
0674	箩筐		箩箢 nuo²²təu⁵⁵
0675	筛子	统称	筛子 sai⁵⁵tsๅ⁰ | 漏筛 nəu²⁴sai⁵⁵
0676	簸箕	农具，有梁的	团窝 tʰuan²²uo⁵⁵
0677	簸箕	簸米用	簸箕 po⁵⁵tɕi⁵⁵ | 簸簸ㄦ po⁵⁵pə⁰
0678	独轮车		（无）
0679	轮子	旧式的，如独轮车上的	滚子 kuən³³tsๅ⁰ | 车滚子 tsʰɛ⁵⁵kuən³³tsๅ⁰
0680	碓	整体	碓 tuei²¹³
0681	臼		碓窝 tuei²⁴uo⁵⁵
0682	磨	名词	磨子 mo²⁴tsๅ⁰ | 礳″子 nuei²⁴tsๅ⁰ | 响礳″ɕiaŋ³³nuei²⁴
0683	年成		年成 niɛn²²tsʰən²²
0684	走江湖	统称	走江湖 tsəu³³tɕiaŋ⁵⁵fu²² | 跑江湖 pʰau⁵⁵tɕiaŋ⁵⁵fu²²
0685	打工		出门做活路 tsʰu²²mən²²tsuo²⁴xo²²nu²⁴
0686	斧子		猫子 mau⁵⁵tsๅ⁰
0687	钳子		钳子 tɕʰiɛn²²tsๅ⁰ | 夹子 ka²²tsๅ⁰
0688	螺丝刀		起子 tɕʰi³³tsๅ⁰
0689	锤子		锤子 tsʰuei²²tsๅ⁰
0690	钉子		钉子 tin⁵⁵tsๅ⁰
0691	绳子		绳子 suən²²tsๅ⁰ | 索子 suo²²tsๅ⁰

续表

编号	词条	注例	咸丰方言说法与发音
0692	棍子		棍子 kuən²⁴tsʅ⁰ | 棍棍ɭ kuən²¹³kuə·⁵⁵ | 棒棒ɭ paŋ²¹³pə·⁵⁵
0693	做买卖		做生意 tsuo²¹³sən⁵⁵ i²¹³ | 耍秤杆ɭ sua³³tsʰən²⁴kə·⁴²
0694	商店		铺子 pʰu²⁴tsʅ⁰ | 店店ɭ tiɛn²²⁴tiə⁰
0695	饭馆		饭馆ɭ fan²⁴kuə·⁴² | 饭店 fan²⁴tiɛn²¹³ | 馆子 kuan³³tsʅ⁰
0696	旅馆	旧称	店子 tiɛn²⁴tsʅ⁰ | 腰店子 iau⁵⁵tiɛn²⁴tsʅ⁰
0697	贵		贵 kuei²¹³
0698	便宜		便宜 pʰiɛn²² i²⁴ | 相应 ɕiaŋ⁵⁵ in²¹³
0699	合算		划算 xua²²suan²⁴
0700	折扣		折扣 tsɛ²²kʰəu²⁴ | 打折 ta³³tsɛ²²
0701	亏本		折本 sɛ²²pən⁴² | 折水 sɛ²²suei⁴²
0702	钱	统称	钱 tɕʰiɛn²²
0703	零钱		零钱 nin²²tɕʰiɛn²² | 散钱 san³³tɕʰiɛn²² | 散子子 san³³tsʅ³³tsʅ⁰
0704	硬币		子子钱 tsʅ³³tsʅ⁰tɕʰiɛn²²
0705	本钱		本钱 pən³³tɕʰiɛn²² | 本母子 pən³³mu⁴²tsʅ⁰ | 本把 pən³³pa⁴²
0706	工钱		工钱 koŋ⁵⁵tɕʰiɛn²² | 活路钱 xo²²nu²⁴tɕʰiɛn²²
0707	路费		盘缠 pʰan²²tsʰan²²
0708	花	～钱	用 yoŋ²¹³ | 花销 xua⁵⁵ɕiau⁵⁵
0709	赚	卖一斤能～一毛钱	赚 tsuan²¹³
0710	挣	打工～了一千块钱	找 tsau⁴²
0711	欠	～他十块钱	亏 kʰuei⁵⁵ | 亏欠 kʰuei⁵⁵tɕʰiɛn²¹³
0712	算盘		算盘 suan²⁴pʰan²²
0713	秤	统称	秤 tsʰən²¹³
0714	称	用杆秤～	过秤 ko²⁴tsʰən²¹³
0715	赶集		赶场 kan³³tsʰaŋ⁴²
0716	集市		场上 tsʰaŋ³³saŋ²⁴

编号	词条	注例	咸丰方言说法与发音
0717	庙会		（无）
0718	学校		学堂 ɕyo²²tʰaŋ²² | 学校 ɕyo²²ɕiau²⁴
0719	教室		教室 tɕiau²⁴sʅ²²
0720	上学		上学 saŋ²⁴ɕyo²² | 读书 tu²²su⁵⁵ | 上学堂 saŋ²⁴ɕyo²²tʰaŋ²²
0721	放学		放学 faŋ²⁴ɕyo²² | 放学堂 faŋ²⁴ɕyo²²tʰaŋ²²
0722	考试		考试 kʰau³³sʅ²¹³
0723	书包		书包 su⁵⁵pau⁵⁵ | 书口袋 su⁵⁵kʰəu³³tai²¹³
0724	本子		本子 pən³³tsʅ⁰ | 本本ₑ pən³³pɚ⁰
0725	铅笔		铅笔 tɕʰiɛn⁵⁵pi⁴²
0726	钢笔		钢笔 kaŋ⁵⁵pi⁴² | 靛笔 tiɛn²⁴pi⁴² | 水笔 suei³³ pi⁴²
0727	圆珠笔		圆珠笔 yɛn²²tsu⁵⁵pi⁴²
0728	毛笔		毛笔 mau⁴²pi⁴²
0729	墨		墨 mɛ²²
0730	砚台		砚台 niɛn²⁴tʰai²²
0731	信	一封~	信 ɕin²¹³
0732	连环画		娃娃书 ua²² ua²²su⁵⁵
0733	捉迷藏		躲猫ₑ tuo⁴²mɚ⁰ | 躲蒙蒙ₑ tuo⁴²mən⁵⁵mɚ⁰
0734	跳绳		跳绳 tʰiau²⁴suən²²
0735	毽子		毽ₑ tɕiɚ²¹³
0736	风筝		风兜ₑ foŋ⁵⁵tɚ⁵⁵
0737	舞狮		玩狮子灯 uan²²sʅ⁵⁵tsʅ⁰təŋ⁵⁵
0738	鞭炮	统称	炮火ₑ pau²⁴xuɚ⁴² | 火炮ₑ xo³³pʰɚ²¹³ | 鞭子 piɛn⁵⁵tsʅ⁰
0739	唱歌		唱歌 tsʰaŋ²¹³ko⁵⁵
0740	演戏		演戏 iɛn³³ɕi²⁴ | 唱戏 tsʰaŋ²⁴ɕi²¹³
0741	锣鼓	统称	锣鼓 nuo²²ku⁴² | 锣鼓家什 nuo²²ku⁴²tɕia⁵⁵sʅ⁰ | 家什 tɕia⁵⁵sʅ⁰
0742	二胡		二胡 ɚ²⁴fu²²

续表

编号	词条	注例	咸丰方言说法与发音
0743	笛子		笛子 ti²²tsๅ⁰
0744	划拳		划拳 xua²²tɕʰyɛn²² | 猜拳 tsʰai⁵⁵tɕʰyɛn²²
0745	下棋		下棋 ɕia²⁴tɕʰi²² | 走棋 tsəu³³tɕʰi²² 杀棋 sa²²tɕʰi²²
0746	打扑克		打扑克 ta³³pʰu²²kʰɛ²² | 打牌 ta³³pʰai²² | 划扑克 tsʰan⁵⁵pʰu²²kʰɛ²²
0747	打麻将		打麻将 ta³³ma²²tɕiaŋ²⁴ | 划麻将 tsʰan⁵⁵ma²²tɕiaŋ²⁴ | 砌墙 tɕʰy²⁴tɕiaŋ²²
0748	变魔术		变魔术 piɛn²⁴mo²²su²⁴ | 变把戏 piɛn²⁴pa³³ɕi²¹³
0749	讲故事		摆龙门阵 pai³³noŋ²²mən²²tsən²⁴
0750	猜谜语		猜财谜ₗ tsʰai⁵⁵tsʰai²²miə⁰ | 猜谜子 tsʰai⁵⁵mi²⁴tsๅ⁰
0751	玩儿	游玩：到城里~	玩 uan²² | 耍 sua⁴² | 逛 kuan²¹³
0752	串门儿		摆人户ₗ pai³³zən²²fə²⁴ | 摆人家 pai³³zən²²tɕia⁵⁵
0753	走亲戚		走人户ₗ tsəu³³zən²²fə²⁴ | 摆人户ₗ pai³³zən²²fə²⁴ | 摆人家 pai³³zən²²tɕia⁵⁵
0754	看	~电视	望 uaŋ²¹³ | 看 kʰan²¹³
0755	听	用耳朵~	听 tʰin⁵⁵
0756	闻	嗅：用鼻子~	闻 uən²²
0757	吸	~气	吸 tɕi²²
0758	睁	~眼	睁 tsən⁵⁵
0759	闭	~眼	闭 pi²¹³
0760	眨	~眼	眨 tsa²²
0761	张	~嘴	奓 tsa⁵⁵
0762	闭	~嘴	闭 pi²¹³
0763	咬	狗~人	咬 ŋau⁴²
0764	嚼	把肉~碎	嚼 tɕiau²²
0765	咽	~下去	吞 tʰən⁵⁵
0766	舔	人用舌头~	舔 tʰiɛn⁴²

编号	词条	注例	咸丰方言说法与发音
0767	含	～在嘴里	含 xan^{22}
0768	亲嘴		打啵儿 ta^{33}pə^{55} | 亲啵儿 tɕʰin^{55}pə^{55}
0769	吮吸	用嘴唇聚拢吸取液体，如吃奶时	咀 tɕy^{22} | 扯 tsʰɛ^{42} | 揪 tɕiəu^{55}
0770	吐	上声，把果核儿～掉	吐 tʰu^{42}
0771	吐	去声，呕吐：喝酒喝～了	吐 tʰu^{42}
0772	打喷嚏		打喷腔 ta^{33}fən^{213}tɕʰiaŋ^{55} | 打喷觎 ta^{33}fən^{213}tɕʰiəu^{55}
0773	拿	用手把苹果～过来	拿 na^{22}
0774	给	他～我一个苹果	把 pa^{42} | 递 ti^{213}
0775	摸	～头	摸 mo^{55}
0776	伸	～手	抻 tsʰən^{55} | 摛 tsʰɿ^{55}
0777	挠	～痒痒	抠 kʰəu^{55} | 抓 tsua^{55} | 刨 pʰau^{22}
0778	掐	用拇指和食指的指甲～皮肉	掐 kʰa^{22}
0779	拧	～螺丝	觙 tɕiəu^{55}
0780	拧	～毛巾	觙 tɕiəu^{55}
0781	捻	用拇指和食指来回～碎	□ nən^{55}
0782	掰	把橘子～开，把馒头～开	搣 miɛ^{55} | 拐 yɛ^{42}
0783	剥	～花生	剥 po^{22}
0784	撕	把纸～了	撕 sɿ^{55}
0785	折	把树枝～断	阙 ⁼tɕʰyɛ^{42} | 拐 yɛ^{55} | 搣 miɛ^{55}
0786	拔	～萝卜	扯 tsʰɛ^{42} | □ tiaŋ^{55}
0787	摘	～花	摘 tsɛ^{22}
0788	站	站立：～起来	站 tsan^{213} | 立 ni^{22}
0789	倚	斜靠：～在墙上	靠 kʰau^{213}
0790	蹲	～下	跍 ku^{55} | 踒 tsuai^{55}
0791	坐	～下	坐 tsuo^{213}
0792	跳	青蛙～起来	跳 tʰiau^{213} | 蹦 poŋ^{213}

续表

编号	词条	注例	咸丰方言说法与发音
0793	迈	跨过高物：从门槛上～过去	跨 kʰua²¹³｜躐 niau²¹³
0794	踩	脚～在牛粪上	踩 tsʰai⁴²｜躐 ⁼ni⁵⁵
0795	翘	～腿	翘 tɕʰiau⁵⁵
0796	弯	～腰	弯 uan⁵⁵
0797	挺	～胸	挺 tʰin⁴²
0798	趴	～着睡	趴 pʰa⁴²｜扑 pʰu²²
0799	爬	小孩在地上～	爬 pʰa²²
0800	走	慢慢儿～	走 tsəu⁴²｜游 iəu²²
0801	跑	慢慢儿走，别～	跑 pʰau⁴²｜迢 ⁼tʰiau²²｜刷 ⁼sua²²
0802	逃	逃跑：小偷～走了	迢 ⁼tʰiau²²｜刷 ⁼sua²²｜奔哒 pən⁵⁵ta⁰
0803	追	追赶：～小偷	擂 nuei²²｜攆 niɛn⁴²
0804	抓	～小偷	逮 tai⁴²｜捉 tsuo²²｜抓 tsua⁵⁵
0805	抱	把小孩～在怀里	抱 pau²¹³
0806	背	～孩子	背 pei⁵⁵
0807	搀	～老人	扶 fu²²｜牵 tɕʰiɛn⁵⁵
0808	推	几个人一起～汽车	推 tʰuei⁵⁵｜揎 ɕyɛn⁵⁵｜撬 ɕiau⁵⁵
0809	摔	跌：小孩～倒了	跶 ta²²
0810	撞	人～到电线杆上	撞 tsuaŋ²¹³
0811	挡	你～住我了，我看不见	挡 tʰaŋ⁴²｜遮 tsɛ⁵⁵
0812	躲	躲藏：他～在床底下	躲 tuo⁴²
0813	藏	藏放，收藏：钱～在枕头下面	收 səu⁵⁵｜捡 tɕiɛn⁴²
0814	放	把碗～在桌子上	放 faŋ²¹³｜搁 kʰo²¹³
0815	摞	把砖～起来	垛 tuo²¹³｜码 ma⁴²
0816	埋	～在地下	蒙 moŋ⁵⁵｜塕 oŋ⁵⁵
0817	盖	把茶杯～上	盖 kai²¹³｜匼 kʰaŋ⁴²
0818	压	用石头～住	压 ŋa²¹³
0819	摁	用手指按：～图钉	按 ŋan²¹³

续表

编号	词条	注例	咸丰方言说法与发音
0820	捅	用棍子~鸟窝	夺 tuo²²
0821	插	把香~到香炉里	插 tsʰa²² | 夺 ˭tuo²²
0822	戳	~个洞	戳 tsʰuo²² | 夺 ˭tuo²²
0823	砍	~树	砍 kʰan⁴²
0824	剁	把肉~碎做馅儿	宰 tsai⁴²
0825	削	~苹果	削 ɕyɛ²²
0826	裂	木板~开了	裂 niɛ²² | 夯 tsa⁵⁵ | 震 tsən²¹³
0827	皱	皮~起来	皱 tsəu²¹³
0828	腐烂	死鱼~了	烂 nan²¹³
0829	擦	用毛巾~手	擦 tsʰa²² | 揩 kʰai⁵⁵
0830	倒	把碗里的剩饭~掉	倒 tau²¹³ | 搊 tsʰəu⁵⁵
0831	扔	丢弃：这个东西坏了，~了它	甩 suai⁴² | 拽 tsuai²¹³ | 掟 tin²¹³
0832	扔	投掷：比一比谁~得远	摔 suai⁴² | 拽 tsuai²¹³
0833	掉	掉落，坠落：树上~下一个梨	掉 tiau²¹³ | 掉落 tiau²¹³nuo⁰
0834	滴	水~下来	滴 ti²²
0835	丢	丢失：钥匙~了	丢 tiəu⁵⁵ | 掉 tiau²¹³ | 落 nuo²²
0836	找	寻找：钥匙~到	找 tsau⁴²
0837	捡	~到十块钱	捡 tɕiɛn⁴²
0838	提	用手把篮子~起来	掂 tiaŋ⁵⁵
0839	挑	~担	挑 tʰiau⁵⁵
0840	扛	把锄头~在肩上	挠 nau⁴²
0841	抬	~轿	抬 tʰai²²
0842	举	~旗子	举 tɕy⁴² | 挠 nau⁴²
0843	撑	~伞	撑 tsʰən⁵⁵
0844	撬	把门~开	撬 tɕʰiau²¹³ | 拗 ŋau²¹³
0845	挑	挑选，选择：你自己~一个	挑 tʰiau⁵⁵ | 择 tsʰɛ²²

续表

编号	词条	注例	咸丰方言说法与发音
0846	收拾	~东西	收拾 səu^{55}sŋ^0 | 捡拾 tɕiɛn^{33}sŋ^0
0847	挽	~袖子	挽 uan^{42}
0848	涮	把杯子~一下	清 tɕʰin^{55}
0849	洗	~衣服	洗 ɕi^{42}
0850	捞	~鱼	搂 nəu^{55}
0851	拴	~牛	套 tʰau^{213} | 縻 mi^{213}
0852	捆	~起来	捆 kʰuən^{42}
0853	解	~绳子	解 kai^{42}
0854	挪	~桌子	趱 tsan^{42}
0855	端	~碗	端 tuan^{55}
0856	摔	碗~碎了	甩 suai^{42} | 拽 tsuai^{213} | 搭 ta^{22}
0857	掺	~水	掺 tsʰan^{55}
0858	烧	~柴	烧 sau^{55} | 熛 pʰiau^{42}
0859	拆	~房子	拆 tsʰɛ^{22}
0860	转	~圈儿	转 tsuan^{213} | 旋 ɕyɛn^{213} | 车 tsɛ^{55}
0861	捶	用拳头~	捶 tsʰuei^{22} | 砸 tsa^{22}
0862	打	统称：他~了我一下	打 ta^{42} | 逮 tai^{42} | 划 tsʰan^{55}
0863	打架	动手：两个人在~	打架 ta^{33}tɕia^{24} | 逮架 tai^{33}tɕia^{24} | 划架 tsʰan^{55}tɕia^{24}
0864	休息		歇 ɕiɛ^{22} | 歇气 ɕiɛ^{22}tɕʰi^{24}
0865	打哈欠		打哈喧 ta^{33}xa^{55}ɕyɛn^{55} | 扯哈喧 tsʰɛ^{33}xa^{55}ɕyɛn^{55}
0866	打瞌睡		打瞌睡 ta^{33}kʰo^{22}suei^{24} | 跩﹦瞌睡 tsuai^{55}kʰo^{22}suei^{24} | 啄瞌睡 tsua^{22}kʰo^{22}suei^{24}
0867	睡	他已经~了	睡 suei^{213}
0868	打呼噜		打噗鼾 ta^{33}pʰu^{22}xan^{55} | 扯噗鼾 tsʰɛ^{33}pʰu^{22}xan^{55}
0869	做梦		做梦 tsuo^{33}moŋ^{213} | 扯瞎脑儿 tsʰɛ^{33}xuən^{55}nə^{42}
0870	起床		起床 tɕʰi^{33}tsʰuaŋ^{22} | 下床 ɕia^{24}tsʰuaŋ^{22}
0871	刷牙		刷牙 sua^{22}ia^{22} | 洗口 ɕi^{33}kʰəu^{42}

编号	词条	注例	咸丰方言说法与发音
0872	洗澡		洗澡 ɕi³³tsau⁴² | 抹汗 ma²²xan²⁴
0873	想	思索：让我～一下	默 mɛ²² | 想 ɕiaŋ⁴²
0874	想	想念：我很～他	欠 tɕʰiɛn²¹³
0875	打算	我～开个店	打算 ta²²suan²¹³ | 安顿 ŋan⁵⁵tən²¹³
0876	记得		记得倒 tɕi²⁴tɛ⁰tau⁴² | 记倒起的 tɕi²⁴tau⁴²tɕʰi⁴²ti⁰
0877	忘记		忘记 uaŋ²⁴tɕi²¹³ | 搞忘记 kau⁴² uaŋ²⁴tɕi²¹³
0878	怕	害怕：你别～	怕 pʰa²¹³ | 虚 ɕy⁵⁵
0879	相信	我～你	相信 ɕiaŋ⁵⁵ɕin²¹³ | 信服 ɕin²⁴fu²²
0880	发愁		发愁 fa²²tsʰəu²² | 心焦 ɕin⁵⁵tɕiau⁵⁵ | 愁烦 tsʰəu²²fan²²
0881	小心	过马路要～	招呼 tsau⁵⁵fu⁵⁵
0882	喜欢	～看电视	欢喜 xuai⁵⁵ɕi⁴²
0883	讨厌	～这个人	讨厌 tʰau³³iɛn²¹³ | 讨嫌 tʰau³³ɕiɛn²²
0884	舒服	凉风吹来很～	舒服 su⁵⁵fu²² | 收和 səu⁵⁵xo²² | 烟和 pʰa⁵⁵xo²²
0885	难受	生理的	难受 nan²²səu²⁴ | 难过 nan²²ko²⁴ | 支不住 tsɿ⁵⁵pu²²tsu²⁴
0886	难过	心理的	难过 nan²²ko²⁴ | 难受 nan²²səu²⁴
0887	高兴		欢喜 xuai⁵⁵ɕi⁴²
0888	生气		使气 sɿ⁴²tɕʰi²⁴
0889	责怪		怪 kuai²¹³
0890	后悔		后悔 xəu²⁴xuei⁴² | 失悔 sɿ²²xuei⁴²
0891	忌妒		忌诟 tɕi²⁴kəu²¹³
0892	害羞		怕丑 pʰa²⁴tsʰəu²² | 怕脏 pʰa²¹³tsaŋ⁵⁵
0893	丢脸		丢脸 tiəu⁵⁵niɛn⁴² | 丢人 tiəu⁵⁵zən²² | 丢丑 tiəu⁵⁵tsʰəu⁴²
0894	欺负		欺负 tɕʰi⁵⁵fu²²
0895	装	～病	装 tsuaŋ⁵⁵
0896	疼	～小孩儿	心痛 ɕin⁵⁵tʰoŋ²¹³

续表

编号	词条	注例	咸丰方言说法与发音
0897	要	我~这个	要 iau²¹³
0898	有	我~一个孩子	有 iəu⁴²
0899	没有	他~孩子	没得 mei²²tɛ⁰
0900	是	我~老师	是 sʅ²¹³
0901	不是	他~老师	不是 pu²²sʅ²⁴ | 没是 mei²²sʅ²¹³
0902	在	他~家	在 tsai²¹³
0903	不在	他~家	不在 pu²²tsai²⁴ | 没在 mei²²tsai²¹³
0904	知道	我~这件事	晓得 ɕiau³³tɛ⁰ | 找得倒 tsau³³tei⁰tau⁴²
0905	不知道	我~这件事	不晓得 pu²²ɕiau³³tɛ⁰ | 找不倒 tsau³³pu²²tau⁴²
0906	懂	我~英语	懂 toŋ⁴² | 会 xuei²¹³ | 晓得 ɕiau³³tɛ⁰
0907	不懂	我~英语	不懂 pu²²toŋ⁴² | 不会 pu²²xuei²⁴ | 不晓得 pu²²ɕiau³³tɛ⁰
0908	会	我~开车	会 xuei²¹³
0909	不会	我~开车	不会 pu²²xuei²⁴
0910	认识	我~他	认识 zən²⁴sʅ²² | 认得倒 zən²⁴tɛ⁰tau⁴²
0911	不认识	我~他	不认识 pu²²zən²⁴sʅ²² | 认不倒 zən²⁴pu²²tau⁴²
0912	行	应答语	行 ɕin²² | 要得 iau²⁴tɛ⁰ | 得行 tɛ²²ɕin²²
0913	不行	应答语	不行 pu²²ɕin²² | 要不得 iau²⁴pu²²tɛ⁰ | 不得行 pu²²tɛ⁰ɕin²²
0914	肯	~来	肯 kʰən⁴²
0915	应该	~去	应该 in²¹³kai⁵⁵ | 希该 ɕi⁵⁵kai⁵⁵
0916	可以	~去	可以 kʰo³³i⁴² | 可得 kʰo³³tɛ⁰ | 要得 iau²⁴tɛ⁰
0917	说	~话	说 suo²²
0918	话	说~	话 xua²¹³
0919	聊天儿		扯白 tsʰɛ³³pɛ²² | 散广子 san²⁴kuaŋ³³tsʅ⁰ | 摆龙门阵 pai³³noŋ²²mən²²tsən²⁴
0920	叫	~他一声儿	喊 xan⁴²
0921	吆喝	大声喊	吼 xəu⁴² | 吆 iau⁵⁵
0922	哭	小孩~	哭 kʰu²² | 奢 sɛ⁵⁵

续表

编号	词条	注例	咸丰方言说法与发音
0923	骂	当面~人	撅 ⁼tɕyɛ²² ｜ 日撅 ⁼zʅ²²tɕyɛ²² ｜ 唓 ⁼tʰoŋ⁵⁵
0924	吵架	动嘴：两个人在~	吵架 tsʰau³³tɕia²⁴ ｜ 撅架 tɕyɛ²²tɕia²⁴ ｜ 速架 tai³³tɕia²⁴
0925	骗	~人	呼 fu⁵⁵
0926	哄	~小孩	呼 fu⁵⁵
0927	撒谎		扯谎 tsʰɛ³³xuaŋ⁴²
0928	吹牛		吹牛 tsʰuei⁵⁵niəu²² ｜ 吹大话 tsʰuei⁵⁵ta²⁴xua²¹³
0929	拍马屁		拍马屁 pʰɛ²²ma³³pʰi²¹³ ｜ 喝泡ᵣ xo²²pʰɚ⁵⁵ ｜ 喝泡ᵣ舔肥 xo²²pʰɚ⁵⁵tʰiɛn⁵⁵fei²²
0930	开玩笑		开玩笑 kʰai⁵⁵ uan²²ɕiau²⁴ ｜ 说笑 suo²²ɕiau²⁴ ｜ 和闲ᵣ xo²²ɕia²²
0931	告诉	~他	告诉 kau²⁴su²¹³ ｜ 说 suo²² ｜ 念 niɛn²¹³
0932	谢谢	致谢语	劳慰 nau²² uei²⁴
0933	对不起	致歉语	对不起 tuei²⁴pu²²tɕi⁴² ｜ 对不住 tuei²⁴pu²²tsu²⁴
0934	再见	告别语	二回见 ɚ²⁴xueiᵒtɕiɛn²¹³ ｜ 回头见 xuei²²tʰəuᵒtɕiɛn²¹³ ｜ 二遍再回头 ɚ²⁴piɛn²²tsai²¹³xuei²²tʰəuᵒ
0935	大	苹果~	大 ta²¹³
0936	小	苹果~	小 ɕiau⁴² ｜ 细 ɕi²¹³ ｜ 咪 mi⁵⁵
0937	粗	绳子~	粗 tsʰu⁵⁵ ｜ 奋 tʰai⁵⁵
0938	细	绳子~	细 ɕi²¹³ ｜ 小 ɕiau⁴² ｜ 咪 mi⁵⁵
0939	长	线~	长 tsʰaŋ²²
0940	短	线~	短 tuan⁴²
0941	长	时间~	长 tsʰaŋ²²
0942	短	时间~	短 tuan⁴² ｜ 刚刚ᵣ kaŋ⁵⁵kɚᵒ
0943	宽	路~	宽 kʰuan⁵⁵
0944	宽敞	房子~	宽绰 kʰuan⁵⁵tsʰau²² ｜ 大套 ta²⁴tʰau²¹³
0945	窄	路~	窄 tsɛ²²
0946	高	飞机飞得~	高 kau⁵⁵

续表

编号	词条	注例	咸丰方言说法与发音
0947	低	鸟飞得~	矮 ŋai⁴²
0948	高	他比我~	高 kau⁵⁵
0949	矮	他比我~	矮 ŋai⁴²
0950	远	路~	远 yɛn⁴²
0951	近	路~	近 tɕin²¹³
0952	深	水~	深 sən⁵⁵
0953	浅	水~	浅 tɕʰiɛn⁴²
0954	清	水~	清 tɕʰin⁵⁵
0955	浑	水~	浑 xuən⁵⁵
0956	圆		圆 yɛn²² | 囵 kʰuən²²
0957	扁		扁 piɛn⁴² | 瘪 pia⁴²
0958	方		方 faŋ⁵⁵
0959	尖		尖 tɕiɛn⁵⁵
0960	平		平 pʰin²²
0961	肥	~肉	肥 fei²²
0962	瘦	~肉	瘦 səu²¹³
0963	肥	形容猪等动物	肥 fei²²
0964	胖	形容人	肥 fei²² | 牤 maŋ⁵⁵
0965	瘦	形容人、动物	躴 naŋ⁵⁵
0966	黑	黑板的颜色	黑 xɛ²² | 青 tɕʰin⁵⁵ | 乌 u⁵⁵
0967	白	雪的颜色	白 pɛ²²
0968	红	国旗的主颜色，统称	红 xoŋ²²
0969	黄	国旗上五星的颜色	黄 xuaŋ²²
0970	蓝	蓝天的颜色	蓝 nan²² | 青 tɕʰin⁵⁵
0971	绿	绿叶的颜色	绿 nəu²²
0972	紫	紫药水的颜色	乌 u⁵⁵
0973	灰	草木灰的颜色	灰 xuei⁵⁵
0974	多	东西~	多 tuo⁵⁵ | 厚 xəu²¹³
0975	少	东西~	少 sau⁴²

编号	词条	注例	咸丰方言说法与发音
0976	重	担子～	重 tsoŋ²¹³
0977	轻	担子～	轻 tɕʰin⁵⁵ ｜ 轻省 tɕʰin⁵⁵sən⁴²
0978	直	线～	直 tsๅ²² ｜ 标直 piau⁵⁵tsๅ²²
0979	陡	坡～，楼梯～	陡 təu⁴² ｜ 壁 pi²²
0980	弯	弯曲：这条路是～的	弯 uan⁵⁵
0981	歪	帽子戴～了	歪 uai⁵⁵ ｜ 偏 pʰiɛn⁵⁵
0982	厚	木板～	厚 xəu²¹³
0983	薄	木板～	薄 po²²
0984	稠	稀饭～	酽 niɛn²¹³
0985	稀	稀饭～	稀 ɕi⁵⁵
0986	密	菜种得～	密 mi²²
0987	稀	稀疏：菜种得～	稀 ɕi⁵⁵
0988	亮	指光线，明亮	亮 niaŋ²¹³
0989	黑	指光线，完全看不见	黑 xɛ²²
0990	热	天气	热 zɛ²²
0991	暖和	天气	热和 zɛ²²xo⁰
0992	凉	天气	凉快 niaŋ²²kʰuai²⁴
0993	冷	天气	冷 nən⁴²
0994	热	水	热 zɛ²²
0995	凉	水	凉 niaŋ²²
0996	干	干燥：衣服晒～了	干 kan⁵⁵
0997	湿	潮湿：衣服淋～了	湿 sๅ²²
0998	干净	衣服～	干净 kan⁵⁵tɕin²¹³ ｜ 利索 ni²⁴suo²² ｜ 索利 suo²²ni²⁴
0999	脏	肮脏，不干净，统称：衣服～	脏 tsaŋ⁵⁵ ｜ 赖殆 nai³³tai²¹³ ｜ 赖糊 nai³³fu²²
1000	快	锋利：刀子～	快 kʰuai²¹³ ｜ 锋快 foŋ⁵⁵kʰuai²¹³
1001	钝	刀～	钝 tən²¹³ ｜ 木 mu²¹³
1002	快	坐车比走路～	快 kʰuai²¹³ ｜ 风快 foŋ⁵⁵kʰuai²¹³
1003	慢	走路比坐车～	慢 man²¹³

续表

编号	词条	注例	咸丰方言说法与发音
1004	早	来得~	早 tsau⁴²
1005	晚	来~了	晚 uan⁴² | 晏 ŋan²¹³
1006	晚	天色~	晚 uan⁴² | 晏 ŋan²¹³
1007	松	捆得~	松 soŋ⁵⁵
1008	紧	捆得~	紧 tɕin⁴²
1009	容易	这道题~	容易 yoŋ²² i²⁴
1010	难	这道题~	难 nan²² | 扎实 tsa²²sʅ²² | 猫 mau⁵⁵
1011	新	衣服~	新 ɕin⁵⁵
1012	旧	衣服~	旧 tɕiɛu²¹³
1013	老	人~	老 nau⁴²
1014	年轻	人~	年轻 niɛn²²tɕʰin⁵⁵ | 后生 xəu²¹³sən⁵⁵
1015	软	糖~	软 zuan⁴² | 炟 pʰa⁵⁵
1016	硬	骨头~	硬 ŋən²¹³
1017	烂	肉煮得~	烂 nan²¹³ | 溶 zoŋ²²
1018	糊	饭烧~了	糊 fu²²
1019	结实	家具~	结实 tɕiɛ²²sʅ²² | 牢实 nau²²sʅ²² | 经事 tɕin⁵⁵sʅ²¹³
1020	破	衣服~	破 pʰo²¹³ | 烂 nan²¹³
1021	富	他家很~	富 fu²¹³ | 有路 iəu³³nəu²¹³
1022	穷	他家很~	穷 tɕʰyoŋ²² | 没得路 mei²²tʒ⁰nəu²¹³
1023	忙	最近很~	忙 maŋ²²
1024	闲	最近比较~	闲 ɕiɛn²²
1025	累	走路走得很~	累 nuei²¹³
1026	疼	摔~了	痛 tʰoŋ²¹³
1027	痒	皮肤~	痒 iaŋ⁴²
1028	热闹	看戏的地方很~	闹热 nau²⁴zɛ²²
1029	熟悉	这个地方我很~	熟悉 su²²ɕi²² | 熟 su²²
1030	陌生	这个地方我很~	生 sən⁵⁵ | 生疏 sən⁵⁵su⁵⁵
1031	味道	尝尝~	味道 uei²⁴tau²¹³ | 味口 uei²⁴kʰəu⁴²
1032	气味	闻闻~	气色 tɕʰi²⁴sɛ²¹³ | 味 uei²¹³

续表

编号	词条	注例	咸丰方言说法与发音
1033	咸	菜~	咸 xan²²
1034	淡	菜~	淡 tan²¹³
1035	酸		酸 suan⁵⁵
1036	甜		甜酒 tʰiɛn²²tɕiəu⁴²
1037	苦		苦 kʰu⁴²
1038	辣		辣 na²²
1039	鲜	鱼汤~	鲜 ɕyɛn⁵⁵
1040	香		香 ɕiaŋ⁵⁵
1041	臭		臭 tsʰəu²¹³
1042	馊	饭~	厮 sɿ⁵⁵｜厮臭 sɿ⁵⁵tsʰəu²¹³｜飽臭 oŋ²⁴tsʰəu²¹³
1043	腥	鱼~	腥 ɕin⁵⁵｜胮腥臭 pʰaŋ⁵⁵ɕin⁵⁵tsʰəu²¹³
1044	好	人~	好 xau⁴²
1045	坏	人~	坏 xuai²¹³
1046	差	东西质量~	差 tsʰa⁵⁵｜孬 pʰiɛ²¹³｜坏 xuai²¹³
1047	对	账算~了	对 tuei²¹³
1048	错	账算~了	错 tsʰuo²¹³
1049	漂亮	形容年轻女性的长相： 她很~	乖 kuai⁵⁵｜利索 ni²⁴suo²²｜索利 suo²²ni²⁴
1050	丑	形容人的长相： 猪八戒很~	丑 tsʰəu⁴²
1051	勤快		勤快 tɕʰin²²kʰuai²⁴
1052	懒		懒 nan⁴²
1053	乖		在行 tsai²⁴xaŋ²²｜听话 tʰin⁵⁵xua²¹³
1054	顽皮		调皮 tʰiau²²pʰi²²｜烈王 niɛ²²uaŋ²²
1055	老实		老实 nau³³sɿ²²｜老实巴脚 nau³³sɿ²²pa⁵⁵tɕyo²²
1056	傻	痴呆	傻 xa⁴²｜□ ɕiɛ⁴²｜苕 sau²²
1057	笨	蠢	笨 pən²¹³｜蠢 tsʰuən⁴²｜苕 sau²²
1058	大方	不吝啬	大方 ta²¹³faŋ⁵⁵
1059	小气	吝啬	苟 kəu⁴²｜苟夹 kəu³³tɕia²²

续表

编号	词条	注例	咸丰方言说法与发音
1060	直爽	性格~	直爽 tsɿ²²suaŋ⁴² | 爽直 suaŋ³³tsɿ²² | 直义 tsɿ²² i²⁴
1061	犟	脾气~	犟 tɕiaŋ²¹³
1062	一	~二三四五⋯⋯下同	一 i²²
1063	二		二 ɚ²¹³
1064	三		三 san⁵⁵
1065	四		四 sɿ²¹³
1066	五		五 u⁴²
1067	六		六 nəu²²
1068	七		七 tɕʰi²²
1069	八		八 pa²²
1070	九		九 tɕiəu⁴²
1071	十		十 sɿ²²
1072	二十	有无合音	二十 ɚ²⁴sɿ²²
1073	三十	有无合音	三十 san⁵⁵sɿ²²
1074	一百		一百 i²²pɛ²²
1075	一千		一千 i²²tɕʰiɛn⁵⁵
1076	一万		一万 i²² uan²⁴
1077	一百零五		一百零五 i²²pɛ²²nin²² u⁴²
1078	一百五十		一百五十 i²²pɛ²² u³³sɿ²²
1079	第一	~，第二	第一 ti²⁴ i²²
1080	二两	重量	二两 ɚ²⁴niaŋ⁴²
1081	几个	你有~孩子？	几个 tɕi³³ko²¹³ | 几筒 tɕi³³tʰoŋ²²
1082	俩	你们~	两个人 niaŋ³³ko²¹³zən²² | 两筒人 niaŋ³³tʰoŋ²²zən²²
1083	仨	你们~	三个人 san³³ko²¹³zən²² | 三筒人 san³³tʰoŋ²² zən²²
1084	个把		个把 ko²¹³pa⁴² | 筒把 tʰoŋ²²pa⁴²
1085	个	一~人	个 ko²¹³ | 筒 tʰoŋ²²
1086	匹	一~马	匹 pʰi²²
1087	头	一~牛	个 ko²¹³ | 筒 tʰoŋ²²

编号	词条	注例	咸丰方言说法与发音
1088	头	一~猪	个 ko²¹³ | 筒 tʰoŋ²²
1089	只	一~狗	个 ko²¹³ | 筒 tʰoŋ²²
1090	只	一~鸡	个 ko²¹³ | 筒 tʰoŋ²²
1091	只	一~蚊子	个 ko²¹³ | 筒 tʰoŋ²²
1092	条	一~鱼	个 ko²¹³ | 筒 tʰoŋ²²
1093	条	一~蛇	个 ko²¹³ | 筒 tʰoŋ²² | 根 kən⁵⁵
1094	张	一~嘴	个 ko²¹³
1095	张	一~桌子	个 ko²¹³ | 面 miɛn²¹³
1096	床	一~被子	床 tsʰuaŋ²²
1097	领	一~席子	张 tsaŋ⁵⁵ | 床 tsʰuaŋ²²
1098	双	一~鞋	双 suaŋ⁵⁵
1099	把	一~刀	把 pa⁴²
1100	把	一~锁	把 pa⁴²
1101	根	一~绳子	根 kən⁵⁵ | 条 tʰiau²²
1102	支	一~毛笔	支 tsɿ⁵⁵ | 杆 kan⁴²
1103	副	一~眼镜	副 fu²¹³
1104	面	一~镜子	面 miɛn²¹³ | 块 kʰuai²¹³
1105	块	一~香皂	块 kʰuai²¹³ | 坨 tʰuo²²
1106	辆	一~车	架 tɕia²¹³
1107	座	一~房子	座 tsuo²¹³ | 栋 toŋ²¹³ | 向 ɕiaŋ²¹³
1108	座	一~桥	座 tsuo²¹³
1109	条	一~河	条 tʰiau²²
1110	条	一~路	条 tʰiau²²
1111	棵	一~树	根 kən⁵⁵
1112	朵	一~花	朵 tuo⁴²
1113	颗	一~珠子	颗ₗ kʰuə⁵⁵
1114	粒	一~米	颗ₗ kʰuə⁵⁵
1115	顿	一~饭	顿 tən²¹³ | 餐 tsʰan⁵⁵
1116	剂	一~中药	副 fu²¹³

续表

编号	词条	注例	咸丰方言说法与发音
1117	股	一~香味	股 ku⁴²
1118	行	一~字	行 xaŋ²²
1119	块	一~钱	块 kʰuai²¹³
1120	毛	角:一~钱	角角ⱼ tɕyo²²tɕyə⁰
1121	件	一~事情	件 tɕiɛn²¹³
1122	点儿	一~东西	点ⱼ tiə⁴²
1123	些	一~东西	些 ɕiɛ⁵⁵
1124	下	打一~,动量,不是时量	下 xa²¹³
1125	会儿	坐了一~	刚刚ⱼ kaŋ⁵⁵kə⁰ | 下 xa²¹³
1126	顿	打一~	顿 tən²¹³ | 餐 tsʰan⁵⁵
1127	阵	下了一~雨	阵 tsən²¹³
1128	趟	去了一~	趟 tʰaŋ²¹³
1129	我	~姓王	我 ŋo⁴²
1130	你	~也姓王	你 ni⁴²
1131	您	尊称	您 nin⁴² | 您家 nin²²tɕia⁵⁵ | 您人家 nin⁴²zən²²tɕia⁵⁵
1132	他	~姓张	他 tʰa⁵⁵
1133	我们	不包括听话人:你们别去,~去	我们 ŋo³³mən⁰
1134	咱们	包括听话人:他们不去,~去吧	我们 ŋo³³mən⁰
1135	你们	~去	你们 ni³³mən⁰
1136	他们	~去	他们 tʰa⁵⁵mən⁰
1137	大家	~一起干	大家 ta²¹³tɕia⁵⁵ | 大斯 ta²¹³sɿ⁵⁵
1138	自己	我~做的	个人 ko²²zən²²
1139	别人	这是~的	别个 piɛ²²ko²⁴
1140	我爸	~今年八十岁	我爹 ŋo²²tiɛ⁵⁵ | 我老汉ⱼ ŋo²²nau³³xə²¹³ | 我老ⱼ ŋo²²nə⁴²

编号	词条	注例	咸丰方言说法与发音
1141	你爸	~在家吗?	你爹 ni³³tiɛ⁵⁵ | 你老汉儿 ni⁴²nau³³xə²¹³ | 你老儿 ni⁴²nə⁴²
1142	他爸	~去世了	他爹 tʰa⁵⁵tiɛ⁵⁵ | 他老汉儿 tʰa⁵⁵nau³³xə²¹³ | 他老儿 tʰa⁵⁵nə⁴²
1143	这个	我要~,不要那个	迾"个 niɛ²²ko⁰
1144	那个	我要这个,不要~	那个 na²⁴ko⁰
1145	哪个	你要~杯子?	哪个 na³³ko⁰
1146	谁	你找~?	哪个 na³³ko⁰
1147	这里	在~,不在那里	迾"哈儿 niɛ²²xə⁵⁵ | 迾"里 niɛ²²ni⁴² | 迾"塌 niɛ²²tʰa²²
1148	那里	在这里,不在~	那哈儿 na²⁴xə⁵⁵ | 那里 na²⁴ni⁴² | 那塌 na²⁴tʰa²²
1149	哪里	你到~去?	哪哈儿 na³³xə⁵⁵ | 哪里 na³³ni⁴² | 哪塌 na³³tʰa²²
1150	这样	事情是~的,不是那样的	迾"样 niɛ²²iaŋ²¹³
1151	那样	事情是这样的,不是~的	那样 na²⁴iaŋ²¹³
1152	怎样	什么样:你要~的?	哪样 na³³iaŋ²¹³ | 么样 mo⁵⁵iaŋ²¹³
1153	这么	~贵啊	迾"么 nɛ²²mo⁰ | 迾"个 nɛ²²ko⁰ | 迾"们 nɛ²²mən⁰
1154	怎么	这个字~写?	郎"naŋ⁴² | 郎"个 naŋ⁴²ko⁰ | 朗"们 naŋ³³mən⁰
1155	什么	这个是~字?	么 mo⁴² | 么子 mo⁴²tsʅ⁰
1156	什么	你找~?	么 mo⁴² | 么子 mo⁴²tsʅ⁰
1157	为什么	你~不去?	为么 uei²⁴mo⁴² | 为么子 uei²⁴mo⁴²tsʅ⁰ | 为么事 uei²⁴mo⁵⁵sʅ²¹³
1158	干什么	你在~?	干么 kan²⁴mo⁴² | 做么 tsuo²⁴mo⁴² | 做么子 tsuo²⁴mo⁴²tsʅ⁰
1159	多少	这个村有~人?	好多 xau³³tuo⁵⁵ | 几多 tɕi³³tuo⁵⁵
1160	很	今天~热	好 xau⁴² | 很 xɛ⁴²
1161	非常	比上条程度深:今天~热	非常 fei⁵⁵saŋ²²
1162	更	今天比昨天~热	更 kən²¹³ | 更其 kən²⁴tɕʰi²²
1163	太	这个东西~贵,买不起	好好 xau³³xau⁴²
1164	最	弟兄三个中他~高	最 tsuei²¹³

续表

编号	词条	注例	咸丰方言说法与发音
1165	都	大家～来了	都 təu^{55} | 哈 xa^{213}
1166	一共	～多少钱?	一共 i^{22}koŋ^{213} | 总共 tsoŋ^{42}koŋ^{213} | 劳﹡共 nau^{22}koŋ^{213}
1167	一起	我和你～去	一路 i^{22}nəu^{213}
1168	只	我～去过一趟	只 tsʰ ʅ^{22}
1169	刚	这双鞋我穿着～好	将将 tɕiaŋ^{55}tɕiaŋ^{55}
1170	刚	我～到	将将 tɕiaŋ^{55}tɕiaŋ^{55} | 将才 tɕiaŋ^{55}tsʰai^{22} | 扣将 kʰəu^{24}tɕiaŋ^{55}
1171	才	你怎么～来啊?	才 tsʰai^{22}
1172	就	我吃了饭～去	就 tɕiəu^{213}
1173	经常	我～去	经常 tɕin^{55}saŋ^{22} | 扯常 tsʰɛ^{33}tsʰaŋ^{22}
1174	又	他～来了	又 iəu^{213}
1175	还	他～没回家	还 xai^{22}
1176	再	你明天～来	再 tsai^{213}
1177	也	我～去;我～是老师	也 iɛ^{42}
1178	反正	不用急,～还来得及	横直 xuən^{22}tsʅ^{22} | 横正 xuən^{22}tsən^{24}
1179	没有	昨天我～去	没 mei^{22}
1180	不	明天我～去	不 pu^{22}
1181	别	你～去	不要 pu^{22} iau^{24} | 莫 mo^{22}
1182	甭	不用,不必:你～客气	莫 mo^{22} | 不用 pu^{22} yoŋ^{24}
1183	快	天～亮了	快 kʰuai^{213} | 硬个要 ŋən^{24}ko^{22} iau^{24}
1184	差点儿	～摔倒了	差点儿 tsʰa^{55}tiə^{42} | 差颗儿米 tsʰa^{55}kʰuə^{55}mi^{42} | 硬个要 ŋən^{24}ko^{22} iau^{24}
1185	宁可	～买贵的	宁愿 ni^{22} yɛn^{24} | 情愿 tɕʰin^{22} yɛn^{24}
1186	故意	～打破的	故意 ku^{24} i^{213} | 雕子 tiau^{55}tsʅ^{0} | 办真 pan^{24}tsən^{55}
1187	随便	～弄一下	随便 suei^{22}piɛn^{24}
1188	白	～跑一趟	白 pɛ^{22} | 干 kan^{55}
1189	肯定	～是他干的	肯定 kʰən^{33}tin^{24}

编号	词条	注例	咸丰方言说法与发音
1190	可能	~是他干的	可能 kʰo³³nən²² | 搞不好 kau³³pu²²xau⁴² | 弄不好 noŋ²⁴pu²²xau⁴²
1191	一边	~走，~说	一边 i²²piɛn⁵⁵
1192	和	我~他都姓王	和 xo²² | 同 tʰoŋ²²
1193	和	我昨天~他去城里了	和 xo²² | 同 tʰoŋ²²
1194	对	他~我很好	往 uaŋ⁴² | 朝 tsʰau²² | 向 ɕiaŋ²¹³
1195	往	~东走	往 uaŋ⁴² | 朝 tsʰau²² | 向 ɕiaŋ²¹³
1196	向	~他借一本书	向 ɕiaŋ²¹³
1197	按	~他的要求做	按 ŋan²¹³ | 依 i⁵⁵
1198	替	~他写信	替 tʰi²¹³ | 帮 paŋ⁵⁵
1199	如果	~忙你就别来了	如果 zu²²ko⁴² | 假使 tɕia³³sʅ⁴²
1200	不管	~怎么劝他都不听	不管 pu²²kuan⁴²

第四章　语法例句

本章收录语保工程所规定的 50 个语法例句及相应的咸丰方言说法和国际音标。方言说法用楷体表示。

0001

小张昨天钓了一条大鱼，我没有钓到鱼。

小张昨天钓到一个大鱼，我没有钓到。

ɕiau⁴² tsaŋ⁵⁵ tsuo²² tʰiɛn⁵⁵ tiau²¹³ tau⁰ i²² ko²¹³ ta²¹³ y²², ŋo⁴² mei⁵⁵ iəu⁴²
tiau²¹³ tau⁰。

0002

a. 你平时抽烟吗？ b. 不，我不抽烟。

a. 你平素来喝烟不？ b. 我不喝烟。

a. ni⁴² pʰin²² su²¹³ nai⁰ xo²² iɛn⁵⁵ pu²²？ b. ŋo⁴² pu²² xo²² iɛn⁵⁵。

0003

a. 你告诉他这件事了吗？ b. 是，我告诉他了。

a. 你对他说迩件事没？ b. 说哒。

a. ni⁴² tuei²¹³ tʰa⁵⁵ suo²² niɛ²² tɕiɛn²¹³ sʅ²¹³ mei⁵⁵？ b. suo²² ta⁰。

0004

你吃米饭还是吃馒头？

你吃大米饭还是吃馒头？

ni⁴² tsʰ**ɿ**²² ta²¹³ mi⁴² fan²¹³ xai²² sɿ²¹³ tsʰ**ɿ**²² man²² tʰəu⁰ ?

0005

你到底答应不答应他?

你到底是答应不答应他?

ni⁴² tau²¹³ ti⁴² sɿ²¹³ ta²² in²¹³ pu²² ta²² in²¹³ tʰa⁵⁵ ?

0006

a. 叫小强一起去电影院看《刘三姐》。b. 这部电影他看过了。/ 他这部电影看过了。/ 他看过这部电影了。

a. 喊小强一路去电影院看《刘三姐》。b. 那部电影他看过的。

a.xan⁴² ɕiau⁴² tɕiaŋ²² i²² nu²¹³ tɕʰi²¹³ tiɛn²¹³ in⁴² yɛn²¹³ kʰan²¹³ niəu²² san⁵⁵ tɕiɛ⁴²。

b. na²¹³ pu²¹³ tiɛn²¹³ in⁴² tʰa⁵⁵ kʰan²¹³ ko²¹³ ti⁰。

0007

你把碗洗一下。

你洗下碗哦。

ni⁴² ɕi⁴² xa⁰ uan⁴² o⁰。

0008

他把橘子剥了皮,但是没吃。

他把橘子皮剥哒,但是没吃。

tʰa⁵⁵ pa⁴² tɕy²² tsɿ⁰ pʰi²² po²² ta⁰, tan²¹³ sɿ²¹³ mei⁵⁵ tsʰ**ɿ**²²。

0009

他们把教室都装上了空调。

他们把教室都安上哒空调。

tʰa⁵⁵ mən⁰ pa⁴² tɕiau²¹³ sɿ²² təu⁵⁵ ŋan⁵⁵ saŋ²¹³ ta⁰ kʰoŋ⁵⁵ tʰiau²²。

0010

帽子被风吹走了。

帽子着风吹走哒。

mau²¹³ tsʅ⁰ tsuo²² foŋ⁵⁵ tsʰuei⁵⁵ tsəu⁴² ta⁰。

0011

张明被坏人抢走了一个包，人也差点儿被打伤。

张明着坏人抢走哒一个包包，人也差颗ₙ米着坏人打伤哒。

tsaŋ⁵⁵ min²² tsuo²² xuai²¹³ zən²² tɕʰiaŋ⁴² tsəu⁴² i²² ko²¹³ pau⁵⁵ pau⁰，zən²² iɛ⁴²tsʰa⁵⁵ kʰuɚ⁵⁵ mi⁴² tsuo²² xuai²⁴ zən²² ta²¹³ saŋ⁵⁵ ta⁰。

0012

快要下雨了，你们别出去了。

快要落雨哒，你们莫出去哒。

kʰuai²¹³ iau²¹³ nuo²² y⁴² ta⁰，ni⁴² mən⁰ mo²² tsʰu²² tɕʰi²¹³ ta⁰。

0013

这毛巾很脏了，扔了它吧。

迿个毛巾帕子好赖殆哒，捡了它。

niɛ²² ko²¹³ mau²² tɕin⁵⁵ pʰa²¹³ tsʅ⁰ xau⁴² nai⁵⁵ tai²¹³ ta⁰，tin²¹³ niau⁴² tʰa⁵⁵。

0014

我们是在车站买的车票。

我们是在车站买的车票。

ŋo⁴² mən⁰ sʅ²¹³ tai²¹³ tsʰɛ⁵⁵ tsan²¹³ mai⁴² ti⁰ tsʰɛ⁵⁵ pʰiau²¹³。

0015

墙上贴着一张地图。

墙高头巴的一张地图。

tɕʰiaŋ²² kau⁵⁵ tʰəu⁰ pia⁵⁵ ti⁰ i²² tsaŋ⁵⁵ ti²¹³ tʰu²²。

0016

床上躺着一个老人。

床上睡的一个老年人。

tsʰuaŋ²² saŋ²¹³ suei²¹³ ti⁰ i²² ko²¹³ nau⁴² niɛn²² zən²²。

0017

河里游着好多小鱼。

河巴头有好多小鱼儿在游。

xo²² pa⁵⁵ tʰəu⁰ iəu⁴² xau⁴² tuo⁵⁵ ɕiau⁴² y²² ɚ²² tai²¹³ iəu²²。

0018

前面走来了一个胖胖的小男孩。

前头走来一个胖得胖的小男娃ᵣ。

tɕʰiɛn²² tʰəu⁰ tsəu⁴² nai²² i²² ko²¹³ pʰaŋ²¹³ tɛ²² pʰaŋ²¹³ ti⁰ ɕiau⁴² nan²² uɚ²²。

0019

他家一下子死了三头猪。

他屋一下ᵣ死哒三个猪。

tʰa⁵⁵ u²² i²² xɚ²¹³ sʅ⁴² ta⁰ san⁵⁵ ko²¹³ tsu⁵⁵。

0020

这辆汽车要开到广州去。/ 这辆汽车要开去广州。

迣架汽车要开到广州去。

niɛ²² tɕia²¹³ tɕʰi²⁴ tsʰɛ⁵⁵ iau²¹³ kʰai⁵⁵ tau²¹³ kuaŋ⁴² tsəu⁵⁵ tɕʰi²¹³。

0021

学生们坐汽车坐了两整天了。

学生娃ᵣ坐汽车坐了两个梗天。

ɕyo²² sən⁵⁵ uɚ²² tsuo²¹³ tɕʰi²⁴ tsʰɛ⁵⁵ tsuo²¹³ niau⁴² niaŋ⁴² ko²¹³ kən⁵⁵ tʰiɛn⁵⁵。

0022

你尝尝他做的点心再走吧。

你尝下他做的那个点心再走要得不？

ni^{42} saŋ^{22} xa^{0} tʰa^{55} tsu^{213} ti^{0} na^{213} ko^{213} tiɛn^{42} ɕin^{55} tsai^{213} tsəu^{42} iau^{213} tɛ^{22} pu^{22} ？

0023

a. 你在唱什么？　b. 我没在唱，我放着录音呢。

a. 你在唱么子？　b. 我没唱，我是在放录音。

a. ni^{42} tai^{213} tsʰaŋ^{213} mo^{55} tsʅ^{0} ？　b. ŋo^{42} mei^{55} tsʰaŋ^{213}，ŋo^{42} sʅ^{213} tai^{213} faŋ^{213} nu^{22} in^{55}。

0024

a. 我吃过兔子肉，你吃过没有？　b. 没有，我没吃过。

a. 我逮过兔子肉的，你逮过没？　b. 没有，我没逮过。

a. ŋo^{42} tai^{42} ko^{213} tʰu^{213} tsʅ^{0} zu^{22} ti^{0}，ni^{42} tai^{42} ko^{213} mei^{55} ？

b. mei^{55} iəu^{42}，ŋo^{42} mei^{55} tai^{42} ko^{213}。

0025

我洗过澡了，今天不打篮球了。

我澡都洗哒，今天不打篮球哒。

ŋo^{42} tsau^{42} təu^{55} ɕi^{33} ta^{0}，tɕin^{55} tʰiɛn^{55} pu^{22} ta^{42} nan^{22} tɕʰiəu^{22} ta^{0}。

0026

我算得太快算错了，让我重新算一遍。

我算得快了点哒算错哒，让我还单定算一遍。

ŋo^{42} suan^{213} tɛ^{0} kʰuai^{213} niau^{42} tiɛn^{42} ta^{0} suan^{213} tsʰuo^{213} ta^{0}，zaŋ^{213} ŋo^{42} xai^{22} tan^{55} tin^{213} suan^{213} i^{22} piɛn^{213}。

0027

他一高兴就唱起歌来了。

他一欢喜就唱起歌来哒。

tʰa⁵⁵ i²² xuai⁵⁵ ɕi⁴² təu²¹³ tsʰaŋ²¹³ tɕʰi⁴² ko⁵⁵ nai²² ta⁰。

0028

谁刚才议论我老师来着？

是哪个才刚ₙ议论我的老师的？

sʅ²¹³ na⁴² ko²¹³ tsʰai²² kə⁵⁵ i²¹³ nən²¹³ ŋo⁴² ti⁰ nau⁴² sʅ⁵⁵ ti⁰？

0029

只写了一半，还得写下去。

只写到一半，还要写下去。

tsʅ²² ɕiɛ⁴² tau²¹³ i²² pan²¹³，xai²² iau²¹³ ɕiɛ⁴² ɕia²¹³ tɕʰi⁰。

0030

你才吃了一碗米饭，再吃一碗吧。

你才吃了一碗大米饭，还吃一碗要得不？

ni⁴² tsʰai²² tsʰʅ²² niau⁴² i²² uan⁴² ta²¹³ mi⁴² fan²¹³，xai²² tsʰʅ²² i²² uan⁴² iau²¹³ tɛ⁰ pu²²？

0031

让孩子们先走，你再把展览仔仔细细地看一遍。

让细娃ₙ伙先走，你呢再把展览过过细细看一遍。

zaŋ²¹³ ɕi²¹³ uə²² xo⁰ ɕiɛn⁵⁵ tsəu⁴²，ni⁴² nɛ⁰ tsai²¹³ pa⁴² tsan⁴² nan⁴² ko²¹³ ko²¹³ ɕi²¹³ ɕi²¹³ kʰan²¹³ i²² piɛn²¹³。

0032

他在电视机前看着看着睡着了。

他在电视机前看倒起看倒起就睡着哒。

tʰa⁵⁵ tai²¹³ tiɛn²¹³ sʅ²¹³ tɕi⁵⁵ tɕʰiɛn²² kʰan²¹³ tau⁴² tɕʰi⁴² kʰan²¹³ tau⁴² tɕʰi⁴² tɕiəu²¹³ suei²¹³ tsuo²² ta⁰。

0033

你算算看，这点钱够不够花？

你算一下ɻ看，迩点ɻ钱够不够用？

ni⁴² suan²¹³ i²² xɚ⁰ kʰan²¹³, niɛ²¹³ tiə⁴² tɕʰiɛn²² kəu²¹³ pu²² kəu²¹³ yoŋ²¹³?

0034

老师给了你一本很厚的书吧？

老师把给你一本好厚的书是不是？

nau⁴² sʅ⁵⁵ pa⁴² kɛ²² ni⁴² i²² pən⁴² xau⁴² xəu²¹³ ti⁰ su⁵⁵ sʅ²¹³ pu²² sʅ²¹³?

0035

那个卖药的骗了他一千块钱呢。

那个卖药的骗哒他一千块钱啰。

na²¹³ ko²¹³ mai²¹³ yo²² ti⁰ pʰiɛn²¹³ ta⁰ tʰa⁵⁵ i²² tɕʰiɛn⁵⁵ kʰuai²¹³ tɕʰiɛn²² nuo⁰。

0036

a. 我上个月借了他三百块钱。b. 我上个月借了他三百块钱。

a. 我头月借哒他三百块钱。b. 同 a。

a. ŋo⁴² tʰəu²² yɛ²² tɕiɛ²¹³ ta⁰ tʰa⁵⁵ san⁵⁵ pɛ²² kʰuai²¹³ tɕʰiɛn²²。

b. 同 a。

0037

a. 王先生的刀开得很好。b. 王先生的刀开得很好。

a. 王先生是医生（施事）。b. 王先生是病人（受事）。如与 a 句相同，注"同 a"即可。

a. 王先生刀开得好得好。b. 同 a。

a. uaŋ²² ɕiɛn⁵⁵ sən⁵⁵ tau⁵⁵ kʰai⁵⁵ tɛ⁰ xau⁴² tɛ²² xau⁴²。

b. 同 a。

0038

我不能怪人家，只能怪自己。

我不能怪别个，只能怪个人。

ŋo⁴² pu²² nən²² kuai²¹³ piɛ²² ko²¹³, tsʅ²² nən²² kuai²¹³ ko²² zən²²。

0039

a. 明天王经理会来公司吗？ b. 我看他不会来。

a. 明天王经理来公司不？ b. 我看他不得来。

a. mə²² tʰiɛn⁵⁵ uaŋ²² tɕin⁵⁵ ni⁴² nai²² koŋ⁵⁵ sʅ⁵⁵ pu²²？

b. ŋo⁴² kʰan²¹³ tʰa⁵⁵ pu²² tɛ⁰ nai²²。

0040

我们用什么车从南京往这里运家具呢?

我们用么子车子从南京往那下ㄦ盘家具呢?

ŋo⁴² mən⁰ yoŋ²¹³ mo⁵⁵ tsʅ⁰ tsʰɛ⁵⁵ tsʅ⁰ tsʰoŋ²² nan²² tɕin⁵⁵ uaŋ⁴² na²¹³ xə⁵⁵ pʰan²² tɕia⁵⁵ tɕy²¹³ nɛ⁰？

0041

他像个病人似的靠在沙发上。

他像个病人的样子靠在沙发上。

tʰa⁵⁵ tɕʰiaŋ²¹³ ko²¹³ pin²¹³ zən²² ti⁰ iaŋ²¹³ tsʅ⁰ kʰau²¹³ tai²¹³ sa⁵⁵ fa²² saŋ²¹³。

0042

这么干活连小伙子都会累坏的。

恁么做活路，连年轻人都要累趴的。

nən²¹³ mo⁰ tsu²¹³ xo²² nu²¹³, niɛn²² niɛn²² tɕʰin⁵⁵ zən²² təu⁵⁵ iau²¹³ nuei²¹³ pʰa⁵⁵ ti⁰。

0043

他跳上末班车走了。我迟到一步，只能自己慢慢走回学校了。

（请设想几个大学生外出后返校的情景。）

他跳上最后一班车走哒。我晏到一步，只得个人慢慢儿走到学校去。

tʰa⁵⁵ tʰiau²¹³ saŋ²¹³ tsuei²¹³ xəu²¹³ i²² pan⁵⁵ tsʰɛ⁵⁵ tsəu⁴² ta⁰。 ŋo⁴² ŋan²¹³ tau²¹³ i²² pu²¹³，tsɿ²² tɛ⁰ ko²¹³ zən²² man²¹³ mə⁰ tsəu⁴² tau²¹³ ɕyo²² ɕiau²¹³ tɕʰi²¹³。

0044

这是谁写的诗？谁猜出来我就奖励谁十块钱。

迺是哪个写的诗？哪个猜出来我就奖哪个十块钱。

niɛ²² sɿ²¹³ na⁴² ko²¹³ ɕiɛ⁴² ti⁰ sɿ⁵⁵？ na⁴² ko²¹³ tsʰai⁵⁵ tsʰu²² nai²² ŋo⁴² təu²¹³ tɕiaŋ⁴² na⁴² ko²¹³ sɿ²² kʰuai²¹³ tɕʰiɛn²²。

0045

我给你的书是我教中学的舅舅写的。

我把你那本儿书是我教中学的舅舅儿写的。

ŋo⁴² pa⁴² ni⁴² na²¹³ pə⁴² su⁵⁵ sɿ²¹³ ŋo⁴² tɕiau⁵⁵ tsoŋ⁵⁵ ɕyo²² ti⁰ tɕiəu²¹³ tɕiəɹ⁰ ɕiɛ⁴² ti⁰。

0046

你比我高，他比你还要高。

你比我高，他比你还要高些。

ni⁴² pi⁴² ŋo⁴² kau⁵⁵，tʰa⁵⁵ pi⁴² ni⁴² xai²² iau²¹³ kau⁵⁵ ɕiɛ⁰。

0047

老王跟老张一样高。

老王跟老张样样儿高。

nau⁴² uaŋ²² kən⁵⁵ nau⁴² tsaŋ⁵⁵ iaŋ²¹³ iəɹ⁰ kau⁵⁵。

0048

我走了，你们俩再多坐一会儿。

我走哆，你们两个还坐刚刚儿吵。

ŋo⁴² tsəu⁴² tuo⁰, ni⁴² mən⁰ niaŋ⁴² ko²¹³ xai²² tsuo²¹³ kaŋ⁵⁵ kə⁰ sa⁰。

0049

我说不过他，谁都说不过这个家伙。

我说不赢他，哪个都说不赢那个砍脑壳的。

ŋo⁴² suo²² pu²² in²² tʰa⁵⁵, na⁴² ko²¹³ təu⁵⁵ suo²² pu²² in²² na²¹³ ko²¹³ kʰan⁴²
nau⁴² kʰo²² ti⁰。

0050

上次只买了一本书，今天要多买几本。

头遍只买了一本儿书，今天要多买几本儿。

tʰəu²² piɛn²¹³ tsɿ²² mai⁴² niau⁴² i²² pə⁰ su⁵⁵, tɕin⁵⁵ tʰiɛn⁵⁵ iau²¹³ tuo⁵⁵
mai⁴² tɕi⁴² pə⁰。

第五章　话语

本章收录语保工程规定的老年男性、老年女性、青年男性、青年女性四种方言发音人的话语，内容主要包括当地情况、风俗习惯、家庭情况及个人经历，另有一组多人对话，谈到了咸丰历史上的土司制度、当地行政区划的变化、地名观音桥的由来、咸丰民族师范学校的历史以及部分历史人物的故事。本章将相关的方言录音转录成文字，并配上国际音标，记录如下。

一　老年男性话语

（一）当地情况

我们咸丰县是湖北省恩施土家族苗族自治州的一个县。ŋo⁴² mən⁰ xan²² foŋ⁵⁵ ɕiɛn²¹³ sʅ²¹³ fu²² pɛ²² sən⁴² ŋən⁵⁵ sʅ⁵⁵ tʰu⁴² tɕia⁵⁵ tsʰu²² miau²² tsʰu²² tsʅ²¹³ tsʅ²¹³ tsəu⁵⁵ ti⁰ i²² ko²¹³ ɕiɛn²¹³。

那我们县呢有十八个民族，除了汉族以外呢，有十七个少数民族。na²¹³ ŋo⁴² mən⁰ ɕiɛn²¹³ nɛ⁰ iəu⁴² sʅ²² pa²² ko²¹³ min²² tsʰu²², tsʰu²² na⁰ xan²¹³ tsʰu²² i⁴² uai²¹³ nɛ⁰, iəu⁴² sʅ²² tɕʰi²² ko²¹³ sau⁴² su²¹³ min²² tsʰu²²。

迥十七个少数民族呢，又以土家族和苗族人口最多。niɛ²² sʅ²² tɕʰi²² ko²¹³ sau⁴² su⁴² min²² tsʰu²² nɛ⁰, iəu²¹³ i⁴² tʰu⁴² tɕia⁵⁵ tsʰu²² xo²² miau²² tsʰu²² zən²² kʰəu⁴² tsuei²¹³ tuo⁵⁵。

所以说我们咸丰啊，汉族、土家族、苗族就是我们咸丰县的民族主体，三个主体，啊。suo⁴² i⁴² suo²² ŋo⁴² mən⁰ xan²² foŋ⁵⁵ a⁰, xan²¹³ tsʰu²²、tʰu⁴² tɕia⁵⁵ tsʰu²²、miau²² tsʰu²² təu²¹³ sʅ²¹³ ŋo⁴² mən⁰ xan²² foŋ⁵⁵ ɕiɛn²¹³ ti⁰ min²² tsʰu²² tsu⁴² tʰi⁴², san⁵⁵ ko²¹³ tsu⁴² tʰi⁴², a⁰。

　　由于民族成分的复杂，所以我们咸丰的风俗习惯也有它自身的特点，下面呢，我就来给大家介绍我们咸丰当地的民风民俗。iəu²² y²² min²² tsʰu²² tsʰən²² fən⁵⁵ ti⁰ fu²² tsa²², suo⁴² i⁴² ŋo⁴² mən⁰ xan²² foŋ⁵⁵ ti⁰ foŋ⁵⁵ su²² ɕi²² kuan²¹³ iɛ⁴² iəu⁴² tʰa⁵⁵ tsɿ²¹³ sən⁵⁵ ti⁰ tʰiɛ²² tiɛn⁴², ɕia²¹³ miɛn²¹³ nɛ⁰, ŋo⁴² təu²¹³ nai²² kei⁴² ta²¹³ tɕia⁵⁵ kai²¹³ sau²¹³ ŋo⁴² mən⁰ xan²² foŋ⁵⁵ taŋ⁵⁵ ti²¹³ ti⁰ min²² foŋ⁵⁵ min²² su²²。

　　第一个就是过赶年，过赶年大家好多人都晓得，就是提前过年。ti²¹³ i²² ko²¹³ təu²¹³ sɿ²¹³ ko²¹³ kan⁴² niɛn²², ko²¹³ kan⁴² niɛn²² ta²¹³ tɕia⁵⁵ xau⁴² tuo⁵⁵ zən²² təu⁵⁵ ɕiau⁴² tɛ²², təu²¹³ sɿ²¹³ tʰi²² tɕʰiɛn²² ko²¹³ niɛn²²。

　　但是我们咸丰有几家人，他们过赶年呢，那不大同，同外头就不大同。tan²¹³ sɿ²¹³ ŋo⁴² mən⁰ xan²² foŋ⁵⁵ iəu⁴² tɕi⁴² tɕia⁵⁵ zən²², tʰa⁵⁵ mən⁰ ko²¹³ kan⁴² niɛn²² nɛ⁰, na²¹³ pu²² ta²¹³ tʰoŋ²², tʰoŋ²² uai²¹³ tʰəu⁰ təu²¹³ pu²² ta²¹³ tʰoŋ²²。

　　我们咸丰有家人姓补，就是补衣服那个补。ŋo⁴² mən⁰ xan²² foŋ⁵⁵ iəu⁴² tɕia⁵⁵ zən²² ɕin²¹³ pu⁴², təu²¹³ sɿ²¹³ pu⁴² i⁵⁵ fu²² na²¹³ ko²¹³ pu⁴²。

　　整个咸丰呢，不到五家。tsən⁴² ko²¹³ xan²² foŋ⁵⁵ nɛ⁰, pu²² tau²¹³ u⁴² tɕia⁵⁵。

　　他们是六七十年代——50年代开始确认的，他们民族身份确认了，他们就是土家族。tʰa⁵⁵ mən⁰ sɿ²¹³ nu²² tɕʰi²² sɿ²² niɛn²² tai²¹³——u⁴² sɿ²² niɛn²² tai²¹³ kʰai⁵⁵ sɿ⁴² tɕʰyo²² zən²¹³ ti⁰, tʰa⁵⁵ mən⁰ min²² tsʰu²² sən⁵⁵ fən²¹³ tɕʰyo²² zən²¹³ na⁰, tʰa⁵⁵ mən⁰ təu²¹³ sɿ²¹³ tʰu⁴² tɕia⁵⁵ tsʰu²²。

　　他屋过赶年我亲自在他屋头调查过，他屋过赶年是腊月二十九，腊月二十九，假如有三十夜的就是腊月二十九，没得三十夜的呢就是腊月二十八。tʰa⁵⁵ u²² ko²¹³ kan⁴² niɛn²² ŋo⁴² tɕʰin⁵⁵ tsɿ²¹³ tai²¹³ tʰa⁵⁵ u²² tʰəu⁰ tiau²¹³ tsa⁵⁵ ko²¹³, tʰa⁵⁵ u²² ko²¹³ kan⁴² niɛn²² sɿ²¹³ na²² yɛ²² ɚ²¹³ sɿ²² tɕiəu⁴², na²² yɛ²² ɚ²¹³ sɿ²² tɕiəu⁴², tɕia⁴² zu²² iəu⁴² san⁵⁵ sɿ²² iɛ²¹³ ti⁰ təu²¹³ sɿ²¹³ na²² yɛ²² ɚ²¹³ sɿ²² tɕiəu⁴², mei⁵⁵ tɛ²² san⁵⁵ sɿ²² iɛ²¹³ ti⁰ nɛ⁰ təu²¹³ sɿ²¹³ na²² yɛ²² ɚ²¹³ sɿ²² pa²²。

　　反正就是一句话，提前一天过年，只提前一天。fan⁴² tsən²¹³ təu²¹³ sɿ²¹³ i²² tɕy²¹³ xua²¹³, tʰi²² tɕʰiɛn²² i²² tʰiɛn⁵⁵ ko²¹³ niɛn²², tsɿ²² tʰi²² tɕʰiɛn²² i²² tʰiɛn⁵⁵。

他屋过年呢，不摆酒席，不吃大酒大肉，反正不喝酒啊。tʰa⁵⁵ u²²
ko²¹³ niɛn²² nɛ⁰，pu²² pai⁴² tɕiəu⁴² ɕi²²，pu²² tsʰɿ²² ta²¹³ tɕiəu⁴² ta²¹³ zu²²，
fan⁴² tsən⁵⁵ pu²² xo²² tɕiəu⁴² a⁰。

朗˭们˭个过法呢？就是一家人啊，悄悄咪˭咪˭的，不动声色啊，
就在火坑头，山脚上，架个锅ʲˡ，拿个大耳锅，耳锅里头是啊肉啊、豆
腐啊、白菜啊、萝卜啊，七锅八杂的，煮他一锅。naŋ²² mən⁰ ko²¹³ ko²¹³
fa²² nɛ⁰？ təu²¹³ sɿ²¹³ i²² tɕia⁵⁵ zən²² a⁰，tɕʰiau⁵⁵ tɕʰiau⁵⁵ mi⁵⁵ mi⁵⁵ ti⁰，pu²²
toŋ²¹³ sən⁵⁵ sɛ²² a⁰，təu²¹³ tai²¹³ xo⁴² kʰən⁵⁵ tʰəu⁰，san⁵⁵ tɕyo²² saŋ²¹³，tɕia²¹³
ko²¹³ kuə²²，na²² ko²¹³ ta²¹³ ə⁴² ko⁵⁵，ə⁴² ko⁵⁵ ni⁴² tʰəu⁰ sɿ²¹³ a⁰ zu²² a⁰、təu²¹³
fu⁴² a⁰、pɛ²² tsʰai²¹³ a⁰、nuo²² pu⁰ a⁰，tɕʰi²² ko⁵⁵ pa²² tsa²² ti⁰，tsu⁴² tʰa⁵⁵ i²²
ko⁵⁵。

那个锅ʲˡ上呢，就放一块ʲˡ木板板ʲˡ，三寸宽的一块木板板ʲˡ，木板
板ʲˡ上呢，就放几个碗ʲˡ，碗碟，就是蘸水咸的，有海椒汤汤啊，豆豉
汤汤啊，霉豆腐汤汤啊，或者腌的芫荽啊，或者葱脑壳迣些，当蘸水。
na²¹³ ko²¹³ kuə²² saŋ²¹³ nɛ⁰，təu²¹³ faŋ²¹³ i²² kʰuə²¹³ mu²² pan⁴² pə⁰，san⁵⁵
tsʰən²¹³ kʰuan⁵⁵ ti⁰ i²² kʰuai²¹³ mu²² pan⁴² pə⁰，mu²² pan⁴² pə⁰ saŋ²¹³ nɛ⁰，
təu²¹³ faŋ²¹³ tɕi⁵⁵ ko²¹³ uə⁴²，uan⁴² tiɛ²²，təu²¹³ sɿ²¹³ tsan²¹³ suei⁴² xan⁴² ti⁰，
iəu⁴² xai⁴² tɕiau⁵⁵ tʰaŋ⁵⁵ tʰaŋ⁵⁵ a⁰，təu²¹³ sɿ²¹³ tʰaŋ⁵⁵ tʰaŋ⁵⁵ a⁰，mei²² təu²¹³ fu⁴²
tʰaŋ⁵⁵ tʰaŋ⁵⁵ a⁰，xuai²² tsɛ⁴² ŋa⁵⁵ ti⁰ iɛn²² suei⁵⁵ a⁰，xuai²² tsɛ⁴² tsʰoŋ⁵⁵ nau⁴²
kʰo²² niɛ²² ɕiɛ⁵⁵，taŋ⁵⁵ tsan²¹³ suei⁴²。

吃饭的时候呢有规矩，不准喝酒，不准大声说话，不准说话，基本细
娃ʲˡ不准说，大人教过了的。tsʰɿ²² fan²¹³ ti⁰ sɿ²² xəu²¹³ nɛ⁰ iəu⁴² kuei⁵⁵ tɕy⁴²，
pu²² tɕyən⁴² xo²² tɕiəu⁴²，pu²² tɕyən⁴² ta²¹³ sən⁵⁵ suo⁰ xua²¹³，pu²² tɕyən⁴²
suo²² xua²¹³，tɕi⁵⁵ pən⁴² ɕi²¹³ uə²² pu²² tɕyən⁴² suo²²，ta²¹³ zən²² tɕiau⁵⁵ ko²¹³
na⁰ ti⁰。

吃完饭过后，二十九下午把饭吃哒，一家人就一个人捆个笆斗ʲˡ，
笆斗ʲˡ里头捆点红苕洋芋，哎，捆点红苕洋芋，就把大门一锁，全部出
去，跑到山上去躲起。tsʰɿ²² uan²² fan²¹³ ko²¹³ xəu²¹³，ə²¹³ sɿ²² tɕiəu⁴² ɕia²¹³
u⁴² pa⁴² fan²¹³ tsʰɿ²² ta⁰，i²² tɕia⁵⁵ zən²² təu²¹³ i²² ko²¹³ zən²² kʰuən⁴² ko²¹³ pa⁵⁵
tə⁰，pa⁵⁵ tə⁰ ni⁴² tʰəu⁰ kʰuən⁴² tiɛn⁴² xoŋ²² sau²² iaŋ²² y²¹³，ɛ⁰，kʰuən⁴² tiɛn⁴²

xoŋ²² sau²² iaŋ²² y²¹³, təu²¹³ pa⁴² ta²¹³ mən²² i²² suo⁴², tɕʰyɛn²² pu²¹³ tsʰu²²
tɕʰi²¹³, pʰau⁴² tau²¹³ san⁵⁵ saŋ²¹³ tɕʰi²¹³ tuo⁴² tɕʰi⁴²。

他们带上坡的除了红苕洋芋之外啊，还有一碗肉，那碗肉呢，他
是一坨肉，用刀子切切切，但是皮子呢不切断，那个叫么子，那个说
法叫作"断骨——断骨肉不断皮"啊，有皮相连啊，我后头再讲那个
它的意思啊。tʰa⁵⁵ mən⁰ tai²¹³ saŋ²¹³ pʰo⁵⁵ ti⁰ tsʰu²² na⁰ xoŋ²² sau²² iaŋ²² y²¹³
tsɿ⁵⁵ uai²¹³ a⁰, xai²² iəu⁴² i²² uan⁴² zu²², na²¹³ uan⁴² zu²² nɛ⁰, tʰa⁵⁵ sɿ²¹³ i²²
tʰuo²² zu²², yoŋ²¹³ tau⁵⁵ tsɿ⁰ tɕʰiɛ²² tɕʰiɛ²² tɕʰiɛ⁰, tan²¹³ sɿ²¹³ pʰi²² tsɿ⁰ nɛ⁰
pu²² tɕʰiɛ²² tuan²¹³, na²¹³ ko²¹³ tɕiau²¹³ mo⁰ tsɿ⁰, na²¹³ ko²¹³ suo²² fa²² tɕiau²¹³
tsu²¹³ " tuan²¹³ ku²² —— tuan²¹³ ku²² zu²² pu²² tuan²¹³ pʰi²²" a⁰, iəu⁴² pʰi²²
ɕiaŋ⁵⁵ niɛn²² a⁰, ŋo⁴² xəu²² tʰəu⁰ tsai²¹³ tɕiaŋ⁴² na²¹³ ko²¹³ tʰa⁵⁵ ti⁰ i²¹³ sɿ⁵⁵ a⁰。

把迩碗肉呢带起走，迩碗肉叫连刀肉。带起走又不是拿来吃，他
是一直放放放，放到正月十五才吃。pa⁴² niɛ²² uan⁴² zu²² nɛ⁰ tai²¹³ tɕʰi⁴²
tsəu⁴², niɛ²² uan⁴² zu²² tɕiau²¹³ niɛn²² tau⁵⁵ zu²²。tai²¹³ tɕʰi⁴² tsəu⁴² iəu²¹³
pu²² sɿ²¹³ na²² nai²² tsʰɿ²², tʰa⁵⁵ sɿ²¹³ i²² tsɿ²² faŋ²¹³ faŋ²¹³ faŋ²¹³, faŋ²¹³ tau²¹³
tsən⁵⁵ yɛ²² sɿ²² u⁴² tsʰai²¹³ tsʰɿ²²。

就是讲讲带的东西啊，一个是红苕洋芋，二个就是连刀肉，带起
走。təu²¹³ sɿ²¹³ tɕiaŋ⁴² tɕiaŋ⁴² tai²¹³ ti⁰ toŋ⁵⁵ ɕi⁵⁵ a⁰, i²² ko²¹³ sɿ²¹³ xoŋ²² sau²²
iaŋ²² y²¹³, ə²¹³ ko²¹³ təu²¹³ sɿ²¹³ niɛn²² tau⁵⁵ zu²², tai²¹³ tɕʰi⁴² tsəu⁴²。

上坡过后，躲到山里头去，山里头要有时候下雪下雨了哪么办呢？
就用那个……就喊的崖前，他们一般就是躲到崖前头，就在崖前头过年、
过夜。saŋ²¹³ pʰo⁵⁵ ko²¹³ xəu²¹³, tuo⁴² tau²¹³ san⁵⁵ ni⁴² tʰəu⁰ tɕʰi²¹³, san⁵⁵ ni⁴²
tʰəu⁰ iau²¹³ iəu⁴² sɿ²² xəu²¹³ ɕia²¹³ ɕyɛ²² ɕia²¹³ y⁴² na⁰ na⁴² mo⁴² pan²¹³ nɛ⁰ ?
təu²¹³ yoŋ²¹³ na²¹³ ko²¹³ …… təu²¹³ xan⁴² ti⁰ ŋai²² tɕʰiɛn²², tʰa⁵⁵ mən⁰ i²² pan⁵⁵
təu²¹³ sɿ²¹³ tuo⁴² tau²¹³ ŋai²² tɕʰiɛn²² tʰəu⁰, təu²¹³ tai²¹³ ŋai²² tɕʰiɛn²² tʰəu⁰ ko²¹³
niɛn²² 、ko²¹³ iɛ²¹³。

没得崖前，那就是有洞洞ㄦ，躲到洞洞ㄦ头里去，崖洞头里去。那岩
前岩洞都没得那就搭棚棚ㄦ，就搭的狗草棚。反正刀子都带起的哟，镰
刀啊、猫子啊，沙 ̄ 刀都带起的。mei⁵⁵ tɛ²² ŋai²² tɕʰiɛn²², na²¹³ təu²¹³ sɿ²¹³
iəu⁴² toŋ²¹³ tə⁰, tuo⁴² tau²¹³ toŋ²¹³ tə⁰ tʰəu⁰ ni⁴² tɕʰi²¹³, ŋai²² toŋ²¹³ tʰəu⁰ ni⁴²

tɕʰi²¹³。 na²¹³ ŋai²² tɕʰiɛn²² ŋai²² toŋ²¹³ təu⁵⁵ mei⁵⁵ tɛ²² na²¹³ təu²¹³ ta²² pʰoŋ²²
pʰə⁰, təu²¹³ ta²² ti⁰ kəu⁴² tsʰau⁴² pʰoŋ²²。 fan⁴² tsən⁵⁵ tau⁵⁵ tsɿ⁰ təu⁵⁵ tai²¹³
tɕʰi⁴² ti⁰ sa⁰, niɛn²² tau⁵⁵ a⁰、mau⁵⁵ tsɿ⁰ a⁰, sa⁵⁵ tau⁵⁵ təu⁵⁵ tai²¹³ tɕʰi⁴² ti⁰。

砍几个棒棒ₙ，又架起，架起又用几个茅草盖起。那个要躲好久啊？躲到正月初一才回来，正月初一才回来。kʰan⁴² tɕi⁴² ko²¹³ paŋ²¹³ pə⁰, iəu²¹³
tɕia²¹³ tɕʰi⁴², tɕia²¹³ tɕʰi⁴² iəu²¹³ yoŋ²¹³ tɕi⁴² ko²¹³ mau²² tsʰau⁴² kai²¹³ tɕʰi⁴²。
na²¹³ ko²¹³ iau²¹³ tuo⁴² xau⁴² tɕiəu⁴² a⁰？ tuo⁴² tau²¹³ tsən⁵⁵ yɛ²² tsʰu⁵⁵ i²²
tsʰai²² xuei²² nai²², tsən⁵⁵ yɛ²² tsʰu⁵⁵ i²² tsʰai²² xuei²² nai²²。

我就问他们，那个补家老汉ₙ，我说补伯伯，我说你屋那个过年啊，那时候ₙ不叫赶年啊，我说那个过年是朗ˮ们ˮ过的，来历朗ˮ们ˮ个？ŋo⁴² təu²¹³ uən²¹³ tʰa⁵⁵ mən⁰, na²¹³ ko²¹³ pu⁴² tɕia⁵⁵ nau⁴² xə⁰, ŋo⁴² suo²² pu⁴²
pɛ²² pɛ²², ŋo⁴² suo²² ni⁴² u²² na²¹³ ko²¹³ ko²¹³ niɛn²² a⁰, na²¹³ sɿ²² xə²¹³ pu²²
tɕiau²¹³ kan⁴² niɛn²² a⁰, ŋo⁴² suo²² na²¹³ ko²¹³ ko²¹³ niɛn²² sɿ²¹³ naŋ²² mən⁰
ko²¹³ ti⁰, nai²² ni²² naŋ²² mən⁰ ko²¹³？

那个补家老汉ₙ就说嘛，他说往年我们前辈人，前辈人呢那个就说造反，造朝廷的反。na²¹³ ko²¹³ pu⁴² tɕia⁵⁵ nau⁴² xə⁰ təu²¹³ suo²² ma⁰, tʰa⁵⁵
suo²² uaŋ⁴² niɛn²² ŋo⁴² mən⁰ tɕʰiɛn²² pei²¹³ zən²², tɕʰiɛn²² pei²¹³ zən²² nɛ²²
na²¹³ ko²¹³ təu²¹³ suo²² tsʰau²¹³ fan⁴², tsʰau²¹³ tsʰau²² tʰin²² ti⁰ fan⁴²。

造朝廷的反呢，就把官府得罪了。官府呢就是趁我们三十夜在屋里过年的时候呢，就来抓我们，把人抓起走了，捉人。tsʰau²¹³ tsʰau²² tʰin²²
ti⁰ fan⁴² nɛ⁰, təu²¹³ pa⁴² kuan⁵⁵ fu⁴² tɛ²² tsuei²¹³ na⁰。 kuan⁵⁵ fu⁴² nɛ⁰ təu²¹³
sɿ²¹³ tsʰən²¹³ ŋo⁴² mən⁰ san⁵⁵ sɿ²² iɛ²¹³ tai²¹³ u²² ni⁴² ko²¹³ niɛn²² ti⁰ sɿ²¹³ xəu²¹³
nɛ⁰, təu²¹³ nai²² tsua⁵⁵ ŋo⁴² mən⁰, pa⁴² zən²² tsua⁵⁵ tɕʰi⁴² tsəu⁴² na⁰, tsuo⁴²
zən²²。

那个消息呢着我们前辈人晓得了。晓得了就——所以三十夜那天就跑哒，躲到山里头——树林里去哒，没捉到。全家人的性命就保住哒。na²¹³ ko²¹³ ɕiau⁵⁵ ɕi²² nɛ⁰ tsuo²² ŋo⁴² mən⁰ tɕʰiɛn²² pei²¹³ zən²² ɕiau⁴² tɛ²²
na⁰。 ɕiau⁴² tɛ²² na⁰ təu²¹³ —— suo⁴² i⁴² san⁵⁵ sɿ²² iɛ²¹³ na²¹³ tʰiɛn⁵⁵ təu²¹³
pʰau⁴² ta⁰, tuo⁴² tau²¹³ san⁵⁵ ni⁴² tʰəu⁰ —— su²¹³ nin²² ni⁴² tɕʰi²¹³ ta⁰, mei⁵⁵
tsuo²² tau²¹³。 tɕʰyɛn²² tɕia⁵⁵ zən²² ti⁰ ɕin²¹³ min²¹³ təu²¹³ pau⁴² tsu²¹³ ta⁰。

保住哒，后辈人么就纪念迥件事情呢，就留下了提前一天过赶年迥个习惯。pau⁴² tsu²¹³ ta⁰, xəu²¹³ pei²¹³ zən²² mo⁰ təu²¹³ tɕi⁴² niɛn²¹³ niɛ²² tɕiɛn²¹³ sʅ²¹³ tɕʰin²² nɛ⁰, təu²¹³ niəu²² ɕia²¹³ na⁰ tʰi²² tɕʰiɛn²² i²² tʰiɛn⁵⁵ ko²¹³ kan⁴² niɛn²² niɛ²² ko²¹³ ɕi²² kuan²¹³。

我们另外那个过赶年的，有好多种那个么子啊，缘由说。迥说那说，说么子抗敌外——抗外敌啊，有什么迥么。ŋo⁴² mən⁰ nin²¹³ uai²¹³ na²¹³ ko²¹³ ko²¹³ kan⁴² niɛn²² ti⁰, iəu⁴² xau⁴² tuo⁵⁵ tsoŋ⁴² na²¹³ ko²¹³ mo⁰ tsʅ⁰ a⁰, yɛn²² iəu²² suo²²。niɛ²² suo²² na²¹³ suo²², suo²² mo⁰ tsʅ⁰ kʰaŋ²¹³ ti²² uai²¹³ —— kʰaŋ²¹³ uai²¹³ ti²² a⁰, iəu⁴² sən²² mo⁰ niɛ²² mo⁰。

我们迥个就叫么子啊？把取个名字就叫躲避官军说，迥个缘头，原因。ŋo⁴² mən⁰ niɛ²² ko²¹³ təu²¹³ tɕiau²¹³ mo⁰ tsʅ⁰ a⁰？pa⁴² tɕʰy⁴² ko²¹³ min²² tsʅ²¹³ təu²¹³ tɕiau²¹³ tuo⁴² pei²¹³ kuan⁵⁵ tɕyən⁵⁵ suo²², niɛ²² ko²¹³ yɛn²² tʰəu⁰, yɛn²² in⁵⁵。

那个，那碗那个连刀肉，正月初一回来又把它带回来。带回来就放到神龛上，也不吃，那碗肉一直到过十五，就是正月十五过元宵节我们喊的。那天呢，才吃。na²¹³ ko²¹³, na²¹³ uan⁴² na²¹³ ko²¹³ niɛn²² tau⁵⁵ zu²², tsən⁵⁵ yɛ²² tsʰu⁵⁵ i²² xuei²¹³ nai²² iəu²¹³ pa⁴² tʰa⁵⁵ tai²¹³ xuei²² nai²²。tai²¹³ xuei²² nai²² təu²¹³ faŋ²¹³ tau²¹³ sən²² kʰan⁵⁵ saŋ²¹³, iɛ⁴² pu²² tsʰʅ²², na²¹³ uan⁴² zu²² i²² tsʅ²² tau²¹³ ko²¹³ sʅ²¹³ u⁴², təu²¹³ sʅ²¹³ tsən⁵⁵ yɛ²² sʅ²² u⁴² ko²¹³ yɛn²² ɕiau⁵⁵ tɕiɛ²² ŋo⁴² mən⁰ xan⁴² ti⁰。na²¹³ tʰiɛn⁵⁵ nɛ⁰, tsʰai²¹³ tsʰʅ²²。

反正冬天嘛，它又不得烂又不得坏。那就是断骨断肉不断皮，哦，断肉断骨不断皮啊，一家人呢就是不散盘，紧紧地跟在一起，老的少的一家人在一堆，不散盘，不受损，安安全全的，就是迥个含义。迥是过赶年。fan⁴² tsən²¹³ toŋ⁵⁵ tʰiɛn⁵⁵ ma⁰, tʰa⁵⁵ iəu²¹³ pu²² tɛ²² nan²¹³ iəu²¹³ pu²² tɛ²² xuai²¹³。na²¹³ təu²¹³ sʅ²¹³ tuan²¹³ ku²² tuan²¹³ zu²² pu²² tuan²¹³ pʰi²², o⁰, tuan²¹³ zu²² tuan²¹³ ku²² pu²² tuan²¹³ pʰi²² a⁰, i²² tɕia⁵⁵ zən²² nɛ⁰ təu²¹³ sʅ²¹³ pu²² san⁴² pʰan²², tɕin⁴² tɕin⁴² ti⁰ kən⁵⁵ tai²¹³ i²² tɕʰi⁴², nau⁴² ti⁰ sau⁴² ti⁰ i²² tɕia⁵⁵ zən²² tai²¹³ i²² tuei⁵⁵, pu²² san⁴² pʰan²², pu²² səu²¹³ sən⁴², ŋan⁵⁵ ŋan⁵⁵ tɕʰyɛn²² tɕʰyɛn²² ti⁰, təu²¹³ sʅ²¹³ niɛ²² ko²¹³ xan²² ni²¹³。niɛ²² sʅ²¹³ ko²¹³ kan⁴² niɛn²²。

第二个呢，帮大家介绍一个呢我们的婚嫁习俗。ti²¹³ ʑ²¹³ ko²¹³ nɛ⁰，paŋ⁵⁵ ta²¹³ tɕia⁵⁵ kai²¹³ sau²¹³ i²² ko²¹³ nɛ⁰ ŋo⁴² mən⁰ ti⁰ xuən⁵⁵ tɕia²¹³ ɕi²² su²²。

那个，我们那结婚呢，有全国各地的一些搞法，也有本地的做法上的一些特色。na²¹³ ko²¹³，ŋo⁴² mən⁰ na²¹³ tɕiɛ²² xuən⁵⁵ nɛ⁰，iəu⁴² tɕʰyɛn²² kuɛ²² ko²² ti²¹³ ti⁰ i²² ɕiɛ⁵⁵ kau⁴² fa²²，iɛ⁴² iəu⁴² pən⁴² ti²¹³ ti⁰ tsu²¹³ fa²² saŋ²¹³ ti⁰ i²² ɕiɛ⁵⁵ tʰiɛ²² sɛ²²。

你比如说那个叫赶端阳场打样，赶端阳场打样就是赶端阳场那一天，男的女的啊都上街哦，年轻娃ₗ啊、大姑娘啊都上街。ni⁴² pi⁴² zu²² suo²² na²¹³ ko²¹³ tɕiau²¹³ kan⁴² tuan⁵⁵ iaŋ²² tsʰaŋ⁴² ta⁴² iaŋ²¹³，kan⁴² tuan⁵⁵ iaŋ²² tsʰaŋ⁴² ta⁴² iaŋ²¹³ təu²¹³ sʅ²¹³ kan⁴² tuan⁵⁵ iaŋ²² tsʰaŋ⁴² na²¹³ i²² tʰiɛn⁵⁵，nan²² ti⁰ ny⁴² ti⁰ a⁰ təu⁵⁵ saŋ²¹³ kai⁵⁵ o⁰，niɛn²² tɕʰin⁵⁵ uə²² a⁰、ta²¹³ ku⁵⁵ niaŋ²² a⁰ təu⁵⁵ saŋ²¹³ kai⁵⁵。

那个媒人那天也最忙，媒人到处两头跑。媒人就问男娃ₗ："哎，那边有个姑娘你瞧起不？"哦，朗゠们゠个。又问姑娘："那个男娃ₗ你瞧起不？"na²¹³ ko²¹³ mei²² zən²² na²¹³ tʰiɛn⁵⁵ iɛ⁴² tsuei²¹³ maŋ²²，mei²² zən²² tau²¹³ tsʰu⁴² niaŋ⁴² tʰəu⁰ pʰau⁴²。mei²² zən²² təu²¹³ uən²¹³ nan²² uə²²："ɛ⁰，na²¹³ piɛn⁵⁵ iəu⁴² ko²¹³ ku⁵⁵ niaŋ²² ni⁴² tɕʰiau²² tɕʰi⁴² pu²²？"o⁰，naŋ²² mən⁰ ko²¹³。iəu²¹³ uən²¹³ ku⁵⁵ niaŋ²²："na²¹³ ko²¹³ nan²² uə²² ni⁴² tɕʰiau²² tɕʰi⁴² pu²²？"

如果两方都点头哒，说要得，那个媒人就跟倒撮合。打样吣，看看那人高大不啊，女娃ₗ长得乖不啊，打样吣，人没有残——带不带残疾啊，有没有蹄——生得有没有蹄足啊，打样就起逎么个作用。zu²² ko⁴² niaŋ⁴² faŋ⁵⁵ təu⁵⁵ tiɛn⁴² tʰəu⁰ ta⁰，suo²² iau²¹³ tɛ²²，na²¹³ ko²¹³ mei²² zən²² təu²¹³ kən⁵⁵ tau⁴² tsʰuo²² xo²²。ta⁴² iaŋ²¹³ sa⁰，kʰan²¹³ kʰan⁰ na²¹³ zən²² kau⁵⁵ ta²¹³ pu²² a⁰，ny⁴² uə²² tsaŋ⁴² tɛ²² kuai⁵⁵ pu²² a⁰，ta⁴² iaŋ²¹³ sa⁰，zən²² mei⁵⁵ iəu⁴² tsʰan²²——tai²¹³ pu²² tai²¹³ tsʰan²² tɕi²² a⁰，iəu⁴² mei⁵⁵ iəu⁴² pai⁵⁵——sən⁵⁵ tɛ²² iəu⁴² mei⁵⁵ iəu⁴² pai⁵⁵ tsu²² a⁰，ta⁴² iaŋ²¹³ təu²¹³ tɕʰi⁴² niɛ²² mo⁰ ko²¹³ tsuo²² yoŋ²¹³。

然后就是媒人的事情哒。他们之间，他们之间也谈有时候，就是，那亲热不过！那些胆子大的啊亲热不过，逎个我就不说了哒，因为那个又是另外一回事哒。zan²² xəu²¹³ təu²¹³ sʅ²¹³ mei²² zən²² ti⁰ sʅ²¹³ tɕʰin²² ta⁰。

tʰa⁵⁵ mən⁰ tsๅ⁵⁵ tɕiɛn⁵⁵, tʰa⁵⁵ mən⁰ tsๅ⁵⁵ tɕiɛn⁵⁵ iɛ⁴² tʰan²² iəu⁴² sๅ²² xəu²¹³, təu²¹³ sๅ²¹³, na²¹³ tɕʰin⁵⁵ zɛ²² pu²² ko²¹³！na²¹³ ɕiɛ⁵⁵ tan⁴² tsๅ⁰ ta²¹³ ti⁰ a⁰ tɕʰin⁵⁵ zɛ²² pu²² ko²¹³, niɛ²² ko²¹³ ŋo⁴² təu²¹³ pu²² suo²² na⁰ ta⁰, in⁵⁵ uei²² na²¹³ ko²¹³ iəu²¹³ sๅ²¹³ nin²¹³ uai²¹³ i²² xuei²² sๅ²¹³ ta⁰。

那个媒人得了双方，男女双方意见过后，就开始做媒哒。na²¹³ ko²¹³ mei²² zən²² tɛ²² na⁰ suaŋ⁵⁵ faŋ⁵⁵, nan²² ny⁴² suaŋ⁵⁵ faŋ⁵⁵ i²¹³ tɕiɛn²¹³ ko²¹³ xəu²¹³, təu²¹³ kʰai⁵⁵ sๅ⁴² tsu²¹³ mei²² ta⁰。

做媒哒，双方同意哒，那是本人同意哦，回去还要大人同意，妈老汉ₗ同意哒，那么就在媒人撺唆下，那就，那就，叫么子呢？叫讨八字，讨八字，双方讨。tsu²¹³ mei²² ta⁰, suaŋ⁵⁵ faŋ⁵⁵ tʰoŋ²² i²¹³ ta⁰, na²¹³ sๅ²¹³ pən⁴² zən²² tʰoŋ²² i²¹³ o⁰, xuei²² tɕʰi²¹³ xai²² iau²¹³ ta²¹³ zən²² tʰoŋ²² i²¹³, ma⁵⁵ nau⁴² xə⁰ tʰoŋ²² i²¹³ ta⁰, na²¹³ mo⁰ təu²¹³ tai²¹³ mei²² zən²² tsʰuan⁵⁵ suo⁵⁵ ɕia²¹³, na²¹³ təu²¹³, na²¹³ təu²¹³, tɕiau²¹³ mo⁰ tsๅ⁰ nɛ⁰？tɕiau²¹³ tʰau⁴² pa²² tsๅ²¹³, tʰau⁴² pa²² tsๅ²¹³, suaŋ⁵⁵ faŋ⁵⁵ tʰau⁴²。

男娃ₗ呢，就八字写起，就是生辰八字啊，就生庚八字嘛喊的，女娃ₗ写起。写起呢，把——媒人就把男娃ₗ家的八字送到女方那去，女方的八字又写起又送到男方来。nan²² uə²² nɛ⁰, təu²¹³ pa²² tsๅ²¹³ ɕiɛ⁴² tɕʰi⁴², təu²¹³ sๅ²¹³ sən⁵⁵ sən²² pa²² tsๅ²¹³ a⁰, təu²¹³ sən⁵⁵ kən⁵⁵ pa²² tsๅ²¹³ ma⁰ xan⁴² ti⁰, ny⁴² uə²² ɕiɛ⁴² tɕʰi⁴²。ɕiɛ⁴² tɕʰi⁴² nɛ⁰, pa⁴²——mei²² zən²² təu²¹³ pa⁴² nan²² uə²² tɕia⁵⁵ ti⁰ pa²² tsๅ²¹³ soŋ²¹³ tau²¹³ ny⁴² faŋ⁵⁵ na²¹³ tɕʰi²¹³, ny⁴² faŋ⁵⁵ ti⁰ pa²² tsๅ²¹³ iəu²¹³ ɕiɛ⁴² tɕʰi⁴² iəu²¹³ soŋ²¹³ tau²¹³ nan²² faŋ⁵⁵ nai²²。

那个东西，写的东西叫么子？叫庚帖，送庚帖，那是，交换嘛。na²¹³ ko²¹³ toŋ⁵⁵ ɕi⁵⁵, ɕiɛ⁴² ti⁰ toŋ⁵⁵ ɕi⁵⁵ tɕiau²¹³ mo⁰ tsๅ⁰？tɕiau²¹³ kən⁵⁵ tʰiɛ²², soŋ²¹³ kən⁵⁵ tʰiɛ²², na²¹³ sๅ²¹³, tɕiau⁵⁵ xuan²¹³ ma⁰。

那个男娃ₗ呢，男娃ₗ把那个女方的八字拿起去请人一算，把两个八字看合不合；女方同样的，要把男娃ₗ八字拿去，和她的八字一起放起请人算，看八合不合八字。na²¹³ ko²¹³ nan²² uə²² nɛ⁰, nan²² uə²² pa⁴² na²¹³ ko²¹³ ny⁴² faŋ⁵⁵ ti⁰ pa²² tsๅ²¹³ na²² tɕʰi⁴² tɕʰi²¹³ tɕʰin⁴² zən²² i²² suan²¹³, pa⁴² niaŋ⁴² ko²¹³ pa²² tsๅ²¹³ kʰan⁵⁵ xo²² pu²² xo²²; ny⁴² faŋ⁵⁵ tʰoŋ²² iaŋ²¹³ ti⁰, iau²¹³ pa⁴² nan²² uə²² pa²² tsๅ²¹³ na²² tɕʰi²¹³, xo²² tʰa⁵⁵ ti⁰ pa²² tsๅ²¹³ i²² tɕʰi⁴² faŋ²¹³ tɕʰi⁴² tɕʰin⁴² zən²² suan²¹³，kʰan⁵⁵ pa²² xo²² pu²² xo²² pa²² tsʅ²¹³。

双方如果合八字哒，好，迥个就，迥个事情呢就进入下一个阶段哒。那就是放梳子，啊，放梳子，就是男方女方，就把两个八字合拢算，合到八字那个情况又交换，又交换。那是一步。suaŋ⁵⁵ faŋ⁵⁵ zu²² ko⁴² xo²² pa²² tsʅ²¹³ ta⁰，xau⁴²，niɛ²² ko²¹³ təu²¹³，niɛ²² ko²¹³ sʅ²¹³ tɕʰin²² nɛ⁰ təu²¹³ tɕin²¹³ zu²² ɕia²¹³ i²² ko²¹³ kai⁵⁵ tuan²¹³ ta⁰。na²¹³ təu²¹³ sʅ²¹³ faŋ²¹³ su⁵⁵ tsʅ⁰，a⁰，faŋ²¹³ su⁵⁵ tsʅ⁰，təu²¹³ sʅ²¹³ nan²² faŋ⁵⁵ ny⁴² faŋ⁵⁵，təu²¹³ pa⁴² niaŋ⁴² ko²¹³ pa²² tsʅ²¹³ xo²² noŋ⁴² suan²¹³，xo²² tau²¹³ pa²² tsʅ²¹³ na²¹³ ko²¹³ tɕʰin²² kʰuaŋ²¹³ iəu²¹³ tɕiau⁵⁵ xuan²¹³，iəu²¹³ tɕiau⁵⁵ xuan²¹³。na²¹³ sʅ²¹³ i²² pu²¹³。

再下一步呢就是订婚。那个订婚呢，分民族不同。苗族呢，就插香，土家族、汉族迥些呢，就叫呢放炮火儿，啊，放炮火儿。tsai²¹³ ɕia²¹³ i²² pu²¹³ nɛ⁰ təu²¹³ sʅ²¹³ tin²¹³ xuən⁵⁵。na²¹³ ko²¹³ tin²¹³ xuən⁵⁵ nɛ⁰，fən⁵⁵ min²² tsʰu²² pu²² tʰoŋ²²。miau²² tsʰu²² nɛ⁰，təu²¹³ tsʰa²² ɕiaŋ⁵⁵，tʰu⁴² tɕia⁵⁵ tsʰu²²、xan²¹³ tsʰu²² niɛ²² ɕiɛ⁵⁵ nɛ⁰，təu²¹³ tɕiau²¹³ nɛ⁰ faŋ²¹³ pʰau²¹³ xuɚ⁰，a⁰，faŋ²¹³ pʰau²¹³ xuɚ⁰。

那个，放——插香呢，就是，也是个，其实是一个婚姻当中的告祖仪式的……na²¹³ ko²¹³，faŋ²¹³ —— tsʰa²² ɕiaŋ⁵⁵ nɛ⁰，təu²¹³ sʅ²¹³，iɛ⁴² sʅ²¹³ ko²¹³，tɕʰi²² sʅ²¹³ sʅ²¹³ i²² ko²¹³ xuən⁵⁵ in⁵⁵ taŋ⁵⁵ tsoŋ⁵⁵ ti⁰ kau²¹³ tsu i²² sʅ²¹³ ti⁰……

告祖，就是把——香火跟前啊，祖孙八代啊，姑娘呢已经准备分人户儿了，啊，把庚帖，那个庚帖、梳子就放到香火上啊，你们看啊，两个细娃儿合的八字，朗﹦们﹦朗﹦们﹦个。迥叫插香。kau²¹³ tsu⁴²，təu²¹³ sʅ²¹³ pa⁴² —— ɕiaŋ⁵⁵ xo⁴² kən⁵⁵ tɕʰiɛn²² a⁰，tsu⁴² sən⁵⁵ pa²² tai²² a⁰，ku⁵⁵ niaŋ²² nɛ⁰ i⁴² tɕin⁵⁵ tɕyən⁴² pei²¹³ fən⁵⁵ zən²² fɚ²¹³ na⁰，a⁰，pa⁴² kən⁵⁵ tʰiɛ²²，na²¹³ ko²¹³ kən⁵⁵ tʰiɛ²²、su⁵⁵ tsʅ⁰ təu²¹³ faŋ²¹³ tau²¹³ ɕiaŋ⁵⁵ xo⁴² saŋ²¹³ a⁰，ni⁴² mən⁰ kʰan⁵⁵ a⁰，niaŋ⁴² ko²¹³ ɕi²¹³ uɚ²² xo²² ti⁰ pa²² tsʅ²¹³，naŋ²² mən⁰ naŋ²² mən⁰ ko²¹³。niɛ²² tɕiau²¹³ tsʰa²² ɕiaŋ⁵⁵。

插香呢，男娃儿要就是，在媒人的带领下要到姑娘家里去。他要，插香的时候他要下跪的诶，跪到女方的那个祖宗八代牌位前头。tsʰa²² ɕiaŋ⁵⁵ nɛ⁰，nan²² uɚ²² iau²¹³ təu²¹³ sʅ²¹³，tai²¹³ mei²² zən²² ti⁰ tai²¹³ nin⁴² ɕia²¹³

iau²¹³ tau²¹³ ku⁵⁵ niaŋ²² tɕia⁵⁵ ni⁴² tɕʰi²¹³。 tʰa⁵⁵ iau²¹³, tsʰa²² ɕiaŋ⁵⁵ ti⁰ sֿ²²
xəu²¹³ tʰa⁵⁵ iau²¹³ ɕia²¹³ kuei²¹³ ti⁰ ei⁰, kuei²¹³ tau²¹³ ny⁴² faŋ⁵⁵ ti⁰ na²¹³ ko²¹³
tsu⁴² tsoŋ⁵⁵ pa²² tai²¹³ pʰai²² uei²¹³ tɕʰiɛn²² tʰəu⁰。

插香过了，那个放炮火₍ᵣ₎呢，就是苗族，哎，土家族、汉族都是放
炮火₍ᵣ₎，什么意思呢？假如哪天哪个姑娘订婚，炮火₍ᵣ₎一放，炮火₍ᵣ₎就
是 鞭 炮 啊。tsʰa²² ɕiaŋ⁵⁵ ko²¹³ na⁰, na²¹³ ko²¹³ faŋ²¹³ pʰau²¹³ xua⁴² nɛ⁰, təu²¹³
sֿ²¹³ miau²² tsʰu²², ɛ⁰, tʰu⁴² tɕia⁵⁵ tsʰu²²、xan²¹³ tsʰu²² təu⁵⁵ sֿ²¹³ faŋ pʰau²¹³
xua⁴², sən²² mo⁰ i²¹³ sֿ⁵⁵ nɛ⁰ ？ tɕia⁴² zu²² na⁴² tʰiɛn⁵⁵ na⁴² ko²¹³ ku⁵⁵ niaŋ²² tin²¹³
xuən⁵⁵, pʰau²¹³ xuə⁴² i²² faŋ²¹³, pʰau²¹³ xua⁴² təu²¹³ sֿ²¹³ piɛn⁵⁵ pʰau²¹³ a⁰。

炮火₍ᵣ₎一放呢就等于是通知周围团转哦，我那个姑娘，我家那个姑娘
呢，分人户₍ᵣ₎啦，你们再，那些媒人再莫来哒哦，就传递个信息。pʰau²¹³
xua⁴² i²² faŋ²¹³ nɛ⁰ təu²¹³ tən⁴² y²² sֿ²¹³ tʰoŋ⁵⁵ tsֿ⁵⁵ tsəu⁰ uei²² tʰuan²² tsuan⁴² o⁰,
ŋo⁴² na²¹³ ko²¹³ ku⁵⁵ niaŋ²², ŋo⁴² tɕia⁵⁵ na²¹³ ko²¹³ ku⁵⁵ niaŋ²² nɛ⁰, fən⁵⁵ zən²²
fə²¹³ na⁰, ni⁴² mən⁰ tsai²¹³, na²¹³ ɕiɛ⁵⁵ mei²² zən²² tsai²¹³ mo²² nai²¹³ ta⁰ o⁰,
təu²¹³ tsʰuan²² ti²¹³ ko²¹³ ɕin²¹³ ɕi²²。

那个炮火₍ᵣ₎放哒，那就是看期，结婚哒就看期，看婚期。婚期看哒
那就是接亲，接亲，打发姑娘。na²¹³ ko²¹³ pʰau²¹³ xuə⁴² faŋ²¹³ ta⁰, na²¹³
təu²¹³ sֿ²¹³ kʰan²¹³ tɕʰi⁵⁵, tɕiɛ²² xuən⁵⁵ ta⁰ təu²¹³ kʰan²¹³ tɕʰi⁵⁵, kʰan²¹³ xuən⁵⁵
tɕʰi⁵⁵。 xuən⁵⁵ tɕʰi⁵⁵ kʰan²¹³ ta⁰ na²¹³ təu²¹³ sֿ²¹³ tɕiɛ²² tɕʰin⁵⁵, tɕiɛ²² tɕʰin⁵⁵,
ta⁴² fa²² ku⁵⁵ niaŋ²²。

男方叫接亲，女方叫打发姑娘。迩个打发姑娘和接亲那边都很多规
矩，有很多规矩。nan²² faŋ⁵⁵ tɕiau²¹³ tɕiɛ²² tɕʰin⁵⁵, ny⁴² faŋ⁵⁵ tɕiau²¹³ ta⁴² fa²²
ku⁵⁵ niaŋ²²。 niɛ²² ko²¹³ ta⁴² fa²² ku⁵⁵ niaŋ²² xo²² tɕiɛ²² tɕʰin⁵⁵ na²¹³ piɛn⁵⁵
təu⁵⁵ xən⁴² tuo⁵⁵ kuei⁵⁵ tɕy⁴², iəu⁴² xən⁴² tuo⁵⁵ kuei⁵⁵ tɕy⁴²。

男方呢，在接亲的头一两天，啊头一两天，那就去过礼，哎，过
礼。nan²² faŋ⁵⁵ nɛ⁰, tai²¹³ tɕiɛ²² tɕʰin⁵⁵ ti⁰ tʰəu²² i²² niaŋ⁴² tʰiɛn⁵⁵, a⁰ tʰəu²² i²²
niaŋ⁴² tʰiɛn⁵⁵, na²¹³ təu²¹³ tɕʰi²¹³ ko²¹³ ni⁴², ɛ⁰, ko²¹³ ni⁴²。

过礼就是，迩个就是，过礼那边男方就开始，婚事啊进入正式，进入
倒计时哒。ko²¹³ ni⁴² təu²¹³ sֿ²¹³, niɛ²² ko²¹³ təu²¹³ sֿ²¹³, ko²¹³ ni⁴² na²¹³ piɛn⁵⁵
nan²² faŋ⁵⁵ təu²¹³ kʰai⁵⁵ sֿ⁴², xuən⁵⁵ sֿ²¹³ a⁰ tɕin²¹³ zu²² tsən²¹³ sֿ²¹³, tɕin²¹³

zu²² tau⁴² tɕi²¹³ sɿ²² ta⁰。

过礼就要请总管、请知客师，请那个，那个叫带宾，就请那些重要人物，组成一个事务班子，在总管的带领下。ko²¹³ ni⁴² təu²¹³ iau²¹³ tɕʰin⁴² tsoŋ⁴² kuan⁴²、tɕʰin⁴² tsʅ⁵⁵ kʰɛ²² sɿ⁵⁵，tɕʰin⁴² na²¹³ ko²¹³，na²¹³ ko²¹³ tɕiau²¹³ tai²¹³ pin⁵⁵，təu²¹³ tɕʰin⁴² na²¹³ ɕiɛ⁵⁵ tsoŋ²¹³ iau²¹³ zən²² u²²，tsu⁴² tsʰən²² i²² ko²¹³ sɿ²¹³ u²¹³ pan⁵⁵ tsɿ⁰，tai²¹³ tsoŋ⁴² kuan⁴² ti⁰ tai²¹³ nin⁴² ɕia²¹³。

总管就是安排事，安排迥些活路啦，那个带宾嘛就招呼客啦——啊，不是哦，知客师招呼客，带宾就是带领接亲队伍到女方家去。tsoŋ⁴² kuan⁴² təu²¹³ sɿ²¹³ ŋan⁵⁵ pʰai²² sɿ²¹³，ŋan⁵⁵ pʰai²² niɛ²² ɕiɛ⁵⁵ xo²² nu²¹³ na⁰，na²¹³ ko²¹³ tai²¹³ pin⁵⁵ ma⁰ təu²¹³ tsau⁵⁵ fu⁵⁵ kʰɛ²² na⁰ —— a⁰，pu²² sɿ²¹³ o⁰，tsɿ⁵⁵ kʰɛ²² sɿ⁵⁵ tsau⁵⁵ fu⁵⁵ kʰɛ²²，tai²¹³ pin⁵⁵ təu²¹³ sɿ²¹³ tai²¹³ nin⁴² tɕiɛ²² tɕʰin⁵⁵ tuei²¹³ u⁴² tau²¹³ ny⁴² faŋ⁵⁵ tɕia⁵⁵ tɕʰi²¹³。

那个带宾呢后头加个字叫带宾官，他是大使那么个，是全权代表，是男方的全权代表，哎，特命全权大使。na²¹³ ko²¹³ tai²¹³ pin⁵⁵ nɛ⁰ xəu²¹³ tʰəu⁰ tɕia⁵⁵ ko²¹³ tsʅ²¹³ tɕiau²¹³ tai²¹³ pin⁵⁵ kuan⁵⁵，tʰa⁵⁵ sɿ²¹³ ta²¹³ sɿ⁴² na²¹³ mo⁰ ko²¹³，sɿ²¹³ tɕʰyɛn²² tɕʰyɛn²² tai²¹³ piau⁴²，sɿ²¹³ nan²² faŋ⁵⁵ ti⁰ tɕʰyɛn²² tɕʰyɛn²² tai²¹³ piau⁴²，ɛ⁰，tʰiɛ²² min²¹³ tɕʰyɛn²² tɕʰyɛn²² ta²¹³ sɿ⁴²。

他，过礼，就是过礼的队伍，在带宾的带领下到女方去。tʰa⁵⁵，ko²¹³ ni⁴²，təu²¹³ sɿ²¹³ ko²¹³ ni⁴² ti⁰ tuei²¹³ u⁴²，tai²¹³ tai²¹³ pin⁵⁵ ti⁰ tai²¹³ nin⁴² ɕia²¹³ tau²¹³ ny⁴² faŋ⁵⁵ tɕʰi²¹³。

到女方去有几项任务：第一项任务就是把男方送给女方的聘礼，哎，聘礼，往回嘛就是穿的衣服主要是，洗漱的那一套，鞋子啊衣服啊一身下地，从帕子到衣服到裤子，到鞋子袜子，还有那些么子，一身那一套，一身下地。tau²¹³ ny⁴² faŋ⁵⁵ tɕʰi²¹³ iəu⁴² tɕi⁵⁵ xaŋ²¹³ zən²² u²¹³：ti²¹³ i²² xaŋ²¹³ zən²² u²¹³ təu²¹³ sɿ²¹³ pa⁴² nan²² faŋ⁵⁵ soŋ²¹³ kei⁰ ny⁴² faŋ⁵⁵ ti⁰ pʰin²¹³ ni⁴²，ɛ⁰，pʰin²¹³ ni⁴²，uaŋ⁴² xuei²² ma⁰ təu²¹³ sɿ²¹³ tsʰuan⁵⁵ ti⁰ i⁵⁵ fu²² tsu⁴² iau²¹³ sɿ²¹³，ɕi⁴² su²¹³ ti⁰ na²¹³ i²² tʰau²¹³，xai²² tsɿ⁰ a⁰ i⁵⁵ fu²² a⁰ i²² sən⁵⁵ ɕia²¹³ ti²¹³，tsʰoŋ⁰ pʰa²¹³ tsɿ⁰ tau²¹³ i⁵⁵ fu²² tau²¹³ kʰu²¹³ tsɿ⁰，tau²¹³ xai²² tsɿ⁰ ua²² tsɿ⁰，xai²² iəu⁴² na²¹³ ɕiɛ⁵⁵ mo⁰ tsɿ⁰，i²² sən⁵⁵ na²¹³ i²² tʰau²¹³，i²² sən⁵⁵ ɕia²¹³ ti²¹³。

再铺笼帐盖。铺笼帐盖呢，有些它是分情况不同，有些是……tsai²¹³

pʰu⁵⁵ noŋ²² tsaŋ²¹³ kai²¹³。 pʰu⁵⁵ noŋ²² tsaŋ²¹³ kai²¹³ nɛ⁰, iəu⁴² ɕiɛ⁵⁵ tʰa⁵⁵ sๅ²¹³ fən⁵⁵ tɕʰin²² kʰuaŋ²¹³ pu²² tʰoŋ²², iəu⁴² ɕiɛ⁵⁵ sๅ²¹³……

再就是礼金，现在嘛多是一些么子呢金银首饰，哎，多金银首饰哒。迵些东西带起。tsai²¹³ təu²¹³ sๅ²¹³ ni⁴² tɕin⁵⁵, ɕiɛn²¹³ tsai²¹³ ma⁰ tuo⁵⁵ sๅ²¹³ i²² ɕiɛ⁵⁵ mo⁰ tsๅ⁰ nɛ⁰ tɕin⁵⁵ in²² səu⁴² sๅ²¹³, ɛ⁰, tuo⁵⁵ tɕin⁵⁵ in²² səu⁴² sๅ²¹³ ta⁰。 niɛ²² ɕiɛ⁵⁵ toŋ⁵⁵ ɕi⁵⁵ tai²¹³ tɕʰi⁴²。

在那个过礼的礼单高头，礼品高头啊，有两个重要东西，迵个是其他地方可能没得的。tai²¹³ na²¹³ ko²¹³ ko²¹³ ni⁴² ti⁰ ni⁴² tan⁵⁵ kau⁵⁵ tʰəu⁰, ni⁴² pʰin⁴² kau⁵⁵ tʰəu⁰ a⁰, iəu⁴² niaŋ⁴² ko²¹³ tsoŋ²¹³ iau²¹³ toŋ⁵⁵ ɕi⁵⁵, niɛ²² ko²¹³ sๅ²¹³ tɕʰi²² tʰa⁵⁵ ti²¹³ faŋ⁵⁵ kʰo⁴² nən²² mei⁵⁵ tɛ²² ti⁰。

一个是离娘粑和离娘肉，迵个离娘粑就是几个粑粑，一个大糍粑，大概直径呢尺把，尺把宽，就是大概三四十公分那么大，一对大糍粑，大糍粑高头要放几个小糍粑，迵个大糍粑呢就是，就是意思就说送给对方，女方父母吃的。i²² ko²¹³ sๅ²¹³ ni²² niaŋ²² pa⁵⁵ xo²² ni²² niaŋ²² zu²², niɛ²² ko²¹³ ni²² niaŋ²² pa⁵⁵ təu²¹³ sๅ²¹³ tɕi⁵⁵ ko²¹³ pa⁵⁵ pa⁵⁵, i²² ko²¹³ ta²¹³ tsʰๅ²² pa⁵⁵, ta²¹³ kʰai²¹³ tsๅ²² tɕin²¹³ nɛ⁰ tsʰๅ²² pa⁴², tsʰๅ²² pa⁴² kʰuan⁵⁵, təu²¹³ sๅ²¹³ ta²¹³ kʰai²¹³ san⁵⁵ sๅ²¹³ sๅ²² koŋ⁵⁵ fən⁵⁵ na²¹³ mo⁰ ta²¹³, i²² tuei²¹³ ta²¹³ tsʰๅ²² pa⁵⁵, ta²¹³ tsʰๅ²² pa⁵⁵ kau⁵⁵ tʰəu⁰ iau²¹³ faŋ²¹³ tɕi⁴² ko²¹³ ɕiau⁴² tsʰๅ²² pa⁵⁵, niɛ²² ko²¹³ ta²¹³ tsʰๅ²² pa⁵⁵ nɛ⁰ təu²¹³ sๅ²¹³, təu²¹³ sๅ²¹³ i²¹³ sๅ⁵⁵ təu²¹³ suo²² soŋ²¹³ kei⁴² tuei²¹³ faŋ⁵⁵, ny⁴² faŋ⁵⁵ fu²¹³ mu⁴² tsʰๅ²² ti⁰。

小糍粑呢就是送给女方的兄弟姊妹吃的，一家老小都有礼品。那是离娘粑，主要是离娘，取名叫离娘粑，实际上都有。ɕiau⁴² tsʰๅ²² pa⁵⁵ nɛ⁰ təu²¹³ sๅ²¹³ soŋ²¹³ kei⁴² ny⁴² faŋ⁵⁵ ti⁰ ɕyoŋ⁵⁵ ti²¹³ tsๅ⁴² mei²¹³ tsʰๅ²² ti⁰, i²² tɕia⁵⁵ nau⁴² ɕiau⁴² təu⁵⁵ iəu⁴² ni⁴² pʰin⁴²。 na²¹³ sๅ²¹³ ni²² niaŋ²² pa⁵⁵, tsu⁴² iau²¹³ sๅ²¹³ ni²² niaŋ²², tɕʰy⁴² min²² tɕiau²¹³ ni²² niaŋ²² pa⁵⁵, sๅ²² tɕi²¹³ saŋ²¹³ təu⁵⁵ iəu⁴²。

再是离娘肉。离娘肉是哪个呢？就是一块，一块肉啊，猪肉，两匹肋骨，肋巴骨。tsai²¹³ sๅ²¹³ ni²² niaŋ²² zu²²。 ni²² niaŋ²² zu²² sๅ²¹³ na⁴² ko²¹³ nɛ⁰? təu²¹³ sๅ²¹³ i²² kʰuai²¹³, i²² kʰuai²¹³ zu²² a⁰, tsu⁵⁵ zu²², niaŋ⁴² pʰi²² nɛ²² ku²², nɛ²² pa⁵⁵ ku²²。

肋巴骨呢中间用刀子划破，但是皮子不能断，皮子不能断，也是离骨离肉皮相连，也是那个意思。nɛ²² pa⁵⁵ ku²² nɛ⁰ tsoŋ⁵⁵ kan⁵⁵ yoŋ²¹³ tau⁵⁵ tsʅ⁰ xua²² pʰo²¹³，tan²¹³ sʅ²¹³ pʰi²² tsʅ⁰ pu²² nən²² tuan²¹³，pʰi²² tsʅ⁰ pu²² nən²² tuan²¹³，iɛ⁴² sʅ²¹³ ni²² ku²² ni²² zu²² pʰi²² ɕiaŋ⁵⁵ niɛn²²，iɛ⁴² sʅ²¹³ na²¹³ ko²¹³ i²¹³ sʅ⁵⁵。

迤些东西就带到女方那去哒，由带宾官。过礼的呢，还有一个队伍。那个队伍呢，以前是挑箩筬啊背背篓，现在是动车子，哎，动车子。niɛ²² ɕiɛ⁵⁵ toŋ⁵⁵ ɕi⁵⁵ təu²¹³ tai²¹³ tau²¹³ ny⁴² faŋ⁵⁵ na²¹³ tɕʰi²¹³ ta⁰，iəu²² tai²¹³ pin⁵⁵ kuan⁵⁵。ko²¹³ ni⁴² ti⁰ nɛ⁰，xai²² iəu⁴² i²² ko²¹³ tuei²¹³ u⁴²。na²¹³ ko²¹³ tuei²¹³ u⁴² nɛ⁰，i⁴² tɕʰiɛn²² sʅ²¹³ tʰiau⁵⁵ nuo²² təu⁵⁵ a⁰ pei⁵⁵ pei⁵⁵ nəu⁴²，ɕiɛn²¹³ tsai²¹³ sʅ²¹³ toŋ²¹³ tsʰɛ⁵⁵ tsʅ⁰，ɛ⁰，toŋ²¹³ tsʰɛ⁵⁵ tsʅ⁰。

那个队伍呢，迤个人就叫作马夫，叫夫子或者。因为往回子有钱人家马车或者骑马送，牵马叫马夫。没车么挑担担ɻ哦，就叫夫子啰，就是挑夫那个夫，哎，叫夫子。na²¹³ ko²¹³ tuei²¹³ u⁴² nɛ⁰，niɛ²² ko²¹³ zən²² təu²¹³ tɕiau²¹³ tsu²¹³ ma⁴² fu⁵⁵，tɕiau²¹³ fu⁵⁵ tsʅ⁰ xuai²² tsɛ⁴²。in⁵⁵ uei²² uaŋ⁴² xuei²² tsʅ⁰ iəu⁴² tɕʰiɛn²² zən²² tɕia⁵⁵ ma⁴² tsʰɛ⁵⁵ xuai²² tsɛ⁴² tɕʰi²² ma⁴² soŋ²¹³，tɕʰiɛn⁵⁵ ma⁴² tɕiau²¹³ ma⁴² fu⁵⁵。mei⁵⁵ tsʰɛ⁵⁵ mo⁰ tʰiau⁵⁵ tan²¹³ tə⁰ o⁰，təu²¹³ tɕiau²¹³ fu⁵⁵ tsʅ⁰ nuo⁰，təu²¹³ sʅ²¹³ tʰiau⁵⁵ fu⁵⁵ na²¹³ ko²¹³ fu⁵⁵，ɛ⁰，tɕiau²¹³ fu⁵⁵ tsʅ⁰。

就带起他们到女方那边去，过礼。过礼呢，除了送礼金礼品聘礼之外啊，他那个带宾官还过去和那边总管见面。təu²¹³ tai²¹³ tɕʰi²² tʰa⁵⁵ mən⁰ tau²¹³ ny⁴² faŋ⁵⁵ na²¹³ piɛn⁵⁵ tɕʰi²¹³，ko²¹³ ni⁴²。ko²¹³ ni⁴² nɛ⁰，tsʰu²² na⁰ soŋ²¹³ ni⁴² tɕin⁵⁵ ni⁴² pʰin⁴² pʰin²¹³ ni⁴² tsʅ⁰ uai²¹³ a⁰，tʰa⁵⁵ na²¹³ ko²¹³ tai²¹³ pin⁵⁵ kuan⁵⁵ xai²² ko²¹³ tɕʰi²¹³ xo²² na²¹³ piɛn⁵⁵ tsoŋ⁴² kuan⁴² tɕiɛn²¹³ miɛn²¹³。

见面了还要开个会，那我们商量一下啊，我们明天来接亲或者后天来接亲，你们迤边么子安排，还有么子要求，我们今天带了些聘礼啊还差不差么东西，后天来接亲时候，或者明天后来接亲时候就带起来，补上来。tɕiɛn²¹³ miɛn²¹³ na⁰ xai²² iau²¹³ kʰai⁵⁵ ko²¹³ xuei²¹³，na²¹³ ŋo⁴² mən⁰ saŋ⁵⁵ niaŋ²² i²² ɕia²¹³ a⁰，ŋo⁴² mən⁰ ma²² tʰiɛn⁵⁵ nai²² tɕiɛ²² tɕʰin⁵⁵ xuai²² tsɛ⁴² xəu²¹³ tʰiɛn⁵⁵ nai²² tɕiɛ²² tɕʰin⁵⁵，ni⁴² mən⁰ niɛ²² piɛn⁵⁵ mo⁰ tsʅ⁰ ŋan⁵⁵ pʰai²²，xai²² iəu⁴² mo⁰ tsʅ⁰ iau⁵⁵ tɕʰiəu²², ŋo⁴² mən⁰ tɕin⁵⁵ tʰiɛn⁵⁵ tai²¹³ na⁰ ɕiɛ⁵⁵ pʰin²¹³ ni⁴² a⁰ xai²² tsʰa⁵⁵ pu²² tsʰa⁵⁵ mo⁰ toŋ⁵⁵ ɕi⁵⁵, xəu²¹³ tʰiɛn⁵⁵ nai²² tɕiɛ²² tɕʰin⁵⁵ sʅ²² xəu²¹³, xuai²² tsɛ⁴² mə²² tʰiɛn⁵⁵ xəu²¹³ nai²² tɕiɛ²² tɕʰin⁵⁵ sʅ²² xəu²¹³ təu²¹³ tai²¹³ tɕʰi⁴² nai²², pu⁴² saŋ²¹³ nai²²。

开个会，我们哪时候到，从哪哈ₙ进从哪哈ₙ出，都要和对方的总管商量。kʰai⁵⁵ ko²¹³ xuei²¹³, ŋo⁴² mən⁰ na⁴² sʅ²² xəu²¹³ tau²¹³, tsʰoŋ²² na⁴² xɚ⁰ tɕin²¹³ tsʰoŋ²² na⁴² xɚ⁰ tsʰu²², təu⁵⁵ iau²¹³ xo²² tuei²¹³ faŋ⁵⁵ ti⁰ tsoŋ⁴² kuan⁴² saŋ⁵⁵ niaŋ⁰。

来接亲，接亲呢以前是轿子，啊，以前是轿子。再加几台陪嫁，那是要人抬的，那是男方派人去抬。nai²² tɕiɛ²² tɕʰin⁵⁵, tɕiɛ²² tɕʰin⁵⁵ nɛ⁰ i⁴² tɕʰiɛn²² sʅ²¹³ tɕiau²¹³ tsʅ⁰, a⁰, i⁴² tɕʰiɛn²² sʅ²¹³ tɕiau²¹³ tsʅ⁰。tsai²¹³ tɕia⁵⁵ tɕi⁴² tʰai⁵⁵ pʰei²² tɕia²¹³, na²¹³ sʅ²¹³ iau²¹³ zən²² tʰai² ti⁰, na²¹³ sʅ²¹³ nan²² faŋ⁵⁵ pʰai²¹³ zən²² tɕʰi²¹³ tʰai²²。

轿子大家都晓得，有喊的八乘大轿啊，有两个人抬的——四个人抬的啊，有两个人抬的，有八个人抬的。一般老百姓嘛就是两个人抬。tɕiau²¹³ tsʅ⁰ ta²¹³ tɕia⁵⁵ təu⁵⁵ ɕiau⁴² tɛ²², iəu⁴² xan⁴² ti⁰ pa²² tsʰən²² ta²¹³ tɕiau²¹³ a⁰, iəu⁴² niaŋ⁴² ko²¹³ zən²² tʰai²² ti⁰ —— sʅ²¹³ ko²¹³ zən²² tʰai²² ti⁰ a⁰, iəu⁴² niaŋ⁴² ko²¹³ zən²² tʰai²² ti⁰, iəu⁴² pa²² ko²¹³ zən²² tʰai²² ti⁰。i²² pan⁵⁵ nau⁴² pɛ²² ɕin²¹³ ma⁰ təu²¹³ sʅ²¹³ niaŋ⁴² ko²¹³ zən²² tʰai²²。

再就是陪嫁，我们那ₙ的陪嫁呢，它有它的规矩，要陪嫁基本件，基本的形式就是四抬陪嫁，有四抬。tsai²¹³ təu²¹³ sʅ²¹³ pʰei²² tɕia²¹³, ŋo⁴² mən⁰ nɚ²¹³ ti⁰ pʰei²² tɕia²¹³ nɛ⁰, tʰa⁵⁵ iəu⁴² tʰa⁵⁵ ti⁰ kuei⁵⁵ tɕy⁴², iau²¹³ pʰei²² tɕia²¹³ tɕi⁵⁵ pən⁴² tɕiɛn²¹³, tɕi⁵⁵ pən⁴² ti⁰ ɕin²² sʅ²¹³ təu²¹³ sʅ²¹³ sʅ²¹³ tʰai²² pʰei²² tɕia²¹³, iəu⁴² sʅ²¹³ tʰai²²。

那个木匠进屋哒，姑娘分，分姑娘嘛，就要打陪嫁哟，就喊木匠进屋打哟。那木匠，我问过木匠的，我说那个是朗"们——他晓得。na²¹³ ko²¹³ mu²² tɕiaŋ²¹³ tɕin²¹³ u²² ta⁰, ku⁵⁵ niaŋ²² fən⁵⁵, fən⁵⁵ ku⁵⁵ niaŋ²² ma⁰, təu²¹³ iau²¹³ ta⁴² pʰei²² tɕia²¹³ sa⁰, təu²¹³ xan⁴² mu²² tɕiaŋ²¹³ tɕin²¹³ u²² ta⁴² sa⁰。na²¹³ mu²² tɕiaŋ²¹³, ŋo⁴² uən²¹³ ko²¹³ mu²² tɕiaŋ²¹³ ti⁰, ŋo⁴² suo²² na²¹³ ko²¹³ sʅ²¹³ naŋ²² mən⁰ —— tʰa⁵⁵ ɕiau⁴² tɛ²²。

他说啊，你进屋了我问啊主人家了，打几抬？主人家说打一抬，我就打一口柜子；主人家说打两抬，我就打一口柜子打一口箱子；打三抬我就打一口柜子打一口箱子，再打个火盆；打四抬，我就格外加个书案。tʰa⁵⁵ suo²² a⁰, ni⁴² tɕin²¹³ u²² na⁰ ŋo⁴² uən²¹³ a⁰ tsu⁴² zən²² tɕia⁵⁵ na⁰, ta⁴² tɕi⁴² tʰai²²？ tsu⁴² zən²² tɕia⁵⁵ suo²² ta⁴² i²² tʰai²², ŋo⁴² təu²¹³ ta⁴² i²² kʰəu⁴² kuei²¹³ tsɿ⁰; tsu⁴² zən²² tɕia⁵⁵ suo²² ta⁴² niaŋ⁴² tʰai²², ŋo⁴² təu²¹³ ta⁴² i²² kʰəu⁴² kuei²¹³ tsɿ⁰ ta⁴² i²² kʰəu⁴² ɕiaŋ⁵⁵ tsɿ⁰; ta⁴² san⁵⁵ tʰai²² ŋo⁴² təu²¹³ ta⁴² i²² kʰəu⁴² kuei²¹³ tsɿ⁰ ta⁴² i²² kʰəu⁴² ɕiaŋ⁵⁵ tsɿ⁰, tsai²¹³ ta⁴² ko²¹³ xo⁴² pʰən²²; ta⁴² sɿ²¹³ tʰai²², ŋo⁴² təu²¹³ kɛ²² uai²¹³ tɕia⁵⁵ ko²¹³ su⁵⁵ ŋan²¹³。

因为迺四抬陪嫁是陪嫁的基本形式，每一抬都有一个说法。in⁵⁵ uei²² niɛ²² sɿ²¹³ tʰai²² pʰei²² tɕia²¹³ sɿ²¹³ pʰei²² tɕia²¹³ ti⁰ tɕi⁵⁵ pən⁴² ɕin²² sɿ²¹³, mei⁴² i²² tʰai²² təu⁵⁵ iəu⁴² i²² ko²¹³ suo²² fa²²。

柜子，就是人丁兴旺，它的寓意，人丁兴旺；箱子，就是要发财，致富，家境搞好；火盆啊，就是两口子啊、夫妇啊和睦团结，不扯皮，我们方言叫孝和，夫妻孝和；那个书案呢，就是在迺些有细娃ₙ哒，有钱哒，两口子也孝和，有细娃ₙ那就要盘①读书啦。kuei²¹³ tsɿ⁰, təu²¹³ sɿ²¹³ zən²² tin⁵⁵ ɕin⁵⁵ uaŋ²¹³, tʰa⁵⁵ ti⁰ y²¹³ i²¹³, zən²² tin⁵⁵ ɕin⁵⁵ uaŋ²¹³; ɕiaŋ⁵⁵ tsɿ⁰, təu²¹³ sɿ²¹³ iau²¹³ fa²² tsʰai²², tsɿ²¹³ fu²¹³, tɕia⁵⁵ tɕin²¹³ kau⁴² xau⁴²; xo⁴² pʰən²² a⁰, təu²¹³ sɿ²¹³ niaŋ⁴² kʰəu⁴² tsɿ⁰ a⁰ 、fu⁵⁵ fu²¹³ a⁰ xo²² mu²² tʰuan²² tɕɛ²², pu²² tsʰɛ²² pʰi²², ŋo⁴² mən⁰ faŋ⁵⁵ iɛn²² tɕiau²¹³ ɕiau²¹³ xo²², fu⁵⁵ tɕʰi⁵⁵ ɕiau²¹³ xo²²; na²¹³ ko²¹³ su⁵⁵ ŋan²¹³ nɛ⁰, təu²¹³ sɿ²¹³ tai²¹³ niɛ²² ɕiɛ⁵⁵ iəu⁴² ɕi²¹³ uə²² ta⁰, iəu⁴² tɕʰiɛn²² ta⁰, niaŋ⁴² kʰəu⁴² tsɿ⁰ iɛ⁴² ɕiau²¹³ xo²², iəu⁴² ɕi²¹³ uə²² na²¹³ təu²¹³ iau²¹³ pʰan²² tu²² su⁵⁵ na⁰。

所以第四抬……书案它的寓意就是文采，我们当地喊的文采，主文采。好，迺四抬陪嫁的说法就是柜子主子孙，箱子主财富，火盆主孝和，书案主文采。suo⁴² i⁴² ti²¹³ sɿ²¹³ tʰai²² …… su⁵⁵ ŋan²¹³ tʰa⁵⁵ ti⁰ y²¹³ i²¹³ təu²¹³ sɿ²¹³ uən²² tsʰai⁴², ŋo⁴² mən⁰ taŋ⁵⁵ ti²¹³ xan⁴² ti⁰ uən²² tsʰai⁴², tsu⁴² uən²² tsʰai⁴²。xau⁴², niɛ²² sɿ²¹³ tʰai²² pʰei²² tɕia²¹³ ti⁰ suo²² fa²² təu²¹³ sɿ²¹³ kuei²¹³ tsɿ⁰ tsu⁴²

---

① 盘 pʰan²²：养育，供养。~儿，养儿。

tsๅ⁰ sən⁵⁵, ɕiaŋ⁵⁵ tsๅ⁰ tsu⁴² tsʰai²² fu²¹³, xo⁴² pʰən²² tsu⁴² ɕiau²¹³ xo²², su⁵⁵ ŋan²¹³ tsu⁴² uən²² tsʰai⁴²。

我们咸丰迩个地方啦，风俗多得不得了，几天几夜讲不完。所以迩下呢，由于时间关系我就给大家介绍迩么两个，一个是赶年，一个是婚嫁习俗。ŋo⁴² mən⁰ xan²² foŋ⁵⁵ niɛ²² ko²¹³ ti²¹³ faŋ⁵⁵ na⁰, foŋ⁵⁵ su²² tuo⁵⁵ tɛ²² pu²² tɛ²² niau⁴², tɕi⁵⁵ tʰiɛn⁵⁵ tɕi⁵⁵ iɛ²¹³ tɕiaŋ⁴² pu²² uan²²。 suo⁴² i⁴² niɛ²² xa⁰ nɛ⁰, iəu²² y²² sๅ²² tɕiɛn⁵⁵ kuan⁵⁵ ɕi²¹³ ŋo⁴² təu²¹³ kei⁴² ta²¹³ tɕia⁵⁵ kai²¹³ sau²¹³ niɛ²² mo⁰ niaŋ⁴² ko²¹³, i²² ko²¹³ sๅ²¹³ kan⁴² niɛn²², i²² ko²¹³ sๅ²¹³ xuən⁵⁵ tɕia²¹³ ɕi²² su²²。

（二）个人经历

我名叫冯正佩，生于 1954 年，湖北省咸丰县土生土长的人。ŋo⁴² min²² tɕiau²¹³ foŋ²² tsən²¹³ pʰei²¹³, sən⁵⁵ y²² i²² tɕiəu⁴² u⁴² sๅ²¹³ niɛn²², fu²² pɛ²² sən⁴² xan²² foŋ⁵⁵ ɕiɛn²¹³ tʰu⁴² sən⁵⁵ tʰu⁴² tsaŋ⁴² ti⁰ zən²²。

我们咸丰县是湖北的西南边界的一个县，靠近现在重庆的黔江区，我们那里有一条大河叫作唐崖河。ŋo⁴² mən⁰ xan²² foŋ⁵⁵ ɕiɛn²¹³ sๅ²¹³ fu²² pɛ²² ti⁰ ɕi⁵⁵ na²² piɛn⁵⁵ kai²¹³ ti⁰ i²² ko²¹³ ɕiɛn²¹³, kʰau²¹³ tɕin²¹³ ɕiɛn²¹³ tsai²¹³ tsʰoŋ²² tɕʰin²¹³ ti⁰ tɕʰiɛn²² tɕiaŋ⁵⁵ tɕʰy⁵⁵, ŋo⁴² mən⁰ na²¹³ ni⁴² iəu⁴² i²² tʰiau²² ta²¹³ xo²² tɕiau²¹³ tsu²¹³ tʰaŋ²² ŋai²² xo²²。

唐崖河是那个往西流到乌江汇合，乌江又到长江汇合。所以说呢我们属于长江上游地区，我们的文化实际上是巴渝文化。tʰaŋ²² ŋai²² xo²² sๅ²¹³ na²¹³ ko²¹³ uaŋ⁴² ɕi⁵⁵ niəu²² tau²¹³ u⁵⁵ tɕiaŋ⁵⁵ xuei²¹³ xo²², u⁵⁵ tɕiaŋ⁵⁵ iəu²¹³ tau²¹³ tsʰaŋ⁴² tɕiaŋ⁵⁵ xuei²¹³ xo²²。 suo⁴² i⁴² suo²² nɛ⁰ ŋo⁴² mən⁰ su²² y²² tsʰaŋ⁴² tɕiaŋ⁵⁵ saŋ²¹³ iəu²² ti²¹³ tɕʰy⁵⁵, ŋo⁴² mən⁰ ti⁰ uən²² xua²¹³ sๅ²² tɕi²¹³ saŋ²¹³ sๅ²¹³ pa⁵⁵ y²² uən²² xua²¹³。

所以说我们说话，在外地人看来听来啊，我们也属宜昌嘛，宜昌人就说四川人来哒，那就是说我们说的一口四川腔。suo⁴² i⁴² suo²² ŋo⁴² mən⁰ suo²² xua²¹³, tai²¹³ uai²¹³ ti²¹³ zən²² kʰan⁵⁵ nai²² tʰin⁵⁵ nai²² a⁰, ŋo⁴² mən⁰ iɛ⁴² su²² ni²² tsʰaŋ⁵⁵ ma⁰, ni²² tsʰaŋ⁵⁵ zən²² təu²¹³ suo²² sๅ²¹³ tsʰuan⁵⁵ zən²² nai²² ta⁰, na²¹³ təu²¹³ sๅ²¹³ suo²² ŋo⁴² mən⁰ suo²² ti⁰ i²² kʰəu⁴² sๅ²¹³ tsʰuan⁵⁵ tɕʰiaŋ⁵⁵。

当然现在重庆建市过后呢，那别个就把我们说成是重庆腔哒！ taŋ⁵⁵ zan²² ɕiɛn²¹³ tsai²¹³ tsʰoŋ²² tɕʰin²¹³ tɕiɛn²¹³ sʅ²¹³ ko²¹³ xəu²¹³ nɛ⁰, na²¹³ piɛ²² ko²¹³ təu²¹³ pa⁴² ŋo⁴² mən⁰ suo²² tsʰən²² sʅ²¹³ tsʰoŋ²² tɕʰin²¹³ tɕʰiaŋ⁵⁵ taº！

我们的咸丰县的那个县城哪很小，长呢不到五公里，宽呢不到两公里。 ŋo⁴² mən⁰ ti⁰ xan²² foŋ⁵⁵ ɕiɛn²¹³ ti⁰ na²¹³ ko²¹³ ɕiɛn²¹³ tsʰən²² naº xən⁴² ɕiau⁴², tsʰaŋ²² nɛ⁰ pu²² tau²¹³ u⁴² koŋ⁵⁵ ni⁴², kʰuan⁵⁵ nɛ⁰ pu²² tau²¹³ niaŋ⁴² koŋ⁵⁵ ni⁴²。

但是我小时候啊我读小学的时候，那个我们一些同学，有的是从我们城东头的那个杨泗坝来的。有的是从城西头的大坝、太平沟ᴄ来的。 tan²¹³ sʅ²¹³ ŋo⁴² ɕiau⁴² sʅ²² xəu²¹³ aº ŋo⁴² tu²² ɕiau⁴² ɕyo²² ti⁰ sʅ²² xəu²¹³, na²¹³ ko²¹³ ŋo⁴² mən⁰ i²² ɕiɛ⁵⁵ tʰoŋ²² ɕyo²², iəu⁴² ti⁰ sʅ²¹³ tsʰoŋ²² ŋo⁴² mən⁰ tsʰən²² toŋ⁵⁵ tʰəu⁰ ti⁰ na²¹³ ko²¹³ iaŋ²² sʅ²¹³ pa²¹³ nai²² ti⁰。 iəu⁴² ti⁰ sʅ²¹³ tsʰoŋ²² tsʰən²² ɕi⁵⁵ tʰəu⁰ ti⁰ ta²¹³ pa²¹³、tʰai²¹³ pʰin²² kə⁵⁵ nai²² ti⁰。

我小时候对迿个语音呢，还是比较敏感的。我从学生同学的打个赌，哪个学生，我们班上的学生，你说话我说你说话我猜得到你是哪ᴄ的人。 ŋo⁴² ɕiau⁴² sʅ²² xəu²¹³ tuei²¹³ niɛ²² ko²¹³ y⁴² in⁵⁵ nɛ⁰, xai²² sʅ²¹³ pi⁴² tɕiau⁴² min⁴² kan⁴² ti⁰。 ŋo⁴² tsʰoŋ²² ɕyo²² sən⁵⁵ tʰoŋ²² ɕyo²² ti⁰ ta⁴² ko²¹³ tu⁴², na⁴² ko²¹³ ɕyo²² sən⁵⁵, ŋo⁴² mən⁰ pan⁵⁵ saŋ²¹³ ti⁰ ɕyo²² sən⁵⁵, ni⁴² suo²² xua²¹³ ŋo⁴² suo²² ni⁴² suo²² xua²¹³ ŋo⁴² tsʰai⁵⁵ tɛ²² tau²¹³ ni⁴² sʅ²¹³ nə⁴² ti⁰ zən²²。

他一说话，我说你是杨泗坝的，猜对哒。再喊个同学说，我说你说话我听，我晓得是哪人。他要说话，我说你是大坝人。 tʰa⁵⁵ i²² suo²² xua²¹³, ŋo⁴² suo²² ni⁴² sʅ²¹³ iaŋ²² sʅ²¹³ pa²¹³ ti⁰, tsʰai⁵⁵ tuei²¹³ taº。 tsai²¹³ xan⁴² ko²¹³ tʰoŋ²² ɕyo²² suo²², ŋo⁴² suo²² ni⁴² suo²² xua²¹³ ŋo⁴² tʰin⁵⁵, ŋo⁴² ɕiau⁴² tɛ²² sʅ²¹³ na⁴² zən²²。 tʰa⁵⁵ iau²¹³ suo²² xua²¹³, ŋo⁴² suo²² ni⁴² sʅ²¹³ ta²¹³ pa²¹³ zən²²。

那么同学们都很惊讶，你朗ᵎ们ᵎ分出来他们，猜到他们是大坝人，是杨泗坝的人呢，我说就是说话口音不同。 na²¹³ mo⁰ tʰoŋ²² ɕyo²² mən⁰ təu⁵⁵ xən⁴² tɕin⁵⁵ ia²¹³, ni⁴² naŋ²² mən⁰ fən⁵⁵ tsʰu²² nai²² tʰa⁵⁵ mən⁰, tsʰai⁵⁵ tau²¹³ tʰa⁵⁵ mən⁰ sʅ²¹³ ta²¹³ pa²¹³ zən²², sʅ²¹³ iaŋ²² sʅ²¹³ pa²¹³ ti⁰ zən²² nɛ⁰, ŋo⁴² suo²² təu²¹³ sʅ²¹³ suo²² xua²¹³ kʰəu⁴² in⁵⁵ pu²² tʰoŋ²²。

　　所以当时其实虽然我猜得到我听得出来，但是我觉得很奇怪。我们咸丰城呢长不过五公里，那么说从东到西，就朗﹃们﹄个短短的那个那个地理空间，距离啊，它就出现了语言的差异。suo⁴² i⁴² taŋ⁵⁵ sʅ²² tɕʰi²² sʅ²² ɕy⁵⁵ zan²² ŋo⁴² tsʰai⁵⁵ tɛ²² tau²¹³ ŋo⁴² tʰin⁵⁵ tɛ²² tsʰu²² nai²², tan²¹³ sʅ²¹³ ŋo⁴² tɕyo²² tɛ²² xən⁴² tɕi⁵⁵ kuai²¹³。ŋo⁴² mən⁰ xan²² foŋ⁵⁵ tsʰən²² nɛ⁰ tsʰaŋ²² pu²² ko²¹³ u⁴² koŋ⁵⁵ ni⁴², na²¹³ mo⁰ suo²² tsʰoŋ²² toŋ⁵⁵ tau²¹³ ɕi⁵⁵, təu²¹³ naŋ²² mən⁰ ko²¹³ tuan⁴² tuan⁴² ti⁰ na²¹³ ko²¹³ na²¹³ ko²¹³ ti²¹³ ni⁴² kʰoŋ⁵⁵ tɕiɛn⁵⁵, tɕy²¹³ ni²² a⁰, tʰa⁵⁵ təu²¹³ tsʰu²² ɕiɛn²¹³ na⁰ y⁴² iɛn²² ti⁰ tsʰa⁵⁵ i²¹³。

　　所以我也觉得很奇怪。所以那个东西可能在我心里埋下来一个种子啊。我现在回过头去想啊。suo⁴² i⁴² ŋo⁴² iɛ⁴² tɕyo²² tɛ²² xən⁴² tɕʰi²² kuai²¹³。suo⁴² i⁴² na²¹³ ko²¹³ toŋ⁵⁵ ɕi⁵⁵ kʰo⁴² nən²² tai²¹³ ŋo⁴² ɕin⁵⁵ ni⁴² mai²² ɕia²¹³ nai i²² ko²¹³ tsoŋ⁴² tsʅ⁰ a⁰。ŋo⁴² ɕiɛn²¹³ tsai²¹³ xuei²² ko²¹³ tʰəu⁰ tɕʰi²¹³ ɕiaŋ⁴² a⁰。

　　我六〇年进小学，六六年小学毕业。大家都晓得，六六年的五月十六号，毛主席发表了《炮打司令部》的第一张大字报，"文化大革命"从此开始。ŋo⁴² nu²² nin²² niɛn²² tɕin²¹³ ɕiau⁴² ɕyo²², nu²² nu²² niɛn²² ɕiau⁴² ɕyo²² pi²² niɛ²²。ta²¹³ tɕia⁵⁵ təu⁵⁵ ɕiau⁴² tɛ²², nu²² nu²² niɛn²² ti⁰ u⁴² yɛ²² sʅ²² nu²² xau²², mau²² tsu⁴² ɕi²² fa²² piau⁴² na⁰《pʰau²¹³ ta⁴² sʅ⁵⁵ nin²¹³ pu²¹³》ti⁰ ti²¹³ i²² tsaŋ⁵⁵ ta²¹³ tsʅ²¹³ pau²¹³, "uən²² xua²¹³ ta²¹³ kɛ²² min²¹³" tsʰoŋ²² tsʰʅ⁴² kʰai⁵⁵ sʅ⁴²。

　　我们毕业小学是七月份，七月份毕业的，九月份就要上学，那时候ₙ是秋季招生，九月份上学，我们那哈ₙ被录取到咸丰县一中。ŋo⁴² mən⁰ pi²² niɛ²² ɕiau⁴² ɕyo²² sʅ²¹³ tɕʰi²² yɛ²² fən²¹³, tɕʰi²² yɛ²² fən²¹³ pi²² niɛ²² ti⁰, tɕiəu⁴² yɛ²² fən²¹³ təu²¹³ iau²² saŋ²¹³ ɕyo²², na²¹³ sʅ²² xə²¹³ sʅ²¹³ tɕʰiəu tɕi²¹³ tsau⁵⁵ sən⁵⁵, tɕiəu⁴² yɛ²² fən²¹³ saŋ²¹³ ɕyo²², ŋo⁴² mən⁰ na²¹³ xə⁵⁵ pei²¹³ nu²² tɕʰy⁴² tau²¹³ xan²² foŋ⁵⁵ ɕiɛn²¹³ i²² tsoŋ⁵⁵。

　　但是进校过后，整个学校教学秩序打乱哒，没人上课没得人。教学没得人听课。那学生搞么名堂呢，就斗争老师写大字报。游行呼口号。tan²¹³ sʅ²¹³ tɕin²¹³ ɕiau²¹³ ko²¹³ xəu²¹³, tsən⁴² ko²¹³ ɕyo²² ɕiau²¹³ tɕiau⁵⁵ ɕyo²² tsʰʅ²¹³ ɕy²¹³ ta⁴² nan²¹³ ta⁰, mei⁵⁵ zən²² saŋ²¹³ kʰo²¹³ mei⁵⁵ tɛ²² zən²²。tɕiau⁵⁵ ɕyo^{22} mei^{55} tɛ^{22} zən^{22} tʰin^{55} kʰo^{213}。　na^{213} ɕyo^{22} sən^{55} kau^{42} mo^{22} min^{22} tʰaŋ^{22} nɛ^{0}，təu^{213} təu^{42} tsən^{55} nau^{42} sʅ^{55} ɕiɛ^{42} ta^{213} tsʅ^{213} pau^{213}。　iəu^{22} ɕin^{22} fu^{55} kʰəu^{42} xau^{22}。

那老师呢那不敢上课嘛，有些老师家庭成分不好啊，有历史。那时候ₙ也喊那个知识分子是臭老九啊，那个思想虽然没有明确提出来，但是已经冒头哒。na^{213} nau^{42} sʅ^{55} nɛ^{0} na^{213} pu^{22} kan^{42} saŋ^{213} kʰo^{213} ma^{0}，iəu^{42} ɕiɛ^{55} nau^{42} sʅ^{55} tɕia^{55} tʰin^{22} tsʰən^{22} fən^{213} pu^{22} xau^{42} a^{0}，iəu^{42} ni^{22} sʅ^{42}。　na^{213} sʅ^{22} xə^{213} iɛ^{42} xan^{42} na^{213} ko^{213} tsʅ^{55} sʅ^{22} fən^{213} tsʅ^{0} sʅ^{213} tsʰəu^{213} nau^{42} tɕiəu^{42} a^{0}，na^{213} ko^{213} sʅ^{55} ɕiaŋ^{42} ɕy^{55} zan^{22} mei^{55} iəu^{42} mən^{22} tɕʰyo^{42} tʰi^{42} tsʰu^{22} nai^{22}，tan^{213} sʅ^{213} i^{42} tɕin^{55} mau^{213} tʰəu^{0} ta^{0}。

老百姓包括那些所谓的革命群众，他们最看不惯的就是两种人，就老师和医生，最看不惯迺两种人，普遍现象。nau^{42} pɛ^{22} ɕin^{213} pau^{55} kua^{22} na^{213} ɕiɛ^{55} suo^{42} uei^{213} ti^{0} kɛ^{22} min^{213} tɕʰyən^{22} tsoŋ^{213}，tʰa^{55} mən^{0} tsuei^{213} kʰan^{55} pu^{22} kuan^{213} ti^{0} təu^{213} sʅ^{213} niaŋ^{42} tsoŋ^{42} zən^{22}，təu^{213} nau^{42} sʅ^{55} xo^{22} i^{55} sən^{55}，tsuei^{213} kʰan^{55} pu^{22} kuan^{213} niɛ^{22} niaŋ^{42} tsoŋ^{42} zən^{22}，pʰu^{42} piɛn^{213} ɕiɛn^{213} ɕiaŋ^{213}。

那么到后期，到后来就是我们在一中去半年过后，斗争矛头就转向了学校领导，学校的校长，支部书记，就被一个一个的拉上台去斗争，去批判。na^{213} mo^{0} tau^{213} xəu^{213} tɕʰi^{55}，tau^{213} xəu^{213} nai^{22} təu^{213} sʅ^{213} ŋo^{42} mən^{0} tai^{42} i^{22} tsoŋ^{55} tɕʰi^{213} pan^{213} niɛn^{22} ko^{213} xəu^{213}，təu^{42} tsən^{55} mau^{22} tʰəu^{0} təu^{213} tsuan^{42} ɕiaŋ^{213} na^{0} ɕyo^{22} ɕiau^{213} nin^{42} tau^{213}，ɕyo^{22} ɕiau^{213} ti^{0} ɕiau^{213} tsaŋ^{42}，tsʅ^{55} pu^{213} su^{55} tɕi^{213}，təu^{213} pei^{213} i^{22} ko^{213} i^{22} ko^{213} ti^{0} na^{55} saŋ^{213} tʰai^{55} tɕʰi^{213} təu^{42} tsən^{55}，tɕʰi^{213} pʰei^{55} pʰan^{213}。

我们的我的中学经历就是朗″们″个。我觉得朗″们″个搞了几年又没上课，在学校上不下去，我们就回去搞劳动。ŋo^{42} mən^{0} ti^{0} ŋo^{42} ti^{0} tsoŋ^{55} ɕyo^{22} tɕin^{55} ni^{22} təu^{213} sʅ^{213} naŋ^{22} mən^{0} ko^{213}。　ŋo^{42} tɕyo^{22} tɛ^{22} naŋ^{22} mən^{0} ko^{213} kau^{42} na^{0} tɕi^{42} niɛn^{22} iəu^{213} mei^{55} saŋ^{213} kʰo^{213}，tai^{213} ɕyo^{22} ɕiau^{213} saŋ^{213} pu^{22} ɕia^{213} tɕʰi^{213}，ŋo^{42} mən^{0} təu^{213} xuei^{22} tɕʰi^{213} kau^{42} nau^{22} toŋ^{213}。

一九六六年，我进了一中，一九六七年，因学校搞么子停课闹革命，我就离开了学校。所以我在中学的阶段就是那么一年把时间。i^{22} tɕiəu^{42}

nu²² nu²² niɛn²², ŋo⁴² tɕin²¹³ na⁰ i²² tsoŋ⁵⁵, i²² tɕiəu⁴² nu²² tɕʰi²² niɛn²², in⁵⁵ ɕyo²² ɕiau²¹³ kau⁴² mo⁰ tsˀ⁰ tʰin²² kʰo²¹³ nau²¹³ kɛ²² min²¹³, ŋo⁴² təu²¹³ ni²² kʰai⁵⁵ na⁰ ɕyo²² ɕiau²¹³。suo²² i⁴² ŋo⁴² tai²¹³ tsoŋ⁵⁵ ɕyo²² ti⁰ kai⁵⁵ tuan²¹³ təu²¹³ sˀ²¹³ na²¹³ mo⁰ i²² niɛn²² pa⁴² sˀ²² kan⁵⁵。

到一九七〇年，我们大队书记就把我喊起，喊到他家里喊了就说，啊他说小冯啊，我们学校差个老师，你去教书要得不，我说要得哟。于是我就在我们大队的学校，当上了民办教师。tau²¹³ i²² tɕiəu⁴² tɕʰi²² nin²² niɛn²²，ŋo⁴² mən⁰ ta²¹³ tuei²¹³ su⁵⁵ tɕi²¹³ təu²¹³ pa⁴² ŋo⁴² xan⁴² tɕʰi⁴²，xan⁴² tau²¹³ tʰa⁵⁵ tɕia⁵⁵ ni⁴² xan⁴² na⁰ təu²¹³ suo²²，a⁰ tʰa⁵⁵ suo²² ɕiau⁴² foŋ²² a⁰，ŋo⁴² mən⁰ ɕyo²² ɕiau²¹³ tsʰa⁵⁵ ko²¹³ nau⁴² sˀ⁵⁵，ni⁴² tɕʰi²¹³ tɕiau⁵⁵ su⁵⁵ iau²¹³ tɛ²² pu²²，ŋo⁴² suo²² iau²¹³ tɛ²² sa⁰。y²² sˀ²¹³ ŋo⁴² təu²¹³ tai²¹³ ŋo⁴² mən⁰ ta²¹³ tuei²¹³ ti⁰ ɕyo²² ɕiau²¹³，taŋ⁵⁵ saŋ²¹³ na⁰ min²² pan²¹³ tɕiau²¹³ sˀ⁵⁵。

一九七七年恢复考试制度我参加了高考，因为底子太薄，没考起。一九七八年，我又参加高考，那我就不敢考大学哒，我就考迥个中专，就考进了咸丰县师范，读了两年师范。i²² tɕiəu⁴² tɕʰi²² tɕʰi²² niɛn²² xuei⁵⁵ fu²² kʰau⁴² sˀ²¹³ tsˀ²¹³ tu²¹³ ŋo⁴² tsʰan⁵⁵ tɕia⁵⁵ na⁰ kau⁵⁵ kʰau⁴²，in⁵⁵ uei²² ti⁴² tsˀ⁰ tʰai²¹³ po²²，mei⁵⁵ kʰau⁴² tɕʰi⁴²。i²² tɕiəu⁴² tɕʰi²² pa²² niɛn²²，ŋo⁴² iəu²¹³ tsʰan⁵⁵ tɕia⁵⁵ kau⁵⁵ kʰau⁴²，na²¹³ ŋo⁴² təu²¹³ pu²² kan⁴² kʰau⁴² ta²¹³ ɕyo²² ta⁰，ŋo⁴² təu²¹³ kʰau⁴² niɛ²² ko²¹³ tsoŋ⁵⁵ tsuan⁵⁵，təu²¹³ kʰau⁴² tɕin²¹³ na⁰ xan²² foŋ⁵⁵ ɕiɛn²¹³ sˀ⁵⁵ fan²¹³，tu²² na⁰ niaŋ⁴² niɛn²² sˀ⁵⁵ fan²¹³。

一九八〇年就分配到当时的尖山区，现在的唐崖镇。说起唐崖镇可能大家都晓得啊世界文化遗产——唐崖土司城遗址所在地。i²² tɕiəu⁴² pa²² nin²² niɛn²² təu²¹³ fən⁵⁵ pʰei²¹³ tau²¹³ taŋ⁵⁵ sˀ²² ti⁰ tɕiɛn⁵⁵ san⁵⁵ tɕʰy⁵⁵，ɕiɛn²¹³ tsai²¹³ ti⁰ tʰaŋ²² ŋai²² tsən²¹³。suo²² tɕʰi⁴² tʰaŋ²² ŋai²² tsən²¹³ kʰo⁴² nən²² ta²¹³ tɕia⁵⁵ təu⁵⁵ ɕiau⁴² tɛ²² a⁰ sˀ²¹³ kai²¹³ uən²² xua²¹³ i²² tsʰan⁴²——tʰaŋ²² ŋai²² tʰu⁴² sˀ⁵⁵ tsʰən²² i²² tsˀ²² suo⁴² tsai²¹³ ti²¹³。

我大概教了几年民办。教了几年民办，到八五年——哦，那不是叫民办，叫那个是正，嗯，那个是公办教师哒，教中学。ŋo⁴² ta²¹³ kʰai²¹³ tɕiau⁵⁵ na⁰ tɕi⁴² niɛn²² min²² pan²¹³。tɕiau⁵⁵ na⁰ tɕi⁴² niɛn²² min²² pan²¹³，tau²¹³ pa²² u⁴² niɛn²²——o⁰，na²¹³ pu²² sˀ²¹³ tɕiau²¹³ min²² pan²¹³，tɕiau²¹³ na²¹³ ko²¹³ sๅ²¹³ tsən²¹³, ən⁰, na²¹³ ko²¹³ sๅ²¹³ koŋ⁵⁵ pan²¹³ tɕiau²¹³ sๅ⁵⁵ ta⁰, tɕiau⁵⁵ tsoŋ⁵⁵ ɕyo²²。

教中学呢到八五年呢，我就开始把小时候那个关于那个说话呀方言呀，那一些事情，我觉得又浮现在我脑壳里头哒。我就动了那个收集方言素材的念头。tɕiau⁵⁵ tsoŋ⁵⁵ ɕyo²² nɛ⁰ tau²¹³ pa²² u⁴² niɛn²² nɛ⁰，ŋo⁴² təu²¹³ kʰai⁵⁵ sๅ⁴² pa⁴² ɕiau⁴² sๅ² xəu²¹³ na²¹³ ko²¹³ kuan⁵⁵ y²² na²¹³ ko²¹³ suo²² xua²¹³ ia⁰ faŋ⁵⁵ iɛn²² ia⁰, na²¹³ i²² ɕiɛ⁵⁵ sๅ²¹³ tɕʰin²²，ŋo⁴² tɕyo²² tɛ²² iəu²¹³ fu²² ɕiɛn²¹³ tsai²¹³ ŋo⁴² nau⁴² kʰo²² ni²² tʰəu⁰ ta⁰。 ŋo⁴² təu²¹³ toŋ²¹³ na⁰ na²¹³ ko²¹³ səu⁵⁵ tɕi²² faŋ⁵⁵ iɛn²² su²¹³ tsʰai²² ti⁰ niɛn²¹³ tʰəu⁰。

那个，那个基本动机是朗˝们˝回事呢，为什么收集方言呢，一个是小学时候呢小时候也对东西有点敏感。na²¹³ ko²¹³，na²¹³ ko²¹³ tɕi⁵⁵ pən⁴² toŋ²¹³ tɕi⁵⁵ sๅ²¹³ naŋ²² mən⁰ xuei⁵⁵ sๅ²¹³ nɛ⁰，uei²² sən²² mo⁰ səu⁵⁵ tɕi²² faŋ⁵⁵ iɛn²² nɛ⁰，i²² ko²¹³ sๅ²¹³ ɕiau⁴² ɕyo²² sๅ²² xəu²¹³ nɛ⁰ ɕiau⁴² sๅ² xəu²¹³ iɛ⁴² tuei²¹³ toŋ⁵⁵ ɕi⁵⁵ iəu⁴² tiɛn⁴² min⁴² kan⁴²。

那我到八五年那个因为当了几年中学教师，就发现了，就认识、意识到我们那个方言哪，由于推普啊，推广普通话呀，由于迤个人的交流啊，来往啊，我们的方言，开始消失哒，由于或不说方言哒。na²¹³ ŋo⁴² tau²¹³ pa²² u⁴² niɛn²² na²¹³ ko²¹³ in⁵⁵ uei²² taŋ⁵⁵ na⁰ tɕi⁴² niɛn²² tsoŋ⁵⁵ ɕyo²² tɕiau⁵⁵ sๅ⁵⁵，təu²¹³ fa²² ɕiɛn²¹³ na⁰，təu²¹³ zən²¹³ sๅ²²、i²¹³ sๅ²² tau²¹³ ŋo⁴² mən⁰ na²¹³ ko²¹³ faŋ⁵⁵ iɛn²² na⁴²，iəu²² y²² tʰuei⁵⁵ pʰu⁴² a⁰，tʰuei²² kuaŋ⁴² pʰu⁴² tʰoŋ⁵⁵ xua²¹³ ia⁰，iəu²² y²² niɛ²² ko²¹³ zən²¹³ ti⁰ tɕiau⁵⁵ niəu⁴² a⁰，nai²² uaŋ⁴² a⁰，ŋo⁴² mən⁰ ti⁰ faŋ⁵⁵ iɛn²²，kʰai⁵⁵ sๅ⁴² ɕiau⁵⁵ sๅ²² ta⁰，iəu²² y²² xuai²² pu²² suo²² faŋ⁵⁵ iɛn²² ta⁰。

那学校要求学生进学校门就要说普通话，老师要说普通话，当然我们老师说的，那我们那时候ɴ那种肤浅教育的人都说不好普通话，说不好也要说，强制性的，学校作为纪律规定。na²¹³ ɕyo²² ɕiau²¹³ iau²¹³ tɕʰiəu²² ɕyo²² sən⁵⁵ tɕin²¹³ ɕyo²² ɕiau²¹³ mən²² təu²¹³ iau²¹³ suo²² pʰu⁴² tʰoŋ⁵⁵ xua²¹³，nau⁴² sๅ⁵⁵ iau²¹³ suo²² pʰu⁴² tʰoŋ⁵⁵ xua²¹³，taŋ⁵⁵ zan²² ŋo⁴² mən⁰ nau⁴² sๅ⁵⁵ suo²² ti⁰，na²¹³ ŋo⁴² mən⁰ na²¹³ sๅ²² xə²¹³ na²¹³ tsoŋ⁴² fu⁵⁵ tɕʰiɛn⁴² tɕiau²¹³ iəu²² ti⁰ zən²² təu⁵⁵ suo²² pu²² xau⁴² pʰu⁴² tʰoŋ⁵⁵ xua²¹³，suo²² pu²² xau⁴² iɛ⁴² iau²¹³ suo²², tɕiaŋ²² tsๅ²¹³ ɕin²¹³ ti⁰, ɕyo²² ɕiau²¹³ tsuo²² uei²² tɕi⁴² ny²² kuei⁵⁵ tin²¹³。

　　什么老师学生，都说普通话。那个普通话说了实话说也好笑，那个是大半夹的方言，夹的大半方言。sən²² mo⁰ nau⁴² sๅ⁵⁵ ɕyo²² sən⁵⁵，təu⁵⁵ suo²² pʰu⁴² tʰoŋ⁵⁵ xua²¹³。na²¹³ ko²¹³ pʰu⁴² tʰoŋ⁵⁵ xua²¹³ suo²² na⁰ sๅ²² xua²¹³ suo²² iɛ⁴² xau⁴² ɕiau²¹³，na²¹³ ko²¹³ sๅ²¹³ ta²¹³ pan²¹³ ka²² ti⁰ faŋ⁵⁵ iɛn²²，ka²² ti⁰ ta²¹³ pan²¹³ faŋ⁵⁵ iɛn²²。

　　那个，少部分普通话啊喊的彩普。唉，那个如果是把一些收集起来，迥是笑话。na²¹³ ko²¹³，sau⁴² pu²¹³ fən⁵⁵ pʰu⁴² tʰoŋ⁵⁵ xua²¹³ a⁰ xan⁴² ti⁰ tsʰai⁴² pʰu⁴²。ai⁰，na²¹³ ko²¹³ zu²² ko⁴² sๅ²¹³ pa⁴² i²² ɕiɛ⁵⁵ səu⁵⁵ tɕi²² tɕʰi⁴² nai²²，niɛ²² sๅ²¹³ ɕiau²¹³ xua²¹³。

　　哪怕是迥样，那个方言都得消失，而且消失的速度越来越快。所以呢，我当时啊产生那个收集方言素材的念头。na⁴² pʰa²¹³ sๅ²¹³ niɛ²² iaŋ²¹³，na²¹³ ko²¹³ faŋ⁵⁵ iɛn²² təu⁵⁵ tɛ²² ɕiau⁵⁵ sๅ²¹³，ɚ²² tɕʰiɛ⁴² ɕiau⁵⁵ sๅ²² ti⁰ su²² tu²¹³ yɛ²² nai²² yɛ²² kʰuai²¹³。suo⁴² i⁴² nɛ⁰，ŋo⁴² taŋ⁵⁵ sๅ²² a⁰ tsʰan⁵⁵ sən⁵⁵ na²¹³ ko²¹³ səu⁵⁵ tɕi²² faŋ⁵⁵ iɛn²² su²¹³ tsʰai²² ti⁰ niɛn²¹³ tʰəu⁰。

　　就是我把想把方言呢我们方言保护保留下来，要保留下来，也不说保护，我说保留，二天那些子孙后代呢，啊……那个他说他们听得懂，他们晓得那个话朗＂们＂说。təu²¹³ sๅ²¹³ ŋo⁴² pa⁴² ɕiaŋ⁴² pa⁴² faŋ⁵⁵ iɛn²² nɛ⁰ ŋo⁴² mən⁰ faŋ⁵⁵ iɛn²² pau⁴² fu²¹³ pau⁴² niəu²² ɕia²¹³ nai²²，iau²¹³ pau⁴² niəu²² ɕia²¹³ nai²²，iɛ⁴² pu²² suo²² pau⁴² fu²¹³，ŋo⁴² suo²² pau⁴² niəu²²，ɚ²¹³ tʰiɛn⁵⁵ na²¹³ ɕiɛ⁵⁵ tsๅ⁰ sən⁵⁵ xəu²¹³ tai²¹³ nɛ⁰，a⁰……na²¹³ ko²¹³ tʰa⁵⁵ suo²² tʰa⁵⁵ mən⁰ tʰin⁵⁵ tɛ²² toŋ⁴²，tʰa⁵⁵ mən⁰ ɕiau⁴² tɛ²² na²¹³ ko²¹³ xua²¹³ naŋ²² mən⁰ suo²²。

　　从八五年开始，我就开始来收集，把个人经常说的话先写在本本上，然后呢那有些话呢，我开始搜集的时候，有些话长，刚才我们两个摆龙门阵，摆起来说句话，我赶快回去记，哦，等我回去忘记哒！tsʰoŋ²² pa⁴² u⁴² niɛn²² kʰai⁵⁵ sๅ⁴²，ŋo⁴² təu²¹³ kʰai⁵⁵ sๅ⁴² nai²² səu⁵⁵ tɕi²²，pa⁴² ko²¹³ zən²² tɕin⁵⁵ saŋ²² suo²² ti⁰ xua²¹³ ɕiɛn⁵⁵ ɕiɛ⁴² tai²¹³ pən⁴² pən⁰ saŋ²¹³，zan²² xəu²¹³ nɛ⁰ na²¹³ iəu⁴² ɕiɛ⁵⁵ xua²¹³ nɛ⁰，ŋo⁴² kʰai⁵⁵ sๅ⁴² səu⁵⁵ tɕi²² ti⁰ sๅ²² xəu²¹³，iəu⁴² ɕiɛ⁵⁵ xua²¹³ tsʰaŋ²²，kaŋ⁵⁵ tsʰai²² ŋo⁴² mən⁰ niaŋ⁴² ko²¹³ pai⁴² noŋ²² mən²² tsən²¹³, pai⁴² tɕʰi⁴² nai²² suo²² tɕy²¹³ xua²¹³, ŋo⁴² kan⁴² kʰuai²¹³ xuei²² tɕʰi²¹³ tɕi²¹³, o⁰, tən⁴² ŋo⁴² xuei²² tɕʰi²¹³ uaŋ²¹³ tɕi²¹³ ta⁰！

我发现那个方言那个，唉，那个对话那些素材啊，你当时不记，就过后就要忘记！ŋo⁴² fa²² ɕiɛn²¹³ na²¹³ ko²¹³ faŋ⁵⁵ iɛn²² na²¹³ ko²¹³, ai⁰, na²¹³ ko²¹³ tuei²¹³ xua²¹³ na²¹³ ɕiɛ⁵⁵ su²¹³ tsʰai²² a⁰, ni⁴² taŋ⁵⁵ sɿ²² pu²² tɕi²¹³, təu²¹³ ko²¹³ xəu²¹³ təu²¹³ iau²¹³ uaŋ²¹³ tɕi²¹³！

所以说呢从那时候ɹ起我就拿个笔记本，揣在身上，碰到的就碰到一起，随时记，本本都快烂了快溶哒。suo⁴² i⁴² suo²² nɛ⁰ tsʰoŋ²² na²¹³ sɿ²² xə²¹³ tɕʰi⁴² ŋo⁴² təu²¹³ na²¹³ ko²¹³ pi²² tɕi²¹³ pən⁴², tsʰua⁴² tai²¹³ sən²² saŋ²¹³, pʰoŋ²¹³ tau²¹³ ti⁰ təu²¹³ pʰoŋ²¹³ tau²¹³ i²² tɕʰi⁴², suei²² sɿ²² tɕi²¹³, pən⁴² pən⁴² təu⁵⁵ kʰuai²¹³ nan²¹³ na⁰ kʰuai²¹³ zoŋ²² ta⁰。

到八六年、八七年，因为我在那个我们尖山那个地方呢，我教书那个地方呢，产煤，产煤有煤矿。tau²¹³ pa²² nu²² niɛn²²、pa²² tɕʰi²² niɛn²²，in⁵⁵ uei²² ŋo⁴² tai²¹³ na²¹³ ko²¹³ ŋo⁴² mən⁰ tɕiɛn⁵⁵ san⁵⁵ na²¹³ ko²¹³ ti²¹³ faŋ⁵⁵ nɛ⁰，ŋo⁴² tɕiau⁵⁵ su⁵⁵ na²¹³ ko²¹³ ti²¹³ faŋ⁵⁵ nɛ⁰，tsʰan⁴² mei²²，tsʰan⁴² mei²² iəu⁴² mei²² kuaŋ²¹³。

那煤矿他往年挖煤呢，不像现在的大家看到的那种，机械化呀，电气化呀那些。na²¹³ mei²² kuaŋ²¹³ tʰa⁵⁵ uaŋ⁴² niɛn²² ua²² mei²² nɛ⁰，pu²² tɕʰiaŋ²¹³ ɕiɛn²¹³ tsai²¹³ ti⁰ ta²¹³ tɕia⁵⁵ kʰan²¹³ tau²¹³ ti⁰ na²¹³ tsoŋ⁴²，tɕi⁵⁵ kai²¹³ xua²¹³ ia⁰，tiɛn²¹³ tɕʰi²² xua²¹³ ia⁰ na²¹³ ɕiɛ⁵⁵。

那时候ɹ挖煤就是朗˝们˝呢？挖个洞洞ɹ有米把高，米把宽那么个洞洞ɹ，然后人是爬起进去，爬起进去爬起出来，那更谈不上么子电哒。na²¹³ sɿ²² xə²¹³ ua²² mei²² təu²¹³ sɿ²¹³ naŋ²² mən⁰ nɛ⁰？ua²² ko²¹³ toŋ²¹³ ta⁰ iəu⁴² mi⁴² pa⁴² kau⁵⁵，mi⁴² pa⁴² kʰuan⁵⁵ na²¹³ mo⁰ ko²¹³ toŋ²¹³ ta⁰，zan²² xəu²¹³ zən²² sɿ²¹³ pʰa²² tɕʰi⁴² tɕin²¹³ tɕʰi²¹³，pʰa²² tɕʰi⁴² tɕin²¹³ tɕʰi²¹³ pʰa²² tɕʰi⁴² tsʰu²² nai²²，na²¹³ kən⁵⁵ tʰan²¹³ pu²² saŋ²¹³ mo⁰ tsɿ⁰ tiɛn²¹³ ta⁰。

所有的挖煤的工具就是一把锄头，一把撮箕。那个挖出来个高头啊，也是撮箕，一个拖船子，再迣一盏煤油灯。而有一些煤油灯都没得，点桐油灯。suo⁴² iəu⁴² ti⁰ ua²² mei²² ti⁰ koŋ⁵⁵ tɕy²¹³ təu²¹³ sɿ²¹³ i²² pa⁴² tsʰu²² tʰəu⁰，i²² pa⁴² tsuo²² tɕi⁵⁵。na²¹³ ko²¹³ ua²² tsʰu²² nai²² ko²¹³ kau⁵⁵ tʰəu⁰ a^{0}, iɛ^{42} sɿ^{213} tsuo^{22} tɕi^{55}, i^{22} ko^{213} tʰuo^{55} tsʰuan^{22} tsɿ^{0}, tsai^{213} niɛ^{22} i^{22} tsan^{42} mei^{22} iəu^{22} tən^{55}。 ə^{22} iəu^{42} i^{22} ɕiɛ^{55} mei^{22} iəu^{22} tən^{55} təu^{55} mei^{55} tɛ^{22}, tiɛn^{42} tʰoŋ^{22} iəu^{22} tən^{55}。

就爬起进去爬起出来。所以那种煤矿呢是最辛苦的，最危险的，经常发生安全事故。təu^{213} pʰa^{22} tɕʰi^{42} tɕin^{213} tɕʰi^{213} pʰa^{22} tɕʰi^{42} tsʰu^{22} nai^{22}。suo^{42} i^{42} na^{213} tsoŋ^{42} mei^{22} kuaŋ^{213} nɛ^{0} sɿ^{213} tsuei^{213} ɕin^{55} kʰu^{22} ti^{0}, tsuei^{213} uei^{22} ɕiɛn^{42} ti^{0}, tɕin^{55} saŋ^{22} fa^{22} sən^{55} ŋan^{55} tɕʰyɛn^{22} sɿ^{213} ku^{213}。

所以呢挖煤的人，那个挖煤的不是，那是上千年的历史哒。所以呢挖煤的人，还有好多禁忌，因为你对安全那个事故你无法克服嘛。suo^{42} i^{42} nɛ^{0} ua^{22} mei^{22} ti^{0} zən^{22}, na^{213} ko^{213} ua^{22} mei^{22} ti^{0} pu^{22} sɿ^{213}, na^{213} sɿ^{213} saŋ^{213} tɕʰiɛn^{55} niɛn^{22} ti^{0} ni^{22} sɿ^{42} ta^{0}。 suo^{42} i^{42} nɛ^{0} ua^{22} mei^{22} ti^{0} zən^{22}, xai^{22} iəu^{42} xau^{42} tuo^{55} tɕin^{213} tɕi^{213}, in^{55} uei^{22} ni^{42} tuei^{213} ŋan^{55} tɕʰyɛn^{22} na^{213} ko^{213} sɿ^{213} ku^{213} ni^{42} u^{22} fa^{22} kʰɛ^{22} fu^{22} ma^{0}。

他认为是洞神啊，什么什么神仙山神啊、土地啊那些在惩罚挖煤的人。所以他们就编了一套谩子①，就是一套语言。tʰa^{55} zən^{213} uei^{22} sɿ^{213} toŋ^{213} sən^{22} a^{0}, sən^{22} mo^{0} sən^{22} mo^{0} sən^{22} ɕiɛn^{55} san^{55} sən^{22} a^{0}、tʰu^{42} ti^{213} a^{0} na^{213} ɕiɛ^{55} tai^{213} tsʰən^{22} fa^{22} ua^{22} mei^{22} ti^{0} zən^{22}。 suo^{42} i^{42} tʰa^{55} mən^{0} təu^{213} piɛn^{55} na^{0} i^{22} tʰau^{213} man^{213} tsɿ^{0}, təu^{213} sɿ^{213} i^{22} tʰau^{213} y^{42} iɛn^{22}。

一套语言呢，挖煤的时候进洞子就要说，啊，进洞时候就要说。出来……那个，进洞洞儿就要说，你要不说的话就要出事，就要死人，就要垮那个笼子，哎，还要挖到水舱，等等事故都发生。i^{22} tʰau^{213} y^{42} iɛn^{22} nɛ^{0}, ua^{22} mei^{22} ti^{0} sɿ^{22} xəu^{213} tɕin^{213} toŋ^{213} tsɿ^{0} təu^{213} iau^{213} suo^{22}, a^{0}, tɕin^{213} toŋ^{213} sɿ^{22} xəu^{213} təu^{213} iau^{213} suo^{22}。 tsʰu^{22} nai^{22}……na^{213} ko^{213}, tɕin^{213} toŋ^{213} tə^{0} təu^{213} iau^{213} suo^{22}, ni^{42} iau^{213} pu^{22} suo^{22} ti^{0} xua^{213} təu^{213} iau^{213} tsʰu^{22} sɿ^{213}, təu^{213} iau^{213} sɿ^{42} zən^{22}, təu^{213} iau^{213} kʰua^{42} na^{213} ko^{213} noŋ^{22} tsɿ^{0}, ɛ^{0}, xai^{22} iau^{213} ua^{22} tau^{213} suei^{42} tsʰaŋ^{55}, tən^{42} tən^{42} sɿ^{213} ku^{213} təu^{55} fa^{22} sən^{55}。

那个忌谩子呢它是挖煤的人说，熬硝的人说。刚刚熬硝的时候呢，

---

① 谩子 man^{213} tsɿ^{0}：咸丰民间挖煤、熬硝、淘朱砂水银、烧窑、冶炼铸造、挑力，特别是挖煤等洞内作业，为了生产安全所使用的一种禁忌语。

那个洞里头啊挖硝土，熬硝土熬那个硝。na²¹³ ko²¹³ tɕi²¹³ man²¹³ tsʅ⁰ nɛ⁰ tʰa⁵⁵ sʅ²¹³ ua²² mei²² ti⁰ zən²² suo²²，ŋau⁵⁵ ɕiau⁵⁵ ti⁰ zən²² suo²²。kaŋ⁵⁵ kaŋ⁵⁵ ŋau⁵⁵ ɕiau⁵⁵ ti⁰ sʅ²¹³ xəu²¹³ nɛ⁰，na²¹³ ko²¹³ toŋ²¹³ ni⁴² tʰəu⁰ a⁰ ua²² ɕiau⁵⁵ tʰu⁴²，ŋau⁵⁵ ɕiau⁵⁵ tʰu⁴² ŋau⁵⁵ na²¹³ ko²¹³ ɕiau⁵⁵。

再就是呢，淘水银淘朱砂的都是在那个地——洞内劳动。所以说呢迥些人也要忌谩子。tsai²¹³ təu²¹³ sʅ²¹³ nɛ⁰，tʰau²² suei⁴² in²² tʰau²² tsu⁵⁵ sa⁵⁵ ti⁰ təu⁵⁵ sʅ²¹³ tai²¹³ na²¹³ ko²¹³ ti²¹³ —— toŋ²¹³ nuei²¹³ nau²² toŋ²¹³。suo⁴² i⁴² suo²² nɛ⁰ niɛ²² ɕiɛ⁵⁵ zən²² iɛ⁴² iau²¹³ tɕi²¹³ man²¹³ tsʅ⁰。

由于后来那个社办企业，队办企业，当时不是提倡搞五小工业哪，小化肥、小水电、小农机等等叫"五小工业"，那是县级层面。iəu²² y²² xəu²¹³ nai²² na²¹³ ko²¹³ sɛ²¹³ pan²¹³ tɕʰi⁴² niɛ²²，tuei²¹³ pan²¹³ tɕʰi⁴² niɛ²²，taŋ⁵⁵ sʅ²² pu²² sʅ²¹³ tʰi⁴² tsʰaŋ²¹³ kau⁴² u⁴² ɕiau⁴² koŋ⁵⁵ niɛ²² na²，ɕiau⁴² xua²¹³ fei⁵⁵、ɕiau⁴² suei⁴² tiɛn²¹³、ɕiau⁴² noŋ²² tɕi⁵⁵ tən⁴² tən⁴² tɕiau²¹³ "u⁴² ɕiau⁴² koŋ⁵⁵ niɛ²²"，na²¹³ sʅ²¹³ ɕiɛn²¹³ tɕi²² tsʰən²² miɛn²¹³。

那么在乡镇呢就是喊的社办企业，就那时候₍ᵣ₎叫公社哟，叫社办企业。那么到大队，生产大队是队办企业。na²¹³ mo⁰ tai²¹³ ɕiaŋ⁵⁵ tsən²¹³ nɛ⁰ təu²¹³ sʅ²¹³ xan⁴² ti⁰ sɛ²¹³ pan²¹³ tɕʰi⁴² niɛ²²，təu²¹³ na²¹³ sʅ²² xɚ²¹³ tɕiau²¹³ koŋ⁵⁵ sɛ²¹³ sa⁰，tɕiau²¹³ sɛ²¹³ pan²¹³ tɕʰi⁴² niɛ²²。na²¹³ mo⁰ tau²¹³ ta²¹³ tuei²¹³，sən⁵⁵ tsʰan⁴² ta²¹³ tuei²¹³ sʅ²¹³ tuei²¹³ pan²¹³ tɕʰi⁴² niɛ²²。

有那些，国有企业，县办企业，社办企业，它包括小煤矿哟，小矿山哟，"五小"包括小矿山。iəu⁴² na²¹³ ɕiɛ⁵⁵，kuɛ²² iəu⁴² tɕʰi⁴² niɛ²²，ɕiɛn²¹³ pan²¹³ tɕʰi⁴² niɛ²²，sɛ²¹³ pan²¹³ tɕʰi⁴² niɛ²²，tʰa⁵⁵ pau⁵⁵ kua²² ɕiau⁴² mei²² kuaŋ²¹³ sa⁰，ɕiau⁴² kuaŋ²¹³ san⁵⁵ sa⁰，"u⁴² ɕiau⁴²" pau⁵⁵ kua²² ɕiau⁴² kuaŋ²¹³ san⁵⁵。

那些兴起过后，它也资源丰富些吧，他们也挖，开始办煤矿哒，办社办煤矿，队办煤矿，那么一些小煤矿，就没办法生存了，没办法生存哒。na²¹³ ɕiɛ⁵⁵ ɕin⁵⁵ tɕʰi⁴² ko²¹³ xəu²¹³，tʰa⁵⁵ iɛ⁴² tsʅ⁵⁵ yɛn²² foŋ⁵⁵ fu²¹³ ɕiɛ⁵⁵ pa⁰，tʰa⁵⁵ mən⁰ iɛ⁴² ua²²，kʰai⁵⁵ sʅ²¹³ pan²¹³ mei²² kuaŋ²¹³ ta⁰，pan²¹³ sɛ²¹³ pan²¹³ mei²² kuaŋ²¹³，tuei²¹³ pan²¹³ mei²² kuaŋ²¹³，na²¹³ mo⁰ i²² ɕiɛ⁵⁵ ɕiau⁴² mei²² kuaŋ²¹³，təu²¹³ mei⁵⁵ pan²¹³ fa²² sən⁵⁵ tsʰən²² na⁰，mei⁵⁵ pan²¹³ fa²² sən⁵⁵ tsʰən²² ta⁰。

那个在社办煤矿公用煤矿里头呢，没那个忌谩子，因为他设备好，有坑木啊，有机械啊，那挖得大唦，有些大的可以开汽车进去，拖拉机、汽车开进去。na²¹³ ko²¹³ tai²¹³ sɛ²¹³ pan²¹³ mei²² kuaŋ²¹³ koŋ⁵⁵ yoŋ²¹³ mei²² kuaŋ²¹³ ni⁴² tʰəu⁰ nɛ⁰, mei⁵⁵ na²¹³ ko²¹³ tɕi²¹³ man²¹³ tsʅ⁰, in⁵⁵ uei²² tʰa⁵⁵ sɛ²² pei²¹³ xau⁴², iəu⁴² kʰən⁵⁵ mu²² a⁰, iəu⁴² tɕi⁵⁵ kai²¹³ a⁰, na²¹³ ua²² tɛ²² ta²¹³ sa⁰, iəu⁴² ɕiɛ⁵⁵ ta²¹³ ti⁰ kʰo⁴² i⁴² kʰai⁵⁵ tɕʰi²¹³ tsʰɛ⁵⁵ tɕin²¹³ tɕʰi²¹³, tʰuo⁵⁵ na⁵⁵ tɕi⁵⁵、tɕʰi²¹³ tsʰɛ⁵⁵ kʰai⁵⁵ tɕin²¹³ tɕʰi²¹³。

所以那些人又是年轻人，找工找些年轻人，他们不相信，说是迷信，不相信迷信，他不去信那一套。suo⁴² i⁴² na²¹³ ɕiɛ⁵⁵ zən²² iəu²¹³ sʅ²¹³ niɛn²² tɕʰin⁵⁵ zən²², tsau⁴² koŋ⁵⁵ tsau⁴² ɕiɛ⁵⁵ niɛn²² tɕʰin⁵⁵ zən²², tʰa⁵⁵ mən⁰ pu²² ɕiaŋ⁵⁵ ɕin²¹³, suo²² sʅ²¹³ mi²² ɕin²¹³, pu²² ɕiaŋ⁵⁵ ɕin²¹³ mi²² ɕin²¹³, tʰa⁵⁵ pu²² tɕʰi²¹³ ɕin²¹³ na²¹³ i²² tʰau²¹³。

那么那时候ɪ呢我就发现那谩子没得人说哒，没得人说就消失哒。na²¹³ mo⁰ na²¹³ sʅ²² xə²¹³ nɛ⁰ ŋo⁴² təu²¹³ fa²² ɕiɛn²¹³ na²¹³ man²¹³ tsʅ⁰ mei⁵⁵ tɛ²² zən²² suo²² ta⁰, mei⁵⁵ tɛ²² zən²² suo²² təu²¹³ ɕiau⁵⁵ sʅ²² ta⁰。

我迿个小时呢就挖煤的不说哒，熬硝的不说哒，也没得淘水银的、淘朱砂的，那么迿个，那迿几种行业都消失哒，那么迿相关的那种那套谩子和语言，也要消失。ŋo⁴² niɛ²² ko²¹³ ɕiau⁴² sʅ²² nɛ⁰ təu²¹³ ua²² mei²² ti⁰ pu²² suo²² ta⁰, ŋau⁵⁵ ɕiau⁵⁵ ti⁰ pu²² suo²² ta⁰, iɛ⁴² mei⁵⁵ tɛ²² tʰau²² suei⁴² in²² ti⁰、tʰau²² tsu⁵⁵ sa⁵⁵ ti⁰, na²¹³ mo⁰ niɛ²² ko²¹³, na²¹³ niɛ²² tɕi⁴² tsoŋ⁴² xaŋ²² niɛ²² təu⁵⁵ ɕiau⁵⁵ sʅ²² ta⁰, na²¹³ mo⁰ niɛ²² ɕiaŋ⁵⁵ kuan⁵⁵ ti⁰ na²¹³ tsoŋ⁴² na²¹³ tʰau²¹³ man²¹³ tsʅ⁰ xo²² y⁴² iɛn²², iɛ⁴² iau²¹³ ɕiau⁵⁵ sʅ²²。

我就意识到迿个问题。于是我，八七年么八六年？八七年啊八六年冬天，那就放寒假，我就抽那个时间，腊月二十几，就跑到那个乡——那个煤矿地方去，收谩子。ŋo⁴² təu²¹³ i²¹³ sʅ²² tau²¹³ niɛ²² ko²¹³ uən²¹³ tʰi²²。y²² sʅ²¹³ ŋo⁴², pa²² tɕʰi²² niɛn²² mo⁰ pa²² nu²² niɛn²²? pa²² tɕʰi²² niɛn²² a⁰ pa²² nu²² niɛn²² toŋ⁵⁵ tʰiɛn⁵⁵, na²¹³ təu²¹³ faŋ²¹³ xan²² tɕia²¹³, ŋo⁴² təu²¹³ tsʰəu⁵⁵ na²¹³ ko²¹³ sʅ²² kan⁵⁵, na²² yɛ²² ə²¹³ sʅ²² tɕi⁴², təu²¹³ pʰau⁴² tau²¹³ na²¹³ ko²¹³ ɕiaŋ⁵⁵ —— na²¹³ ko²¹³ mei²² kuaŋ²¹³ ti²¹³ faŋ⁵⁵ tɕʰi²¹³, səu⁵⁵ man²¹³ tsʅ⁰。

收谩子，那时候ɪ，没得小煤窑哒。没得小煤窑哒，我找一两天才找到。找到一个姓卢的卢家屋呢，他屋是个人，几家人斗钱，开那个小煤窑，但是个人挖了个人用，他免得去买。səu⁵⁵ man²¹³ tsʅ⁰, na²¹³ sʅ²² xə²¹³, mei⁵⁵ tɛ²² ɕiau⁴² mei²² iau²² ta⁰。 mei⁵⁵ tɛ²² ɕiau⁴² mei²² iau²² ta⁰, ŋo⁴² tsau⁴² i²² niaŋ⁴² tʰiɛn⁵⁵ tsʰai²² tsau⁴² tau²¹³。 tsau⁴² tau²¹³ i²² ko²¹³ ɕin²¹³ nu²² ti⁰ nu²² tɕia⁵⁵ u²² nɛ⁰, tʰa⁵⁵ u²² sʅ²¹³ ko²¹³ zən²², tɕi⁵⁵ tɕia⁵⁵ zən²² təu²¹³ tɕʰiɛn²², kʰai⁵⁵ na²¹³ ko²¹³ ɕiau⁴² mei²² iau²², tan²¹³ sʅ²¹³ ko²¹³ zən²² ua²¹³ na⁰ ko²¹³ zən²² yoŋ²¹³, tʰa⁵⁵ miɛn⁴² tɛ²² tɕʰi²¹³ mai⁴²。

好，那样呢，在整个那个地方呢就我就发现了一处，差点把迺个机会放过哒。我也问哒，走到煤窑去，问哒几个年——又是几个年轻人，他说我们不会说，他们不信哒。xau⁴², na²¹³ iaŋ²¹³ nɛ⁰, tai²¹³ tsən⁴² ko²¹³ na²¹³ ko²¹³ ti²¹³ faŋ⁵⁵ nɛ⁰ təu²¹³ ŋo⁴² təu²¹³ fa²² ɕiɛn²¹³ na⁰ i²² tsʰu²¹³, tsʰa²¹³ tiɛn⁴² pa⁴² niɛ²² ko²¹³ tɕi⁵⁵ xuei²¹³ faŋ²¹³ ko²¹³ ta⁰。 ŋo⁴² iɛ⁴² uən²¹³ ta⁰, tsəu⁴² tau²¹³ mei²² iau²² tɕʰi²¹³, uən²¹³ ta⁰ tɕi⁴² ko²¹³ niɛn²² —— iəu²¹³ sʅ²¹³ tɕi⁵⁵ ko²¹³ niɛn²² tɕʰin⁵⁵ zən²², tʰa⁵⁵ suo²² ŋo⁴² mən⁰ pu²² xuei²¹³ suo²², tʰa⁵⁵ mən⁰ pu²² ɕin²¹³ ta⁰。

有个姓卢的说，我老汉儿会说，他晓得他是原来……我就把他老汉儿找到，他爸不把我说，他说是迷信，他怕遭，他怕别人说他信迷信要遭，因为文化革命，"文化大革命"嘛，才刚刚结束没几年嘛。iəu⁴² ko²¹³ ɕin²¹³ nu²² ti⁰ suo²², ŋo⁴² nau⁴² xə⁰ xuei²¹³ suo²², tʰa⁵⁵ ɕiau⁴² tɛ²² tʰa⁵⁵ sʅ²¹³ yɛn²² nai²² …… ŋo⁴² təu²¹³ pa⁴² tʰa⁵⁵ nau⁴² xə⁰ tsau⁴² tau²¹³, tʰa⁵⁵ pa²¹³ pu²² pa⁴² ŋo⁴² suo²², tʰa⁵⁵ suo²² sʅ²¹³ mi²² ɕin²¹³, tʰa⁵⁵ pʰa²¹³ tsau⁵⁵, tʰa⁵⁵ pʰa²¹³ piɛ²² zən²² suo²² tʰa⁵⁵ ɕin²¹³ mi²² ɕin²¹³ iau²¹³ tsau⁵⁵, in⁵⁵ uei²² uən²² xua²¹³ kɛ²² min²¹³, "uən²² xua²¹³ ta²¹³ kɛ²² min²¹³" ma⁰, tsʰai²² kaŋ⁵⁵ kaŋ⁵⁵ tɕiɛ²² tsʰu²² mei⁵⁵ tɕi⁴² niɛn²² ma⁰。

他们都怕，都怕遭，就不说，不说。我在那头守两天都不说。tʰa⁵⁵ mən⁰ təu⁵⁵ pʰa²¹³, təu⁵⁵ pʰa²¹³ tsau⁵⁵, təu²¹³ pu²² suo²², pu²² suo²²。 ŋo⁴² tai²¹³ na²¹³ tʰəu⁰ səu⁴² niaŋ⁴² tʰiɛn⁵⁵ təu⁵⁵ pu²² suo²²。

最后呢他，有一天他中午中间时来喊我吃饭，我反正那个做起来吃啊……他说冯老师，还是喝口儿酒哦，他前两天儿叫我喝酒，我不喝酒。tsuei²¹³ xəu²¹³ nɛ⁰ tʰa⁵⁵, iəu⁴² i²² tʰiɛn⁵⁵ tʰa⁵⁵ tsoŋ⁵⁵ u⁴² tsoŋ⁵⁵ kan⁵⁵ sʅ²² nai²² xan⁴² ŋo⁴² tsʰㄱ²² fan²¹³, ŋo⁴² fan⁴² tsən⁵⁵ na²¹³ ko²¹³ tsu²¹³ tɕʰi⁴² nai²²

tsʰㄱ²² a⁰ …… tʰa⁵⁵ suo²² foŋ²² nau⁴² sㄱ⁵⁵, xai²² sㄱ²¹³ xo²² kʰə⁴² tɕiəu⁴² o⁰, tʰa⁵⁵

tɕʰiɛn²² nian⁴² tʰiə⁵⁵ tɕiau²¹³ ŋo⁴² xo²² tɕiəu⁴², ŋo⁴² pu²² xo²² tɕiəu⁴²。

他说喝口酒哦打打冷格斗，喝寡寡酒。我说那要得嘛，我就同意哒。tʰa⁵⁵ suo²² xo²² kʰəu⁴² tɕiəu⁴² o⁰ ta⁴² ta⁴² nən⁴² kɛ²² təu⁴², xo²² kua⁴² kua⁴² tɕiəu⁴²。ŋo⁴² suo²² na²¹³ iau²¹³ tɛ²² ma⁰, ŋo⁴² təu²¹³ tʰoŋ²² i²¹³ ta⁰。

又喝酒，喝喝醉啰。我又喝了他有个……哒，他也喝醉啰，喝得偏偏倒，二麻二麻的。iəu²¹³ xo²² tɕiəu⁴², xo²² xo²² tsuei²¹³ nuo⁵⁵。ŋo⁴² iəu²¹³ xo²² na⁰ tʰa⁵⁵ iəu⁴² ko²¹³ …… ta⁰, tʰa⁵⁵ iɛ⁴² xo²² tsuei²¹³ nuo⁵⁵, xo²² tɛ²² pʰiɛn⁵⁵ pʰiɛn⁵⁵ tau⁴², ɚ²¹³ ma²² ɚ²¹³ ma²² ti⁰。

他呢就……我就问他，我说那个谩子还是请您，帮我，你是内行，我说不到，我想请您说下哒。tʰa⁵⁵ nɛ⁰ təu²¹³ …… ŋo⁴² təu²¹³ uan²¹³ tʰa⁵⁵, ŋo⁴² suo²² na²¹³ ko²¹³ man²¹³ tsㄱ⁰ xai²² sㄱ²¹³ tɕʰin⁴² nia⁴², paŋ⁵⁵ ŋo⁴², ni⁴² sㄱ²¹³ nuei²¹³ xaŋ²², ŋo⁴² suo²² pu²² tau²¹³, ŋo⁴² ɕiaŋ⁴² tɕʰin⁴² nia⁴² suo²² xa⁰ ta⁰。

迾下就开口的啰，天呐。谢天谢地啊，把噼啦啪啦噼啦啪在迾个第一天说到第二天，把迾全部跟我说哒。niɛ²² xa⁰ tɕiəu²¹³ kʰai⁵⁵ kʰəu⁴² ti⁰ nuo⁰, tʰiɛn⁵⁵ na⁴², ɕiɛ²¹³ tʰiɛn⁵⁵ ɕiɛ²¹³ ti²¹³ a⁰, pa⁴² pʰi⁵⁵ na⁰ pʰa⁵⁵ na⁰ pʰi⁵⁵ na⁰ pʰa⁵⁵ tai²¹³ niɛ²² ko²¹³ ti²¹³ i²² tʰiɛn⁵⁵ suo²² tau²¹³ ti²¹³ ɚ²¹³ tʰiɛn⁵⁵, pa⁴² niɛ²² tɕʰyɛn²² pu²¹³ kən⁵⁵ ŋo⁴² suo²² ta⁰。

问哪样说哪样，我问哪样说哪样，最后我去找别个证实，我要说完没，他们就说，那些晓得的人"迾个全得很啊，全得很啊！"就是说，基本上收上来哒。uən²¹³ na⁴² iaŋ²¹³ suo²² na⁴² iaŋ²¹³, ŋo⁴² uən²¹³ na⁴² iaŋ²¹³ suo²² na⁴² iaŋ²¹³, tsuei²¹³ xəu²¹³ ŋo⁴² tɕʰi²¹³ tsau⁴² piɛ²² ko²¹³ tsən²¹³ sㄱ²², ŋo⁴² iau²¹³ suo²² uan²² mei⁵⁵, tʰa⁵⁵ mən⁰ təu²¹³ suo²², na²¹³ ɕiɛ⁵⁵ ɕiau⁴² tɛ²² ti⁰ zən²² "niɛ²² ko²¹³ tɕʰyɛn²² tɛ²² xən⁴² a⁰, tɕʰyɛn²² ti⁰ xən⁴² a⁰！" təu²¹³ sㄱ²¹³ suo²², tɕi⁵⁵ pən⁴² saŋ²¹³ səu⁵⁵ saŋ²¹³ nai²² ta⁰。

所以迾个方言就是那么收的。啊，在迾平常那些口水话，那些口水说话，你要说你是一鼓劲，你想把它哈记下来，不可能，必须要和别人摆龙门阵。suo⁴² i⁴² niɛ²² ko²¹³ faŋ⁵⁵ iɛn²² təu²¹³ sㄱ²¹³ na²¹³ mo⁰ səu⁵⁵ ti⁰。

a⁰, tai²¹³ niɛ²² pʰin²² saŋ²² na²¹³ ɕiɛ⁵⁵ kʰəu⁴² suei⁴² xua²¹³, na²¹³ ɕiɛ⁵⁵ kʰəu⁴² suei⁴² suo²² xua²¹³, ni⁴² iau²¹³ suo²² ni⁴² sʅ²¹³ i²² ku⁴² tɕin²¹³, ni⁴² ɕiaŋ⁴² pa⁴² tʰa⁵⁵ xa⁵⁵ tɕi²¹³ ɕia²¹³ nai²², pu²² kʰo⁴² nən²², pi²² ɕy⁵⁵ iau²¹³ xo²² piɛ²² zən²² pai⁴² noŋ²² mən²² tsən²¹³。

所以我经常呢，就到乡里去把一些院子里头啊，或一些老汉ₙ老婆婆摆龙门阵，把他们打瓶酒去啊，买把面条啊，就他屋头去玩呐。suo⁴² i⁴² ŋo⁴² tɕin⁵⁵ saŋ²² nɛ⁰, tɕiəu²¹³ tau²¹³ ɕiaŋ⁵⁵ ni⁴² tɕʰi²¹³ pa⁴² i²² ɕiɛ⁵⁵ yɛn²¹³ tsʅ⁰ ni⁴² tʰəu⁰ a⁰, xuai²² i²² ɕiɛ⁵⁵ nau⁴² xɚ²¹³ nau⁴² pʰo²² pʰo²² pai⁴² noŋ²² mən²² tsən²¹³, pa⁴² tʰa⁵⁵ mən⁰ ta⁴² pʰin²² tɕiəu⁴² tɕʰi²¹³ a⁰, mai⁴² pa⁴² miɛn²¹³ tʰiau²² a⁰, təu²¹³ tʰa⁵⁵ u²² tʰəu⁰ tɕʰi²¹³ uan²² na⁰。

假扮去他屋头去玩，到他屋头烤火啊，就他屋里你屋啊，迥有没得，那有没得，趁那个机会就转到农家里头去哒，就和他们摆龙门阵，边摆边记边摆边记。tɕia⁴² pan²¹³ tɕʰi²¹³ tʰa⁵⁵ u²² tʰəu⁰ tɕʰi²¹³ uan²², tau²¹³ tʰa⁵⁵ u²² tʰəu⁰ kʰau⁴² xo⁴² a⁰, təu²¹³ tʰa⁵⁵ u²² ni⁴² ni⁴² u²² a⁰, niɛ²² iəu⁴² mei⁵⁵ tɛ²², na²¹³ iəu⁴² mei⁵⁵ tɛ²², tsʰən²¹³ na²¹³ ko²¹³ tɕi⁵⁵ xuei²¹³ təu²¹³ tsuan⁴² tau²¹³ noŋ²² tɕia⁵⁵ ni⁴² tʰəu⁰ tɕʰi²¹³ ta⁰, təu²¹³ xo²² tʰa⁵⁵ mən⁰ pai⁴² noŋ²² mən²² tsən²¹³, piɛn⁵⁵ pai⁴² piɛn⁵⁵ tɕi²¹³ piɛn⁵⁵ pai⁴² piɛn⁵⁵ tɕi²¹³。

当然迥个我是业余的，我不可能，我不可能丢起时间去搞，那业余时间，反正星期天哪、下班天哪。那些放学哒，有时候就走团团去走下。taŋ⁵⁵ zan²² niɛ²² ko²¹³ ŋo⁴² sʅ²¹³ niɛ²² y²² ti⁰, ŋo⁴² pu²² kʰo⁴² nən²², ŋo⁴² pu²² kʰo⁴² nən²² tiəu⁵⁵ tɕʰi⁴² sʅ²² kan⁵⁵ tɕʰi²¹³ kau⁴², na²¹³ niɛ²² y²² sʅ²² kan⁵⁵, fan⁴² tsən⁵⁵ ɕin⁵⁵ tɕʰi⁵⁵ tʰiɛn⁵⁵ na⁰、ɕia²¹³ pan⁵⁵ tʰiɛn⁵⁵ na⁰。na²¹³ ɕiɛ⁵⁵ faŋ²¹³ ɕyo²² ta⁰, iəu⁴² sʅ²² xəu²¹³ təu²¹³ tsəu⁴² tʰuan²² tʰuan²² tɕʰi²¹³ tsəu⁴² xa⁰。

再过有些时候节假日过年那些时候，就比较多，客里客气的。tsai²¹³ ko²¹³ iəu⁴² ɕiɛ⁵⁵ sʅ²² xəu²¹³ tɕiɛ²² tɕia⁴² zʅ²² ko²¹³ niɛn²² na²¹³ ɕiɛ⁵⁵ sʅ²² xəu²¹³, təu²¹³ pi⁴² tɕiau⁴² tuo⁵⁵, kʰɛ²² ni⁴² kʰɛ²² tɕʰi²¹³ ti⁰。

所以说呢那个收集那个方言素材，迥个时间长达二十年，从八五年开始，利用业余时间断断续续地，搞到○五年。suo⁴² i⁴² suo²² nɛ⁰ na²¹³ ko²¹³ səu⁵⁵ tɕi²² na²¹³ ko²¹³ faŋ⁵⁵ iɛn²² su²¹³ tsʰai²², niɛ²² ko²¹³ sʅ²² kan⁵⁵ tsʰaŋ⁴² ta²² ɚ²¹³ sʅ²² niɛn²², tsʰoŋ²² pa⁴² u⁴² niɛn²² kʰai⁵⁵ sʅ⁴², ni²¹³ yoŋ²¹³ niɛ²² y²² sʅ²² kan⁵⁵ tuan²¹³ tuan²¹³ su²¹³ su²² ti²¹³, kau⁴² tau²¹³ nin²² u⁴² niɛn²²。

　　○五年呢，我是五四年生的，○五年我那时候儿我已经改行到行政单位去哒。nin²² u⁴² niɛn²² nɛ⁰, ŋo⁴² sʅ²¹³ u⁴² sʅ²¹³ niɛn²² sən⁵⁵ ti⁰, nin²² u⁴² niɛn²² ŋo⁴² na²¹³ sʅ²² xə²¹³ ŋo⁴² i⁴² tɕin⁵⁵ kai⁴² xaŋ²² tau²¹³ ɕin²² tsən²¹³ tan⁵⁵ uei²¹³ tɕʰi²¹³ ta⁰。

　　因为我们那个县里呢，他是五十二岁就由领导职务改成非领导职务，简称改非。in⁵⁵ uei²² ŋo⁴² mən⁰ na²¹³ ko²¹³ ɕiɛn²¹³ ni⁴² nɛ⁰, tʰa⁵⁵ sʅ²¹³ u⁴² sʅ²² ə²¹³ suei²¹³ təu²¹³ iəu²² nin⁴² tau²¹³ tsʅ²² u²¹³ kai⁴² tsʰən²² fei⁵⁵ nin⁴² tau²¹³ tsʅ²² u²¹³, tɕiɛn⁴² tsʰən⁵⁵ kai⁴² fei⁵⁵。

　　那我又由领导职务变成了非领导职务，就变成，嗯，非领导职务就没什么事做的，没有具体工作任务哒，哦，我说那还机会来哒。na²¹³ ŋo⁴² iəu²¹³ iəu²² nin⁴² tau²¹³ tsʅ²² u²¹³ piɛn²¹³ tsʰən²² na⁰ fei⁵⁵ nin⁴² tau²¹³ tsʅ²² u²¹³, təu²¹³ piɛn²¹³ tsʰən²², ən⁰, fei⁵⁵ nin⁴² tau²¹³ tsʅ²² u²¹³ təu²¹³ mei⁵⁵ sən²² mo⁰ sʅ²¹³ tsu²¹³ ti⁰, mei⁵⁵ iəu⁴² tɕy²¹³ tʰi⁴² koŋ⁵⁵ tsuo²² zən²² u²¹³ ta⁰, o⁰, ŋo⁴² suo²² na²¹³ xai²² tɕi⁵⁵ xuei²¹³ nai²² ta⁰。

　　从○四年，就改非，嗯，我，就开始整理我日常的笔记，○五年就动笔，又动笔，一动笔呢就开始编写，到二○一○年，然后我就，把刚本咸丰方言出版哒，也就成了一本书。tsʰoŋ²² nin²² sʅ²¹³ niɛn²², təu²¹³ kai⁴² fei⁵⁵, ən⁰, ŋo⁴², təu²¹³ kʰai⁵⁵ sʅ²¹³ tsən⁴² ni⁴² ŋo⁴² zʅ²² saŋ²² ti⁰ pi²² tɕi²¹³, nin²² u⁴² niɛn²² təu²¹³ toŋ²¹³ pi²², iəu²¹³ toŋ²¹³ pi²², i²² toŋ²¹³ pi²² nɛ⁰ təu²¹³ kʰai⁵⁵ sʅ⁴² piɛn⁵⁵ ɕiɛ⁴², tau²¹³ ə²¹³ nin²² i²² nin²² niɛn²², zan²² xəu²¹³ ŋo⁴² təu²¹³, pa⁴² niɛ²² pən⁴² xan²² foŋ⁵⁵ faŋ⁵⁵ iɛn²² tsʰu²² pan⁴² ta⁰, iɛ⁴² təu²¹³ tsʰən²² na⁰ i²² pən⁴² su⁵⁵。

　　但我个人认为呢，那本书是一本书，但是呢质量很差。因为我，我的学历太浅哒，因为后来也没从教，教了几年书呢，我又不教书哒，就改行哒，就行政。tan²¹³ ŋo⁴² ko²¹³ zən²² zən²¹³ uei²² nɛ⁰, na²¹³ pən⁴² su⁵⁵ sʅ²¹³ i²² pən⁴² su⁵⁵, tan²¹³ sʅ²¹³ nɛ⁰ tsʅ²² niaŋ²² xɛ⁴² tsʰa⁵⁵。in⁵⁵ uei²² ŋo⁴², ŋo⁴² ti⁰ ɕyo²² ni²² tʰai²¹³ tɕʰiɛn⁴² ta⁰, in⁵⁵ uei²² xəu²¹³ nai²² iɛ⁴² mei⁵⁵ tsʰoŋ²² tɕiau²¹³, tɕiau⁵⁵ na⁰ tɕi⁵⁵ niɛn²² su⁵⁵ nɛ⁰, ŋo⁴² iəu²¹³ pu²² tɕiau⁵⁵ su⁵⁵ ta⁰, təu²¹³ kai⁴² xaŋ²² ta⁰, tɕiəu²¹³ ɕin²² tsən²¹³。

　　行政是搞一些下乡啊，搞行政事务工作，啊，就远离那个，就没得时间，也没去读过，专门去自学什么书。ɕin²² tsən²¹³ sʅ²¹³ kau⁴² i²² ɕiɛ⁵⁵ ɕia²¹³ ɕiaŋ⁵⁵ a⁰, kau⁴² ɕin²² tsən²¹³ sʅ²¹³ u²¹³ koŋ⁵⁵ tsuo²², a⁰, təu²¹³ yɛn⁴² ni²² na²¹³ ko²¹³, təu²¹³ mei⁵⁵ tɛ²² sʅ²² tɕiɛn⁵⁵, iɛ⁴² mei⁵⁵ tɕʰi²¹³ tu²² ko²¹³, tsuan⁵⁵ mən²² tɕʰi²¹³ tsʅ²¹³ ɕyo²² sən²² mo⁰ su⁵⁵。

那个后来呢，后来的八五啊九五年呢，九四年呢又考了湖北大学函授。迥个大家都晓得。na²¹³ ko²¹³ xəu²¹³ nai²² nɛ⁰, xəu²¹³ nai²² ti⁰ pa²² u⁴² a⁰ tɕiəu⁴² u⁴² niɛn²² nɛ⁰, tɕiəu⁴² sʅ²¹³ niɛn²² nɛ⁰ iəu²¹³ kʰau⁴² na⁰ fu²² pɛ²² ta²¹³ ɕyo²² xan²² səu²¹³。niɛ²² ko²¹³ ta²¹³ tɕia⁵⁵ təu⁵⁵ ɕiau⁴² tɛ²²。

迥个函授呢，二十几门课就是几个暑假就给你讲完哒。我们是二十一，二十一门还是二十二门课我都忘记哒，那个是走马观花都谈不上。niɛ²² ko²¹³ xan²² səu²¹³ nɛ⁰, ɚ²¹³ sʅ²² tɕi⁵⁵ mən²² kʰo²¹³ təu²¹³ sʅ²¹³ tɕi⁵⁵ ko²¹³ su⁴² tɕia²¹³ təu²¹³ kei⁴² ni⁴² tɕiaŋ⁴² uan²² ta⁰。ŋo⁴² mən⁰ sʅ²¹³ ɚ²¹³ sʅ²² i²², ɚ²¹³ sʅ²² i²² mən²² xai²² sʅ²¹³ ɚ²¹³ sʅ²² ɚ²¹³ mən²² kʰo²¹³ ŋo⁴² təu⁵⁵ uaŋ²¹³ tɕi²¹³ ta⁰, na²¹³ ko²¹³ sʅ²¹³ tsəu⁴² ma⁴² kuan⁵⁵ xua⁵⁵ təu⁵⁵ tʰan²² pu²² saŋ²¹³。

所以呢我没得研究语言的专业知识和技能。我迥本书呢，咸丰方言，你要那时候ⴽ现在，那几年编书不像往年嘛，硬要下本书才出版。suo⁴² i⁴² nɛ⁰ ŋo⁴² mei⁵⁵ tɛ²² niɛn⁵⁵ tɕiəu⁴² y⁴² iɛn⁰ ti⁰ tsuan⁵⁵ niɛ²² tsʅ⁵⁵ sʅ²² xo²² tɕi²¹³ nən²²。ŋo⁴² niɛ²² pən⁴² su⁵⁵ nɛ⁰, xan²² foŋ⁵⁵ faŋ⁵⁵ iɛn²², ni⁴² iau²¹³ na²¹³ sʅ²² xɚ²¹³ ɕiɛn²¹³ tsai²¹³, na²¹³ tɕi⁵⁵ niɛn²² piɛn⁵⁵ su⁵⁵ pu²² tɕʰiaŋ²¹³ uaŋ⁴² niɛn²² ma⁰, ŋən²¹³ iau²¹³ ɕia²¹³ pən⁴² su⁵⁵ tsʰai²² tsʰu²² pan⁴²。

出版社嘛，只要你拿起来，只要没得政治问题，它都出版。我看有些书，有些出版社出版的正式出版物，比我那个书质量还差一些。tsʰu²² pan⁴² sɛ²¹³ ma⁰, tsʅ²² iau²¹³ ni⁴² na²² tɕʰi⁴² nai²², tsʅ²² iau²¹³ mei⁵⁵ tɛ²² tsən²¹³ tsʅ²¹³ uən²¹³ tʰi²², tʰa⁵⁵ təu⁵⁵ tsʰu²² pan⁴²。ŋo⁴² kʰan⁵⁵ iəu⁴² ɕiɛ⁵⁵ su⁵⁵, iəu⁴² ɕiɛ⁵⁵ tsʰu²² pan⁴² sɛ²¹³ tsʰu²² pan⁴² ti⁰ tsən⁵⁵ sʅ²¹³ tsʰu²² pan⁴² u²², pi⁴² ŋo⁴² na²¹³ ko²¹³ su⁵⁵ tsʅ²² niaŋ²² xai²² tsʰa⁵⁵ i²² ɕiɛ⁵⁵。

所以迥个也不奇怪哦。迥个但是同时它也是好事，如果没得那种，那种放任，我把书出不出来，出不出来我就没得那个东西，我朗ⴽ们ⴽ保护呢？就得几本笔记本记起，那得几本笔记本记起。suo⁴² i⁴² niɛ²² ko²¹³ iɛ⁴² pu²² tɕi⁵⁵ kuai²¹³ o⁰。niɛ²² ko²¹³ tan²¹³ sʅ²¹³ tʰoŋ²² sʅ²² tʰa⁵⁵ iɛ⁴² sʅ²¹³ xau⁴² sๅ²¹³, zu²² ko⁴² mei⁵⁵ tɛ²² na²¹³ tsoŋ⁴², na²¹³ tsoŋ⁴² faŋ²¹³ zən²², ŋo⁴² pa⁴² su⁵⁵ tsʰu²² pu²² tsʰu²² nai, tsʰu²² pu²² tsʰu²² nai²² ŋo⁴² təu²¹³ mei⁵⁵ tɛ²² na²¹³ ko²¹³ toŋ⁵⁵ ɕi⁵⁵, ŋo⁴² naŋ²² mən⁰ pau⁴² fu²¹³ nɛ⁰? təu²¹³ tɛ²² tɕi⁵⁵ pən⁴² pi²² tɕi²¹³ pən⁴² tɕi²¹³ tɕʰi⁴², na²¹³ tɛ²² tɕi⁵⁵ pən⁴² pi²² tɕi²¹³ pən⁴² tɕi²¹³ tɕʰi⁴²。

那个，那个无法，你编不成书，你很多难处啊，你传不出，传播不出去啊。na²¹³ ko²¹³, na²¹³ ko²¹³ u²² fa²², ni⁴² piɛn⁵⁵ pu²² tsʰən²² su⁵⁵, ni⁴² xən⁴² tuo⁵⁵ nan²² tsʰu²¹³ a⁰, ni⁴² tsʰuan²² pu²² tsʰu²², tsʰuan²² po⁵⁵ pu²² tsʰu²² tɕʰi²¹³ a⁰。

所以我编成书过后，我那书我把县档案馆，也放——捐了几本，县图书馆捐了几本。suo⁴² i⁴² ŋo⁴² piɛn⁵⁵ tsʰən²² su⁵⁵ ko²¹³ xəu²¹³, ŋo⁴² na²¹³ su⁵⁵ ŋo⁴² pa⁴² ɕiɛn²¹³ taŋ⁴² ŋan²¹³ kuan⁴², iɛ⁴² faŋ²¹³ —— tɕyɛn⁵⁵ na⁰ tɕi⁴² pən⁴², ɕiɛn²¹³ tʰu²² su⁵⁵ kuan⁴² tɕyɛn⁵⁵ na⁰ tɕi⁴² pən⁴²。

我们县制单位，有一个单位呢，有些买的，有些好的嘛你搞得辛苦啊，我们还是出钱买，我说我送。ŋo⁴² mən⁰ ɕiɛn²¹³ tsๅ²¹³ tan⁵⁵ uei²¹³, iəu⁴² i²² ko²¹³ tan⁵⁵ uei²¹³ nɛ⁰, iəu⁴² ɕiɛ⁵⁵ mai⁴² ti⁰, iəu⁴² ɕiɛ⁵⁵ xau⁴² ti⁰ ma⁰ ni⁴² kau⁴² ti⁰ ɕin⁵⁵ kʰu⁴² a⁰, ŋo⁴² mən⁰ xai²² sๅ²¹³ tsʰu²² tɕʰiɛn²² mai⁴², ŋo⁴² suo²² ŋo⁴² soŋ²¹³。

在那个县里，县里呢晓得哒，县里和省里，省里省民委，都对我那本书的编写出版给予了经济上的支持，我很感谢他们。tai²¹³ na²¹³ ko²¹³ ɕiɛn²¹³ ni⁴², ɕiɛn²¹³ ni⁴² nɛ⁰ ɕiau⁴² tɛ²² ta⁰, ɕiɛn²¹³ ni⁴² xo²² sən⁴² ni⁴², sən⁴² ni⁴² sən⁴² min²² uei⁴², təu⁵⁵ tuei²¹³ ŋo⁴² na²¹³ pən⁴² su⁵⁵ ti⁰ piɛn⁵⁵ ɕiɛ⁴² tsʰu²² pan⁴² kei⁴²y⁰ na⁰ tɕin⁵⁵ tɕi²¹³ saŋ²¹³ ti⁰ tsๅ⁵⁵ tsʰๅ²², ŋo⁴² xən⁴² kan⁴² ɕiɛ²¹³ tʰa⁵⁵ mən⁰。

所以说，我们迥个不是说打官腔啊，不是不说漂儿话，就说呢没得当地党政领导的支持和关心，没得省里相关部门的支持关心，我那书也出不出来。suo⁴² i⁴² suo²², ŋo⁴² mən⁰ niɛ²² ko²¹³ pu²² sๅ²¹³ suo²² ta⁴² kuan⁵⁵ tɕʰiaŋ⁵⁵ a⁰, pu²² sๅ²¹³ pu²² suo²² pʰiə⁵⁵ xua²¹³, təu²¹³ suo²² nɛ⁰ mei⁵⁵ tɛ²² taŋ⁵⁵ ti²¹³ taŋ⁴² tsən²¹³ nin⁴² tau²¹³ ti⁰ tsๅ⁵⁵ tsʰๅ²² xo²² kuan⁵⁵ ɕin⁵⁵, mei⁵⁵ tɛ²² sən⁴² ni⁴² ɕiaŋ⁵⁵ kuan⁵⁵ pu²¹³ mən²² ti⁰ tsๅ⁵⁵ tsʰๅ²² kuan⁵⁵ ɕin⁵⁵, ŋo⁴² na²¹³ su⁵⁵ iɛ⁴² tsʰu²² pu²² tsʰu²² nai²²。

因为我没有钱，我没得钱出版，因为我如果他们不打凑合①的话搞不像。in⁵⁵ uei²² ŋo⁴² mei⁵⁵ iəu⁴² tɕʰiɛn²², ŋo⁴² mei⁵⁵ tɛ²² tɕʰiɛn²² tsʰu²² pan⁴², in⁵⁵ uei²² ŋo⁴² zu²² ko⁴² tʰa⁵⁵ mən⁰ pu²² ta⁴² tsəu²¹³ xo²² ti⁰ xua²¹³ kau⁴² pu²² tɕʰiaŋ²¹³。

所以说呢我很感谢我们县里的领导，县领导，也感谢省民委的领导给我的支持。suo⁴² i⁴² suo²² nɛ⁰ ŋo⁴² xɛ⁴² kan⁴² ɕiɛ²¹³ ŋo⁴² mən⁰ ɕiɛn²¹³ ni⁴² ti⁰ nin⁴² tau²¹³, ɕiɛn²¹³ nin⁴² tau²¹³, iɛ⁴² kan⁴² ɕiɛ²¹³ sən⁴² min²² uei⁴² ti⁰ nin⁴² tau²¹³ tɕi²² ŋo⁴² ti⁰ tsʅ⁵⁵ tsʰʅ²²。

那本书，从质量上讲，它内容上也就是咸丰方言的素材，我把咸丰方言把整理出来，按照音序排列，可以查，像字典那样可以查，迺个体例上还是要得。na²¹³ pən⁴² su⁵⁵, tsʰoŋ²² tsʅ²² niaŋ²² saŋ²¹³ tɕiaŋ⁴², tʰa⁵⁵ nuei²¹³ zoŋ²² saŋ²¹³ iɛ⁴² təu²¹³ sʅ²¹³ xan²² foŋ⁵⁵ faŋ⁵⁵ iɛn²² ti⁰ su²¹³ tsʰai²², ŋo⁴² pa⁴² xan²² foŋ⁵⁵ faŋ⁵⁵ iɛn²² pa⁴² tsən⁴² ni⁴² tsʰu²² nai²², ŋan²¹³ tsau²¹³ in⁵⁵ ɕy²¹³ pʰai²² niɛ²², kʰo⁴² i⁴² tsa⁵⁵, tɕʰiaŋ²¹³ tsʅ²¹³ tiɛn⁴² na²¹³ iaŋ²¹³ kʰo⁴² i⁴² tsa⁵⁵, niɛ²² ko²¹³ tʰi⁴² ni²¹³ saŋ²¹³ xai²² sʅ²¹³ iau²¹³ tɛ²²。

再一个呢，整个书来我简单数一下的，有两万三千多个词条，两万三千多词条，迺个量比较大，涵盖面比较大，基本上把咸丰方言基本上是收完哒，但是绝对收完是不可能的。tsai²¹³ i²² ko²¹³ nɛ⁰, tsən⁴² ko²¹³ su⁵⁵ nai²² ŋo⁴² tɕiɛn⁴² tan⁵⁵ su⁴² i²² xa⁰ ti⁰, iəu⁴² niaŋ⁴² uan²¹³ san⁵⁵ tɕʰiɛn⁵⁵ tuo⁵⁵ ko²¹³ tsʅ²² tʰiau²², niaŋ⁴² uan²¹³ san⁵⁵ tɕʰiɛn⁵⁵ tuo⁵⁵ tsʅ²² tʰiau²², niɛ²² ko²¹³ niaŋ²² pi⁴² tɕiau⁴² ta²¹³, xan²² kai²¹³ miɛn²¹³ pi⁴² tɕiau⁴² ta²¹³, tɕi⁵⁵ pən⁴² saŋ²¹³ pa⁴² xan²² foŋ⁵⁵ faŋ⁵⁵ iɛn²² tɕi⁵⁵ pən⁴² saŋ²¹³ sʅ²¹³ səu⁵⁵ uan²² ta⁰, tan²¹³ sʅ²¹³ tɕyɛ²² tuei²¹³ səu⁵⁵ uan²² sʅ²¹³ pu²² kʰo⁴² nən²² ti⁰。

那个，嗯，从那个，体例上还有一个特点就是，从字，甚至到句有时候因为它是，语言的方言材料，有时候涉及到句，你离开哒句子，那个词说不通哒，那个字也无法解释哒。na²¹³ ko²¹³, ən⁰, tsʰoŋ²² na²¹³ ko²¹³, tʰi⁴² ni²¹³ saŋ²¹³ xai²² iəu⁴² i²² ko²¹³ tʰiɛ²² tiɛn⁴² təu²¹³ sʅ²¹³, tsʰoŋ²² tsʅ²¹³, sən²¹³ tsʅ²¹³ tau²¹³ tɕy²¹³ iəu⁴² sʅ²² xəu²¹³ in⁵⁵ uei²² tʰa⁵⁵ sʅ²¹³, y⁴² iɛn²² ti⁰ faŋ⁵⁵ iɛn²² tsʰai²² niau²¹³, iəu⁴² sʅ²² xəu²¹³ sɛ²² tɕi²² tau²¹³ tɕy²¹³, ni⁴² ni²² kʰai⁵⁵ ta⁰ tɕy²¹³ tsʅ⁰, na²¹³ ko²¹³ tsʰʅ²² suo²² pu²² tʰoŋ⁵⁵ ta⁰, na²¹³ ko²¹³ tsʅ²¹³ iɛ⁴² u²² fa²² kai⁴² sʅ²² ta⁰。

所以说我是，字词句都有，把句有时候当作词条来对待的。那还有呢它的一个字的，从形体到读音到含义要三位一体。suo⁴² i⁴² suo²² ŋo⁴² sʅ²¹³, tsʅ²¹³ tsʰʅ²² tɕy²¹³ təu⁵⁵ iəu⁴², pa⁴² tɕy²¹³ iəu⁴² sʅ²² xəu²¹³ taŋ⁵⁵ tsuo²² tsʰʅ²² tʰiau²² nai²² tuei²¹³ tai²¹³ ti⁰。na²¹³ xai²² iəu⁴² nɛ⁰ tʰa⁵⁵ ti⁰ i²² ko²¹³ tsʅ²¹³ ti⁰, tsʰoŋ²² ɕin²² tʰi⁴² tau²¹³ tu²² in⁵⁵ tau²¹³ xan²¹³ ni²¹³ iau²¹³ san⁵⁵ uei²¹³ i²² tʰi⁴²。

做是那么做哒，当然有些做得越好有些做得不好。有些我没办法作用，难度太大哒。tsu²¹³ sʅ²¹³ na²¹³ mo⁰ tsu²¹³ ta⁰, taŋ⁵⁵ zan²² iəu⁴² ɕiɛ⁵⁵ tsu²¹³ tɛ²² yɛ²² xau⁴² iəu⁴² ɕiɛ⁵⁵ tsu²¹³ ti⁰ pu²² xau⁴²。iəu⁴² ɕiɛ⁵⁵ ŋo⁴² mei⁵⁵ pan²¹³ fa²² tsuo²² yoŋ²¹³, nan²² tu²¹³ tʰai²¹³ ta²¹³ ta⁰。

有些字，有些字好模糊，好模糊，因为我们用会用，硬是说清楚说不清楚。有那么大的量嘛。iəu⁴² ɕiɛ⁵⁵ tsʅ²¹³, iəu⁴² ɕiɛ⁵⁵ tsʅ²¹³ xau⁴² mo²² fu²², xau⁴² mo²² fu²², in⁵⁵ uei²² ŋo⁴² mən⁰ yoŋ²¹³ xuei²¹³ yoŋ²¹³, əŋ²¹³ sʅ²¹³ suo²² tɕʰin⁵⁵ tsʰu⁴² suo²² pu²² tɕʰin⁵⁵ tsʰu⁴²。iəu⁴² na²¹³ mo⁰ ta²¹³ ti⁰ niaŋ²² ma⁰。

有那么，唉，反正迡个书出来我也很高兴，我热爱咸丰热爱我们家乡的一份情感得到哒表达。iəu⁴² na²¹³ mo⁰, ai⁰, fan⁴² tsən²¹³ niɛ²² ko²¹³ su⁵⁵ tsʰu²² nai²² ŋo⁴² iɛ⁴² xən⁴² kau⁵⁵ ɕin²¹³, ŋo⁴² zɛ²² ŋai²¹³ xan²² foŋ⁵⁵ zɛ²² ŋai²¹³ ŋo⁴² mən⁰ tɕia⁵⁵ ɕiaŋ⁵⁵ ti⁰ i²² fən²¹³ tɕʰin²² kan⁴² tɛ²² tau²¹³ ta⁰ piau⁴² ta²²。

二　老年女性话语

（一）当地情况

讲当地情况，当地情况呢，从我们小的时候说起哦。tɕiaŋ⁴² taŋ⁵⁵ ti²¹³ tɕʰin²² kʰuaŋ²¹³, taŋ⁵⁵ ti²¹³ tɕʰin²² kʰuaŋ²¹³ nɛ⁰, tsʰoŋ²² ŋo⁴² mən⁰ ɕiau⁴² ti⁰ sʅ²² xəu²¹³ suo²² tɕʰi⁴² o⁰。

我们小的时候呢，我们咸丰呢点点ɺ大个街，都是些瓦屋。ŋo⁴² mən⁰ ɕiau⁴² ti⁰ sʅ²² xəu²¹³ nɛ⁰, ŋo⁴² mən⁰ xan²² foŋ⁵⁵ nɛ⁰ tiɛn⁴² tiə⁰ ta²¹³ ko²¹³ kai^{55}, təu^{55} sʅ^{213} ɕiɛ^{55} ua^{42} u^{22}。

我说上学那些呢，也不要人送，自己去就是了，学费那些呢，也相当便宜，三四块钱一个学校哦，哦，一个学期，但是我们那时候ㄦ也读不起那个书。ŋo^{42} suo^{22} saŋ^{213} ɕyo^{22} na^{213} ɕiɛ^{55} nɛ^{0}, iɛ^{42} pu^{22} iau^{213} zən^{22} soŋ^{213}, tsʅ^{213} tɕi^{42} tɕʰi^{213} təu^{213} sʅ^{213} na^{0}, ɕyo^{22} fei^{213} na^{213} ɕiɛ^{55} nɛ^{0}, iɛ^{42} ɕiaŋ^{55} taŋ^{55} pʰiɛn^{22} ni^{22}, san^{55} sʅ^{213} kʰuai^{213} tɕʰiɛn^{22} i^{22} ko^{213} ɕyo^{22} ɕiau^{213} o^{0}, o^{0}, i^{22} ko^{213} ɕyo^{22} tɕʰi^{55}, tan^{213} sʅ^{213} ŋo^{42} mən^{0} na^{213} sʅ^{22} xɚ^{213} iɛ^{42} tu^{22} pu^{22} tɕʰi^{42} na^{213} ko^{213} su^{55}。

嗯，车子呢，像解放牌ㄦ车子呢，看到个把两个，没得么子车子，那哈ㄦ只有马车啊那些，哦，马嘛，马车拉岩头啊，我们当时得……像割草啊，卖啊。ən^{0}, tsʰɛ^{55} tsʅ^{0} nɛ^{0}, tɕʰiaŋ^{213} kai^{42} faŋ^{213} pʰɚ^{22} tsʰɛ^{55} tsʅ^{0} nɛ^{0}, kʰan^{55} tau^{213} ko^{213} pa^{42} niaŋ^{42} ko^{213}, mei^{55} tɛ^{22} mo^{0} tsʅ^{0} tsʰɛ^{55} tsʅ^{0}, na^{213} xɚ^{0} tsʅ^{22} iəu^{42} ma^{42} tsʰɛ^{55} a^{0} na^{213} ɕiɛ^{55}, o^{0}, ma^{42} ma^{0}, ma^{42} tsʰɛ^{55} na^{55} ŋai^{22} tʰəu^{0} a^{0}, ŋo^{42} mən^{0} taŋ^{55} sʅ^{22} tɛ^{22}……tɕʰiaŋ^{213} ko^{22} tsʰau^{42} a^{0}, mai^{213} a^{0}。

那时候ㄦ米也便宜，才几角钱一斤，肉也便宜，几角钱一斤，鸡蛋呢，几分钱一个。na^{213} sʅ^{22} xɚ^{213} mi^{42} iɛ^{42} pʰiɛn^{22} ni^{22}, tsʰai^{22} tɕi^{55} tɕyo^{22} tɕʰiɛn^{22} i^{22} tɕin^{55}, zu^{22} iɛ^{42} pʰiɛn^{22} ni^{22}, tɕi^{55} tɕyo^{22} tɕʰiɛn^{22} i^{22} tɕin^{55}, tɕi^{55} tan^{213} nɛ^{0}, tɕi^{55} fən^{55} tɕʰiɛn^{22} i^{22} ko^{213}。

现在发展得呢，可是不可相信了就是说，城里的瓦屋基本上是没得哒，全是高楼大厦。ɕiɛn^{213} tsai^{213} fa^{22} tsan^{42} tɛ^{22} nɛ^{0}, kʰo^{42} sʅ^{213} pu^{22} kʰo^{42} ɕiaŋ^{55} ɕin^{213} na^{0} təu^{213} sʅ^{213} suo^{22}, tsʰən^{22} ni^{42} ti^{0} ua^{42} u^{22} tɕi^{55} pən^{42} saŋ^{213} sʅ^{213} mei^{55} tɛ^{22} ta^{0}, tɕʰyɛn^{22} sʅ^{213} kau^{55} nəu^{22} ta^{213} sua^{213}。

车子呢，是前，是天一个地一个的，挨倒挨倒地走，一般要过马路的话呢，又要等半个小时。tsʰɛ^{55} tsʅ^{0} nɛ^{0}, sʅ^{213} tɕʰiɛn^{22}, sʅ^{213} tʰiɛn^{55} i^{22} ko^{213} ti^{213} i^{22} ko^{213} ti^{0}, ŋai^{55} tau^{42} ŋai^{55} tau^{42} ti^{0} tsəu^{42}, i^{22} pan^{55} iau^{213} ko^{213} ma^{42} nu^{213} ti^{0} xua^{213} nɛ^{0}, iəu^{213} iau^{213} tən^{42} pan^{213} ko^{213} ɕiau^{42} sʅ^{22}。

像那些细娃ㄦ上学啊，大人一直要送到，小学毕业才放心呐。都是怕车子碾到嘛。tɕʰiaŋ^{213} na^{213} ɕiɛ^{55} ɕi^{213} uɚ^{22} saŋ^{213} ɕyo^{22} a^{0}, ta^{213} zən^{22} i^{22} tsʅ^{22} iau^{213} soŋ^{213} tau^{213}, ɕiau^{42} ɕyo^{22} pi^{22} niɛ^{22} tsʰai^{22} faŋ^{213} ɕin^{55} na^{0}, təu^{55} sʅ^{213} pʰa^{213} tsʰɛ^{55} tsʅ^{0} niɛn^{42} tau^{213} ma^{0}。

有时候儿呢怕坏人，就我们小的时候那时候儿没得坏人偷细娃儿啦搞么子，现在要不是那些细娃儿有个不在啦别个找啊莫奈何啊。iəu⁴² sɿ²²
xə²² nɛ⁰ pʰa²¹³ xuai²¹³ zən²², təu²¹³ ŋo⁴² mən⁰ ɕiau⁴² ti⁰ sɿ²² xəu²¹³ na⁰ sɿ²²
xə²¹³ mei⁵⁵ tɛ²² xuai²¹³ zən²² tʰəu⁵⁵ ɕi²¹³ uə²² na⁰ kau⁴² mo⁰ tsɿ⁰, ɕiɛn²¹³ tsai²¹³
iau²¹³ pu²² sɿ²¹³ na²¹³ ɕiɛ⁵⁵ ɕi²¹³ uə²² iəu⁴² ko²¹³ pu²² tai²¹³ na⁰ piɛ²² ko²¹³ tsau⁴²
a⁰ mo²² nai²¹³ xo²² a⁰。

你像我们大坝新城嘛，原来全是田，和楚蜀大道，都是田，都是迩
十几年才发展的，车路啊大路啊，房子啊，尽是，上七八层的，包括我
们当地一些老百姓，修的房子都是七八层楼。ni⁴² tɕʰiaŋ²¹³ ŋo⁴² mən⁰ ta²¹³
pa²¹³ ɕin⁵⁵ tsʰən²² ma⁰, yɛn²² nai²² tɕʰyɛn²² sɿ²¹³ tʰiɛn²², xo²² tsʰu⁴² su²² ta²¹³
tau²¹³, təu⁵⁵ sɿ²¹³ tʰiɛn²², təu⁵⁵ sɿ²¹³ niɛ²² sɿ²² tɕi⁵⁵ niɛn²² tsʰai²² fa²² tsan⁴²
ti⁰, tsʰɛ⁵⁵ nu²¹³ a⁰ ta²¹³ nu²¹³ a⁰, faŋ²² tsɿ⁰ a⁰, tɕin⁴² sɿ²¹³, saŋ²¹³ tɕʰi²² pa²²
tsʰən²² ti⁰, pau⁵⁵ kua²² ŋo⁴² mən⁰ taŋ⁵⁵ ti²¹³ i²² ɕiɛ⁵⁵ nau⁴² pɛ²² ɕin²¹³, ɕiəu⁵⁵
ti⁰ faŋ²² tsɿ⁰ təu⁵⁵ sɿ²¹³ tɕʰi²² pa²² tsʰən²² nəu²²。

我们小的时候儿就住的毛棚棚儿，瓦都没得一个，所以迩个比起来
啊，真的是，端起簸箕比天啦，硬是不敢相信哒。那个，十几年一二十
年的变化。ŋo⁴² mən⁰ ɕiau⁴² ti⁰ sɿ²¹³ xə²¹³ təu²¹³ tsu²¹³ ti⁰ mau²² pʰoŋ²² pʰə⁰,
ua⁴² təu⁵⁵ mei⁵⁵ tɛ²² i²² ko²¹³, suo⁴² i⁴² niɛ²² ko²¹³ pi⁴² tɕʰi⁴² nai²² a⁰, tsən⁵⁵
ti⁰ sɿ²¹³, tuan⁵⁵ tɕʰi²² po⁴² tɕi⁵⁵ pi⁴² tʰiɛn⁵⁵ na⁰, ŋən²¹³ sɿ²¹³ pu²² kan⁴² ɕiaŋ⁵⁵
ɕin²¹³ ta⁰。na²¹³ ko²¹³, sɿ²² tɕi⁵⁵ niɛn²² i²² ə²¹³ sɿ²² niɛn²² ti⁰ piɛn²¹³ xua²¹³。

你像我们那屋是瓦屋，搞砖砌的，在八几年的时候啊，还感到是最
好的屋，到现在来说呢，我们那屋是最孬①最孬的屋哒。ni⁴² tɕʰiaŋ²¹³ ŋo⁴²
mən⁰ na²¹³ u²² sɿ²¹³ ua⁴² u²², kau⁴² tsuan⁵⁵ tɕʰy²¹³ ti⁰, tai²¹³ pa²² tɕi⁵⁵ niɛn²² ti⁰
sɿ²² xəu²¹³ a⁰, xai²² kan⁴² tau²¹³ sɿ²¹³ tsuei²¹³ xau⁴² ti⁰ u²², tau⁸ ɕiɛn²¹³ tsai²¹³
nai²² suo²² nɛ⁰, ŋo⁴² mən⁰ na²¹³ u²² sɿ²¹³ tsuei²¹³ pʰiɛ⁵⁵ tsuei²¹³ pʰiɛ⁵⁵ ti⁰ u²²
ta⁰。

现在别个最少都是五六层，再朗＂们＂孬的人都是三层以上。ɕiɛn²¹³
tsai²¹³ piɛ²² ko²¹³ tsuei²¹³ sau⁴² təu⁵⁵ sɿ²¹³ u⁴² nu²² tsʰən²², tsai²¹³ naŋ²² mən⁰

_____

① 孬 pʰie⁵⁵：差。

phiɛ⁵⁵ ti⁰ zən²² təu⁵⁵ sʅ²¹³ san⁵⁵ tshən²² i⁴² saŋ²¹³。

现在车子真的是差不多百分之六十都有车哒，以前说么子，私人买车，从来没听到说过，买个拖拉机都是好有钱好有钱的啦，现在到我们当地来说看拖拉机都很少哒，都没得哒，几乎。ɕiɛn²¹³ tsai²¹³ tshɛ⁵⁵ tsʅ⁰ tsən⁵⁵ ti⁰ sʅ²¹³ tsha⁵⁵ pu⁰ tuo⁵⁵ pɛ²² fən⁵⁵ tsʅ⁵⁵ nu⁰ sʅ²² təu⁵⁵ iəu⁴² tshɛ⁵⁵ ta⁰, i⁴² tɕhiɛn²² suo²² mo⁰ tsʅ⁰, sʅ²¹³ zən²² mai⁴² tshɛ⁵⁵, tshoŋ²² nai²² mei⁵⁵ thin⁵⁵ tau²¹³ suo²² ko²¹³, mai⁴² ko²¹³ thuo⁵⁵ na⁵⁵ tɕi⁵⁵ təu⁵⁵ sʅ²¹³ xau⁴² iəu⁴² tɕhiɛn²² xau⁴² iəu⁴² tɕhiɛn²² ti⁰ na⁰, ɕiɛn²¹³ tsai²¹³ tau²¹³ ŋo⁴² mən⁰ taŋ⁵⁵ ti²¹³ nai²² suo²² khan⁵⁵ thuo⁵⁵ na⁵⁵ tɕi⁵⁵ təu⁵⁵ xɛ⁴² sau⁴² ta⁰, təu⁵⁵ mei⁵⁵ tɛ²² ta⁰, tɕi⁵⁵ fu⁵⁵。

一般的人家都有个小车，都有好、好高的房子。我说家具诶，以前就得个箱子啊，抽屉啊，火盆啊，那些都是最好最好的啦。i²² pan⁵⁵ ti⁰ zən²² tɕia⁵⁵ təu⁵⁵ iəu⁴² ko²¹³ ɕiau⁴² tshɛ⁵⁵, təu⁵⁵ iəu⁴² xau⁴²、xau⁴² kau⁵⁵ ti⁰ faŋ²² tsʅ⁰。ŋo⁴² suo²² tɕia⁵⁵ tɕy²¹³ ei⁰, i⁴² tɕhiɛn²² təu²¹³ tɛ²² ko²¹³ ɕiaŋ⁵⁵ tsʅ⁰ a⁰, tshəu⁵⁵ thi²¹³ a⁰, xo⁴² phən²² a⁰, na²¹³ ɕiɛ⁵⁵ təu⁵⁵ sʅ²¹³ tsuei²¹³ xau⁴² tsuei²¹³ xau⁴² ti⁰ na⁰。

现在都是衣柜啊，沙发啊，么子彩电哪。一样样都比以前好几百倍啊，可以说是。ɕiɛn²¹³ tsai²¹³ təu⁵⁵ sʅ²¹³ i⁵⁵ kuei²¹³ a⁰, sa⁵⁵ fa²² a⁰, mo⁰ tsʅ⁰ tshai⁴² tiɛn²¹³ na⁴², i²² iaŋ²¹³ iaŋ²¹³ təu⁵⁵ pi⁴² i⁴² tɕhiɛn²² xau⁴² tɕi⁵⁵ pɛ²² pei²¹³ a⁰, kho⁴² i⁴² suo²² sʅ²¹³。

细娃ₙ走路嘛又平稳，以前我们那些路啊都是泥沙路，现在全部都是水泥路。ɕi²¹³ uə²² tsəu⁴² nu²¹³ ma⁰ iəu²¹³ phin²² uən⁴², i⁴² tɕhiɛn²² ŋo⁴² mən⁰ na²¹³ ɕiɛ⁵⁵ nu²¹³ a⁰ təu⁵⁵ sʅ²¹³ ni²² sa⁵⁵ nu²¹³, ɕiɛn²¹³ tsai²¹³ tɕhyɛn²² pu²¹³ təu⁵⁵ sʅ²¹³ suei⁴² ni²² nu²¹³。

现在我们咸丰嘛，旅游那些也发展得好，就包括那些么子乡里哦，以前想的是屙屎不生蛆的地方。ɕiɛn²¹³ tsai²¹³ ŋo⁴² mən⁰ xan²² foŋ⁵⁵ ma⁰, nuei⁴² iəu²² na²¹³ ɕiɛ⁵⁵ iɛ⁴² fa²² tsan⁴² ti⁰ xau⁴², təu²¹³ pau⁵⁵ kua²² na²¹³ ɕiɛ⁵⁵ mo⁰ tsʅ⁰ ɕiaŋ⁵⁵ ni⁴² o⁰, i⁴² tɕhiɛn²² ɕiaŋ⁴² ti⁰ sʅ²¹³ uo⁵⁵ sʅ⁴² pu²² sən⁵⁵ tɕhy⁵⁵ ti⁰ ti²¹³ faŋ⁵⁵。

现在我说像坪坝营啊都搞开放呀，那些好远好远的旅客都到那些廊场去玩哪。ɕiɛn²¹³ tsai²¹³ ŋo⁴² suo²² tɕhiaŋ²¹³ phin²² pa²¹³ yən²² a⁰ təu⁵⁵ kau⁴² kʰai⁵⁵ faŋ²¹³ ia⁰, na²¹³ ɕiɛ⁵⁵ xau⁴² yɛn⁴² xau⁴² yɛn⁴² ti⁰ nuei⁴² kʰɛ²² təu⁵⁵ tau²¹³ na²¹³ ɕiɛ⁵⁵ naŋ²² tsʰaŋ⁴² tɕʰi²¹³ uan²² na⁰。

我们不怕，住到咸丰嘛，就说那些廊场我们都是开发以后才去一回，原来没得哪个愿意到乡里去，都说乡里啊硬是山大人稀啊，又怕啊，又是朗˭们˭讲屙屎不生蛆啊，又没得吃的啊。ŋo⁴² mən⁰ pu²² pʰa²¹³, tsu²¹³ tau²¹³ xan²² foŋ⁵⁵ ma⁰, təu²¹³ suo²² na²¹³ ɕiɛ⁵⁵ naŋ²² tsʰaŋ⁴² ŋo⁴² mən⁰ təu⁵⁵ sɿ²¹³ kʰai⁵⁵ fa²² i⁴² xəu²¹³ tsʰai²² tɕʰi²¹³ i²² xuei²², yɛn²² nai²² mei⁵⁵ tɛ²² na⁴² ko²¹³ yɛn²¹³ i²¹³ tau²¹³ ɕiaŋ⁵⁵ ni⁴² tɕʰi²¹³, təu⁵⁵ suo²² ɕiaŋ⁵⁵ ni⁴² a⁰ ŋən²¹³ sɿ²¹³ san⁵⁵ ta²¹³ zən²² ɕi⁵⁵ a⁰, iəu²¹³ pʰa²¹³ a⁰, iəu²¹³ sɿ²¹³ naŋ²² mən⁰ tɕiaŋ⁴² uo⁵⁵ sɿ⁴² pu²² sən⁵⁵ tɕʰy⁵⁵ a⁰, iəu²¹³ mei⁵⁵ tɛ²² tsʰɿ²² ti⁰ a⁰。

现在那些廊场要说嘛比我们城边边上迊些农民还好一些，因为他会找钱嘛，外地人来旅游嘛，就说吃喝那些都是一条龙的啊。ɕiɛn²¹³ tsai²¹³ na²¹³ ɕiɛ⁵⁵ naŋ²² tsʰaŋ⁴² iau²¹³ suo²² ma⁰ pi⁴² ŋo⁴² mən⁰ tsʰən²² piɛn⁵⁵ piɛn⁵⁵ saŋ²¹³ niɛ²² ɕiɛ⁵⁵ noŋ²² min²² xai²² xau⁴² i²² ɕiɛ⁵⁵, in⁵⁵ uei²² tʰa⁵⁵ xuei²¹³ tsau⁴² tɕʰiɛn²² ma⁰, uai²¹³ ti²¹³ zən²² nai²² nuei⁴² iəu²² ma⁰, təu²¹³ suo²² tsʰɿ²² xo²² na²¹³ ɕiɛ⁵⁵ təu⁵⁵ sɿ²¹³ i²² tʰiau²² noŋ²² ti⁰ a⁰。

又要到那哈ₙ住啊，又要到那哈ₙ吃啊，我们黄金洞啊那些，就说开发出来的嘛，都说好多游客都到那些去玩。iəu²¹³ iau²¹³ tau²¹³ na²¹³ xə⁵⁵ tsu²¹³ a⁰, iəu²¹³ iau²¹³ tau²¹³ na²¹³ xə⁵⁵ tsʰɿ²² a⁰, ŋo⁴² mən⁰ xuaŋ²² tɕin⁵⁵ toŋ²¹³ a⁰ na²¹³ ɕiɛ⁵⁵, təu²¹³ suo²² kʰai⁵⁵ fa²² tsʰu²² nai²² ti⁰ ma⁰, təu⁵⁵ suo²² xau⁴² tuo⁵⁵ iəu²² kʰɛ²² təu⁵⁵ tau²¹³ na²¹³ ɕiɛ⁵⁵ tɕʰi²¹³ uan²²。

到我们现在来说，就到我们当地哦，都是青龙山啊，都在发展旅游啊，搞那些步行路啊，都搞得比往回好啊。tau²¹³ ŋo⁴² mən⁰ ɕiɛn²¹³ tsai²¹³ nai²² suo²², təu⁵⁵ tau²¹³ ŋo⁴² mən⁰ taŋ⁵⁵ ti²¹³ o⁰, təu⁵⁵ sɿ²¹³ tɕʰin⁵⁵ noŋ²² san²² a⁰, təu⁵⁵ tai²¹³ fa²² tsan⁴² nuei⁴² iəu²² a⁰, kau⁴² na²¹³ ɕiɛ⁵⁵ pu²¹³ ɕin²² nu²¹³ a⁰, təu⁵⁵ kau⁴² tɛ²² pi⁴² uaŋ²² xuei²² xau⁴² a⁰。

往回你想都莫想，一个步行路啊，现在步行路是从山顶顶上转啊，硬是看起来嘛真的是好玩不过啊。uaŋ⁴² xuei²² ni⁴² ɕiaŋ⁴² təu⁵⁵ mo²² ɕiaŋ⁴², i²² ko²¹³ pu²¹³ ɕin²² nu²¹³ a⁰, ɕiɛn²¹³ tsai²¹³ pu²¹³ ɕin²² nu²¹³ sɿ²¹³ tsʰoŋ²² san⁵⁵ tin⁴² tin⁴² saŋ²¹³ tsuan⁴² a⁰, ŋən²¹³ sɿ²¹³ kʰan²¹³ tɕʰi⁴² nai²² ma⁰ tsən⁵⁵ ti⁰ sʅ²¹³ xau⁴² uan²² pu²² ko²¹³ a⁰。

以前我们小的时候ₙ从来是讲玩的话，你想都莫想，天天都有你做的，屋里的嘛，还有打猪草啊，捡柴啊，搞么子，都是你。i⁴² tɕʰiɛn²² ŋo⁴² mən⁰ ɕiau⁴² ti⁰ sʅ²² xə²¹³ tsʰoŋ²² nai²² sʅ²¹³ tɕiaŋ⁴² uan²² ti⁰ xua²¹³, ni⁴² ɕiaŋ⁴² təu⁵⁵ mo²² ɕiaŋ⁴², tʰiɛn⁵⁵ tʰiɛn⁵⁵ təu⁵⁵ iəu⁴² ni⁴² tsu²¹³ ti⁰, u²² ni⁴² ti⁰ ma⁰, xai²² iəu⁴² ta⁴² tsu⁵⁵ tsʰau⁴² a⁰, tɕiɛn⁴² tsʰai²² a⁰, kau⁴² mo⁰ tsʅ⁰, təu⁵⁵ sʅ²¹³ ni⁴²。

像……啊，穿的衣服裤子啊，比现在甩的都、都好，哦，现在甩的都比那时候ₙ的好。tɕʰiaŋ²¹³ …… a⁰, tsʰuan⁵⁵ ti⁰ i⁵⁵ fu²² kʰu²¹³ tsʅ⁰ a⁰, pi⁴² ɕiɛn²¹³ tsai²¹³ suai⁴² ti⁰ təu⁵⁵ 、təu⁵⁵ xau⁴², o⁰, ɕiɛn²¹³ tsai²¹³ suai⁴² ti⁰ təu⁵⁵ pi⁴² na²¹³ sʅ²² xə²¹³ ti⁰ xau⁴²。

天呐。我们那些细娃ₙ从来没有劳动过，我们是从十二三岁就架势①开始劳动了，硬是没得你玩的。tʰiɛn⁵⁵ na⁰, ŋo⁴² mən⁰ na²¹³ ɕiɛ⁵⁵ ɕi²¹³ uə²² tsʰoŋ²² nai²² mei⁵⁵ iəu⁴² nau²² toŋ²¹³ ko²¹³, ŋo⁴² mən⁰ sʅ²¹³ tsʰoŋ²² sʅ²² ə²¹³ san⁵⁵ suei²¹³ təu²¹³ tɕia²¹³ sʅ²¹³ kʰai⁵⁵ sʅ⁴² nau²² toŋ²¹³ na⁰, ŋən²¹³ sʅ²¹³ mei⁵⁵ tɛ²² ni⁴² uan²² ti⁰。

一个月还把你定好多个活路，非做满不可呀，穿的啊，那些叫没得，冬天冷得糠糠抖啊，硬是脚后跟哦冰口都爹起几多宽啊，现在些细娃ₙ从来没爹过冰口，没长过冻包ₙ②啊。i²² ko²¹³ yɛ²² xai²² pa⁴² ni⁴² tin²¹³ xau⁴² tuo⁵⁵ ko²¹³ xo²² nu²¹³, fei⁵⁵ tsu²¹³ man⁴² pu²² kʰo⁴² ia⁰, tsʰuan⁵⁵ ti⁰ a⁰, na²¹³ ɕiɛ⁵⁵ tɕiau²¹³ mei⁵⁵ tɛ²², toŋ⁵⁵ tʰiɛn⁵⁵ nən⁴² tɛ²² kʰaŋ⁵⁵ kʰaŋ⁵⁵ tʰəu⁴² a⁰, ŋən²¹³ sʅ²¹³ tɕyo²² xəu²¹³ kən⁵⁵ o⁰ pin⁵⁵ kʰəu⁴² təu⁵⁵ tsa⁵⁵ tɕʰi⁴² tɕi⁴² tuo⁵⁵ kʰuan⁵⁵ a⁰, ɕiɛn²¹³ tsai²¹³ ɕiɛ⁵⁵ ɕi²¹³ uə²² tsʰoŋ²² nai²² mei⁵⁵ tsa⁵⁵ ko²¹³ pin⁵⁵ kʰəu⁴², mei⁵⁵ tsaŋ⁴² ko²¹³ toŋ²¹³ pə⁵⁵ a⁰。

甚至像我们那些，孙娃ₙ那些，麻疹子都没怎么长过，嗯，一般都还给他搞点麻疹子药啊，以前连半块ₙ药都用不起啊。sən²¹³ tsʅ²¹³ tɕʰiaŋ²¹³ ŋo⁴² mən⁰ na²¹³ ɕiɛ⁵⁵, sən⁵⁵ uə²² na²¹³ ɕiɛ⁵⁵, ma²² tsən⁴² tsʅ⁰ təu⁵⁵

---

① 架势 tɕia²¹³ sʅ²¹³：开始。
② 冻包ₙ toŋ²¹³ pə⁵⁵：冻疮。

mei⁵⁵ tsən⁴² mo⁰ tsaŋ⁴² ko²¹³，ən⁰，i²² pan⁵⁵ təu⁵⁵ xai²² tɕi²² tʰa⁵⁵ kau⁴² tiɛn⁴²
ma²² tsən⁴² tsʅ⁰ yo²² a⁰，i⁴² tɕʰiɛn²² niɛn²² pan²¹³ kʰuə²¹³ yo²² təu⁵⁵ yoŋ²¹³ pu²²
tɕʰi⁴² a⁰。

现在来说尽是给他们买些么子霜哦，迥霜那霜我还搞不清楚哦。ɕiɛn²¹³ tsai²¹³ nai²² suo²² tɕin⁴² sʅ²¹³ kei⁴² tʰa⁵⁵ mən⁰ mai⁴² ɕiɛ⁵⁵ mo⁰ tsʅ⁰
suaŋ⁵⁵ o⁰，niɛ²² suaŋ⁵⁵ na²¹³ suaŋ⁵⁵ ŋo⁴² xai²² kau⁴² pu²² tɕʰin⁵⁵ tsʰu⁴² o⁰。

以前漱口的话，像我们小的那会ㄦ，好嘛搞点盐水漱下，么子说牙膏，看都没看到过。i⁴² tɕʰiɛn²² su²¹³ kʰəu⁴² ti⁰ xua²¹³，tɕʰiaŋ²¹³ ŋo⁴² mən⁰
ɕiau⁴² ti⁰ na²¹³ xuə²¹³，xau⁴² ma⁰ kau⁴² tiɛn⁴² iɛn²² suei⁴² su²¹³ xa⁰，mo⁰ tsʅ⁰
suo²² ia²² kau⁵⁵，kʰan²¹³ təu⁵⁵ mei⁵⁵ kʰan²¹³ tau²¹³ ko²¹³。

现在牙膏一买最少也是十几块的啊，我们有时候几块的都是我们……舍不得钱嘛，才去买，像他们那些细娃ㄦ家一买就是二十几块钱的。ɕiɛn²¹³ tsai²¹³ ia²² kau⁵⁵ i²² mai⁴² tsuei²¹³ sau⁴² iɛ⁴² sʅ²¹³ sʅ²² tɕi⁴² kʰuai²¹³
ti⁰ a⁰，ŋo⁴² mən⁰ iəu⁴² sʅ²² xəu²¹³ tɕi⁴² kʰuai²¹³ ti⁰ təu⁵⁵ sʅ²¹³ ŋo⁴² mən⁰……
sɛ⁴² pu²² tɛ²² tɕʰiɛn²² ma⁰，tsʰai²² tɕʰi²¹³ mai⁴²，tɕʰiaŋ²¹³ tʰa⁵⁵ mən⁰ na²¹³ ɕiɛ⁵⁵
ɕi²¹³ uə²² tɕia⁵⁵ i²² mai⁴² təu²¹³ sʅ²¹³ ə²¹³ sʅ²² tɕi⁴² kʰuai²¹³ tɕʰiɛn²² ti⁰。

所以我们说，恁个比起来啊真的是发展得太快了，现在迥个社会，硬是我们跑都跑不赢了，说嘛是说。suo⁴² i⁴² ŋo⁴² mən⁰ suo²²，nən²¹³ ko²¹³
pi⁴² tɕʰi⁴² nai²² a⁰ tsən⁵⁵ ti⁰ sʅ²¹³ fa²² tsan⁴² tɛ²² tʰai²² kʰuai²¹³ na⁰，ɕiɛn²¹³
tsai²¹³ niɛ²² ko²¹³ sɛ²¹³ xuei²¹³，ŋən²¹³ sʅ²¹³ ŋo⁴² mən⁰ pʰau⁴² təu⁵⁵ pʰau⁴² pu²²
in²² na⁰，suo²² ma⁰ sʅ²¹³ suo²²。

以前穿没穿哦，吃没吃，还天天天天地做活路。现在的人一天完了，特别像我们那些乡里的哦，跟细娃ㄦ送来城里来读书啊，一天根本不做活路。i⁴² tɕʰiɛn²² tsʰuan⁵⁵ mei⁵⁵ tsʰuan⁵⁵ o⁰，tsʰʅ²² mei⁵⁵ tsʰʅ²²，xai²² tʰiɛn⁵⁵ tʰiɛn⁵⁵
tʰiɛn⁵⁵ tʰiɛn⁵⁵ ti⁰ tsu²¹³ xo²² nu²¹³。ɕiɛn²¹³ tsai²¹³ ti⁰ zən²² i²² tʰiɛn⁵⁵ uan²² na⁰，
tʰiɛ²² piɛ²² tɕʰiaŋ²¹³ ŋo⁴² mən⁰ na²¹³ ɕiɛ⁵⁵ ɕiaŋ⁵⁵ ni⁴² ti⁰ o⁰，kən⁵⁵ ɕi²¹³ uə²²
soŋ²¹³ nai²² tsʰən²² ni⁴² nai²² tu²² su⁵⁵ a⁰，i²² tʰiɛn⁵⁵ kən⁵⁵ pən⁴² pu²² tsu²¹³ xo²²
nu²¹³。

都是把那个孙娃ㄦ哪。外孙哪。送去上学哒，就是那些麻将馆啊，打牌的地方啊，专门一天就是打牌哦，好玩不过。təu⁵⁵ sʅ²¹³ pa⁴² na²¹³ ko²¹³ sən⁵⁵ uə²² na⁰, uai²¹³ sən⁵⁵ na⁰, soŋ²¹³ tɕʰi²¹³ saŋ²¹³ ɕyo²² ta⁰, təu²¹³ sʅ²¹³ na²¹³ ɕiɛ⁵⁵ ma²² tɕiaŋ⁵⁵ kuan⁴² a⁰, ta⁴² pʰai²² tiᵒ ti²¹³ faŋ⁵⁵ a⁰, tsuan⁵⁵ mən²² i²² tʰiɛn⁵⁵ təu²¹³ sʅ²¹³ ta⁴² pʰai²² o⁰, xau⁴² uan²² pu²² ko²¹³。

一天是玩到四点钟哒，就去接孙娃儿啊，接外孙啊，哪个相信那些人那么年轻都在玩啰。i²² tʰiɛn⁵⁵ sʅ²¹³ uan²² tau²¹³ sʅ²¹³ tiɛn⁴² tsoŋ⁵⁵ ta⁰, təu²¹³ tɕʰi²¹³ tɕiɛ²² sən⁵⁵ uə²² a⁰, tɕiɛ²² uai²¹³ sən⁵⁵ a⁰, na⁴² ko²¹³ ɕiaŋ⁵⁵ ɕin²¹³ na²¹³ ɕiɛ⁵⁵ zən²² na²¹³ moᵒ niɛn²² tɕʰin⁵⁵ təu⁵⁵ tai²¹³ uan²² nuo⁰。

我们往回那些老年人，六十几岁了都还要定二十几个活路啊，一般都还请不脱假诶。ŋo⁴² mən⁰ uaŋ⁴² xuei²² na²¹³ ɕiɛ⁵⁵ nau⁴² niɛn²² zən²², nu²² sʅ²² tɕi⁵⁵ suei²¹³ na⁰ təu⁵⁵ xai²² iau²¹³ tin²¹³ ə²¹³ sʅ²² tɕi⁵⁵ ko²¹³ xo²² nu²¹³ a⁰, i²² pan⁵⁵ təu⁵⁵ xai²² tɕʰin⁴² pu²² tʰuo²² tɕia⁴² ei⁰。

请假的话你要经到队上那些队长啊那些，批啊，批的你才请得到假啊，不批啊你是想都莫想啊，所以说现在的人啊是好玩不过哒的。tɕʰin⁴² tɕia⁴² tiᵒ xua²¹³ ni⁴² iau²¹³ tɕin⁵⁵ tau²¹³ tuei²¹³ saŋ²¹³ na²¹³ ɕiɛ⁵⁵ tuei²¹³ tsaŋ⁴² a⁰ na²¹³ ɕiɛ⁵⁵, pʰei⁵⁵ a⁰, pʰei⁵⁵ tiᵒ ni⁴² tsʰai²² tɕʰin⁴² tɛ²² tau²¹³ tɕia⁴² a⁰, pu²² pʰei⁵⁵ a⁰ ni⁴² sʅ²¹³ ɕiaŋ⁴² təu⁵⁵ mo²² ɕiaŋ⁴² a⁰, suo⁴² i⁴² suo²² ɕiɛn²¹³ tsai²¹³ tiᵒ zən²² a⁰ sʅ²¹³ xau⁴² uan²² pu²² ko²¹³ ta⁰ tiᵒ。

我们以前那些人苦得要不得啊硬是，晚上写工分儿那些，开会啊，一天几分儿啊，几分儿啊。ŋo⁴² mən⁰ i⁴² tɕʰiɛn²² na²¹³ ɕiɛ⁵⁵ zən²² kʰu⁴² tiᵒ iau²¹³ pu²² tɛ²² a⁰ ŋən²¹³ sʅ²¹³, uan⁴² saŋ²¹³ ɕiɛ⁴² koŋ⁵⁵ fə⁵⁵ na²¹³ ɕiɛ⁵⁵, kʰai⁵⁵ xuei²¹³ a⁰, i²² tʰiɛn⁵⁵ tɕi⁴² fə⁵⁵ a⁰, tɕi⁴² fə⁵⁵ a⁰。

那时候儿几分啊一天才管得到两三角钱，现在人家出去打工，一讲就是几十块哦，百把块哦，几百块哦。na²¹³ sʅ²² xə²¹³ tɕi⁵⁵ fən⁵⁵ a⁰ i²² tʰiɛn⁵⁵ tsʰai²² kuan⁴² tɛ²² tau²¹³ niaŋ⁴² san⁵⁵ tɕyo²² tɕʰiɛn²², ɕiɛn²¹³ tsai²¹³ zən²² tɕia⁵⁵ tsʰu²² tɕʰi²¹³ ta⁴² koŋ⁵⁵, i²² tɕiaŋ⁴² təu²¹³ sʅ²¹³ tɕi⁵⁵ sʅ²² kʰuai²¹³ o⁰, pɛ²² pa⁴² kʰuai²¹³ o⁰, tɕi⁵⁵ pɛ²² kʰuai²¹³ o⁰。

那特别是有劳动力的，出门都是两百块钱一天哒，你像没得劳动力的嘛，四五十块钱一天了。na²¹³ tʰiɛ²² piɛ²² sʅ²¹³ iəu⁴² nau²² toŋ²¹³ ni²² tiᵒ, tsʰu²² mən²² təu⁵⁵ sʅ²¹³ niaŋ⁴² pɛ²² kʰuai²¹³ tɕʰiɛn²² i²² tʰiɛn⁵⁵ ta⁰, ni⁴² tɕʰiaŋ²¹³ mei⁵⁵ tɛ²² nau²² toŋ²¹³ ni²² tiᵒ ma⁰, sʅ²¹³ u⁴² sʅ²² kʰuai²¹³ tɕʰiɛn²² i²² tʰiɛn⁵⁵ na⁰。

你像往回一天，做一天活路才一块多钱哪。那哈ₙ像我嫂嫂她们，帮招待所弄饭那些，一块二角钱一天。ni⁴² tɕʰiaŋ²¹³ uaŋ⁴² xuei²² i²² tʰiɛn⁵⁵, tsu²¹³ i²² tʰiɛn⁵⁵ xo²² nu²¹³ tsʰai²² i²² kʰuai²¹³ tuo⁵⁵ tɕʰiɛn²² na⁰, na²¹³ xæ⁰ tɕʰiaŋ²¹³ ŋo⁴² sau⁴² sau⁴² tʰa⁵⁵ mən⁰, paŋ⁵⁵ tsau⁵⁵ tai²¹³ suo⁴² noŋ²¹³ fan²¹³ na²¹³ ɕiɛ⁵⁵, i²² kʰuai²¹³ ɚ²¹³ tɕyo²² tɕʰiɛn²² i²² tʰiɛn⁵⁵。

现在，你一块二角钱买得到个馒坨，剩得到两角钱，你拿来做么子哦。ɕiɛn²¹³ tsai²¹³, ni⁴² i²² kʰuai²¹³ ɚ²¹³ tɕyo²² tɕʰiɛn²² mai⁴² tɛ²² tau²¹³ ko²¹³ man²² tʰuo⁰, sən²¹³ tɛ²² tau²¹³ niaŋ⁴² tɕyo²² tɕʰiɛn²², ni⁴² na²² nai²² tsu²¹³ mo⁰ tsɿ⁰ o⁰。

在当时来说那，一块二呢，那也要起作用，那时候ₙ五分ₙ钱一个馒头嘛，她可以买二十几个嘛。tai²¹³ taŋ⁵⁵ sɿ²² nai²² suo²² na²¹³, i²² kʰuai²¹³ ɚ²¹³ nɛ⁰, na²¹³ iɛ⁴² iau²¹³ tɕʰi⁴² tsuo²² yoŋ²¹³, na²¹³ sɿ²² xæ²¹³ u⁴² fa⁵⁵ tɕʰiɛn²² i²² ko²¹³ man²² tʰəu⁰ ma⁰, tʰa⁵⁵ kʰo⁴² i⁴² mai⁴² ɚ²¹³ sɿ²² tɕi⁵⁵ ko²¹³ ma⁰。

所以说你像个比起来，现在啊，硬是，发也发展的好呢，但是生活水平也高。suo⁴² i⁴² suo²² ni⁴² tɕʰiaŋ²¹³ ko²¹³ pi⁴² tɕʰi⁴² nai²², ɕiɛn²¹³ tsai²¹³ a⁰, ŋən²¹³ sɿ²¹³, fa²² iɛ⁴² fa²² tsan⁴² ti⁰ xau⁴² nɛ⁰, tan²¹³ sɿ²¹³ sən⁵⁵ xo²² suei⁴² pʰin²² iɛ⁴² kau⁵⁵。

但是现在呢，也没饿死人的啊。那时候ₙ，我们小的时候ₙ，像我父亲都是饿死的，没得饭吃。tan²¹³ sɿ²¹³ ɕiɛn²¹³ tsai²¹³ nɛ⁰, iɛ⁴² mei⁵⁵ uo²¹³ sɿ⁴² zən²² ti⁰ a⁰。na²¹³ sɿ²² xæ²¹³, ŋo⁴² mən⁰ ɕiau⁴² ti⁰ sɿ²² xæ²¹³, tɕʰiaŋ²¹³ ŋo⁴² fu²¹³ tɕʰin⁵⁵ təu⁵⁵ sɿ²¹³ uo²¹³ sɿ⁴² ti⁰, mei⁵⁵ tɛ²² fan²¹³ tsʰɿ²²。

晚上到了说，叫我妈给他煮点稀饭吃哈嘛，早上家起来把稀饭煮起去喊他都还喊不答应了，都个死哒。uan⁴² saŋ²¹³ tau²¹³ na⁰ suo²², tɕiau⁴² ŋo⁴² ma⁵⁵ tɕi⁵⁵ tʰa⁵⁵ tsu⁴² tiɛn⁴² ɕi⁵⁵ fan²¹³ tsʰɿ²² xa⁵⁵ ma⁰, tsau⁴² saŋ²¹³ tɕia⁵⁵ tɕʰi⁴² nai²² pa⁴² ɕi⁵⁵ fan²¹³ tsu⁴² tɕʰi⁴² tɕʰi²¹³ xan⁴² tʰa⁵⁵ təu⁵⁵ xai²² xan⁴² pu²² ta²² in⁵⁵ na⁰, təu⁵⁵ ko²¹³ sɿ⁴² ta⁰。

现在那些人你看没得哪个，只有吃的甩的，现在那些细娃ₙ哦，也像……啊，要么子就买么子，尽是吃一半是甩一半哪。ɕiɛn²¹³ tsai²¹³ na²¹³ ɕiɛ⁵⁵ zən²² ni⁴² kʰan⁵⁵ mei⁵⁵ tɛ²² na⁴² ko²¹³, tsɿ²² iəu⁴² tsʰɿ²² ti⁰ suai⁴² ti⁰, ɕiɛn²¹³ tsai²¹³ na²¹³ ɕiɛ⁵⁵ ɕi²¹³ uæ²² o⁰, iɛ⁴² tɕʰiaŋ²¹³ …… a⁰, iau²¹³ mo⁰ tsɿ⁰ təu²¹³ mai⁴² mo⁰ tsʅ⁰, tɕin⁴² sʅ²¹³ tsʰʅ²² i²² pan²¹³ sʅ²¹³ suai⁴² i²² pan²¹³ na⁰。

有些甚至拿来吃一口啊，不好吃就过拽⁼①哒，不晓得浪费了好多钱哦，好多粮食，我们那层人是看到都心痛哦。iəu⁴² ɕiɛ⁵⁵ sən²¹³ tsʅ²¹³ na²² nai²² tsʰʅ²² i²² kʰəu⁴² a⁰, pu² xau⁴² tsʰʅ²² təu²¹³ ko²¹³ tsuai⁵⁵ ta⁰, pu² ɕiau⁴² tɛ²² naŋ²¹³ fei²¹³ na⁰ xau⁴² tuo⁵⁵ tɕʰiɛn²² o⁰, xau⁴² tuo⁵⁵ niaŋ²² sʅ²², ŋo⁴² mən⁰ na²¹³ tsʰən²² zən²² sʅ²¹³ kʰan⁵⁵ tau²¹³ təu⁵⁵ ɕin⁵⁵ tʰoŋ²¹³ o⁰。

我是没像我们小的时候儿，饿得清口水长流都没得吃的，一天菜饭哦，一天么子洋芋，那个角洋芋儿哦，别个呢那是拿来喂猪，我们那时候儿是来当主食，再整嚯嚯和几颗颗米呀，都是嘟②个生活哦。ŋo⁴² sʅ²¹³ mei⁵⁵ tɕʰiaŋ²¹³ ŋo⁴² mən⁰ ɕiau⁴² ti⁰ sʅ²² xɚ²¹³, uo²¹³ tɛ²² tɕʰin⁵⁵ kʰəu⁴² suei²¹³ tsʰaŋ⁴² niəu²² təu⁵⁵ mei⁵⁵ tɛ²² tsʰʅ²² ti⁰, i²² tʰiɛn⁵⁵ tsʰai²¹³ fan²¹³ o⁰, i²² tʰiɛn⁵⁵ mo⁰ tsʅ⁰ iaŋ²² y²¹³, na²¹³ ko²¹³ tɕyo²¹³ iaŋ²² yɚ²¹³ o⁰, piɛ²² ko²¹³ nɛ⁰ na²¹³ sʅ²¹³ na²² nai²² uei²¹³ tsu⁵⁵, ŋo⁴² mən⁰ na²¹³ sʅ²² xɚ²¹³ sʅ²¹³ nai²² taŋ⁵⁵ tsu⁴² sʅ²², tsai²¹³ tsən⁴² xo⁵⁵ xo⁵⁵ xo²² tɕi⁴² kʰo⁴² kʰo⁴² mi⁴² ia⁰, təu⁵⁵ sʅ²¹³ naŋ⁵⁵ ko²¹³ sən⁵⁵ xo²² o⁰。

有时候没得吃的嘛，你要现去，到坡上去，别个挖过洋芋啊那些，那些过路哒我们去捡哪。捡来做早饭啊那些。iəu⁴² sʅ²² xəu²¹³ mei⁵⁵ tɛ²² tsʰʅ²² ti⁰ ma⁰, ni⁴² iau²¹³ ɕiɛn²¹³ tɕʰi²¹³, tau²¹³ pʰo⁵⁵ saŋ²¹³ tɕʰi²¹³, piɛ²² ko²¹³ ua²² ko²¹³ iaŋ²² y²¹³ a⁰ na²¹³ ɕiɛ⁵⁵, na²¹³ ɕiɛ⁵⁵ ko²¹³ nu²¹³ ta⁰ ŋo⁴² mən⁰ tɕʰi²¹³ tɕiɛn⁴² na⁰, tɕiɛn⁴² nai²² tsu²¹³ tsau⁴² fan²¹³ a⁰ na²¹³ ɕiɛ⁵⁵。

现是，没得好多人做庄稼哒，在城里头很少很少人做，乡里啊有些人他经常打工啊纯粹都管都没管哪。ɕiɛn²¹³ sʅ²¹³, mei⁵⁵ tɛ²² xau⁴² tuo⁵⁵ zən²² tsu²¹³ tsuaŋ⁵⁵ tɕia⁵⁵ ta⁰, tai²¹³ tsʰən²² ni⁴² tʰəu⁰ xɚ⁴² sau⁴² xɚ⁴² sau⁴² zən²² tsu²¹³, ɕiaŋ⁵⁵ ni⁴² a⁰ iəu⁴² ɕiɛ⁵⁵ zən²² tʰa⁵⁵ tɕin⁵⁵ saŋ²² ta⁴² koŋ⁵⁵ a⁰ suən²² tsʰuei²¹³ təu⁵⁵ kuan⁴² təu⁵⁵ mei⁵⁵ kuan⁴² na⁰。

所以说啊现在迤个社会，好啊，就说玩的人也多啊，玩，朗"们"玩他都饿不到冷不到。suo⁴² i⁴² suo²² a⁰ ɕiɛn²¹³ tsai²¹³ niɛ²² ko²¹³ sɛ²¹³ xuei²¹³,

---

① 拽 "tsuai⁵⁵: 同音替代字，本字待考。丢弃。
② 嘟个 naŋ⁵⁵ ko²¹³: 那么个，那样。

xau⁴² a⁰, təu²¹³ suo²² uan²² ti⁰ zən²² iɛ⁴² tuo⁵⁵ a⁰, uan²², naŋ²² mən⁰ uan²² tʰa⁵⁵ təu⁵⁵ uo²¹³ pu²² tau²¹³ nən⁴² pu²² tau²¹³。

那时候ⱼ你玩一天都不得行，你玩一天哪，那工分没得嘛，你要到年底，要是朗″们″讲的话，又要欠粮款哦，人家还白眼看你。na²¹³ sɿ²² xə²¹³ ni⁴² uan²² i²² tʰiɛn⁵⁵ təu⁵⁵ pu²² tɛ²² ɕin²², ni⁴² uan²² i²² tʰiɛn⁵⁵ na⁰, na²¹³ koŋ⁵⁵ fən⁵⁵ mei⁵⁵ tɛ²² ma⁰, ni⁴² iau²¹³ tau²¹³ niɛn²² ti⁴², iau²¹³ sɿ²¹³ naŋ²² mən⁰ tɕiaŋ⁴² ti⁰ xua²¹³, iəu²¹³ iau²¹³ tɕʰiɛn²¹³ niaŋ²² kʰuan⁴² o⁰, zən²² tɕia⁵⁵ xai²² pɛ²² iɛn⁴² kʰan²¹³ ni⁴²。

你欠钱欠多哒，你三不之ⱼ①有困难你是找队上借的话，你莫想啊，他都不帮你借哦。ni⁴² tɕʰiɛn²¹³ tɕʰiɛn²² tɕʰiɛn²¹³ tuo⁵⁵ ta⁰, ni⁴² san⁵⁵ pu²² tsə⁰ iəu⁴² kʰuən²¹³ nan²² ni⁴² sɿ²¹³ tsau⁴² tuei²¹³ saŋ²¹³ tɕiɛ²¹³ ti⁰ xua²¹³, ni⁴² mo²² ɕiaŋ⁴² a⁰, tʰa⁵⁵ təu⁵⁵ pu²² paŋ⁵⁵ ni⁴² tɕiɛ²¹³ o⁰。

现在那些人随时手头都抓得到一把钱出来，我走、走到哪哈ⱼ，硬是说找别个借的，那纯粹是遭天灾人祸啦才找别个借，一般的人都不找别个借，所以说现在那个社会好啊。ɕiɛn²¹³ tsai²¹³ na²¹³ ɕɛ⁵⁵ zən²² suei²² sɿ²² səu⁴² tʰəu⁰ təu⁵⁵ tsua⁵⁵ tɛ²² tau²¹³ i²² pa⁴² tɕʰiɛn²² tsʰu²² nai²², ŋo⁴² tsəu⁴²、tsəu⁴² tau²¹³ na⁴² xə⁵⁵, ŋən²¹³ sɿ²¹³ suo²² tsau⁴² piɛ²² ko²¹³ tɕiɛ²¹³ ti⁰, na²¹³ suən²² tsʰuei²¹³ sɿ²¹³ tsau⁵⁵ tʰiɛn⁵⁵ tsai⁵⁵ zən²² xo²¹³ na⁰ tsʰai²² tsau⁴² piɛ²² ko²¹³ tɕiɛ²¹³, i²² pan⁵⁵ ti⁰ zən²² təu⁵⁵ pu²² tsau⁴² piɛ²² ko²¹³ tɕiɛ²¹³, suo⁴² i⁴² suo²² ɕiɛn²¹³ tsai²¹³ na²¹³ ko²¹³ sɛ²¹³ xuei²¹³ xau⁴² a⁰。

我讲我们那当地发展的太迅速哒，一个小县城，以前，三分之一的屋都没得，现在屋，哪哈ⱼ都是，你随便走到哪里，那个车子也是的，你随便走到哪个小区，哪个地方，到处都是车子。ŋo⁴² tɕiaŋ⁴² ŋo⁴² mən⁰ na²¹³ taŋ⁵⁵ ti²¹³ fa²² tsan⁴² ti⁰ tʰai²¹³ ɕyən²¹³ su²² ta⁰, i²² ko²¹³ ɕiau⁴² ɕiɛn²¹³ tsʰən²², i⁴² tɕʰiɛn²², san⁵⁵ fən⁵⁵ tsɿ⁵⁵ i²² ti⁰ u²² təu⁵⁵ mei⁵⁵ tɛ²², ɕiɛn²¹³ tsai²¹³ u²², na⁴² xə⁵⁵ təu⁵⁵ sɿ²¹³, ni⁴² suei²² pʰiɛn²² tsəu⁴² tau²¹³ na⁴² ni⁴², na²¹³ ko²¹³ tsʰɛ⁵⁵ tsɿ⁰ iɛ⁴² sɿ²¹³ ti⁰, ni⁴² suei²² pʰiɛn²² tsəu⁴² tau²¹³ na⁴² ko²¹³ ɕiau⁴² tɕʰy⁵⁵, na⁴² ko²¹³ ti²¹³ faŋ⁵⁵, tau²¹³ tsʰu⁴² təu⁵⁵ sɿ²¹³ tsʰɛ⁵⁵ tsɿ⁰。

---

① 三不之ⱼ san⁵⁵ pu²² tsə⁰：偶尔，有时候。隔三岔五。常常。

以前的人看不到车子，三不之ₙ就看到个把车子过路，你细娃ₙ好小他都放心。i⁴² tɕʰiɛn²² ti⁰ zən²² kʰan⁵⁵ pu²² tau²¹³ tsʰɛ⁵⁵ tsʅ⁰，san⁵⁵ pu²² tsə⁰ təu²¹³ kʰan⁵⁵ tau²¹³ ko²¹³ pa⁴² tsʰɛ⁵⁵ tsʅ⁰ ko²¹³ nu²¹³，ni⁴² ɕi²¹³ uə²² xau⁴² ɕiau⁴² tʰa⁵⁵ təu⁵⁵ faŋ²¹³ ɕin⁵⁵。

现在你是朗″们″那个不得空的人，你都要送啊，你都怕他着车子撞了，怕他车子撞到跑的啊你又找不到人了。ɕiɛn²¹³ tsai²¹³ ni⁴² sʅ²¹³ naŋ²² mən⁰ na²¹³ ko²¹³ pu²² tɛ²² kʰoŋ⁵⁵ ti⁰ zən²²，ni⁴² təu⁵⁵ iau²¹³ soŋ²¹³ a⁰，ni⁴² təu⁵⁵ pʰa²¹³ tʰa⁵⁵ tsuo²² tsʰɛ⁵⁵ tsʅ⁰ tsuaŋ²¹³ na⁰，pʰa²¹³ tʰa⁵⁵ tsʰɛ⁵⁵ tsʅ⁰ tsuaŋ²¹³ tau²¹³ pʰau⁴² ti⁰ a⁰ ni⁴² iəu²¹³ tsau⁴² pu²² tau²¹³ zən²² na⁰。

所以说现在，社会发展的太快太快哒，我们那层人都跟不上那个社会的节奏了。suo⁴² i⁴² suo²² ɕiɛn²¹³ tsai²¹³，sɛ²¹³ xuei²¹³ fa²² tsan⁴² ti⁰ tʰai²¹³ kʰuai²¹³ tʰai²¹³ kʰuai²¹³ ta⁰，ŋo⁴² mən⁰ na²¹³ tsʰən²² zən²² təu⁵⁵ kən⁵⁵ pu²² saŋ²¹³ na²¹³ ko²¹³ sɛ²¹³ xuei²¹³ ti⁰ tɕiɛ²² tsəu²¹³ na⁰。

只是说呢，一天一天的呢，还是要劳动哈，锻炼哈身体啊哦那些哦，反正啦温饱没得问题。tsʅ²² sʅ²¹³ suo²² nɛ⁰，i²² tʰiɛn⁵⁵ i²² tʰiɛn⁵⁵ ti⁰ nɛ⁰，xai²² sʅ²¹³ iau²¹³ nau²² toŋ²¹³ xa⁵⁵，tuan²¹³ niɛn²¹³ xa⁵⁵ sən⁵⁵ tʰi⁴² a⁰ o⁰ na²¹³ ɕiɛ⁵⁵ o⁰，fan⁴² tsən⁵⁵ na⁰ uən⁵⁵ pau⁴² mei⁵⁵ tɛ²² uən²¹³ tʰi²²。

就说像我们最孬最没有能力的人，就说温饱啊，冷不死啊，饿不死啊，迢些情况还是比以前好百倍啦。təu²¹³ suo²² tɕʰiaŋ²¹³ ŋo⁴² mən⁰ tsuei²¹³ pʰiɛ⁵⁵ tsuei²¹³ mei⁵⁵ iəu⁴² nən²² ni²² ti⁰ zən²²，təu²¹³ suo²² uən⁵⁵ pau⁴² a⁰，nən⁴² pu²² sʅ⁴² a⁰，uo²¹³ pu²² sʅ⁴² a⁰，niɛ²² ɕiɛ⁵⁵ tɕʰin²² kʰuaŋ²¹³ xai²² sʅ²¹³ pi⁴² i⁴² tɕʰiɛn²² xau⁴² pɛ²² pei²¹³ na⁰。

（二）风俗习惯

我们的传统节日，我们小的时候ₙ呢，我只晓得，我们过年的时候ₙ，我妈呢，就炸，炸起那些么子啊酥肉啊、苕圆子啊，跟那个苕啊你蒸熟哒，捏成粑粑再和一点灰面，就能揉成坨坨炸起就叫苕圆子。ŋo⁴² mən⁰ ti⁰ tsʰuan²² tʰoŋ⁴² tɕiɛ²² zʅ²²，ŋo⁴² mən⁰ ɕiau⁴² ti⁰ sʅ²² xə²¹³ nɛ⁰，ŋo⁴² tsʅ²² ɕiau⁴² tɛ²²，ŋo⁴² mən⁰ ko²¹³ niɛn²² ti⁰ sʅ²² xə²¹³，ŋo⁴² ma⁵⁵ nɛ⁰，təu⁵⁵ tsa²²，tsa²² tɕʰi⁴² na²¹³ ɕiɛ⁵⁵ mo⁰ tsʅ⁰ a⁰ su⁵⁵ zu²² a⁰、sau²² yɛn²² tsʅ⁰ a⁰，kən⁵⁵ na²¹³

ko²¹³ sau²² a⁰ ni⁴² tsən⁵⁵ su²² ta⁰, niɛ²² tsʰən²² pa⁵⁵ pa⁵⁵ tsai²¹³ xo²¹³ i²² tiɛn⁴²
xuei⁵⁵ miɛn²¹³, təu²¹³ nən²² zua²² tsʰən²² tʰuo²² tʰuo⁰ tsa²¹³ tɕʰi⁴² təu²¹³ tɕiau²¹³
sau²² yɛn²² tsɿ⁰。

好呢，我妈呢就炒些肉啊，炖些肉啊，反正是搞个十样菜嘛，那时候ﾞ也穷，没得好多肉哦。xau⁴² nɛ⁰, ŋo⁴² ma⁵⁵ nɛ⁰ təu²¹³ tsʰau¹² ɕiɛ⁵⁵ zu²² a⁰, tən²¹³ ɕiɛ⁵⁵ zu²² a⁰, fan⁴² tsən²¹³ sɿ²¹³ kau⁴² ko²¹³ sɿ²² iaŋ²¹³ tsʰai²¹³ ma⁰, na²¹³ sɿ²² xɚ²¹³ iɛ⁴² tɕʰyoŋ²², mei⁵⁵ tɛ²² xau⁴² tuo⁵⁵ zu²² o⁰。

么子扣髂那些呢，我们也没做过就是说。那时候ﾞ我们还很穷嘛，因为我们三娘母嘛，就我妈一个人做，我们呢那时候ﾞ小呢也做不到个农活，每年子过年呢又简单。mo⁰ tsɿ⁰ kʰəu²¹³ pʰaŋ²¹³ na²¹³ ɕiɛ⁵⁵ nɛ⁰, ŋo⁴² mən⁰ iɛ⁴² mei⁵⁵ tsu²¹³ ko²¹³ təu²¹³ sɿ²¹³ suo⁰。 na²¹³ sɿ²² xɚ²¹³ ŋo⁴² mən⁰ xai²² xɛ⁴² tɕʰyoŋ²² ma⁰, in⁵⁵ uei²² ŋo⁴² mən⁰ san⁵⁵ niaŋ²² mu⁰ ma⁰, təu²¹³ ŋo⁴² ma⁵⁵ i²² ko²¹³ zən²² tsu²¹³, ŋo⁴² mən⁰ nɛ⁰ na²¹³ sɿ²² xɚ²¹³ ɕiau⁴² nɛ⁰ iɛ⁴² tsu²¹³ pu²² tau²¹³ ko²¹³ noŋ²² xo²², mei⁴² niɛn²² tsɿ⁰ ko²¹³ niɛn²² nɛ⁰ iəu²¹³ tɕiɛn⁴² tan⁵⁵。

后头呢，过年呢，那都没啥话到、到我们长大的时候ﾞ，那就是样样菜都有了。鸡子啊，鱼啊，反正每年都要。xəu²¹³ tʰəu⁰ nɛ⁰, ko²¹³ niɛn²² nɛ⁰, na²¹³ təu⁵⁵ mei⁵⁵ sa⁴² xua²¹³ tau²¹³、tau²¹³ ŋo⁴² mən⁰ tsaŋ⁴² ta²¹³ ti⁰ sɿ²² xɚ²¹³, na²¹³ təu²¹³ sɿ²¹³ iaŋ²¹³ iaŋ²¹³ tsʰai²¹³ təu⁵⁵ iəu⁴² na⁰。 tɕi⁵⁵ tsɿ⁰ a⁰, y²² a⁰, fan⁴² tsən²¹³ mei⁴² niɛn²² təu⁵⁵ iau²¹³。

鱼嘛，他们就是说嘛"年年有余"嘛，吃哒就是说管它好啊孬啊都要买个鱼，年年有余，就是好。y²² ma⁰, tʰa⁵⁵ mən⁰ təu²¹³ sɿ²¹³ suo²² ma⁰ "niɛn²² niɛn²² iəu⁴² y²²" ma⁰, tsʰɿ²² ta⁰ təu²¹³ sɿ²¹³ suo²² kuan⁴² tʰa⁵⁵ xau⁴² a⁰ pʰiɛ⁵⁵ a⁰ təu⁵⁵ iau²¹³ mai⁴² ko²¹³ y²², niɛn²² niɛn²² iəu⁴² y²², təu²¹³ sɿ²¹³ xau⁴²。

所以呢我妈每年子呢也给我们买个鱼，买点点大也算一个。么子扣啊髂啊，她做，都做。suo⁴² i⁴² nɛ⁰ ŋo⁴² ma⁵⁵ mei⁴² niɛn²² tsɿ⁰ nɛ⁰ iɛ⁴² kei⁴² ŋo⁴² mən⁰ mai⁴² ko²¹³ y²², mai⁴² tiɛn⁴² tiɛn⁴² ta²¹³ iɛ⁴² suan²¹³ i²² ko²¹³。 mo⁰ tsɿ⁰ kʰəu²¹³ a⁰ pʰaŋ²¹³ a⁰, tʰa⁵⁵ tsu²¹³, təu⁵⁵ tsu²¹³。

豆腐啊也要推，到过年的时候ﾞ哦，因为豆腐也可以炸嘛，炸油豆腐嘛，又可以烧豆腐坨坨啊，嗯……təu²¹³ fu⁴² a⁰ iɛ⁴² iau²¹³ tʰuei⁵⁵, tau²¹³ ko²¹³ niɛn²² ti⁰ sɿ²² xɚ²¹³ o⁰, in⁵⁵ uei²² təu²¹³ fu⁴² iɛ⁴² kʰo⁴² i⁴² tsa²² ma⁰, tsa²² iəu²² təu²¹³ fu⁴² ma⁰, iəu²¹³ kʰo⁴² i⁴² sau⁵⁵ təu²¹³ fu⁴² tʰuo²² tʰuo⁰ a⁰, ən⁰……

还有，么子，嗯……猪脑壳肉啊，猪脑壳肉煮了嘛，那汤啊又拿来煮萝卜嘛，反正是十样菜。xai²² iəu⁴², mo⁰ tsʅ⁰, ən⁰……tsu⁵⁵ nau⁴² kʰo²² zu²² a⁰, tsu⁵⁵ nau⁴² kʰo²² zu tsu⁴² na⁰ ma⁰, na²¹³ tʰaŋ⁵⁵ a⁰ iəu²¹³ na²² nai²² tsu⁴² nuo²² pu⁰ ma⁰, fan⁴² tsən²¹³ sʅ²¹³ sʅ²² iaŋ²¹³ tsʰai²¹³。

像我们出嫁以后的呢，像我们每年哦，到过年的时候我妈都给我们喊回去，一路过年。tɕʰiaŋ²¹³ ŋo⁴² mən⁰ tsʰu²² tɕia²¹³ i⁴² xəu²¹³ ti⁰ nɛ⁰, tɕʰiaŋ²¹³ ŋo⁴² mən⁰ mei⁴² niɛn²² o⁰, tau²¹³ ko²¹³ niɛn²² ti⁰ sʅ²² xəu²¹³ ŋo⁴² ma⁵⁵ təu⁵⁵ kei⁴² ŋo⁴² mən⁰ xan⁴² xuei²² tɕʰi²¹³, i²² nu²¹³ ko²¹³ niɛn²²。

因为我们也嫁的不远哦，每年反正细娃ⱼ回去还要打发钱哪。那时候ⱼ也打发不到好多，一二十块钱，因为我妈能力有限嘛。in⁵⁵ uei²² ŋo⁴² mən⁰ iɛ⁴² tɕia²¹³ ti⁰ pu²² yɛn⁴² o⁰, mei⁴² niɛn²² fan⁴² tsən⁵⁵ ɕi²¹³ uə²² xuei²² tɕʰi²¹³ xai²² iau²¹³ ta⁴² fa²² tɕʰiɛn²² na⁰。 na²¹³ sʅ²² xɚ²¹³ iɛ⁴² ta⁴² fa²² pu²² tau²¹³ xau⁴² tuo⁵⁵, i²² ɚ²¹³ sʅ²² kʰuai²¹³ tɕʰiɛn²², in⁵⁵ uei²² ŋo⁴² ma⁵⁵ nən²² ni²² iəu⁴² xan²¹³ ma⁰。

菜呢，那是样样都有，豆腐，油豆腐，嗯……酥肉，还有么子苕圆子，嗯……肥肉那些，搞么子回锅肉，那些，都有。tsʰai²¹³ nɛ⁰, na²¹³ sʅ²¹³ iaŋ²¹³ iaŋ²¹³ təu⁵⁵ iəu⁴², təu²¹³ fu⁴², iəu²² təu²¹³ fu⁴², ən⁰……su⁵⁵ zu²², xai²² iəu⁴² mo⁰ tsʅ⁰ sau²² yɛn²² tsʅ⁰, ən⁰……fei²² zu²² na²¹³ ɕiɛ⁵⁵, kau⁴² mo⁰ tsʅ⁰ xuei²² ko⁵⁵ zu²², na²¹³ ɕiɛ⁵⁵, təu⁵⁵ iəu⁴²。

像我们后头来，当大人的呢，就是，接我们女婿啊，嗯……一家人哦，女婿姑娘一家人，儿子媳妇ⱼ一家人，吃个团年饭。tɕʰiaŋ²¹³ ŋo⁴² mən⁰ xəu²¹³ tʰəu⁰ nai²², taŋ⁵⁵ ta²¹³ zən²² ti⁰ nɛ⁰, təu²¹³ sʅ²¹³, tɕiɛ²² ŋo⁴² mən⁰ ny⁴² ɕi²¹³ a⁰, ən⁰……i²² tɕia⁵⁵ zən²² o⁰, ny⁴² ɕi²¹³ ku⁵⁵ niaŋ²² i²² tɕia⁵⁵ zən²², ɚ²² tsʅ⁰ ɕi²² fə²¹³ i²² tɕia⁵⁵ zən²², tsʰʅ²² ko²¹³ tʰuan²² niɛn²² fan²¹³。

吃个团年饭呢，就是要给那些外孙哪，孙娃ⱼ啊，或者妹妹的小孩ⱼ哪，都要封压岁钱ⱼ，或者是一百呀，两百呀，你都要封。tsʰʅ²² ko²¹³ tʰuan²² niɛn²² fan²¹³ nɛ⁰, təu²¹³ sʅ²¹³ iau²¹³ tɕi²² na²¹³ ɕiɛ⁵⁵ uai²¹³ sən⁵⁵ na⁰, sən⁵⁵ uə²² a⁰, xuai²² tsɛ⁴² mei²¹³ mei²¹³ ti⁰ ɕiau⁴² xɚ²² na⁰, təu⁵⁵ iau²¹³ foŋ⁵⁵ ia²² suei²¹³ tɕʰiə²², xuai²² tsɛ⁴² sʅ²¹³ i²² pɛ²² ia⁰, niaŋ⁴² pɛ²² ia⁰, ni⁴² təu⁵⁵ iau²¹³ foŋ⁵⁵。

但是我们现在生活来说呢，就，反正是十几个菜有时候儿，炖的鸡肉汤啊，炖的猪脚脚啊，但现在么子扣啊、髈啊我们那些又不爱吃哒，都是么子鸡爪爪啊，鸭脖子啊，都是那些啰。tan²¹³ sๅ²¹³ ŋo⁴² mən⁰ ɕiɛn²¹³ tsai²¹³ sən⁵⁵ xo²² nai²² suo²² nɛ⁰, təu²¹³, fan⁴² tsən²¹³ sๅ²¹³ sๅ²¹³ tɕi⁴² ko²¹³ tsʰai²¹³ iəu⁴² sๅ²² xɚ²¹³, tən²¹³ ti⁰ tɕi⁵⁵ zu²² tʰaŋ⁵⁵ a⁰, tən²¹³ ti⁰ tsu⁵⁵ tɕyo²² tɕyo²² a⁰, tan²¹³ ɕiɛn²¹³ tsai²¹³ mo⁰ tsๅ⁰ kʰəu²¹³ a⁰ 、pʰaŋ²¹³ a⁰ ŋo⁴² mən⁰ na²¹³ ɕiɛ⁵⁵ iəu²¹³ pu²² ŋai²¹³ tsʰๅ²² ta⁰, təu⁵⁵ sๅ²¹³ mo⁰ tsๅ⁰ tɕi⁵⁵ tsua⁴² tsua⁰ a⁰, ia²² po²² tsๅ⁰ a⁰, təu⁵⁵ sๅ²¹³ na²¹³ ɕiɛ⁵⁵ nuo⁰。

嗯……么子，还有鱼啊，朗˭们˭不爱吃嘛，反正鱼是要买的，因为有一个那种寓言嘛，就说年年有余嘛，反正不爱吃也要买一个。ən⁰……mo⁰ tsๅ⁰, xai²² iəu⁴² y²² a⁰, naŋ²² mən⁰ pu²² ŋai²¹³ tsʰๅ²² ma⁰, fan⁴² tsən⁵⁵ y²² sๅ²¹³ iau²¹³ mai⁴² ti⁰, in⁵⁵ uei²² iəu⁴² i²² ko²¹³ na²¹³ tsoŋ⁰ y²¹³ iɛn²² ma⁰, təu²¹³ suo²² niɛn²² niɛn²² iəu⁴² y²² ma⁰, fan⁴² tsən²¹³ pu²² ŋai²¹³ tsʰๅ²² iɛ⁴² iau²¹³ mai⁴² i²² ko²¹³。

鸡子呢，就说将就客人喜欢哦，反正我们过年的时候是一大桌子菜，细娃儿那些都回来的嘛，都要吃个好嘛。tɕi⁵⁵ tsๅ⁰ nɛ⁰, təu²¹³ suo²² tɕiaŋ⁵⁵ tɕiəu²¹³ kʰɛ²² zən²² ɕi⁴² xuai⁵⁵ o⁰, fan⁴² tsən²¹³ ŋo⁴² mən⁰ ko²¹³ niɛn²² ti⁰ sๅ²² xəu²¹³ sๅ²¹³ i²² ta²¹³ tsuo⁰ tsๅ⁰ tsʰai²¹³, ɕi²¹³ uɚ²¹³ na²¹³ ɕiɛ⁵⁵ təu⁵⁵ xuei²¹³ nai²² ti⁰ ma⁰, təu⁵⁵ iau²¹³ tsʰๅ²² ko²¹³ xau⁴² ma⁰。

现实来说呢，鸡爪爪啊些么子卤菜呢，又过那些细娃儿不爱吃哒，我现在都不晓得弄么子。ɕiɛn²¹³ sๅ²² nai²² suo²² nɛ⁰, tɕi⁵⁵ tsua⁴² tsua⁴² a⁰ ɕiɛ⁵⁵ mo⁰ tsๅ⁰ nu⁴² tsʰai²¹³ nɛ⁰, iəu²¹³ ko²¹³ na²¹³ ɕiɛ⁵⁵ ɕi²¹³ uɚ²² pu²² ŋai²¹³ tsʰๅ²² ta⁰, ŋo⁴² ɕiɛn²¹³ tsai²¹³ təu⁵⁵ pu²² ɕiau⁴² tɛ²² noŋ²¹³ mo⁰ tsๅ⁰。

现在来说，我就是有时候儿没法的嘛，就杀个鸡子啊，给他们炖点黄豆啊，反正就是屋里迾些菜哦，像街上那些卤菜他们都过不吃哒，都说吃了对身体有害嘛。ɕiɛn²¹³ tsai²¹³ nai²² suo²², ŋo⁴² təu²¹³ sๅ²¹³ iəu⁴² sๅ²² xɚ²¹³ mei⁵⁵ fa²² ti⁰ ma⁰, təu²¹³ sa²² ko²¹³ tɕi⁵⁵ tsๅ⁰ a⁰, kei⁴² tʰa⁵⁵ mən⁰ tən²¹³ tiɛn⁴² xuaŋ²² təu²¹³ a⁰, fan⁴² tsən²¹³ təu²¹³ sๅ²¹³ u²² ni⁴² niɛ²² ɕiɛ⁵⁵ tsʰai²¹³ o⁰, tɕʰiaŋ²¹³ kai⁵⁵ saŋ²¹³ na²¹³ ɕiɛ⁵⁵ nu⁴² tsʰai²¹³ tʰa⁵⁵ mən⁰ təu⁵⁵ ko²¹³ pu²² tsʰๅ²² ta⁰, təu⁵⁵ suo²² tsʰๅ²² na⁰ tuei²¹³ sən⁵⁵ tʰi⁴² iəu⁴² xai²¹³ ma⁰。

就是有时候儿都不想接他们哒，你接他们你不晓得他们吃么子菜啊，反正来哒都是迥么过啊。təu²¹³ sๅ²¹³ iəu⁴² sๅ²² xə²¹³ təu⁵⁵ pu²² ɕiaŋ⁴² tɕiɛ²² tʰa⁵⁵ mən⁰ ta⁰, ni⁴² tɕiɛ²² tʰa⁵⁵ mən⁰ ni⁴² pu²² ɕiau⁴² tɛ²² tʰa⁵⁵ mən⁰ tsʰๅ²² mo⁰ tsๅ⁰ tsʰai²¹³ a⁰, fan⁴² tsən⁵⁵ nai²² ta⁰ təu⁵⁵ sๅ²¹³ niɛ²² mo⁰ ko²¹³ a⁰。

么子过端阳那些，就是粽子啊，也是杀个鸡啊，嗯……有时候嘛就买点猪爪爪啊，猪脚脚啊，那些炖起啊，反正搞个十个菜，就是小菜反正你要凑十个菜，才好看嘛。mo⁰ tsๅ⁰ ko²¹³ tuan⁵⁵ iaŋ²² na²¹³ ɕiɛ⁵⁵, təu²¹³ sๅ²¹³ tsoŋ²¹³ tsๅ⁰ a⁰, iɛ⁴² sๅ²¹³ sa²² ko²¹³ tɕi⁵⁵ a⁰, ən⁰……iəu⁴² sๅ²² xəu²¹³ ma⁰ təu²¹³ mai⁴² tiɛn⁴² tsu⁵⁵ tsua⁴² tsua⁴² a⁰, tsu⁵⁵ tɕyo⁴² tɕyo⁴² a⁰, na²¹³ ɕiɛ⁵⁵ tən²¹³ tɕʰi⁴² a⁰, fan⁴² tsən²¹³ kau⁴² ko²¹³ sๅ²² ko²¹³ tsʰai²¹³, təu²¹³ sๅ²¹³ ɕiau⁴² tsʰai²¹³ fan⁴² tsən²¹³ ni⁴² iau²¹³ tsʰəu²¹³ sๅ²² ko²¹³ tsʰai²¹³, tsʰai²² xau⁴² kʰan²¹³ ma⁰。

因为你现在卤菜他们又不爱吃，以前嘛我就说卤菜嘛，猪肚子啊，嗯……么子，嗯……鸡翅啊，鸡爪爪啊，那些反正凑十个菜。in⁵⁵ uei²² ni⁴² ɕiɛn²¹³ tsai²¹³ nu⁴² tsʰai²¹³ tʰa⁵⁵ mən⁰ iəu²¹³ pu²² ŋai²¹³ tsʰๅ²², i⁴² tɕʰiɛn⁰ ma⁰ ŋo⁴² təu²¹³ suo²² nu⁴² tsʰai²¹³ ma⁰, tsu⁵⁵ tu⁴² tsๅ⁰ a⁰, ən⁰……mo⁰ tsๅ⁰, ən⁰……tɕi⁵⁵ tsๅ²¹³ a⁰, tɕi⁵⁵ tsua⁴² tsua⁴² a⁰, na²¹³ ɕiɛ⁵⁵ fan⁴² tsən²¹³ tsʰəu²¹³ sๅ²² ko²¹³ tsʰai²¹³。

现在又不吃的嘛，我就说凑我们那个土头的那些，嗯……青菜啊，白菜啊那些凑起啊，你说，不晓得弄么子，现在那些生活条件好哒那些细娃儿刁嘴得很，我也不晓得给他们弄么子吃。ɕiɛn²¹³ tsai²¹³ iəu²¹³ pu²² tsʰๅ²² ti⁰ ma⁰, ŋo⁴² təu²¹³ suo²² tsʰəu²¹³ ŋo⁴² mən⁰ na²¹³ ko²¹³ tʰu⁴² tʰəu⁰ ti⁰ na²¹³ ɕiɛ⁵⁵, ən⁰……tɕʰin⁵⁵ tsʰai²¹³ a⁰, pɛ²² tsʰai²¹³ a⁰ na²¹³ ɕiɛ⁵⁵ tsʰəu²¹³ tɕʰi⁴² a⁰, ni⁴² suo²², pu²² ɕiau⁴² tɛ²² noŋ²¹³ mo⁰ tsๅ⁰, ɕiɛn²¹³ tsai²¹³ na²¹³ ɕiɛ⁵⁵ sən²¹³ xo²² tʰiau²² tɕiɛn²¹³ xau⁴² ta⁰ na²¹³ ɕiɛ⁵⁵ ɕi²¹³ uə²² tiau⁵⁵ tsuei⁴² ti⁰ xən⁴², ŋo⁴² iɛ⁴² pu²² ɕiau⁴² tɛ²² kei⁴² tʰa⁵⁵ mən⁰ noŋ²¹³ mo⁰ tsๅ⁰ tsʰๅ²²。

过端阳粽子包起，就说你喜欢呢，帮你递几个，不喜欢呢我们就慢慢吃。ko²¹³ tuan⁵⁵ iaŋ²² tsoŋ²¹³ tsๅ⁰ pau⁵⁵ tɕʰi⁴², təu²¹³ suo²² ni⁴² ɕi⁴² xuai⁵⁵ nɛ⁰, paŋ⁵⁵ ni⁴² ti²¹³ tɕi⁴² ko²¹³, pu²² ɕi⁴² xuai⁵⁵ nɛ⁰ ŋo⁴² mən⁰ təu²¹³ man²¹³ man²¹³ tsʰๅ²²。

过月半嘛也是朗＝们＝过，本来过月半呢是老百姓说的是过鬼节哦，要帮老年人过世的老年人烧点纸啊，就是说给他递点钱啦逦么个意思。ko²¹³ yɛ²² pan²¹³ ma⁰ iɛ⁴² sʅ²¹³ naŋ²² mən⁰ ko²¹³, pən⁴² nai²² ko²¹³ yɛ²² pan²¹³ nɛ⁰ sʅ²¹³ nau⁴² pɛ²² ɕin²¹³ suo²² ti⁰ sʅ²¹³ ko²¹³ kuei⁴² tɕiɛ²² o⁰, iau²¹³ paŋ⁵⁵ nau⁴² niɛn²² zən²² ko²¹³ sʅ²¹³ ti⁰ nau⁴² niɛn²² zən²² sau⁵⁵ tiɛn⁴² tsʅ⁴² a⁰, təu²¹³ sʅ²¹³ suo²² tɕi²² tʰa⁵⁵ ti²¹³ tiɛn⁴² tɕʰiɛn²² na⁰ niɛ²² mo⁰ ko²¹³ i²¹³ sʅ⁵⁵。

反正在我们那里也不晓得是嘚个也要接姑娘回来过逦个月半，接姑娘回来过逦个月半呢，那你也要弄一桌子菜哦。fan⁴² tsən²¹³ tai²¹³ ŋɔ⁴² mən⁰ na²¹³ ni⁴² iɛ⁴² pu²² ɕiau⁴² tɛ²² sʅ²¹³ naŋ⁵⁵ ko²¹³ iɛ⁴² iau²¹³ tɕiɛ²² ku⁵⁵ niaŋ²² xuei²² nai²² ko²¹³ niɛ²² ko²¹³ yɛ²² pan²¹³, tɕiɛ²² ku⁵⁵ niaŋ²² xuei²² nai²² ko²¹³ niɛ²² ko²¹³ yɛ²² pan²¹³ nɛ⁰, na²¹³ ni⁴² iɛ⁴² iau²¹³ noŋ²¹³ i²² tsuo²² tsʅ⁰ tsʰai²¹³ o⁰。

现实来说嘛，我找过弄么菜嘛我弄个五六个菜也行了。ɕiɛn²¹³ sʅ²² nai²² suo²² ma⁰, ŋɔ⁴² tsau⁴² ko²¹³ noŋ²¹³ mo⁰ tsʰai²¹³ ma⁰ ŋɔ⁴² noŋ²¹³ ko²¹³ u²² nu²² ko²¹³ tsʰai²¹³ iɛ⁴² ɕin²² na⁰。

你来吃嘛，我又欢迎了，你万一不来嘛，我们又个人吃。ni⁴² nai²² tsʰʅ²² ma⁰, ŋɔ⁴² iəu²¹³ xuai⁵⁵ in²² na⁰, ni⁴² uan²¹³ i²² pu²² nai²² ma⁰, ŋɔ⁴² mən⁰ iəu²¹³ ko²¹³ zən²² tsʰʅ²²。

现在社会条件好哒，他们条件好些比我们，又吃得刁嘴啊就是像朗＝们＝个。ɕiɛn²¹³ tsai²¹³ sɛ²¹³ xuei²¹³ tʰiau²² tɕiɛn²¹³ xau⁴² ta⁰, tʰa⁵⁵ mən⁰ tʰiau²² tɕiɛn²¹³ xau⁴² ɕiɛ⁵⁵ pi⁴² ŋɔ⁴² mən⁰, iəu²¹³ tsʰʅ²² ti⁰ tiau⁵⁵ tsuei⁴² a⁰ təu²¹³ sʅ²¹³ tɕʰiaŋ²¹³ naŋ²² mən⁰ ko²¹³。

你像给他打发点粽子嘛，他还不喜欢，你像过年那些呢就打发钱呢那他还喜欢，我只说压岁钱啦给外孙给两百啊。ni⁴² tɕʰiaŋ²¹³ tɕi²² tʰa⁵⁵ ta⁴² fa²² tia⁴² tsoŋ²¹³ tsʅ⁰ ma⁰, tʰa⁵⁵ xai²² pu²² ɕi⁴² xuai⁵⁵, ni⁴² tɕʰiaŋ²¹³ ko²¹³ niɛn²² na²¹³ ɕiɛ⁵⁵ nɛ⁰ təu²¹³ ta⁴² fa²² tɕʰiɛn²² nɛ⁰ na²¹³ tʰa⁵⁵ xai²² ɕi⁴² xuai⁵⁵, ŋɔ⁴² tsʅ²² suo²² ia²² suei²¹³ tɕʰiɛn²² na⁰ tɕi²² uai²¹³ sən⁵⁵ tɕi²² niaŋ⁴² pɛ²² a⁰。

回去有时候打发点啊，打发几百啊，或者你多嘛打发一千也行嘛，你没得嘛打发两三百也行嘛，反正他也不好说得你啊。xuei²² tɕʰi²¹³ iəu⁴² sʅ²² xəu²¹³ ta⁴² fa²² tiɛn⁴² a⁰, ta⁴² fa²² tɕi⁴² pɛ²² a⁰, xuai²² tsɛ⁴² ni⁴² tuo⁵⁵ ma⁰ ta⁴² fa²² i²² tɕʰiɛn⁵⁵ iɛ⁴² ɕin²² ma⁰, ni⁴² mei⁵⁵ tɛ²² ma⁰ ta⁴² fa²² niaŋ⁴² san⁵⁵ pɛ²² iɛ⁴² ɕin²² ma⁰，fan⁴² tsən⁵⁵ tʰa⁵⁵ iɛ⁴² pu²² xau⁴² suo²² tɕ²² ni⁴² a⁰。

过年嘛都是那些侄儿男女啊又要来给你拜年哪，你也要准备打发点钱哪，你或者那侄孙娃ᵣ那些你还要帮他给点压岁钱哪。ko²¹³ niɛn²² ma⁰ təu⁵⁵ sɿ²¹³ na²¹³ ɕiɛ⁵⁵ tsɿ²² ə²² nan²² ny⁴² a⁰ iəu²¹³ iau²¹³ nai²² tɕi²² ni⁴² pai²¹³ niɛn²² na⁰，ni⁴² iɛ⁴² iau²¹³ tɕyən⁴² pei²¹³ ta⁴² fa²² tiɛn⁴² tɕʰiɛn²² na⁰，ni⁴² xuai²² tsɛ⁴² na²¹³ tsɿ²² sən⁵⁵ uə²² na²¹³ ɕiɛ⁵⁵ ni⁴² xai²² iau²¹³ paŋ⁵⁵ tʰa⁵⁵ kei⁴² tiɛn⁴² ia²² suei²¹³ tɕʰiɛn²² na⁰。

虽然就是说三十夜他没来守夜嘛，没来守夜的话你起码也要给他准备到那里哦，我们那ᵣ规矩就是像朗ᵈ们ᵈ个哦。ɕy⁵⁵ zan²² təu²¹³ sɿ²¹³ suo²² san⁵⁵ sɿ²² iɛ²¹³ tʰa⁵⁵ mei⁵⁵ nai²² səu⁴² iɛ²¹³ ma⁰，mei⁵⁵ nai²² səu⁴² iɛ²¹³ ti⁰ xua²¹³ ni⁴² tɕʰi⁴² ma⁴² iɛ⁴² iau²¹³ kei⁴² tʰa⁵⁵ tɕyən⁴² pei²¹³ tau²¹³ na²¹³ ni⁴² o⁰，ŋo⁴² mən⁰ nə²¹³ kuei⁵⁵ tɕy⁴² təu²¹³ sɿ²¹³ tɕʰiaŋ²¹³ naŋ²² mən⁰ ko²¹³ o⁰。

你说不喜欢的话呢，那也不给，就说你喜欢的话呢，你非得跟他留到哈ᵣ，他来哒就是说等于两个红包一路叠。ni⁴² suo²² pu²² ɕi⁴² xuai⁵⁵ ti⁰ xua²¹³ nɛ⁰，na²¹³ iɛ⁴² pu²² kei⁴²，təu²¹³ suo²² ni⁴² ɕi⁴² xuai⁵⁵ ti⁰ xua²¹³ nɛ⁰，ni⁴² fei⁵⁵ tɛ²² kən⁵⁵ tʰa⁵⁵ niəu²² tau²¹³ xə⁰，tʰa⁵⁵ nai²² ta⁰ təu²¹³ sɿ²¹³ suo²² tən⁴² y²² niaŋ⁴² ko²¹³ xoŋ²² pau⁵⁵ i²² nu²¹³ tiɛ²²。

所以我们那些风俗习惯你硬说有好、好多风俗习惯呢，我们一般来说就只过迥三个节。suo⁴² i⁴² ŋo⁴² mən⁰ na²¹³ ɕiɛ⁵⁵ foŋ⁵⁵ su²² ɕi²² kuan²¹³ ni⁴² ŋən²¹³ suo²² iəu⁴² xau²² 、xau⁴² tuo⁵⁵ foŋ⁵⁵ su²² ɕi²² kuan²¹³ nɛ⁰，ŋo⁴² mən⁰ i²² pan⁵⁵ nai²² suo²² təu²¹³ tsɿ²² ko²¹³ niɛ²² san⁵⁵ ko²¹³ tɕiɛ²²。

单位上来说，他哪个节都过，我只说春节啊，端午啊，五一啊，么子国庆啊，八月十五啊，元旦哪，反正那些单位上的他都兴过。tan⁵⁵ uei²¹³ saŋ²¹³ nai²² suo²²，tʰa⁵⁵ na⁴² ko²¹³ tɕiɛ²² təu⁵⁵ ko²¹³，ŋo⁴² tsɿ²² suo²² tsʰuən⁵⁵ tɕiɛ²² a⁰，tuan⁵⁵ u⁴² a⁰，u⁴² i²² a⁰，mo⁰ tsɿ⁰ kuɛ²² tɕʰin²¹³ a⁰，pa²² yɛ²² sɿ²² u⁴² a⁰，yɛn²¹³ tan²¹³ na⁰，fan⁴² tsən²¹³ na²¹³ ɕiɛ⁵⁵ tan⁵⁵ uei²¹³ saŋ²¹³ ti⁰ tʰa⁵⁵ təu⁵⁵ ɕin⁵⁵ ko²¹³。

我们农村呢就只过迥三个节，我其他的节庆呢我也找不到，所以说我也只晓得我们那些规矩，格外的规矩我也找不到哦。ŋo⁴² mən⁰ noŋ²² tsʰən⁵⁵ nɛ⁰ təu²¹³ tsɿ²² ko²¹³ niɛ²² san⁵⁵ ko²¹³ tɕiɛ²²，ŋo⁴² tɕʰi²² tʰa⁵⁵ ti⁰ tɕiɛ²²

tɕʰin²¹³ nɛ⁰ ŋo⁴² iɛ⁴² tsau⁴² pu²² tau²¹³，suo⁴² i⁴² suo²² ŋo⁴² iɛ⁴² tsʅ²² ɕiau⁴² tɛ²²
ŋo⁴² mən⁰ na²¹³ ɕiɛ⁵⁵ kuei⁵⁵ tɕy⁴²，kɛ²² uai²¹³ ti⁰ kuei⁵⁵ tɕy⁴² ŋo⁴² iɛ⁴² tsau⁴²
pu²² tau²¹³ o⁰。

（三）个人经历

我个人经历，我一辈子呢，是个苦命的人。要讲个人经历呢，我从
我三岁就讲起嘛。ŋo⁴² ko²¹³ zən²² tɕin⁵⁵ ni²²，ŋo⁴² i²² pei²¹³ tsʅ⁰ nɛ⁰，sʅ²¹³
ko²¹³ kʰu⁴² min²¹³ ti⁰ zən²²。iau²¹³ tɕiaŋ⁴² ko²¹³ zən²² tɕin⁵⁵ ni²² nɛ⁰，ŋo⁴²
tsʰoŋ²² ŋo⁴² san⁵⁵ suei²¹³ təu²¹³ tɕiaŋ⁴² tɕʰi⁴² ma⁰。

三岁的时候儿，我父亲就饿死哒，我们喊爹哦，爹就饿死哒。san⁵⁵
suei²¹³ ti⁰ sʅ²² xə²¹³，ŋo⁴² fu²¹³ tɕʰin⁵⁵ təu²¹³ uo²¹³ sʅ⁴² ta⁰，ŋo⁴² mən⁰ xan⁴² ti⁵⁵
o⁰，ti⁵⁵ təu²¹³ uo²¹³ sʅ⁴² ta⁰。

饿死哒呢，还是我姐姐买了个白房子弄的哦听我妈说，到后来我晓
得一点点哒呢我就从六岁多一点就开始帮倒大人弄饭，还要搭起板凳弄。
uo²¹³ sʅ⁴² ta⁰ nɛ⁰，xai²² sʅ²¹³ ŋo⁴² tɕiɛ⁴² tɕiɛ⁰ mai⁴² na⁰ ko²¹³ pɛ²² faŋ²² tsʅ⁰
noŋ²¹³ ti⁰ o⁰ tʰin⁵⁵ ŋo⁴² ma⁵⁵ suo²²，tau²¹³ xəu²¹³ nai²² ŋo⁴² ɕiau⁴² tɛ²² i²² tiɛn⁴²
tiɛn⁴² ta⁰ nɛ⁰ ŋo⁴² təu²¹³ tsʰoŋ²² nu²² suei²¹³ tuo⁵⁵ i²² tiɛn⁴² təu²¹³ kʰai⁵⁵ sʅ⁴²
paŋ⁵⁵ tau⁴² ta²¹³ zən²² noŋ²¹³ fan²¹³，xai²² iau²¹³ ta²² tɕʰi⁴² pan⁴² tən²¹³ noŋ²¹³。

搭起板凳弄呢，有一天我把油打倒泼哒，我吓得轻叫唤啦！ta²²
tɕʰi⁴² pan⁴² tən²¹³ noŋ²¹³ nɛ⁰，iəu⁴² i²² tʰiɛn⁵⁵ ŋo⁴² pa⁴² iəu²² ta⁴² tau⁴² pʰo²² ta⁰，
ŋo⁴² xɛ²² tɛ²² tɕʰin⁵⁵ tɕiau²¹³ xuan²¹³ na⁰！

别个过路听到我在哭呢，问我是搞么子，我说我油打倒泼哒我妈要
打我。piɛ²² ko²¹³ ko²¹³ nu²¹³ tʰin⁵⁵ tau²¹³ ŋo⁴² tai²¹³ kʰu⁴² nɛ⁰，uən²¹³ ŋo⁴² sʅ²¹³
kau⁴² mo⁰ tsʅ⁰，ŋo⁴² suo²² ŋo⁴² iəu²² ta⁴² tau⁴² pʰo²² ta⁰ ŋo⁴² ma⁵⁵ iau²¹³ ta⁴²
ŋo⁴²。

他就说那我帮你呢捧起来你莫哭哒他讲，我给你妈讲哈，叫她莫打
你。tʰa⁵⁵ təu²¹³ suo²² na²¹³ ŋo⁴² paŋ⁵⁵ ni⁴² nɛ⁰ pʰoŋ²² tɕʰi⁴² nai²² ni⁴² mo²² kʰu²²
ta⁰ tʰa⁵⁵ tɕiaŋ⁴²，ŋo⁴² kei⁴² ni⁴² ma⁵⁵ tɕiaŋ⁴² xa⁵⁵，tɕiau²¹³ tʰa⁵⁵ mo²² ta⁴² ni⁴²。

好诶他就帮我捧起来，那个好心人都给我捧起来，就搞一块布来
滤哒，滤哒呢再给我装到那个罐罐里头。xau⁴² ei⁰ tʰa⁵⁵ təu²¹³ paŋ⁵⁵ ŋo⁴²

pʰoŋ⁴² tɕʰi⁴² nai²², na²¹³ ko²¹³ xau⁴² ɕin⁵⁵ zən²² təu⁵⁵ kei⁴² ŋo⁴² pʰoŋ⁴² tɕʰi⁴² nai²², təu²¹³ kau² i²² kʰuai²¹³ pu²¹³ nai²² nuei²¹³ ta⁰, nuei²¹³ ta⁰ nɛ⁰ tsai²¹³ kei⁴² ŋo⁴² tsuaŋ⁵⁵ tau²¹³ na²¹³ ko²¹³ kuan²¹³ kuan⁰ ni⁴² tʰəu⁰。

回来呢，我妈一回来呢他就说你莫打你那个细娃ₗ，你那个细娃ₗ个吓死哒，吓得轻叫唤哪他讲。xuei²² nai²² nɛ⁰, ŋo⁴² ma⁵⁵ i²² xuei²² nai²² nɛ⁰ tʰa⁵⁵ təu²¹³ suo²² ni⁴² mo²² ta⁴² ni⁴² na²¹³ ko²¹³ ɕi²¹³ uə²², ni⁴² na²¹³ ko²¹³ ɕi²¹³ uə²² ko²¹³ xɛ²² sɿ⁴² ta⁰, xɛ²² tɛ²² tɕʰin⁵⁵ tɕiau²¹³ xuan²¹³ na⁰ tʰa⁵⁵ tɕiaŋ⁴²。

好，那顿家伙呢我都免了还是没遭。xau⁴², na²¹³ tən²¹³ tɕia⁵⁵ xo⁴² nɛ⁰ ŋo⁴² təu⁵⁵ miɛn⁴² na⁰ xai²² sɿ²¹³ mei⁵⁵ tsau⁵⁵。

我只平常啊，像五六岁啊，还要去给我妈撸那个，嗯……桐子叶。ŋo⁴² tsɿ²² pʰin²² saŋ²² a⁰, tɕʰiaŋ²¹³ u⁴² nu²² suei²¹³ a⁰, xai²² iau²¹³ tɕʰi²¹³ kei⁴² ŋo⁴² ma⁵⁵ nu⁵⁵ na²¹³ ko²¹³, ən⁰ …… tʰoŋ²² tsɿ⁰ iɛ²²。

我们那时候ₗ桐子树多嘛，还要去撸桐子叶，还要去拍苞秆ₗ蔸蔸，捡油菜蔸蔸，油菜秆ₗ那些拿回去烧。ŋo⁴² mən⁰ na²¹³ sɿ²² xə²¹³ tʰoŋ²² tsɿ su²¹³ tuo⁵⁵ ma⁰, xai²² iau²¹³ tɕʰi²¹³ nu⁵⁵ tʰoŋ²² tsɿ⁰ iɛ²², xai²² iau²¹³ tɕʰi²¹³ pʰɛ²² pau⁵⁵ kə³³ təu⁵⁵ təu⁵⁵, tɕiɛn⁴² iəu²² tsʰai²¹³ təu⁵⁵ təu⁵⁵, iəu²² tsʰai²¹³ kə³³ na²¹³ ɕiɛ⁵⁵ na²² xuei²² tɕʰi²¹³ sau⁵⁵。

因为我妈她脚痛，她体力不那么行，我们屋呢，我妹妹呢等于是我爹呢死哒以后生的哦，我妹妹也比我小三岁多哦，所以说呢她也做不得。in⁵⁵ uei²² ŋo⁴² ma⁵⁵ tʰa⁵⁵ tɕyo²² tʰoŋ²¹³, tʰa⁵⁵ tʰi⁴² ni²² pu²² na²¹³ mo⁰ ɕin²², ŋo⁴² mən⁰ u²² nɛ⁰, ŋo⁴² mei²¹³ mei⁰ nɛ⁰ tən⁴² y²² sɿ²¹³ ŋo⁴² ti⁵⁵ nɛ⁰ sɿ⁴² ta⁰ i⁴² xəu²¹³ sən⁵⁵ ti⁰ o⁰, ŋo⁴² mei²¹³ mei⁰ iɛ⁴² pi⁴² ŋo⁴² ɕiau⁴² san⁵⁵ suei²¹³ tuo⁵⁵ o⁰, suo⁴² i⁴² suo²² nɛ⁰ tʰa⁵⁵ iɛ⁴² tsu²¹³ pu²² tɛ²²。

么子呢就指望我一个人，我妈呢就做点手头活路在农村，做点手头活路工分又少。mo⁰ tsɿ⁰ nɛ⁰ təu²¹³ tsɿ⁴² uaŋ²¹³ ŋo⁴² i²² ko²¹³ zən²², ŋo⁴² ma⁵⁵ nɛ⁰ təu²¹³ tsu²¹³ tiɛn⁴² səu⁴² tʰəu⁰ xo²² nu²¹³ tai²¹³ noŋ²² tsʰən⁵⁵, tsu²¹³ tiɛn⁴² səu⁴² tʰəu⁰ xo²² nu²¹³ koŋ⁵⁵ fən⁵⁵ iəu²¹³ sau⁴²。

又少呢，我么子都要帮到她做就是说。还要帮她弄柴啊，跟倒我们队上那些老婆婆，看牛哦。iəu²¹³ sau⁴² nɛ⁰, ŋo⁴² mo⁰ tsɿ⁰ təu⁵⁵ iau²¹³ paŋ⁵⁵ tau²¹³ tʰa⁵⁵ tsu²¹³ təu²¹³ sɿ²¹³ suo²²。xai²² iau²¹³ paŋ⁵⁵ tʰa⁵⁵ noŋ²¹³ tsʰai²² a⁰, kən⁵⁵ tau⁴² ŋo⁴² mən⁰ tuei²¹³ saŋ²¹³ na²¹³ ɕiɛ⁵⁵ nau⁴² pʰo²² pʰo⁰, kʰan²¹³ niəu²² o⁰。

　　那些老婆婆就给我带些，一哈砍得倒像迩里迩个大钵钵那么大一捆捆ₙ柴，下面搞个索索背回来，就是迩么个，小的时候ₙ。na²¹³ ɕiɛ⁵⁵ nau⁴² pʰo²² pʰo⁰ təu²¹³ kei⁴² ŋo⁴² tai²¹³ ɕiɛ⁵⁵, i²² xa⁵⁵ kʰan⁴² tɛ²² tau⁴² tɕʰiaŋ²¹³ niɛ²² ni⁴² niɛ²² ko²¹³ ta²¹³ po²² po⁰ na²¹³ mo⁰ ta²¹³ i²² kʰuən⁴² kʰuə⁰ tsʰai²², ɕia²¹³ miɛn²¹³ kau⁴² ko²¹³ suo²² suo⁰ pei⁵⁵ xuei²² nai²², təu²¹³ sʅ²¹³ niɛ²² mo⁰ ko²¹³, ɕiau⁴² ti⁰ sʅ²² xə²¹³。

　　就说到十岁的呢，我屋有个姐姐哦，就看不过意哒，说十岁哒还没上学——那时成分也不好嘛，就说你再穷也没得人看起你嘛。təu²¹³ suo²² tau²¹³ sʅ²² suei²¹³ ti⁰ nɛ⁰, ŋo⁴² u²² iəu⁴² ko²¹³ tɕiɛ⁴² tɕiɛ⁰ o⁰, təu²¹³ kʰan²¹³ pu²² ko²¹³ i²¹³ ta⁰, suo²² sʅ²² suei²¹³ ta⁰ xai²² mei⁵⁵ saŋ²¹³ ɕyo²² —— na²¹³ sʅ²² tsʰən²² fən²¹³ iɛ⁴² pu²² xau⁴² ma⁰, təu²¹³ suo²² ni⁴² tsai²¹³ tɕʰyoŋ²² iɛ⁴² mei⁵⁵ tɛ²² zən²² kʰan²¹³ tɕʰi⁴² ni⁴² ma⁰。

　　我姐姐就说该上学哒，那是我大妈生的哦。ŋo⁴² tɕiɛ⁴² tɕiɛ⁰ təu²¹³ suo²² kai⁵⁵ saŋ²¹³ ɕyo²² ta⁰, na²¹³ sʅ²¹³ ŋo⁴² ta²¹³ ma⁵⁵ sən⁵⁵ ti⁰ o⁰。

　　该上学的呢，又没得钱，我妈就跟我大哥讲，我大哥呢在外头工作，我嫂嫂呢在屋里，我嫂嫂在屋里呢又有三四个细娃ₙ哦，也困难。kai⁵⁵ saŋ²¹³ ɕyo²² ti⁰ nɛ⁰, iəu²¹³ mei⁵⁵ tɛ²² tɕʰiɛn²², ŋo⁴² ma⁵⁵ təu²¹³ kən⁵⁵ ŋo⁴² ta²¹³ ko⁵⁵ tɕiaŋ⁴², ŋo⁴² ta²¹³ ko⁵⁵ nɛ⁰ tai²¹³ uai²¹³ tʰəu⁰ koŋ⁵⁵ tsuo²², ŋo⁴² sau⁴² sau⁰ nɛ⁰ tai²¹³ u²² ni⁴², ŋo⁴² sau⁴² sau⁴² tai²¹³ u²² ni⁴² nɛ⁰ iəu²¹³ iəu⁴² san⁵⁵ sʅ²¹³ ko²¹³ ɕi²¹³ uə²² o⁰, iɛ⁴² kʰuən²¹³ nan²²。

　　我妈就说那你们送不送她读书诶，后来我嫂嫂说那送嘛她说，叫我姐姐去给我报名哒，她就出钱嘛。ŋo⁴² ma⁵⁵ təu²¹³ suo²² na²¹³ ni⁴² mən⁰ soŋ²¹³ pu²² soŋ²¹³ tʰa⁵⁵ tu²² su⁵⁵ ei⁰, xəu²¹³ nai²² ŋo⁴² sau⁴² sau⁰ suo²² na²¹³ soŋ²¹³ ma⁰ tʰa⁵⁵ suo²², tɕiau²¹³ ŋo⁴² tɕiɛ⁴² tɕiɛ⁰ tɕʰi²¹³ kei⁴² ŋo⁴² pau²¹³ min²² ta⁰, tʰa⁵⁵ təu²¹³ tsʰu²² tɕʰiɛn²² ma⁰。

　　那个时候ₙ才四块钱，四块钱都很困难都出不起嘛，我嫂嫂呢，我哥哥每个月帮她寄二十块钱，生活费，就说那些细娃ₙ都要吃吵，哦，在农村又做不到好多嘛没粮食吃嘛。na²¹³ ko²¹³ sʅ²² xə²¹³ tsʰai²² sʅ²¹³ kʰuai²¹³ tɕʰiɛn²², sʅ²¹³ kʰuai²¹³ tɕʰiɛn²² təu⁵⁵ xən⁴² kʰuən²¹³ nan²² təu⁵⁵ tsʰu²² pu^{22} tɕʰi^{42} ma^0, ŋo^{42} sau^{42} sau^0 nɛ^0, ŋo^{42} ko^{55} ko^0 mei^{42} ko^{213} yɛ^{22} paŋ^{55} tʰa^{55} tɕi^{213} ɚ^{213} sʅ^{22} kʰuai^{213} tɕʰiɛn^{22}, sən^{55} xo^{22} fei^{213}, təu^{213} suo^{22} na^{213} ɕiɛ^{55} ɕi^{213} uɚ^{22} təu^{55} iau^{213} tsʰʅ^{22} sa^0, o^0, tai^{213} noŋ^{22} tsʰən^{55} iəu^{213} tsu^{213} pu^{22} tau^{213} xau^{42} tuo^{55} ma^0 mei^{55} niaŋ^{22} sʅ^{22} tsʰʅ^{22} ma^0。

好，就说，嗯……我出那四块钱她讲，你给她送去读，我就十岁就去读书。xau^{42}, təu^{213} suo^{22}, ən^0 …… ŋo^{42} tsʰu^{22} na^{213} sʅ^{213} kʰuai^{213} tɕʰiɛn^{22} tʰa^{55} tɕiaŋ^{42}, ni^{42} kei^{42} tʰa^{55} soŋ^{213} tɕʰi^{213} tu^{22}, ŋo^{42} təu^{213} sʅ^{22} suei^{213} təu^{213} tɕʰi^{213} tu^{22} su^{55}。

去读书呢，我还非常想读书，每天学习呢老师也还说可以哦，也还喜欢我。tɕʰi^{213} tu^{22} su^{55} nɛ^0, ŋo^{42} xai^{22} fei^{55} saŋ^{22} ɕiaŋ^{42} tu^{22} su^{55}, mei^{42} tʰiɛn^{55} ɕyo^{22} ɕi^{22} nɛ^0 nau^{42} sʅ^{55} iɛ^{42} xai^{22} suo^{22} kʰo^{42} i^{42} o^0, iɛ^{42} xai^{22} ɕi^{42} xuai^{55} ŋo^{42}。

去读书呢，么子，十一岁十二岁那年呢，我脚又痛，长那个比如说多骨，我要杵起棒棒ⱼ去读书呢。tɕʰi^{213} tu^{22} su^{55} nɛ^0, mo^0 tsʅ^0, sʅ^{22} i^{22} suei^{213} sʅ^{22} ɚ^{213} suei^{213} na^{213} niɛn^{22} nɛ^0, ŋo^{42} tɕyo^{22} iəu^{213} tʰoŋ^{213}, tsaŋ^{42} na^{213} ko^{213} pi^{42} zu^{22} suo^{22} tuo^{55} ku^{22}, ŋo^{42} iau^{213} tsʰu^{42} tɕʰi^{42} paŋ^{213} pɚ^0 tɕʰi^{213} tu^{22} su^{55} nɛ^0。

那些学生呢又欺负我，又穿得烂嘛，又欺负我，还好呢，我们那个老师呢也是跟我们一个姓哦，姓冯。na^{213} ɕiɛ^{55} ɕyo^{22} sən^{55} nɛ^0 iəu^{213} tɕʰi^{55} fu^{213} ŋo^{42}, iəu^{213} tsʰuan^{55} ti^0 nan^{213} ma^0, iəu^{213} tɕʰi^{55} fu^{213} ŋo^{42}, xai^{22} xau^{42} nɛ^0, ŋo^{42} mən^0 na^{213} ko^{213} nau^{42} sʅ^{55} nɛ^0 iɛ^{42} sʅ^{213} kən^{55} ŋo^{42} mən^0 i^{22} ko^{213} ɕin^{213} o^0, ɕin^{213} foŋ^{22}。

说起来呢是我们一个小辈子，当时我们也不晓得，但是别个晓呢，她就帮我帮忙哦就批评那些学生，不敢吓我。suo^{22} tɕʰi^{42} nai^{22} nɛ^0 sʅ^{213} ŋo^{42} mən^0 i^{22} ko^{213} ɕiau^{42} pei^{213} tsʅ^0, taŋ^{55} sʅ^{22} ŋo^{42} mən^0 iɛ^{42} pu^{22} ɕiau^{42} tɛ^{22}, tan^{213} sʅ^{213} piɛ^{22} ko^{213} ɕiau^{42} nɛ^0, tʰa^{55} təu^{213} paŋ^{55} ŋo^{42} paŋ^{55} maŋ^{22} o^0 təu^{213} pʰei^{55} pʰin^{213} na^{213} ɕiɛ^{55} ɕyo^{22} sən^{55}, pu^{22} kan^{42} xɛ^{22} ŋo^{42}。

好呢我在下面读了三年书，我嫂嫂每个学期都给我给四块钱去报名，好我没鞋子穿呢她就给我买一个马口胶鞋。xau^{42} nɛ^0 ŋo^{42} tai^{213} ɕia^{213} miɛn^{213} tu^{22} na^0 san^{55} niɛn^{22} su^{55}, ŋo^{42} sau^{42} sau^0 mei^{42} ko^{213} ɕyo^{22} tɕʰi^{55} təu^{55} kei^{42} ŋo^{42} kei^{42} sʅ^{213} kʰuai^{213} tɕʰiɛn^{22} tɕʰi^{213} pau^{213} min^{22}, xau^{42} ŋo^{42} mei^{55}

xai²² tsʅ⁰ tsʰuan⁵⁵ nɛ⁰ tʰa⁵⁵ təu²¹³ kei⁴² ŋo⁴² mai⁴² i²² ko²¹³ ma⁴² kʰəu⁴² tɕiau⁵⁵ xai²²。

那冻包儿呢，冬天冻得，嗯，血骨淋当⁼的啊。na²¹³ toŋ²¹³ pæ⁵⁵ nɛ⁰，toŋ⁵⁵ tʰiɛn⁵⁵ toŋ²¹³ tɛ²²，ən⁰，ɕyɛ²² ku²² nin²² taŋ⁵⁵ ti⁰ a⁰。

冬天呢给我买一层布呢，就做一件衣服，就是那种抛纱的，那穿起也还可以，我那个嫂嫂呢，对我确实还是好。toŋ⁵⁵ tʰiɛn⁵⁵ nɛ⁰ kei⁴² ŋo⁴² mai⁴² i²² tsʰən²² pu²¹³ nɛ⁰，təu²¹³ tsu²¹³ i²² tɕiɛn²¹³ i⁵⁵ fu²²，təu²¹³ sʅ²¹³ na²¹³ tsoŋ⁴² pʰau⁵⁵ sa⁵⁵ ti⁰，na²¹³ tsʰuan⁵⁵ tɕʰi⁴² iɛ⁴² xai²² kʰo⁴² i⁴²，ŋo⁴² na²¹³ ko²¹³ sau⁴² sau⁰ nɛ⁰，tuei²¹³ ŋo⁴² tɕʰyo²² sʅ²² xai²² sʅ²¹³ xau⁴²。

读哒三年呢，我妈就说，做、要我回去做活路她说，嗯……那些，嗯……供①不活我们两姊妹，供不活我们两姊妹，做活路我怎么做得起啊。tu²² ta⁰ san⁵⁵ niɛn²² nɛ⁰，ŋo⁴² ma⁵⁵ təu²¹³ suo²²，tsu²¹³、iau²¹³ ŋo⁴² xuei²² tɕʰi²¹³ tsu²¹³ xo²² nu²¹³ tʰa⁵⁵ suo²²，ən⁰……na²¹³ ɕiɛ⁵⁵，ən⁰……tɕioŋ⁵⁵ pu²² xo²² ŋo⁴² mən⁰ niaŋ⁴² tsʅ⁴² mei²¹³，koŋ²¹³ pu²² xo²² ŋo⁴² mən⁰ niaŋ⁴² tsʅ⁴² mei²¹³，tsu²¹³ xo²² nu²¹³ ŋo⁴² tsən⁴² mo⁰ tsu²¹³ tɛ²² tɕʰi⁴² a⁰。

好，我一个叔伯哥哥，就讲那去帮别个引细娃儿哦，就跟别个当保姆。xau⁴²，ŋo⁴² i²² ko²¹³ su²² pɛ²² ko⁵⁵ ko⁰，təu²¹³ tɕiaŋ⁴² na²¹³ tɕʰi²¹³ paŋ⁵⁵ piɛ²² ko²¹³ in⁴² ɕi²¹³ uæ²² o⁰，təu²¹³ kən⁵⁵ piɛ²² ko²¹³ taŋ⁵⁵ pau⁴² mu⁴²。

我呢就去帮别个当保姆嘛，去当保姆呢，别个给我十、开始给八块钱。ŋo⁴² nɛ⁰ təu²¹³ tɕʰi²¹³ paŋ⁵⁵ piɛ²² ko²¹³ taŋ⁵⁵ pau⁴² mu⁴² ma⁰，tɕʰi²¹³ taŋ⁵⁵ pau⁴² mu⁴² nɛ⁰，piɛ²² ko²¹³ kei⁴² ŋo⁴² sʅ²²、kʰai⁵⁵ sʅ⁴² kei⁴² pa²² kʰuai²¹³ tɕʰiɛn²²。

好，给八块钱呢，好，我们默起②啊还买的到点儿洋芋啊，买得到点儿红苕啊那些，还可以混两顿哦。xau⁴²，kei⁴² pa²² kʰuai²¹³ tɕʰiɛn²² nɛ⁰，xau⁴²，ŋo⁴² mən⁰ mɛ²² tɕʰi⁴² a⁰ xai²² mai⁴² ti⁰ tau²¹³ tiæ⁴² iaŋ²² y²¹³ a⁰，mai⁴² tɛ²² tau²¹³ tiæ⁴² xoŋ²² sau²² a⁰ na²¹³ ɕiɛ⁵⁵，xai²² kʰo⁴² i⁴² xuən²¹³ niaŋ⁴² tən²¹³ o⁰。

我们每一顿都是包谷面面儿都是浩⁼糊糊儿，浩⁼糊糊儿一个人一碗分起吃，分起吃也吃不饱哦，反正是饿哦，半饱。ŋo⁴² mən⁰ mei⁴² i²² tən²¹³

---

① 供 tɕioŋ⁵⁵/koŋ²¹³：供养，养育。
② 默起 mɛ²² tɕʰi⁴²：心里盘算、思考、打算、筹划等。

təu⁵⁵ sʅ²¹³ pau⁵⁵ ku²² miɛn²¹³ miə⁰ təu⁵⁵ sʅ²¹³ xau²¹³ fu²² fə⁰, xau²¹³ fu²² fə⁰ i²² ko²¹³ zən²² i²² uan⁴² fən⁵⁵ tɕʰi⁴² tsʰʅ²², fən⁵⁵ tɕʰi⁴² tsʰʅ²² iɛ⁴² tsʰʅ²² pu²² pau⁴² o⁰, fan⁴² tsən⁵⁵ sʅ²¹³ uo²¹³ o⁰, pan²¹³ pau⁴²。

好呢，我妈就说，那你去帮别个引细娃ｊ那些就行，不引细娃ｊ就做活路。xau⁴² nɛ⁰, ŋo⁴² ma⁵⁵ təu²¹³ suo²², na²¹³ ni⁴² tɕʰi²¹³ paŋ⁵⁵ piɛ²² ko²¹³ in⁴² ɕi²¹³ uə²² na²¹³ ɕiɛ⁵⁵ təu²¹³ ɕin²², pu²² in⁴² ɕi²¹³ uə²² təu²¹³ tsu²¹³ xo²² nu²¹³。

做活路我们，十三岁，你看做得到个么子活路嘛。tsu²¹³ xo²² nu²¹³ ŋo⁴² mən⁰, sʅ²² san⁵⁵ suei²¹³, ni⁴² kʰan²¹³ tsu²¹³ tɛ²² tau²¹³ ko²¹³ mo⁰ tsʅ⁰ xo²² nu²¹³ ma⁰。

好嘛，我就去给别个引细娃ｊ，得八块钱嘛，八块钱我也做。xau⁴² ma⁰, ŋo⁴² təu²¹³ tɕʰi²¹³ kei⁴² piɛ²² ko²¹³ in⁴² ɕi²¹³ uə²², tɛ²² pa²² kʰuai²¹³ tɕʰiɛn²² ma⁰, pa²² kʰuai²¹³ tɕʰiɛn²² ŋo⁴² iɛ⁴² tsu²¹³。

没想到我们队上有些人心黑得很，他看到我有一个月有八块钱呢，他也不服气，都要我们交。mei⁵⁵ ɕiaŋ⁴² tau²¹³ ŋo⁴² mən⁰ tuei²¹³ saŋ²¹³ iəu⁴² ɕiɛ⁵⁵ zən²² ɕin⁵⁵ xɛ²² tio xən²¹³, tʰa⁵⁵ kʰan²¹³ tau²¹³ ŋo⁴² iəu⁴² i²² ko²¹³ yɛ²² iəu⁴² pa²² kʰuai²¹³ tɕʰiɛn²² nɛ⁰, tʰa⁵⁵ iɛ⁴² pu²² fu²² tɕʰi²¹³, təu⁵⁵ iau²¹³ ŋo⁴² mən⁰ tɕiau⁵⁵。

因为我妈么那时候ｊ是份子哦，我呢是子女，她也要交，一交呢队上就写八十分ｊ。in⁵⁵ uei²² ŋo⁴² ma⁵⁵ mo⁰ na²¹³ sʅ²² xə²¹³ sʅ²¹³ fən²¹³ tsʅ⁰ o⁰, ŋo⁴² nɛ⁰ sʅ²¹³ tsʅ⁰ ny⁴², tʰa⁵⁵ iɛ⁴² iau²¹³ tɕiau⁵⁵, i²² tɕiau⁵⁵ nɛ⁰ tuei²¹³ saŋ²¹³ təu²¹³ ɕiɛ⁴² pa²² sʅ²² fə⁵⁵。

写八十分ｊ呢，我们那里的分值呢，一分ｊ呢只有两三分钱，我八块钱变成两块多钱哒，好呢，我说我不去哒。ɕiɛ⁴² pa²² sʅ²² fə⁵⁵ nɛ⁰, ŋo⁴² mən⁰ na²¹³ ni⁴² tio fən⁵⁵ tsʅ²² nɛ⁰, i²² fə⁵⁵ nɛ⁰ tsʅ²² iəu⁴² niaŋ⁴² san⁵⁵ fən⁵⁵ tɕʰiɛn²², ŋo⁴² pa²² kʰuai²¹³ tɕʰiɛn²² piɛn²¹³ tsʰən²² niaŋ⁴² kʰuai²¹³ tuo⁵⁵ tɕʰiɛn²² ta⁰, xau⁴² nɛ⁰, ŋo⁴² suo²² ŋo⁴² pu²² tɕʰi²¹³ ta⁰。

不去哒呢，那个老板又还好，他说你快点来，我帮你加两块钱哦，加两块钱呢，你、你莫讲，他说，你莫到队上去念，你莫帮别个讲。pu²² tɕʰi²¹³ ta⁰ nɛ⁰, na²¹³ ko²¹³ nau⁴² pan⁴² iəu²¹³ xai²² xau⁴², tʰa⁵⁵ suo²² ni⁴² kʰuai²¹³ tiɛn⁴² nai²², ŋo⁴² paŋ⁵⁵ ni⁴² tɕia⁵⁵ niaŋ⁴² kʰuai²¹³ tɕʰiɛn²² o⁰, tɕia⁵⁵ niaŋ⁴² kʰuai²¹³ tɕʰiɛn²² nɛ⁰, ni⁴² 、ni⁴² mo²² tɕiaŋ⁴², tʰa⁵⁵ suo²², ni⁴² mo²² tau²¹³ tuei²¹³ saŋ²¹³ tɕʰi²¹³ niɛn²¹³, ni⁴² mo²² paŋ⁵⁵ piɛ²² ko²¹³ tɕiaŋ⁴²。

你就得两块钱哈，也好吵，买得到二十斤洋芋吵，那时候儿角把钱一斤嘛。ni⁴² tǝu²¹³ tɛ²² niaŋ⁴² kʰuai²¹³ tɕʰiɛn²² xa⁰, iɛ⁴² xau⁴² sa⁰, mai⁴² tɛ²² tau²¹³ ǝ²¹³ sɿ²² tɕin⁵⁵ iaŋ²² y²¹³ sa⁰, na²¹³ sɿ²² xǝ²¹³ tɕyo²² pa⁴² tɕʰiɛn²² i²² tɕin⁵⁵ ma⁰。

我说那好嘛，我又去给他领嘛，但是那儿、那时候儿的那些老板儿好诶，他从来不嫌弃我们哦，贫穷啊么子，只要给他细娃引好起哦。ŋo⁴² suo²² na²¹³ xau⁴² ma⁰, ŋo⁴² iǝu²¹³ tɕʰi²¹³ kei⁴² tʰa⁵⁵ nin⁴² ma⁰, tan²¹³ sɿ²¹³ nǝ²¹³、na²¹³ sɿ²² xǝ²¹³ ti⁰ na²¹³ ɕiɛ⁵⁵ nau⁴² pǝ⁴² xau⁴² ei⁰, tʰa⁵⁵ tsʰoŋ²² nai²² pu²² ɕiɛn²² tɕʰi²¹³ ŋo⁴² mǝn⁰ o⁰, pʰin²² tɕʰyoŋ²² a⁰ mo⁰ tsɿ⁰, tsɿ²² iau²¹³ kei⁴² tʰa⁵⁵ ɕi²¹³ uǝ²² in⁴² xau⁴² tɕʰi⁴² o⁰。

我就在他那儿又引了一年，带了一年啦就得了两块钱！一个月就得两块钱，那八十块钱变成两块多钱哒。ŋo⁴² tǝu²¹³ tai²¹³ tʰa⁵⁵ na²¹³ ǝ²² iǝu²¹³ in⁴² na⁰ i²² niɛn²², tai²¹³ na⁰ i²² niɛn²² na⁰ tǝu²¹³ tɛ²² na⁰ niaŋ⁴² kʰuai²¹³ tɕʰiɛn²² ！ i²² ko²¹³ yɛ²² tǝu²¹³ tɛ²² niaŋ⁴² kʰuai²¹³ tɕʰiɛn²², na²¹³ pa²² sɿ²² kʰuai²¹³ tɕʰiɛn²² piɛn²¹³ tsʰǝn²² niaŋ⁴² kʰuai²¹³ tuo⁵⁵ tɕʰiɛn²² ta⁰。

但是呢，每一年我们都是缺粮户，没得那么多钱来买那队上那点儿粮食。tan²¹³ sɿ²¹³ nɛ⁰, mei⁴² i²² niɛn²² ŋo⁴² mǝn⁰ tǝu⁵⁵ sɿ²¹³ tɕʰyɛ²² niaŋ²² fu²¹³, mei⁵⁵ tɛ²² na²¹³ mo⁰ tuo⁵⁵ tɕʰiɛn²² nai²² mai⁴² na²¹³ tuei²¹³ saŋ²¹³ na²¹³ tiǝ⁴² niaŋ²² sɿ²²。

但是队上那点儿粮食啦也不够我们吃，一个人才十几斤嘛三个人也才二三十斤粮食，也吃不饱。tan²¹³ sɿ²¹³ tuei²¹³ saŋ²¹³ na²¹³ tiǝ⁴² niaŋ²² sɿ²² na⁰ iɛ⁴² pu²² kǝu²¹³ ŋo⁴² mǝn⁰ tsʰɿ²², i²² ko²¹³ zǝn²² tsʰai²² sɿ²² tɕi⁴² tɕin⁵⁵ ma⁰ san⁵⁵ ko²¹³ zǝn²² iɛ⁴² tsʰai²² ǝ²¹³ san⁵⁵ sɿ²² tɕin⁵⁵ niaŋ²² sɿ²², iɛ⁴² tsʰɿ²² pu²² pau⁴²。

吃不饱嘛反正就是和菜呀那些呀，青菜呀、萝卜啊、洋芋壳壳儿啊就是那些。tsʰɿ²² pu²² pau⁴² ma⁰ fan⁴² tsǝn⁵⁵ tǝu²¹³ sɿ²¹³ xo²² tsʰai²² ia⁰ na²¹³ ɕiɛ⁵⁵ ia⁰, tɕʰin⁵⁵ tsʰai²¹³ ia⁰ nuo²² pu⁰ a⁰ iaŋ²² y²¹³ kʰo²² kʰuǝ²² a⁰ tǝu²¹³ sɿ²¹³ na²¹³ ɕiɛ⁵⁵。

好，我又去帮哒几家，有几家呢，嗯……也还好，给十二块啊十五块啊哦，反正呢交了八块也还有六七块钱。xau⁴², ŋo⁴² iəu²¹³ tɕʰi²¹³ paŋ⁵⁵ ta⁰ tɕi⁴² tɕia⁵⁵, iəu⁴² tɕi⁴² tɕia⁵⁵ nɛ⁰, ən⁰……iɛ⁴² xai²² xau⁴², kei⁴² sɿ²² ɚ²¹³ kʰuai²¹³ a⁰ sɿ²² u⁴² kʰuai²¹³ a⁰ o⁰, fan⁴² tsən²¹³ nɛ⁰ tɕiau⁵⁵ na⁰ pa²² kʰuai²¹³ iɛ⁴² xai²² iəu⁴² nu⁴² tɕʰi²² kʰuai²¹³ tɕʰiɛn²²。

后来别个细娃ㄦ稍微大点ㄦ了嘛，又不要我们弄哒哦，我反正引哒四家的细娃ㄦ。xəu²¹³ nai²² piɛ²² ko²¹³ ɕi²¹³ uə²² sau⁵⁵ uei⁵⁵ ta²¹³ tiə⁴² na⁰ ma⁰, iəu²¹³ pu²² iau²¹³ ŋo⁴² mən⁰ noŋ²¹³ ta⁰ o⁰, ŋo⁴² fan⁴² tsən²¹³ in⁴² ta⁰ sɿ²¹³ tɕia⁵⁵ ti⁰ ɕi²¹³ uə²²。

四家的细娃ㄦ呢，就有一家呢，那个老板凶得很，糜末①得要死啊，硬是。sɿ²¹³ tɕia⁵⁵ ti⁰ ɕi²¹³ uə²² nɛ⁰, təu²¹³ iəu²¹³ i²² tɕia⁵⁵ nɛ⁰, na²¹³ ko²¹³ nau⁴² pan⁴² ɕyoŋ⁵⁵ tɛ²² xən⁴², mi⁵⁵ mo²² ti⁰ iau²¹³ sɿ⁴² a⁰, ŋən²¹³ sɿ²¹³。

活怕你在他屋偷吃他的啦，其实我们那时候ㄦ呀，自觉，不偷吃他的。xo²² pʰa²¹³ ni⁴² tai²¹³ tʰa⁵⁵ u⁴² tʰəu⁵⁵ tsʰɿ²² tʰa⁵⁵ ti⁰ na⁰, tɕʰi²² sɿ²² ŋo⁴² mən⁰ na²¹³ sɿ²² xə²¹³ ia⁰, tsɿ²¹³ tɕyo²², pu²² tʰəu⁵⁵ tsʰɿ²² tʰa⁵⁵ ti⁰。

我们反正回家嘛，就是一碗包谷糊糊ㄦ把你扛﹣到那哈就行哒，好，十，搞到十三年、十三岁哦，十三岁读书以前。ŋo⁴² mən⁰ fan²¹³ tsən²¹³ xuei²² tɕia⁵⁵ ma⁰, təu²¹³ sɿ²¹³ i²² uan⁴² pau⁵⁵ ku²² fu²² fə⁰ pa⁴² ni⁴² kʰaŋ²² tau²¹³ na²¹³ xa⁰ təu²¹³ ɕin²² ta⁰, xau⁴², sɿ²², kau⁴² tau²¹³ sɿ²² san⁵⁵ niɛn²²、sɿ²² san⁵⁵ suei²¹³ o⁰, sɿ²² san⁵⁵ suei²¹³ tu²² su⁵⁵ i⁴² tɕʰiɛn²²。

十三岁以后呢，我就引了三年细娃ㄦ嘛，就到十六岁的嘛，十六岁我妈就说莫跟别个引细娃ㄦ哒，给我回来做点ㄦ工分还好一点ㄦ，我就回家嘛。sɿ²² san⁵⁵ suei²¹³ i⁴² xəu²¹³ nɛ⁰, ŋo⁴² təu²¹³ in⁴² na⁰ san⁵⁵ niɛn²² ɕi²¹³ uə²² ma⁰, təu²¹³ tau²¹³ sɿ²² nu²² suei²¹³ ti⁰ ma⁰, sɿ²² nu²² suei²¹³ ŋo⁴² ma⁵⁵ təu²¹³ suo²² mo²² kən⁵⁵ piɛ²² ko²¹³ in⁴² ɕi²¹³ uə²² ta⁰, kei⁴² ŋo⁴² xuei²² nai²² tsu²¹³ tiə⁴² koŋ⁵⁵ fən⁵⁵ xai²² xau⁴² i²² tiə⁴², ŋo⁴² təu²¹³ xuei²² tɕia⁵⁵ ma⁰。

回家就在农村务农，务农呢我的个子又比别个高，别个贫下中农子女又矮，我呢又肯长，他们把仔以为我会有一二十岁哒。xuei²² tɕia⁵⁵

───────────

① 糜末 mi⁵⁵ mo²²：吝啬。

təu²¹³ tai²¹³ noŋ²² tsʰən⁵⁵ u²¹³ noŋ²², u²¹³ noŋ²² nɛ⁰ ŋo⁴² ti⁰ ko²¹³ tsʅ⁰ iəu²¹³ pi⁴²
piɛ²² ko²¹³ kau⁵⁵, piɛ²² ko²¹³ pʰin²² ɕia²¹³ tsoŋ⁵⁵ noŋ²² tsʅ⁰ ny⁴² iəu²¹³ ŋai⁴²,
ŋo⁴² nɛ⁰ iəu²¹³ kʰən⁴² tsaŋ⁴², tʰa⁵⁵ mən⁰ pa⁴² tsʅ⁰ i⁴² uei²² ŋo⁴² xuei²¹³ iəu⁴² i²²
ə²¹³ sʅ²² suei²¹³ ta⁰。

每天呢就说安排啊，挑牛粪啊，下田啊，挖洋芋啊，挖苕啊，挑
粪上坡啊，反正都是苦活路。mei⁴² tʰiɛn⁵⁵ nɛ⁰ təu²¹³ suo²² ŋan⁵⁵ pʰai²²
a⁰, tʰiau⁵⁵ niəu²² fən²¹³ a⁰, ɕia²¹³ tʰiɛn²² a⁰, ua²² iaŋ²² y²¹³ a⁰, ua²² sau²² a⁰,
tʰiau⁵⁵ fən²¹³ saŋ²¹³ pʰo⁵⁵ a⁰, fan⁴² tsən²¹³ təu⁵⁵ sʅ²¹³ kʰu⁴² xo²² nu²¹³。

么子像打谷子都给我们喊起去哦，我屋有个叔叔就歹毒得很。mo⁰
tsʅ⁰ tɕʰiaŋ²¹³ ta⁴² ku²² tsʅ⁰ təu⁵⁵ kei⁴² ŋo⁴² mən⁰ xan⁴² tɕʰi⁴² tɕʰi²¹³ o⁰, ŋo⁴² u²²
iəu⁴² ko²¹³ su²² su⁰ təu⁵⁵ tai⁴² tu²² tɕ²² xən⁴²。

好，他们歇气①的时候ル，农村兴歇气吵，上午半天有歇气，下午
半天也有一刚刚ル歇气。xau⁴², tʰa⁵⁵ mən⁰ ɕiɛ²² tɕʰi²¹³ ti⁰ sʅ²² xə²¹³, noŋ²²
tsʰən⁵⁵ ɕin⁵⁵ ɕiɛ²² tɕʰi²¹³ sa⁰, saŋ²¹³ u⁴² pan²¹³ tʰiɛn⁵⁵ iəu⁴² ɕiɛ²² tɕʰi²¹³, ɕia²¹³
u⁴² pan²¹³ tʰiɛn⁵⁵ iɛ⁴² iəu⁴² i²² kaŋ⁵⁵ kə⁵⁵ ɕiɛ²² tɕʰi²¹³。

歇气的时候就叫我去割谷子，挑到晒谷坝去晒，他们就坐起玩，
我屋那个叔叔好凶。ɕiɛ²² tɕʰi²¹³ ti⁰ sʅ²² xəu²¹³ təu²¹³ tɕiau²¹³ ŋo⁴² tɕʰi²¹³ ko²²
ku²² tsʅ⁰, tʰiau⁵⁵ tau²¹³ sai²¹³ ku²² pa²¹³ tɕʰi²¹³ sai²¹³, tʰa⁵⁵ mən⁰ təu²¹³ tsuo²¹³
tɕʰi⁴² uan²², ŋo⁴² u²² na²¹³ ko²¹³ su²² su⁰ xau⁴² ɕyoŋ⁵⁵。

我说我们早上家②三娘母，一个人一碗饭，要到晚上七点多钟晃゠
活路以后都要黑哒才吃那一碗饭。ŋo⁴² suo²² ŋo⁴² mən⁰ tsau⁴² saŋ²¹³ tɕia⁵⁵
san⁵⁵ niaŋ²² mu⁴², i²² ko²¹³ zən²² i²² uan⁴² fan²¹³, iau²¹³ tau²¹³ uan⁴² saŋ²¹³
tɕʰi²² tiɛn⁴² tuo⁵⁵ tsoŋ⁵⁵ xuaŋ⁴² xo²² nu²¹³ i⁴² xəu²¹³ təu⁵⁵ iau²¹³ xɛ²² ta⁰ tsʰai²²
tsʰʅ²² na²¹³ i²² uan⁴² fan²¹³。

我说我们那时候ル就有那么苦啊。ŋo⁴² suo²² ŋo⁴² mən⁰ na²¹³ sʅ²² xə²¹³
təu²¹³ iəu⁴² na²¹³ mo⁰ kʰu⁴² a⁰。

去挖洋芋呢，或者是三个工分，一百斤哦，我今天挖到两百斤哒

---

① 歇气 ɕiɛ²²tɕʰi²¹³：休息。
② 早上家 tsau⁴²saŋ²¹³tɕia⁵⁵：早上。家，名词后缀。

我有六分哒，那我就说把我基本工分做起哒。tɕʰi²¹³ ua²² iaŋ²² y²¹³ nɛ⁰，xuai²² tsɛ⁴² sʅ²¹³ san⁵⁵ ko²¹³ koŋ⁵⁵ fən⁵⁵，i²² pɛ²² tɕin⁵⁵ o⁰，ŋo⁴² tɕin⁵⁵ tʰiɛn⁵⁵ ua²² tau²¹³ niaŋ⁴² pɛ²² tɕin⁵⁵ ta⁰ ŋo⁴² iəu⁴² nu²² fən⁵⁵ ta⁰，na²¹³ ŋo⁴² təu²¹³ suo²² pa⁴² ŋo⁴² tɕi⁵⁵ pən⁴² koŋ⁵⁵ fən⁵⁵ tsu²¹³ tɕʰi⁴² ta⁰。

那我又要去给我屋里，到山上去砍一挑柴转来嘛。na²¹³ ŋo⁴² iəu²¹³ iau²¹³ tɕʰi²¹³ kei⁰ ŋo⁴² u²² ni⁴²，tau²¹³ san⁵⁵ saŋ²¹³ tɕʰi²¹³ kʰan⁴² i²² tʰiau⁵⁵ tsʰai²² tsuan⁴² nai²² ma⁰。

砍一挑柴呢，有时候，个挑不起哦，挑黑尽哒都还挑不进屋哦，就是恁个。kʰan⁴² i²² tʰiau⁵⁵ tsʰai²² nɛ⁰，iəu⁴² sʅ²² xəu²¹³，ko²¹³ tʰiau⁵⁵ pu²² tɕʰi⁴² o⁰，tʰiau⁵⁵ xɛ²² tɕin²¹³ ta⁰ təu⁵⁵ xai²² tʰiau⁵⁵ pu²² tɕin²¹³ u²² o⁰，təu²¹³ sʅ²¹³ nən²¹³ ko²¹³。

好，那时候ᵣ，慢慢慢慢ᵣ嘛长大点ᵣ的嘛，做活路也不怎么吃亏了。xau⁴²，na²¹³ sʅ²² xɚ²¹³，man²¹³ man²¹³ man²¹³ mə⁰ ma⁰ tsaŋ⁴² ta²¹³ tiɚ⁴² ti⁰ ma⁰，tsu²¹³ xo²² nu²¹³ iɛ⁴² pu²² tsən⁴² mo⁰ tsʰʅ²² kʰuei⁵⁵ na⁰。

挑牛粪下田嘛什么，脚杆有半截陷在泥巴里头，拿撮箕都过在水头按起的，有时候都还拖不动哦。tʰiau⁵⁵ niəu²² fən²¹³ ɕia²¹³ tʰiɛn²² ma⁰ sən²² mo⁰，tɕyo²² kan⁵⁵ iəu⁴² pan²¹³ tɕiɛ²² xan²¹³ tai²¹³ ni²² pa⁵⁵ ni⁴² tʰəu⁰，na²² tsuo²² tɕi⁵⁵ təu⁵⁵ ko²¹³ tai²¹³ suei⁴² tʰəu⁰ ŋan²¹³ tɕʰi⁴² ti⁰，iəu⁴² sʅ²² xəu²¹³ təu⁵⁵ xai²² tʰuo⁵⁵ pu²² toŋ²¹³ o⁰。

我们那时候ᵣ住个毛棚棚ᵣ的时候，是上头搭的稻谷草，下头包秆ᵣ夹的，我那时候ᵣ几岁我也要去拖稻草，一下子拖到拢啊？ŋo⁴² mən⁰ na²¹³ sʅ²² xɚ²¹³ tsu²¹³ ko²¹³ mau²² pʰoŋ²² pʰɚ²² ti⁰ sʅ²² xəu²¹³，sʅ²¹³ saŋ²¹³ tʰəu⁰ ta²² ti⁰ tau²¹³ ku²¹³ tsʰau⁴²，ɕia²¹³ tʰəu⁰ pau⁵⁵ kɚ⁵⁵ ka²² ti⁰，ŋo⁴² na²¹³ sʅ²² xɚ²¹³ tɕi⁴² suei²¹³ ŋo⁴² iɛ⁴² iau²¹³ tɕʰi²¹³ tʰuo⁵⁵ tau²¹³ tsʰau⁴²，i²² xa⁵⁵ tsʅ⁰ tʰuo⁵⁵ tau²¹³ noŋ⁴² a⁰？

我说啊，天哪，我们小的时候好造孽啊说嘛是说。那一咚 ⁼① 稻草十几斤都拖不动啊，拖到坎上来哒还要一头挑一笼 ⁼ 下面挑回去。ŋo⁴² suo²² a⁰，tʰiɛn⁵⁵ na⁰，ŋo⁴² mən⁰ ɕiau⁴² ti⁰ sʅ²² xəu²¹³ xau⁴² tsau²¹³ niɛ²² a⁰

---

① 咚 toŋ⁵⁵：量词。同音替代字。

suo²² ma⁰ sɿ²¹³ suo²²。 na²¹³ i²² toŋ⁵⁵ tau²¹³ tsʰau⁴² sɿ²² tɕi⁵⁵ tɕin⁵⁵ təu⁵⁵ tʰuo⁵⁵ pu²² toŋ²¹³ a⁰, tʰuo⁵⁵ tau²¹³ kʰan⁴² saŋ²¹³ nai²² ta⁰ xai²² iau²¹³ i²² tʰəu⁰ tʰiau⁵⁵ i²² noŋ²² ɕia²¹³ miɛn²¹³ tʰiau⁵⁵ xuei²² tɕʰi²¹³。

挑起好多笼￢哒，就请我叔伯一个哥哥来给我们盖，我们小的时候ₙ那种生活。tʰiau⁵⁵ tɕʰi⁴² xau⁴² tuo⁵⁵ noŋ²² ta⁰, təu²¹³ tɕʰin⁴² ŋo⁴² su²² pɛ²² i²² ko²¹³ ko⁵⁵ ko⁰ nai²² kei⁴² ŋo⁴² mən⁰ kai²¹³, ŋo⁴² mən⁰ ɕiau⁴² ti⁰ sɿ²² xə²¹³ na²¹³ tsoŋ⁴² sən⁵⁵ xo²²。

到哒一二十岁的嘛也好一点哒，到一二十岁哒，嗯……我们生产队觉得我劳动力还是可以啊哦，又把我弄到山子上啊山子上去做活ₙ。tau²¹³ ta⁰ i²² ə²¹³ sɿ²² suei²¹³ ti⁰ ma⁰ iɛ⁴² xau⁴² i²² tiɛn⁴² ta⁰, tau²¹³ i²² ə²¹³ sɿ²² suei²¹³ ta⁰, ən⁰……ŋo⁴² mən⁰ sən⁵⁵ tsʰan⁴² tuei²¹³ tɕyo²² tɛ²² ŋo⁴² nau²² toŋ²¹³ ni²² xai²² sɿ²¹³ kʰo⁴² i²² a⁰ o⁰, iəu²¹³ pa⁴² ŋo⁴² noŋ²¹³ tau²¹³ san⁵⁵ tsɿ⁰ saŋ²¹³ a⁰ san⁵⁵ tsɿ⁰ saŋ²¹³ tɕʰi²¹³ tsu²¹³ xuə²²。

山子上做活ₙ呢，对家里也很有帮助，怎么的呢，你在山子上做一点活路哒，因为在山上嘛，也可以带一条柴回来。san⁵⁵ tsɿ⁰ saŋ²¹³ tsu²¹³ xuə²² nɛ⁰, tuei²¹³ tɕia⁵⁵ ni⁴² iɛ⁴² xən⁴² iəu⁴² paŋ⁵⁵ tsu²¹³, tsən⁴² mo⁰ ti⁰ nɛ⁰, ni⁴² tai²¹³ san⁵⁵ tsɿ⁰ saŋ²¹³ tsu²¹³ i²² tiɛn⁴² xo²² nu²¹³ ta⁰, in⁵⁵ uei²² tai²¹³ san⁵⁵ saŋ²¹³ ma⁰, iɛ⁴² kʰo⁴² i⁴² tai²¹³ i²² tʰiau²² tsʰai²² xuei²² nai²²。

带一条柴回来嘛，我们屋里可以烧两天吵哦，我们妈的话她挑也挑不起，我们是黑哒，她都反正也接不起，她看都不来看你。tai²¹³ i²² tʰiau²² tsʰai²² xuei²² nai²² ma⁰, ŋo⁴² mən⁰ u²² ni⁴² kʰo⁴² i⁴² sau⁵⁵ niaŋ⁴² tʰiɛn⁵⁵ sa⁰ o⁰, ŋo⁴² mən⁰ ma⁵⁵ ti⁰ xua²¹³ tʰa⁵⁵ tʰiau⁵⁵ iɛ⁴² tʰiau⁵⁵ pu²² tɕʰi⁴², ŋo⁴² mən⁰ sɿ²¹³ xɛ²² ta⁰, tʰa⁵⁵ təu⁵⁵ fan⁴² tsən²¹³ iɛ⁴² tɕiɛ²² pu²² tɕʰi⁴², tʰa⁵⁵ kʰan²¹³ təu⁵⁵ pu²² nai²² kʰan²¹³ ni⁴²。

后头呢，我们就，嗯……慢慢慢慢ₙ条件好点嘛，但是我们还是借了一百多块钱余粮钱，啊缺粮款。xəu²¹³ tʰəu⁰ nɛ⁰, ŋo⁴² mən⁰ təu²¹³, ən⁰…… man²¹³ man²¹³ man²¹³ mə⁰ tʰiau²² tɕiɛn²¹³ xau⁴² tiɛn⁴² ma⁰, tan²¹³ sɿ²¹³ ŋo⁴² mən⁰ xai²² sɿ²¹³ tɕiɛ²¹³ na⁰ i²² pɛ²² tuo⁵⁵ kʰuai²¹³ tɕʰiɛn²² y²² niaŋ²² tɕʰiɛn²², a⁰ tɕʰyɛ²² niaŋ²² kʰuan⁴²。

借了缺粮款呢，我妈那年住院，医院呢，就说，嗯……要、要交40

块钱就叫我妈出院，嗯……没得钱交呢，就莫出院，就让你多住两天。

tɕiɛ²¹³ na⁰ tɕʰyɛ²² niaŋ²² kʰuan⁴² nɛ⁰, ŋo⁴² ma⁵⁵ na²¹³ niɛn²² tsu²¹³ yɛn²¹³, i⁵⁵ yɛn²¹³ nɛ⁰, təu²¹³ suo²² , ən⁰……iau²¹³ 、iau²¹³ tɕiau⁵⁵ sๅ²¹³ sๅ²² kʰuai²¹³ tɕʰiɛn²² təu²¹³ tɕiau²¹³ ŋo⁴² ma⁵⁵ tsʰu²² yɛn²¹³, ən⁰……mei⁵⁵ tɛ²² tɕʰiɛn²² tɕiau⁵⁵ nɛ⁰, təu²¹³ mo²² tsʰu²² yɛn²¹³, təu²¹³ zaŋ²¹³ ni⁴² tuo⁵⁵ tsu²¹³ niaŋ⁴² tʰiɛn⁵⁵。

我就去找我们生产队的会计，嗯……签字，写个借条哦，签字，要借点钱将将我妈好出院。ŋo⁴² təu²¹³ tɕʰi²¹³ tsau⁴² ŋo⁴² mən⁰ sən⁵⁵ tsʰan⁴² tuei²¹³ ti⁰ kʰuai²¹³ tɕi, ən⁰……tɕʰiɛn⁵⁵ tsๅ²¹³, ɕiɛ⁴² ko²¹³ tɕiɛ²¹³ tʰiau²² o⁰, tɕʰiɛn⁵⁵ tsๅ²¹³, iau²¹³ tɕiɛ²¹³ tiɛn⁴² tɕʰiɛn²² tɕiaŋ⁵⁵ tɕiaŋ⁵⁵ ŋo⁴² ma⁵⁵ xau⁴² tsʰu²² yɛn²¹³。

但是呢，那个队、那个会计和会计娘、娘子呢，也凶得很。tan²¹³ sๅ²¹³ nɛ⁰, na²¹³ ko²¹³ tuei²¹³ 、na²¹³ ko²¹³ kʰuai²¹³ tɕi²¹³ xo²² kʰuai²¹³ tɕi²¹³ niaŋ²² 、niaŋ²² tsๅ⁰ nɛ⁰, iɛ⁴² ɕyoŋ⁵⁵ ti⁰ xən⁴²。

他说你们，嗯，朗″们″能够借钱呢？他说你们本身都是缺粮户，你借钱哒的话，嗯……那我们那些贫下中农不是对你屋有意见他说，那那个钱不能借他说。tʰa⁵⁵ suo²² ni⁴² mən⁰, ən⁰, naŋ²² mən⁰ nən²² kəu²¹³ tɕiɛ²¹³ tɕʰiɛn²² nɛ⁰ ? tʰa⁵⁵ suo²² ni⁴² mən⁰ pən⁴² sən⁵⁵ təu⁵⁵ sๅ²¹³ tɕʰyɛ²² niaŋ²² fu²¹³, ni⁴² tɕiɛ²¹³ tɕʰiɛn²² ta⁰ ti⁰ xua²¹³, ən⁰……na²¹³ ŋo⁴² mən⁰ na²¹³ ɕiɛ⁵⁵ pʰin²² ɕia²¹³ tsoŋ⁵⁵ noŋ²² pu²² sๅ²¹³ tuei²¹³ ni⁴² u²² iəu⁴² i²¹³ tɕiɛn²¹³ tʰa⁵⁵ suo²², na²¹³ na²¹³ ko²¹³ tɕʰiɛn²² pu²² nən²² tɕiɛ²¹³ tʰa⁵⁵ suo²²。

我说天哪你莫像朗″们″个吵，我说该你们那个钱，我要给你们还完哒我才出嫁我讲哦。ŋo⁴² suo²² tʰiɛn⁵⁵ na⁰ ni⁴² mo²² tɕʰiaŋ²¹³ naŋ²² mən⁰ ko²¹³ sa⁰, ŋo⁴² suo²² kai⁵⁵ ni⁴² mən⁰ na²¹³ ko²¹³ tɕʰiɛn²², ŋo⁴² iau²¹³ kei⁴² ni⁴² mən⁰ xuan²² uan²² ta⁰ ŋo⁴² tsʰai²² tsʰu²² tɕia²¹³ ŋo⁴² tɕiaŋ⁴² o⁰。

但是他们不张我的，不张我的，我就站在那ₗ，眼睛水双把滚我也不走就是说，我讲你不帮我借，我妈出不到院，越住呢就钱越多，我更出不起我就讲。tan²¹³ sๅ²¹³ tʰa⁵⁵ mən⁰ pu²² tsaŋ⁵⁵ ŋo⁴² ti⁰, pu²² tsaŋ⁵⁵ ŋo⁴² ti⁰, ŋo⁴² təu²¹³ tsan²¹³ tai⁴² nɚ²¹³, iɛn⁴² tɕin⁵⁵ suei⁴² suaŋ⁵⁵ pa⁴² kuən⁴² ŋo⁴² iɛ⁴² pu²² tsəu⁴² təu²¹³ sๅ²¹³ suo²², ŋo⁴² tɕiaŋ⁴² ni⁴² pu²² paŋ⁵⁵ ŋo⁴² tɕiɛ²¹³, ŋo⁴²

ma⁵⁵ tsʰu²² pu²² tau²¹³ yɛn²¹³, yɛ²² tsu²¹³ nɛ⁰ təu²¹³ tɕʰiɛn²² yɛ²² tuo⁵⁵, ŋo⁴²
kən²¹³ tsʰu²² pu²² tɕʰi⁴² ŋo⁴² təu²¹³ tɕiaŋ⁴²。

好呢，后面看到我实在不走哦，起码挨得有一个多钟头哒，那
才……把我，嗯，那个条子批哒，但是有五块钱的电费条子他都没批的。
xau⁴² nɛ⁰, xəu²¹³ miɛn²¹³ kʰan²¹³ tau²¹³ ŋo⁴² sɿ²² tai²¹³ pu²² tsəu⁴² o⁰, tɕʰi⁴²
ma⁴² ŋai²² tɛ²² iəu⁴² i²² ko²¹³ tuo⁵⁵ tsoŋ⁵⁵ tʰəu⁰ ta⁰, na²¹³ tsʰai²²……pa⁴² ŋo⁴²,
ən⁰, na²¹³ ko²¹³ tʰiau²¹³ tsɿ⁰ pʰei⁵⁵ ta⁰, tan²¹³ sɿ²¹³ iəu⁴² u⁴² kʰuai²¹³ tɕʰiɛn²² ti⁰
tiɛn²¹³ fei²¹³ tʰiau²² tsɿ⁰ tʰa⁵⁵ təu⁵⁵ mei⁵⁵ pʰei⁵⁵ ti⁰。

还好，那，去拿钱的，那经济保管的还好，他说你那五块钱你只要
你个人认账，我还是帮你借他说，嗯……要是不交的话，电灯都照不成
的哟，哦。xai²² xau⁴², na²¹³, tɕʰi²¹³ na²² tɕʰiɛn²² ti⁰, na²¹³ tɕin⁵⁵ tɕi²¹³ pau⁴²
kuan⁴² ti⁰ xai²² xau⁴², tʰa⁵⁵ suo⁰ ni⁴² na²¹³ u⁴² kʰuai²¹³ tɕʰiɛn²² ni⁴² tsɿ²² iau²¹³
ni⁴² ko²¹³ zən²² zən²¹³ tsaŋ²¹³, ŋo⁴² xai²² sɿ²¹³ paŋ⁵⁵ ni⁴² tɕiɛ²¹³ tʰa⁵⁵ suo²²,
ən⁰……iau²¹³ sɿ²¹³ pu²² tɕiau⁵⁵ ti⁰ xua²¹³, tiɛn²¹³ tən⁵⁵ təu⁵⁵ tsau²¹³ pu²² tsʰən²²
ti⁰ sa⁰, o⁰。

那时候儿只有一颗电的嘛，一家人家迤才……照嘛。na²¹³ sɿ²² xə²¹³
tsɿ²² iəu⁴² i²² kʰo⁴² tiɛn²¹³ ti⁰ ma⁰, i²² tɕia⁵⁵ zən²² tɕia⁵⁵ niɛ²² tsʰai²²……
tsau²¹³ ma⁰。

好，后头嘛，慢慢慢慢儿嘛就好些哒，真的是到我出嫁的时候儿，我
把我们屋里那个缺粮款是全部还哒，全部还哒才出嫁的。xau⁴², xəu²¹³
tʰəu⁰ ma⁰, man²¹³ man²¹³ man²¹³ mə⁰ ma⁰ təu²¹³ xau⁴² ɕiɛ⁵⁵ ta⁰, tsən⁵⁵ ti⁰ sɿ²¹³
tau²¹³ ŋo⁴² tsʰu²² tɕia²¹³ ti⁰ sɿ²² xə²¹³, ŋo⁴² pa⁴² ŋo⁴² mən⁰ u²² ni⁴² na²¹³ ko²¹³
tɕʰyɛ²² niaŋ²² kʰuan⁴² sɿ²¹³ tɕʰyɛn²² pu²¹³ xuan²² ta⁰, tɕʰyɛn²² pu²¹³ xuan²² ta⁰
tsʰai²² tsʰu²² tɕia²¹³ ti⁰。

出嫁呢，也没嫁到个好人家，成分差了嘛，没嫁到好人家，人家
成分好的，他不敢来讲你。tsʰu²² tɕia²¹³ nɛ⁰, iɛ⁴² mei⁵⁵ tɕia²¹³ tau²¹³ ko²¹³
xau⁴² zən²² tɕia⁵⁵, tsʰən²² fən²¹³ tsʰa⁵⁵ na⁰ ma⁰, mei⁵⁵ tɕia²¹³ tau²¹³ xau⁴² zən²²
tɕia⁵⁵, zən²² tɕia⁵⁵ tsʰən²² fən²¹³ xau⁴² ti⁰, tʰa⁵⁵ pu²² kan⁴² nai²² tɕiaŋ⁴² ni⁴²。

就是说呢你找不到好对象。嫁到他们屋去呢，婆子妈又凶，一去
呢，一贫、一穷如洗，他们屋里也是一贫如洗。təu²¹³ sɿ²¹³ ɕuo²² nɛ⁰ ni⁴²

tsau⁴² pu²² tau²¹³ xau⁴² tuei²¹³ ɕiaŋ²¹³。tɕia²¹³ tau²¹³ tʰa⁵⁵ mən⁰ u²² tɕʰi²¹³ nε⁰，pʰo²² tsʅ⁰ ma⁵⁵ iəu²¹³ ɕyoŋ⁵⁵，i²² tɕʰi²¹³ nε⁰，i²² pʰin²²、i²² tɕʰyoŋ²² zu²² ɕi⁴²，tʰa⁵⁵ mən⁰ u²² ni⁴² iε⁴² sʅ²¹³ i²² pʰin²² zu²² ɕi⁴²。

他们屋有，我看哒，五姊妹，两个老的，一间屋。tʰa⁵⁵ mən⁰ u²² iəu⁴²，ŋo⁴² kʰan²¹³ ta⁰，u⁴² tsʅ⁴² mei²¹³，niaŋ⁴² ko²¹³ nau⁴² ti⁰，i²² kan⁵⁵ u²²。

一间屋呢，我们去了呢，就给我们砍的半间间屋哦。i²² kan⁵⁵ u²² nε⁰，ŋo⁴² mən⁰ tɕʰi²¹³ na⁰ nε⁰，təu²¹³ kei⁴² ŋo⁴² mən⁰ kʰan⁴² ti⁰ pan²¹³ kan⁵⁵ kan⁵⁵ u²² o⁰。

半间间屋呢那就是，嗯……搭个铺，迤边放个抽屉，隔边放个柜子，床当中呢，就放个那个，火盆。pan²¹³ kan⁵⁵ kan⁵⁵ u²² nε⁰ na²¹³ təu²¹³ sʅ²¹³，ən⁰……ta²² ko²¹³ pʰu²¹³，niε²² piεn⁵⁵ faŋ²¹³ ko²¹³ tsʰəu⁵⁵ tʰi²¹³，kε²² piεn⁵⁵ faŋ²¹³ ko²¹³ kuei²¹³ tsʅ⁰，tsʰuaŋ²² taŋ⁵⁵ tsoŋ⁵⁵ nε⁰，təu²¹³ faŋ²¹³ ko²¹³ na²¹³ ko²¹³，xo⁴² pʰən²²。

放个火盆呢，你像出门的话呢，你就从火盆上跨^①过来，就在那个阶沿ㄦ上呢就打一个灶ㄦ，就是像迤么个生活。faŋ²¹³ ko²¹³ xo⁴² pʰən²² nε⁰，ni⁴² tɕʰiaŋ²¹³ tsʰu²² mən²² ti⁰ xua²¹³ nε⁰，ni⁴² təu²¹³ tsʰoŋ²² xo⁴² pʰən²² saŋ²¹³ tɕʰia²¹³ ko²¹³ nai²²，təu²¹³ tai²¹³ na²¹³ ko²¹³ kai⁵⁵ iə²² saŋ²¹³ nε⁰ təu²¹³ ta⁴² i²² ko²¹³ tsə²¹³，təu²¹³ sʅ²¹³ tɕʰiaŋ²¹³ niε²² mo⁰ ko²¹³ sən⁵⁵ xo²²。

嗯，我们那年，好，跨了他们门槛呢，就害我屋那个老大啊，么子都没得吃的，包谷面面ㄦ都没得吃的。ən⁰，ŋo⁴² mən⁰ na²¹³ niεn²²，xau⁴²，tɕʰia²¹³ na⁰ tʰa⁵⁵ mən⁰ mən²² kʰan⁴² nε⁰，təu²¹³ xai²¹³ ŋo⁴² u²² na²¹³ ko²¹³ nau⁴² ta²¹³ a⁰，mo⁰ tsʅ⁰ təu⁵⁵ mei⁵⁵ tε²² tsʰʅ²² ti⁰，pau⁵⁵ ku²² miεn²¹³ miə⁰ təu⁵⁵ mei⁵⁵ tε²² tsʰʅ²² ti⁰。

我们上顿净包谷他都还是那要分到编的嘛，一个月他还可以分个二十斤苞谷子哦，十斤谷子，好，你要十斤谷子，有七斤米，二十斤包谷子，我们两个人吃，朗⁼们⁼够？ŋo⁴² mən⁰ saŋ²¹³ tən²¹³ tɕin²¹³ pau⁵⁵ ku²² tʰa⁵⁵ təu⁵⁵ xai²² sʅ²¹³ na²¹³ iau²¹³ fən⁵⁵ tau²¹³ piεn⁵⁵ ti⁰ ma⁰，i²² ko²¹³ yε²² tʰa⁵⁵ xai²² kʰo⁴² i⁴² fən⁵⁵ ko²¹³ ə²¹³ sʅ²² tɕin⁵⁵ pau⁵⁵ ku²² tsʅ⁰ o⁰，sʅ²² tɕin⁵⁵

---

① 跨 tɕʰia²¹³：越过，跨过。

ku²² tsๅ⁰, xau⁴², ni⁴² iəu²¹³ sๅ²² tɕin⁵⁵ ku²² tsๅ⁰, iəu⁴² tɕʰi²² tɕin⁵⁵ mi⁴², ə²¹³ sๅ²² tɕin⁵⁵ pau⁵⁵ ku²² tsๅ⁰, ŋo⁴² mən⁰ niaŋ⁴² ko²¹³ zən²² tsʰๅ²², naŋ²² mən⁰ kəu²¹³ ？

好，我们就一天天的磨啊，一天天的磨啊，磨到，一天磨啊磨啊磨到后头哒。xau⁴², ŋo⁴² mən⁰ təu²¹³ i²² tʰiɛn⁵⁵ tʰiɛn⁵⁵ ti⁰ mo²² a⁰, i²² tʰiɛn⁵⁵ tʰiɛn⁵⁵ ti⁰ mo²² a⁰, mo²² tau²¹³, i²² tʰiɛn⁵⁵ mo²² a⁰ mo²² a⁰ mo²² tau²¹³ xəu²¹³ tʰəu⁰ ta⁰。

他屋妈也凶哦，只想撵我们走啊，一天在屋里撅①人啊，骂人啊。tʰa⁵⁵ u²² ma⁵⁵ iɛ⁴² ɕyoŋ⁵⁵ o⁰, tsๅ²² ɕiaŋ⁴² niɛn⁴² ŋo⁴² mən⁰ tsəu⁴² a⁰, i²² tʰiɛn⁵⁵ tai²¹³ u²² ni⁴² tɕyɛ²² zən²² a⁰, ma²¹³ zən²² a⁰。

后头我们才慢慢慢慢儿到砖瓦厂做活路哒，我们队上，他占田土，就帮我们，嗯……搞个指标。xəu²¹³ tʰəu⁰ ŋo⁴² mən⁰ tsʰai²² man²¹³ man²¹³ man²¹³ mə⁰ tau²¹³ tsuan⁵⁵ ua⁴² tsʰaŋ⁴² tsu²¹³ xo²² nu²¹³ ta⁰, ŋo⁴² mən⁰ tuei²¹³ saŋ²¹³, tʰa⁵⁵ tsan²¹³ tʰiɛn²² tʰu⁴², təu²¹³ paŋ⁵⁵ ŋo⁴² mən⁰, ən⁰…… kau⁴² ko²¹³ tsๅ⁴² piau⁵⁵。

在砖瓦厂做活路呢是红砖厂，那一个月呢还有三四十块钱。tai²¹³ tsuan⁵⁵ ua⁴² tsʰaŋ⁴² tsu²¹³ xo²² nu²¹³ nɛ⁰ sๅ²¹³ xoŋ²² tsuan⁵⁵ tsʰaŋ⁴², na²¹³ i²² ko²¹³ yɛ²² nɛ⁰ xai²² iəu⁴² san⁵⁵ sๅ²¹³ sๅ²² kʰuai²¹³ tɕʰiɛn²²。

好，在中途呢，建厂的时候儿呢也还好，建厂的时候儿，他因为修那个，嗯……烧砖的那种窑子嘛，要拿那种带沙的泥巴哦。xau⁴², tai²¹³ tsoŋ⁵⁵ tʰu²² nɛ⁰, tɕiɛn²¹³ tsʰaŋ⁴² ti⁰ sๅ²² xə²¹³ nɛ⁰ iɛ⁴² xai²² xau⁴², tɕiɛn²¹³ tsʰaŋ⁴² ti⁰ sๅ²² xə²¹³, tʰa⁵⁵ in⁵⁵ uei²² ɕiəu⁵⁵ na²¹³ ko²¹³, ən⁰……sau⁵⁵ tsuan⁵⁵ ti⁰ na²¹³ tsoŋ⁴² iau²² tsๅ⁰ ma⁰, iau²¹³ na²² na²¹³ tsoŋ⁴² tai²¹³ sa⁵⁵ ti⁰ ni²² pa⁵⁵ o⁰。

恰恰我们那个小组呢，嗯……那家人家呢，他们屋那点儿土呢那个泥巴就有点儿带沙！kʰa²² kʰa²² ŋo⁴² mən⁰ na²¹³ ko²¹³ ɕiau⁴² tsu⁴² nɛ⁰, ən⁰…… na²¹³ tɕia⁵⁵ zən²² tɕia⁵⁵ nɛ⁰, tʰa⁵⁵ mən⁰ u²² na²¹³ tiə⁴² tʰu⁴² nɛ⁰ na²¹³ ko²¹³ ni²² pa⁵⁵ təu²¹³ iəu⁴² tiə⁴² tai²¹³ sa⁵⁵！

好呢，我们就有四个人就去挖那种泥巴，挖那种泥巴，好多钱荒，

---

① 撅 tɕyɛ²²：骂。

就挖来给厂里那出浆口⁼的都去那个窑子。xau⁴² nε⁰, ŋo⁴² mən⁰ təu²¹³ iəu⁴² sʅ²¹³ ko²¹³ zən²² təu²¹³ tɕʰi²¹³ ua²² na²¹³ tsoŋ⁴² ni²² pa⁵⁵, ua²² na²¹³ tsoŋ⁴² ni²² pa⁵⁵, xau⁴² tuo⁵⁵ tɕʰiɛn⁴² xuaŋ⁵⁵, təu²¹³ ua²² nai²² kei⁴² tsʰaŋ⁴² ni⁴² na²¹³ tsʰu²² tɕiaŋ⁵⁵ kʰəu⁴² ti⁰ təu⁵⁵ tɕʰi²¹³ na²¹³ ko²¹³ iau²² tsʅ⁰。

好呢，那我们每个月还有七八十块钱还，每个人还有，那七八十块钱，可以说当现在的 2000 块钱都不止那时候ᕵ。xau⁴² nε⁰, na²¹³ ŋo⁴² mən⁰ mei⁴² ko²¹³ yɛ²² xai²² iəu⁴² tɕʰi²² pa²² sʅ²² kʰuai²¹³ tɕʰiɛn²² xai²², mei⁴² ko²¹³ zən²² xai²² iəu⁴², na²¹³ tɕʰi²² pa²² sʅ²² kʰuai²¹³ tɕʰiɛn²², kʰo⁴² i⁴² suo²² taŋ⁵⁵ ɕiɛn²¹³ tsai²¹³ ti⁰ niaŋ⁴² tɕʰiɛn⁵⁵ kʰuai²¹³ tɕʰiɛn²² təu⁵⁵ pu²² tsʅ⁴² na²¹³ sʅ²² xɚ²¹³。

好，慢慢慢慢ᕵ像迩么过我们才好起来。xau⁴², man²¹³ man²¹³ man²¹³ mɚ⁰ tɕʰiaŋ²¹³ niɛ²² mo⁰ ko²¹³ ŋo⁴² mən⁰ tsʰai²² xau⁴² tɕʰi⁴² nai²²。

好起来了，反正他妈撵我们嘛，撵我们我们也没法哒，后头在乡里就买了……两间间ᕵ屋，修得个扬尘火炕⁼的哦。xau⁴² tɕʰi⁴² nai²² na⁰, fan⁴² tsən²¹³ tʰa⁵⁵ ma⁵⁵ niɛn⁴² ŋo⁴² mən⁰ ma⁰, niɛn⁴² ŋo⁴² mən⁰ ŋo⁴² mən⁰ iɛ⁴² mei⁵⁵ fa²² ta⁰, xəu²¹³ tʰəu⁰ tai²¹³ ɕiaŋ⁵⁵ ni⁴² təu⁴² mai⁴² na⁰……niaŋ⁴² kan⁵⁵ kɚ⁰ u²², ɕiəu⁵⁵ tɛ²² ko²¹³ iaŋ²² tsʰən²² xo⁴² kʰaŋ²¹³ ti⁰ o⁰。

修得扬尘火炕⁼的呢，买、买回来，买回来我们厂里那些帮我，帮忙啊拖到我们屋里来，才给我们撑起，撑起来就有两间间ᕵ房子，就隔开他妈的嘛，就不遭撅哒哦。ɕiəu⁵⁵ tɛ²² iaŋ²² tsʰən²² xo⁴² kʰaŋ²¹³ ti⁰ nε⁰, mai⁴²、mai⁴² xuei⁴² nai²², mai⁴² xuei⁴² nai²² ŋo⁴² mən⁰ tsʰaŋ⁴² ni⁴² na²¹³ ɕiɛ⁵⁵ paŋ⁵⁵ ŋo⁴², paŋ⁵⁵ maŋ²² a⁰ tʰuo⁵⁵ tau²¹³ ŋo⁴² mən⁰ u²² ni⁴² nai²², tsʰai²² kei⁴² ŋo⁴² mən⁰ tsʰən⁵⁵ tɕʰi⁴², tsʰən⁵⁵ tɕʰi⁴² nai²² təu²¹³ iəu⁴² niaŋ⁴² kan⁵⁵ kɚ⁰ faŋ²² tsʅ⁰, təu²¹³ kɛ²² kʰai⁵⁵ tʰa⁵⁵ ma⁵⁵ ti⁰ ma⁰, təu²¹³ pu²² tsau⁵⁵ tɕyɛ²² ta⁰ o⁰。

不遭撅哒呢，反正我们那时候ᕵ都一年比一年好哒。pu²² tsau⁵⁵ tɕyɛ²² ta⁰ nε⁰, fan⁴² tsən²¹³ ŋo⁴² mən⁰ na²¹³ sʅ²² xɚ²¹³ təu⁵⁵ i²² niɛn²² pi⁴² i²² niɛn²² xau⁴² ta⁰。

后头呢，就生了那个老大呢，反正是在厂里去做活路，就背到我个人娘家、妈的屋里，娘家的妈给我看。xəu²¹³ tʰəu⁰ nε⁰, təu²¹³ sən⁵⁵ na⁰ na²¹³ ko²¹³ nau⁴² ta²¹³ nε⁰, fan⁴² tsən²¹³ sʅ²¹³ tai²¹³ tsʰaŋ⁴² ni⁴² tɕʰi²¹³ tsu²¹³ xo²² nu^{213}, təu^{213} pei^{55} tau^{213} ŋo^{42} ko^{213} zən^{22} niaŋ^{22} tɕia^{55} 、ma^{55} ti^{0} u^{22} ni^{42}, niaŋ^{22} tɕia^{55} ti^{0} ma^{55} kei^{42} ŋo^{42} kʰan^{55}。

晚上黑尽的呢，就背回去，又背回婆家那个屋里，就背回去，就像迥么过。uan^{42} saŋ^{213} xɛ^{22} tɕin^{42} ti^{0} nɛ^{0}, təu^{213} pei^{55} xuei^{22} tɕʰi^{213}, iəu^{213} pei^{55} xuei^{22} pʰo^{22} tɕia^{55} na^{213} ko^{213} u^{22} ni^{42}, təu^{213} pei^{55} xuei^{22} tɕʰi^{213}, təu^{213} tɕʰiaŋ^{213} niɛ^{22} mo^{0} ko^{213}。

后头细娃ﾞ，慢慢慢慢ﾞ长大哒，我们条件就慢慢慢慢ﾞ好的啊，后头嘛细娃ﾞ读书那些啊。xəu^{213} tʰəu^{0} ɕi^{213} uᴀ^{22}, man^{213} man^{213} man^{213} mᵊ^{0} tsaŋ^{42} ta^{213} ta^{0}, ŋo^{42} mən^{0} tʰiau^{22} tɕiɛn^{213} təu^{213} man^{213} man^{213} man^{213} mᵊ^{0} xau^{42} ti^{0} a^{0}, xəu^{213} tʰəu^{0} ma^{0} ɕi^{213} uᴀ^{22} tu^{22} su^{55} na^{213} ɕiɛ^{55} a^{0}。

嗯……反正都靠我们在菜行买一点ﾞ小菜，就说背起背篓买点小菜呀，来做生意，卖给别个的嘛。ən^{0}……fan^{42} tsən^{213} təu^{55} kʰau^{213} ŋo^{42} mən^{0} tai^{213} tsʰai^{213} xaŋ^{22} mai^{42} i^{22} tᵊ^{42} ɕiau^{42} tsʰai^{213}, təu^{213} suo^{22} pei^{55} tɕʰi^{42} pei^{55} nəu^{42} mai^{42} tiɛn^{42} ɕiau^{42} tsʰai^{213} ia^{0}, nai^{22} tsu^{213} sən^{55} i^{213}, mai^{213} kei^{42} piɛ^{22} ko^{213} ti^{0} ma^{0}。

早上因为去得早嘛，乡里的来卖菜，他有些就说我忙回去就说，便宜一角两角啊或者卖给你，卖给你嘛你就买起来。tsau^{42} saŋ^{213} in^{55} uei^{22} tɕʰi^{213} tᵊ^{22} tsau^{42} ma^{0}, ɕiaŋ^{55} ni^{42} ti^{0} nai^{22} mai^{213} tsʰai^{213}, tʰa^{55} iəu^{42} ɕiɛ^{55} təu^{213} suo^{22} ŋo^{42} maŋ^{22} xuei^{22} tɕʰi^{213} təu^{213} suo^{22}, pʰiɛn^{22} ni^{22} i^{22} tɕyo^{22} niaŋ^{42} tɕyo^{22} a^{0} xuai^{22} tsɛ^{42} mai^{213} kei^{42} ni^{42}, mai^{213} kei^{42} ni^{42} ma^{0} ni^{42} təu^{213} mai^{42} tɕʰi^{42} nai^{22}。

买起来呢，就又在街上卖，你就靠赚那个钱，来供那个细娃ﾞ读书。mai^{42} tɕʰi^{42} nai^{22} nɛ^{0}, təu^{213} iəu^{213} tai^{213} kai^{55} saŋ^{213} mai^{213}, ni^{42} təu^{213} kʰau^{213} tsuan^{213} na^{213} ko^{213} tɕʰiɛn^{22}, nai^{22} tɕioŋ^{55} na^{213} ko^{213} ɕi^{213} uᴀ^{22} tu^{22} su^{55}。

后头嘛，八七八几年嘛我们又生了一个，我们两个细娃ﾞ，两个小孩ﾞ就说都是靠我背篓，靠我背篓买点ﾞ菜啊赚点ﾞ钱哪，就送他们两个读书啊，读书哒。xəu^{213} tʰəu^{0} ma^{0}, pa^{22} tɕʰi^{22} pa^{22} tɕi^{42} niɛn^{22} ma^{0} ŋo^{42} mən^{0} iəu^{213} sən^{55} na^{0} i^{22} ko^{213}, ŋo^{42} mən^{0} niaŋ^{42} ko^{213} ɕi^{213} uᴀ^{22}, niaŋ^{42} ko^{213} ɕiau^{42} xᵊ^{22} təu^{213} suo^{22} təu^{55} sŋ^{213} kʰau^{213} ŋo^{42} pei^{55} nəu^{42}, kʰau^{213} ŋo^{42} pei^{55} nəu^{42} mai^{42} tiᵊ^{42} tsʰai^{213} a^{0} tsuan^{213} tiᵊ^{42} tɕʰiɛn^{22} na^{213}, təu^{213} soŋ^{213} tʰa^{55} mən^{0}

niaŋ⁴² ko²¹³ tu²² su⁵⁵ a⁰, tu²² su⁵⁵ ta⁰。

好，我们反正就一年比一年好哒嘛，到后头嘛，我们又把那个屋翻修了一下啊，就修成现在那个，嗯……xau⁴², ŋo⁴² mən⁰ fan⁴² tsən²¹³ təu²¹³ i²² niɛn²² pi⁴² i²² niɛn²² xau⁴² ta⁰ ma⁰, tau²¹³ xəu²¹³ tʰəu⁰ ma⁰, ŋo⁴² mən⁰ iəu²¹³ pa⁴² na²¹³ ko²¹³ u²² fan⁵⁵ ɕiəu⁵⁵ na⁰ i²² xa⁰ a⁰, təu²¹³ ɕiəu⁵⁵ tsʰən²² ɕiɛn²¹³ tsai²¹³ na²¹³ ko²¹³, ən⁰……

砖房，砖房的还是瓦屋，那就说比以前那木房子呢要好一些，在当时来说呢，我们那房子还是好的，但现在来说呢，我们那房子就说是最孬最孬的了。tsuan⁵⁵ faŋ²², tsuan⁵⁵ faŋ²² ti⁰ xai²² sʅ²¹³ ua⁴² u²², na²¹³ təu²¹³ suo²² pi⁴² i⁴² tɕʰiɛn²² na²¹³ mu²² faŋ²² tsʅ⁰ nɛ⁰ iau²¹³ xau⁴² i²² ɕiɛ⁵⁵, tai²¹³ taŋ⁵⁵ sʅ²² nai²² suo²² nɛ⁰, ŋo⁴² mən⁰ na²¹³ faŋ²² tsʅ⁰ xai⁰ sʅ²¹³ xau⁴² ti⁰, tan²¹³ ɕiɛn²¹³ tsai²¹³ nai²² suo²² nɛ⁰, ŋo⁴² mən⁰ na²¹³ faŋ²² tsʅ⁰ təu²¹³ suo²² sʅ²¹³ tsuei²¹³ pʰiɛ⁵⁵ tsuei²¹³ pʰiɛ⁵⁵ ti⁰ na⁰。

现在我年纪大的嘛，也没本事嘛，再说呢呢，我盘哒两个细娃ₙ，一个姑娘一个儿子。ɕiɛn²¹³ tsai²¹³ ŋo⁴² niɛn²² tɕi⁴² ta²¹³ ti⁰ ma⁰, iɛ⁴² mei⁵⁵ pən⁴² sʅ²¹³ ma⁰, tsai²¹³ suo²² nɛ⁰ nɛ⁰, ŋo⁴² pʰan²² ta⁰ niaŋ⁴² ko²¹³ ɕi²¹³ uə²², i²² ko²¹³ ku⁵⁵ niaŋ²² i²² ko²¹³ ə²² tsʅ⁰。

我儿子呢，命也孬，得个媳妇ₙ呢，孙娃ₙ到四岁的时候呢，一个走哒哦，一个离婚哒。ŋo⁴² ə²² tsʅ⁰ nɛ⁰, min²¹³ iɛ⁴² pʰiɛ⁵⁵, tɛ²² ko²¹³ ɕi²² fuə²¹³ nɛ⁰, sən⁵⁵ uə²² tau²¹³ sʅ²¹³ suei²¹³ ti⁰ sʅ²² xəu²¹³ nɛ⁰, i²² ko²¹³ tsəu⁴² ta⁰ o⁰, i²² ko²¹³ ni²² xuən⁵⁵ ta⁰。

我姑娘呢，条件还可以，嫁出去呢，嗯……么子自己也能干呢就说，家庭条件也还可以哦。ŋo⁴² ku⁵⁵ niaŋ²² nɛ⁰, tʰiau²² tɕiɛn²¹³ xai²² kʰo⁴² i⁴², tɕia²¹³ tsʰu²² tɕʰi²¹³ nɛ⁰, ən⁰……mo⁰ tsʅ⁰ tsʅ²¹³ tɕi⁴² iɛ⁴² nən²² kan²¹³ nɛ⁰ təu²¹³ suo²², tɕia⁵⁵ tʰin²² tʰiau²² tɕiɛn²¹³ iɛ⁴² xai²² kʰo⁴² i⁴² o⁰。

那呢我就说，嗯，像走哪ₙ啊，或者是一年四季穿的啊，那都是姑娘的，姑娘给我买。na²¹³ nɛ⁰ ŋo⁴² təu²¹³ suo²², ən⁰, tɕʰiaŋ²¹³ tsəu⁴² nə⁴² a⁰, xuai²² tsɛ⁴² sʅ²¹³ i²² niɛn²² sʅ²¹³ tɕi²¹³ tsʰuan⁵⁵ ti⁰ a⁰, na²¹³ təu⁵⁵ sʅ²¹³ ku⁵⁵ niaŋ²² ti⁰, ku⁵⁵ niaŋ²² kei⁴² ŋo⁴² mai⁴²。

那儿子来说呢，我还要照顾他，朗″们″呢？他那个财运很孬，农村来说，他没得财运，那个命运孬狠哒。na²¹³ ə²² tsʅ⁰ nai²² suo²² nɛ⁰，ŋo⁴² xai²² iau²¹³ tsau²¹³ ku²¹³ tʰa⁵⁵，naŋ²² mən⁰ nɛ⁰？ tʰa⁵⁵ na²¹³ ko²¹³ tsʰai²² yən²¹³ xən⁴² pʰiɛ⁵⁵，noŋ²² tsʰən⁵⁵ nai²² suo²²，tʰa⁵⁵ mei⁵⁵ tɛ²² tsʰai²² yən²¹³，na²¹³ ko²¹³ min²¹³ yən²¹³ pʰiɛ⁵⁵ xən⁴² ta⁰。

他做呢又爱做，就是做不来钱。tʰa⁵⁵ tsu²¹³ nɛ⁰ iəu²¹³ ŋai²¹³ tsu²¹³，təu²¹³ sʅ²¹³ tsu²¹³ pu²² nai²² tɕʰiɛn²²。

所以说呢，我还要帮他领孙娃ₙ，还要帮他那个孙娃ₙ就说用钱啦，三不之ₙ买点ₙ吃的啊，有时候ₙ读书啊，要买笔买本子啊那些哦，都还全靠我。suo⁴² i⁴² suo²² nɛ⁰，ŋo⁴² xai²² iau²¹³ paŋ⁵⁵ tʰa⁵⁵ nin⁴² sən⁵⁵ uə⁰，xai²² iau²¹³ paŋ⁵⁵ tʰa⁵⁵ na²¹³ ko²¹³ sən⁵⁵ uə²² təu²¹³ suo²² yoŋ²¹³ tɕʰiɛn²² na⁰，san⁵⁵ pu²² tsə⁰ mai⁴² tiə⁴² tsʰʅ²¹ ti⁰ a⁰，iəu²¹³ sʅ²¹³ xə²¹³ tu²² su⁵⁵ a⁰，iau²¹³ mai⁴² pi²² mai⁴² pən⁴² tsʅ⁰ a⁰ na²¹³ ɕiɛ⁵⁵ o⁰，təu⁵⁵ xai²² tɕʰyɛn²² kʰau²¹³ ŋo⁴²。

我姑娘也好，就是么子三不之ₙ啊给她侄儿子啊买穿的啊买用的啊，迾两年来说衣服不要我买哒，小的时候ₙ衣服都是我买。ŋo⁴² ku⁵⁵ niaŋ²² iɛ⁴² xau⁴²，təu²¹³ sʅ²¹³ mo⁰ tsʅ⁰ san⁵⁵ pu²² tsə⁰ a⁰ kei⁴² tʰa⁵⁵ tsʅ²² ə²² tsʅ⁰ a⁰ mai⁴² tsʰuan⁵⁵ ti⁰ a⁰ mai⁴² yoŋ²¹³ ti⁰ a⁰，niɛ²² niaŋ⁴² niɛn²² nai²² suo²² i⁵⁵ fu²² pu²² iau²¹³ ŋo⁴² mai⁴² ta⁰，ɕiau⁴² ti⁰ sʅ²² xə²¹³ i⁵⁵ fu²² təu⁵⁵ sʅ²¹³ ŋo⁴² mai⁴²。

迾下大了嘛，姑娘那些，她侄儿子穿孬哒出去怕别人说嘛，嗯……就给他买一些好衣服啊。niɛ²² xə⁰ ta²¹³ na⁰ ma⁰，ku⁵⁵ niaŋ²² na²¹³ ɕiɛ⁵⁵，tʰa⁵⁵ tsʅ²² ə²² tsʅ⁰ tsʰuan⁵⁵ pʰiɛ⁵⁵ ta⁰ tsʰu²² tɕʰi²¹³ pʰa²¹³ piɛ²² zən²² suo²² ma⁰，ən⁰……təu²¹³ kei⁴² tʰa⁵⁵ mai⁴² i²² ɕiɛ⁵⁵ xau⁴² i⁵⁵ fu²² a⁰。

我们以前都是在摊摊ₙ上买哦，十几块啊二十块啊哦那些哦。ŋo⁴² mən⁰ i⁴² tɕʰiɛn²² təu⁵⁵ sʅ²¹³ tai²¹³ tʰan²¹³ tʰə⁰ saŋ²¹³ mai⁴² o⁰，sʅ²² tɕi⁴² kʰuai²¹³ a⁰ ə²¹³ sʅ²² kʰuai²¹³ a⁰ o⁰ na²¹³ ɕiɛ⁵⁵ o⁰。

现在我孙娃ₙ上初中哒，上初中哒呢，我那姑娘呢，一买都是给他买百多的，就是说买稍微好点ₙ的，她怕别个欺负他，就是迾么个。ɕiɛn²¹³ tsai²¹³ ŋo⁴² sən⁵⁵ uə⁰ saŋ²¹³ tsʰu⁵⁵ tsoŋ⁵⁵ ta⁰，saŋ²¹³ tsʰu⁵⁵ tsoŋ⁵⁵ ta⁰ nɛ⁰，ŋo⁴² na²¹³ ku⁵⁵ niaŋ²² nɛ⁰，i²² mai⁴² təu⁵⁵ sʅ²¹³ kei⁴² tʰa⁵⁵ mai⁴² pɛ²² tuo⁵⁵ ti⁰，təu²¹³ sʅ²¹³ suo²² mai⁴² sau⁵⁵ uei⁵⁵ xau⁴² tiə⁴² ti⁰，tʰa⁵⁵ pʰa²¹³ piɛ²² ko²¹³ tɕʰi⁵⁵ fu²¹³ tʰa⁵⁵，təu²¹³ sʅ²¹³ niɛ²² mo⁰ ko²¹³。

所以我现在来说呢，嗯……也还是有点儿负担，就是说呢那个儿子找不来钱，儿子是你屋里那一家人嘛，姑娘出去了嘛，是别个屋那家人哒是不是哦。suo⁴² i⁴² ŋo⁴² ɕiɛn²¹³ tsai²¹³ nai²² suo²² nɛ⁰, ən⁰……ɕɛ⁴² xai²² sʅ²¹³ iəu⁴² tiə⁴² fu²¹³ tan⁵⁵, təu²¹³ sʅ²¹³ suo²² nɛ⁰ na²¹³ ko²¹³ ɚ²² tsʅ⁰ tsau⁴² pu²² nai²² tɕʰiɛn²², ɚ²² tsʅ⁰ sʅ²¹³ ni⁴² u²² ni⁴² na²¹³ i²² tɕia⁵⁵ zən²² ma⁰, ku⁵⁵ niaŋ²² tsʰu²² tɕʰi²¹³ na⁰ ma⁰, sʅ²¹³ piɛ²² ko²¹³ u²² na²¹³ tɕia⁵⁵ zən²² ta⁰ sʅ²¹³ pu²² sʅ²¹³ o⁰。

我所以现在还在黑起做，还在为了细娃儿黑起做。ŋo⁴² suo⁴² i⁴² ɕiɛn²¹³ tsai²¹³ xai²² tai²¹³ xɛ²² tɕʰi⁴² tsu²¹³, xai²² tai²¹³ uei²² na⁰ ɕi²¹³ uɚ²² xɛ²² tɕʰi⁴² tsu²¹³。

他现在就是说，随便搞哪样他做也在做，做着就是那个财啊，钱啊，不到他手里来。tʰa⁵⁵ ɕiɛn²¹³ tsai²¹³ təu²¹³ sʅ²¹³ suo²², suei²² pʰiɛn²² kau⁴² na⁴² iaŋ²¹³ tʰa⁵⁵ tsu²¹³ iɛ⁴² tai²¹³ tsu²¹³, tsu²¹³ tsuo²² təu²¹³ sʅ²¹³ na²¹³ ko²¹³ tsʰai²² a⁰, tɕʰiɛn²² a⁰, pu²² tau²¹³ tʰa⁵⁵ səu⁴² ni⁴² nai²²。

所以说我啊有时候儿，姑娘她也做蚀①我，就是说啊，你惯使②他。suo⁴² i⁴² suo²² ŋo⁴² a⁰ iəu⁴² sʅ²² xɚ²¹³, ku⁵⁵ niaŋ²² tʰa⁵⁵ iɛ⁴² tsu²¹³ sʅ⁴² ŋo⁴², təu²¹³ sʅ²¹³ suo²² a⁰, ni⁴² kuan²¹³ sʅ⁴² tʰa⁵⁵。

其实呢，也不是惯使，每个人到，就说作为老年人来说，你盘到那种儿子哒，你也没办法就是说，你不可能今天逼他明天逼他或者打他是不是哦。tɕʰi²² sʅ²² nɛ⁰, iɛ⁴² pu²² sʅ²¹³ kuan²¹³ sʅ⁴², mei⁴² ko²¹³ zən²² tau²¹³, təu²¹³ suo²² tsuo²² uei²² nau⁴² niɛn²² zən²² nai²² suo²², ni⁴² pʰan²² tau²¹³ na²¹³ tsoŋ⁴² ɚ²² tsʅ⁰ ta⁰, ni⁴² iɛ⁴² mei⁵⁵ pan²¹³ fa²² təu²¹³ sʅ²¹³ suo²², ni⁴² pu²² kʰo⁴² nən²² tɕin⁵⁵ tʰiɛn⁵⁵ pi²² tʰa⁵⁵ mən²² tʰiɛn⁵⁵ pi²² tʰa⁵⁵ xuai²² tsɛ⁴² ta⁴² tʰa⁵⁵ sʅ²¹³ pu²² sʅ²¹³ o⁰。

他做他一天儿，像今天他洗车店嘛，他一天儿做梗天，从早上七点多钟就做起，要做到晚上七八点钟，你说叫任何人做那一天也扎实。tʰa⁵⁵ tsu²¹³ tʰa⁵⁵ i²² tʰiə⁵⁵, tɕʰiaŋ²¹³ tɕin⁵⁵ tʰiɛn⁵⁵ tʰa⁵⁵ ɕi⁴² tsʰɛ⁵⁵ tiɛn²¹³ ma⁰, tʰa⁵⁵ i²² tʰiə⁵⁵ tsu²¹³ kən⁴² tʰiɛn⁵⁵, tsʰoŋ²² tsau⁴² saŋ⁰ tɕʰi²² tiɛn⁴² tuo⁵⁵ tsoŋ⁵⁵ təu²¹³ tsu²¹³ tɕʰi⁴², iau²¹³ tsu²¹³ tau²¹³ uan⁴² saŋ²¹³ tɕʰi²² pa²² tiɛn⁴² tsoŋ⁵⁵, ni⁴² suo²² tɕiau²¹³ zən²² xo²² zən²² tsu²¹³ na²¹³ i²² tʰiɛn⁵⁵ iɛ⁴² tsa²² sʅ²²。

---

① 做蚀 tsu²¹³ sʅ⁴²：要弄、陷害他人。这里指数落，埋怨。
② 惯使 kuan²¹³ sʅ⁴²：纵容，溺爱，无原则的爱护。

就是说，他也想做点儿生意来，但是别人不到你迟个厂子上来你也没得法。təu²¹³ sʐ²¹³ suo²², tʰa⁵⁵ iɛ⁴² ɕiaŋ⁴² tsu²¹³ tiə⁴² sən⁵⁵ i²¹³ nai²², tan²¹³ sʐ²¹³ piɛ²² zən²² pu²² tau²¹³ ni⁴² niɛ²² ko²¹³ tsʰaŋ⁴² tsʐ⁰ saŋ²¹³ nai²² ni⁴² iɛ⁴² mei⁵⁵ tɛ²² fa²²。

所以我有时候儿，姑娘像做蚀我，我心里也不舒服，我姑娘一说呀，啊，孙娃儿也惯使啊，又不叫他做啊，儿子，你样样儿都顶起啊。suo⁴² i⁴² ŋo⁴² iəu⁴² sʐ²² xə²¹³, ku⁵⁵ niaŋ²² tɕʰiaŋ²¹³ tsu²¹³ sʐ⁴² ŋo⁴², ŋo⁴² ɕin⁵⁵ ni⁴² iɛ⁴² pu²² su⁵⁵ fu²², ŋo⁴² ku⁵⁵ niaŋ²² i²² suo⁰ ia⁰, a⁰, sən⁵⁵ uə⁰ iɛ⁴² kuan²¹³ sʐ⁴² a⁰, iəu²¹³ pu²² tɕiau²¹³ tʰa⁵⁵ tsu²¹³ a⁰, ə²² tsʐ⁰, ni⁴² iaŋ²¹³ iə⁰ təu⁵⁵ tin⁴² tɕʰi⁴² a⁰。

啊你，他所以一辈子长不大呀，就说那些话。就说没当父母，没遇到那种细娃儿的话，他都不晓得哦，只有我们个人心里晓得。a⁰ ni⁴², tʰa⁵⁵ suo⁴² i⁴² i²² pei²¹³ tsʐ⁰ tsaŋ²¹³ pu²² ta²¹³ ia⁰, təu²¹³ suo²² na²¹³ ɕiɛ⁵⁵ xua²¹³。təu²¹³ suo²² mei⁵⁵ taŋ⁵⁵ fu²¹³ mu⁴², mei⁵⁵ y²¹³ tau²¹³ na²¹³ tsoŋ⁴² ɕi²¹³ uə²² ti⁰ xua²¹³, tʰa⁵⁵ təu⁵⁵ pu²² ɕiau⁴² tɛ²² o⁰, tsʐ²² iəu⁴² ŋo⁴² mən⁰ ko²¹³ zən²² ɕin⁵⁵ ni⁴² ɕiau⁴² tɛ²²。

实际哪个愿意像迟样过，其实像我们迟个年纪的话，我也该休息了就是说。sʐ²² tɕi²¹³ na⁴² ko²¹³ yɛn²¹³ i²¹³ tɕʰiaŋ²¹³ niɛ²² iaŋ²¹³ ko²¹³, tɕʰi²² sʐ²² tɕʰiaŋ²¹³ ŋo⁴² mən⁰ niɛ²² ko²¹³ niɛn²² tɕi⁴² ti⁰ xua²¹³, ŋo⁴² iɛ⁴² kai⁵⁵ ɕiəu⁵⁵ ɕi²² na⁰ təu²¹³ sʐ²¹³ suo²²。

像乡里一般四五十岁的男人啊，女人，在城里送细娃儿，尽是打牌呀打麻将，我可以说我长到六十几岁了，我从来没去打过牌或者输过钱，就我是输哒五块钱我都心疼几港[=①]啊讲嘛是讲。tɕʰiaŋ²¹³ ɕiaŋ⁵⁵ ni⁴² i²² pan⁵⁵ sʐ²¹³ u⁴² sʐ²² suei²¹³ ti⁰ nan²² zən²² a⁰, ny⁴² zən²², tai²¹³ tsʰən²² ni⁴² soŋ²¹³ ɕi²¹³ uə²², tɕin⁴² sʐ²¹³ ta⁴² pʰai²² ia⁰ ta⁴² ma²² tɕiaŋ⁵⁵, ŋo⁴² kʰo⁴² i⁴² suo²² ŋo⁴² tsaŋ⁴² tau²¹³ nu²² sʐ²² tɕi⁵⁵ suei²¹³ na⁰, ŋo⁴² tsʰoŋ²² nai²² mei⁵⁵ tɕʰi²¹³ ta⁴² ko²¹³ pʰai²² xuai²² tsɛ⁴² su⁵⁵ ko²¹³ tɕʰiɛn²², təu²¹³ ŋo⁴² sʐ²¹³ su⁵⁵ ta⁰ u⁴² kʰuai²¹³ tɕʰiɛn²² ŋo⁴² təu⁵⁵ ɕin⁵⁵ tʰən²² tɕi⁵⁵ kaŋ⁴² a⁰ tɕiaŋ²² ma⁰ sʐ²¹³ tɕiaŋ⁴²。

① 心疼几港 ɕin⁵⁵ tʰən²² tɕi⁵⁵ kaŋ⁴²：因怜惜而心有不忍。

我是小的时候儿穷怕哒。我觉得现在来说呢，吃饭穿衣还是没问题，问题的大的就是默起那个孙娃儿长大哒怎么办哦，或者是读不到书又怎么办，我就是默迥些现在。ŋo⁴² sɿ²¹³ ɕiau⁴² ti⁰ sɿ²¹³ xə²¹³ tɕʰyoŋ²² pʰa²¹³ ta⁰。ŋo⁴² tɕyo²² tɛ²² ɕiɛn²¹³ tsai²¹³ nai²² suo²² nɛ⁰，tsʰɿ²² fan²¹³ tsʰuan⁵⁵ i⁵⁵ xai²² sɿ²¹³ mei⁵⁵ uən²¹³ tʰi²²，uən²¹³ tʰi²² ti⁰ ta²¹³ ti⁰ təu²¹³ sɿ²¹³ mɛ²² tɕʰi⁴² na²¹³ ko²¹³ sən⁵⁵ uə⁰ tsaŋ⁴² ta²¹³ ta⁰ tsən⁴² mo⁰ pan²¹³ o⁰，xuai²² tsɛ⁴² sɿ²¹³ tu²² pu²² tau²¹³ su⁵⁵ iəu²¹³ tsən⁴² mo⁰ pan²¹³，ŋo⁴² təu²¹³ sɿ²¹³ mɛ²² niɛ²² ɕiɛ⁵⁵ ɕiɛn²¹³ tsai²¹³。

所以我姑娘有时候儿就是说我默多哒，我实际也没得法啊，老年人嘛他默起后辈人还是要好起来嘛，你心里才放心哟！是不是迥么个道理嘛哦。suo⁴² i⁴² ŋo⁴² ku⁵⁵ niaŋ²² iəu⁴² sɿ²² xə²¹³ təu²¹³ sɿ²¹³ suo²² ŋo⁴² mɛ²² tuo⁵⁵ ta⁰，ŋo⁴² sɿ²² tɕi²¹³ iɛ⁴² mei⁵⁵ tɛ²² fa²¹³ a⁰，nau⁴² niɛn²² zən²² ma⁰ tʰa⁵⁵ mɛ²² tɕʰi⁴² xəu²¹³ pei²¹³ zən²² xai²² sɿ²¹³ iau²¹³ xau⁴² tɕʰi⁴² nai²² ma⁰，ni⁴² ɕin⁵⁵ ni⁴² tsʰai²² faŋ²¹³ ɕin⁵⁵ sa⁰！sɿ²¹³ pu²² sɿ²¹³ niɛ²² mo⁰ ko²¹³ tau²¹³ ni⁴² ma⁰ o⁰。

像姑娘她没遇到那种情况嘛，她样样儿条件都好嘛，她没得经济压力也没么子其他的压力，婆子妈对他们也好嘛，她没感觉。tɕʰiaŋ²¹³ ku⁵⁵ niaŋ²² tʰa⁵⁵ mei⁵⁵ y²¹³ tau²¹³ na²¹³ tsoŋ⁴² tɕʰin²² kʰuaŋ²¹³ ma⁰，tʰa⁵⁵ iaŋ²¹³ iə⁰ tʰiau²¹³ tɕiɛn²¹³ təu⁵⁵ xau⁴² ma⁰，tʰa⁵⁵ mei⁵⁵ tɛ²² tɕin⁵⁵ tɕi²¹³ ia²² ni²² iɛ⁴² mei⁵⁵ mo⁰ tsɿ⁰ tɕʰi²² tʰa⁵⁵ ti⁰ ia²² ni²²，pʰo²² tsɿ⁰ ma⁵⁵ tuei²¹³ tʰa⁵⁵ mən⁰ iɛ⁴² xau⁴² ma⁰，tʰa⁵⁵ mei⁵⁵ kan⁴² tɕyo²²。

像我们从小就受折磨，就受够哒哦，从妈啊，也对我们也狠呐。就是说我们从小也苦啊，一直到现在来说都还有那么苦，有时候默起他说话你还不是有点儿气人哦。tɕʰiaŋ²¹³ ŋo⁴² mən⁰ tsʰoŋ²² ɕiau⁴² təu²¹³ səu²¹³ tsɛ²² mo²²，təu²¹³ səu²¹³ kəu²¹³ ta⁰ o⁰，tsʰoŋ²² ma⁵⁵ a⁰，iɛ⁴² tuei²¹³ ŋo⁴² mən⁰ iɛ⁴² xən⁴² na⁴²，təu²¹³ sɿ²¹³ suo²² ŋo⁴² mən⁰ tsʰoŋ²² ɕiau⁴² iɛ⁴² kʰu⁴² a⁰，i²² tsɿ²² tau²¹³ ɕiɛn²¹³ tsai²¹³ nai²² suo²² təu⁵⁵ xai²² iəu⁴² na²¹³ mo⁰ kʰu⁴²，iəu⁴² sɿ²² xəu²¹³ mɛ²² tɕʰi⁴² tʰa⁵⁵ suo²² xua²¹³ ni⁴² xai²² pu²² sɿ²¹³ iəu⁴² tia⁴² tɕʰi²¹³ zən²² o⁰。

我现在就是，嗯……管他朗＝们＝说我还是要做，我做到，我是心里没有，我还是做到七十岁哒再说哦。ŋo⁴² ɕiɛn²¹³ tsai²¹³ təu²¹³ sɿ²¹³， ən⁰……kuan⁴² tʰa⁵⁵ naŋ²² mən⁰ suo²² ŋo⁴² xai²² sʅ²¹³ iau²¹³ tsu²¹³, ŋo⁴² tsu²¹³ tau²¹³, ŋo⁴² sʅ²¹³ ɕin⁵⁵ ni⁴² mei⁵⁵ iəu⁴², ŋo⁴² xai²² sʅ²¹³ tsu²¹³ tau²¹³ tɕʰi²² sʅ²² suei²¹³ ta⁰ tsai²¹³ suo²² o⁰。

因为迥个孙娃ₙ嘛需要人管嘛，就是今后成家也好，或者是读书也好，或者读不到书，你想个其他的办法也好，都要从钱上过是不是哦？ in⁵⁵ uei²² niɛ²² ko²¹³ sən⁵⁵ ua²² ma⁰ ɕy⁵⁵ iau²¹³ zən²² kuan⁴² ma⁰, təu²¹³ sʅ²¹³ tɕin⁵⁵ xəu²¹³ tsʰən²² tɕia⁵⁵ iɛ⁴² xau⁴², xuai²² tsɛ⁴² sʅ²¹³ tu²² su⁵⁵ iɛ⁴² xau⁴², xuai²² tsɛ⁴² tu²² pu²² tau²¹³ su⁵⁵, ni⁴² ɕiaŋ⁴² ko²¹³ tɕʰi²² tʰa⁵⁵ ti⁰ pan²¹³ fa²² iɛ⁴² xau⁴², təu⁵⁵ iau²¹³ tsʰoŋ²² tɕʰiɛn²² saŋ⁰ ko²¹³ sʅ²¹³ pu²² sʅ²¹³ o⁰？

所以我就是，一生呢也就是那么个经历，我一个是受够哒我迥个经历，还来二辈子我看得享福不。suo⁴² i⁴² ŋo⁴² təu²¹³ sʅ²¹³, i²² sən⁵⁵ nɛ⁰ iɛ⁴² təu²¹³ sʅ²¹³ na²¹³ mo⁰ ko²¹³ tɕin⁵⁵ ni⁰, ŋo⁴² i²² ko²¹³ sʅ²¹³ səu²¹³ kəu²¹³ ta⁰ ŋo⁴² niɛ²² ko²¹³ tɕin⁵⁵ ni²², xai²² nai²² ɚ²¹³ pei²¹³ tsʅ⁰ ŋo⁴² kʰan²¹³ tɛ²² ɕiaŋ⁴² fu²² pu²²。

我迥辈子呢，就是迥么个经历，也没得么子讲的了就是。ŋo⁴² niɛ²² pei²¹³ tsʅ⁰ nɛ⁰, təu²¹³ sʅ²¹³ niɛ²² mo⁰ ko²¹³ tɕin⁵⁵ ni²², iɛ⁴² mei⁵⁵ tɛ²² mo⁰ tsʅ⁰ tɕiaŋ⁴² ti⁰ na⁰ təu²¹³ sʅ²¹³。

三　青年男性话语

（一）当地情况

我们咸丰是一个好吃的东西比较多的地方，也是一个好吃人比较多的地方。ŋo⁴² mən⁰ xan²² foŋ⁵⁵ sʅ²¹³ i²² ko²¹³ xau⁴² tsʰʅ²² ti⁰ toŋ⁵⁵ ɕi⁵⁵ pi⁴² tɕiau⁴² tuo⁵⁵ ti⁰ ti²¹³ faŋ⁵⁵, iɛ⁴² sʅ²¹³ i²² ko²¹³ xau²¹³ tsʰʅ²² zən²² pi⁴² tɕiau⁴² tuo⁵⁵ ti⁰ ti²¹³ faŋ⁵⁵。

我呢就是其中的一个好吃人。ŋo⁴² nɛ⁰ təu²¹³ sʅ²¹³ tɕʰi²² tsoŋ⁵⁵ ti⁰ i²² ko²¹³ xau²¹³ tsʰʅ²² zən²²。

为什么说我们的咸丰的东西好吃呢？ uei²² sən²² mo⁰ suo²² ŋo⁴² mən⁰ ti⁰ xan²² foŋ⁵⁵ ti⁰ toŋ⁵⁵ ɕi⁵⁵ xau⁴² tsʰʅ²² nɛ⁰？

因为它的东西都是比较讲究的，也就是说，就拿一个比较简单的茶叶汤^①来说吧。in⁵⁵ uei²² tʰa⁵⁵ ti⁰ toŋ⁵⁵ ɕi⁵⁵ təu⁵⁵ sʅ²¹³ pi⁴² tɕiau⁴² tɕiaŋ⁴² tɕiəu⁵⁵ ti⁰, iɛ⁴² təu²¹³ sʅ²¹³ suo²², təu²¹³ na²² i²² ko²¹³ pi⁴² tɕiau⁴² tɕiɛn⁴² tan⁵⁵ ti⁰ tsʰa²² iɛ²² tʰaŋ⁵⁵ nai²² suo²² pa⁰。

那个茶叶汤就从，采茶叶都是有讲究的。na²¹³ ko²¹³ tsʰa²² iɛ²² tʰaŋ⁵⁵ təu²¹³ tsʰoŋ²², tsʰai⁴² tsʰa²² iɛ²² təu⁵⁵ sʅ²¹³ iəu⁴² tɕiaŋ⁴² tɕiəu⁵⁵ ti⁰。

那个茶叶啊，太嫩哒也不行，太老哒也不行。na²¹³ ko²¹³ tsʰa²² iɛ²² a⁰, tʰai²¹³ nən²¹³ ta⁰ iɛ⁴² pu²² ɕin²², tʰai²¹³ nau⁴² ta⁰ iɛ⁴² pu²² ɕin²²。

必须要不嫩不老那种茶叶。pi²² ɕy⁵⁵ iau²¹³ pu²² nən²¹³ pu²² nau⁴² na²¹³ tsoŋ⁴² tsʰa²² iɛ²²。

摘回来呢，还必须要用手工揉。tsɛ²² xuei²² nai²² nɛ⁰, xai²² pi²² ɕy⁵⁵ iau²¹³ yoŋ²¹³ səu⁴² koŋ⁵⁵ za²²。

手工揉的那个茶叶呢，掺出来的茶叶汤才好喝。səu⁴² koŋ⁵⁵ za²² ti⁰ na²¹³ ko²¹³ tsʰa²² iɛ²² nɛ⁰, tsʰan⁵⁵ tsʰu²² nai²² ti⁰ tsʰa²² iɛ²² tʰaŋ⁵⁵ tsʰai²² xau⁴² xo²²。

首先啊，你说茶叶汤准备东西，那个茶叶是肯定要的。səu⁴² ɕiɛn⁵⁵ a⁰, ni⁴² suo²² tsʰa²² iɛ²² tʰaŋ⁵⁵ tsuən⁴² pei²¹³ toŋ⁵⁵ ɕi⁵⁵, na²¹³ ko²¹³ tsʰa²² iɛ²² sʅ²¹³ kʰən⁴² tin²¹³ iau²¹³ ti⁰。

然后呢，一个正宗的茶叶汤，还要准备么啊？ zan²² xəu²¹³ nɛ⁰, i²² ko²¹³ tsən⁵⁵ tsoŋ⁵⁵ ti⁰ tsʰa²² iɛ²² tʰaŋ⁵⁵, xai²² iau²¹³ tsuən⁴² pei²¹³ mo⁰ a⁰?

还要必须要用猪油，还有比如说么子，油渣子啊，阴包谷子啊，米子啊，比如像佐料类的么子，姜丝啊，大蒜啊，豆丝啊么子。xai²² iau²¹³ pi²² ɕy⁵⁵ iau²¹³ yoŋ²¹³ tsu⁵⁵ iəu²², xai²² iəu⁴² pi⁴² zu²² suo²² mo⁰ tsʅ⁰, iəu tsa⁵⁵ tsʅ⁰ a⁰, in⁵⁵ pau⁵⁵ ku²² tsʅ⁰ a⁰, mi⁴² tsʅ⁰ a⁰, pi⁴² zu²² tɕʰiaŋ²¹³ tsuo²² niau²¹³ nuei²¹³ ti⁰ mo⁰ tsʅ⁰, tɕiaŋ⁵⁵ sʅ⁵⁵ a⁰, ta²¹³ suan²¹³ a⁰, təu²¹³ sʅ⁵⁵ a⁰ mo⁰ tsʅ⁰。

那些东西准备好了呢，先要把那个茶叶放那个猪油，把它炸成金黄色，然后不能把它炸得太老，炸黑哒就不行哒。na²¹³ ɕiɛ⁵⁵ toŋ⁵⁵ ɕi⁵⁵ tsuən⁴² pei²¹³ xau⁴² na⁰ nɛ⁰, ɕiɛn⁵⁵ iau²¹³ pa⁴² na²¹³ ko²¹³ tsʰa²² iɛ faŋ²¹³ na²¹³

---

① 茶叶汤 tsʰa²² iɛ²² tʰaŋ⁵⁵：咸丰土家族代表性民俗食品。也叫"油茶汤"，用油炸茶叶、姜米、葱段、阴包谷子、阴米子、灰豆腐等烹调而成。

ko²¹³ tsu⁵⁵ iəu²², pa⁴² tʰa⁵⁵ tsa²¹³ tsʰən²² tɕin⁵⁵ xuaŋ²² sɛ²², zan²² xəu²¹³ pu²²
nən²² pa⁴² tʰa⁵⁵ tsa²¹³ tɛ²¹ tʰai²¹³ nau⁴², tsa²¹³ xɛ²² ta⁰ təu²¹³ pu²² ɕin²² ta⁰。

炸成金黄色呢，就把它搂起来，放在那个装汤的钵钵ₙ里头，然
后就把那些像么事油渣子啊，那些包谷子啊，花生米啊，都要把炸焦。
tsa²¹³ tsʰən²² tɕin⁵⁵ xuaŋ²² sɛ²² nɛ⁰, təu²¹³ pa⁴² tʰa⁵⁵ nəu⁵⁵ tɕʰi⁴² nai²², faŋ²¹³
tai²¹³ na²¹³ ko²¹³ tsuaŋ⁵⁵ tʰaŋ⁵⁵ ti⁰ po²² pɚ⁰ ni⁴² tʰəu⁰, zan²² xəu²¹³ təu²¹³ pa⁴²
na²¹³ ɕiɛ⁵⁵ tɕʰiaŋ²¹³ mo⁰ sʅ²¹³ iəu²² tsa⁵⁵ tsʅ⁰ a⁰, na²¹³ ɕiɛ⁵⁵ pau⁵⁵ ku²² tsʅ⁰ a⁰,
xua⁵⁵ sən⁵⁵ mi⁴² a⁰, təu⁵⁵ iau²¹³ pa⁴² tsa²¹³ tɕiau⁵⁵。

炸焦了以后也弄到钵里头，然后再放少量的猪油，掺点ₙ水，把那
个水烧开。tsa²¹³ tɕiau⁵⁵ na⁰ i⁴² xəu²¹³ iɛ⁴² noŋ²¹³ tau²¹³ po²² ni⁴² tʰəu⁰, zan²²
xəu²¹³ tsai²¹³ faŋ²¹³ sau⁴² niaŋ²² ti⁰ tsu⁵⁵ iəu²², tsʰan⁵⁵ tiɚ⁴² suei⁴², pa⁴² na²¹³
ko²¹³ suei⁴² sau⁵⁵ kʰai⁵⁵。

烧开哒呢，就把倒到之前装的有茶叶子啊、阴包谷子啊那些材料的
汤钵头，一碗茶叶汤才真正的掺成哒。sau⁵⁵ kʰai⁵⁵ ta⁰ nɛ⁰, təu²¹³ pa⁴² tau⁴²
tau²¹³ tsʅ⁵⁵ tɕʰiɛn²² tsuaŋ⁵⁵ ti⁰ iəu⁴² tsʰa²² iɛ²² tsʅ⁰ a⁰、in⁵⁵ pau⁵⁵ ku²² tsʅ⁰ a⁰
na²¹³ ɕiɛ⁵⁵ tsʰai²² niau²¹³ ti⁰ tʰaŋ⁵⁵ po²² tʰəu⁰, i²² uan⁴² tsʰa²² iɛ²² tʰaŋ⁵⁵ tsʰai²²
tsən⁵⁵ tsən²¹³ ti⁰ tsʰan⁵⁵ tsʰən²² ta⁰。

那个像我们咸丰的腊肉，也是有讲究的。na²¹³ ko²¹³ tɕʰiaŋ²¹³ ŋo⁴² mən⁰
xan²² foŋ⁵⁵ ti⁰ na²² zu²², iɛ⁴² sʅ²¹³ iəu⁴² tɕiaŋ⁴² tɕiəu⁵⁵ ti⁰。

首先那个腊肉的肉啊，就必须要是农村用粮食、包谷啊，像么子
打猪草啊喂的土猪肉。səu⁴² ɕiɛn⁵⁵ na²¹³ ko²¹³ na²² zu²² ti⁰ zu²² a⁰, təu²¹³ pi²² ɕy⁵⁵
iau²¹³ sʅ²¹³ noŋ²² tsʰən⁵⁵ yoŋ²¹³ niaŋ²² sʅ²²、pau⁵⁵ ku²² a⁰, tɕʰiaŋ²² mo⁰ tsʅ⁰ ta⁴² tsu⁵⁵
tsʰau⁴² a⁰ uei²¹³ ti⁰ tʰu⁴² tsu⁵⁵ zu²²。

像那个冬腊月份啦，杀猪的时候ₙ，请屠夫杀猪哦，你像要现杀出来
的猪肉。tɕʰiaŋ²¹³ na²¹³ ko²¹³ toŋ⁵⁵ na²² yɛ²² fən²¹³ na⁰, sa²² tsu⁵⁵ ti⁰ sʅ²² xɚ²¹³,
tɕʰin⁴² tʰu²² fu⁵⁵ sa²² tsu⁵⁵ o⁰, ni⁴² tɕʰiaŋ²¹³ iau²¹³ ɕiɛn²¹³ sa²² tsʰu²² nai²² ti⁰ tsu⁵⁵
zu²²。

要看好，你正月份要做人家肘子啊、方方ₙ①啊那些，把砍好了的，

---

① 方方ₙ faŋ⁵⁵ fɚ⁵⁵：猪胸腹部位顺肋骨缝隙割下来的方块状肉。

砍成块块ₙ。iau²¹³ kʰan²¹³ xau⁴², ni⁴² tsən⁵⁵ yɛ²² fən²¹³ iau²¹³ tsu²¹³ zən²² tɕia⁵⁵ tsəu⁴² tsʅ⁰ a⁰、faŋ⁵⁵ fɚ⁵⁵ a⁰ na²¹³ ɕiɛ⁵⁵，pa⁴² kʰan⁴² xau⁴² na⁰ ti⁰，kʰan⁴² tsʰən²² kʰuai²¹³ kʰuɚ⁰。

砍成块块ₙ呢，那些肉啊，生猪肉，你要把弄盐，弄海椒啊、花椒啊那些抹啊。kʰan⁴² tsʰən²² kʰuai²¹³ kʰuɚ⁰ nɛ⁰，na²¹³ ɕiɛ⁵⁵ zu²² a⁰，sən⁵⁵ tsu⁵⁵ zu²²，ni⁴² iau²¹³ pa⁴² noŋ²¹³ iɛn²²，noŋ²¹³ xai³³ tɕiau⁵⁵ a⁰、xua⁵⁵ tɕiau⁵⁵ a⁰ na²¹³ ɕiɛ⁵⁵ ma²² a⁰。

那个抹盐的时候要用手，边搓边抹，要把那些抹进去，要把那些香料的味道揉进去。na²¹³ ko²¹³ ma²² iɛn²² ti⁰ sʅ²² xəu²¹³ iau²¹³ yoŋ²¹³ səu⁴²，piɛn⁵⁵ tsʰuo⁵⁵ piɛn⁵⁵ ma²²，iau²¹³ pa⁴² na²¹³ ɕiɛ⁵⁵ ma²² tɕin²¹³ tɕʰi²¹³，iau²¹³ pa⁴² na²¹³ ɕiɛ⁵⁵ ɕiaŋ⁵⁵ niau²¹³ ti⁰ uei²¹³ tau²¹³ za²² tɕin²¹³ tɕʰi²¹³。

揉进肉呢，要必须要挂在那个炕肉的肉架架ₙ上，要在那码几天，要把那个猪肉里头的水分要码出来。za²² tɕin²¹³ zu²² nɛ⁰，iau²¹³ pi²² ɕy⁵⁵ iau²¹³ kua²¹³ tai²¹³ na²¹³ ko²¹³ kʰaŋ²¹³ zu²² ti⁰ zu²² tɕia²¹³ tɕia⁰ saŋ，iau²¹³ tai²¹³ na²¹³ ma⁴² tɕi⁴² tʰiɛn⁵⁵，iau²¹³ pa⁴² na²¹³ ko²¹³ tsu⁵⁵ zu²² ni⁴² tʰəu⁰ ti⁰ suei⁴² fən²¹³ iau²¹³ ma⁴² tsʰu²² nai²²。

不能，那水鼓鼓ₙ的看肯定是不行，必须要把水分码出来一些。pu²² nən²²，na²¹³ suei⁴² ku⁴² kuɚ⁰ ti⁰ kʰan²¹³ kʰən⁴² tin²¹³ sʅ²¹³ pu²² ɕin²²，pi²² ɕy⁵⁵ iau²¹³ pa⁴² suei⁴² fən²¹³ ma⁴² tsʰu²² nai²² i²² ɕiɛ⁵⁵。

码出来大概三天时间，才能烧火炕。ma⁴² tsʰu²² nai²² ta²¹³ kʰai²¹³ san⁵⁵ tʰiɛn⁵⁵ sʅ²² kan⁵⁵，tsʰai²² nən²² sau⁵⁵ xo⁴² kʰaŋ²¹³。

你就那烧那个火，炕腊肉的那个那些柴火啊，都是有讲究的。ni⁴² təu²¹³ na²¹³ sau⁵⁵ na²¹³ ko²¹³ xo⁴²，kʰaŋ²¹³ na²² zu²² ti⁰ na²¹³ ko²¹³ na²¹³ ɕiɛ⁵⁵ tsʰai²² xo⁴² a⁰，təu⁵⁵ sʅ²¹³ iəu⁴² tɕiaŋ⁴² tɕiəu⁵⁵ ti⁰。

你像你屋里平时吃的橙子皮皮ₙ啊、橘子皮皮ₙ啊，你都可以把它留起。ni⁴² tɕʰiaŋ²¹³ ni⁴² u²² ni⁴² pʰin²² sʅ²² tsʰʅ²¹ ti⁰ tsʰən²² tsʅ⁰ pʰi²² pʰiɚ²² a⁰、tɕy²² tsʅ⁰ pʰi²² pʰiɚ²² a⁰，ni⁴² təu⁵⁵ kʰo⁴² i⁴² pa⁴² tʰa⁵⁵ niəu²² tɕʰi⁴²。

留起把它晒干哒，可以放那ₙ，那个是可以秋=① 腊肉的，那个秋=

---

① 秋 tɕʰiəu⁵⁵：烟熏。同音替代字。

出来的腊肉比较香。niəu²² tɕʰi⁴² pa⁴² tʰa⁵⁵ sai²¹³ kan⁵⁵ ta⁰, kʰo⁴² i⁴² faŋ²¹³ nə²¹³, na²¹³ ko²¹³ sᴣ²¹³ kʰo⁴² i⁴² tɕiəu⁵⁵ na²² zu²² ti⁰, na²¹³ ko²¹³ tɕʰiəu⁵⁵ tsʰu²² nai²² ti⁰ na²² zu²² pi⁴² tɕiau⁴² ɕiaŋ⁵⁵。

你像你的柴丫丫ㄦ呀，必须要那个茶叶树丫丫ㄦ呀，香树^①丫丫呀那些，那些来秋ᵚ腊肉。ni⁴² tɕʰiaŋ²¹³ ni⁴² ti⁰ tsʰai²² ia⁵⁵ iə⁰ ia⁰, pi²² ɕy⁵⁵ iau²¹³ na²¹³ ko²¹³ tsʰa²² iɛ²² su²¹³ ia⁵⁵ iə⁰ ia⁰, ɕiaŋ⁵⁵ su²¹³ ia⁵⁵ iə⁰ ia⁰ na²¹³ ɕiɛ⁵⁵, na²¹³ ɕiɛ⁵⁵ nai²² tɕʰiəu⁵⁵ na²² zu²²。

秋ᵚ的时候ㄦ呢，那个火呢，那个火了子^②，不能烧明火，必须要有起烟子秋ᵚ。tɕʰiəu⁵⁵ ti⁰ sᴣ²² xə²¹³ nɛ⁰, na²¹³ ko²¹³ xo⁴² nɛ⁰, na²¹³ ko²¹³ xo⁴² niau⁵⁵ tsᴣ⁰, pu²² nən²² sau⁵⁵ mən²² xo⁴², pi²² ɕy⁵⁵ iau²¹³ iəu⁴² tɕʰi⁴² iɛn⁵⁵ tsᴣ⁰ tɕʰiəu⁵⁵。

秋ᵚ的时候ㄦ要坐人，随时都要……转，要坐在旁边，要攒火。tɕʰiəu⁵⁵ ti⁰ sᴣ²² xə²¹³ iau²¹³ tsuo²¹³ zən²², suei²² sᴣ²² təu⁵⁵ iau²¹³ …… tsuan⁴², iau²¹³ tsuo²¹³ tai²¹³ pʰaŋ²² piɛn⁵⁵, iau²¹³ tsan⁴² xo⁴²。

那个火烧大了肯定是不行，腊肉那个火了子把它熛^③干哒，腊肉就不好吃哒。na²¹³ ko²¹³ xo⁴² sau⁵⁵ ta²¹³ na⁰ kʰən⁴² tin²¹³ sᴣ²¹³ pu²² ɕin²², na²² zu²² na²¹³ ko²¹³ xo⁴² niau⁵⁵ tsᴣ⁰ pa⁴² tʰa⁵⁵ pʰiau⁴² kan⁵⁵ ta⁰, na²² zu²² təu²¹³ pu²² xau⁴² tsʰᴣ²² ta⁰。

必须要那个火不能将起了子。pi²² ɕy⁵⁵ iau²¹³ na²¹³ ko²¹³ xo⁴² pu²² nən²² tɕiaŋ⁵⁵ tɕʰi⁴² niau⁵⁵ tsᴣ⁰。

要用那个火，烤火的热量来谐^{=④}，烤烟子秋ᵚ啊。iau²¹³ yoŋ²¹³ na²¹³ ko²¹³ xo⁴², kʰau⁴² xo⁴² ti⁰ zɛ²² niaŋ²² nai²² ɕiɛ²², kʰau⁴² iɛn⁵⁵ tsᴣ⁰ tɕʰiəu⁵⁵ a⁰。

像那个秋ᵚ可能要秋ᵚ个大概七天左右时间吧。tɕʰiaŋ²¹³ na²¹³ ko²¹³ tɕʰiəu⁵⁵ kʰo⁴² nən²² iau²¹³ tɕʰiəu⁵⁵ ko²¹³ ta²¹³ kʰai²¹³ tɕʰi²² tʰiɛn⁵⁵ tsuo⁴² iəu²¹³ sᴣ²² kan⁵⁵ pa⁰。

好，要把那个腊肉的皮子啊，秋ᵚ得成那种看起来要是黑黢黢ㄦ的，

---

① 香树 ɕiaŋ⁵⁵ su²¹³：柏树。
② 火了子 xo⁴² niau⁵⁵ tsᴣ⁰：火苗。
③ 熛 pʰiau⁴²：明火烤。本字待考。
④ 谐 ɕiɛ²²：烘烤使干。同音替代字。

但是水分也不能秋⁼得太干哒。xau⁴², iau²¹³ pa⁴² na²¹³ ko²¹³ na²² zu²² ti⁰
pʰi²² tsɿ⁰ a⁰, tɕʰiəu⁵⁵ tɛ²² tsʰən²² na²¹³ tsoŋ⁴² kʰan²¹³ tɕʰi⁴² nai²² iau²¹³ sɿ²¹³ xɛ²²
tɕʰy⁵⁵ tɕʰyə⁰ ti⁰, tan²¹³ sɿ²¹³ suei⁴² fən²¹³ iɛ⁴² pu²² nən²² tɕʰiəu⁵⁵ tɛ²² tʰai²¹³
kan⁵⁵ ta⁰。

　　好，那种腊肉，你把它洗出来那种皮子啊，都是呈金黄色。xau⁴²,
na²¹³ tsoŋ⁴² na²² zu²², ni⁴² pa⁴² tʰa⁵⁵ ɕi⁴² tsʰu²² nai²² na²¹³ tsoŋ⁴² pʰi²² tsɿ⁰ a⁰,
təu⁵⁵ sɿ²¹³ tsʰən²² tɕin⁵⁵ xuaŋ²² sɛ²²。

　　你看我们那ㄦ还有我晓得的，那个霉豆腐。ni⁴² kʰan²¹³ ŋo⁴² mən⁰ nə²¹³
xai²² iəu⁴² ŋo⁴² ɕiau⁴² tɛ²² ti⁰, na²¹³ ko²¹³ mei²² təu²¹³ fu⁴²。

　　做霉豆腐嘛，我们那ㄦ做的霉豆腐，就是外头看的么子毛豆腐么什
么。tsu²¹³ mei²² təu²¹³ fu⁴² ma⁰, ŋo⁴² mən⁰ nə²¹³ tsu²¹³ ti⁰ mei²² təu²¹³ fu⁴²,
təu²¹³ sɿ²¹³ uai²¹³ tʰəu⁰ kʰan²¹³ ti⁰ mo⁰ tsɿ⁰ mau²² təu²¹³ fu⁴² mo⁰ sən²² mo⁰。

　　我们那ㄦ的霉豆腐，它也是比较讲究的。ŋo⁴² mən⁰ nə²¹³ ti⁰ mei²²
təu²¹³ fu⁴², tʰa⁵⁵ iɛ⁴² sɿ²¹³ pi⁴² tɕiau⁴² tɕiaŋ⁴² tɕiəu⁵⁵ ti⁰。

　　你像那些黄豆，必须要用个人坡上种下去，黄豆。ni⁴² tɕʰiaŋ²¹³ na²¹³
ɕiɛ⁵⁵ xuaŋ²² təu²¹³, pi²² ɕy⁵⁵ iau²¹³ yoŋ²¹³ ko²¹³ zən²² pʰo⁵⁵ saŋ²¹³ tsoŋ⁴² xa⁰
tɕʰi²¹³, xuaŋ²² təu²¹³。

　　那个黄豆必须要用水把它泡软哒哦。na²¹³ ko²¹³ xuaŋ²² təu²¹³ pi²² ɕy⁵⁵
iau²¹³ yoŋ²¹³ suei⁴² pa⁴² tʰa⁵⁵ pʰa²¹³ zuan⁴² ta⁰ o⁰。

　　泡软哒要搞，用我们当地那个土磨子推，人工个攮①，攮出来那个豆浆，
然后那个豆浆搞，到那个豆腐箱箱ㄦ里头，那要点成那个像豆腐——豆腐
了哦。pʰa²¹³ zuan⁴² ta⁰ iau²¹³ kau⁴², yoŋ²¹³ ŋo⁴² mən⁰ taŋ⁵⁵ ti²¹³ na²¹³ ko²¹³ tʰu⁴² mo²²
tsɿ⁰ tʰuei⁵⁵, zən²² koŋ⁵⁵ ko²¹³ naŋ⁴², naŋ⁴² tsʰu²² nai²² na²¹³ ko²¹³ təu²¹³ tɕiaŋ⁵⁵,
zan²² xəu²¹³ na²¹³ ko²¹³ təu²¹³ tɕiaŋ⁵⁵ kau⁴², tau²¹³ na²¹³ ko²¹³ təu²¹³ fu⁴² ɕiaŋ⁵⁵ ɕiə⁰
ni⁴² tʰəu⁰, na²¹³ iau²¹³ tiɛn⁴² tsʰən²² na²¹³ ko²¹³ tɕʰiaŋ²¹³ təu²¹³ fu⁴² —— təu²¹³ fu⁴²
na⁰ o⁰。

　　豆腐了还要把它压紧，要搞——越重越好东西，把那个豆腐压死，
压死要压个一整夜。təu²¹³ fu⁴² na⁰ xai²² iau²¹³ pa⁴² tʰa⁵⁵ ia²² tɕin⁴², iau²¹³

---

　　① 攮 naŋ⁴²：滤。

kau⁴² —— yɛ²² tsoŋ²¹³ yɛ²² xau⁴² toŋ⁵⁵ ɕi⁵⁵, pa⁴² na²¹³ ko²¹³ təu²¹³ fu⁴² ia²²
sʅ⁴², ia²² sʅ⁴² iau²¹³ ia²² ko²¹³ i²² tsən⁴² iɛ²¹³。

要比较紧扎①么，豆腐泡温②哒就不行，轻轻一碰就破哒那个豆腐不行，必须要压紧扎。iau²¹³ pi⁴² tɕiau²¹³ tɕin⁴² tsa⁰ mo⁰, təu²¹³ fu⁴² pʰa²¹³ uən⁵⁵ ta⁰ təu²¹³ pu²² ɕin²², tɕʰin⁵⁵ tɕʰin⁵⁵ i²² pʰoŋ²¹³ təu²¹³ pʰo²¹³ ta⁰ na²¹³ ko²¹³ təu²¹³ fu⁴² pu²² ɕin²², pi²² ɕy⁵⁵ iau²¹³ ia²² tɕin⁴² tsa⁰。

要压紧扎像那个，你把它格成一个十公分乘十公分那个坨坨ₗ，搞我们当地那个稻草啊，把它洗干净。iau²¹³ ia²² tɕin⁴² tsa⁰ tɕʰiaŋ²¹³ na²¹³ ko²¹³, ni⁴² pa⁴² tʰa⁵⁵ kɛ²² tsʰən²² i²² ko²¹³ sʅ²² koŋ⁵⁵ fən⁵⁵ tsʰən²² sʅ²² koŋ⁵⁵ fən⁵⁵ na²¹³ ko²¹³ tʰuo²² tʰuɚ⁰, kau⁴² ŋo⁴² mən⁰ taŋ⁵⁵ ti²¹³ na²¹³ ko²¹³ tau²¹³ tsʰau⁴² a⁰, pa⁴² tʰa⁵⁵ ɕi⁴² kan⁵⁵ tɕin²¹³。

就是大概个三四坨一层，三四坨一层，一层豆腐一层稻草，放在那个比较温暖的地方，尽③它长毛嘛。təu²¹³ sʅ²¹³ ta²¹³ kʰai²¹³ ko²¹³ san⁵⁵ sʅ²¹³ tʰuo²² i²² tsʰən²², san⁵⁵ sʅ²¹³ tʰuo²² i²² tsʰən²², i²² tsʰən²² təu²¹³ fu⁴² i²² tsʰən²² tau²¹³ tsʰau⁴², faŋ²¹³ tai²¹³ na²¹³ ko²¹³ pi⁴² tɕiau⁴² uən⁵⁵ nuan⁴² ti⁰ ti²¹³ faŋ⁵⁵, tɕin⁴² tʰa⁵⁵ tsaŋ⁴² mau²² ma⁰。

就是说那个毛，放个可能一个星期，那个毛，白毛啊还比较长了之后呢，那就可以盘香料哒。təu²¹³ sʅ²¹³ suo²² na²¹³ ko²¹³ mau²², faŋ²¹³ ko²¹³ kʰo⁴² nən²² i²² ko²¹³ ɕin⁵⁵ tɕʰi⁵⁵, na²¹³ ko²¹³ mau²², pɛ²² mau²² a⁰ xai²² pi⁴² tɕiau⁴² tsʰaŋ²² na⁰ tsʅ⁵⁵ xəu²¹³ nɛ⁰, na²¹³ təu²¹³ kʰo⁴² i⁴² pʰan²² ɕiaŋ⁵⁵ niau²¹³ ta⁰。

盘香料呢，香料要准备些么子？像平时你把那些像大蒜瓣瓣ₗ啊、姜啊那些，把它洗干净哒，晒干。pʰan²² ɕiaŋ⁵⁵ niau²¹³ nɛ⁰, ɕiaŋ⁵⁵ niau²¹³ iau²¹³ tsuən⁴² pei²¹³ ɕiɛ⁵⁵ mo⁰ tsʅ⁰? tɕʰiaŋ²¹³ pʰin²² sʅ²² ni⁴² pa⁴² na²¹³ ɕiɛ⁵⁵ tɕʰiaŋ²¹³ ta²¹³ suan²¹³ pan²¹³ pɚ⁰ a⁰、tɕiaŋ⁵⁵ a⁰ na²¹³ ɕiɛ⁵⁵, pa⁴² tʰa⁵⁵ ɕi⁴² kan⁵⁵ tɕin²¹³ ta⁰, sai²¹³ kan⁵⁵。

晒干哒和那个花椒子、海椒还有么子胡椒那些香料，香料还比较多

---

① 紧扎 tɕin⁴² tsa⁰：紧密，严实。

② 温 uən⁵⁵：软，疲塌。

③ 尽 tɕin⁴²：放任。

啊，没做过，看到大人做过的。sai²¹³ kan⁵⁵ ta⁰ xo²² na²¹³ ko²¹³ xua⁵⁵ tɕiau⁵⁵ tsๅ⁰ 、xai⁴² tɕiau⁵⁵ xai²² iəu⁴² mo⁰ tsๅ⁰ fu²² tɕiau⁵⁵ na²¹³ ɕiɛ⁵⁵ ɕiaŋ⁵⁵ niau²¹³、ɕiaŋ⁵⁵ niau²¹³ xai²² pi⁴² tɕiau⁴² tuo⁵⁵ a⁰、mei⁵⁵ tsu²¹³ ko²¹³、kʰan²¹³ tau²¹³ ta²¹³ zən²² tsu²¹³ ko²¹³ ti⁰。

那个要像，将那些晒干哒要用机器打成粉末。na²¹³ ko²¹³ iau²¹³ tɕʰiaŋ²¹³、tɕiaŋ⁵⁵ na²¹³ ɕiɛ⁵⁵ sai²¹³ kan⁵⁵ ta⁰ iau²¹³ yoŋ²¹³ tɕi⁵⁵ tɕʰi²¹³ ta⁴² tsʰən²² fən⁴² mo²²。

打成粉末哒，把那个已经发毛的，那个豆腐哦，就和那些香料裹起。ta⁴² tsʰən²² fən⁴² mo²² ta⁰、pa⁴² na²¹³ ko²¹³ i⁴² tɕin⁵⁵ fa²² mau²² ti⁰、na²¹³ ko²¹³ təu²¹³ fu⁴² o⁰、təu²¹³ xo²² na²¹³ ɕiɛ⁵⁵ ɕiaŋ⁵⁵ niau²¹³ ko⁴² tɕʰi⁴²。

边裹呢，还边搞点ㄦ白酒，它才，不得发臭嘛，不得长虫嘛。piɛn⁵⁵ ko⁴² nɛ⁰、xai²² piɛn⁵⁵ kau⁴² tiə⁴² pɛ²² tɕiəu⁴²、tʰa⁵⁵ tsʰai²²、pu²² tɛ²² fa²² tsʰəu²¹³ ma⁰、pu²² tɛ²² tsaŋ⁴² tsʰoŋ²² ma⁰。

裹哒起以后，放在一个，像那个土坛子里头，土坛子里头，那一年四季都可以吃。ko⁴² ta⁰ tɕʰi⁴² i⁴² xəu²¹³、faŋ²¹³ tai²¹³ i²² ko²¹³、tɕʰiaŋ²¹³ na²¹³ ko²¹³ tʰu⁴² tʰan²² tsๅ⁰ ni⁴² tʰəu⁰、tʰu⁴² tʰan²² tsๅ⁰ ni⁴² tʰəu⁰、na²¹³ i²² niɛn²² sๅ²¹³ tɕi²¹³ təu⁵⁵ kʰo⁴² i⁴² tsʰๅ²²。

我晓得的，比较详细的，就那个三样吃的。ŋo⁴² ɕiau⁴² tɛ²² ti⁰、pi⁴² tɕiau²¹³ tɕʰiaŋ²² ɕi²¹³ ti⁰、təu²¹³ na²¹³ ko²¹³ san⁵⁵ iaŋ²¹³ tsʰๅ²² ti⁰。

但是你像我们那哈ㄦ，像么子甜面酱啊那些……也有那些咸菜啊，像么子大头菜丝丝ㄦ啊、大头菜缨缨ㄦ啊。tan²¹³ sๅ²¹³ ni⁴² tɕʰiaŋ²¹³ ŋo⁴² mən⁰ na²¹³ xə⁵⁵、tɕʰiaŋ²¹³ mo⁰ tsๅ⁰ tʰiɛn²² miɛn²¹³ tɕiaŋ²¹³ a⁰ na²¹³ ɕiɛ⁵⁵……iɛ⁴² iəu⁴² na²¹³ ɕiɛ⁵⁵ xan²² tsʰai²¹³ a⁰、tɕʰiaŋ²¹³ mo⁰ tsๅ⁰ ta²¹³ tʰəu⁰ tsʰai²¹³ sๅ⁵⁵ sə⁰ a⁰、ta²¹³ tʰəu⁰ tsʰai²¹³ in⁵⁵ iə⁰ a⁰。

你像我们那ㄦ的人是会做吃的呢，你像山上的那些么子草草ㄦ、树叶子都是可以做成吃的。ni⁴² tɕʰiaŋ²¹³ ŋo⁴² mən⁰ na²¹³ ti⁰ zən²² sๅ²¹³ xuei²¹³ tsu²¹³ tsʰๅ²² ti⁰ nɛ⁰、ni⁴² tɕʰiaŋ²¹³ san⁵⁵ saŋ²¹³ ti⁰ na²¹³ ɕiɛ⁵⁵ mo⁰ tsๅ⁰ tsʰau²¹³ tsʰə⁰、su²¹³ iɛ²² tsๅ⁰ təu⁵⁵ sๅ²¹³ kʰo⁴² i⁴² tsu²¹³ tsʰən²² tsʰๅ²² ti⁰。

你像我晓得的么，你像一个用树叶做的吃的，就是一个"神豆腐"，一种绿色的那种豆腐。ni⁴² tɕʰiaŋ²¹³ ŋo⁴² ɕiau⁴² tɛ²² ti⁰ mo⁰、ni⁴² tɕʰiaŋ²¹³ i²² ko²¹³ yoŋ²¹³ su²¹³ iɛ²² tsu²¹³ ti⁰ tsʰɿ²² ti⁰, təu²¹³ sɿ²¹³ i²² ko²¹³ "sən²² təu²¹³ fu⁴²", i²² tsoŋ⁴² nu²² sɛ²² ti⁰ na²¹³ tsoŋ⁴² təu²¹³ fu⁴²。

它是冬天——不是，夏天吃，它比较夏凉，它其实比它们那些凉粉啊都好吃些。tʰa⁵⁵ sɿ²¹³ toŋ⁵⁵ tʰiɛn⁵⁵ —— pu²² sɿ²¹³, ɕia²¹³ tʰiɛn⁵⁵ tsʰɿ²², tʰa⁵⁵ pi⁴² tɕiau⁴² ɕia²¹³ niaŋ²², tʰa⁵⁵ tɕʰi²² sɿ²² pi⁴² tʰa⁵⁵ mən⁰ na²¹³ ɕiɛ⁵⁵ niaŋ²² fən⁴² a⁰ təu⁵⁵ xau⁴² tsʰɿ²² ɕiɛ⁵⁵。

你像我晓得那个做粑粑儿的那个野草，叫"水荞"，那做出来那个荞粑也是比较好吃的。ni⁴² tɕʰiaŋ²¹³ ŋo⁴² ɕiau⁴² tɛ²² na²¹³ ko²¹³ tsu²¹³ pa⁵⁵ pə⁰ ti⁰ na²¹³ ko²¹³ iɛ⁴² tsʰau⁴², tɕiau²¹³ "suei⁴² tɕʰiau²²", na²¹³ tsu²¹³ tsʰu²² nai²² na²¹³ ko²¹³ tɕʰiau²² pa⁵⁵ iɛ⁴² sɿ²¹³ pi⁴² tɕiau⁴² xau⁴² tsʰɿ²² ti⁰。

那个咸丰的吃的呢，反正是种类比较多，我知道的就朗 ᵜ 们 ᵜ 些。na²¹³ ko²¹³ xan²² foŋ⁵⁵ ti⁰ tsʰɿ²² ti⁰ nɛ⁰, fan⁴² tsən⁵⁵ sɿ²¹³ tsoŋ⁴² nuei²¹³ pi⁴² tɕiau⁴² tuo⁵⁵, ŋo⁴² tsɿ⁵⁵ tau²¹³ ti⁰ təu²¹³ naŋ²² mən⁰ ɕiɛ⁵⁵。

（二）风俗习惯

像我们咸丰的风俗嘛，我晓得的就只有结婚和死。tɕʰiaŋ²¹³ ŋo⁴² mən⁰ xan²² foŋ⁵⁵ ti⁰ foŋ⁵⁵ su²² ma⁰, ŋo⁴² ɕiau⁴² tɛ²² ti⁰ təu²¹³ tsɿ²² iəu⁴² tɕiɛ²² xuən⁵⁵ xo²² sɿ⁴²。

因为那个呢，结婚是我亲身经历的，像死么我去帮过忙的。in⁵⁵ uei²² na²¹³ ko²¹³ nɛ⁰, tɕiɛ²² xuən⁵⁵ sɿ²¹³ ŋo⁴² tɕʰin⁵⁵ sən⁵⁵ tɕin⁵⁵ ni²² ti⁰, tɕʰiaŋ²¹³ sɿ⁴² mo⁰ ŋo⁴² tɕʰi²¹³ paŋ⁵⁵ ko²¹³ maŋ²² ti⁰。

先讲结婚嘛，结婚呢，从我舅娘给我介绍媳妇儿起，中间到结婚，中间要经历女方到我们屋来看门户。ɕiɛn⁵⁵ tɕiaŋ⁴² tɕiɛ²² xuən⁵⁵ ma⁰, tɕiɛ²² xuən⁵⁵ nɛ⁰, tsʰoŋ²² ŋo⁴² tɕiəu²² niaŋ²² kei⁴² ŋo⁴² kai²¹³ sau²¹³ ɕi²² fuə²¹³ tɕʰi⁴², tsoŋ⁵⁵ kan⁵⁵ tau²¹³ tɕiɛ²² xuən⁵⁵, tsoŋ⁵⁵ kan⁵⁵ iau²¹³ tɕin⁵⁵ ni²² ny⁴² faŋ⁵⁵ tau²¹³ ŋo⁴² mən⁰ u²² nai²² kʰan²¹³ mən²² fu²¹³。

觉得……他们屋里呢来看你屋，住在城边上的啊屋啊，那些条件还可以不啊，朗 ᵜ 们 ᵜ 个那些。tɕyo²² tɛ²² …… tʰa⁵⁵ mən⁰ u²² ni⁴² nɛ⁰ nai²² kʰan²¹³ ni⁴² u²², tsu²¹³ tai²¹³ tsʰən²² piɛn⁵⁵ saŋ²¹³ ti⁰ a⁰ u²² a⁰, na²¹³ ɕiɛ⁵⁵ tʰiau²² tɕiɛn²¹³ xai²² kʰo⁴² i⁴² pu²² a⁰, naŋ²² mən⁰ ko²¹³ na²¹³ ɕiɛ⁵⁵。

但是看门户肯定是要，还要帮姑娘儿，帮那个姑娘儿啊，就是你女朋友啊，要包红包的。tan²¹³ sʅ²¹³ kʰan²¹³ mən²² fu²¹³ kʰən⁴² tin²¹³ sʅ²¹³ iau²¹³, xai²² iau²¹³ paŋ⁵⁵ ku⁵⁵ niə²², paŋ⁵⁵ na²¹³ ko²¹³ ku⁵⁵ niə²² a⁰, təu²¹³ sʅ²¹³ ni⁴² ny⁴² pʰoŋ²² iəu⁴² a⁰, iau²¹³ pau⁵⁵ xoŋ²² pau⁵⁵ ti⁰。

然后呢，看门户过后呢，应该就是要帮你喊到女方去，认识一下她们那些亲戚啊，那些么子哪个要喊姨娘，哪个要喊叔叔儿，那些亲戚要给你介绍，给你认识。zan²² xəu²¹³ nɛ⁰, kʰan²¹³ mən²² fu²¹³ ko²¹³ xəu²¹³ nɛ⁰, in⁵⁵ kai⁵⁵ təu²¹³ sʅ²¹³ iau²¹³ paŋ⁵⁵ ni⁴² xan⁴² tau²¹³ ny⁴² faŋ⁵⁵ tɕⁱi²¹³, zən²¹³ sʅ²² i²² xa⁵⁵ tʰa⁵⁵ mən⁰ na²¹³ ɕiɛ⁵⁵ tɕʰin⁵⁵ tɕʰi²² a⁰, na²¹³ ɕiɛ⁵⁵ mo⁰ tsʅ² na⁴² ko²¹³ iau²¹³ xan⁴² i²² niaŋ²², na⁴² ko²¹³ iau²¹³ xan⁴² su²² suə⁰, na²¹³ ɕiɛ⁵⁵ tɕʰin⁵⁵ tɕʰi²² iau²¹³ kei⁴² ni⁴² kai²¹³ sau²¹³, kei⁴² ni⁴² zən²¹³ sʅ²²。

那些亲戚都认识了呢，那肯定就是要……插香。na²¹³ ɕiɛ⁵⁵ tɕʰin⁵⁵ tɕʰi²² təu⁵⁵ zən²¹³ sʅ²² na⁰ nɛ⁰, na²¹³ kʰən⁴² tin²¹³ təu²¹³ sʅ²¹³ iau²¹³ …… tsʰa²² ɕiaŋ⁵⁵。

插香呢就是，插香那天呢，你要买点儿东西那些去啊，去背肘子啊，背那些方方儿那些去，还要买点儿炮火。tsʰa²² ɕiaŋ⁵⁵ nɛ⁰ təu²¹³ sʅ²¹³, tsʰa²² ɕiaŋ⁵⁵ na²¹³ tʰiɛn⁵⁵ nɛ⁰, ni⁴² iau²¹³ mai⁴² tiə⁴² toŋ⁵⁵ ɕi⁵⁵ na²¹³ ɕiɛ⁵⁵ tɕʰi²¹³ a⁰, tɕʰi²¹³ pei⁵⁵ tsəu⁴² tsʅ⁰ a⁰, pei⁵⁵ na²¹³ ɕiɛ⁵⁵ faŋ⁵⁵ fə⁰ na²¹³ ɕiɛ⁵⁵ tɕʰi²¹³, xai²² iau²¹³ mai⁴² tiə⁴² pʰau²¹³ xo⁴²。

就证明——插香的意思就是说，那个姑娘啊名花有主哒，那些媒人呢再莫打姑娘主意哒。təu²¹³ tsən²¹³ mən²² —— tsʰa²² ɕiaŋ⁵⁵ ti⁰ i²¹³ sʅ⁵⁵ təu²¹³ sʅ²¹³ suo²², na²¹³ ko²¹³ ku⁵⁵ niaŋ²² a⁰ min²² xua⁵⁵ iəu⁴² tsu⁴² ta⁰, na²¹³ ɕiɛ⁵⁵ mei²² zən²² nɛ⁰ tsai²¹³ mo⁰ ta⁴² ku⁵⁵ niaŋ²² tsu⁴² i²¹³ ta⁰。

插香之后呢，就是好像就是拜新年，拜新年的目的呢就是去帮她们那些亲戚啊，长辈啊每家每户地拜年哪。tsʰa²² ɕiaŋ⁵⁵ tsʅ⁵⁵ xəu²¹³ nɛ⁰, təu²¹³ sʅ²¹³ xau⁴² tɕʰiaŋ²¹³ təu²¹³ sʅ²¹³ pai²¹³ ɕin⁵⁵ niɛn²², pai²¹³ ɕin⁵⁵ niɛn²² ti⁰ mu²² ti⁰ nɛ⁰ təu²¹³ sʅ²¹³ tɕʰi²¹³ paŋ⁵⁵ tʰa⁵⁵ mən⁰ na²¹³ ɕiɛ⁵⁵ tɕʰin⁵⁵ tɕʰi²² a⁰, tsaŋ⁴² pei²¹³ a⁰ mei⁴² tɕia⁵⁵ mei⁴² fu²¹³ ti²¹³ pai²¹³ niɛn²² na⁰。

让那些亲戚——都拜新年哒，就可以，好像是交换八字嘛，可以像……拜新年哒之后应该就是讨八字哦。zaŋ²¹³ na²¹³ ɕiɛ⁵⁵ tɕʰin⁵⁵ tɕʰi²² ——

təu⁵⁵ pai²¹³ ɕin⁵⁵ niɛn²² ta⁰, təu²¹³ kʰo⁴² i⁴², xau⁴² tɕʰiaŋ²¹³ sʅ²¹³ tɕiau⁵⁵ xuan²¹³ pa²² tsʅ²¹³ ma⁰, kʰo⁴² i⁴² tɕʰiaŋ²¹³ ······ pai²¹³ ɕin⁵⁵ niɛn²² ta⁰ tsʅ⁵⁵ xəu²¹³ in⁵⁵ kai⁵⁵ təu²¹³ sʅ²¹³ tʰau⁴² pa²² tsʅ²¹³ o⁰。

讨八字就是帮相互的八字都要给八字先生看，看你们两个合不合啊，以后结婚哒好不好啊，得白头偕老不啊？tʰau⁴² pa²² tsʅ²¹³ təu²¹³ sʅ²¹³ paŋ⁵⁵ ɕiaŋ⁵⁵ fu²¹³ ti⁰ pa²² tsʅ²¹³ təu⁵⁵ iau²¹³ kei⁴² pa²² tsʅ²¹³ ɕiɛn⁵⁵ sən⁵⁵ kʰan²¹³，kʰan²¹³ ni⁴² mən⁰ niaŋ⁴² ko²¹³ xo²² pu²² xo²² a⁰，i⁴² xəu²¹³ tɕiɛ²² xuən⁵⁵ ta⁰ xau⁴² pu²² xau⁴² a⁰，tɕ²² pɛ²² tʰəu⁰ ɕiɛ²² nau⁴² pu²² a⁰？

假如讨八字讨好哒以后啊，反正亲戚也认识啊，新年也拜哒啊，就可以看期结婚哒，就可以看期结婚哒。tɕia⁴² zu²² tʰau⁴² pa²² tsʅ²¹³ tʰau⁴² xau⁴² ta⁰ i⁴² xəu²¹³ a⁰，fan⁴² tsən²¹³ tɕʰin⁵⁵ tɕʰi²¹³ iɛ⁴² zən²¹³ sʅ²² a⁰，ɕin⁵⁵ niɛn²² iɛ⁴² pai²¹³ ta⁰ a⁰，təu²¹³ kʰo⁴² i⁴² kʰan²¹³ tɕʰi⁵⁵ tɕiɛ²² xuən⁵⁵ ta⁰，təu²¹³ kʰo⁴² i⁴² kʰan²¹³ tɕʰi⁵⁵ tɕiɛ²² xuən⁵⁵ ta⁰。

我们那ᰥ的话，结婚从——要看的啊，好像是从结婚那天，姑娘从她屋里好久出发，然后好久拜堂，好久进洞房迥个事情都是看得比较准确的。ŋo⁴² mən⁰ na˞²¹³ ti⁰ xua²¹³，tɕiɛ²² xuən⁵⁵ tsʰoŋ²² —— iau²¹³ kʰan²¹³ ti⁰ a⁰，xau⁴² tɕʰiaŋ²¹³ sʅ²¹³ tsʰoŋ²² tɕiɛ²² xuən⁵⁵ na˞²¹³ tʰiɛn⁵⁵，ku⁵⁵ niaŋ²² tsʰoŋ²² tʰa⁵⁵ u²² ni⁴² xau⁴² tɕiəu⁴² tsʰu²² fa²²，zan²² xəu²¹³ xau⁴² tɕiəu⁴² pai²¹³ tʰaŋ²²，xau⁴² tɕiəu⁴² tɕin²¹³ toŋ²¹³ faŋ²² niɛ ko²¹³ sʅ²¹³ tɕʰin²² təu⁵⁵ sʅ²¹³ kʰan²¹³ tɛ²² pi⁴² tɕiau⁴² tsuən⁴² tɕʰyo⁰ ti⁰。

然后呢，你像男方，像头天哦，我们那儿叫打发姑娘那天，你还要过礼。zan²² xəu²¹³ nɛ⁰，ni⁴² tɕʰiaŋ²¹³ nan²² faŋ⁵⁵，tɕʰiaŋ²¹³ tʰəu⁰ tʰiɛn⁵⁵ o⁰，ŋo⁴² mən⁰ na˞²¹³ ˞²² tɕiau²¹³ ta⁴² fa²² ku⁵⁵ niaŋ²¹³ na˞²¹³ tʰiɛn⁵⁵，ni⁴² xai²² iau²¹³ ko²¹³ ni⁴²。

过礼你像男方那边要请那些帮忙的啊，首先，你像总管哪，么子知客啊。ko²¹³ ni⁴² ni⁴² tɕʰiaŋ²¹³ nan²² faŋ⁵⁵ na˞²¹³ piɛn⁵⁵ iau²¹³ tɕʰin⁴² na˞²¹³ ɕiɛ⁵⁵ paŋ⁵⁵ maŋ²² ti⁰ a⁰，səu⁴² ɕiɛn⁵⁵，ni⁴² tɕʰiaŋ²¹³ tsoŋ⁴² kuan⁴² na⁴²，mo⁰ tsʅ⁰ tsʅ⁵⁵ kʰɛ²² a⁰。

最重要的过礼还要找一个过礼先生，还要那边去过礼的要一些没结婚的男娃ᰥ，青年啊，男青年。tsuei²¹³ tsoŋ²¹³ iau²¹³ ti⁰ ko²¹³ ni⁴² xai²² iau²¹³ tsau⁴² i²² ko²¹³ ko²¹³ ni⁴² ɕiɛn⁵⁵ sən⁵⁵, xai²² iau²¹³ na²¹³ piɛn⁵⁵ tɕʰi²¹³ ko²¹³ ni⁴² tiº iau²¹³ i²² ɕiɛ⁵⁵ mei⁵⁵ tɕiɛ²² xuən⁵⁵ tiº nan²² uə²², tɕʰin⁵⁵ niɛn²² aº, nan²² tɕʰin⁵⁵ niɛn²²。

像过礼那些亲戚，就要挑好多那个肘子过去。tɕʰiaŋ²¹³ ko²¹³ ni⁴² na²¹³ ɕiɛ⁵⁵ tɕʰin⁵⁵ tɕʰi²², təu²¹³ iau²¹³ tʰiau⁵⁵ xau⁴² tuo⁵⁵ na²¹³ ko²¹³ tsəu⁴² tsʅº ko²¹³ tɕʰi²¹³。

你像那些东西必须——你像过礼那些东西啊，你像要买那些个人媳妇儿的那些么子衣服啊，像么子三金哪，么子筷子啊，那些生活用品都要买起。ni⁴² tɕʰiaŋ²¹³ na²¹³ ɕiɛ⁵⁵ toŋ⁵⁵ ɕi⁵⁵ pi²² ɕy⁵⁵ —— ni⁴² tɕʰiaŋ²¹³ ko²¹³ ni⁴² na²¹³ ɕiɛ⁵⁵ toŋ⁵⁵ ɕi⁵⁵ aº, ni⁴² tɕʰiaŋ²¹³ iau²¹³ mai⁴² na²¹³ ɕiɛ⁵⁵ ko²¹³ zən²² ɕi²² fuə²¹³ tiº na²¹³ ɕiɛ⁵⁵ moº tsʅ i⁵⁵ fu²² aº, tɕʰiaŋ²¹³ moº tsʅ san⁵⁵ tɕin⁵⁵ naº, moº tsʅ kʰuai²¹³ tsʅ º aº, na²¹³ ɕiɛ⁵⁵ sən⁵⁵ xo²² yoŋ²¹³ pʰin⁴² təu⁵⁵ iau²¹³ mai⁴² tɕʰi⁴²。

都必须都要双数，不能有单数，然后去过礼的人，像过礼的人也必须是双数，比如说像接亲的那些车子啊，都要双数。təu⁵⁵ pi²² ɕy⁵⁵ təu⁵⁵ iau²¹³ suaŋ⁵⁵ su²¹³, pu²² nən²² iəu⁴² tan⁵⁵ su⁴², zan²² xəu²¹³ tɕʰi²¹³ ko²¹³ ni⁴² tiº zən²², tɕʰiaŋ²¹³ ko²¹³ ni⁴² tiº zən²² iɛ⁴² pi²² ɕy⁵⁵ sʅ²¹³ suaŋ⁵⁵ su²¹³, pi⁴² zu²² suo²² tɕʰiaŋ²¹³ tɕiɛ²² tɕʰin⁵⁵ tiº na²¹³ ɕiɛ⁵⁵ tsʰɛ⁵⁵ tsʅº aº, təu⁵⁵ iau²¹³ suaŋ⁵⁵ su²¹³。

然后呢，你像你其他帮——新娘接回哒，基本上结婚就……我也记不大清楚哒，好久哒。zan²² xəu²¹³ nɛº, ni⁴² tɕʰiaŋ²¹³ ni⁴² tɕʰi²² tʰa⁵⁵ paŋ⁵⁵ —— ɕin⁵⁵ niaŋ²² tɕiɛ²² xuei²² taº, tɕi⁵⁵ pən⁴² saŋ²¹³ tɕiɛ²² xuən⁵⁵ təu²¹³ …… ŋo⁴² iɛ⁴² tɕi²¹³ pu²² ta²¹³ tɕʰin⁵⁵ tsʰu⁴² taº, xau⁴² tɕiəu⁴² taº。

然后么就像死人嘛，像我们那儿死人哒哦，你像我们帮别个帮忙的话，像那个，那个死者的亲属啊，他来找你帮忙。zan²² xəu²¹³ moº təu²¹³ tɕʰiaŋ²¹³ sʅ⁴² zən²² maº, tɕʰiaŋ²¹³ ŋo⁴² mənº na²¹³ sʅ⁴² zən²² taº oº, ni⁴² tɕʰiaŋ²¹³ ŋo⁴² mənº paŋ⁵⁵ piɛ²² ko²¹³ paŋ⁵⁵ maŋ²² tiº xua²¹³, tɕʰiaŋ²¹³ na²¹³ ko²¹³, na²¹³ ko²¹³ sʅ⁴² tsɛ⁴² tiº tɕʰin⁵⁵ su²² aº, tʰa⁵⁵ nai²² tsau⁴² ni⁴² paŋ⁵⁵ maŋ²²。

因为你也找不到他是什么事哟，他一敲门，你一敞开门一看，死者的亲属就跪在你屋那个门口，都跟你说啊我屋哪个哪个死哒，请你帮忙哦。in⁵⁵ uei²² ni⁴² iɛ⁴² tsau⁴² pu²² tau²¹³ tʰa⁵⁵ sʅ²¹³ sən²² mo⁰ sʅ²¹³ sa⁰, tʰa⁵⁵ i²² kʰau⁵⁵ mən²², ni⁴² i²² tsʰa⁴² kʰai⁵⁵ mən²² i²² kʰan²¹³, sʅ⁴² tsɛ⁴² ti⁰ tɕʰin⁵⁵ su²² təu²¹³ kuei²¹³ tai²¹³ ni⁴² u²² na²¹³ ko²¹³ mən²² kʰəu⁴², təu⁵⁵ kən⁵⁵ ni⁴² suo²² a⁰ ŋo⁴² u²² na⁴² ko²¹³ na⁴² ko²¹³ sʅ⁴² ta⁰, tɕʰin⁴² ni⁴² paŋ⁵⁵ maŋ²² o⁰。

然后，那你说那没问题，把他拉起来，你说那个事情肯定要左邻右舍的肯定要帮忙哟。zan²² xəu²¹³, na²¹³ ni⁴² suo²² na²¹³ mei⁵⁵ uən²¹³ tʰi²², pa⁴² tʰa⁵⁵ na⁵⁵ tɕʰi⁴² nai²², ni⁴² suo²² na²¹³ ko²¹³ sʅ²¹³ tɕʰin²² kʰən⁴² tin²¹³ iau²¹³ tsuo⁴² nin²² iəu²¹³ sɛ⁴² ti⁰ kʰən⁴² tin²¹³ iau²¹³ paŋ⁵⁵ maŋ²² sa⁰。

然后你帮忙，我们那哈ₙ死人哒哦，首先你就是要，亲戚帮忙的就帮那个枋子啊，我们那ₙ棺材我们那ₙ喊的枋子啊，要把抬出来。zan²² xəu²¹³ ni⁴² paŋ⁵⁵ maŋ²², ŋo⁴² mən⁰ na²¹³ xə⁵⁵ sʅ⁴² zən²² ta⁰ o⁰, səu⁴² ɕiɛn⁵⁵ ni⁴² təu²¹³ sʅ²¹³ iau²¹³, tɕʰin⁵⁵ tɕʰi²² paŋ⁵⁵ maŋ²² ti⁰ təu²¹³ paŋ⁵⁵ na²¹³ ko²¹³ faŋ⁵⁵ tsʅ⁰ a⁰, ŋo⁴² mən⁰ na²¹³ kuan⁵⁵ tsʰai²² ŋo⁴² mən⁰ nə²¹³ xan⁴² ti⁰ faŋ⁵⁵ tsʅ⁰ a⁰, iau²¹³ pa⁴² tʰai²² tsʰu²² nai²²。

放在那个，我们那ₙ必须在那堂屋，你要把那个房子要刷得干净，里头一点ₙ渣渣ₙ都不能有。faŋ²¹³ tai²¹³ na²¹³ ko²¹³, ŋo⁴² mən⁰ nə²¹³ pi²² ɕy⁵⁵ tai²¹³ na²¹³ tʰaŋ²² u²², ni⁴² iau²¹³ pa⁴² na²¹³ ko²¹³ faŋ²² tsʅ⁰ iau²¹³ sua⁵⁵ ti⁰ kan⁵⁵ tɕin²¹³, ni⁴² tʰəu⁰ i²² tiə⁴² tsa⁵⁵ tsə⁰ təu⁵⁵ pu²² nən²² iəu⁴²。

那个有渣渣ₙ的话，都是对那个死者的后代都是不好的，要把那枋子抬出来要搞干净。na²¹³ ko²¹³ iəu⁴² tsa⁵⁵ tə⁰ ti⁰ xua²¹³, təu⁵⁵ sʅ²¹³ tuei²¹³ na²¹³ ko²¹³ sʅ⁴² tsɛ⁴² ti⁰ xəu²¹³ tai²¹³ təu⁵⁵ sʅ²¹³ pu²² xau⁴² ti⁰, iau²¹³ pa⁴² na²¹³ faŋ⁵⁵ tsʅ⁰ tʰai²² tsʰu²² nai²² iau²¹³ kau⁴² kan⁵⁵ tɕin²¹³。

然后啊，要找他那些么子后辈啊、像么子姑娘啊，那些老衣老被啊，就要找一个专门的人，要把那个老——死者，要帮那些，比如说那些老衣要穿好，老被要盖好。zan²² xəu²¹³ a⁰, iau²¹³ tsau⁴² tʰa⁵⁵ na²¹³ ɕiɛ⁵⁵ mo⁰ tsʅ⁰ xəu²¹³ pei²¹³ a⁰、tɕʰiaŋ²¹³ mo⁰ tsʅ⁰ ku⁵⁵ niaŋ²² a⁰, na²¹³ ɕiɛ⁵⁵ nau⁴² i⁵⁵ nau⁴² pei²¹³ a⁰, təu²¹³ iau²¹³ tsau⁴² i²² ko²¹³ tsuan⁵⁵ mən²² ti⁰ zən²², iau²¹³ pa⁴² na²¹³ ko²¹³ nau⁴² —— sʅ⁴² tsɛ⁴², iau²¹³ paŋ⁵⁵ na²¹³ ɕiɛ⁵⁵, pi⁴² zu²² suo²² na²¹³ ɕiɛ⁵⁵ nau⁴² i⁵⁵ iau²¹³ tsʰuan⁵⁵ xau⁴², nau⁴² pei²¹³ iau²¹³ kai²¹³ xau⁴²。

你像那个人，那个人躺在棺材里头，必须要比较正。ni⁴² tɕʰiaŋ²¹³ na²¹³ ko²¹³ zən²², na²¹³ ko²¹³ zən²² tʰaŋ⁴² tai²¹³ kuan⁵⁵ tsʰai²² ni⁴² tʰəu⁰, pi²² ɕy⁵⁵ iau²¹³ pi⁴² tɕiau⁴² tsən²¹³。

死哒周围要散那些纸钱。sɿ⁴² ta⁰ tsəu⁵⁵ uei²² iau²¹³ san⁴² na²¹³ ɕiɛ⁵⁵ tsɿ⁴² tɕʰiɛn²²。

要把他搞得比较正，中间那根轴线笔直，和那个脚尖必须对到那根轴线，千万不能弯，弯哒就对那个死者不好。iau²¹³ pa⁴² tʰa⁵⁵ kau⁴² tɛ²² pi⁴² tɕiau⁴² tsən²¹³, tsoŋ⁵⁵ kan⁵⁵ na²¹³ kən⁵⁵ tsu²² ɕiɛn²¹³ pi²² tsɿ²², xo²² na²¹³ ko²¹³ tɕyo²² tɕiɛn⁵⁵ pi²² ɕy⁵⁵ tuei²¹³ tau²¹³ na²¹³ kən⁵⁵ tsu²² ɕiɛn²¹³, tɕʰiɛn⁵⁵ uan²¹³ pu²² nən²² uan⁵⁵, uan⁵⁵ ta⁰ təu²¹³ tuei²¹³ na²¹³ ko²¹³ sɿ⁴² tsɛ⁴² pu²² xau⁴²。

好，然后你像请帮忙的，像我们那些是打杂，你像么子总管、知客，那些装烟倒茶、么子记情的，七拉八的人多得很。xau⁴², zan²² xəu²¹³ ni⁴² tɕʰiaŋ²¹³ tɕʰin⁴² paŋ⁵⁵ maŋ²² ti⁰, tɕʰiaŋ²¹³ ŋo⁴² mən⁰ na²¹³ ɕiɛ⁵⁵ sɿ²¹³ ta⁴² tsa²², ni⁴² tɕʰiaŋ²¹³ mo⁰ tsɿ⁰ tsoŋ⁴² kuan⁴²、tsɿ⁵⁵ kʰɛ²², na²¹³ ɕiɛ⁵⁵ tsuaŋ⁵⁵ iɛn⁵⁵ tau²¹³ tsʰa²²、mo⁰ tsɿ⁰ tɕi²¹³ tɕʰin²² ti⁰, tɕʰi²² na⁵⁵ pa²² ti⁰ zən²² tuo⁵⁵ tɛ²² xən⁴²。

那个还有一个比较重要的事情就是请道士先生，道士先生敲道士，闹热哟。na²¹³ ko²¹³ xai²² iəu⁴² i²² ko²¹³ pi⁴² tɕiau⁴² tsoŋ²¹³ iau²¹³ ti⁰ sɿ²¹³ tɕʰin²² təu²¹³ sɿ²¹³ tɕʰin⁴² tau²¹³ sɿ²¹³ ɕiɛn⁵⁵ sən⁵⁵, tau²¹³ sɿ²¹³ ɕiɛn⁵⁵ sən⁵⁵ kʰau⁵⁵ tau²¹³ sɿ²¹³, nau²¹³ zɛ²² sa⁰。

我们小的时候ᵣ是敲道士，现在搞得像新潮哒，搞些么子唱歌跳舞的哦，也还有哦。ŋo⁴² mən⁰ ɕiau⁴² ti⁰ sɿ²² xɚ²¹³ sɿ²¹³ kʰau⁵⁵ tau²¹³ sɿ²¹³, ɕiɛn²¹³ tsai²¹³ kau⁴² tɛ²² tɕʰiaŋ²¹³ ɕin⁵⁵ tsʰau²² ta⁰, kau⁴² ɕiɛ⁵⁵ mo⁰ tsɿ⁰ tsʰaŋ²¹³ ko⁵⁵ tʰiau²¹³ u⁴² ti⁰ o⁰, iɛ⁴² xai²² iəu⁴² o⁰。

都要让老年人闹闹热热地上山。təu⁵⁵ iau²¹³ zaŋ²¹³ nau⁴² niɛn²² zən²² nau²¹³ nau²¹³ zɛ²² zɛ²² ti²¹³ saŋ²¹³ san⁵⁵。

你像，我们那哈ᵣ死人哒，它还是土葬嘛。ni⁴² tɕʰiaŋ²¹³, ŋo⁴² mən⁰ na²¹³ xɚ⁵⁵ sɿ⁴² zən²² ta⁰, tʰa⁵⁵ xai²² sɿ²¹³ tʰu⁴² tsaŋ²¹³ ma⁰。

你像最闹热的就是老年人做大殓那天。ni⁴² tɕʰiaŋ²¹³ tsuei²¹³ nau²¹³ zɛ²² ti⁰ təu²¹³ sɿ²¹³ nau⁴² niɛn²² zən²² tsu²¹³ ta²¹³ niɛn²¹³ na²¹³ tʰiɛn⁵⁵。

就是左邻右舍啊，整个村子里的人哪，都来坐夜 ①。təu²¹³ sʅ²¹³ tsuo⁴²
nin²² iəu²¹³ sɛ⁴² a⁰, tsən⁴² ko²¹³ tsʰən⁵⁵ tsʅ⁰ ni⁴² ti⁰ zən²² na⁰, təu⁵⁵ nai²²
tsuo²¹³ iɛ²¹³。

就是说老年人那个最后一个晚上，必须要帮他坐一通夜。təu²¹³ sʅ²¹³
suo²² nau⁴² niɛn²² zən²² na²¹³ ko²¹³ tsuei²¹³ xəu²¹³ i²² ko²¹³ uan⁴² saŋ²¹³, pi²²
ɕy⁵⁵ iau²¹³ paŋ⁵⁵ tʰa⁵⁵ tsuo²¹³ i²² tʰoŋ⁵⁵ iɛ²¹³。

在那ⵏ，坐在灵堂坐一通夜，要守他嘛，陪他，到最后一个晚上嘛。
tai²¹³ nə²¹³, tsuo²¹³ tai²¹³ nin²² tʰaŋ²² tsuo²¹³ i²² tʰoŋ⁵⁵ iɛ²¹³, iau²¹³ səu⁴² tʰa⁵⁵
ma⁰, pʰei²² tʰa⁵⁵, tau²¹³ tsuei²¹³ xəu²¹³ i²² ko²¹³ uan⁴² saŋ²¹³ ma⁰。

你像那个坐夜做到，它有一个开棺的时候ⵏ，见老年人最后一
面，它都是要通过道士先生看的，看时间，比如说么子凌晨三点钟开
棺哪。五点钟开棺、六点钟开棺，它都要看时间的。ni⁴² tɕʰiaŋ²¹³ na²¹³
ko²¹³ tsuo²¹³ iɛ²¹³ tsu²¹³ tau²¹³, tʰa⁵⁵ iəu⁴² i²² ko²¹³ kʰai⁵⁵ kuan⁵⁵ ti⁰ sʅ²² xə²¹³,
tɕiɛn²¹³ nau⁴² niɛn²² zən²² tsuei²¹³ xəu²¹³ i²² miɛn²¹³, tʰa⁵⁵ təu⁵⁵ sʅ²¹³ iau²¹³
tʰoŋ⁵⁵ ko²¹³ tau²¹³ sʅ²¹³ ɕiɛn⁵⁵ sən⁵⁵ kʰan²¹³ ti⁰, kʰan²¹³ sʅ²² kan⁵⁵, pi⁴² zu²²
suo²² mo⁰ tsʅ⁰ nin²² tsʰən²² san⁵⁵ tiɛn⁴² tsoŋ⁵⁵ kʰai⁵⁵ kuan⁵⁵ na⁴², u⁴² tiɛn⁴²
tsoŋ⁵⁵ kʰai⁵⁵ kuan⁵⁵、nu²² tiɛn⁴² tsoŋ⁵⁵ kʰai⁵⁵ kuan⁵⁵, tʰa⁵⁵ təu⁵⁵ iau²¹³ kʰan²¹³
sʅ²² kan⁵⁵ ti⁰。

开棺哒，亲属见哒最后一面哒，像么子发丧，就是那个要把棺材
啊，要从那个堂屋啊，要抬出来，发丧的时间。kʰai⁵⁵ kuan⁵⁵ ta⁰, tɕʰin⁵⁵
su²² tɕiɛn²¹³ ta⁰ tsuei²¹³ xəu²¹³ i²² miɛn²¹³ ta⁰, tɕʰiaŋ²¹³ mo⁰ tsʅ⁰ fa²² saŋ⁵⁵,
təu²¹³ sʅ²¹³ na²¹³ ko²¹³ iau²¹³ pa⁴² kuan⁵⁵ tsʰai²² a⁰, iau²¹³ tsʰoŋ²² na²¹³ ko²¹³
tʰaŋ²² u²² a⁰, iau²¹³ tʰai²² tsʰu²² nai²², fa²² saŋ⁵⁵ ti⁰ sʅ²² kan⁵⁵。

发丧的时间抬出来，要帮那些么子像，我们那ⵏ喊的抬枋子的，抬
棺材的叫"龙杠" ②。fa²² saŋ⁵⁵ ti⁰ sʅ²² kan⁵⁵ tʰai²² tsʰu²² nai²², iau²¹³ paŋ⁵⁵
na²¹³ ɕiɛ⁵⁵ mo⁰ tsʅ⁰ tɕʰiaŋ²¹³, ŋo⁴² mən⁰ na²¹³ xan⁴² ti⁰ tʰai²² faŋ⁵⁵ tsʅ⁰ ti⁰,
tʰai²² kuan⁵⁵ tsʰai²² ti⁰ tɕiau²¹³ "noŋ²² kaŋ²¹³"。

---

① 坐夜 tsuo²¹³ iɛ²¹³：夜间守灵。
② 龙杠 noŋ²² kaŋ²¹³：抬棺材的大木杠。

把那些龙杠，我们那儿龙扛呢，它必须是要八个人抬，前头四个，后头四个。pa⁴²na²¹³ɕiɛ⁵⁵noŋ²²kaŋ²¹³，ŋo⁴²mən⁰nə²¹³noŋ²²kaŋ²¹³nə⁰，tʰa⁵⁵pi²²ɕy⁵⁵sๅ²¹³iau²¹³pa²²ko²¹³zən²²tʰai²²，tɕʰiɛn²²tʰəu⁰sๅ²¹³ko²¹³，xəu²¹³tʰəu⁰sๅ²¹³ko²¹³。

要绑好，那个绑也是很有讲究的，要平衡，不能说枋子歪七八倒的，不行。iau²¹³paŋ⁴²xau⁴²，na²¹³ko²¹³paŋ⁴²iɛ⁴²sๅ²¹³xən⁴²iəu⁴²tɕiaŋ⁴²tɕiəu⁵⁵ti⁰，iau²¹³pʰin²²xən²²，pu²²nən²²suo²²faŋ⁵⁵tsๅ⁰uai⁵⁵tɕʰi²²pa²²tau⁴²ti⁰，pu²²ɕin²²。

必须，我们那儿山上嘛，老年人必须要埋到很远的地方，山路又窄，那个枋子它要随时可以转动。pi²²ɕy⁵⁵，ŋo⁴²mən⁰nə²¹³san⁵⁵saŋ²¹³ma⁰，nau⁴²niɛn²²zən²²pi²²ɕy⁵⁵iau²¹³mai²²tau²¹³xən⁴²yɛn⁴²ti⁰ti²¹³faŋ⁵⁵，san⁵⁵nu²¹³iəu²¹³tsɛ²²，na²¹³ko²¹³faŋ⁵⁵tsๅ⁰tʰa⁵⁵iau²¹³suei²²sๅ²²kʰo⁴²i⁴²tsuan⁴²toŋ²¹³。

所以抬的时候它转弯，可以好转弯哪。弯头可以调整抬上去。suo⁴²i⁴²tʰai²²ti⁰sๅ²²xəu²¹³tʰa⁵⁵tsuan⁴²uan⁵⁵，kʰo⁴²i⁴²xau⁴²tsuan⁴²uan⁵⁵na⁴²，uan⁵⁵tʰəu⁰kʰo⁴²i⁴²tʰiau²²tsən⁴²tʰai²²saŋ²¹³tɕʰi²¹³。

搞那个龙杠，它有一个上山，就是说发丧哒，到老年人抬上山的时间，也是有时间的，必须在那个时间之内把它绑好。kau⁴²na²¹³ko²¹³noŋ²²kaŋ²¹³，tʰa⁵⁵iəu⁴²i²²ko²¹³saŋ²¹³san⁵⁵，təu²¹³sๅ²¹³suo²²fa²²saŋ⁵⁵ta⁰，tau²¹³nau⁴²niɛn²²zən²²tʰai²²saŋ²¹³san⁵⁵ti⁰sๅ²²kan⁵⁵，iɛ⁴²sๅ²¹³iəu⁴²sๅ²²kan⁵⁵ti⁰，pi²²ɕy⁵⁵tai²¹³na²¹³ko²¹³sๅ²²kan⁵⁵tsๅ⁵⁵nuei²¹³pa⁴²tʰa⁵⁵paŋ⁴²xau⁴²。

那个绑的话，像我们年轻人的话都绑不来哒，要现在必须，好多有经验的老年人才绑得来。na²¹³ko²¹³paŋ⁴²ti⁰xua²¹³，tɕʰiaŋ²¹³ŋo⁴²mən⁰niɛn²²tɕʰin⁵⁵zən²²ti⁰xua²¹³təu⁵⁵paŋ⁴²pu²²nai²²ta⁰，iau²¹³ɕiɛn²¹³tsai²¹³pi²²ɕy⁵⁵，xau⁴²tuo⁵⁵iəu⁴²tɕin⁵⁵niɛn²¹³ti⁰nau⁴²niɛn²²zən²²tsʰai²²paŋ⁴²tə²²nai²²。

像迩个发丧，像有些亲戚哦，像有些孝帕啊，必须——我们那儿还开孝帕啊，就是披麻戴孝啊。tɕʰiaŋ²¹³niɛ²²ko²¹³fa²²saŋ⁵⁵，tɕʰiaŋ²¹³iəu⁴²ɕiɛ⁵⁵tɕʰin⁵⁵tɕʰi²²o⁰，tɕʰiaŋ²¹³iəu⁴²ɕiɛ⁵⁵ɕiau²¹³pʰa²¹³a⁰，pi²²ɕy⁵⁵——ŋo⁴²mən⁰nə²¹³ xai²² kʰai⁵⁵ ɕiau²¹³ pʰa²¹³ a⁰, təu²¹³ sɿ²¹³ pʰei⁵⁵ ma²² tai²¹³ ɕiau²¹³ a⁰。

搞那个麻绳绑那个白帕子。kau⁴² na²¹³ ko²¹³ ma²² suən²² paŋ⁴² na²¹³ ko²¹³ pɛ²² pʰa²¹³ tsɿ⁰。

一般像能够坐夜的，基本上都是后代比较亲的，那个整个脑壳上都是全部上山的人全部披的是白帕子，看起还是比较壮观的。i²² pan⁵⁵ tɕʰiaŋ²¹³ nən²² kəu²¹³ tsuo²¹³ iɛ²¹³ ti⁰, tɕi⁵⁵ pən⁴² saŋ²¹³ təu⁵⁵ sɿ²¹³ xəu²¹³ tai²¹³ pi⁴² tɕiau⁴² tɕʰin⁵⁵ ti⁰, na²¹³ ko²¹³ tsən⁴² ko²¹³ nau⁴² kʰo²² saŋ²¹³ təu⁵⁵ sɿ²¹³ tɕʰyɛn²² pu²¹³ saŋ²¹³ san⁵⁵ ti⁰ zən²² tɕʰyɛn²² pu²¹³ pʰei⁵⁵ ti⁰ sɿ²¹³ pɛ²² pʰa²¹³ tsɿ⁰, kʰan²¹³ tɕʰi⁴² xai²² sɿ²¹³ pi⁴² tɕiau⁴² tsuaŋ²¹³ kuan⁵⁵ ti⁰。

有些像老年人后代多的啊，那一上山的时候ɻ几百几百人，看起是白茫茫ɻ的一片送上山。iəu⁴² ɕie⁵⁵ tɕʰiaŋ²¹³ nau⁴² niɛn²² zən²² xəu²¹³ tai²¹³ tuo⁵⁵ ti⁰ a⁰, na²¹³ i²² saŋ²¹³ san⁵⁵ ti⁰ sɿ²² xə²¹³ tɕi⁵⁵ pɛ²² tɕi⁵⁵ pɛ²² zən²², kʰan²¹³ tɕʰi⁴² sɿ²¹³ pɛ²² maŋ²² mə⁰ ti⁰ i²² pʰiɛn²¹³ soŋ²¹³ saŋ²¹³ san⁵⁵。

像那些孝子啊，要帮老年人……追起了走。tɕʰiaŋ²¹³ na²¹³ ɕie⁵⁵ ɕiau²¹³ tsɿ⁰ a⁰, iau²¹³ paŋ⁵⁵ nau⁴² niɛn²² zən²²……tsuei⁵⁵ tɕʰi⁴² na⁰ tsəu⁴²。

半路上啊，像那些帮忙的，帮忙抬丧的，那个吃亏啊，棺材一起，起码有好几百斤，八个人抬，一个人实际上是百多斤。pan²¹³ nu²¹³ saŋ²¹³ a⁰, tɕʰiaŋ²¹³ na²¹³ ɕiɛ⁵⁵ paŋ⁵⁵ maŋ²² ti⁰, paŋ⁵⁵ maŋ²² tʰai²² saŋ⁵⁵ ti⁰, na²¹³ ko²¹³ tsʰɿ²² kʰuei⁵⁵ a⁰, kuan⁵⁵ tsʰai²² i²² tɕʰi⁴², tɕʰi⁴² ma⁴² iəu⁴² xau⁴² tɕi⁵⁵ pɛ²² tɕin⁵⁵, pa²² ko²¹³ zən²² tʰai²², i²² ko²¹³ zən²² sɿ²² tɕi²¹³ saŋ²¹³ sɿ²¹³ pɛ²² tuo⁵⁵ tɕin⁵⁵。

你像我们个个ɻ小的，根本就……必须要个子大的，有力气的。ni⁴² tɕʰiaŋ²¹³ ŋo⁴² mən⁰ ko²¹³ kuə⁰ ɕiau⁴² ti⁰, kən⁵⁵ pən⁴² təu²¹³……pi²² ɕy⁵⁵ iau²¹³ ko²¹³ tsɿ⁰ ta²¹³ ti⁰, iəu⁴² ni²² tɕʰi²¹³ ti⁰。

你像有时候比较陡的坡，比较窄的路，像有时候特别是下雨哒，那个枋子抬不动哒，那个孝子就必须下跪，像那种位子。ni⁴² tɕʰiaŋ²¹³ iəu⁴² sɿ²² xəu²¹³ pi⁴² tɕiau⁴² təu⁴² ti⁰ pʰo⁵⁵, pi⁴² tɕiau⁴² tsɛ²² ti⁰ nu²¹³, tɕʰiaŋ²¹³ iəu⁴² sɿ²² xəu²¹³ tʰiɛ²² piɛ²² sɿ²¹³ ɕia²¹³ y⁴² ta⁰, na²¹³ ko²¹³ faŋ⁵⁵ tsɿ⁰ tʰai²² pu²² toŋ²¹³ ta⁰, na²¹³ ko²¹³ ɕiau²¹³ tsɿ⁰ təu²¹³ pi²² ɕy⁵⁵ ɕia²¹³ kuei²¹³, tɕʰiaŋ²¹³ na²¹³ tsoŋ⁴² uei²¹³ tsɿ⁰。

好，那些人一看哪。孝子下跪哒，那个力气又来哒。xau⁴², na²¹³ ɕiɛ⁵⁵ zən²² i²² kʰan²¹³ na⁴², ɕiau²¹³ tsɿ⁰ ɕia²¹³ kuei²¹³ ta⁰, na²¹³ ko²¹³ ni²² tɕʰi²¹³ iəu²¹³ nai²² ta⁰。

像我们迩些人，只能说扶一下丧，帮忙张一下，像比较陡的地方，我们就在后头㧅①倒，那不能，千万不能让枋子落地。tɕʰiaŋ²¹³ ŋo⁴² mən⁰ niɛ²² ɕiɛ⁵⁵ zən²², tsɿ²² nən²² suo²² fu²² i²² xa⁵⁵ saŋ⁵⁵, paŋ⁵⁵ maŋ²² tsaŋ⁵⁵ i²² xa⁰, tɕʰiaŋ²¹³ pi⁴² tɕiau⁴² təu⁴² ti⁰ ti²¹³ faŋ⁵⁵, ŋo⁴² mən⁰ təu²¹³ tai²¹³ xəu²¹³ tʰəu⁰ tsʰəu⁵⁵ tau⁴², na²¹³ pu²² nən²², tɕʰiɛn⁵⁵ uan²¹³ pu²² nən²² zaŋ²¹³ faŋ⁵⁵ tsɿ⁰ nuo²² ti²¹³。

像那个，边送，那个老年人上山的时候ル，前头还有边撒纸钱的。tɕʰiaŋ²¹³ na²¹³ ko²¹³, piɛn⁵⁵ soŋ²¹³, na²¹³ ko²¹³ nau⁴² niɛn²² zən²² saŋ²¹³ san⁵⁵ ti⁰ sɿ²² xa²¹³, tɕʰiɛn²² tʰəu⁰ xai²² iəu⁴² piɛn⁵⁵ sa²² tsɿ⁴² tɕʰiɛn²² ti⁰。

最后就是放炮火的，那个炮火啊一直要放不能停，不能熄火。tsuei²¹³ xəu²¹³ təu²¹³ sɿ²¹³ faŋ²¹³ pʰau²¹³ xo⁴² ti⁰, na²¹³ ko²¹³ pʰau²¹³ xo⁴² a⁰ i²² tsɿ²² iau²¹³ faŋ²¹³ pu²² nən²² tʰin²², pu²² nən²² ɕi²² xo⁴²。

一直要到，炮火要放到老年人下井哒，抬到那个，我们那ル喊的井，就是说埋老年人的，必须挖一个井，一个长方形的。i²² tsɿ²² iau²¹³ tau²¹³, pʰau²¹³ xo⁴² iau²¹³ faŋ²¹³ tau²¹³ nau⁴² niɛn²² zən²² ɕia²¹³ tɕin⁴² ta⁰, tʰai²² tau²¹³ na²¹³ ko²¹³, ŋo⁴² mən⁰ na²¹³ xan⁴² ti⁰ tɕin⁴², təu²¹³ sɿ²¹³ suo²² mai²² nau⁴² niɛn²² zən²² ti⁰, pi²² ɕy⁵⁵ ua²² i²² ko²¹³ tɕin⁴², i²² ko²¹³ tsʰaŋ⁴² faŋ⁵⁵ ɕin²² ti⁰。

然后呢，挖那个井呢，它又是比较有讲究的，必须要看罗盘，必须要风水啊，必须要看好，那个道士先生他几天之前都要请水②嘛。zan²² xəu²¹³ nɛ⁰, ua²² na²¹³ ko²¹³ tɕin⁴² nɛ⁰, tʰa⁵⁵ iəu²¹³ sɿ²¹³ pi⁴² tɕiau⁴² iəu⁴² tɕiaŋ⁴² tɕiəu⁵⁵ ti⁰, pi²² ɕy⁵⁵ iau²¹³ kʰan²¹³ nuo²² pʰan²², pi²² ɕy⁵⁵ iau²¹³ foŋ⁵⁵ suei⁴² a⁰, pi²² ɕy⁵⁵ iau²¹³ kʰan²¹³ xau⁴², na²¹³ ko²¹³ tau²¹³ sɿ²¹³ ɕiɛn⁵⁵ sən⁵⁵ tʰa⁵⁵ tɕi⁵⁵ tʰiɛn⁵⁵ tsɿ⁵⁵ tɕʰiɛn²² təu⁵⁵ iau²¹³ tɕʰin⁴² suei⁴² ma⁰。

都要请水看风水比较好的地方，它好像是说，那么要朝西方嘛像

---

① 㧅 tsʰəu⁵⁵：用手扶抬、支撑。
② 请水 tɕʰin⁴² suei⁴²：咸丰丧葬习俗，即在人死后，由道士带上香烛纸钱，敲着锣到水井泉里取水用于洗丧。

么子？ təu⁵⁵ iau²¹³ tɕʰin⁴² suei⁴² kʰan²¹³ foŋ⁵⁵ suei⁴² pi⁴² tɕiau⁴² xau⁴² ti⁰ ti²¹³ faŋ⁵⁵，tʰa⁵⁵ xau⁴² tɕʰiaŋ²¹³ sʅ²¹³ suo²²，na²¹³ mo⁰ iau²¹³ tsʰau²² ɕi⁵⁵ faŋ⁵⁵ ma⁰ tɕʰiaŋ²¹³ mo⁰ tsʅ⁰？

然后，你像，像我们年轻人，就不能站到太阳升起的地方。zan²² xəu²¹³，ni⁴² tɕʰiaŋ²¹³，tɕʰiaŋ²¹³ ŋo⁴² mən⁰ niɛn²² tɕʰin⁵⁵ zən²²，təu²¹³ pu²² nən²² tsan²¹³ tau²¹³ tʰai²¹³ iaŋ²² sən⁵⁵ tɕʰʅ⁴² ti⁰ ti²¹³ faŋ⁵⁵。

那个，像那个棺材下井的时候ㄦ，你的影子，假如说，听老年人说啊，年轻人那个影子，太阳出来哒，你假如说，你那个影子在井里头啊，就不行，那就对你很不好。na²¹³ ko²¹³，tɕʰiaŋ²¹³ na²¹³ ko²¹³ kuan⁵⁵ tsʰai²² ɕia²¹³ tɕin⁴² ti⁰ sʅ²² xə²¹³，ni⁴² ti⁰ in⁴² tsʅ⁰，tɕia⁴² zu²² suo²²，tʰin⁵⁵ nau⁴² niɛn²² zən²² suo²² a⁰，niɛn²² tɕʰin⁵⁵ zən²² na²¹³ ko²¹³ in⁴² tsʅ⁰，tʰai²¹³ iaŋ²² tsʰu²² nai²² ta⁰，ni⁴² tɕia⁴² zu²² suo²²，ni⁴² na²¹³ ko²¹³ in⁴² tsʅ⁰ tai²¹³ tɕin⁴² ni⁴² tʰəu⁰ a⁰，təu²¹³ pu²² ɕin²²，na²¹³ təu²¹³ tuei²¹³ ni⁴² xən⁴² pu²² xau⁴²。

像我晓得的，那个我们那ㄦ的风俗啊，就朗"们"个。tɕʰiaŋ²¹³ ŋo⁴² ɕiau⁴² tɛ²² ti⁰，na²¹³ ko²¹³ ŋo⁴² mən⁰ na²¹³ ti⁰ foŋ⁵⁵ su²² a⁰，təu²¹³ naŋ²² mən⁰ ko²¹³。

一直到下井哪。像老年人下井哒哦，下井哒，像我们迻些呢，帮忙的就可以下山哒。i²² tsʅ²² tau²¹³ ɕia²¹³ tɕin⁴² na⁴²，tɕʰiaŋ²¹³ nau⁴² niɛn²² zən²² ɕia²¹³ tɕin⁴² ta⁰ o⁰，ɕia²¹³ tɕin⁴² ta⁰，tɕʰiaŋ²¹³ ŋo⁴² mən⁰ niɛ²² ɕiɛ⁵⁵ nɛ⁰，paŋ⁵⁵ maŋ²² ti⁰ təu²¹³ kʰo⁴² i⁴² ɕia²¹³ san⁵⁵ ta⁰。

因为你帮老年人送上山哒么。in⁵⁵ uei²² ni⁴² paŋ⁵⁵ nau⁴² niɛn²² zən²² soŋ²¹³ saŋ²¹³ san⁵⁵ ta⁰ mo⁰。

然后呢，像脑壳上绑那个白帕子，像最亲的，比如说老年人那些直系的么子姑娘啊，侄儿子那些，孝帕就要铺在老年人的棺材底下。zan²² xəu²¹³ nɛ⁰，tɕʰiaŋ²¹³ nau⁴² kʰo²² saŋ²¹³ paŋ⁴² na²¹³ ko²¹³ pɛ²² pʰa²¹³ tsʅ⁰，tɕʰiaŋ²¹³ tsuei²¹³ tɕʰin⁵⁵ ti⁰，pi⁴² zu²² suo²² nau⁴² niɛn²² zən²² na²¹³ ɕiɛ⁵⁵ tsʅ²² ɕi²¹³ ti⁰ mo⁰ tsʅ⁰ ku⁵⁵ niaŋ²² a⁰，tsʅ²² ə²² tsʅ⁰ na²¹³ ɕiɛ⁵⁵，ɕiau²¹³ pʰa²¹³ təu²¹³ iau²¹³ pʰu⁵⁵ tai²¹³ nau⁴² niɛn²² zən²² ti⁰ kuan⁵⁵ tsʰai²² ti⁴² ɕia²¹³。

像我们假如说帮忙的啊，一般的亲属嘛，那个孝帕就可以烧哒，千万不能带回去。tɕʰiaŋ²¹³ ŋo⁴² mən⁰ tɕia⁴² zu²² suo²² paŋ⁵⁵ maŋ²² ti⁰ a⁰，i²² pan⁵⁵ ti⁰ tɕʰin⁵⁵ su²² ma⁰, na²¹³ ko²¹³ ɕiau²¹³ pʰa²¹³ təu²¹³ kʰo⁴² i⁴² sau⁵⁵ ta⁰, tɕʰiɛn⁵⁵ uan²¹³ pu²² nən²² tai²¹³ xuei²² tɕʰi²¹³。

还有一些老年人讲啊，你像今天老年人上山啊，你可以在他的坟边啊砍点柴回去啊，那是比较好的，是带财的。xai²² iəu⁴² i²² ɕiɛ⁵⁵ nau⁴² niɛn²² zən²² tɕiaŋ⁴² a⁰, ni⁴² tɕʰiaŋ²¹³ tɕin⁵⁵ tʰiɛn⁵⁵ nau⁴² niɛn²² zən²² saŋ²¹³ san⁵⁵ a⁰, ni⁴² kʰo⁴² i⁴² tai²¹³ tʰa⁵⁵ ti⁰ fən²² piɛn⁵⁵ a⁰ kʰan⁴² tiɛn⁴² tsʰai²² xuei²² tɕʰi²¹³ a⁰, na²¹³ sʅ²¹³ pi⁴² tɕiau⁴² xau⁴² ti⁰, sʅ²¹³ tai²¹³ tsʰai²² ti⁰。

好，像我们比较相信那些嘛，就砍点柴回去。xau⁴², tɕʰiaŋ²¹³ ŋo⁴² mən⁰ pi⁴² tɕiau⁴² ɕiaŋ⁵⁵ ɕin²¹³ na²¹³ ɕiɛ⁵⁵ ma⁰, təu²¹³ kʰan⁴² tiɛn⁴² tsʰai²² xuei²² tɕʰi²¹³。

还有那些孝家啊，他们为了感谢你把老年人送上山，他就在一个你的必经之路，那个口口ₙ里守起，帮你发一包烟，就作为感谢你送老年人上山。xai²² iəu⁴² na²¹³ ɕiɛ⁵⁵ ɕiau²¹³ tɕia⁵⁵ a⁰, tʰa⁵⁵ mən⁰ uei²² na⁰ kan⁴² ɕiɛ²¹³ ni⁴² pa⁴² nau⁴² niɛn²² zən²² soŋ²¹³ saŋ²¹³ san⁵⁵, tʰa⁵⁵ təu²¹³ tai²¹³ i²² ko²¹³ ni⁴² ti⁰ pi²² tɕin⁵⁵ tsʅ⁵⁵ nu²¹³, na²¹³ ko²¹³ kʰəu⁴² kʰɚ⁰ ni⁴² səu⁴² tɕʰi⁴², paŋ⁵⁵ ni⁴² fa²² i²² pau⁵⁵ iɛn⁵⁵, təu²¹³ tsuo²² uei²² kan⁴² ɕiɛ²¹³ ni⁴² soŋ²¹³ nau⁴² niɛn²² zən²² saŋ²¹³ san⁵⁵。

然后，再回去就在孝家啊，他准备的一个丰盛的一个早餐，就是摆桌子啊、锅ₙ那些，就像开席的那些个菜，要必须把那顿饭吃哒，就算你帮忙帮归一① 哒。zan²² xəu²¹³, tsai²¹³ xuei²² tɕʰi²¹³ təu²¹³ tai²¹³ ɕiau²¹³ tɕia⁵⁵ a⁰, tʰa⁵⁵ tɕin⁴² pei²¹³ ti⁰ i²² ko²¹³ foŋ⁵⁵ tsʰən²² ti⁰ i²² ko²¹³ tsau⁴² tsʰan⁵⁵, təu²¹³ sʅ²¹³ pai⁴² tsuo²² tsʅ⁰ a⁰、kuɚ⁵⁵ na²¹³ ɕiɛ⁵⁵, təu²¹³ tɕʰiaŋ²¹³ kʰai⁵⁵ ɕi²² ti⁰ na²¹³ ɕiɛ⁵⁵ ko²¹³ tsʰai²¹³, iau²¹³ pi²² ɕy⁵⁵ pa⁴² na²¹³ tən²¹³ fan²¹³ tsʰʅ²² ta⁰, təu²¹³ suan²¹³ ni⁴² paŋ⁵⁵ maŋ²² paŋ⁵⁵ kuei⁵⁵ i²² ta⁰。

然后有些帮忙的，比如有些人……会圈坟的，那个都还没……都还要帮一梗天忙。zan²² xəu²¹³ iəu⁴² ɕiɛ⁵⁵ paŋ⁵⁵ maŋ²² ti⁰, pi⁴² zu²² iəu⁴² ɕiɛ⁵⁵ zən²²…… xuei²¹³ tɕʰyɛn⁵⁵ fən²² ti⁰, na²¹³ ko²¹³ təu⁵⁵ xai²² mei⁵⁵……təu²¹³ xai²² iau²¹³ paŋ⁵⁵ i²² kən⁴² tʰiɛn⁵⁵ maŋ²²。

---

① 归一 kuei⁵⁵ i²²：结束。

像么子，要把坟圈好，那就算真正的那个老年人入土为安哒。tɕʰiaŋ^{213} mo^{0} tsɿ^{0}，iau^{213} pa^{42} fən^{22} tɕʰyɛn^{55} xau^{42}，na^{213} təu^{213} suan^{213} tsən^{55} tsən^{213} ti^{0} na^{213} ko^{213} nau^{42} niɛn^{22} zən^{22} zu^{22} tʰu^{42} uei^{22} ŋan^{55} ta^{0}。

像那个真正的孝子那些，那个事情都还没归一。tɕʰiaŋ^{213} na^{213} ko^{213} tsən^{55} tsən^{213} ti^{0} ɕiau^{213} tsɿ^{0} na^{213} ɕiɛ^{55}，na^{213} ko^{213} sɿ^{213} tɕʰin^{22} təu^{55} xai^{22} mei^{55} kuei^{55} i^{22}。

像么子那个要送么子火焰包啊，那些老年人送亮①那些都还要送，大概是要送大概七天哦，那才得归一。tɕʰiaŋ^{213} mo^{0} tsɿ^{0} na^{213} ko^{213} iau^{213} soŋ^{213} mo^{0} tsɿ^{0} xo^{42} iɛn^{213} pau^{55} a^{0}，na^{213} ɕiɛ^{55} nau^{42} niɛn^{22} zən^{22} soŋ^{213} niaŋ^{213} na^{213} ɕiɛ^{55} təu^{55} xai^{22} iau^{213} soŋ^{213}，ta^{213} kʰai^{213} sɿ^{213} iau^{213} soŋ^{213} ta^{213} kʰai^{213} tɕʰi^{22} tʰiɛn^{55} o^{0}，na^{213} tsʰai^{22} tɛ^{22} kuei^{55} i^{22}。

所以我们那儿的老年人啊，百年归世②啊，婚丧嫁娶啊，都是看得比较重的。suo^{42} i^{42} ŋo^{42} mən^{0} nɚ^{213} ti^{0} nau^{42} niɛn^{22} zən^{22} a^{0}，pɛ^{22} niɛn^{22} kuei^{55} sɿ^{213} a^{0}，xuən^{55} saŋ^{55} tɕia^{213} tɕʰy^{42} a^{0}，təu^{55} sɿ^{213} kʰan^{213} tɛ^{22} pi^{42} tɕiau^{42} tsoŋ^{213} ti^{0}。

我晓得的就是朗⁼们⁼个。ŋo^{42} ɕiau^{42} tɛ^{22} ti^{0} təu^{213} sɿ^{213} naŋ^{22} mən^{0} ko^{213}。

（三）个人经历

我是一个咸丰的八〇后，作为八〇后读书比较少，初中没毕业就出社会哒，出社会的时候呢，才十五岁。ŋo^{42} sɿ^{213} i^{22} ko^{213} xan^{22} foŋ^{55} ti^{0} pa^{22} nin^{22} xəu^{213}，tsuo^{22} uei^{22} pa^{22} nin^{22} xəu^{213} tu^{22} su^{55} pi^{42} tɕiau^{42} sau^{42}，tsʰu^{55} tsoŋ^{55} mei^{55} pi^{22} niɛ^{22} təu^{213} tsʰu^{22} sɛ^{213} xuei^{213} ta^{0}，tsʰu^{22} sɛ^{213} xuei^{213} ti^{0} sɿ^{22} xəu^{213} nɛ^{0}，tsʰai^{22} sɿ^{22} u^{42} suei^{213}。

那个当时呢，出社会哒哦，我就在屋里做哒半年活路，就是上坡啊，在屋里做哈家务啊。na^{213} ko^{213} taŋ^{55} sɿ^{22} nɛ^{0}，tsʰu^{22} sɛ^{213} xuei^{213} ta^{0} o^{0}，ŋo^{42} təu^{213} tai^{213} u^{22} ni^{42} tsu^{213} ta^{0} pan^{213} niɛn^{22} xo^{22} nu^{213}，təu^{213} sɿ^{213} saŋ^{213} pʰo^{55}

① 送亮 soŋ^{213} niaŋ^{213}：咸丰丧葬程序名。在死者下葬后三天中的每天傍晚，由其家属（主要是孝男孝女）将干稻草绕成的长条形火把送到坟头，放上引火燃炭，使其不着明火缓慢燃烧。

② 百年归世 pɛ^{22} niɛn^{22} kuei^{55} sɿ^{213}：老年人寿终正寝。

a⁰, tai²¹³ u²² ni⁴² tsu²¹³ xa⁵⁵ tɕia⁵⁵ u²¹³ a⁰。

　　但是呢，当时屋里条件又差，就只有三间木房子。tan²¹³ sʅ²¹³ nɛ⁰，taŋ⁵⁵ sʅ²² u²² ni⁴² tʰiau²² tɕiɛn²¹³ iəu²¹³ tsʰa⁵⁵，təu²¹³ tsʅ²² iəu⁴² san⁵⁵ kan⁵⁵ mu²² faŋ²² tsʅ⁰。

　　木房子又要倒哒，就是当时还有一个妹妹ₙ要读书……天天ₙ在屋里做活路肯定不行，又找不到钱。mu²² faŋ²² tsʅ⁰ iəu²¹³ iau²¹³ tau⁴² ta⁰，təu²¹³ sʅ²¹³ taŋ⁵⁵ sʅ²² xai²² iəu⁴² i²² ko²¹³ mei²¹³ mɚ⁰ iau²¹³ tu²² su⁵⁵……tʰiɛn⁵⁵ tʰiɚ⁰ tai²¹³ u²² ni⁴² tsu²¹³ xo²² nu²¹³ kʰən⁴² tin²¹³ pu²² ɕin²²，iəu²¹³ tsau⁴² pu²² tau²¹³ tɕʰiɛn²²。

　　就叫我妈呢去帮我找个师傅看学个手艺吗还是朗＝们＝个。təu²¹³ tɕiau²¹³ ŋo⁴² ma⁵⁵ nɛ⁰ tɕʰi²¹³ paŋ⁵⁵ ŋo⁴² tsau⁴² ko²¹³ sʅ⁵⁵ fu²¹³ kʰan²¹³ ɕyo²² ko²¹³ səu⁴² i²¹³ ma⁰ xai²² sʅ²¹³ naŋ²² mən⁰ ko²¹³。

　　当时因为书读的少嘛，搞别的又不行。taŋ⁵⁵ sʅ²² in⁵⁵ uei²² su⁵⁵ tu²² ti⁰ sau⁴² ma⁰，kau⁴² piɛ²² ti⁰ iəu²¹³ pu²² ɕin²²。

　　就叫我妈呢帮我去找一个——当时我们院子有一个哥哥ₙ，他在，开的一个做铝合金门窗的店店ₙ，就叫他去看，他需不需要招徒弟，哦。təu²¹³ tɕiau²¹³ ŋo⁴² ma⁵⁵ nɛ⁰ paŋ⁵⁵ ŋo⁴² tɕʰi²¹³ tsau⁴² i²² ko²¹³ —— taŋ⁵⁵ sʅ²² ŋo⁴² mən⁰ yɛn²¹³ tsʅ⁰ iəu⁴² i²² ko²¹³ ko⁵⁵ kɚ⁰，tʰa⁵⁵ tai²¹³，kʰai⁵⁵ ti⁰ i²² ko²¹³ tsu²¹³ nuei⁴² xo²² tɕin⁵⁵ mən⁰ tsʰaŋ⁵⁵ ti⁰ tiɛn²¹³ tiɚ⁰，təu²¹³ tɕiau²¹³ tʰa⁵⁵ tɕʰi²¹³ kʰan²¹³，tʰa⁵⁵ ɕy⁵⁵ pu²² ɕy⁵⁵ iau²¹³ tsau⁵⁵ tʰu²² ti²¹³，o⁰。

　　好，我妈就去问一下呢，问到他了呢，他说，"那我到现在个人没搞，我个人是当的老板ₙ，我请的师傅来做，我看我们那个师傅要不要徒弟啦"。xau⁴²，ŋo⁴² ma⁵⁵ təu²¹³ tɕʰi²¹³ uən²¹³ i²² xa⁵⁵ nɛ⁰，uən²¹³ tau²¹³ tʰa⁵⁵ na⁰ nɛ⁰，tʰa⁵⁵ suo²²，"na²¹³ ŋo⁴² tau²¹³ ɕiɛn²¹³ tsai²¹³ ko²¹³ zən²² mei⁵⁵ kau⁴²，ŋo⁴² ko²¹³ zən²² sʅ²¹³ taŋ⁵⁵ ti⁰ nau⁴² pɚ⁴²，ŋo⁴² tɕʰi⁴² ti⁰ sʅ⁵⁵ fu²¹³ nai²² tsu²¹³，ŋo⁴² kʰan²¹³ ŋo⁴² mən⁰ na²¹³ ko²¹³ sʅ⁵⁵ fu²¹³ iau²¹³ pu²² iau²¹³ tʰu²² ti²¹³ na⁰"。

　　那个师傅姓姚，叫姚师傅。好，那就说得行，你叫他跟着我搞，但是呢，开头当徒弟哦，第一年肯定是没有工资的。na²¹³ ko²¹³ sʅ⁵⁵ fu²¹³ ɕin²¹³ iau²²，tɕiau²¹³ iau²² sʅ⁵⁵ fu²¹³。xau⁴²，na²¹³ təu²¹³ suo²² tɛ²² ɕin²²，ni⁴² tɕiau²¹³ tʰa⁵⁵ kən⁵⁵ tsuo²² ŋo⁴² kau⁴²，tan²¹³ sʅ²¹³ nɛ⁰，kʰai⁵⁵ tʰəu⁰ taŋ⁵⁵ tʰu²² ti²¹³ o⁰, ti²¹³ i²² niɛn²² kʰən⁴² tin²¹³ sⱥ²¹³ mei⁵⁵ iəu⁴² koŋ⁵⁵ tsⱥ⁵⁵ ti⁰。

我妈就说呢，那当徒弟没有工资不要紧，要跟他搞，嗯，那我就跟他搞嘛，第二天就跟他搞起哒。ŋo⁴² ma⁵⁵ təu²¹³ suo²² nɛ⁰, na²¹³ taŋ⁵⁵ tʰu²² ti²¹³ mei⁵⁵ iəu⁴² koŋ⁵⁵ tsⱥ⁵⁵ pu²² iau²¹³ tɕin⁴², iau²¹³ kən⁵⁵ tʰa⁵⁵ kau⁴², ən⁰, na²¹³ ŋo⁴² təu²¹³ kən⁵⁵ tʰa⁵⁵ kau⁴² ma⁰, ti²¹³ ə²¹³ tʰiɛn⁵⁵ təu²¹³ kən⁵⁵ tʰa⁵⁵ kau⁴² tɕⁱ:⁴² ta⁰。

搞呢，那个师傅呢，他也是，朗⁼们⁼说呢，他也是比较那个。kau⁴² nɛ⁰, na²¹³ ko²¹³ sⱥ⁵⁵ fu²¹³ nɛ⁰, tʰa⁵⁵ iɛ⁴² sⱥ²¹³, naŋ²² mən⁰ suo²² nɛ⁰, tʰa⁵⁵ iɛ⁴² sⱥ²¹³ pi⁴² tɕiau⁴² na²¹³ ko²¹³。

嗯，像么子做活路比较远哪，像一个七八公里路啊、五六公里路啊，他都是不坐车的。ən⁰, tɕʰiaŋ²¹³ mo⁰ tsⱥ⁰ tsu²¹³ xo²² nu²¹³ pi⁴² tɕiau⁴² yɛn⁴² na⁴², tɕʰiaŋ²¹³ i²² ko²¹³ tɕⁱ:²² pa²² koŋ⁵⁵ ni⁴² nu²¹³ a⁰, u⁴² nu²² koŋ⁵⁵ ni⁴² nu²¹³ a⁰, tʰa⁵⁵ təu⁵⁵ sⱥ²¹³ pu²² tsuo²¹³ tsʰɛ⁵⁵ ti⁰。

然后呢，像么子工具，几十斤重的工具箱和那个楼梯啊，人字梯啊，也是几十斤重，也是不坐车，都是叫我捞①啊。zan²² xəu²¹³ nɛ⁰, tɕʰiaŋ²¹³ mo⁰ tsⱥ⁰ koŋ⁵⁵ tɕy²¹³, tɕi⁵⁵ sⱥ²² tɕin⁵⁵ tsoŋ²¹³ ti⁰ koŋ⁵⁵ tɕy²¹³ ɕiaŋ⁵⁵ xo²² na²¹³ ko²¹³ nəu²² tʰi⁵⁵ a⁰, zən²² tsⱥ²¹³ tʰi⁵⁵ a⁰, iɛ⁴² sⱥ²¹³ tɕi⁵⁵ sⱥ²² tɕin⁵⁵ tsoŋ²¹³, iɛ⁴² sⱥ²¹³ pu²² tsuo²¹³ tsʰɛ⁵⁵, təu⁵⁵ sⱥ²¹³ tɕiau²¹³ ŋo⁴² nau⁴² a⁰。

一只手捞楼梯，一只手还要担工具，走几公里，然后呢，还不教你的技术，只教你搞那些下力的活路。i²² tsⱥ²² səu⁴² nau⁴² nəu²² tʰi⁵⁵, i²² tsⱥ²² səu⁴² xai²² iau²¹³ tan⁵⁵ koŋ⁵⁵ tɕy²¹³, tsəu⁴² tɕi⁵⁵ koŋ⁵⁵ ni⁴², zan²² xəu²¹³ nɛ⁰, xai²² pu²² tɕiau⁵⁵ ni⁴² ti⁰ tɕi²¹³ su²², tsⱥ²² tɕiau⁵⁵ ni⁴² kau⁴² na²¹³ ɕiɛ⁵⁵ ɕia²¹³ ni²² ti⁰ xo²² nu²¹³。

好，我就跟了他也是搞了半年哦，搞了半年，有一天呢，我们那ᴿ有一所高中，他们那个，他接的一个活路啊，就是那个木窗子上啊，安钢条。xau⁴², ŋo⁴² təu²¹³ kən⁵⁵ na⁰ tʰa⁵⁵ iɛ⁴² sⱥ²¹³ kau⁴² na⁰ pan²¹³ niɛn²² o⁰, kau⁴² na⁰ pan²¹³ niɛn²², iəu⁴² i²² tʰiɛn⁵⁵ nɛ⁰, ŋo⁴² mən⁰ na²¹³ iəu⁴² i²² suo⁴² kau⁵⁵ tsoŋ⁵⁵, tʰa⁵⁵ mən⁰ na²¹³ ko²¹³, tʰa⁵⁵ tɕiɛ²² ti⁰ i²² ko²¹³ xo²² nu²¹³ a⁰, təu²¹³

---

① 捞 nau⁴²：扛。

sɿ²¹³ na²¹³ ko²¹³ mu²² tsʰaŋ⁵⁵ tsɿ⁰ saŋ²¹³ a⁰, ŋan⁵⁵ kaŋ⁵⁵ tʰiau²²。

安那个钢条呢，它是已经那个木窗子已经安上去哒，就必须要一个电锤啊，钻……啊，就是现场钻孔安钢条。ŋan⁵⁵ na²¹³ ko²¹³ kaŋ⁵⁵ tʰiau²² nɛ⁰, tʰa⁵⁵ sɿ²¹³ i⁴² tɕin⁵⁵ na²¹³ ko²¹³ mu²² tsʰaŋ⁵⁵ tsɿ⁰ i⁴² tɕin⁵⁵ ŋan⁵⁵ saŋ²¹³ tɕʰi²¹³ ta⁰, təu²¹³ pi²² ɕy⁵⁵ iau²¹³ i²² ko²¹³ tiɛn²¹³ tsʰuei²² a⁰, tsuan⁵⁵……a⁰, təu²¹³ sɿ²¹³ ɕiɛn²¹³ tsʰaŋ⁴² tsuan⁵⁵ kʰoŋ⁴² ŋan⁵⁵ kaŋ⁵⁵ tʰiau²²。

我又长得又不高，必须仰头去钻那个，钻那个孔孔ᵣ嘛。ŋo⁴² iəu²¹³ tsaŋ⁴² tɛ²² iəu²¹³ pu²² kau⁵⁵, pi²² ɕy⁵⁵ iaŋ⁴² tʰəu⁰ tɕʰi²¹³ tsuan⁵⁵ na²¹³ ko²¹³, tsuan⁵⁵ na²¹³ ko²¹³ kʰoŋ⁴² kʰɚ⁰ ma⁰。

钻孔孔ᵣ途中呢，那个木，木灰灰ᵣ就飞到眼睛里头哒，然后两只眼睛都嵌那个木渣渣ᵣ哒嘛，当时痛得止不住。tsuan⁵⁵ kʰoŋ⁴² kʰɚ⁰ tʰu²² tsoŋ⁵⁵ nɛ⁰, na²¹³ ko²¹³ mu²², mu²² xuei⁵⁵ xɚ⁰ təu²¹³ fei⁵⁵ tau²¹³ iɛn⁴² tɕin⁵⁵ ni⁴² tʰəu⁰ ta⁰, zan²² xəu²¹³ niaŋ⁴² tsɿ²² iɛn⁴² tɕin⁵⁵ təu⁵⁵ kʰan⁵⁵ na²¹³ ko²¹³ mu²² tsa⁵⁵ tsɚ⁰ ta⁰ ma⁰, taŋ⁵⁵ sɿ²² tʰoŋ²¹³ tɛ²² tsɿ⁴² pu²² tsu²¹³。

痛得止不住，眼睛也抻不开。tʰoŋ²¹³ tɛ²² tsɿ⁴² pu²² tsu²¹³, iɛn⁴² tɕin⁵⁵ iɛ⁴² tsʰən⁵⁵ pu²² kʰai⁵⁵。

当时我就把那个师傅，找那个师傅，姚师傅。taŋ⁵⁵ sɿ²² ŋo⁴² təu²¹³ pa⁴² na²¹³ ko²¹³ sɿ⁵⁵ fu²¹³, tsau⁴² na²¹³ ko²¹³ sɿ⁵⁵ fu²¹³, iau²² sɿ⁵⁵ fu²¹³。

我的师傅我就把他说嘛，我说我的眼睛痛得止不住，我可能要回去休息一下，可能医院去把渣渣ᵣ搞出来才能搞。ŋo⁴² ti⁰ sɿ⁵⁵ fu²¹³ ŋo⁴² təu²¹³ pa⁴² tʰa⁵⁵ suo²² ma⁰, ŋo⁴² suo²² ŋo⁴² ti⁰ iɛn⁴² tɕin⁵⁵ tʰoŋ²¹³ tɛ²² tsɿ⁴² pu²² tsu²¹³, ŋo⁴² kʰo⁴² nən²² iau²¹³ xuei²² tɕʰi²¹³ ɕiəu⁵⁵ ɕi²² i²² xa⁵⁵, kʰo⁴² nən²² i⁵⁵ yɛn²¹³ tɕʰi²¹³ pa⁴² tsa⁵⁵ tsɚ⁰ kau⁴² tsʰu²² nai²² tsʰai²² nən²² kau⁴²。

然后那个师傅就说呢，那不行，那必须要把它搞完哒才能走。zan²² xəu²¹³ na²¹³ ko²¹³ sɿ⁵⁵ fu²¹³ təu²¹³ suo²² nɛ⁰, na²¹³ pu²² ɕiŋ²², na²¹³ pi²² ɕy⁵⁵ iau²¹³ pa⁴² tʰa⁵⁵ kau⁴² uan²² ta⁰ tsʰai²² nən²² tsəu⁴²。

好，当时我就比较气愤，我眼睛都抻不开哒，朗″们″好搞呢！就把工具一丢，我就回去哒。xau⁴², taŋ⁵⁵ sɿ²² ŋo⁴² təu²¹³ pi⁴² tɕiau⁴² tɕʰi²¹³ fən²¹³, ŋo⁴² iɛn⁴² tɕin⁵⁵ təu⁵⁵ tsʰən⁵⁵ pu²² kʰai⁵⁵ ta⁰, naŋ²² mən⁰ xau⁴² kau⁴² nɛ⁰！təu²¹³ pa⁴² koŋ⁵⁵ tɕy²¹³ i²² tiəu⁵⁵, ŋo⁴² təu²¹³ xuei²² tɕʰi²¹³ ta⁰。

回去哒，我妈就把我带到医院去，去把木渣渣ɚ洗出来哒。xuei²²
tɕʰi²¹³ ta⁰，ŋo⁴² ma⁵⁵ təu²¹³ pa⁴² ŋo⁴² tai²¹³ tau²¹³ i⁵⁵ yɛn²¹³ tɕʰi²¹³，tɕʰi²¹³ pa⁴²
mu²² tsa⁵⁵ tsə⁰ ɕi⁴² tsʰu²² nai²² ta⁰。

洗出来有将近三四颗，后头我就吓哒，所以后头我在想啊，跟着
迿个师傅搞，一个是师傅也比较扎实，然后虽然说扎实还是另外一回
事，又是不教我技术，尽是叫我搞下力的活路，肯定跟着他搞，也不
能——学不到么技术嘛。ɕi⁴² tsʰu²² nai²² iəu⁴² tɕiaŋ⁵⁵ tɕin²¹³ san⁵⁵ sɿ²¹³ kʰo⁴²，
xəu²¹³ tʰəu⁰ ŋo⁴² təu²¹³ xɛ²² ta⁰，suo⁴² i⁴² xəu²¹³ tʰəu⁰ ŋo⁴² tai²¹³ ɕiaŋ⁴² a⁰，
kən⁵⁵ tsuo²² niɛ²² ko²¹³ sɿ⁵⁵ fu²¹³ kau⁴²，i²² ko²¹³ sɿ²¹³ sɿ⁵⁵ fu²¹³ iɛ⁴² pi⁴² tɕiau⁴²
tsa²² sɿ²²，zan²² xəu²¹³ ɕy⁵⁵ zan²² suo²² tsa²² sɿ² xai²² sɿ²¹³ nin²¹³ uai²¹³ i²² xuei²²
sɿ²¹³，iəu²¹³ sɿ²¹³ pu²² tɕiau⁵⁵ ŋo⁴² tɕi²¹³ su²²，tɕin²¹³ sɿ²¹³ tɕiau²¹³ ŋo⁴² kau⁴²
ɕia²¹³ ni²² ti⁰ xo²² nu²¹³，kʰən⁴² tin²¹³ kən⁵⁵ tsuo²² tʰa⁵⁵ kau⁴²，iɛ⁴² pu²² nən²² ——
ɕyo²² pu²² tau²¹³ mo⁰ tɕi²¹³ su²² ma⁰。

好，我就帮我妈说，说我不跟他个师傅搞哒，那个师傅他又不把我
教技术。xau⁴²，ŋo⁴² təu²¹³ paŋ⁵⁵ ŋo⁴² ma⁵⁵ suo²²，suo²² ŋo⁴² pu²² kən⁵⁵ tʰa⁵⁵
ko²¹³ sɿ⁵⁵ fu²¹³ kau⁴² ta⁰，na²¹³ ko²¹³ sɿ⁵⁵ fu²¹³ tʰa⁵⁵ iəu²¹³ pu²² pa⁴² ŋo⁴² tɕiau⁵⁵
tɕi²¹³ su²²。

好，我妈说呢……第二天早晨起来一看，我眼睛，两个眼睛肿得
眯哒，路都看不到，像一条缝。xau⁴²，ŋo⁴² ma⁵⁵ suo²² nɛ⁰……ti²¹³ ɚ²¹³
tʰiɛn⁵⁵ tsau⁴² tsʰən²² tɕʰi⁴² nai i²² kʰan²¹³，ŋo⁴² iɛn⁴² tɕin⁵⁵，niaŋ⁴² ko²¹³ iɛn⁴²
tɕin⁵⁵ tsoŋ⁴² tɛ²² mi⁵⁵ ta⁰，nu²¹³ təu⁵⁵ kʰan²¹³ pu²² tau²¹³，tɕʰiaŋ²¹³ i²² tʰiau²²
foŋ²²。

她也觉得心痛，她就把师傅讲哒说，算哒。tʰa⁵⁵ iɛ⁴² tɕyo²² tɛ²² ɕin⁵⁵
tʰoŋ²¹³，tʰa⁵⁵ təu²¹³ pa⁴² sɿ⁵⁵ fu²¹³ tɕiaŋ⁴² ta⁰ suo²²，suan²¹³ ta⁰。

反正那个时候也要过年哒，她说要过年哒，那个时候屋里也差人
搞事，就在屋里搞点事算哒。fan⁴² tsən⁵⁵ na²¹³ ko²¹³ sɿ²² xəu²¹³ iɛ⁴² iau²¹³
ko²¹³ niɛn²² ta⁰，tʰa⁵⁵ suo²² iau²¹³ ko²¹³ niɛn²² ta⁰，na²¹³ ko²¹³ sɿ²² xəu²¹³ u²²
ni⁴² iɛ⁴² tsʰa⁵⁵ zən²² kau⁴² sɿ²¹³，təu²¹³ tai²¹³ u²² ni⁴² kau⁴² tiɛn⁴² sɿ²¹³ suan²¹³
ta⁰。

好，然后呢，就没跟那个师傅搞哒，就过年哒嘛。xau⁴²，zan²² xəu²¹³

$nɛ^0$, $təu^{213}$ mei^{55} $kən^{55}$ na^{213} ko^{213} $sʅ^{55}$ fu^{213} kau^{42} ta^0, $təu^{213}$ ko^{213} $niɛn^{22}$ ta^0 ma^0。

　　过年哒，肯定还是不行吵，肯定还是要搞一个正规的事，我又去找到那个哥哥，开铝合金的哥哥。ko^{213} $niɛn^{22}$ ta^0, $kʰən^{42}$ tin^{213} xai^{22} $sʅ^{213}$ pu^{22} $ɕin^{22}$ sa^0, $kʰən^{42}$ tin^{213} xai^{22} $sʅ^{213}$ iau^{213} kau^{42} i^{22} ko^{213} $tsən^{213}$ $kuei^{55}$ ti^0 $sʅ^{213}$, $ŋo^{42}$ $iəu^{213}$ $tɕʰi^{213}$ $tsau^{42}$ tau^{213} na^{213} ko^{213} ko^{55} $kuə^0$, $kʰai^{55}$ $nuei^{42}$ xo^{22} $tɕin^{55}$ ti^0 ko^{55} $kuə^0$。

　　他说呢，那个师傅搞事情呢，那个姚师傅，可能也不得要他搞哒，反正我个人会搞我个人搞哒，你就叫他跟着我搞啰。$tʰa^{55}$ suo^{22} $nɛ^0$, na^{213} ko^{213} $sʅ^{55}$ fu^{213} kau^{42} $sʅ^{213}$ $tɕʰin^{22}$ $nɛ^0$, na^{213} ko^{213} iau^{22} $sʅ^{55}$ fu^{213}, $kʰo^{42}$ $nən^2$ $iɛ^{42}$ pu^{22} $tɛ^{22}$ iau^{213} $tʰa^{55}$ kau^{42} ta^0, fan^{42} $tsən^{55}$ $ŋo^{42}$ ko^{213} $zən^{22}$ $xuei^{213}$ kau^{42} $ŋo^{42}$ ko^{213} $zən^{22}$ kau^{42} ta^0, ni^{42} $təu^{213}$ $tɕiau^{213}$ $tʰa^{55}$ $kən^{55}$ $tsuo^{22}$ $ŋo^{42}$ kau^{42} nuo^0。

　　然后我就跟着我院子里哥哥搞，那个哥哥呢还是好。zan^{22} $xəu^{213}$ $ŋo^{42}$ $təu^{213}$ $kən^{55}$ $tsuo^{22}$ $ŋo^{42}$ $yɛn^{213}$ $tsʅ^0$ ni^{42} ko^{55} $kuə^0$ kau^{42}, na^{213} ko^{213} ko^{55} $kuə^0$ $nɛ^0$ xai^{22} $sʅ^{213}$ xau^{42}。

　　嗯，我们一起呢，因为我会基本的嘛，跟那个姚师傅搞哒半年，像么子简单的摸螺丝啊，还是会搞。$ən^0$, $ŋo^{42}$ $mən^0$ i^{22} $tɕʰi^{42}$ $nɛ^0$, in^{55} uei^{22} $ŋo^{42}$ $xuei^{213}$ $tɕi^{55}$ $pən^{42}$ ti^0 ma^0, $kən^{55}$ na^{213} ko^{213} iau^{22} $sʅ^{55}$ fu^{213} kau^{42} ta^0 pan^{213} $niɛn^{22}$, $tɕʰiaŋ^{213}$ mo^0 $tsʅ^0$ $tɕiɛn^{42}$ tan^{55} ti^0 mo^{22} nuo^0 $sʅ^{55}$ a^0, xai^{22} $sʅ^{213}$ $xuei^{213}$ kau^{42}。

　　他就把我说，你跟着我搞啰，跟着我搞，然后工资不高嘛，两百块钱一个月，做天一天呢，就发六七块钱一天。$tʰa^{55}$ $təu^{213}$ pa^{42} $ŋo^{42}$ suo^{22}, ni^{42} $kən^{55}$ $tsuo^{22}$ $ŋo^{42}$ kau^{42} nuo^0, $kən^{55}$ $tsuo^{22}$ $ŋo^{42}$ kau^{42}, zan^{22} $xəu^{213}$ $koŋ^{55}$ $tsʅ^{55}$ pu^{22} kau^{55} ma^0, $niaŋ^{42}$ $pɛ^{22}$ $kʰuai^{213}$ $tɕʰiɛn^{22}$ i^{22} ko^{213} $yɛ^{22}$, tsu^{213} $tʰiɛn^{55}$ i^{42} $tʰiɛn^{55}$ $nɛ^0$, $təu^{213}$ fa^{22} nu^{22} $tɕʰi^{22}$ $kʰuai^{213}$ $tɕʰiɛn^{22}$ i^{22} $tʰiɛn^{55}$。

　　管他呢，总有点钱吵，哦，好，就跟他那个哥哥搞。$kuan^{42}$ $tʰa^{55}$ $nɛ^0$, $tsoŋ^{42}$ $iəu^{42}$ $tiɛn^{42}$ $tɕʰiɛn^{22}$ sa^0, o^0, xau^{42}, $təu^{213}$ $kən^{55}$ $tʰa^{55}$ na^{213} ko^{213} ko^{55} $kuə^0$ kau^{42}。

　　跟着，那个哥哥还是好，像么子那些技术性东西，他都教我。$kən^{55}$ $tsuo^{22}$, na^{213} ko^{213} ko^{55} $kuə^0$ xai^{22} $sʅ^{213}$ xau^{42}, $tɕʰiaŋ^{213}$ mo^0 $tsʅ^0$ na^{213} $ɕiɛ^{55}$ $tɕi^{213}$ su^{22} $ɕin^{213}$ $toŋ^{55}$ $ɕi^{55}$, $tʰa^{55}$ $təu^{55}$ $tɕiau^{55}$ $ŋo^{42}$。

教我呢，我就跟他搞的一个三年时间。tɕiau⁵⁵ ŋo⁴² nɛ⁰，ŋo⁴² təu²¹³ kən⁵⁵ tʰa⁵⁵ kau⁴² tiº i²² ko²¹³ san⁵⁵ niɛn²² sɿ²² kan⁵⁵。

三年，搞哒三年呢，到时候，那时候ₗ我其实么子都搞，基本上得来哒。san⁵⁵ niɛn²²，kau⁴² taº san⁵⁵ niɛn²² nɛ⁰，tau²¹³ sɿ²² xəu²¹³，na²¹³ sɿ²² xɚ²¹³ ŋo⁴² tɕʰi²² sɿ²² moº tsɿº təu⁵⁵ kau⁴²，tɕi⁵⁵ pən⁴² saŋ²¹³ tɛ²² nai²² taº。

反正，我们咸丰当地啊，当徒弟始终跟着师傅搞，即使是么子都会哒呢，工资都不算高。fan⁴² tsən²¹³，ŋo⁴² mən⁰ xan²² foŋ⁵⁵ taŋ⁵⁵ ti²¹³ aº，taŋ⁵⁵ tʰu²² ti²¹³ sɿ⁴² tsoŋ⁵⁵ kən⁵⁵ tsuo²² sɿ⁵⁵ fu²¹³ kau⁴²，tɕi²² sɿ⁴² sɿ²¹³ moº tsɿº təu⁵⁵ xuei²¹³ taº nɛ⁰，koŋ⁵⁵ tsɿ⁵⁵ təu⁵⁵ pu²² suan²¹³ kau⁵⁵。

也才，三年之后算哒是师傅哒也才十五块钱一天，做一天有一天。iɛ⁴² tsʰai²²，san⁵⁵ niɛn²² tsɿ⁵⁵ xəu²¹³ suan²¹³ taº sɿ²¹³ sɿ⁵⁵ fu²¹³ taº iɛ⁴² tsʰai²² sɿ²² u⁴² kʰuai²¹³ tɕʰiɛn²² i²² tʰiɛn⁵⁵，tsu²¹³ i²² tʰiɛn⁵⁵ iəu⁴² i²² tʰiɛn⁵⁵。

那时候ₗ我已经有二十岁左右哒，房子还没修哟。na²¹³ sɿ²² xɚ²¹³ ŋo⁴² i⁴² tɕin⁵⁵ iəu⁴² ɚ²¹³ sɿ²² suei²¹³ tsuo⁴² iəu²¹³ taº，faŋ²² tsɿº xai²² mei⁵⁵ ɕiəu⁵⁵ saº。

肯定那时候ₗ二十岁哒，像我们那ₗ好多细娃ₗ都要准备安家哒，要找媳妇ₗ哒。kʰən⁴² tin²¹³ na²¹³ sɿ²² xɚ²¹³ ɚ²¹³ sɿ²² suei²¹³ taº，tɕʰiaŋ²¹³ ŋo⁴² mən⁰ nɚ²¹³ xau⁴² tuo⁵⁵ ɕi²¹³ ua²² təu⁵⁵ iau²¹³ tɕin⁴² pei²¹³ ŋan⁵⁵ tɕia⁵⁵ taº，iau²¹³ tsau⁴² ɕi²² fua²¹³ taº。

我默起，像那么个十几块钱一天的话，跟倒师傅搞一辈子肯定也不行。ŋo⁴² mɛ²² tɕʰi⁴²，tɕʰiaŋ²¹³ na²¹³ moº koº sɿ²² tɕi⁵⁵ kʰuai²¹³ tɕʰiɛn²² i²² tʰiɛn⁵⁵ tiº xua²¹³，kən⁵⁵ tau⁴² sɿ⁵⁵ fu²¹³ kau⁴² i²² pei²¹³ tsɿº kʰən⁴² tin²¹³ iɛ⁴² pu²² ɕin²²。

好，我就，有时，有时跟我们亲戚我也不好意思走得。xau⁴²，ŋo⁴² təu²¹³，iəu⁴² sɿ²²，iəu⁴² sɿ²² kən⁵⁵ ŋo⁴² mən⁰ tɕʰin⁵⁵ tɕʰi²² ŋo⁴² iɛ⁴² pu²² xau⁴² i²¹³ sɿ⁵⁵ tsəu⁴² tɛ²²。

好，就那年呢，恰恰呢，我有个幺叔呢，是我亲叔叔ₗ，开的个卖家电的店店ₗ哦，当时他那ₗ差人。xau⁴²，təu²¹³ na²¹³ niɛn²² nɛ⁰，kʰa²² kʰa²² nɛ⁰，ŋo⁴² iəu⁴² ko²¹³ iau⁵⁵ su²² nɛ⁰，sɿ²¹³ ŋo⁴² tɕʰin⁵⁵ su²² suaº，kʰai⁵⁵ tiº ko²¹³ mai²¹³ tɕia⁵⁵ tiɛn²¹³ tiº tiɛn²¹³ tiaº oº，taŋ⁵⁵ sɿ²² tʰa⁵⁵ nɚ²¹³ tsʰa⁵⁵ zən²²。

我就说呢，就把我师傅说，我说我幺叔叔把我讲哒，他店店ₗ差人哒，叫我跟着他搞，跟他帮忙。ŋo⁴² təu²¹³ suo²² nɛ⁰，təu²¹³ pa⁴² ŋo⁴² sʅ⁵⁵ fu²¹³ suo²²，ŋo⁴² suo²² ŋo⁴² iau⁵⁵ su²² sua⁰ pa⁴² ŋo⁴² tɕiaŋ⁴² ta⁰，tʰa⁵⁵ tiɛn²¹³ tiɚ⁰ tsʰa⁵⁵ zən²² ta⁰，tɕiau²¹³ ŋo⁴² kən⁵⁵ tsuo²² tʰa⁵⁵ kau⁴²，kən⁵⁵ tʰa⁵⁵ paŋ⁵⁵ maŋ²²。

然后呢，我那个哥哥他也说哒，是的……你去跟他学着做生意啰。zan²² xəu²¹³ nɛ⁰，ŋo⁴² na²¹³ ko²¹³ ko⁵⁵ kua⁰ tʰa⁵⁵ iɛ⁴² suo²² ta⁰，sʅ²¹³ ti⁰……ni⁴² tɕʰi²¹³ kən⁵⁵ tʰa⁵⁵ ɕyo²² tsuo²² tsu²¹³ sən⁵⁵ i²¹³ nuo⁰。

好，然后我就到我幺叔那个店店ₙ上，去搞哒将近一年时间，那时候ₙ店店ₙ上，卖家电。xau⁴²，zan²² xəu²¹³ ŋo⁴² təu²¹³ tau²¹³ ŋo⁴² iau⁵⁵ su²² na²¹³ ko²¹³ tiɛn²¹³ tiɚ⁰ saŋ⁰，tɕʰi²¹³ kau⁴² ta⁰ tɕiaŋ⁵⁵ tɕin²¹³ i²² niɛn²² sʅ²² kan⁵⁵，na²¹³ sʅ²² xɚ²¹³ tiɛn²¹³ tiɚ⁰ saŋ⁰，mai²¹³ tɕia⁵⁵ tiɛn²¹³。

（四）家庭情况

讲起我屋里的家庭呢，就不得不从我妈那ₙ开始讲起走哦。tɕiaŋ⁴² tɕʰi⁴² ŋo⁴² u²² ni⁴² ti⁰ tɕia⁵⁵ tʰin²² nɛ⁰，təu²¹³ pu²² tɛ²² pu²² tsʰoŋ²² ŋo⁴² ma⁵⁵ na²¹³ kʰai⁵⁵ sʅ⁴² tɕiaŋ⁴² tɕʰi⁴² tsəu⁴² o⁰。

我老汉ₙ呢，由于呢，读书的时候呢，就得过病的，精神病，就造成了我老汉ₙ不大好安家。ŋo⁴² nau⁴² xɚ⁰ nɛ⁰，iəu²² y²² nɛ⁰，tu²² su⁵⁵ ti⁰ sʅ²¹³ xəu²¹³ nɛ⁰，təu²¹³ tɛ²² ko²¹³ pin²¹³ ti⁰，tɕin⁵⁵ sən²² pin²¹³，təu²¹³ tsʰau²¹³ tsʰən²² na⁰ ŋo⁴² nau⁴² xɚ⁰ pu²² ta²¹³ xau⁴² ŋan⁵⁵ tɕia⁵⁵。

我老汉ₙ和我妈结婚呢，我妈也是一个阿弥陀佛的人，就是一个做么事情啊，都拖皮①啊，拖皮的人，也是一个比较老实的人。ŋo⁴² nau⁴² xɚ⁰ xo²² ŋo⁴² ma⁵⁵ tɕiɛ²² xuən⁵⁵ nɛ⁰，ŋo⁴² ma⁵⁵ iɛ⁴² sʅ²¹³ i²² ko²¹³ uo⁵⁵ mi²² tʰuo²² fu²² ti⁰ zən²²，təu²¹³ sʅ²¹³ i²² ko²¹³ tsu²¹³ mo⁰ sʅ²¹³ tɕʰin²² a⁰，təu⁵⁵ tʰuo⁵⁵ pʰi²² a⁰，tʰuo⁵⁵ pʰi²² ti⁰ zən²²，iɛ⁴² sʅ²¹³ i²² ko²¹³ pi⁴² tɕiau⁴² nau⁴² sʅ²² ti⁰ zən²²。

我妈和我老汉ₙ结婚那时候ₙ呢，那个是三十几岁哒。ŋo⁴² ma⁵⁵ xo²² ŋo⁴² nau⁴² xɚ²¹³ tɕiɛ²² xuən⁵⁵ na²¹³ sʅ²² xɚ²¹³ nɛ⁰，na²¹³ ko²¹³ sʅ²¹³ san⁵⁵ sʅ²²

---

① 拖皮 tʰuo⁵⁵ pʰi²²：形容做事拖沓、糊涂。

tɕi⁴² suei²¹³ ta⁰。

我老汉ₙ结婚的时候呢，有三十三岁哒。ŋo⁴² nau⁴² xə²¹³ tɕiɛ²² xuən⁵⁵ ti⁰ sๅ²² xəu²¹³ nɛ⁰, iəu⁴² san⁵⁵ sๅ²² san⁵⁵ suei²¹³ ta⁰。

对他们五十年代的人哪，他们都是结婚最晏的，因为都是弱势群体嘛。tuei²¹³ tʰa⁵⁵ mən⁰ u⁴² sๅ²² niɛn²² tai²¹³ ti⁰ zən²² na⁰, tʰa⁵⁵ mən⁰ təu⁵⁵ sๅ²¹³ tɕiɛ²² xuən⁵⁵ tsuei²¹³ ŋan²¹³ ti⁰, in⁵⁵ uei²² təu⁵⁵ sๅ²¹³ zuo²² sๅ²¹³ tɕʰyən²² tʰi⁴² ma⁰。

所以就造成我们家庭呢，比较困难，像我，小的时候ₙ读书，基本上连学费都交不起。suo⁴² i⁴² təu²¹³ tsʰau²¹³ tsʰən²² ŋo⁴² mən⁰ tɕia⁵⁵ tʰin²² nɛ⁰, pi⁴² tɕiau⁴² kʰuən²¹³ nan²², tɕʰiaŋ²¹³ ŋo⁴², ɕiau⁴² ti⁰ sๅ²² xə²¹³ tu²² su⁵⁵, tɕi⁵⁵ pən⁴² saŋ²¹³ niɛn²² ɕyo²² fei²¹³ təu⁵⁵ tɕiau⁵⁵ pu²² tɕʰi⁴²。

像么子校服啊那些根本就没买过。tɕʰiaŋ²¹³ mo⁰ tsๅ⁰ ɕiau²¹³ fu²² a⁰ na²¹³ ɕiɛ⁵⁵ kən⁵⁵ pən⁴² təu²¹³ mei⁵⁵ mai⁴² ko²¹³。

像原来交学费啊，像老师点名啊我们都是最后一个交，像没得钱哒，我们就是，因为我老汉ₙ我屋公，就是爷爷哦，是原来邮电局的。tɕʰiaŋ²¹³ yɛn²² nai²² tɕiau⁵⁵ ɕyo²² fei²¹³ a⁰, tɕʰiaŋ²¹³ nau⁴² sๅ⁵⁵ tiɛn⁴² min²² a⁰ ŋo⁴² mən⁰ təu⁵⁵ sๅ²¹³ tsuei²¹³ xəu²¹³ i²² ko²¹³ tɕiau⁵⁵, tɕʰiaŋ²¹³ mei⁵⁵ tɛ²² tɕʰiɛn²² ta⁰, ŋo⁴² mən⁰ təu²¹³ sๅ²¹³, in⁵⁵ uei²² ŋo⁴² nau⁴² xə⁰ ŋo⁴² u²² koŋ⁵⁵, təu²¹³ sๅ²¹³ iɛ²² iɛ⁰ o⁰, sๅ²¹³ yɛn²² nai²² iəu²² tiɛn²¹³ tɕy²² ti⁰。

我老汉ₙ因为有病嘛，就没接他班嘛，是我屋一个幺孃接的班。ŋo⁴² nau⁴² xə⁰ in⁵⁵ uei²² iəu⁴² pin²¹³ ma⁰, təu²¹³ mei⁵⁵ tɕiɛ²² tʰa⁵⁵ pan⁵⁵ ma⁰, sๅ²¹³ ŋo⁴² u²² i²² ko²¹³ iau⁵⁵ niaŋ⁵⁵ tɕiɛ²² ti⁰ pan⁵⁵。

那个幺孃接的班，那时候ₙ说的，你们哥哥ₙ有病，到时候ₙ他细娃ₙ像么子肯定是有困难的，像读书那些，实在拿不出钱嘛，找你要，找你搞嘛，你把搞一点哦。na²¹³ ko²¹³ iau⁵⁵ niaŋ⁵⁵ tɕiɛ²² ti⁰ pan⁵⁵, na²¹³ sๅ²² xə²¹³ suo²² ti⁰, ni⁴² mən⁰ ko⁵⁵ kua⁰ iəu⁴² pin²¹³, tau²¹³ sๅ²¹³ xə²¹³ tʰa⁵⁵ ɕi²¹³ uə²² tɕʰiaŋ²¹³ mo⁰ tsๅ⁰ kʰən⁴² tin²¹³ sๅ²¹³ iəu⁴² kʰuən²¹³ nan²² ti⁰, tɕʰiaŋ²¹³ tu²² su⁵⁵ na²¹³ ɕiɛ⁵⁵, sๅ²² tsai²¹³ na²² pu²² tsʰu²² tɕʰiɛn²² ma⁰, tsau⁴² ni⁴² iau²¹³, tsau⁴² ni⁴² kau⁴² ma⁰, ni⁴² pa⁴² kau⁴² i²² tiɛn⁴² o⁰。

好，到我读书的时候嘛，像交不出来钱嘛，都是我老汉ₙ找我幺嬢要，就是那么个情况。xau⁴², tau²¹³ ŋo⁴² tu²² su⁵⁵ ti⁰ sʅ²² xəu²¹³ ma⁰, tɕʰiaŋ²¹³ tɕiau⁵⁵ pu²² tsʰu²² nai²² tɕʰiɛn²² ma⁰, təu⁵⁵ sʅ²¹³ ŋo⁴² nau⁴² xɚ⁰ tsau⁴² ŋo⁴² iau⁵⁵ niaŋ⁵⁵ iau²¹³, təu²¹³ sʅ²¹³ na²¹³ mo⁰ ko²¹³ tɕʰin²² kʰuaŋ²¹³。

我十岁的时候儿呢，我妈老汉儿呢，又生了一个妹妹儿。ŋo⁴² sʅ²² suei²¹³ ti⁰ sʅ²² xɚ²¹³ nɛ⁰, ŋo⁴² ma⁵⁵ nau⁴² xɚ⁰ nɛ⁰, iəu²¹³ sən⁵⁵ na⁰ i²² ko²¹³ mei²¹³ mɚ⁰。

好，生了一个妹妹就造成家庭更困难了哟。xau⁴², sən⁵⁵ na⁰ i²² ko²¹³ mei²¹³ mɚ⁰ təu²¹³ tsʰau²¹³ tsʰən²² tɕia⁵⁵ tʰin²² kən²¹³ kʰuən²¹³ nan²² na⁰ sa⁰。

说呢，我呢读书呢只读起个十五岁。suo²² nɛ⁰, ŋo⁴² nɛ⁰ tu²² su⁵⁵ nɛ⁰ tsʅ²² tu²² tɕʰi⁴² ko²¹³ sʅ²² u⁴² suei²¹³。

就初中没毕业就没读书的哒。təu²¹³ tsʰu⁵⁵ tsoŋ⁵⁵ mei⁵⁵ pi²² niɛ²² təu²¹³ mei⁵⁵ tu²² su⁵⁵ ti⁰ ta⁰。

就，那时候儿你肯定，我妹妹又该上学哒嘛，我妹妹五岁多哒，读幼儿园，家庭又苦难，我就没读书哒。təu²¹³, na²¹³ sʅ²² xɚ²¹³ ni⁴² kʰən⁴² tin²¹³, ŋo⁴² mei²¹³ mɚ⁰ iəu²¹³ kai⁵⁵ saŋ²¹³ ɕyo²² ta⁰ ma⁰, ŋo⁴² mei²¹³ mɚ⁰ u⁴² suei²¹³ tuo⁵⁵ ta⁰, tu²² iəu²¹³ ɚ²² yɛn²², tɕia⁵⁵ tʰin²² iəu²¹³ kʰu⁴² nan²², ŋo⁴² təu²¹³ mei⁵⁵ tu²² su⁵⁵ ta⁰。

没读书哒就出社会搞活路。mei⁵⁵ tu²² su⁵⁵ ta⁰ təu²¹³ tsʰu²² sɛ²¹³ xuei²¹³ kau⁴² xo²² nu²¹³。

等到他们搞门窗的，安门窗的安装啊那些，找点钱嘛，准备要把妹妹送出来，要修个屋安个家啊，就跟他们搞活路。tən⁴² tau²¹³ tʰa⁵⁵ mən⁰ kau⁴² mən²² tsʰaŋ⁵⁵ ti⁰, ŋan⁵⁵ mən²² tsʰaŋ⁵⁵ ti⁰ ŋan⁵⁵ tsuaŋ⁵⁵ a⁰ na²¹³ ɕiɛ⁵⁵, tsau⁴² tiɛn⁴² tɕʰiɛn²² ma⁰, tɕin⁴² pei²¹³ iau²¹³ pa⁴² mei²¹³ mɚ⁰ soŋ²¹³ tsʰu²² nai²², iau²¹³ ɕiəu⁵⁵ ko²¹³ u²² ŋan⁵⁵ ko²¹³ tɕia⁵⁵ a⁰, təu²¹³ kən⁵⁵ tʰa⁵⁵ mən⁰ kau⁴² xo²² nu²¹³。

当徒弟，最开始当徒弟呢，工资又低。taŋ⁵⁵ tʰu²² ti²¹³, tsuei²¹³ kʰai⁵⁵ sʅ⁴² taŋ⁵⁵ tʰu²² ti²¹³ nɛ⁰, koŋ⁵⁵ tsʅ⁵⁵ iəu²¹³ ti⁵⁵。

那我一直当徒弟啊，当到二十岁左右。na²¹³ ŋo⁴² i²² tsʅ²² taŋ⁵⁵ tʰu²² ti²¹³ a⁰, taŋ⁵⁵ tau²¹³ ɚ²¹³ sʅ²² suei²¹³ tsuo⁴² iəu²¹³。

那哈儿跟倒我一个亲戚搞嘛，又不好意思走的，跟倒那个师傅搞哒好多年。na²¹³ xə⁵⁵ kən⁵⁵ tau⁴² ŋo⁴² i²² ko²¹³ tɕʰin⁵⁵ tɕʰi²² kau⁴² ma⁰, iəu²¹³ pu²²
xau⁴² i²¹³ sʅ⁵⁵ tsəu⁴² ti⁰, kən⁵⁵ tau⁴² na²¹³ ko²¹³ sʅ⁵⁵ fu²¹³ kau⁴² ta⁰ xau⁴² tuo⁵⁵
niɛn²²。

都是拿的低工资，那时候ₗ当师傅哒也才十几块钱一天。təu⁵⁵ sʅ²¹³
na²² ti⁰ ti⁵⁵ koŋ⁵⁵ tsʅ⁵⁵, na²¹³ sʅ²² xə²¹³ taŋ⁵⁵ sʅ⁵⁵ fu²¹³ ta⁰ iɛ⁴² tsʰai²² sʅ²² tɕi⁵⁵
kʰuai²¹³ tɕʰiɛn²² i²² tʰiɛn⁵⁵。

后头嘛我想个办法，到我幺叔那ₗ去，卖家电嘛，才从师傅手头出
来。xəu²¹³ tʰəu⁰ ma⁰ ŋo⁴² ɕiaŋ⁴² ko²¹³ pan²¹³ fa²², tau²¹³ ŋo⁴² iau⁵⁵ su²² nə²¹³
tɕʰi²¹³, mai²¹³ tɕia⁵⁵ tiɛn²¹³ ma⁰, tsʰai²² tsʰoŋ²² sʅ⁵⁵ fu²¹³ səu⁴² tʰəu⁰ tsʰu²²
nai²²。

卖哒一年家电哒嘛就去，就出师哒，出师哒才找到钱哒。mai²¹³ ta⁰
i²² niɛn²² tɕia⁵⁵ tiɛn²¹³ ta⁰ ma⁰ təu²¹³ tɕʰi²¹³, təu²¹³ tsʰu²² sʅ⁵⁵ ta⁰, tsʰu²² sʅ⁵⁵
ta⁰ tsʰai²² tsau⁴² tau²¹³ tɕʰiɛn²² ta⁰。

找到钱哒，当师傅当哒几年哒嘛，手边有点钱哒嘛就边送我妹
妹ₗ读书嘛，边像，我修屋应该是，〇八年，就把屋修哒。tsau⁴² tau²¹³
tɕʰiɛn²² ta⁰, taŋ⁵⁵ sʅ⁵⁵ fu²¹³ taŋ⁵⁵ ta⁰ tɕi⁵⁵ niɛn²² ta⁰ ma⁰, səu⁴² piɛn⁵⁵ iəu⁴²
tiɛn⁴² tɕʰiɛn²² ta⁰ ma⁰ təu²¹³ piɛn⁵⁵ soŋ²¹³ ŋo⁴² mei²¹³ mə⁰ tu²² su⁵⁵ ma⁰, piɛn⁵⁵
tɕʰiaŋ²¹³, ŋo⁴² ɕiəu⁵⁵ u²² in⁵⁵ kai⁵⁵ sʅ²¹³, nin²² pa²² niɛn²², təu²¹³ pa⁴² u²²
ɕiəu⁵⁵ ta⁰。

但是呢，中途呢，还是一个不知事的时候ₗ。tan²¹³ sʅ²¹³ nɛ⁰, tsoŋ⁵⁵
tʰu²² nɛ⁰, xai²² sʅ²¹³ i²² ko²¹³ pu²² tsʅ⁵⁵ sʅ²¹³ ti⁰ sʅ²² xə²¹³。

中途啊，因为我们那里搞装潢，工资一高，手里有点钱了嘛，都
爱赌博。tsoŋ⁵⁵ tʰu²² a⁰, in⁵⁵ uei²² ŋo⁴² mən⁰ na²¹³ ni⁴² kau⁴² tsuaŋ⁵⁵ xuaŋ²²,
koŋ⁵⁵ tsʅ⁵⁵ i²² kau⁵⁵, səu⁴² ni⁴² iəu⁴² tiɛn⁴² tɕʰiɛn²² na⁰ ma⁰, təu⁵⁵ ŋai²¹³ tu⁴²
po²²。

我看到他们赢钱哒嘛，我也眼红过的，我也赌博过的。ŋo⁴² kʰan²¹³
tau²¹³ tʰa⁵⁵ mən⁰ in²² tɕʰiɛn²² ta⁰ ma⁰, ŋo⁴² iɛ⁴² iɛn⁴² xoŋ²² ko²¹³ ti⁰, ŋo⁴² iɛ⁴²
tu⁴² po²² ko²¹³ ti⁰。

那个赌啊，也输过好多钱，也输过，因为大人不管我嘛，钱也是我个
人找的嘛，就天天ₗ去赌博啊，有段时间。na²¹³ ko²¹³ tu⁴² a⁰, iɛ⁴² su⁵⁵ ko²¹³

xau⁴² tuo⁵⁵ tɕʰiɛn²², iɛ⁴² su⁵⁵ ko²¹³, in⁵⁵ uei²² ta²¹³ zən²² pu²² kuan⁴² ŋo⁴² ma⁰,
tɕʰiɛn²² iɛ⁴² sɿ²¹³ ŋo⁴² ko²¹³ zən²² tsau⁴² ti⁰ ma⁰, təu²¹³ tʰiɛn⁵⁵ tʰiɚ⁰ tɕʰi²¹³ tu⁴²
po²² a⁰, iəu⁴² tuan²¹³ sɿ²² kan⁵⁵。

　　赌博啊，赌博一直到后头我结婚哒，我媳妇ᵣ就说，生我大的那个
细娃ᵣ哒，我有天晚上啊，就在一个麻馆ᵣ，两天晚上输哒一万多块钱
呢！　tu⁴² po²² a⁰，tu⁴² po²² i²² tsɿ²² tau²¹³ xəu²² tʰəu⁰ ŋo⁴² tɕiɛ²² xuən⁵⁵ ta⁰，
ŋo⁴² ɕi²² fuɚ²¹³ təu²¹³ suo²²，sən⁵⁵ ŋo⁴² ta²¹³ ti⁰ na²¹³ ko²¹³ ɕi²¹³ uɚ²² ta⁰，ŋo⁴²
iəu⁴² tʰiɛn⁵⁵ uan⁴² saŋ²¹³ a⁰，təu²¹³ tai²¹³ i²² ko²¹³ ma²² kuɚ⁴²，niaŋ⁴² tʰiɛn⁵⁵
uan⁴² saŋ²¹³ su⁵⁵ ta⁰ i²² uan²¹³ tuo⁵⁵ kʰuai²¹³ tɕʰiɛn²² nɛ⁰ ！

　　输哒一万多块钱，半夜回来看到我媳妇ᵣ在屋里坐月，我那个大的
那个细娃ᵣ就睡在枕头边边ᵣ，睡在我媳妇ᵣ身边的，没有好大个ᵣ。su⁵⁵
ta⁰ i²² uan²¹³ tuo⁵⁵ kʰuai²¹³ tɕʰiɛn²²，pan²¹³ iɛ²¹³ xuei²² nai²² kʰan²¹³ tau²¹³ ŋo⁴²
ɕi²² fɚ²¹³ tai²¹³ u²² ni⁴² tsuo²¹³ yɛ²²，ŋo⁴² na²¹³ ko²¹³ ta²¹³ ti⁰ na²¹³ ko²¹³ ɕi²¹³
uɚ²² təu²¹³ suei²¹³ tai²¹³ tsən⁴² tʰəu⁰ piɛn⁵⁵ piɚ⁰，suei²¹³ tai²¹³ ŋo⁴² ɕi²² fɚ²¹³
sən⁵⁵ piɛn⁵⁵ ti⁰，mei⁵⁵ iəu⁴² xau⁴² ta²¹³ kuɚ²¹³。

　　我就默起啊：拐哒，那天晚上输哒我一万多块钱，没安家还没觉
得，安家哒觉得狗日全输哒，我，我看我媳妇ᵣ生个细娃ᵣ生得那么辛
苦，然后呢，我细娃ᵣ那么大一个，一两万块钱，可以买好多东西，默
起……ŋo⁴² təu²¹³ mɛ²² tɕʰi⁴² a⁰：kuai⁴² ta⁰，na²¹³ tʰiɛn⁵⁵ uan⁴² saŋ²¹³ su⁵⁵ ta⁰
ŋo⁴² i²² uan²¹³ tuo⁵⁵ kʰuai²¹³ tɕʰiɛn²²，mei⁵⁵ ŋan⁵⁵ tɕia⁵⁵ xai⁵⁵ mei⁵⁵ tɕyo²² tɛ²²，
ŋan⁵⁵ tɕia⁵⁵ ta⁰ tɕyɛ²² tɛ²² kəu⁴² zɿ²² tɕʰyɛn²² su⁵⁵ ta⁰，ŋo⁴²，ŋo⁴² kʰan²¹³ ŋo⁴²
ɕi²² fɚ²¹³ sən⁵⁵ ko²¹³ ɕi²¹³ uɚ²² sən⁵⁵ tɛ²² na²¹³ mo⁰ ɕin⁵⁵ kʰu⁴²，zan²² xəu²¹³
nɛ⁰，ŋo⁴² ɕi²¹³ uɚ²² na²¹³ mo⁰ ta²¹³ i²² ko²¹³，i²² niaŋ⁴² uan²¹³ kʰuai²¹³ tɕʰiɛn²²，
kʰo⁴² i⁴² mai⁴² xau⁴² tuo⁵⁵ toŋ⁵⁵ ɕi⁵⁵，mɛ²² tɕʰi⁴² ……

　　就从那个时候ᵣ呢，我就把那个赌戒哒，就是安安心心地就做个生
意啊，搞个活路啊，帮细娃ᵣ还要把他搞，盘出来。təu²¹³ tsʰoŋ²² na²¹³
ko²¹³ sɿ²² xɚ²¹³ nɛ⁰，ŋo⁴² təu²¹³ pa⁴² na²¹³ ko²¹³ tu⁴² kai²¹³ ta⁰，təu²¹³ sɿ²¹³ ŋan⁵⁵
ŋan⁵⁵ ɕin⁵⁵ ɕin⁵⁵ ti²¹³ təu²¹³ tsu²¹³ ko²¹³ sən⁵⁵ i²¹³ a⁰，kau⁴² ko²¹³ xo²² nu²¹³ a⁰，
paŋ⁵⁵ ɕi²¹³ uɚ²² xai²² iau²¹³ pa⁴² tʰa⁵⁵ kau⁴²，pʰan²² tsʰu²² nai²²。

　　因为家庭，我老汉ᵣ有病，妹妹ᵣ又要读书，那还是不能打牌，再没

打牌哒。in⁵⁵ uei²² tɕia⁵⁵ tʰin²², ŋo⁴² nau⁴² xə²¹³ iəu⁴² pin²¹³, mei²¹³ mə⁰ iəu²¹³ iau²¹³ tu²² su⁵⁵, na²¹³ xai²² sʅ²¹³ pu²² nən²² ta⁴² pʰai²², tsai²¹³ mei⁵⁵ ta⁴² pʰai²² ta⁰。

　　就〇八年，就把屋修哒，屋修哒那时候ᵣ还没结婚吵。təu²¹³ nin²² pa²² niɛn²², təu²¹³ pa⁴² u²² ɕiəu⁵⁵ ta⁰, u²² ɕiəu⁵⁵ ta⁰ na²¹³ sʅ²² xə²¹³ xai²² mei⁵⁵ tɕiɛ²² xuən⁵⁵ sa⁰。

　　我舅娘就默起，你屋也修哒，条件也稍微好点，还是要介绍个媳妇ᵣ，就是我现在一个媳妇ᵣ，就结婚哒。ŋo⁴² tɕiəu²¹³ niaŋ²² təu²¹³ mɛ²² tɕəˀ¹⁴², ni⁴² u²² iɛ⁴² ɕiəu⁵⁵ ta⁰, tʰiau²² tɕiɛn²¹³ iɛ⁴² sau⁵⁵ uei⁵⁵ xau²¹³ tiɛn⁴², xai²² sʅ²¹³ iau²¹³ kai²¹³ sau²¹³ ko²¹³ ɕi²² fə²¹³, təu²¹³ sʅ²¹³ ŋo⁴² ɕiɛn²¹³ tsai²¹³ i²² ko²¹³ ɕi²² fuə²¹³, təu²¹³ tɕiɛ²² xuən⁵⁵ ta⁰。

　　结婚哒就有一个细娃ᵣ哒，然后我妹妹ᵣ，我和我媳妇ᵣ结婚ᵣ的时候ᵣ我妹妹ᵣ应该还在读高中。tɕiɛ²² xuən⁵⁵ ta⁰ təu²¹³ iəu⁴² i²² ko²¹³ ɕi²¹³ uə²² ta⁰, zan²² xəu²¹³ ŋo⁴² mei²¹³ mə⁰, ŋo⁴² xo²² ŋo⁴² ɕi²² fə²¹³ tɕiɛ²² xuən⁵⁵ ti⁰ sʅ²² xə²¹³ ŋo⁴² mei²¹³ mə⁰ in⁵⁵ kai⁵⁵ xai²² tai²¹³ tu²² kau⁵⁵ tsoŋ⁵⁵。

　　你必须送嘛，妈老汉ᵣ又没有能力，你像妹妹ᵣ那个读的书嘛，还是把她送哒。ni⁴² pi²² ɕy⁵⁵ soŋ²¹³ ma⁰, ma⁵⁵ nau⁴² xə⁰ iəu²¹³ mei⁵⁵ iəu⁴² nən²² ni²², ni⁴² tɕʰiaŋ²¹³ mei²¹³ mə⁰ na²¹³ ko²¹³ tu²² ti⁰ su⁵⁵ ma⁰, xai²² sʅ²¹³ pa⁴² tʰa⁵⁵ soŋ²¹³ ta⁰。

　　没安家的时候ᵣ么，觉得，像我一个找的钱嘛，大部分都拿来给我妹读书哒，也没有么。mei⁵⁵ ŋan⁵⁵ tɕia⁵⁵ ti⁰ sʅ²² xə²¹³ mo⁰, tɕyo²² tɛ²², tɕʰiaŋ²¹³ ŋo⁴² i²² ko²¹³ tsau⁴² ti⁰ tɕʰiɛn²² ma⁰, ta²¹³ pu²¹³ fən⁵⁵ təu⁵⁵ na²² nai²² kei⁴² ŋo⁴² mei²¹³ tu²² su⁵⁵ ta⁰, iɛ⁴² mei⁵⁵ iəu⁴² mo⁰。

　　像安家哒呢，像有时候ᵣ我给我妹妹ᵣ给钱读书啊，像媳妇ᵣ啊她心里还是有点ᵣ不舒服，有点小埋怨，吵架也吵过的。tɕʰiaŋ²¹³ ŋan⁵⁵ tɕia⁵⁵ ta⁰ nɛ⁰, tɕʰiaŋ²¹³ iəu⁴² sʅ²² xə²¹³ ŋo⁴² kei⁴² ŋo⁴² mei²¹³ mə⁰ kei⁴² tɕʰiɛn²² tu²² su⁵⁵ a⁰, tɕʰiaŋ²¹³ ɕi²² fuə²¹³ a⁰ tʰa⁵⁵ ɕin⁵⁵ ni⁴² xai²² sʅ²¹³ iəu⁴² tiə⁴² pu²² su⁵⁵ fu²², iəu⁴² tiɛn⁴² ɕiau⁴² mai⁴² yɛn²¹³, tsʰau⁴² tɕia²¹³ iɛ⁴² tsʰau⁴² ko²¹³ ti⁰。

　　没得法，她那个立场我也默得，但是没得法啊，妹妹ᵣ读书必须送啊。mei⁵⁵ tɛ²² fa²², tʰa⁵⁵ na²¹³ ko²¹³ ni²² tsʰaŋ⁴² ŋo⁴² iɛ⁴² mɛ²² tɛ²², tan²¹³ sʅ²¹³ mei⁵⁵ tɛ²² fa²² a⁰, mei²¹³ mə⁰ tu²² su⁵⁵ pi²² ɕy⁵⁵ soŋ²¹³ a⁰。

好，安家哒之后呢，那时候ɪɪ搞活路，搞那个铝合金嘛，搞了十年左右时间哒。xau⁴² , ŋan⁵⁵ tɕia⁵⁵ ta⁰ tsๅ⁵⁵ xəu²¹³ nɛ⁰, na²¹³ sๅ²² xə²¹³ kau⁴² xo²² nu²¹³, kau⁴² na²¹³ ko²¹³ nuei⁴² xo²² tɕin⁵⁵ ma⁰, kau⁴² na⁰ sๅ²² niɛn²² tsuo⁴² iəu²¹³ sๅ²² kan⁵⁵ ta⁰。

腰杆呢，也搞成那个腰椎盘突出哒，又不得跍得哒。iau⁵⁵ kan⁵⁵ nɛ⁰, iɛ⁴² kau⁴² tsʰən²² na²¹³ ko²¹³ iau⁵⁵ tsuei⁵⁵ pʰan²² tʰu²² tsʰu²² ta⁰, iəu²¹³ pu²² tɛ²² ku⁵⁵ tɛ²² ta⁰。

然后呢，呼吸系统呢，像么子肺啊搞糟糕哒，飞尘太多哒。zan²² xəu²¹³ nɛ⁰, fu⁵⁵ tɕi²² ɕi²¹³ tʰoŋ⁴² nɛ⁰, tɕʰiaŋ²¹³ mo⁰ tsๅ⁰ fei²¹³ a⁰ kau⁴² tsau⁵⁵ kau⁵⁵ ta⁰, fei⁵⁵ tsʰən²² tʰai²¹³ tuo⁵⁵ ta⁰。

后来我就和我媳妇ɪɪ商量，手边呢，结婚哒手边呢，就包括……没有好多钱安家哒嘛，结婚也需要花钱嘛，就收人情哒然后媳妇ɪɪ她们妈老汉ɪɪ还给得两三万块钱，一共有六七万块钱准备做个生意。xəu²¹³ nai²² ŋo⁴² təu²¹³ xo²² ŋo⁴² ɕi²² fə²¹³ saŋ⁵⁵ niaŋ²², səu⁴² piɛn⁵⁵ nɛ⁰, tɕiɛ²² xuən⁵⁵ ta⁰ səu⁴² piɛn⁵⁵ nɛ⁰, təu²¹³ pau⁵⁵ kua²²…… mei⁵⁵ iəu⁴² xau⁴² tuo⁵⁵ tɕʰiɛn²² ŋan⁵⁵ tɕia⁵⁵ ta⁰ ma⁰, tɕiɛ²² xuən⁵⁵ iɛ⁴² ɕy⁵⁵ iau²¹³ xua⁵⁵ tɕʰiɛn²² ma⁰, təu²¹³ səu⁵⁵ zən²² tɕʰin²² ta⁰ zan²² xəu²¹³ ɕi²² fə²¹³ tʰa⁵⁵ mən⁰ ma⁵⁵ nau⁴² xə⁰ xai²² kei⁴² tɛ²² niaŋ⁴² san⁵⁵ uan²¹³ kʰuai²¹³ tɕʰiɛn²², i²² koŋ²¹³ iəu⁴² nu²² tɕʰi⁴² uan²¹³ kʰuai²¹³ tɕʰiɛn²² tɕin⁴² pei²¹³ tsu²¹³ ko²¹³ sən⁵⁵ i²¹³。

那时候ɪɪ呢，我们就在屋里看电视，看电视我就看到一个项目，就是说卖文具。na²¹³ sๅ²² xə²¹³ nɛ⁰, ŋo⁴² mən⁰ təu²¹³ tai²¹³ u²² ni⁴² kʰan²¹³ tiɛn²¹³ sๅ²¹³, kʰan²¹³ tiɛn²¹³ sๅ²¹³ ŋo⁴² təu²¹³ kʰan²¹³ tau²¹³ i²² ko²¹³ xaŋ²¹³ mu²², təu²¹³ sๅ²¹³ suo²² mai²¹³ uən²² tɕy²¹³。

卖文具呢，那时候ɪɪ我就觉得比较合适，因为那时候ɪɪ我们那个咸丰啊，那个最大那个小学对面新修的一个那个商城，底下还有两个门面还没有租，我就默起哪个合适。mai²¹³ uən²² tɕy²¹³ nɛ⁰, na²¹³ sๅ²² xə²¹³ ŋo⁴² təu²¹³ tɕyo²² tɛ²² pi⁴² tɕiau⁴² xo²² sๅ²², in⁵⁵ uei²² na²¹³ sๅ²² xə²¹³ ŋo⁴² mən⁰ na²¹³ ko²¹³ xan²² foŋ⁵⁵ a⁰, na²¹³ ko²¹³ tsuei²¹³ ta²¹³ na²¹³ ko²¹³ ɕiau⁴² ɕyo²² tuei²¹³ miɛn²¹³ ɕin⁵⁵ ɕiəu⁵⁵ ti⁰ i²² ko²¹³ na²¹³ ko²¹³ saŋ⁵⁵ tsʰən²², ti⁴² ɕia²¹³ xai²²

iəu⁴² niaŋ⁴² ko²¹³ mən²² miɛn²¹³ xai²² mei⁵⁵ iəu⁴² tsu⁵⁵, ŋo⁴² təu²¹³ mɛ²² tɕʰi⁴²
na⁴² ko²¹³ xo²² sๅ²²。

后来我就和我媳妇ⱼ商量呢，还是觉得我们，因为那个文具呢，是
个加盟店，是北京的，我们觉得北京去加盟嘛。xəu²¹³ nai²² ŋo⁴² təu²¹³
xo²² ŋo⁴² ɕi²² fə²¹³ saŋ⁵⁵ niaŋ²² nɛ⁰, xai²² sๅ²¹³ tɕyo²² tɛ²² ŋo⁴² mən⁰, in⁵⁵ uei²²
na²¹³ ko²¹³ uən²² tɕy²¹³ nɛ⁰, sๅ²¹³ ko²¹³ tɕia⁵⁵ moŋ²² tiɛn²¹³, sๅ²¹³ pɛ²² tɕin⁵⁵
ti⁰, ŋo⁴² mən⁰ tɕyo²² tɛ²² pɛ²² tɕin⁵⁵ tɕʰi²¹³ tɕia⁵⁵ moŋ²² ma⁰。

哪晓得我们去呢，他那个门面是一个七十几个平方的那个面积的，
加盟它那个文具的加盟店呢，他说你那种标准呢，要交三万块钱。na⁴²
ɕiau⁴² tɛ²² ŋo⁴² mən⁰ tɕʰi²¹³ nɛ⁰, tʰa⁵⁵ na²¹³ ko²¹³ mən²² miɛn²¹³ sๅ²¹³ i²² ko²¹³
tɕʰi²² sๅ²² tɕi⁵⁵ ko²¹³ pʰin²² faŋ⁵⁵ ti⁰ na²¹³ ko²¹³ miɛn²¹³ tɕi²² ti⁰, tɕia⁵⁵ moŋ²²
tʰa⁵⁵ na²¹³ ko²¹³ uən²² tɕy²¹³ ti⁰ tɕia⁵⁵ moŋ²² tiɛn²¹³ nɛ⁰, tʰa⁵⁵ suo²² ni⁴² na²¹³
tsoŋ⁴² piau⁵⁵ tsən⁴² nɛ⁰, iau²¹³ tɕiau⁵⁵ san⁵⁵ uan²¹³ kʰuai²¹³ tɕʰiɛn²²。

当时呢，我们看他那个北京那个加盟公司比较正规，当时我怕被
骗嘛，我还打工商局的电话还问哒的，那个公司还是正规公司。taŋ⁵⁵
sๅ²² nɛ⁰, ŋo⁴² mən⁰ kʰan²¹³ tʰa⁵⁵ na²¹³ ko²¹³ pɛ²² tɕin⁵⁵ na²¹³ ko²¹³ tɕia⁵⁵ moŋ²²
koŋ⁵⁵ sๅ⁵⁵ pi⁴² tɕiau⁴² tsən²¹³ kuei⁵⁵, taŋ⁵⁵ sๅ²² ŋo⁴² pʰa²¹³ pei²¹³ pʰiɛn²¹³ ma⁰,
ŋo⁴² xai²² ta⁴² koŋ⁵⁵ saŋ⁵⁵ tɕy²² ti⁰ tiɛn²¹³ xua²¹³ xai²² uən²¹³ ta⁰ ti⁰, na²¹³ ko²¹³
koŋ⁵⁵ sๅ⁵⁵ xai²² sๅ²¹³ tsən²¹³ kuei⁵⁵ koŋ⁵⁵ sๅ⁵⁵。

后头我又打电话，我那个做过生意的幺叔的，他那些呢还是比较
正规的那个，我们就签合同哒，就把钱交哒。xəu²¹³ tʰəu⁰ ŋo⁴² iəu²¹³ ta⁴²
tiɛn²¹³ xua²¹³, ŋo⁴² na²¹³ ko²¹³ tsu²¹³ ko²¹³ sən⁵⁵ i²¹³ ti⁰ iau⁵⁵ su²² ti⁰, tʰa⁵⁵ na²¹³
ɕiɛ⁵⁵ nɛ⁰ xai²² sๅ²¹³ pi⁴² tɕiau⁴² tsən²¹³ kuei⁵⁵ ti⁰ na²¹³ ko²¹³, ŋo⁴² mən⁰ təu²¹³
tɕʰiɛn⁵⁵ xo²² tʰoŋ²² ta⁰, təu²¹³ pa⁴² tɕʰiɛn²² tɕiau⁵⁵ ta⁰。

钱交哒回来呢，就等哒一个星期，它那个，它原来是朗˝们˝说的，
三万块钱就全部是货。tɕʰiɛn²² tɕiau⁵⁵ ta⁰ xuei²² nai²² nɛ⁰, təu²¹³ tən⁴² ta⁰ i²²
ko²¹³ ɕin⁵⁵ tɕʰi⁵⁵, tʰa⁵⁵ na²¹³ ko²¹³, tʰa⁵⁵ yɛn²² nai²² sๅ²¹³ naŋ²² mən⁰ suo²² ti⁰,
san⁵⁵ uan²¹³ kʰuai²¹³ tɕʰiɛn²² təu²¹³ tɕʰyɛn²² pu²¹³ sๅ²¹³ xo²¹³。

后头那个货发回来呢，那个最多值倒两千块钱。xəu²¹³ tʰəu⁰ na²¹³ ko²¹³
xo²¹³ fa²² xuei²² nai²² nɛ⁰, na²¹³ ko²¹³ tsuei²¹³ tuo⁵⁵ tsๅ²² tau⁴² niaŋ⁴² tɕʰiɛn⁵⁵

kʰuai²¹³ tɕʰiɛn²²。

被骗哒！当时哦，心里啊，硬像被泼了一盆冷水嘛！钱也着骗哒，本来就只有六七万块钱，没有好多钱哒，只有三万多块钱哒。pei²¹³ pʰiɛn²¹³ ta⁰！ taŋ⁵⁵ sɿ²² o⁰，ɕin⁵⁵ ni⁴² a⁰，ŋən²¹³ tɕʰiaŋ²¹³ pei²¹³ pʰo²² na⁰ i²² pʰən²² nən⁴² suei⁴² ma⁰！ tɕʰiɛn²² iɛ⁴² tsuo²² pʰiɛn²¹³ ta⁰，pən⁴² nai²² təu²¹³ tsɿ²² iəu⁴² nu²² tɕʰi²² uan²¹³ kʰuai²¹³ tɕʰiɛn²²，mei⁵⁵ iəu⁴² xau⁴² tuo⁵⁵ tɕʰiɛn²² ta⁰，tsɿ²² iəu⁴² san⁵⁵ uan²¹³ tuo⁵⁵ kʰuai²¹³ tɕʰiɛn²² ta⁰。

默起那个生意还搞不搞呢？那么搞必须还是要搞啊！ mɛ²² tɕʰi⁴² na²¹³ ko²¹³ sən²¹³ i²¹³ xai²² kau⁴² pu²² kau⁴² nɛ⁰？ na²¹³ mo⁰ kau⁴² pi²² ɕy⁵⁵ xai²² sɿ²¹³ iau²¹³ kau⁴² a⁰！

后头要搞么我和媳妇ᵣ就去问那些做生意的说，那个文具啊一般在那ᵣ进好些？ xəu²¹³ tʰəu⁰ iau²¹³ kau⁴² mo⁰ ŋo⁴² xo²² ɕi²² fə²¹³ təu²¹³ tɕʰi²¹³ uan²¹³ na²¹³ ɕiɛ⁵⁵ tsu²¹³ sən⁵⁵ i²¹³ ti⁰ suo²²，na²¹³ ko²¹³ uən²² tɕy²¹³ a⁰ i²² pan⁵⁵ tai²¹³ nə²¹³ tɕin²¹³ xau⁴² ɕiɛ⁵⁵？

好，就问嘛，那就说肯定在武汉的汉正街来进，好，我们就跑到武汉汉正街来考察嘛，又订了一些货。xau⁴²，təu²¹³ uən²¹³ ma⁰，na²¹³ təu²¹³ suo²² kʰən⁴² tin²¹³ tai²¹³ u⁴² xan²¹³ ti⁰ xan²¹³ tsən⁵⁵ kai⁵⁵ nai²² tɕin²¹³，xau⁴²，ŋo⁴² mən⁰ təu²¹³ pʰau⁴² tau²¹³ u⁴² xan²¹³ xan²¹³ tsən⁵⁵ kai⁵⁵ nai²² kʰau⁴² tsʰa²² ma⁰，iəu²¹³ tin²¹³ na⁰ i²² ɕiɛ⁵⁵ xo²¹³。

当时的门面，我们默起有两间哦，在武汉去，之前我们没有交定金嘛，后头我去武汉进货回来哒，那个门面又被别个租哒。taŋ⁵⁵ sɿ²² ti⁰ mən²² miɛn²¹³，ŋo⁴² mən⁰ mɛ²² tɕʰi⁴² iəu⁴² niaŋ⁴² kan⁵⁵ o⁰，tai²¹³ u⁴² xan²¹³ tɕʰi²¹³，tsɿ⁵⁵ tɕʰiɛn²² ŋo⁴² mən⁰ mei⁵⁵ iəu⁴² tɕiau⁵⁵ tin²¹³ tɕin⁵⁵ ma⁰，xəu²¹³ tʰəu⁰ ŋo⁴² tɕʰi²¹³ u⁴² xan²¹³ tɕin²¹³ xo²¹³ xuei²² nai²² ta⁰，na²¹³ ko²¹³ mən²² miɛn²¹³ iəu²¹³ pei²¹³ piɛ²² ko²¹³ tsu⁵⁵ ta⁰。

你说那个做生意，真的是……ni⁴² suo²² na²¹³ ko²¹³ tsu²¹³ sən⁵⁵ i²¹³，tsən⁵⁵ ti⁰ sɿ²¹³……

后头我们就没得法，货也进回来，你那个朗ᵚ们ᵚ搞啊？没得法，就在我们那哈ᵣ比较偏的地方，超市对面那个巷巷ᵣ里头，租了一个门面。xəu²¹³ tʰəu⁰ ŋo⁴² mən⁰ təu²¹³ mei⁵⁵ tɛ²² fa²²，xo²¹³ iɛ⁴² tɕin²¹³ xuei²² nai²²，ni⁴² na²¹³ ko²¹³ naŋ²² mən⁰ kau⁴² a⁰？ mei⁵⁵ tɛ²² fa²², təu²¹³ tai²¹³ ŋo⁴² mən⁰ na²¹³ xɚ⁵⁵ pi⁴² tɕiau⁴² pʰiɛn⁵⁵ ti⁰ ti²¹³ faŋ⁵⁵，tsʰau⁵⁵ sʅ²¹³ tuei²¹³ miɛn²¹³ na²¹³ ko²¹³ xaŋ²¹³ xɚ⁰ ni⁴² tʰəu⁰，tsu⁵⁵ na⁰ i²² ko²¹³ mən²² miɛn²¹³。

那位置比较偏，隔学校远哒，生意就不大好做。na²¹³ uei²¹³ tsʅ²² pi⁴² tɕiau⁴² pʰiɛn⁵⁵，kɛ²² ɕyo²² ɕiau²¹³ yɛn⁴² ta⁰，sən⁵⁵ i²¹³ təu²¹³ pu²² ta²¹³ xau⁴² tsu²¹³。

像开头嘛，只有像我嘛，搞铝合金的嘛，会做柜柜儿啊，就做哒一个柜柜儿，买个三轮车，到学校门口去卖啊。tɕʰiaŋ²¹³ kʰai⁵⁵ tʰəu⁰ ma⁰，tsʅ²² iəu⁴² tɕʰiaŋ²¹³ ŋo⁴² ma⁰，kau⁴² nuei⁴² xo²² tɕin⁵⁵ ti⁰ ma⁰，xuei²¹³ tsu²¹³ kuei²¹³ kuɚ⁰ a⁰，təu²¹³ tsu²¹³ ta⁰ i²² ko²¹³ kuei²¹³ kuɚ⁰，mai⁴² ko²¹³ san⁵⁵ nən²² tsʰɛ⁵⁵，tau²¹³ ɕyo²² ɕiau²¹³ mən²² kʰəu⁴² tɕʰi²¹³ mai²¹³ a⁰。

卖嘛，边卖边宣传啊，哪里有文具店。mai²¹³ ma⁰，piɛn⁵⁵ mai²¹³ piɛn⁵⁵ ɕyɛn⁵⁵ tsʰuan²² a⁰，na⁴² ni⁴² iəu⁴² uən²² tɕy²¹³ tiɛn²¹³。

东西还好啊，卖得便宜啊，就那么搞呢，做呢慢慢慢慢儿生意还做起哒，一年还找得到十几万块钱。toŋ⁵⁵ ɕi⁵⁵ xai²² xau⁴² a⁰，mai²¹³ tɛ²² pʰiɛn²² ni²² a⁰，təu²¹³ na²¹³ mo⁰ kau⁴² nɛ⁰，tsu²¹³ nɛ⁰ man²¹³ man²¹³ man²¹³ mɚ⁰ sən⁵⁵ i²¹³ xai²² tsu²¹³ tɕʰi⁴² ta⁰，i²² niɛn²² xai²² tsau⁴² tɛ²² tau²¹³ sʅ²² tɕi⁵⁵ uan²¹³ kʰuai²¹³ tɕʰiɛn²²。

好，后头呢，那个门面生意做起来哒以后，我们就大概是那个门面开哒三年之后哦，就在学校的对面有一个比较小的门面，大概有三十个平方，租哒个门面开分店哒。xau⁴²，xəu²¹³ tʰəu⁰ nɛ⁰，na²¹³ ko²¹³ mən²² miɛn²¹³ sən⁵⁵ i²¹³ tsu²¹³ tɕʰi⁴² nai²² ta⁰ i⁴² xəu²¹³，ŋo⁴² mən⁰ təu²¹³ ta²¹³ kʰai²¹³ sʅ²¹³ na²¹³ ko²¹³ mən²² miɛn²¹³ kʰai⁵⁵ ta⁰ san⁵⁵ niɛn²² tsʅ⁵⁵ xəu²¹³ o⁰，təu²¹³ tai²¹³ ɕyo²² ɕiau²¹³ ti⁰ tuei²¹³ miɛn²¹³ iəu⁴² i²² ko²¹³ pi⁴² tɕiau⁴² ɕiau⁴² ti⁰ mən²² miɛn²¹³，ta²¹³ kʰai²¹³ iəu⁴² san⁵⁵ sʅ²² ko²¹³ pʰin²² faŋ⁵⁵，tsu⁵⁵ ta⁰ ko²¹³ mən²² miɛn²¹³ kʰai⁵⁵ fən⁵⁵ tiɛn²¹³ ta⁰。

好，那年呢，还找哒一些钱。xau⁴²，na²¹³ niɛn²² nɛ⁰，xai²² tsau⁴² ta⁰ i²² ɕiɛ⁵⁵ tɕʰiɛn²²。

找哒一些钱呢，手边呢，把我之前哪，结婚那些钱还哒呢，手边还有个十几万块钱。tsau⁴² ta⁰ i²² ɕiɛ⁵⁵ tɕʰiɛn²² nɛ⁰，səu⁴² piɛn⁵⁵ nɛ⁰，pa⁴² ŋo⁴² tsʅ⁵⁵ tɕʰiɛn^{22} na^{0}, tɕiɛ^{22} xuən^{55} na^{213} ɕiɛ^{55} tɕʰiɛn^{22} xuan^{22} ta^{0} nɛ^{0}, səu^{42} piɛn^{55} xai^{22} iəu^{42} ko^{213} sɻ^{22} tɕi^{55} uan^{213} kʰuai^{213} tɕʰiɛn^{22}。

十几万块钱，我媳妇儿说，那个文具呢，门槛还是太低哒，起码五年之后呢，我估计我们那个周围啊，肯定到处都是文具店儿。sɻ^{22} tɕi^{55} uan^{213} kʰuai^{213} tɕʰiɛn^{22}, ŋo^{42} ɕi^{22} fɚ^{213} suo^{22}, na^{213} ko^{213} uən^{22} tɕy^{213} nɛ^{0}, mən^{22} kʰan^{42} xai sɻ^{213} tʰai^{213} ti^{55} ta^{0}, tɕʰi^{42} ma^{42} u^{42} niɛn^{22} tsɻ^{55} xəu^{213} nɛ^{0}, ŋo^{42} ku^{42} tɕi^{213} ŋo^{42} mən na^{213} ko^{213} tsəu^{55} uei^{22} a^{0}, kʰən^{42} tin^{213} tau^{213} tsʰu^{42} təu^{55} sɻ^{213} uən^{22} tɕy^{213} tiɚ^{213}。

我就是说，和媳妇儿商量，比较稳当的，门槛比较高的生意，只准我一个人做的生意。ŋo^{42} təu^{213} sɻ^{213} suo^{22}, xo^{22} ɕi^{22} fɚ^{213} saŋ^{55} niaŋ^{22}, pi^{42} tɕiau^{42} uən^{42} taŋ^{55} ti^{0}, mən^{22} kʰan^{42} pi^{42} tɕiau^{42} kau^{55} ti^{0} sən^{55} i^{213}, tsɻ^{22} tɕin^{42} ŋo^{42} i^{22} ko^{213} zən^{22} tsu^{213} ti^{0} sən^{55} i^{213}。

好，我们就考察，那时候儿有个，看细娃儿那个少儿品嘛……就说有个特步的童装才开始做，咸丰呢还没有人做。xau^{42}, ŋo^{42} mən^{0} təu^{213} kʰau^{42} tsʰa^{22}, na^{213} sɻ^{22} xɚ^{213} iəu^{42} ko^{213}, kʰan^{213} ɕi uɚ^{22} na^{213} ko^{213} sau^{213} ɚ^{22} pʰin^{42} ma^{0}…… təu^{213} suo^{22} iəu^{42} ko^{213} tʰiɛ^{22} pu^{213} ti^{0} tʰoŋ^{22} tsuaŋ^{55} tsʰai^{22} kʰai^{55} sɻ^{42} tsu^{213}, xan^{22} foŋ^{55} nɛ^{0} xai^{22} mei^{55} iəu^{42} zən^{22} tsu^{213}。

好，我们就在网上搜哒一个比较官方的公司的电话，特步公司的，好，我们就问。xau^{42}, ŋo^{42} mən^{0} təu^{213} tai^{213} uaŋ^{42} saŋ^{213} səu^{55} ta^{0} i^{22} ko^{213} pi^{42} tɕiau^{42} kuan^{55} faŋ^{55} ti^{0} koŋ^{55} sɻ^{55} ti^{0} tiɛn^{213} xua^{213}, tʰiɛ^{22} pu^{213} koŋ^{55} sɻ^{55} ti^{0}, xau^{42}, ŋo^{42} mən^{0} təu^{213} uən^{213}。

好，大概最高门面搞起来，那个特步那个呢，我们个人十几万块钱肯定不够，还有找我媳妇儿那边儿亲戚呢又借哒十几万块钱。xau^{42}, ta^{213} kʰai^{213} tsuei^{213} kau^{55} mən^{22} miɛn^{213} kau^{42} tɕʰi^{42} nai^{22}, na^{213} ko^{213} tʰiɛ^{22} pu^{213} na^{213} ko^{213} nɛ^{0}, ŋo^{42} mən^{0} ko^{213} zən^{22} sɻ^{22} tɕi^{55} uan^{213} kʰuai^{213} tɕʰiɛn^{22} kʰən^{42} tin^{213} pu^{22} kəu^{213}, xai^{22} iəu^{42} tsau^{42} ŋo^{42} ɕi^{22} fɚ^{213} na^{213} piɚ^{55} tɕʰin^{55} tɕʰi^{22} nɛ^{0} iəu^{213} tɕiɛ^{213} ta^{0} sɻ^{22} tɕi^{55} uan^{213} kʰuai^{213} tɕʰiɛn^{22}。

结果呢，那个特步的店店儿就开起来哒，那个店店儿开起来之后啊，算到不易算倒来啊。tɕiɛ^{22} ko^{42} nɛ^{0}, na^{213} ko^{213} tʰiɛ^{22} pu^{213} ti^{0} tiɛn^{213} tiɚ^{0} təu^{213} kʰai^{55} tɕʰi^{42} nai^{22} ta^{0}, na^{213} ko^{213} tiɛn^{213} tiɚ^{0} kʰai^{55} tɕʰi^{42} nai^{22} tsɻ^{55} xəu^{213}

a⁰, suan²¹³ tau²¹³ pu²² i²¹³ suan²¹³ tau⁴² nai²² a⁰。

我当时默的是搞一个好的牌子，就开在我那个文具店的旁边，因为有点偏，但是呢我默起我文具店搞起来，特步应该是做细娃儿生意，肯定也搞得起来，哦。ŋo⁴² taŋ⁵⁵ sʅ²² mɛ²² ti⁰ sʅ²¹³ kau⁴² i²² ko²¹³ xau⁴² ti⁰ pʰai²² tsʅ⁰, təu²¹³ kʰai⁵⁵ tai²¹³ ŋo⁴² na²¹³ ko²¹³ uən²² tɕy²¹³ tiɛn²¹³ ti⁰ pʰaŋ²² piɛn⁵⁵, in⁵⁵ uei²² iəu⁴² tiɛn⁴² pʰiɛn⁵⁵, tan²¹³ sʅ²¹³ nɛ⁰ ŋo⁴² mɛ²² tɕʰi⁴² ŋo⁴² uən²² tɕy²¹³ tiɛn²¹³ kau⁴² tɕʰi⁴² nai²², tʰiɛ²² pu²¹³ in⁵⁵ kai⁵⁵ sʅ²¹³ tsu²¹³ ɕi²¹³ uə²² sən⁵⁵ i²¹³, kʰən⁴² tin²¹³ iɛ⁴² kau⁴² tɛ²² tɕʰi⁴² nai²², o⁰。

因为那个生意比我们那个嘛，我们做文具店，必须要我们两口子一个人守一个，你说细娃儿那时候儿，想到哪儿去玩一下还玩不成，必须要我们个人守。in⁵⁵ uei²² na²¹³ ko²¹³ sən⁵⁵ i²¹³ pi⁴² ŋo⁴² mən⁰ na²¹³ ko²¹³ ma⁰, ŋo⁴² mən⁰ tsu²¹³ uən²² tɕy²¹³ tiɛn²¹³, pi²² ɕy⁵⁵ iau²¹³ ŋo⁴² mən⁰ niaŋ⁴² kʰəu⁴² tsʅ⁰ i²² ko²¹³ zən²² səu⁴² i²² ko²¹³, ni⁴² suo²² ɕi²¹³ uə²² na²¹³ sʅ²² xə²¹³, ɕiaŋ⁴² tau²¹³ nə⁴² tɕʰi²¹³ uan²² i²² xa⁰ xai²² uan²² pu²² tsʰən²², pi²² ɕy⁵⁵ iau²¹³ ŋo⁴² mən⁰ ko²¹³ zən²² səu⁴²。

默起来照顾不到细娃儿，就做一个比较甩手的生意，个人只需要进一下货啊打款的生意，请两个人搞就行哒。mɛ²² tɕʰi⁴² nai²² tsau²¹³ ku²¹³ pu²² tau²¹³ ɕi²¹³ uə²², təu²¹³ tsu²² i²² ko²¹³ pi⁴² tɕiau⁴² suai⁴² səu⁴² ti⁰ sən⁵⁵ i²¹³, ko²¹³ zən²² tsʅ²² ɕy⁵⁵ iau²¹³ tɕin²¹³ i²² xa⁰ xo²¹³ a⁰ ta⁴² kʰuan⁴² ti⁰ sən⁵⁵ i²¹³, tɕʰin⁴² niaŋ⁴² ko²¹³ zən²² kau⁴² təu²¹³ ɕin²² ta⁰。

好，当时我是迥么默的。xau⁴², taŋ⁵⁵ sʅ²² ŋo⁴² sʅ²¹³ niɛ²² mo⁰ mɛ²² ti⁰。

因为房租便宜，我请两个人我个人就可以搞甩手生意，然后东西呢就比好位置呢卖得便宜些。in⁵⁵ uei²² faŋ²² tsu⁵⁵ pʰiɛn²² ni²², ŋo⁴² tɕʰin⁴² niaŋ⁴² ko²¹³ zən²² ŋo⁴² ko²¹³ zən²² təu²¹³ kʰo⁴² i⁴² kau⁴² suai⁴² səu⁴² sən⁵⁵ i²¹³, zan²² xəu⁴² toŋ⁵⁵ ɕi⁵⁵ nɛ⁰ təu²¹³ pi⁴² xau⁴² uei²¹³ tsʅ²² nɛ⁰ mai²¹³ tɛ²² pʰiɛn²² ni²² ɕiɛ⁵⁵。

但是还是事与愿违啊，那个位置呢，就虽然说房租便宜，因为那个卖童装的也只有我一家嘛，搞哒到现在为止将近搞哒四年，那都没做起来。tan²¹³ sʅ²¹³ xai²² sʅ²¹³ sʅ²¹³ y⁴² yɛn²¹³ uei²² a⁰, na²¹³ ko²¹³ uei²¹³ tsʅ²² nɛ⁰, təu²¹³ ɕy⁵⁵ zan²² suo²² faŋ²² tsu⁵⁵ pʰiɛn²² ni²², in⁵⁵ uei²² na²¹³ ko²¹³ mai²¹³ tʰoŋ²² tsuaŋ⁵⁵ ti⁰ iɛ⁴² tsʅ²² iəu⁴² ŋo⁴² i²² tɕia⁵⁵ ma⁰, kau⁴² ta⁰ tau²¹³ ɕiɛn²¹³ tsai²¹³ uei²² tsɿ⁴² tɕiaŋ⁵⁵ tɕin²¹³ kau⁴² ta⁰ sɿ²¹³ niɛn²², na²¹³ təu⁵⁵ mei⁵⁵ tsu²¹³ tɕʰi⁴² nai²²。

你那个人的那些像文具店那边赚的钱呐。亏进去哒，个人亏进去哒十几万块钱。ni⁴² na²¹³ ko²¹³ zən²² ti⁰ na²¹³ ɕiɛ⁵⁵ tɕʰiaŋ²¹³ uən²² tɕy²¹³ tiɛn²¹³ na²¹³ piɛn⁵⁵ tsuan²¹³ ti⁰ tɕʰiɛn²² na⁴², kʰuei⁵⁵ tɕin²¹³ tɕʰi²¹³ ta⁰, ko²¹³ zən²² kʰuei⁵⁵ tɕin²¹³ tɕʰi²¹³ ta⁰ sɿ²² tɕi⁵⁵ uan²¹³ kʰuai²¹³ tɕʰiɛn²²。

反正手边的钱嘛，都搞不出来哒。fan⁴² tsən⁵⁵ səu⁴² piɛn⁵⁵ ti⁰ tɕʰiɛn²² ma⁰, təu⁵⁵ kau⁴² pu²² tsʰu²² nai²² ta⁰。

只看借哒十几万块钱，看货出去哒还①成不？ tsɿ²² kʰan²¹³ tɕiɛ²¹³ ta⁰ sɿ²² tɕi⁵⁵ uan²¹³ kʰuai²¹³ tɕʰiɛn²², kʰan²¹³ xo²¹³ tsʰu²² tɕʰi²¹³ ta⁰ xuan²² tsʰən²² pu²²？

反正现在生意是不大好做，现在我还有个好，我把妹妹ㄦ送出来呢，妹妹ㄦ今年在我们那ㄦ的清坪啊当哒一个小学的教师呢，她个人的生活还负担出去哒。fan⁴² tsən⁵⁵ ɕiɛn²¹³ tsai²¹³ sən⁵⁵ i²¹³ sɿ²¹³ pu²² ta²¹³ xau⁴² tsu²¹³, ɕiɛn²¹³ tsai²¹³ ŋo⁴² xai²² iəu⁴² ko²¹³ xau⁴², ŋo⁴² pa⁴² mei²¹³ mə⁰ soŋ²¹³ tsʰu²² nai²² nɛ⁰, mei²¹³ mə⁰ tɕin⁵⁵ niɛn²² tai²¹³ ŋo⁴² mən⁰ na²¹³ ti⁰ tɕʰin⁵⁵ pʰin²² a⁰ taŋ⁵⁵ ta⁰ i²² ko²¹³ ɕiau⁴² ɕyo²² ti⁰ tɕiau⁵⁵ sɿ⁵⁵ nɛ⁰, tʰa⁵⁵ ko²¹³ zən²² ti⁰ sən⁵⁵ xo²² xai²² fu²¹³ tan⁵⁵ tsʰu²² tɕʰi²¹³ ta⁰。

现在呢就是你像我老汉ㄦ啊，个是六十八哒，我妈也是六十六哒，就是真的是上有老下有小。ɕiɛn²¹³ tsai²¹³ nɛ⁰ təu²¹³ sɿ²¹³ ni⁴² tɕʰiaŋ²¹³ ŋo⁴² nau⁴² xə²¹³ a⁰, ko²¹³ sɿ²¹³ nu²² sɿ²¹³ pa²² ta⁰, ŋo⁴² ma⁵⁵ iɛ⁴² sɿ²¹³ nu²² sɿ²¹³ nu²² ta⁰, təu²¹³ sɿ²¹³ tsən⁵⁵ ti⁰ sɿ²¹³ saŋ²¹³ iəu⁴² nau⁴² ɕia²¹³ iəu⁴² ɕiau⁴²。

大的细娃ㄦ在上幼儿园大班，现在五岁多，明年马上读一年级。ta²¹³ ti⁰ ɕi²¹³ uə²² tai²¹³ saŋ²¹³ iəu²¹³ ə²² yɛn²² ta²¹³ pan⁵⁵, ɕiɛn²¹³ tsai²¹³ u⁴² suei²¹³ tuo⁵⁵, mən²² niɛn²² ma⁴² saŋ²¹³ tu²² i²² niɛn²² tɕi²²。

你像我老婆又怀细娃哒，小的那个马上要生哒。ni⁴² tɕʰiaŋ²¹³ ŋo⁴² nau⁴² pʰo²² iəu²¹³ xuai²² ɕi²¹³ uə²² ta⁰, ɕiau⁴² ti⁰ na²¹³ ko²¹³ ma⁴² saŋ²¹³ iau²¹³ sən⁵⁵ ta⁰。

---

① 还 xuan²²：归还。

现在压力是越来越大呀！ ɕiɛn²¹³ tsai²¹³ ia²² ni²² sʅ²¹³ yɛ²² nai²² yɛ²² ta²¹³ ia⁰！

我就决定呢，那个服装店搞不起哒呢，还是文具店稍微好做点，把文具店——把那个服装处理哒呢，把该的债还哒呢，再投入几万块钱把文具店扩大点，看做得起来不。ŋo⁴² təu²¹³ tɕyɛ²² tin²¹³ nɛ⁰，na²¹³ ko²¹³ fu²² tsuaŋ⁵⁵ tiɛn²¹³ kau⁴² pu²² tɕʰi⁴² taʰ nɛ⁰，xai²² sʅ²¹³ uən²² tɕy²¹³ tiɛn²¹³ sau⁵⁵ uei⁵⁵ xau⁴² tsu²¹³ tiɛn⁴²，pa⁴² uən²² tɕy²¹³ tiɛn²¹³ —— pa⁴² na²¹³ ko²¹³ fu²² tsuaŋ⁵⁵ tsʰu⁴² ni⁴² taʰ nɛ⁰，pa⁴² kai⁵⁵ ti⁰ tsai²¹³ xuan²² taʰ nɛ⁰，tsai²¹³ tʰəu²² zu²² tɕi⁵⁵ uan²¹³ kʰuai²¹³ tɕʰiɛn²² pa⁴² uən²² tɕy²¹³ tiɛn²¹³ kʰo²² ta²¹³ tiɛn⁴²，kʰan²¹³ tsu²¹³ tɛ²² tɕʰi⁴² nai²² pu²²。

因为你看现在上有老下有小那个压力也不松和。in⁵⁵ uei²² ni⁴² kʰan²¹³ ɕiɛn²¹³ tsai²¹³ saŋ²¹³ iəu⁴² nau⁴² ɕia²¹³ iəu⁴² ɕiau⁴² na²¹³ ko²¹³ ia²² ni²² iɛ⁴² pu²² soŋ⁵⁵ xo²²。

但是呢，我相信呢，只要你个人勤扒苦做①呢，你一家人呢肯定还是饿不死的。tan²¹³ sʅ²¹³ nɛ⁰，ŋo⁴² ɕiaŋ⁵⁵ ɕin²¹³ nɛ⁰，tsʅ²² iau²¹³ ni⁴² ko²¹³ zən²² tɕʰin²² pʰa⁵⁵ kʰu⁴² tsu²¹³ nɛ⁰，ni⁴² i²² tɕia⁵⁵ zən²² nɛ⁰ kʰən⁴² tin²¹³ xai²² sʅ²¹³ uo²¹³ pu²² sʅ⁴² ti⁰。

作为一个男般家么是要黑黑儿地搞哦。tsuo²² uei²² i²² ko²¹³ nan²² pan⁵⁵ tɕia⁵⁵ mo⁰ sʅ²¹³ iau²¹³ xɛ²² xɚ⁰ ti²¹³ kau⁴² o⁰。

所以呢还是不能让迥家人饿倒，让老年人要，老年人、细娃儿要照顾好！ suo⁴² i⁴² nɛ⁰ xai²² sʅ²¹³ pu²² nən²² zaŋ²¹³ niɛ²² tɕia⁵⁵ zən²² uo²¹³ tau⁴²，zaŋ²¹³ nau⁴² niɛn²² zən²² iau²¹³，nau⁴² niɛn²² zən²² 、ɕi²¹³ uɚ²² iau²¹³ tsau²¹³ ku²¹³ xau⁴²！

四　青年女性话语

（一）当地情况

我今天就来讲点儿咸丰的当地的比较有特色的土特产，嗯……就是

---

① 勤扒苦做 tɕʰin²² pʰa⁵⁵ kʰu⁴² tsuo²¹³：勤快、不怕苦。

我们迥边的腊肉。ηo^{42} $t\varphi in^{55}$ $t^h i\varepsilon n^{55}$ $t\partial u^{213}$ nai^{22} $t\varphi ia\eta^{42}$ $ti\partial^{42}$ xan^{22} $fo\eta^{55}$ ti^0 $ta\eta^{55}$ ti^{213} ti^0 pi^{42} $t\varphi iau^{42}$ $i\partial u^{42}$ $t^h i\varepsilon^{22}$ $s\varepsilon^{22}$ ti^0 $t^h u^{42}$ $t^h i\varepsilon^{22}$ ts^han^{42}, ∂n^0 …… $t\partial u^{213}$ $s\gamma^{213}$ ηo^{42} $m\partial n^0$ $ni\varepsilon^{22}$ $pi\varepsilon n^{55}$ ti^0 na^{22} zu^{22}。

嗯……因为那边咸丰基本上家家户户儿都有腊肉，而且是，嗯……你基本上是很多时候儿就是一家人的腊肉从，嗯……腊月间要吃到对年 ①，吃一整年。∂n^0 …… in^{55} uei^{22} na^{213} $pi\varepsilon n^{55}$ xan^{22} $fo\eta^{55}$ $t\varphi i^{55}$ $p\partial n^{42}$ $sa\eta^{213}$ $t\varphi ia^{55}$ $t\varphi ia^{55}$ fu^{213} $f\partial^{213}$ $t\partial u^{55}$ $i\partial u^{42}$ na^{22} zu^{22}, ∂^{22} $t\varphi^h i\varepsilon^{42}$ $s\gamma^{213}$, ∂n^0 …… ni^{42} $t\varphi i^{55}$ $p\partial n^{42}$ $sa\eta^{213}$ $s\gamma^{213}$ $x\varepsilon^{42}$ tuo^{55} $s\gamma^{213}$ $x\partial^{213}$ $t\partial u^{213}$ $s\gamma^{213}$ i^{22} $t\varphi ia^{55}$ $z\partial n^{22}$ ti^0 na^{22} zu^{22} $ts^ho\eta^{22}$, ∂n^0 …… na^{22} $y\varepsilon^{22}$ $t\varphi i\varepsilon n^{55}$ iau^{213} $ts^h\gamma^{22}$ tau^{213} $tuei^{213}$ $ni\varepsilon n^{22}$, $ts^h\gamma^{22}$ i^{22} $ts\partial n^{42}$ $ni\varepsilon n^{22}$。

而且制作那个腊肉呢，就是相当比较有讲究。∂^{22} $t\varphi^h i\varepsilon^{42}$ $ts\gamma^{213}$ $tsuo^{22}$ na^{213} ko^{213} na^{22} zu^{22} $n\varepsilon^0$, $t\partial u^{213}$ $s\gamma^{213}$ $\varphi ia\eta^{55}$ $ta\eta^{55}$ pi^{42} $t\varphi iau^{42}$ $i\partial u^{42}$ $t\varphi ia\eta^{42}$ $t\varphi i\partial u^{55}$。

嗯……不是说每个地方的腊肉口味都一样，我们那边的腊肉呢，都是那种土猪，嗯……土猪肉来做的。∂n^0 …… pu^{22} $s\gamma^{213}$ suo^{22} mei^{42} ko^{213} ti^{213} $fa\eta^{55}$ ti^0 na^{22} zu^{22} $k^h\partial u^{42}$ uei^{213} $t\partial u^{55}$ i^{22} $ia\eta^{213}$, ηo^{42} $m\partial n^0$ na^{213} $pi\varepsilon n^{55}$ ti^0 na^{22} zu^{22} $n\varepsilon^0$, $t\partial u^{55}$ $s\gamma^{213}$ na^{213} $tso\eta^{42}$ $t^h u^{42}$ tsu^{55}, ∂n^0 …… $t^h u^{42}$ tsu^{55} zu^{22} nai^{22} tsu^{213} ti^0。

而且是要新鲜的，要热的，刚杀出来的猪。∂^{22} $t\varphi^h i\varepsilon^{42}$ $s\gamma^{213}$ iau^{213} φin^{55} $\varphi i\varepsilon n^{55}$ ti^0, iau^{213} $z\varepsilon^{22}$ ti^0, $ka\eta^{55}$ sa^{42} $ts^h u^{22}$ nai^{22} ti^0 tsu^{55}。

跟他们买回来之后，嗯……杀下来之后，就跟它抹盐，搞酒，跟它腌，腌的话要腌一个多星期吧。$k\partial n^{55}$ $t^h a^{55}$ $m\partial n^0$ mai^{42} $xuei^{22}$ nai^{22} $ts\gamma^{55}$ $x\partial u^{213}$, ∂n^0 …… sa^{22} φia^{213} nai^{22} $ts\gamma^{55}$ $x\partial u^{213}$, $t\partial u^{213}$ $k\partial n^{55}$ $t^h a^{55}$ ma^{22} $i\varepsilon n^{22}$, kau^{42} $t\varphi i\partial u^{42}$, $k\partial n^{55}$ $t^h a^{55}$ $i\varepsilon n^{55}$, $i\varepsilon n^{55}$ ti^0 xua^{213} iau^{213} $i\varepsilon n^{55}$ i^{22} ko^{213} tuo^{55} φin^{55} $t\varphi^h i^{55}$ pa^0。

嗯……就腌好之后把水都要沥，就沥起，不能说，跟它搞到那个盆里面啊，嗯……那样的话那个肉它就有点那种馊臭味道就不好吃。∂n^0 …… $t\partial u^{213}$ $i\varepsilon n^{55}$ xau^{42} $ts\gamma^{55}$ $x\partial u^{213}$ pa^{42} $suei^{42}$ $t\partial u^{55}$ iau^{213} ni^{22}, $t\partial u^{213}$ ni^{22} $t\varphi^h i^{42}$, pu^{22}

---

① 对年 $tuei^{213}$ $ni\varepsilon n^{22}$：第二年。一般是针对腊月那个月而言，隔着这个月对年而望。

nən²² suo²², kən⁵⁵ tʰa⁵⁵ kau⁴² tau²¹³ na²¹³ ko²¹³ pʰən²² ni⁴² miɛn²¹³ a⁰, ən⁰ ……
na²¹³ iaŋ²¹³ ti⁰ xua²¹³ na²¹³ ko²¹³ zu²² tʰa⁵⁵ təu²¹³ iəu⁴² tiɛn⁴² na²¹³ tsoŋ⁴² oŋ²¹³
tsʰəu²¹³ uei²¹³ tau²¹³ təu²¹³ pu²² xau⁴² tsʰ̩²²。

　　好，就是上炕，上炕的时候儿呢，我们那边要搞那种松柏丫子，松树丫子哦，我们喊的，嗯……跟它弄来熏，熏要熏一天，就烟子嘛，熏啊，熏不能搞那个急啊，而且不能炕得太低啦。xau⁴², təu²¹³ sɿ²¹³ saŋ²¹³
kʰaŋ²¹³, saŋ²¹³ kʰaŋ²¹³ ti⁰ sɿ²² xə²¹³ nɛ⁰, ŋo⁴² mən⁰ na²¹³ piɛn⁵⁵ iau²¹³ kau⁴²
na²¹³ tsoŋ⁴² soŋ⁵⁵ pɛ²² ia⁵⁵ tsɿ⁰, soŋ⁵⁵ su²¹³ ia⁵⁵ tsɿ⁰ o⁰, ŋo⁴² mən⁰ xan⁴² ti⁰,
ən⁰ …… kən⁵⁵ tʰa⁵⁵ noŋ²¹³ nai²² ɕyən⁵⁵, ɕyən⁵⁵ iau²¹³ ɕyən⁵⁵ i²² tʰiɛn⁵⁵, təu²¹³
iɛn⁵⁵ tsɿ⁰ ma⁰, ɕyən⁵⁵ a⁰, ɕyən⁵⁵ pu²² nən²² kau⁴² na²¹³ ko²¹³ tɕi²² a⁰, ə²²
tɕʰiɛ⁴² pu²² nən²² kʰaŋ²¹³ tɛ²² tʰai²¹³ ti⁵⁵ na⁰。

　　嗯……熏了之后，后面就要搞那个柴火，是全部用柴火炕的啊，不能用炭火烤，炭火烤出来的腊肉就，根本就不好吃，没得那种味道。ən⁰ …… ɕyən⁵⁵ na⁰ tsɿ⁵⁵ xəu²¹³, xəu²¹³ miɛn²¹³ təu²¹³ iau²¹³ kau⁴² na²¹³ ko²¹³ tsʰai²²
xo⁴², sɿ²¹³ tɕʰyɛn²² pu²¹³ yoŋ²¹³ tsʰai²² xo⁴² kʰaŋ²¹³ ti⁰ a⁰, pu²² nən²² yoŋ²¹³
tʰan²¹³ xo⁴² kʰau⁴², tʰan²¹³ xo⁴² kʰau⁴² tsʰu²² nai²¹ ti⁰ na²² zu²² təu²¹³, kən⁵⁵
pən⁴² təu²¹³ pu²² xau⁴² tsʰ̩²², mei⁵⁵ tɛ²² na²¹³ tsoŋ⁴² uei²¹³ tau²¹³。

　　现在街上好多卖的都是那种炭火烤的，就感觉不到那种味道啦。ɕiɛn²¹³ tsai²¹³ kai⁵⁵ saŋ²¹³ xau⁴² tuo⁵⁵ mai²¹³ ti⁰ təu⁵⁵ sɿ²¹³ na²¹³ tsoŋ⁴² tʰan²¹³
xo⁴² kʰau⁴² ti⁰, təu²¹³ kan⁴² tɕiau²¹³ pu²² tau²¹³ na²¹³ tsoŋ⁴² uei²¹³ tau²¹³ na⁰。

　　所以说，嗯……特别是炕那个……肉的时候，那个柴啊特别讲究。suo⁴² i⁴² suo²², ən⁰ …… tʰiɛ²² piɛ²² sɿ²¹³ kʰaŋ²¹³ na²¹³ ko²¹³ …… zu²² ti⁰ sɿ²² xəu²¹³,
na²¹³ ko²¹³ tsʰai²² a⁰ tʰiɛ²² piɛ²² tɕiaŋ⁴² tɕiəu⁵⁵。

　　嗯……我自己也在炕，嗯……就是用那个香树丫子先熏，熏了过后，熏一天过后，就用那个青冈，还有那个茶树，就慢慢儿用小火。ən⁰ …… ŋo⁴²
tsɿ²¹³ tɕi⁴² iɛ⁴² tai²¹³ kʰaŋ²¹³, ən⁰ …… təu²¹³ sɿ²¹³ yoŋ²¹³ na²¹³ ko²¹³ ɕiaŋ⁵⁵ su²¹³ ia⁵⁵
tsɿ⁰ ɕiɛn⁵⁵ ɕyən⁵⁵, ɕyən⁵⁵ na⁰ ko²¹³ xəu²¹³, ɕyən⁵⁵ i²² tʰiɛn⁵⁵ ko²¹³ xəu²¹³,
təu²¹³ yoŋ²¹³ na²¹³ ko²¹³ tɕʰin⁵⁵ kaŋ⁵⁵, xai²² iəu⁴² na²¹³ ko²¹³ tsʰa²² su²¹³, təu²¹³
man²¹³ mə⁰ yoŋ²¹³ ɕiau⁴² xo⁴²。

　　不能烧大火，嗯……慢慢儿炕，而且要明火不能烟子太多了，烟子太多了之后，熏出来的肉啊，就特别，烟味特别重就不好吃哒，还有腊肠都是一样的。pu²² nən²² sau⁵⁵ ta²¹³ xo⁴², ən⁵⁵ …… man²¹³ mɚ⁰ kʰaŋ²¹³, ɚ²² tɕʰiɛ⁴² iau²¹³ mən²² xo⁴² pu²² nən²² iɛn⁵⁵ tsʅ⁰ tʰai²¹³ tuo⁵⁵ na⁰, iɛn⁵⁵ tsʅ⁰ tʰai²¹³ tuo⁵⁵ na⁰ tsʅ⁵⁵ xəu²¹³, ɕyən⁵⁵ tsʰu²² nai²² ti⁰ zu²² a⁰, təu²¹³ tʰiɛ²² piɛ²², iɛn⁵⁵ uei²¹³ tʰiɛ²² piɛ²² tsoŋ²¹³ təu²¹³ pu²² xau⁴² tsʰʅ²² ta⁰, xai²² iəu⁴² na²² tsʰaŋ²² təu⁵⁵ sʅ²¹³ i²² iaŋ²¹³ ti⁰.

嗯……像其他还有么子腌菜呢，都是我们那边土特产啊。ən⁰…… tɕʰiaŋ²¹³ tɕʰi²² tʰa⁵⁵ xai²² iəu⁴² mo⁰ tsʅ⁰ ŋa⁵⁵ tsʰai²¹³ nɛ⁰, təu⁵⁵ sʅ²¹³ ŋo⁴² mən⁰ na²¹³ piɛn⁵⁵ tʰu⁴² tʰiɛ²² tsʰan⁴² a⁰.

反正那个腊肉的话，我就得熏好了之后就不能用那个枞树①熏，熏了之后就会黢麻黑②，洗都洗不脱，而且那个肉皮子的话，根本就吃不动，嚼都嚼不动。fan⁴² tsən⁵⁵ na²¹³ ko²¹³ na²² zu²² ti⁰ xua²¹³, ŋo⁴² təu²¹³ tɛ²² ɕyən⁵⁵ xau⁴² na⁰ tsʅ⁵⁵ xəu²¹³ təu²¹³ pu²² nən²² yoŋ²¹³ na²¹³ ko²¹³ tsʰoŋ⁵⁵ su²¹³ ɕyən⁵⁵, ɕyən⁵⁵ na⁰ tsʅ⁵⁵ xəu²¹³ təu²¹³ xuei²¹³ tɕʰy⁵⁵ ma²² xɛ²², ɕi⁴² təu⁵⁵ ɕi⁴² pu²² tʰuo²², ɚ²² tɕʰiɛ⁴² na²¹³ ko²¹³ zu²² pʰi²² tsʅ⁰ ti⁰ xua²¹³, kən⁵⁵ pən⁴² təu²¹³ tsʰʅ²² pu²² toŋ²¹³, tɕiau²² təu⁵⁵ tɕiau²² pu²² toŋ²¹³.

你烧它也也吃不动的，反正是，哪么个弄的都不好吃，所以说特别讲究。ni⁴² sau⁵⁵ tʰa⁵⁵ iɛ⁴² iɛ⁴² tsʰʅ²² pu²² toŋ²¹³ ti⁰, fan⁴² tsən⁵⁵ sʅ²¹³, na⁴² mo⁰ ko²¹³ noŋ²¹³ ti⁰ təu⁵⁵ pu²² xau⁴² tsʰʅ²², suo⁴² i⁴² suo²² tʰiɛ²² piɛ²² tɕiaŋ⁴² tɕiəu⁵⁵.

嗯……炕，要炕的话，要炕到个十天左右，如果有条件的话，是基本上一个冬天都给它熏起，嗯……熏在那个炕上面。ən⁰ …… kʰaŋ²¹³, iau²¹³ kʰaŋ²¹³ ti⁰ xua²¹³, iau²¹³ kʰaŋ²¹³ tau²¹³ ko²¹³ sʅ²² tʰiɛn⁵⁵ tsuo⁴² iəu²¹³, zu²² ko⁴² iəu⁴² tʰiau²² tɕiɛn²¹³ ti⁰ xua²¹³, sʅ²¹³ tɕi⁵⁵ pən⁴² saŋ²¹³ i²² ko²¹³ toŋ⁵⁵ tʰiɛn⁵⁵ təu⁵⁵ kei⁴² tʰa⁵⁵ ɕyən⁵⁵ tɕʰi⁴², ən⁰ …… ɕyən⁵⁵ tai²¹³ na²¹³ ko²¹³ kʰaŋ²¹³ saŋ²¹³ miɛn⁰.

到……冬……一年到六月过哒之后，都可以吃。tau²¹³ …… toŋ⁵⁵ …… i²²

---

① 枞树 tsʰoŋ²² su²¹³：咸丰当地将马尾松等松科植物统称为枞树。因为这类树木燃烧时会产生大量的黑烟，熏出来的腊肉不好洗也不好吃。

② 黢麻黑 tɕʰy⁵⁵ ma²² xɛ²²：黑黢黢的。

niɛn²² tau²¹³ nu²² yɛ²² ko²¹³ ta⁰ tsʅ⁵⁵ xəu²¹³, təu⁵⁵ kʰo⁴² i⁴² tsʰʅ²²。

　　而且很多人就觉得那个腊肉霉了就不能吃了，我们那边的人他就是要吃腊肉，就是要长霉了过后吃才有那个味道。ə²² tɕʰiɛ⁴² xɛ⁴² tuo⁵⁵ zən²² təu²¹³ tɕyo²² tɛ²² na²¹³ ko²¹³ na²² zu²² mei²² na⁰ təu²¹³ pu²² nən²² tsʰʅ²² na⁰，ŋo⁴² mən⁰ na²¹³ piɛn⁵⁵ ti⁰ zən²² tʰa⁵⁵ təu²¹³ sʅ²¹³ iau²¹³ tsʰʅ²² na²² zu²²，təu²¹³ sʅ²¹³ iau²¹³ tsaŋ⁴² mei²² na⁰ ko²¹³ xəu²¹³ tsʰʅ²² tsʰai²² iəu⁴² na²¹³ ko²¹³ uei²¹³ tau²¹³。

　　因为它经过发酵之后，不是长那个黄霉跟红霉啊，那个黄霉和红霉长了那个是不能吃的，只能长那种白毛毛ㄦ霉。in⁵⁵ uei²² tʰa⁵⁵ tɕin⁵⁵ ko²¹³ fa²² ɕiau²¹³ tsʅ⁵⁵ xəu²¹³，pu²² sʅ²¹³ tsaŋ⁴² na²¹³ ko²¹³ xuaŋ²² mei²² kən⁵⁵ xoŋ²² mei²² a⁰，na²¹³ ko²¹³ xuaŋ²² mei²² xo²² xoŋ²² mei²² tsaŋ⁴² na⁰ na²¹³ ko²¹³ sʅ²¹³ pu²² nən²² tsʰʅ²² ti⁰，tsʅ²² nən²² tsaŋ⁴² na²¹³ tsoŋ⁴² pɛ²² mau²² mə⁰ mei²²。

　　所以现在很多家里头，像现在洗肉的还有，就是那种白毛毛ㄦ，长是几多长，看见真的是像那个，就是看不出是肉的原样子啦。suo⁴² i⁴² ɕiɛn²¹³ tsai²¹³ xɛ⁴² tuo⁵⁵ tɕia⁵⁵ ni⁴² tʰəu⁰，tɕʰiaŋ²¹³ ɕiɛn²¹³ tsai²¹³ ɕi⁴² zu²² ti⁰ xai²² iəu⁴²，təu²¹³ sʅ²¹³ na²¹³ tsoŋ⁴² pɛ²² mau²² mə⁰，tsaŋ⁴² sʅ²¹³ tɕi⁵⁵ tuo⁵⁵ tsaŋ⁴²，kʰan²¹³ tɕiɛn²¹³ tsən⁵⁵ ti⁰ sʅ²¹³ tɕʰiaŋ²¹³ na²¹³ ko²¹³，təu²¹³ sʅ²¹³ kʰan²¹³ pu²² tsʰu²² sʅ²¹³ zu²² ti⁰ yɛn²² iaŋ²¹³ tsʅ⁰ na⁰。

　　但是那种肉烧出来真的是特别好吃，而且，嗯……要烧过，皮子烧了出来后，洗出来那个肉是金黄色的，切出来就是那种发亮的，炒豆豉啊，青椒啊，特别好吃。tan²¹³ sʅ²¹³ na²¹³ tsoŋ⁴² zu²² sau⁵⁵ tsʰu²² nai²² tsən⁵⁵ ti⁰ sʅ²¹³ tʰiɛ²² piɛ²² xau⁴² tsʰʅ²²，ə²² tɕʰiɛ⁴²，ən⁰ …… iau²¹³ sau⁵⁵ ko²¹³，pʰi²² tsʅ⁰ sau⁵⁵ na⁰ tsʰu²² nai²² xəu²¹³，ɕi⁴² tsʰu²² nai²² na²¹³ ko²¹³ zu²² sʅ²¹³ tɕin⁵⁵ xuaŋ²² sɛ²² ti⁰，tɕʰiɛ²² tsʰu²² nai²² təu²¹³ sʅ²¹³ na²¹³ tsoŋ⁴² fa²² niaŋ²¹³ ti⁰，tsʰau⁴² təu²¹³ sʅ²¹³ a⁰，tɕʰin⁵⁵ tɕiau⁵⁵ a⁰，tʰiɛ²² piɛ²² xau⁴² tsʰʅ²²。

　　嗯……很多人就觉得，我们那边腊肉为什么那么好吃，所以说就是那些很讲究，还要是配料啦那些特别特别讲究。ən⁰ …… xɛ⁴² tuo⁵⁵ zən²² təu²¹³ tɕyo²² tɛ²²，ŋo⁴² mən⁰ na²¹³ piɛn⁵⁵ na²² zu²² uei²² sən²² mo⁰ na²¹³ mo⁰ xau⁴² tsʰʅ²²，suo⁴² i⁴² suo²² təu²¹³ sʅ²¹³ na²¹³ ɕiɛ⁵⁵ xɛ⁴² tɕiaŋ⁴² tɕiəu⁵⁵，xai²² iau²¹³ sʅ²¹³ pʰei²¹³ niau²¹³ na⁰ na²¹³ ɕiɛ⁵⁵ tʰiɛ²² piɛ²² tʰiɛ²² piɛ²² tɕiaŋ⁴² tɕiəu⁵⁵。

嗯……还有一个就是我们那边豆豉，也是我们那边的特产。ən⁰……
xai²² iəu⁴² i²² ko²¹³ təu²¹³ sɿ²¹³ ŋo⁴² mən⁰ na²¹³ piɛn⁵⁵ təu²¹³ sɿ²¹³, iɛ⁴² sɿ²¹³
ŋo⁴² mən⁰ na²¹³ piɛn⁵⁵ ti⁰ tʰiɛ²² tsʰan⁴²。

很多人吃不惯觉得那个是香港脚的味道，嗯……但是特别香，我们
那边就是特别喜欢拿来炒肉吃，嗯……好多人吃起就觉得，闻到那个味
道迥个，熏起跑哒。xɛ⁴² tuo⁵⁵ zən²² tsʰɿ²² pu²² kuan²¹³ tɕyo²² tɛ²² na²¹³ ko²¹³
sɿ²¹³ ɕiaŋ⁵⁵ kaŋ⁴² tɕyo²² ti⁰ uei²¹³ tau²¹³, ən⁰…… tan²¹³ sɿ²¹³ tʰiɛ²² piɛ²² ɕiaŋ⁵⁵,
ŋo⁴² mən⁰ na²¹³ piɛn⁵⁵ təu²¹³ sɿ²¹³ tʰiɛ²² piɛ²² ɕi⁴² xuai⁵⁵ na²² nai²² tsʰau⁴² zu²²
tsʰɿ²², ən⁰…… xau⁴² tuo⁵⁵ zən²² tsʰɿ²² tɕʰi⁴² təu²¹³ tɕyo²² tɛ²², uən²² tau²¹³
na²¹³ ko²¹³ uei²¹³ tau²¹³ niɛ²² ko²¹³, ɕyən⁵⁵ tɕʰi⁴² pʰau⁴² ta⁰。

但是我们那边的人就特别特别地喜欢吃，而且那个的话也是要经过
发酵。tan²¹³ sɿ²¹³ ŋo⁴² mən⁰ na²¹³ piɛn⁵⁵ ti⁰ zən²² təu²¹³ tʰiɛ²² piɛ²² tʰiɛ²² piɛ²²
ti²¹³ ɕi⁴² xuai⁵⁵ tsʰɿ²², ɚ²² tɕʰiɛ⁴² na²¹³ ko²¹³ ti⁰ xua²¹³ iɛ⁴² sɿ²¹³ iau²¹³ tɕin⁵⁵
ko²¹³ fa²² ɕiau²¹³。

而且它是，用那个山上的那种……树叶啊，野生的那种，我们喊
的"豆豉粑叶"①。ɚ²² tɕʰiɛ⁴² tʰa⁵⁵ sɿ²¹³, yoŋ²¹³ na²¹³ ko²¹³ san⁵⁵ saŋ²¹³ ti⁰ na²¹³
tsoŋ⁴²…… su²¹³ iɛ²² a⁰, iɛ⁴² sən⁵⁵ ti⁰ na²¹³ tsoŋ⁴², ŋo⁴² mən⁰ xan⁴² ti⁰ " təu²¹³
sɿ²¹³ pa⁵⁵ iɛ²²"。

把黄豆煮熟了之后，嗯……就拿来跟它，搞料加沥起了之后，反正还
要加东西在里面嘛，就把那个树叶跟它盖起之后让它慢慢儿发酵，我们就
喊的"豆豉粑叶"。pa⁴² xuaŋ²² təu²¹³ tsu⁴² su²² na⁰ tsɿ⁵⁵ xəu²¹³, ən⁰…… təu²¹³
na²² nai²² kən⁵⁵ tʰa⁵⁵, kau⁴² niau²¹³ tɕia⁵⁵ ni²² tɕʰi⁴² na⁰ tsɿ⁵⁵ xəu²¹³, fan⁴² tsən⁵⁵
xai²² iau²¹³ tɕia⁵⁵ toŋ⁵⁵ ɕi⁵⁵ tai²¹³ ni⁴² miɛn²¹³ ma⁰, təu²¹³ pa⁴² na²¹³ ko²¹³ su²¹³
iɛ²² kən⁵⁵ tʰa⁵⁵ kai²¹³ tɕʰi⁴² tsɿ⁵⁵ xəu²¹³ zaŋ²¹³ tʰa⁵⁵ man²¹³ məɚ⁰ fa²² ɕiau²¹³,
ŋo⁴² mən⁰ təu²¹³ xan⁴² ti⁰ " təu²¹³ sɿ²¹³ pa⁵⁵ iɛ²²"。

所以煮出来的那个豆豉就特别香，我们那边有水豆豉、干豆豉。suo⁴²
i⁴² tsu⁴² tsʰu²² nai²² ti⁰ na²¹³ ko²¹³ təu²¹³ sɿ²¹³ təu²¹³ tʰiɛ²² piɛ²² ɕiaŋ⁵⁵, ŋo⁴²

---

① 豆豉粑叶 təu²¹³ sɿ²¹³ pa⁵⁵ iɛ²²：一种蕨科植物的叶子。生于林下，常绿，叶柄一米以上。因人
们在豆豉制作发酵（咸丰话叫焐豆豉）时，采来这种蕨叶将豆豉原料包围起来置于发酵器皿
中，据说能达到满意的发酵效果。

mən⁰ na²¹³ piεn⁵⁵ iəu⁴² suei⁴² təu²¹³ sʅ²¹³ 、kan⁵⁵ təu²¹³ sʅ²¹³。

　　干豆豉就是跟它晒，晒干了之后，嗯……一年四季反正都可以吃。kan⁵⁵ təu²¹³ sʅ²¹³ təu²¹³ sʅ²¹³ kən⁵⁵ tʰa⁵⁵ sai²¹³, sai²¹³ kan⁵⁵ na⁰ tsʅ⁵⁵ xəu²¹³, ən⁰…… i²² niεn²² sʅ²¹³ tɕi²¹³ fan⁴² tsən⁵⁵ təu⁵⁵ kʰo⁴² i⁴² tsʰʅ²²。

　　嗯……炒啊，还有搞那个豆豉粑坨坨ₗₗ，跟它炕腊肉的时候ₗₗ跟它一起炕干了之后，嗯……再搁到灰里面，那个火灰里面一烧，烧了之后就给它舂成那种面面ₗₗ，特别下饭，特别好吃。ən⁰…… tsʰau⁴² a⁰, xai²² iəu⁴² kau⁴² na²¹³ ko²¹³ təu²¹³ sʅ²¹³ pa⁵⁵ tʰuo²¹³ tʰuə⁰, kən⁵⁵ tʰa⁵⁵ kʰaŋ²¹³ na²² zu²² ti⁰ sʅ²² xə²¹³ kən⁵⁵ tʰa⁵⁵ i²² tɕʰi⁴² kʰaŋ²¹³ kan⁵⁵ na⁰ tsʅ⁵⁵ xəu²¹³, ən⁰…… tsai²¹³ ka²² tau²¹³ xuei⁵⁵ ni⁴² miεn²¹³, na²¹³ ko²¹³ xo⁴² xuei⁵⁵ ni⁴² miεn²¹³ i²² sau⁵⁵, sau⁵⁵ na⁰ tsʅ⁵⁵ xəu²¹³ təu²¹³ kei⁴² tʰa⁵⁵ tsʰoŋ⁵⁵ tsʰən²² na²¹³ tsoŋ⁴² miεn²¹³ miə⁰, tʰiε²² piε²² ɕia²¹³ fan²¹³, tʰiε²² piε²² xau⁴² tsʰʅ²²。

　　还有一个就是我们那边的油茶汤，茶叶汤，嗯……是我们那边的一大特产。xai²² iəu⁴² i²² ko²¹³ təu²¹³ sʅ²¹³ ŋo⁴² mən⁰ na²¹³ piεn⁵⁵ ti⁰ iəu²² tsʰa²² tʰaŋ⁵⁵, tsʰa²² iε²² tʰaŋ⁵⁵, ən⁰…… sʅ²¹³ ŋo⁴² mən⁰ na²¹³ piεn⁵⁵ ti⁰ i²² ta²¹³ tʰiε²² tsʰan⁴²。

　　嗯……就是那个茶叶，掐回来之后，那个嫩叶叶ₗₗ掐回来之后，就跟它弄来炒，搞手工炒啊，搞在锅里面炒了之后，搞手工揉。ən⁰…… təu²¹³ sʅ²¹³ na²¹³ ko²¹³ tsʰa²² iε²², kʰa²² xuei²² nai²² tsʅ⁵⁵ xəu²¹³, na²¹³ ko²¹³ nən²¹³ iε²² iə⁰ kʰa²² xuei²² nai²² tsʅ⁵⁵ xəu²¹³, təu²¹³ kən⁵⁵ tʰa⁵⁵ noŋ²¹³ nai²² tsʰau⁴², kau⁴² səu⁴² koŋ⁵⁵ tsʰau⁴² a⁰, kau⁴² tai²¹³ ko⁵⁵ ni⁴² miεn²¹³ tsʰau⁴² na⁰ tsʅ⁵⁵ xəu²¹³, kau⁴² səu⁴² koŋ⁵⁵ za²²。

　　揉了之后就，晒干，晒干之后呢，就跟它，嗯……放在，搞油，跟它炸了之后放油，油炸呀，嗯……还有豆皮ₗₗ啊，嗯……豆腐角ₗₗ啊一些，炸了之后就跟它掺汤，好喝。za²² na⁰ tsʅ⁵⁵ xəu²¹³ təu²¹³, sai²¹³ kan⁵⁵, sai²¹³ kan⁵⁵ tsʅ⁵⁵ xəu²¹³ nε⁰, təu²¹³ kən⁵⁵ tʰa⁵⁵, ən⁰…… faŋ²¹³ tai²¹³, kau⁴² iəu²², kən⁵⁵ tʰa⁵⁵ tsa²¹³ na⁰ tsʅ⁵⁵ xəu²¹³ faŋ²¹³ iəu²², iəu²² tsa²¹³ ia⁰, ən⁰…… xai²² iəu⁴² təu²¹³ pʰiə²² a⁰, ən⁰…… təu²¹³ fu⁴² tɕyə²² a⁰ i²² ɕiε⁵⁵, tsa²¹³ na⁰ tsʅ⁵⁵ xəu²¹³ təu²¹³ kən⁵⁵ tʰa⁵⁵ tsʰan⁵⁵ tʰaŋ⁵⁵, xau⁴² xo²²。

　　反正我们那边基本上大人细娃ₗₗ都特别爱喝那种嘛，就，就比较好。

fan⁴² tsən²¹³ ŋo⁴² mən⁰ na²¹³ piɛn⁵⁵ tɕi⁵⁵ pən⁴² saŋ²¹³ ta²¹³ zən²² ɕi²¹³ uɚ²² təu⁵⁵ tʰiɛ²² piɛ²² ŋai²¹³ xo²² na²¹³ tsoŋ⁴² ma⁰, təu²¹³, təu²¹³ pi⁴² tɕiau⁴² xau⁴²。

（二）风俗习惯

再来跟你们讲一个咸丰当地的习俗，就是生小孩子之后，嗯……打十朝，因为现在迥个习俗已经很多都没得了，都是做满月酒嘛。tsai²¹³ nai²² kən⁵⁵ ni⁴² mən⁰ tɕiaŋ⁴² i²² ko²¹³ xan²² foŋ⁵⁵ taŋ⁵⁵ ti²¹³ ti⁰ ɕi²² su²², təu²¹³ sɿ²¹³ sən⁵⁵ ɕiau⁴² xai²² tsɿ⁰ tsɿ⁵⁵ xəu²¹³, ən⁰……ta⁴² sɿ²² tsau⁵⁵, in⁵⁵ uei²² ɕiɛn²¹³ tsai²¹³ niɛ²² ko²¹³ ɕi²² su²² i⁴² tɕin⁵⁵ xɛ⁴² tuo⁵⁵ təu⁵⁵ mei⁵⁵ tɛ²² na⁰, təu⁵⁵ sɿ²¹³ tsu²¹³ man⁴² yɛ²² tɕiəu⁴² ma⁰。

嗯……像我生我女儿的时候，就是打的十朝，我自己就，就打十了。ən⁰……tɕʰiaŋ²¹³ ŋo⁴² sən⁵⁵ ŋo⁴² ny⁴² ɚ²² ti⁰ sɿ²² xəu²¹³, təu²¹³ sɿ²¹³ ta⁴² ti⁰ sɿ²² tsau⁵⁵, ŋo⁴² tsɿ²¹³ tɕi⁴² təu²¹³, təu²¹³ ta⁴² sɿ²² na⁰。

就是生了之后十天，就娘家人就来，要准备些，娘家人要准备些么子啊？təu²¹³ sɿ²¹³ sən⁵⁵ na⁰ tsɿ⁵⁵ xəu²¹³ sɿ²² tʰiɛn⁵⁵, təu²¹³ niaŋ²² tɕia⁵⁵ zən²² təu²¹³ nai²², iau²¹³ tɕin⁴² pei²¹³ ɕiɛ⁵⁵, niaŋ²² tɕia⁵⁵ zən²² iau²¹³ tɕin⁴² pei²¹³ ɕiɛ⁵⁵ mo⁰ tsɿ⁰ a⁰ ?

就是说，嗯……娃儿背篼儿①啊，炕笼②啊，嗯……甜酒啊，还有那个汤，汤粑呀，汤圆，就喊汤粑，汤粑面面儿。təu²¹³ sɿ²¹³ suo²², ən⁰……uɚ²² pei⁵⁵ tɚ⁵⁵ a⁰, kʰaŋ²¹³ noŋ²² a⁰, ən⁰……tʰiɛn²² tɕiəu⁴² a⁰, xai²² iəu⁴² na²¹³ ko²¹³ tʰaŋ⁵⁵, tʰaŋ⁵⁵ pa⁵⁵ ia⁰, tʰaŋ⁵⁵ yɛ²², təu²¹³ xan⁴² tʰaŋ⁵⁵ pa⁵⁵, tʰaŋ⁵⁵ pa⁵⁵ miɛn²¹³ miɚ⁰。

嗯……那个汤粑面面儿和甜酒是准备给么子？还有猪油，因为坐月子不能吃菜油嘛，要吃猪油。ən⁰……na²¹³ ko²¹³ tʰaŋ⁵⁵ pa⁵⁵ miɛn²¹³ miɚ⁰ xo²² tʰiɛn²² tɕiəu⁴² sɿ²¹³ tɕin⁴² pei²¹³ kei⁴² mo⁰ tsɿ⁰ ? xai²² iəu⁴² tsu⁵⁵ iəu²², in⁵⁵ uei²² tsu²¹³ yɛ²² tsɿ⁰ pu²² nən²² tsʰɿ²² tsʰai²¹³ iəu²² ma⁰, iau²¹³ tsʰɿ²² tsu⁵⁵ iəu²²。

---

① 娃儿背篼儿uɚ²² pei⁵⁵ tɚ⁵⁵：也叫"娃儿背篓儿"。半腰有坐台，专用于背小娃娃的花背篓。
② 炕笼 kʰaŋ²¹³ noŋ²²：用来架在或挂在火堆上边烘烤东西的竹笼。

所以娘家他就会，提前就会，你刚怀起小娃儿之后，基本上一结婚之后，嗯……马上就会把那个猪儿喂起，而且只能喂牙猪，不能吃母猪油。suo⁴² i⁴² niaŋ²² tɕia⁵⁵ tʰa⁵⁵ təu²¹³ xuei²¹³, tʰi²² tɕʰiɛn²² təu²¹³ xuei²¹³, ni⁴² kaŋ⁵⁵ xuai²² tɕʰi²² ɕiau⁴² uə²² tsʅ⁵⁵ xəu²¹³, tɕi⁵⁵ pən⁴² saŋ²¹³ i²² tɕiɛ²² xuən⁵⁵ tsʅ⁵⁵ xəu²¹³, ən⁰……ma⁴² saŋ²¹³ təu²¹³ xuei²¹³ pa⁴² na²¹³ ko²¹³ tsu⁵⁵ ɚ²² uei²¹³ tɕʰi⁴², ɚ²² tɕʰiɛ⁴² tsʅ²² nən²² uei²¹³ ia²² tsu⁵⁵, pu²² nən²² tsʰʅ²² mu⁴² tsu⁵⁵ iəu²²。

因为说吃母猪油，母猪油，小娃儿要得母猪风①。in⁵⁵ uei²² suo²² tsʰʅ²² mu⁴² tsu⁵⁵ iəu²², mu⁴² tsu⁵⁵ iəu²², ɕiau⁴² uə²² iau²¹³ tɛ²² mu⁴² tsu⁵⁵ foŋ⁵⁵。

嗯……还有一个就是说你生小娃儿之后，现在啊，都有电话，或者就，嗯，自己的父母就陪同你到医院去哒。ən⁰……xai²² iəu⁴² i²² ko²¹³ təu²¹³ sʅ²¹³ suo²² ni⁴² sən⁵⁵ ɕiau⁴² uə²² tsʅ⁵⁵ xəu²¹³, ɕiɛn²¹³ tsai²¹³ a⁰, təu⁵⁵ iəu⁴² tiɛn²¹³ xua²¹³, xuai²² tsɛ⁴² təu²¹³, ən⁰, tsʅ²¹³ tɕi⁴² ti⁰ fu²¹³ mu⁴² təu²¹³ pʰei²² tʰoŋ²² ni⁴² tau²¹³ i⁵⁵ yɛn²¹³ tɕʰi²¹³ ta⁰。

像那个原来的时候就没得，就是要去报喜，嗯……就老公去报喜，就抓……捉只鸡子去。tɕʰiaŋ²¹³ na²¹³ ko²¹³ yɛn²² nai²² ti⁰ sʅ²² xəu²¹³ təu²¹³ mei⁵⁵ tɛ²², təu²¹³ sʅ²¹³ iau²¹³ tɕʰi²¹³ pau²¹³ ɕi⁴², ən⁰……təu²¹³ nau⁴² koŋ⁵⁵ tɕʰi²¹³ pau²¹³ ɕi⁴², təu²¹³ tsua⁵⁵……tsuo²² tsʅ²² tɕi⁵⁵ tsʅ⁰ tɕʰi²¹³。

嗯……捉只鸡子去说明么子呢，捉只鸡母去呢，就表示生姑娘了，嗯，如果是鸡公呢，就是生儿子了，因为他就不会问你嘛，只要看你捉的鸡子去，好，就晓得是生的么子哒。ən⁰……tsuo²² tsʅ²² tɕi⁵⁵ tsʅ⁰ tɕʰi²¹³ suo²² mən²² mo⁰ tsʅ⁰ nɛ⁰, tsuo²² tsʅ²² tɕi⁰ mu⁴² tɕʰi²¹³ nɛ⁰, təu²¹³ piau⁴² sʅ²¹³ sən⁵⁵ ku⁵⁵ niaŋ²² na⁰, ən⁰, zu²² ko⁴² sʅ²¹³ tɕi⁵⁵ koŋ⁵⁵ nɛ⁰, təu²¹³ sʅ²¹³ sən⁵⁵ ɚ²² tsʅ²² na⁰, in⁰ uei²² tʰa⁵⁵ təu²¹³ pu²² xuei²¹³ uən²¹³ ni⁴² ma⁰, tsʅ²² iau²¹³ kʰan²¹³ ni⁴² tsuo²² ti⁰ tɕi⁵⁵ tsʅ⁰ tɕʰi²¹³, xau⁴², təu²¹³ ɕiau⁴² tɛ²² sʅ²¹³ sən⁵⁵ ti⁰ mo⁰ tsʅ⁰ ta⁰。

好，那边就会准备还有那个箩筪儿，嗯，点点儿大个箩筪儿，要准备好多挑，有米啊，鸡蛋啦，需要挑它几大挑来。xau⁴², na²¹³ piɛn⁵⁵ təu²¹³ xuei²¹³ tɕin⁴² pei²¹³ xai²² iəu⁴² na²¹³ ko²¹³ nuo²² tɚ⁵⁵, ən⁰, tiɛn⁴² tiɚ⁰ ta²¹³ ko²¹³ nuo²² tɚ⁵⁵, iau²¹³ tɕʰuən⁴² pei²¹³ xau⁴² tuo⁵⁵ tʰiau⁵⁵, iəu⁴² mi⁴² a⁰, tɕi⁵⁵ tan²¹³

---

① 母猪风 mu⁴² tsu⁵⁵ foŋ⁵⁵：一种癫痫。

na^0, ɕy^{55} iau^{213} tʰiau^{55} tʰa^{55} tɕi^{55} ta^{213} tʰiau^{55} nai^{22}。

但是现在就简化很多哒，像我妈他们的话就是准备的娃儿背篼儿、炕笼啊，甜酒、汤圆，还有猪油，还有那个八股带^①。tan^{213} sʅ^{213} ɕiɛn^{213} tsai^{213} təu^{213} tɕiɛn^{42} xua^{213} xən^{42} tuo^{55} ta^0, tɕʰiaŋ^{213} ŋo^{213} ma^{55} tʰa^{55} mən^0 ti^0 xua^{213} təu^{213} sʅ^{213} tsuən^{42} pei^{213} ti^0 uə^{22} pei^{55} tə^0、kʰaŋ^{213} noŋ^{22} a^0, tʰiɛn^{22} tɕiəu^{42}、tʰaŋ^{55} yɛn^{22}, xai^{22} iəu^{42} tsu^{55} iəu^{22}, xai^{22} iəu^{42} na^{213} ko^{213} pa^{22} ku^{42} tai^{213}。

嗯……甜酒和汤圆呢，嗯，就是他们来要住一天嘛，住一天，晚上出来消夜的时候儿，就是用他的那个甜酒和汤圆拿来煮来消夜。ən^0……tʰiɛn^{22} tɕiəu^{42} xo^{22} tʰaŋ^{55} yɛn^{22} nɛ^0, ən^0, təu^{213} sʅ^{213} tʰa^{55} mən^0 nai^{22} iau^{213} tsu^{213} i^{22} tʰiɛn^{55} ma^0, tsu^{213} i^{22} tʰiɛn^{55}, uan^{42} saŋ^{213} tsʰu^{22} nai^{22} ɕiau^{55} iɛ^{213} ti^0 sʅ^{22} xə^{213}, təu^{213} sʅ^{213} yoŋ^{213} tʰa^{55} ti^0 na^{213} ko^{213} tʰiɛn^{22} tɕiəu^{42} xo^{22} tʰaŋ^{55} yɛn^{22} na^{22} nai^{22} tsu^{42} nai^{22} ɕiau^{55} iɛ^{213}。

啊，另外他来到之后还要给细娃儿要洗，洗了之后就要穿嘛，穿完还要封赠^②他，就封赠比较寓意比较好的话。a^0, nin^{213} uai^{213} tʰa^{55} nai^{22} tau^{213} tsʅ^{55} xəu^{213} xai^{22} iau^{213} kei^{42} ɕi^{213} uə^{22} iau^{213} ɕi^{42}, ɕi^{42} na^0 tsʅ^{55} xəu^{213} təu^{213} iau^{213} tsʰuan^{55} ma^0, tsʰuan^{55} uan^{22} xai^{22} iau^{213} foŋ^{55} tsən^{213} tʰa^{55}, təu^{213} foŋ^{55} tsən^{213} pi^{42} tɕiau^{42} y^{22} i^{213} pi^{42} tɕiau^{42} xau^{42} ti^0 xua^{213}。

好，就要捆八股带，捆了之后你就跟，跟……个人的妈呀要封个红包，那个钱呢，是随便你个人封好多啊。xau^{42}, təu^{213} iau^{213} kʰuən^{42} pa^{22} ku^{42} tai^{213}, kʰuən^{42} na^0 tsʅ^{55} xəu^{213} ni^{42} təu^{213} kən^{55}, kən^{55}……ko^{213} zən^{22} ti^0 ma^{55} ia^0 iau^{213} foŋ^{55} ko^{213} xoŋ^{22} pau^{55}, na^{213} ko^{213} tɕʰiɛn^{22} nɛ^0, sʅ^{213} suei^{22} pʰiɛn^{22} ni^{42} ko^{213} zən^{22} foŋ^{55} xau^{42} tuo^{55} a^0。

好，就封完了之后，就用……搞好哒还给她买套，要买一套衣服。xau^{42}, təu^{213} foŋ^{55} uan^{22} na^0 tsʅ^{55} xəu^{213}, təu^{213} yoŋ^{213}……kau^{42} xau^{42} ta^0 xai^{22} kei^{42} tʰa^{55} mai^{42} tʰau^{213}, iau^{213} mai^{42} i^{22} tʰau^{213} i^{55} fu^{22}。

现在基本上迺个没得哒，都么事像啊，做满月酒啊，所以好多迺个

---

① 八股带 pa^{22} ku^{42} tai^{213}：也叫长命带。给满月的小孩捆扎所用。
② 封赠 foŋ^{55} tsən^{213}：说吉祥祝愿的话。

不晓得。ɕiɛn²¹³ tsai²¹³ tɕi⁵⁵ pən⁴² saŋ²¹³ niɛ²² ko²¹³ mei⁵⁵ tɛ²² ta⁰, təu⁵⁵ mo⁰ sɿ²¹³ tɕʰiaŋ²¹³ a⁰, tsu²¹³ man⁴² yɛ²² tɕiəu⁴² a⁰, suo⁴² i⁴² xau⁴² tuo⁵⁵ niɛ²² ko²¹³ pu²² ɕiau⁴² tɛ²²。

像我们迊些的话还要像，专门要拿人去接娃ㄦ背筪ㄦ，来到的时候ㄦ，弄的时候ㄦ还专门去找人来接娃ㄦ背筪ㄦ。tɕʰiaŋ²¹³ ŋo⁴² mən⁰ niɛ²² ɕiɛ⁵⁵ ti⁰ xua²¹³ xai²² iau²¹³ tɕʰiaŋ²¹³, tsuan⁵⁵ mən²² iau²¹³ na²² zən²² tɕʰi²¹³ tɕiɛ²² uɚ²² pei⁵⁵ ta⁰, nai²² tau²¹³ ti⁰ sɿ²² xɚ²¹³, noŋ²¹³ ti⁰ sɿ²² xɚ²¹³ xai²² tsuan⁵⁵ mən²² tɕʰi²¹³ tsau⁴² zən²² nai²² tɕiɛ²² uɚ²² pei⁵⁵ ta⁰。

还要给那个背背筪ㄦ那个给红包，还要专门找人回来陪。xai²² iau²¹³ kei⁴² na²¹³ ko²¹³ pei²¹³ pei⁵⁵ pɚ⁰ na²¹³ ko²¹³ kei⁴² xoŋ²² pau⁵⁵, xai²² iau²¹³ tsuan⁵⁵ mən²² tsau⁴² zən²² xuei²² nai²² pʰei²²。

嗯……以前还要大吃三天，基本上像头天来第二天好才走。ən⁰…… i⁴² tɕʰiɛn²² xai²² iau²¹³ ta²¹³ tsʰɿ²² san⁵⁵ tʰiɛn⁵⁵, tɕi⁵⁵ pən⁴² saŋ²¹³ tɕʰiaŋ²¹³ tʰəu⁰ tʰiɛn⁵⁵ nai²² ti²¹³ ɚ²¹³ tʰiɛn⁵⁵ xau⁴² tsʰai²¹³ tsəu⁴²。

嗯……现在迊个基本上就没得那些习惯了，所以都不是满月哒。ən⁰……ɕiɛn²¹³ tsai²¹³ niɛ²² ko²¹³ tɕi⁵⁵ pən⁴² saŋ²¹³ təu²¹³ mei⁵⁵ tɛ²² na²¹³ ɕiɛ⁵⁵ ɕi²² kuan²¹³ na⁰, suo⁴² i⁴² təu⁵⁵ pu²² sɿ²¹³ man⁴² yɛ²² ta⁰。

（三）个人经历

嗯，我就来再讲下我的个人经验，因为一直在迊里咸丰，土生土长的咸丰人就想特别出去见识下外面的世界。ən⁰, ŋo⁴² təu²¹³ nai²² tsai²¹³ tɕiaŋ⁴² xa⁰ ŋo⁴² ti⁰ ko²¹³ zən²² tɕin⁵⁵ niɛn²¹³, in⁵⁵ uei²² i²² tsɿ²² tai²¹³ niɛ²² ni⁴² xan²² foŋ⁵⁵, tʰu⁴² sən⁵⁵ tʰu⁴² tsaŋ⁴² ti⁰ xan²² foŋ⁵⁵ zən²² təu²¹³ ɕiaŋ⁴² tʰiɛ²² piɛ²² tsʰu²² tɕʰi²¹³ tɕiɛn²¹³ sɿ²² xa⁰ uai²¹³ miɛn²¹³ ti⁰ sɿ²¹³ kai²¹³。

所以在一……一〇年的时候ㄦ我就选择出去到广东，啊……去，啊，上班嘛，去打工，结果呢，就选择到高尔夫球场上班。suo⁴² i⁴² tai²¹³ i²²…… i²² nin²² niɛn²² ti⁰ sɿ²² xɚ²¹³ ŋo⁴² təu²¹³ ɕyɛn⁴² tsʰɛ²² tsʰu²² tɕʰi²¹³ tau²¹³ kuaŋ⁴² toŋ⁵⁵, a⁰…… tɕʰi²¹³, a⁰, saŋ²¹³ pan⁵⁵ ma⁰, tɕʰi²¹³ ta⁴² koŋ⁵⁵, tɕiɛ²² ko⁴² nɛ⁰, təu²¹³ ɕyɛn⁴² tsʰɛ²² tau²¹³ kau²¹³ ɚ⁴² fu⁵⁵ tɕʰiəu²² tsʰaŋ⁴² saŋ²¹³ pan⁵⁵。

嗯，进去之后，但是外人啊，给我的感觉是，别人，哇，你好，好舒服啊，在高尔夫球场。ən⁰, tɕin²¹³ tɕʰi²¹³ tsɿ⁵⁵ xəu²¹³, tan²¹³ sɿ²¹³ uai²¹³ zən²²
a⁰, kei⁴² ŋo⁴² ti⁰ kan⁴² tɕiau²¹³ sɿ²¹³, piɛ²² zən²², ua⁰, ni⁴² xau⁴², xau⁴² su⁵⁵
fu²² a⁰, tai²¹³ kau⁵⁵ ɚ⁴² fu⁵⁵ tɕʰiəu²² tsʰaŋ⁴²。

　　嗯……其实外人看到只是看到光鲜一面，其实就打工都太不容易
哒，虽然那里面的工资特别高，但是就特别辛苦啊。ən⁰ …… tɕʰi²² sɿ²²
uai²¹³ zən²² kʰan²¹³ tau²¹³ tsɿ²² sɿ²¹³ kʰan²¹³ tau²¹³ kuaŋ⁵⁵ ɕiɛn⁵⁵ i²² miɛn²¹³,
tɕʰi²² sɿ²² təu²¹³ ta⁴² koŋ⁵⁵ təu⁵⁵ tʰai²¹³ pu²² zoŋ²² i²¹³ ta⁰, ɕy⁵⁵ zan²² na²¹³ ni⁴²
miɛn²¹³ ti⁰ koŋ⁵⁵ tsɿ⁵⁵ tʰiɛ²² piɛ²² kau⁵⁵, tan²¹³ sɿ²¹³ təu²¹³ tʰiɛ²² piɛ²² ɕin⁵⁵
kʰu⁴² a⁰。

　　像么子一天，嗯……中午，大中午十二点钟啊，客人就会来打球。
tɕʰiaŋ²¹³ mo⁰ tsɿ⁰ i²² tʰiɛn⁵⁵, ən⁰ …… tsoŋ⁵⁵ u⁴², ta²¹³ tsoŋ⁵⁵ u⁴² sɿ²² ɚ²¹³ tiɛn⁴²
tsoŋ⁵⁵ a⁰, kʰɛ²² zən²² təu⁵⁵ xuei²¹³ nai²² ta⁴² tɕʰiəu²²。

　　因为我们做球童，天天ᴵᴸ，就每天都要上班，像打比方你是客人的
话，你是一个星期可能来两次，我们每天会见识到不同的客人，所以天天
ᴵᴸ。in⁵⁵ uei²² ŋo⁴² mən⁰ tsu²¹³ tɕʰiəu²² tʰoŋ²², tʰiɛn⁵⁵ tʰia⁰, təu²¹³ mei⁴² tʰiɛn⁵⁵
təu⁵⁵ iau²¹³ saŋ²¹³ pan⁵⁵, tɕʰiaŋ²¹³ ta⁴² pi⁴² faŋ⁵⁵ ni⁴² sɿ²¹³ kʰɛ²² zən²² ti⁰ xua²¹³,
ni⁴² sɿ²¹³ i²² ko²¹³ ɕin⁵⁵ tɕʰi⁵⁵ kʰo⁴² nən²² nai² niaŋ⁴² tsʰɿ²¹³, ŋo⁴² mən⁰ mei⁴²
tʰiɛn⁵⁵ xuei²¹³ tɕiɛn²¹³ sɿ²² tau²¹³ pu²² tʰoŋ²² ti⁰ kʰɛ²² zən²², suo⁴² i⁴² tʰiɛn⁵⁵
tʰia⁰。

　　我那段时间真的晒得特别黑，跟非洲人差不多哒，我从一〇年到
二〇一五年都在外面。ŋo⁴² na²¹³ tuan²¹³ sɿ²² kan⁵⁵ tsən⁵⁵ ti⁰ sai²¹³ tɛ²² tʰiɛ²²
piɛ²² xɛ²², kən⁵⁵ fei⁵⁵ tsəu⁵⁵ zən²² tsʰa⁵⁵ pu²² tuo⁵⁵ ta⁰, ŋo⁴² tsʰoŋ²² i²² nin²²
niɛn²² tau²¹³ ɚ²¹³ nin²² i²² u⁴² niɛn²² təu⁵⁵ tai²¹³ uai²¹³ miɛn²¹³。

　　嗯……直到我女儿，到上学前班的时候我才回来的。ən⁰ …… tsɿ²²
tau²¹³ ŋo⁴² ny⁴² ɚ²², tau²¹³ saŋ²¹³ ɕyo²² tɕʰiɛn²¹³ pan⁵⁵ ti⁰ sɿ²² xəu²¹³ ŋo⁴² tsʰai²²
xuei²² nai²² ti⁰。

　　在球场的时候ᴵᴸ其实朗〝们〞说啊，啊，虽然辛苦，但是也确实特别
开心特别快乐。tai²¹³ tɕʰiəu²² tsʰaŋ⁴² ti⁰ sɿ²² xɚ²¹³ tɕʰi²² sɿ²² naŋ²² mən⁰ suo²²
a⁰, a⁰, suei⁵⁵ zan²² ɕin⁵⁵ kʰu⁴², tan²¹³ sɿ²¹³ iɛ⁴² tɕʰyo²² sɿ²² tʰiɛ²² piɛ²² kʰai⁵⁵
ɕin⁵⁵ tʰiɛ²² piɛ²² kʰuai²¹³ nuo²²。

嗯……因为那高尔夫球场接触的，会接触到很多不同层次的人嘛，嗯……任何，任何人都接触得到，我觉得对我的后面的事情啊，包括交际都特别有帮助。ən⁰······ in⁵⁵ uei²² na²¹³ kau⁵⁵ ɚ⁴² fu⁵⁵ tɕʰiəu²² tsʰaŋ⁴² tɕiɛ²² tsʰu²² ti⁰, xuei²¹³ tɕiɛ²² tsʰu²² tau²¹³ xən⁴² tuo⁵⁵ pu²² tʰoŋ²² tsʰən²² tsʰɿ²¹³ ti⁰ zən²² ma⁰, ən⁰······ zən²² xo²², zən²² xo²² zən²² təu⁵⁵ tɕiɛ²² tsʰu²² tɛ²² tau²¹³, ŋo⁴² tɕyo²² tɛ²² tuei²¹³ ŋo⁴² ti⁰ xəu²¹³ miɛn²¹³ ti⁰ sɿ²¹³ tɕʰin²² a⁰, pau⁵⁵ kua²² tɕiau⁵⁵ tɕi²¹³ təu⁵⁵ tʰiɛ²² piɛ²² iəu⁴² paŋ⁵⁵ tsu²¹³。

嗯，因为像球场里头的话，全部，基本上是，啊，比较有身份，有档次比较高一点的人嘛，不是说档次比较高，就相当于说比较有钱的人。ən⁰, in⁵⁵ uei²² tɕʰiaŋ²¹³ tɕʰiəu²² tsʰaŋ⁴² ni⁴² tʰəu⁰ ti⁰ xua²¹³, tɕʰyɛn²² pu²¹³, tɕi⁵⁵ pən⁴² saŋ²¹³ sɿ²¹³, a⁰, pi⁴² tɕiau⁴² iəu⁴² sən⁵⁵ fən²¹³, iəu⁴² taŋ⁴² tsʰɿ²¹³ pi⁴² tɕiau⁴² kau⁵⁵ i²² tiɛn⁴² ti⁰ zən²² ma⁰, pu²² sɿ²¹³ suo²² taŋ⁴² tsʰɿ²¹³ pi⁴² tɕiau⁴² kau⁵⁵, təu²¹³ ɕiaŋ⁵⁵ taŋ⁵⁵ y²² suo²² pi⁴² tɕiau⁴² iəu⁴² tɕʰiɛn²² ti⁰ zən²²。

像我们那一带的上班的话，只要你平时不想去在工厂里头上班了，嗯……一个萝卜一个坑，你只能够拿到工序。tɕʰiaŋ²¹³ ŋo⁴² mən⁰ na²¹³ i²² tai²¹³ ti⁰ saŋ²¹³ pan⁵⁵ ti⁰ xua²¹³, tsɿ²² iau²¹³ ni⁴² pʰin²² sɿ²² pu²² ɕiaŋ²² tɕʰi²¹³ tai²¹³ koŋ⁵⁵ tsʰaŋ⁴² ni⁴² tʰəu⁰ saŋ²¹³ pan⁵⁵ na⁰, ən⁰······ i²² ko²¹³ nuo²² pu⁰ i²² ko²¹³ kʰən⁵⁵, ni⁴² tsɿ²² nən²² kəu²¹³ na²² tau²¹³ koŋ⁵⁵ ɕy²¹³。

我们就不一样，因为我们会接触到各种各样的人，而且是各个国家的人都有。ŋo⁴² mən⁰ təu²¹³ pu²² i²² iaŋ²¹³, in⁵⁵ uei²² ŋo⁴² mən⁰ xuei²¹³ tɕiɛ²² tsʰu²² tau²¹³ ko²² tsoŋ⁴² ko²² iaŋ²¹³ ti⁰ zən²², ɚ²² tɕʰiɛ⁴² sɿ²¹³ ko²² ko²¹³ kuɛ²² tɕia⁵⁵ ti⁰ zən²² təu⁵⁵ iəu⁴²。

嗯……像，你像只要在场地上，就帮客人服务好哒，但是有一点，你必须要有特别过硬的那个专业技术，你才，你才得行。ən⁰······ tɕʰiaŋ²¹³, ni⁴² tɕʰiaŋ²¹³ tsɿ²² iau²¹³ tai²¹³ tsʰaŋ⁴² ti²¹³ saŋ²¹³, təu²¹³ paŋ⁵⁵ kʰɛ²² zən²² fu²² u²¹³ xau⁴² ta⁰, tan²¹³ sɿ²¹³ iəu⁴² i²² tiɛn⁴², ni⁴² pi²² ɕy⁵⁵ iau²¹³ iəu⁴² tʰiɛ²² piɛ²² ko²¹³ ŋən²¹³ ti⁰ na²¹³ ko²¹³ tsuan⁵⁵ niɛ²² tɕi²¹³ su²², ni⁴² tsʰai²¹³, ni⁴² tsʰai²¹³ tɛ²² ɕin²²。

嗯……因为如果你对专业技术你都不行的话，别个，他是请你去，把我们叫去上班去，就协助他，嗯……完成他那个打球的那，那项娱乐活动。ən⁰ …… in⁵⁵ uei²² zu²² ko⁴² ni⁴² tuei²¹³ tsuan⁵⁵ niɛ²² tɕi²¹³ su²² ni⁴² təu⁵⁵ pu²² ɕin²² ti⁰ xua²¹³, piɛ²² ko²¹³, tʰa⁵⁵ sʅ²¹³ tɕʰin⁴² ni⁴² tɕʰi²¹³, pa⁴² ŋo⁴² mən⁰ tɕiau²¹³ tɕʰi²¹³ saŋ²¹³ pan⁵⁵ tɕʰi²¹³, təu²¹³ ɕiɛ²² tsu²¹³ tʰa⁵⁵, ən⁰ …… uan²² tsʰən²² tʰa⁵⁵ na²¹³ ko²¹³ ta⁴² tɕʰiəu²² ti⁰ na²¹³, na²¹³ xaŋ²¹³ y²² nuo²² xo²² toŋ²¹³。

但是你根本就不懂的话,那上去的话,不到五分钟绝对要把你换回来。tan²¹³ sʅ²¹³ ni⁴² kən⁵⁵ pən⁴² təu²¹³ pu²² toŋ⁴² ti⁰ xua²¹³, na²¹³ saŋ²¹³ tɕʰi²¹³ ti⁰ xua²¹³, pu²² tau²¹³ u⁴² fən⁵⁵ tsoŋ⁵⁵ tɕyɛ²² tuei²¹³ iau²¹³ pa⁴² ni⁴² xuan²¹³ xuei²² nai²²。

所以说那一点,我对那个,因为我刚开始原来我都不懂,我也不会,后来是现去培训的。suo⁴² i⁴² suo²² na²¹³ i²² tiɛn⁴², ŋo⁴² tuei²¹³ na²¹³ ko²¹³, in⁵⁵ uei²² ŋo⁴² kaŋ⁵⁵ kʰai⁵⁵ sʅ²¹³ yɛn²² nai²² ŋo⁴² təu⁵⁵ pu²² toŋ⁴², ŋo⁴² iɛ⁴² pu²² xuei²⁴, xəu²¹³ nai²² sʅ²¹³ ɕiɛn²¹³ tɕʰi²¹³ pʰei²² ɕyən²¹³ ti⁰。

培训一个月就上岗,上岗之后我觉得我运气其实也蛮好,财运还是蛮好的。pʰei²² ɕyən²¹³ i²² ko²¹³ yɛ²² təu²¹³ saŋ²¹³ kaŋ⁵⁵, saŋ²¹³ kaŋ⁵⁵ tsʅ⁵⁵ xəu²¹³ ŋo⁴² tɕyo²² tɛ²² ŋo⁴² yən²¹³ tɕʰi²¹³ tɕʰi²² sʅ²² iɛ⁴² man²² xau⁴², tsʰai²² yən²¹³ xai²² sʅ²¹³ man²² xau⁴² ti⁰。

好,去三个月过后,就给我从,嗯……C 级升到 A 级,因为那一头 ABC 级嘛。xau⁴², tɕʰi²¹³ san⁵⁵ ko²¹³ yɛ²² ko²¹³ xəu²¹³, təu²¹³ kei⁴² ŋo⁴² tsʰoŋ²², ən⁰ …… C tɕi²² sən⁵⁵ tau²¹³ A tɕi²¹³, in⁵⁵ uei²² na²¹³ i²² tʰəu⁰ ABC tɕi²² ma⁰。

嗯……好,升为 A 级之后,上面的人就觉得我做事可能比较靠谱,我觉得我自己好像也比较靠谱啊,嗯,就给我升为组长。ən⁰ …… xau⁴², sən⁵⁵ uei²² A tɕi²² tsʅ⁵⁵ xəu²¹³, saŋ²¹³ miɛn²¹³ ti⁰ zən²² təu²¹³ tɕyo²² tɛ²² ŋo⁴² tsu²¹³ sʅ²¹³ kʰo⁴² nən²² pi⁴² tɕiau⁴² kʰau²¹³ pʰu⁴², ŋo⁴² tɕyo²² tɛ²² ŋo⁴² tsʅ²¹³ tɕi⁴² xau⁴² tɕʰiaŋ²¹³ iɛ⁴² pi⁴² tɕiau⁴² kʰau²¹³ pʰu⁴² a⁰, ən⁰, təu²¹³ kei⁴² ŋo⁴² sən⁵⁵ uei²² tsu⁴² tsaŋ⁴²。

好,升为组长之后呢,嗯……结果就没过两天嘛,就刚好遇到那种职业,业余选手升、晋级为职业选手的比赛。xau⁴², sən⁵⁵ uei²² tsu⁴² tsaŋ⁴² tsʅ⁵⁵ xəu²¹³ nɛ⁰, ən⁰ …… tɕiɛ²² ko⁴² təu²¹³ mei⁵⁵ ko²¹³ niaŋ⁴² tʰiɛn⁵⁵ ma⁰, təu²¹³ kaŋ⁵⁵ xau⁴² y²¹³ tau²¹³ na²¹³ tsoŋ⁴² tsʅ²² niɛ²², niɛ²² y²² ɕyɛn⁴² səu⁴² sən⁵⁵、tɕin²¹³ tɕi²² uei²² tsʅ²² niɛ²² ɕyɛn⁴² səu⁴² ti⁰ pi⁴² sai²¹³。

就因为是有，他是……配发球童嘛，然后就给我配一个，嗯，配发遇到一个选手。təu²¹³ in⁵⁵ uei²² sๅ²¹³ iəu⁴², tʰa⁵⁵ sๅ²¹³ …… pʰei²¹³ fa²² tɕʰiəu²² tʰoŋ²² ma⁰, zan²² xəu²² təu²¹³ kei⁴² ŋo⁴² pʰei²¹³ i²² ko²¹³, ən⁰, pʰei²¹³ fa²² y²¹³ tau²¹³ i²² ko²¹³ ɕyɛn⁴² səu⁴²。

因为他有那些嘉宾配对赛，它嘉宾的话就是普通的那些，嗯，客人去打就好了。in⁵⁵ uei²² tʰa⁵⁵ iəu⁴² na²¹³ ɕiɛ⁵⁵ tɕia⁵⁵ pin⁵⁵ pʰei²¹³ tuei²¹³ sai²¹³, tʰa⁵⁵ tɕia⁵⁵ pin⁵⁵ ti⁰ xua²¹³ təu²¹³ sๅ²¹³ pʰu⁴² tʰoŋ⁵⁵ ti⁰ na²¹³ ɕiɛ⁵⁵, ən⁰, kʰɛ²² zən²² tɕʰi²¹³ ta⁴² təu²¹³ xau⁴² na⁰。

后来选手配对赛嘛，好，我就选那个，嗯，第一天打得好烂，我的心想那个烂的球……你还去打比赛。xəu²¹³ nai²² ɕyɛn⁴² səu⁴² pʰei²¹³ tuei²¹³ sai²¹³ ma⁰, xau⁴², ŋo⁴² təu²¹³ ɕyɛn⁴² na²¹³ ko²¹³, ən⁰, ti²¹³ i²² tʰiɛn⁵⁵ ta⁴² ti⁰ xau⁴² nan²¹³, ŋo⁴² ti⁰ ɕin⁵⁵ ɕiaŋ⁴² na²¹³ ko²¹³ nan²¹³ ti⁰ tɕʰiəu²²……ni⁴² xai²² tɕʰi²¹³ ta⁴² pi⁴² sai²¹³。

所以说任何人啊，不能看低，不能看表面啊，因为我觉得他们就是那种低调做人高调做事的那种。suo⁴² i⁴² suo²² zən²² xo²² zən²² a⁰, pu²² nən²² kʰan²¹³ ti⁵⁵, pu²² nən²² kʰan²¹³ piau⁴² miɛn²¹³ a⁰, in⁵⁵ uei²² ŋo⁴² tɕyo²² tɛ²² tʰa⁵⁵ mən⁰ təu²¹³ sๅ²¹³ na²¹³ tsoŋ⁴² ti⁵⁵ tiau²¹³ tsu²¹³ zən²² kau⁵⁵ tiau²¹³ tsu²¹³ sๅ²¹³ ti⁰ na²¹³ tsoŋ⁴²。

因为他觉得，嗯……在和那些普通人，你要是把你真正的实力全部显现出来之后，就对人家不尊重。in⁵⁵ uei²² tʰa⁵⁵ tɕyo²² tɛ²², ən⁰ …… tai²¹³ xo²² na²¹³ ɕiɛ⁵⁵ pʰu⁴² tʰoŋ⁵⁵ zən²², ni⁴² iau²¹³ sๅ²¹³ pa⁴² ni⁴² tsən⁵⁵ tsən⁵⁵ ti⁰ sๅ²¹³ ni²² tɕʰyɛn²² pu²¹³ ɕiɛn⁴² ɕiɛn²¹³ tsʰu²² nai²¹³ tsๅ⁵⁵ xəu²¹³, təu²¹³ tuei²¹³ zən²² tɕia⁵⁵ pu²² tsən⁵⁵ tsoŋ²¹³。

因为你打得太好，那些普通人他就觉得他太没得面子啊，因为那里头的话进去普通人都是那些大老板嘛。in⁵⁵ uei²² ni⁴² ta⁴² ti⁰ tʰai²¹³ xau⁴², na²¹³ ɕiɛ⁵⁵ pʰu⁴² tʰoŋ⁵⁵ zən²² tʰa⁵⁵ təu²¹³ tɕyo²² tɛ²² tʰa⁵⁵ tʰai²¹³ mei⁵⁵ tɛ²² miɛn²¹³ tsๅ⁰ a⁰, in⁵⁵ uei²² na²¹³ ni⁴² tʰəu⁰ ti⁰ xua²¹³ tɕin²¹³ tɕʰi²¹³ pʰu⁴² tʰoŋ⁵⁵ zən²² təu⁵⁵ sๅ²¹³ na²¹³ ɕiɛ⁵⁵ ta²¹³ nau⁴² pan⁴² ma⁰。

到第二天之后，就是他们自己下场，哇，那水平就真正的就出来了，我就，我就觉得，所以说，我就觉得任何人不能以表面的功夫去看人啊，嗯，那个东西是看不准的。tau²¹³ ti²¹³ ɚ²¹³ tʰiɛn⁵⁵ tsʅ⁵⁵ xəu²¹³, təu²¹³ sʅ²¹³ tʰa⁵⁵ mən⁰ tsʅ²¹³ tɕi⁴² ɕia²¹³ tsʰaŋ⁴², ua⁰, na²¹³ suei⁴² pʰin²² təu²¹³ tsən⁵⁵ tsən²¹³ ti⁰ təu²¹³ tsʰu²² nai²² na⁰, ŋo⁴² təu²¹³, ŋo⁴² təu²¹³ tɕyo²² tɛ²², suo⁴² i⁴² suo²², ŋo⁴² təu²¹³ tɕyo²² tɛ²² zən²² xo²² zən²² pu²² nən²² i⁴² piau⁴² miɛn²¹³ ti⁰ koŋ⁵⁵ fu⁵⁵ tɕʰi²¹³ kʰan²¹³ zən²² a⁰, ən⁰, na²¹³ ko²¹³ toŋ⁵⁵ ɕi⁵⁵ sʅ²¹³ kʰan²¹³ pu²² tɕin⁴² ti⁰。

　　结果到，他们比一个星期之后，下来之后，居然是打到冠军，我都觉得太不可思议！tɕiɛ²² ko⁴² tau²¹³, tʰa⁵⁵ mən⁰ pi⁴² i²² ko²¹³ ɕin⁵⁵ tɕʰi⁵⁵ tsʅ⁵⁵ xəu²¹³, ɕia²¹³ nai²² tsʅ⁵⁵ xəu²¹³, tɕy⁵⁵ zan²² sʅ²¹³ ta⁴² tau²¹³ kuan⁵⁵ tɕyən⁵⁵, ŋo⁴² təu⁵⁵ tɕyo²² tɛ²² tʰai²¹³ pu²² kʰo⁴² sʅ⁵⁵ i²¹³！

　　我当时还那种心理，我就想，唉，我换个球手，我不想给那个打得太烂哒。ŋo⁴² taŋ⁵⁵ sʅ²² xai²² na²¹³ tsoŋ⁴² ɕin⁵⁵ ni⁴², ŋo⁴² təu²¹³ ɕiaŋ⁴², ai⁰, ŋo⁴² xuan²¹³ ko²¹³ tɕʰiəu²² səu⁴², ŋo⁴² pu²² ɕiaŋ⁴² kei⁴² na²¹³ ko²¹³ ta⁴² tɛ²² tʰai²¹³ nan²¹³ ta⁰。

　　结果我都，我觉得从那件事，我全盘否定我之前的想法。tɕiɛ²² ko⁴² ŋo⁴² təu⁵⁵, ŋo⁴² tɕyo²² tɛ²² tsʰoŋ²² na²¹³ tɕiɛn²¹³ sʅ²¹³, ŋo⁴² tɕʰyɛn²² pʰan²² fəu⁴² tin²¹³ ŋo⁴² tsʅ⁵⁵ tɕʰiɛn²² ti⁰ ɕiaŋ⁴² fa²²。

　　嗯，因为迺当中之前发生很多事情啊，就是我打那个选手赛的时候，他们的教练，那个，那个球手的教练，他因为他教练的话就说，要是专业肯定比我们更能够，啊，比……更高。ən⁰, in⁵⁵ uei²² niɛ²² taŋ⁵⁵ tsoŋ⁵⁵ tsʅ⁵⁵ tɕʰiɛn²² fa²² sən⁵⁵ xən⁴² tuo⁵⁵ sʅ²¹³ tɕʰin²² a⁰, təu²¹³ sʅ²¹³ ŋo⁴² ta⁴² na²¹³ ko²¹³ ɕyɛn⁴² səu⁴² sai²¹³ ti⁰ sʅ²² xəu²¹³, tʰa⁵⁵ mən⁰ ti⁰ tɕiau²¹³ niɛn²¹³, na²¹³ ko²¹³, na²¹³ ko²¹³ tɕʰiəu²² səu⁴² ti⁰ tɕiau⁵⁵ niɛn²¹³, tʰa⁵⁵ in⁵⁵ uei²² tʰa⁵⁵ tɕiau²¹³ niɛn²¹³ ti⁰ xua²¹³ təu²¹³ suo²², iau²¹³ sʅ²¹³ tsuan⁵⁵ niɛ²² kʰən⁴² tin²¹³ pi⁴² ŋo⁴² mən⁰ kən⁵⁵ nən²² kəu²¹³, a⁰, pi⁴²……kən²¹³ kau⁵⁵。

　　他就要求他换，就换换他自己去嘛，他们可以自己带球童嘛，但是那个选手他就不要。tʰa⁵⁵ təu²¹³ iau²¹³ tɕʰiəu²² tʰa⁵⁵ xuan²¹³, təu²¹³ xuan²¹³ xuan²¹³ tʰa⁵⁵ tsʅ²¹³ tɕi⁴² tɕʰi²¹³ ma⁰, tʰa⁵⁵ mən⁰ kʰo⁴² i⁴² tsʅ²¹³ tɕi⁴² tai²¹³ tɕʰiəu²² tʰoŋ²² ma⁰, tan²¹³ sʅ²¹³ na²¹³ ko²¹³ ɕyɛn⁴² səu⁴² tʰa⁵⁵ təu²¹³ pu²² iau²¹³。

　　他就非要坚持要让我，可能他觉得跟我配合也比较默契啊，嗯，反正就比较合拍嘛。tʰa⁵⁵ təu²¹³ fei⁵⁵ iau²¹³ tɕiɛn⁵⁵ tsʰʅ²² iau²¹³ zaŋ²¹³ ŋo⁴², kʰo⁴² nən²² tʰa⁵⁵ tɕyo²² tɛ²² kən⁵⁵ ŋo⁴² pʰei²¹³ xo²² iɛ⁴² pi⁴² tɕiau⁴² mɛ²² tɕʰi²² a⁰, ən⁰, fan⁴² tsən⁵⁵ təu²¹³ pi⁴² tɕiau⁴² xo²² pʰɛ²² ma⁰。

　　嗯，结果，他就是不换，到后头打比赛打完之后啊，嗯，他得了冠军之后，就很多新闻媒体来采访他。ən⁰, tɕiɛ²² ko⁴², tʰa⁵⁵ təu²¹³ sʅ²¹³ pu²² xuan²¹³, tau²¹³ xəu²¹³ tʰəu⁰ ta⁴² pi⁴² sai²¹³ ta⁴² uan²² tsʅ⁵⁵ xəu²¹³ a⁰, ən⁰, tʰa⁵⁵ tɛ²² na⁰ kuan⁵⁵ tɕyən⁵⁵ tsʅ⁵⁵ xəu²¹³, təu²¹³ xɛ⁴² tuo⁵⁵ ɕin⁵⁵ uən²² mei²² tʰi⁴² nai²² tsʰai⁴² faŋ⁴² tʰa⁵⁵。

　　就因为他的一句话，我在球场特别火，就成为那种像明星、网红那些人说的。təu²¹³ in⁵⁵ uei²² tʰa⁵⁵ ti⁰ i²² tɕy²¹³ xua²¹³, ŋo⁴² tai²¹³ tɕʰiəu²² tsʰaŋ⁴² tʰiɛ²² piɛ²² xo⁴², təu²¹³ tsʰən²² uei²² na²¹³ tsoŋ⁴² tɕʰiaŋ²¹³ min²² ɕin⁵⁵ 、uaŋ⁴² xoŋ²² na²¹³ ɕiɛ⁵⁵ zən²² suo²² ti⁰。

　　他就觉得，他说我就觉得姐姐儿特别厉害，对我帮助特别大，那是我，嗯，打球生涯当中的第一次奖项。tʰa⁵⁵ təu²¹³ tɕyo²² tɛ²², tʰa⁵⁵ suo²² ŋo⁴² təu²¹³ tɕyo²² tɛ²² tɕiɛ⁴² tɕiɤ⁰ tʰiɛ²² piɛ²² ni²¹³ xai²¹³, tuei²¹³ ŋo⁴² paŋ⁵⁵ tsu²¹³ tʰiɛ²² piɛ²² ta²¹³, na²¹³ sʅ²¹³ ŋo⁴², ən⁰, ta⁴² tɕʰiəu²² sən⁵⁵ ia²² taŋ⁵⁵ tsoŋ⁵⁵ ti⁰ ti²¹³ i²² tsʰʅ²¹³ tɕiaŋ⁴² xaŋ²¹³。

　　所以他就当时也特别豪爽的，就他就自己单独私人给我掏钱，给了很高的小费。suo⁴² i⁴² tʰa⁵⁵ təu²¹³ taŋ⁵⁵ sʅ²² iɛ⁴² tʰiɛ²² piɛ²² xau²² suaŋ⁴² ti⁰, təu²¹³ tʰa⁵⁵ təu²¹³ tsʅ²¹³ tɕi⁴² tan⁵⁵ tu²² sʅ⁵⁵ zən²² kei⁴² ŋo⁴² tʰau⁵⁵ tɕʰiɛn²², kei⁴² na⁰ xɛ⁴² kau⁵⁵ ti⁰ ɕiau⁴² fei²¹³。

　　结果他们领队换了之后，哇，结果在球场就火了，所有人呢就要点，点我出场。tɕiɛ²² ko⁴² tʰa⁵⁵ mən⁰ nin⁴² tuei²¹³ xuan²¹³ na⁰ tsʅ⁵⁵ xəu²¹³, ua⁰, tɕiɛ²² ko⁴² tai²¹³ tɕʰiəu²² tsʰaŋ⁴² təu²¹³ xo⁴² na⁰, suo⁴² iəu⁴² zən²² nɛ⁰ təu²¹³ iau²¹³ tiɛn⁴², tiɛn⁴² ŋo⁴² tsʰu²² tsʰaŋ⁴²。

　　而且我们那个时候的话，嗯……因为我是组长之后就穿的马甲都不一样哒，背上还要用那个英文字母就是，嗯，Golf Caddie，球童领导者。ɤ²² tɕʰiɛ⁴² ŋo⁴² mən⁰ na²¹³ ko²¹³ sʅ²² xəu²¹³ ti⁰ xua²¹³, ən⁰ …… in⁵⁵ uei²² ŋo⁴² sʅ²¹³ tsu⁴² tsaŋ⁴² tsʅ⁵⁵ xəu²¹³ təu²¹³ tsʰuan⁵⁵ ti⁰ ma⁴² tɕia²² təu⁵⁵ pu²² i²² iaŋ²¹³ ta⁰, pei⁵⁵ saŋ²¹³ xai²¹³ iau²¹³ yoŋ²¹³ na²¹³ ko²¹³ in⁵⁵ uən²² tsʅ²¹³ mu⁴² təu²¹³ sʅ²¹³, ən⁰, ɡɒlf kʰædi, tɕʰiəu²² tʰoŋ²² nin⁴² tau²¹³ tsɛ⁴²。

所以别人就来看照片，第一个，所以，因为那段时间他们在那个体育频道爱看那个，爱搞那方面体育的，都看那个节目嘛，就很多就慕名而来，就要点我，说我是冠军球童。suo⁴² i⁴² piɛ²² zən²² təu²¹³ nai²² kʰan²¹³ tsau²¹³ pʰiɛn²¹³, ti²¹³ i²² ko²¹³, suo⁴² i⁴², in⁵⁵ uei²² na²¹³ tuan²¹³ sɿ²² kan⁵⁵ tʰa⁵⁵ mən⁰ tai²¹³ na²¹³ ko²¹³ tʰi⁴² iəu²² pʰin²² tau²¹³ ŋai²¹³ kʰan²¹³ na²¹³ ko²¹³, ŋai²¹³ kau⁴² na²¹³ faŋ⁵⁵ miɛn²¹³ tʰi⁴² iəu²² ti⁰, təu⁵⁵ kʰan²¹³ na²¹³ ko²¹³ tɕiɛ²² mu²² ma⁰, təu²¹³ xɛ⁴² tuo⁵⁵ təu²¹³ mo²¹³ min²² ɚ²² nai²², təu²¹³ iau²¹³ tiɛn⁴² ŋo⁴², suo²² ŋo⁴² sɿ²¹³ kuan⁵⁵ tɕyən⁵⁵ tɕʰiəu²² tʰoŋ²²。

其实我觉得我那个只是，真的是运气。tɕʰi²² sɿ²² ŋo⁴² tɕyo²² tɛ²² ŋo⁴² na²¹³ ko²¹³ tsɿ²² sɿ²¹³, tsən⁵⁵ ti⁰ sɿ²¹³ yən²¹³ tɕʰi²¹³。

而且我就觉得，嗯……如果要是我当初，因为我那个想法要去，而且换了一个那个球手，我不想当那个球童的话，可能我也没得那次哒。ɚ²² tɕʰiɛ⁴² ŋo⁴² təu²¹³ tɕyo²² tɛ²², ən⁰……zu²² ko⁴² iau²¹³ sɿ²¹³ ŋo⁴² taŋ⁵⁵ tsʰu⁵⁵, in⁵⁵ uei²² ŋo⁴² na²¹³ ko²¹³ ɕiaŋ⁴² fa²² iau²¹³ tɕʰi²¹³, ɚ²² tɕʰiɛ⁴² xuan²¹³ na⁰ i²² ko²¹³ na²¹³ ko²¹³ tɕʰiəu²² səu⁴², ŋo⁴² pu²² ɕiaŋ⁴² taŋ⁵⁵ na²¹³ ko²¹³ tɕʰiəu²² tʰoŋ²² ti⁰ xua²¹³, kʰo⁴² nən²² ŋo⁴² iɛ⁴² mei⁵⁵ tɛ²² na²¹³ tsʰɿ²¹³ ta⁰。

直到后面，我觉得迺里其实一直都是顺风顺水的。tsɿ²² tau²¹³ xəu²¹³ miɛn²¹³, ŋo⁴² tɕyo²² tɛ²² niɛ²² ni⁴² tɕʰi²² sɿ²² i²² tsɿ²² təu⁵⁵ sɿ²¹³ suən²¹³ foŋ⁵⁵ suən²¹³ suei⁴² ti⁰。

但是因为我女儿大了嘛，就，我觉得女孩子啊，要是，必须要自己妈妈在身边管理才比较好。tan²¹³ sɿ²¹³ in⁵⁵ uei²² ŋo⁴² ny⁴² ɚ²² ta²¹³ na⁰ ma⁰, təu²¹³, ŋo⁴² tɕyo²² tɛ²² ny⁴² xai²² tsɿ⁰ a⁰, iau²¹³ sɿ²¹³, pi²² ɕy⁵⁵ iau²¹³ tsɿ²¹³ tɕi⁴² ma⁵⁵ ma⁵⁵ tai²¹³ sən⁵⁵ piɛn⁵⁵ kuan⁴² ni⁴² tsʰai²² pi⁴² tɕiau²² xau⁴²。

因为她的那个，所以她到上学前班的时候ㄦ我就选择回来。in⁵⁵ uei²² tʰa⁵⁵ ti⁰ na²¹³ ko²¹³, suo⁴² i⁴² tʰa⁵⁵ tau²¹³ saŋ²¹³ ɕyo²² tɕʰiɛn²² pan⁵⁵ ti⁰ sɿ²² xɚ²¹³ ŋo⁴² təu²¹³ ɕyɛn⁴² tsʰɛ²² xuei²² nai²²。

在，因为在球场里头，上班习惯了之后，那种高工资啊，回来之后，他们又给我介绍去卖那个家具建材那一块，三千多块钱，我觉得太不能适应哒，那从月头盼到月尾才那么一点点ㄦ工资。tai²¹³, in⁵⁵ uei²² tai²¹³ tɕʰiəu²² tsʰaŋ⁴² ni⁴² tʰəu⁰, saŋ²¹³ pan⁵⁵ ɕi²² kuan²¹³ na⁰ tsɿ⁵⁵ xəu²¹³, na²¹³

tsoŋ⁴² kau⁵⁵ koŋ⁵⁵ tsʅ⁵⁵ a⁰, xuei²² nai²² tsʅ⁵⁵ xəu²¹³, tʰa⁵⁵ mən⁰ iəu²¹³ kei⁴²
ŋo⁴² kai²¹³ sau²¹³ tɕʰi²¹³ mai²¹³ na²¹³ ko²¹³ tɕia⁵⁵ tɕy²¹³ tɕiɛn²¹³ tsʰai²² na²¹³ i²²
kʰuai²¹³, san⁵⁵ tɕʰiɛn⁵⁵ tuo⁵⁵ kʰuai²¹³ tɕʰiɛn²², ŋo⁴² tɕyo²² tɛ²² tʰai²¹³ pu²² nən⁰
sʅ²² in⁵⁵ ta⁰, na²¹³ tsʰoŋ²² yɛ²² tʰəu⁰ pʰan²¹³ tau²¹³ yɛ²² uei⁴² tsʰai²² na²¹³ mo⁰ i²²
tiɛn⁴² tiə⁰ koŋ⁵⁵ tsʅ⁵⁵。

所以后头我就决定烧肉、洗肉（笑）。suo⁴² i⁴² xəu²¹³ tʰəu⁰ ŋo⁴² təu²¹³
tɕyɛ²² tin²¹³ sau⁵⁵ zu²² 、ɕi⁴² zu²²。

刚开始搞烧肉洗肉的时候呢，啊，所有人都没看上，只有我屋我
大姑爷和大孃他们就特别支持说可以，迩个是个不错的选择哦，只要吃
得苦。kaŋ⁵⁵ kʰai⁵⁵ sʅ⁴² kau⁴² sau⁵⁵ zu²² ɕi⁴² zu²² ti⁰ sʅ²² xəu²¹³ nɛ⁰, a⁰, suo⁴²
iəu⁴² zən²² təu⁵⁵ mei⁵⁵ kʰan²¹³ saŋ²¹³, tsʅ²² iəu⁴² ŋo⁴² u²² ŋo⁴² ta²¹³ ku⁵⁵ iɛ²²
xo²² ta²¹³ niaŋ⁵⁵ tʰa⁵⁵ mən⁰ təu²¹³ tʰiɛ²² piɛ²² tsʅ⁵⁵ tsʰʅ²² suo²² kʰo⁴² i⁴², niɛ²²
ko²¹³ sʅ²¹³ ko²¹³ pu²² tsʰuo²¹³ ti⁰ ɕyɛn⁴² tsʰɛ²² o⁰, tsʅ²² iau²¹³ tsʰʅ²¹³ tɛ²² kʰu⁴²。

他们因为那个看到我的时候ᵥ，就是说你在高尔夫球场拿那么高的
工资，在他们眼中就是相当于像那种，不说白领，像蓝领级别的生活哒
嘛哦。tʰa⁵⁵ mən⁰ in⁵⁵ uei²² na²¹³ ko²¹³ kʰan²¹³ tau²¹³ ŋo⁴² ti⁰ sʅ²² xə²¹³, təu²¹³
sʅ²¹³ suo²² ni⁴² tai²¹³ kau⁵⁵ ɚ⁴² fu⁵⁵ tɕʰiəu²² tsʰaŋ⁴² na²² na²¹³ mo⁰ kau⁵⁵ ti⁰ koŋ⁵⁵
tsʅ⁵⁵, tai²¹³ tʰa⁵⁵ mən⁰ iɛn⁴² tsoŋ⁵⁵ təu²¹³ sʅ²¹³ ɕiaŋ⁵⁵ taŋ⁵⁵ y²² tɕʰiaŋ²¹³ na²¹³
tsoŋ⁴², pu²² suo²² pɛ²² nin⁴², tɕʰiaŋ²¹³ nan²² nin⁴² tɕi²² piɛ²² ti⁰ sən⁵⁵ xo²² ta⁰
ma⁰ o⁰。

觉得一下来搞那个烧肉洗肉，又油又脏，一天捂得个花眉日眼 ① 的！
迩样的啊，觉得，但是我个人呢，就有点有那个好强的心呢。tɕyo²² tɛ²²
i²² xa⁵⁵ nai²² kau⁴² na²¹³ ko²¹³ sau⁵⁵ zu²² ɕi⁴² zu²², iəu²¹³ iəu²² iəu²¹³ tsaŋ⁵⁵,
i²² tʰiɛn⁵⁵ u⁴² tɛ²² ko²¹³ xua⁵⁵ mi²² zʅ²² iɛn⁴² ti⁰ ! niɛ²² iaŋ²¹³ ti⁰ a⁰, tɕyo²²
tɛ²², tan²¹³ sʅ²¹³ ŋo⁴² ko²¹³ zən²² nɛ⁰, təu²¹³ iəu⁴² tiɛn⁴² iəu⁴² na²¹³ ko²¹³ xau²¹³
tɕiaŋ²² ti⁰ ɕin⁵⁵ nɛ⁰。

你，你越说我不行呢，我就越要搞出一番成绩给你们看下。ni⁴²,
ni⁴² yɛ²² suo²² ŋo⁴² pu²² ɕin²² nɛ⁰, ŋo⁴² təu²¹³ yɛ²² iau²¹³ kau⁴² tsʰu²² i²² fan⁵⁵

---

① 花眉日眼 xua⁵⁵ mi²² zʅ²² iɛn⁴²：脸上满是污垢。

tsʰən²² tɕi²² kei⁴² ni⁴² mən⁰ kʰan²¹³ xa⁰。

　　所以我坚持那个几年哒，嗯……从二〇一五年到一八年有个三年多哒，快四年了嘛。suo⁴² i⁴² ŋo⁴² tɕiɛn⁵⁵ tsʰʅ²² na²¹³ ko²¹³ tɕi⁵⁵ niɛn²² ta⁰，ən⁰……tsʰoŋ²² ɚ²¹³ nin²² i²² u⁴² niɛn²² tau²¹³ i²² pa²² niɛn²² iəu⁴² ko²¹³ san⁵⁵ niɛn²² tuo⁵⁵ ta⁰，kʰuai²¹³ sʅ²¹³ niɛn²² na⁰ ma⁰。

　　好，结果当时其实中间发生好多事情，因为那个，我们那边的猪脚杆ⱼₗ，特别硬哦，特别腊猪脚杆ⱼₗ，不像新鲜猪脚杆ⱼₗ，真的是宰都宰不动。xau⁴²，tɕiɛ²² ko⁴² taŋ⁵⁵ sʅ²² tɕʰi²² sʅ²² tsoŋ⁵⁵ kan⁵⁵ fa²² sən⁵⁵ xau⁴² tuo⁵⁵ sʅ²¹³ tɕʰin²²，in⁵⁵ uei²² na²¹³ ko²¹³，ŋo⁴² mən⁰ na²¹³ piɛn⁵⁵ ti⁰ tsu⁵⁵ tɕyo²² kə⁰，tʰiɛ²² piɛ²² in²¹³ o⁰，tʰiɛ²² piɛ²² na²² tsu⁵⁵ tɕyo²² kə⁰，pu²² tɕʰiaŋ²¹³ ɕin⁵⁵ ɕiɛn⁵⁵ tsu⁵⁵ tɕyo²² kə⁰，tsən⁵⁵ ti⁰ sʅ²¹³ tsai⁴² təu⁵⁵ tsai⁴² pu²² toŋ²¹³。

　　好，结果我就想到，要到，买一个那个锯骨头的机器。xau⁴²，tɕiɛ²² ko⁴² ŋo⁴² təu²¹³ ɕiaŋ⁴² tau²¹³，iau²¹³ tau²¹³，mai⁴² i²² ko²¹³ na²¹³ ko²¹³ tɕy²¹³ ku²² tʰəu⁰ ti⁰ tɕi⁵⁵ tɕʰi²¹³。

　　哎呀老年人的想法其实也很正常，他们觉得你烧块肉才十块钱，烧只猪脚才十块钱，去买个机器要几千的。ɛ⁰ ia⁰ nau⁴² niɛn²² zən²² ti⁰ ɕiaŋ⁴² fa²² tɕʰi²² sʅ²² iɛ⁴² xɛ⁴² tsən⁵⁵ saŋ⁵⁵，tʰa⁵⁵ mən⁰ tɕyo²² tɛ²² ni⁴² sau⁵⁵ kʰuai²¹³ zu²² tsʰai²² sʅ²² kʰuai²¹³ tɕʰiɛn²²，sau⁵⁵ tsʅ²² tsu⁵⁵ tɕyo²² tsʰai²² sʅ²² kʰuai²¹³ tɕʰiɛn²²，tɕʰi²¹³ mai⁴² ko²¹³ tɕi⁵⁵ tɕʰi²¹³ iau²¹³ tɕi⁵⁵ tɕʰiɛn⁵⁵ ti⁰。

　　事情都还没刚开始，还没搞起来，到底有没有生意还是找不到，你要个拿几千块钱去买个东西哦，就觉得都不同意。sʅ²¹³ tɕʰin²² təu⁵⁵ xai²² mei⁵⁵ kaŋ⁵⁵ kʰai⁵⁵ sʅ⁴²，xai²² mei⁵⁵ kau⁴² tɕʰi⁴² nai²²，tau²¹³ ti⁴² iəu⁴² mei⁵⁵ iəu⁴² sən⁵⁵ i²¹³ xai²² sʅ²¹³ tsau⁴² pu²² tau²¹³，ni⁴² iau²¹³ ko²¹³ na²² tɕi⁵⁵ tɕʰiɛn⁵⁵ kʰuai²¹³ tɕʰiɛn²² tɕʰi²¹³ mai⁴² ko²¹³ toŋ⁵⁵ ɕi⁵⁵ o⁰，təu²¹³ tɕyo²² tɛ²² təu⁵⁵ pu²² tʰoŋ²² i²¹³。

　　我就当时想，反正我不管，我自己掏钱出来，我去买就行哒。ŋo⁴² təu²¹³ taŋ⁵⁵ sʅ²² ɕiaŋ⁴²，fan⁴² tsən²¹³ ŋo⁴² pu²² kuan⁴²，ŋo⁴² tsʅ²¹³ tɕi⁴² tʰau⁵⁵ tɕʰiɛn²² tsʰu²² nai²²，ŋo⁴² tɕʰi²¹³ mai⁴² təu²¹³ ɕin²² ta⁰。

　　好，我就去买去，回来，结果我应该说我那下，那个机器是咸……全咸丰是第二家有嘛，第一家是在大坝一边有个姐姐ⱼₗ那下，我看到过的。xau⁴², ŋo⁴² təu²¹³ tɕʰi²¹³ mai⁴² tɕʰi²¹³, xuei²² nai²², tɕiɛ²² ko⁴² ŋo⁴² in⁵⁵ kai⁵⁵ suo²² ŋo⁴² na²¹³ xa⁰, na²¹³ ko²¹³ tɕi⁵⁵ tɕʰi²¹³ sɿ²¹³ xan²²······ tɕʰyɛn²² xan²² foŋ⁵⁵ sɿ²¹³ ti²¹³ ɚ²¹³ tɕia⁵⁵ iəu⁴² ma⁰, ti²¹³ i²² tɕia⁵⁵ sɿ²¹³ tai²¹³ ta²¹³ pa²¹³ i²² piɛn⁵⁵ iəu⁴² ko²¹³ tɕiɛ⁴² tɕiɚ⁰ na²¹³ xa⁰, ŋo⁴² kʰan²¹³ tau²¹³ ko²¹³ ti⁰。

所以买了之后，嗯……其实我就，我也，嗯……做下来之后，我也发现一个问题，就说做任何事情，当时你必须要坚持，你坚持才能有收获。suo⁴² i⁴² mai⁴² na⁰ tsɿ⁵⁵ xəu²¹³, ən⁰······ tɕʰi²² sɿ²² ŋo⁴² təu²¹³, ŋo⁴² iɛ⁴², ən⁰······ tsu²¹³ ɕia²¹³ nai²² tsɿ⁵⁵ xəu²¹³, ŋo⁴² iɛ⁴² fa²² ɕiɛn²¹³ i²² ko²¹³ uən²¹³ tʰi²², təu²¹³ suo²² tsu²¹³ zən²² xo²² sɿ²¹³ tɕʰin²², taŋ⁵⁵ sɿ²² ni⁴² pi²² ɕy⁵⁵ iau²¹³ tɕiɛn⁵⁵ tsʰɿ²², ni⁴² tɕiɛn⁵⁵ tsʰɿ²² tsʰai²² nən²² iəu⁴² səu⁵⁵ xo²²。

嗯……因为，嗯……刚开始第一年，好，我是五月份开始嘛，嗯，我就知道是端——芒种，那一年，反正芒种架势的，六月六号。ən⁰······ in⁵⁵ uei²², ən⁰······ kaŋ⁵⁵ kʰai⁵⁵ sɿ⁴² ti²¹³ i²² niɛn²², xau⁴², ŋo⁴² sɿ²¹³ u⁴² yɛ²² fən²¹³ kʰai⁵⁵ sɿ⁴² ma⁰, ən⁰, ŋo⁴² təu²¹³ tsɿ⁵⁵ tau²¹³ sɿ²¹³ tuan⁵⁵——maŋ²² tsoŋ⁴², na²¹³ i²² niɛn²², fan⁴² tsən⁵⁵ maŋ²² tsoŋ⁴² tɕia²¹³ sɿ²¹³ ti⁰, nu⁴² yɛ²² nu²² xau²²。

嗯，第一年刚开始就没得那么多生意，热天那个时候ﾉﾚ就没那么多生意，就天天ﾉﾚ就玩，到冬天的时候确实就特别特别忙······ən⁰, ti²¹³ i²² niɛn²² kaŋ⁵⁵ kʰai⁵⁵ sɿ⁴² təu²¹³ mei⁵⁵ tɛ²² na²¹³ mo⁰ tuo⁵⁵ sən⁵⁵ i²¹³, zɛ²² tʰiɛn⁵⁵ na²¹³ ko²¹³ sɿ²² xɚ²¹³ təu²¹³ mei⁵⁵ na²¹³ mo⁰ tuo⁵⁵ sən⁵⁵ i²¹³, təu²¹³ tʰiɛn⁵⁵ tʰiɚ⁰ təu²¹³ uan²², tau²¹³ toŋ⁵⁵ tʰiɛn⁵⁵ ti⁰ sɿ²² xəu²¹³ tɕʰyo²² sɿ²² təu²¹³ tʰiɛ²² piɛ²² tʰiɛ²² piɛ²² maŋ²²······

好，第二年的时候ﾉﾚ，嗯……别个就，就好多，就介绍，就来到……我生意特别好。xau⁴², ti²¹³ ɚ²¹³ niɛn²² ti⁰ sɿ²² xɚ²¹³, ən⁰······ piɛ²² ko²¹³ təu²¹³, təu²¹³ xau⁴² tuo⁵⁵, təu²¹³ kai²¹³ sau²¹³, təu²¹³ nai²² tau²¹³······ ŋo⁴² sən⁵⁵ i²¹³ tʰiɛ²² piɛ²² xau⁴²。

因为我，我做事的宗旨就是，我要么就，我在，既然在做哪件事情啊，我就一定要把它做好。in⁵⁵ uei²² ŋo⁴², ŋo⁴² tsu²¹³ sɿ²¹³ ti⁰ tsoŋ⁵⁵ tsɿ⁴² təu²¹³ sɿ²¹³, ŋo⁴² iau²¹³ mo⁰ təu²¹³, ŋo⁴² tai²¹³, tɕi²¹³ zan²² tai²¹³ tsu²¹³ na⁴² tɕiɛn²¹³ sɿ²¹³ tɕʰin²² a⁰, ŋo⁴² təu²¹³ i²² tin²¹³ iau²¹³ pa⁴² tʰa⁵⁵ tsu²¹³ xau⁴²。

就是我不啊，我既然，打比方说你把肉拿来之后，我接受你那个东西哒，我就一定把你洗得干干净净的。təu²¹³ sˋ²¹³ ŋo⁴² pu²² a⁰, ŋo⁴² tɕi²¹³ zan²², ta⁴² pi⁴² faŋ⁵⁵ suo²² ni⁴² pa⁴² zu²² na²² nai²² tsˋ⁵⁵ xəu²¹³, ŋo⁴² tɕiɛ²² səu²¹³ ni⁴² na²¹³ ko²¹³ toŋ⁵⁵ ɕi⁵⁵ ta⁰, ŋo⁴² təu²¹³ i²² tin²¹³ pa⁴² ni⁴² ɕi⁴² tɛ²² kan⁵⁵ kan⁵⁵ tɕin²¹³ tɕin²¹³ ti⁰。

而且我洗的肉就是那个，不许，我不用那个洗洁精，也不用碱面，就是用，烧个开水洗，因为那样是最安全的，最那个的。ə²² tɕʰiɛ⁴² ŋo⁴² ɕi⁴² ti⁰ zu²² təu²¹³ sˋ²¹³ na²¹³ ko²¹³, pu²² ɕy⁴², ŋo⁴² pu²² yoŋ²¹³ na²¹³ ko²¹³ ɕi⁴² tɕiɛ²² tɕin⁵⁵, iɛ⁴² pu²² yoŋ²¹³ tɕiɛn⁴² miɛn²¹³, təu²¹³ sˋ²¹³ yoŋ²¹³, sau⁵⁵ ko²¹³ kʰai⁵⁵ suei⁴² ɕi⁴², in⁵⁵ uei²² na²¹³ iaŋ²¹³ sˋ²¹³ tsuei²¹³ ŋan⁵⁵ tɕʰyɛn²² ti⁰, tsuei²¹³ na²¹³ ko²¹³ ti⁰。

现在的洗洁精啊化学物品太多我觉得吃哒特别不安全，因为我自己，啊，吃迻些东西，我就，我个人，朗＝们＝，朗＝们＝吃的就方便，我朗＝们＝洗。ɕiɛn²¹³ tsai²¹³ ti⁰ ɕi⁴² tɕiɛ²² tɕin⁵⁵ a⁰ xua²¹³ ɕyo²² u²² pʰin⁴² tʰai²¹³ tuo⁵⁵ ŋo⁴² tɕyo²² tɛ²² tsˋ²² ta⁰ tʰiɛ²² piɛ²² pu²² ŋan⁵⁵ tɕʰyɛn²², in⁵⁵ uei²² ŋo⁴² tsˋ²¹³ tɕi⁴², a⁰, tsʰˋ²² niɛ²² ɕiɛ⁵⁵ toŋ⁵⁵ ɕi⁵⁵, ŋo⁴² təu²¹³, ŋo⁴² ko²¹³ zən²², naŋ²² mən⁰, naŋ²² mən⁰ tsˋ²² ti⁰ təu²¹³ faŋ⁵⁵ pʰiɛn²², ŋo⁴² naŋ²² mən⁰ ɕi⁴²。

所以他们就一传十十传百，现在像我……啊，还有么子麻柳坝呀，很多人就专门开起车，就是找到我哈来。suo⁴² i⁴² tʰa⁵⁵ mən⁰ təu²¹³ i²² tsʰuan²² sˋ²² sˋ²² tsʰuan²² pɛ²², ɕiɛn²¹³ tsai²¹³ tɕʰiaŋ²¹³ ŋo⁴²……a⁰, xai²² iəu⁴² mo⁰ tsˋ⁰ ma²² niəu⁴² pa²¹³ ia⁰, xɛ⁴² tuo⁵⁵ zən²² təu²¹³ tsuan⁵⁵ mən²² kʰai⁵⁵ tɕʰi⁴² tsʰɛ⁵⁵, təu²¹³ sˋ²¹³ tsau⁴² tau²¹³ ŋo⁴² xa⁵⁵ nai²²。

就现在，到现在目前，像今年子那些我记得那个时候ₙ就，就特别忙，天天ₙ都有特别是的。təu²¹³ ɕiɛn²¹³ tsai²¹³, tau²¹³ ɕiɛn²¹³ tsai²¹³ mu²² tɕʰiɛn²², tɕʰiaŋ²¹³ tɕin⁵⁵ niɛn²² tsˋ⁰ na²¹³ ɕiɛ⁵⁵ ŋo⁴² tɕi²¹³ tɛ²² na²¹³ ko²¹³ sˋ²² xə²¹³ təu²¹³, təu²¹³ tʰiɛ²² piɛ²² maŋ²², tʰiɛn⁵⁵ tʰiə⁰ təu⁵⁵ iəu⁴² tʰiɛ²² piɛ²² sˋ²¹³ ti⁰。

其实生意好得呢，我也觉得好累，我又想玩，所以他们就说我现在做生意特别俏。tɕʰi²² sˋ²² sən⁵⁵ i²¹³ xau⁴² ti⁰ nɛ⁰, ŋo⁴² iɛ⁴² tɕyo²² tɛ²² xau⁴² nuei²¹³, ŋo⁴² iəu²¹³ ɕiaŋ⁴² uan²², suo⁴² i⁴² tʰa⁵⁵ mən⁰ təu²¹³ suo²² ŋo⁴² ɕiɛn²¹³ tsai²¹³ tsu²¹³ sən⁵⁵ i²¹³ tʰiɛ²² piɛ²² tɕʰiau²¹³。

而且他们都觉得我就是，现在上午洗，下午我就不动，反正我下午要玩。ə²² tɕʰiɛ⁴² tʰa⁵⁵ mən⁰ təu⁵⁵ tɕyo²² tɛ²² ŋo⁴² təu²¹³ sʅ²¹³，ɕiɛn²¹³ tsai²¹³ saŋ²¹³ u⁴² ɕi⁴²，ɕia²¹³ u⁴² ŋo⁴² təu²¹³ pu²² toŋ²¹³，fan⁴² tsən⁵⁵ ŋo⁴² ɕia²¹³ u⁴² iau²¹³ uan²²。

而且我另外一个工作就是，我的，在屋里做事，是为了么子，为了陪伴女儿嘛，因为我想给她一个好的童年嘛。ə²² tɕʰiɛ⁴² ŋo⁴² nin²¹³ uai²¹³ i²² ko²¹³ koŋ⁵⁵ tsuo²² təu²¹³ sʅ²¹³，ŋo⁴² ti⁰，tai²¹³ u²² ni⁴² tsu²¹³ sʅ²¹³，sʅ²¹³ uei²² na⁰ mo⁰ tsʅ⁰，uei²² na⁰ pʰei²² pan²¹³ ny⁴² ə²² ma⁰，in⁵⁵ uei²² ŋo⁴² ɕiaŋ⁴² kei⁴² tʰa⁵⁵ i²² ko²¹³ xau⁴² ti⁰ tʰoŋ²² niɛn²² ma⁰。

嗯，要，就要见证她的童年嘛，所以我星期天不管再忙再累，我都会抽半天时间来，陪她。ən⁰，iau²¹³，təu²¹³ iau²¹³ tɕiɛn²¹³ tsən²¹³ tʰa⁵⁵ ti⁰ tʰoŋ²² niɛn²² ma⁰，suo⁴² i⁴² ŋo⁴² ɕin⁵⁵ tɕʰi⁵⁵ tʰiɛn⁵⁵ pu²² kuan⁴² tsai²¹³ maŋ²² tsai²¹³ nuei²¹³，ŋo⁴² təu⁵⁵ xuei²¹³ tsʰəu⁵⁵ pan²¹³ tʰiɛn⁵⁵ sʅ²² kan⁵⁵ nai²²，pʰei²² tʰa⁵⁵。

去逛下图书馆啊，或者是带她出去玩哪，就基本上周边的，那我们周边那些旅游的地方，我全部都带她走高 ⁼①哒。tɕʰi²¹³ kuaŋ²¹³ xa⁰ tʰu²² su⁵⁵ kuan⁴² a⁰，xuai²² tsɛ⁴² sʅ²¹³ tai²¹³ tʰa⁵⁵ tsʰu²² tɕʰi²¹³ uan²² na⁰，təu²¹³ tɕi⁵⁵ pən⁴² saŋ²¹³ tsəu⁵⁵ piɛn⁵⁵ ti⁰，na²¹³ ŋo⁴² mən⁰ tsəu⁵⁵ piɛn⁵⁵ na²¹³ ɕiɛ⁵⁵ nuei⁴² iəu²² ti⁰ ti²¹³ faŋ⁵⁵，ŋo⁴² tɕʰyɛn²² pu²¹³ təu⁵⁵ tai²¹³ tʰa⁵⁵ tsəu⁴² kau⁵⁵ ta⁰。

嗯……我也觉得陪伴是最重要，找钱嘛，当然是也很重要，那时候ɬ没钱不行，但是有时候ɬ钱并不能买到任何的一切。ən⁰……ŋo⁴² iɛ⁴² tɕyo²² tɛ²² pʰei²² pan²¹³ sʅ²¹³ tsuei²¹³ tsoŋ²¹³ iau²¹³，tsau⁴² tɕʰiɛn²² ma⁰，taŋ⁵⁵ zan²² sʅ²¹³ iɛ⁴² xɛ⁴² tsoŋ²¹³ iau²¹³，na²¹³ sʅ²² xə²¹³ mei⁵⁵ tɕʰiɛn²² pu²² ɕin²²，tan²¹³ sʅ²¹³ iəu⁴² sʅ²² xə²¹³ tɕʰiɛn²² pin²¹³ pu²² nən²² mai⁴² tau²¹³ zən²² xo²² ti⁰ i²² tɕʰiɛ²²。

但是我就觉得我最后悔的就是她那前头，从一岁过后到五岁之间我就没陪伴着她，迥一点就是我特别的遗憾。tan²¹³ sʅ²¹³ ŋo⁴² təu²¹³ tɕyo²²

---

tɛ²² ŋo⁴² tsuei²¹³ xəu²¹³ xuei⁴² ti⁰ təu²¹³ sʅ²¹³ tʰa⁵⁵ na²¹³ tɕʰiɛn²² tʰəu⁰, tsʰoŋ²² i²² suei²¹³ ko²¹³ xəu²¹³ tau²¹³ u⁴² suei²¹³ tsʅ⁵⁵ kan⁵⁵ ŋo⁴² təu²¹³ mei⁵⁵ pʰei²² pan²¹³ tsuo²² tʰa⁵⁵, niɛ²² i²² tiɛn⁴² təu²¹³ sʅ²¹³ ŋo⁴² tʰiɛ²² piɛ²² ti⁰ i²² xan²¹³。

　　所以我觉得，哎呀，做任何事情啊，反正就要坚持。suo⁴² i⁴² ŋo⁴² tɕyo²² tɛ²², ai⁰ ia⁰, tsu²¹³ zən²² xo²² sʅ²¹³ tɕʰin²² a⁰, fan⁴² tsən⁵⁵ təu²¹³ iau²¹³ tɕiɛn⁵⁵ tsʰʅ²²。

　　你不坚持的话，而且就说不能投机取巧，你想要逐渐做，做任何一件事情，想要把它做长久。ni⁴² pu²² tɕiɛn⁵⁵ tsʰʅ²² ti⁰ xua²¹³, ɚ²² tɕʰiɛ⁴² təu²¹³ suo²² pu²² nən²² tʰəu²² tɕi⁵⁵ tɕʰy⁴² tɕʰiau⁴², ni⁴² ɕiaŋ⁴² iau²¹³ tsu²² tɕiɛn²¹³ tsu²¹³, tsu²¹³ zən²² xo²² i²² tɕiɛn²¹³ sʅ²¹³ tɕʰin²², ɕiaŋ⁴² iau²¹³ pa⁴² tʰa⁵⁵ tsu²¹³ tsʰaŋ⁴² tɕiəu⁴²。

　　就说，人必须要保持最基本的良知，不能去跟我们走歪门邪道，那样子的话，只会把自己的事情做死。təu²¹³ suo²², zən²² pi²² ɕy⁵⁵ iau²¹³ pau⁴² tsʰʅ²² tsuei²¹³ tɕi⁵⁵ pən⁴² ti⁰ niaŋ²² tsʅ⁵⁵, pu²² nən²² tɕʰi²¹³ kən⁵⁵ ŋo⁴² mən⁰ tsəu⁴² uai⁵⁵ mən²² ɕiɛ²² tau²¹³, na²¹³ iaŋ²¹³ tsʅ⁰ ti⁰ xua²¹³, tsʅ²¹³ xuei²¹³ pa⁴² tsʅ²¹³ tɕi⁴² ti⁰ sʅ²¹³ tɕʰin²² tsu²¹³ sʅ⁴²。

　　我其实走到哪哈儿做事，我都是那样子抱着那种，宗……宗旨。ŋo⁴² tɕʰi²² sʅ²² tsəu⁴² tau²¹³ na⁴² xɚ⁰ tsu²¹³ sʅ²¹³, ŋo⁴² təu⁵⁵ sʅ²¹³ na²¹³ iaŋ²¹³ tsʅ⁰ pau²¹³ tsuo²² na²¹³ tsoŋ⁴², tsoŋ⁵⁵……tsoŋ⁵⁵ tsʅ⁴²。

　　所以说我在球场，包括球场，其实球场的经历，就在那里面的，讨的见识。suo⁴² i⁴² suo²² ŋo⁴² tai²¹³ tɕʰiəu²² tsʰaŋ⁴², pau⁵⁵ kua²² tɕʰiəu²² tsʰaŋ⁴², tɕʰi²² sʅ²² tɕʰiəu²² tsʰaŋ⁴² ti⁰ tɕin⁵⁵ ni²², təu²¹³ tai²¹³ na²¹³ ni⁴² miɛn²¹³ ti⁰, tʰau⁴² ti⁰ tɕiɛn²¹³ sʅ²²。

　　对那些后面的，所以说那些一切的都有很有关系。tuei²¹³ na²¹³ ɕiɛ⁵⁵ xəu²¹³ miɛn²¹³ ti⁰, suo⁴² i⁴² suo²² na²¹³ ɕiɛ⁵⁵ i²² tɕʰiɛ²² ti⁰ təu⁵⁵ iəu⁴² xɛ⁴² iəu⁴² kuan⁵⁵ ɕi²¹³。

　　好，到后头，嗯，我回来烧肉洗肉之后，因为我原来的球场接触啊，像啊，我那些朋友啊，像我那些妹儿啊，他们就特别喜欢吃我们那边的腊肉嘛，因为每年我去，就会带东西去给他们吃嘛，就每年都要我寄。xau⁴², tau²¹³ xəu²¹³ tʰəu⁰, ən⁰, ŋo⁴² xuei²² nai²² sau⁵⁵ zu²² ɕi⁴² zu²² tsʅ⁵⁵ xəu²¹³, in⁵⁵ uei²² ŋo⁴² yɛn²² nai²² ti⁰ tɕʰiəu²² tsʰaŋ⁴² tɕiɛ²² tsʰu²² a⁰, tɕʰiaŋ²¹³ a⁰, ŋo⁴² na²¹³ ɕiɛ⁵⁵ pʰoŋ²² iəu⁴² a⁰, tɕʰiaŋ²¹³ ŋo⁴² na²¹³ ɕiɛ⁵⁵ mæ²¹³ a⁰, tʰa⁵⁵ mən⁰ təu²¹³ tʰiɛ²² piɛ²² ɕi²² xuai⁵⁵ tsʰɿ²² ŋo⁴² mən⁰ na²¹³ piɛn⁵⁵ ti⁰ na²² zu²² ma⁰, in⁵⁵ uei²² mei⁴² niɛn²² ŋo⁴² tɕʰi²¹³, təu²¹³ xuei²¹³ tai²¹³ toŋ⁵⁵ ɕi⁵⁵ tɕʰi²¹³ kei⁴² tʰa⁵⁵ mən⁰ tsʰɿ²² ma⁰, təu²¹³ mei⁴² niɛn²² təu⁵⁵ iau²¹³ ŋo⁴² tɕi²¹³。

后来我就想，我就跟他们讲，我说我干脆，我来卖土特产的嘛，他说好啊好啊，你卖我就，天天ₙ的我就会来照顾生意。xəu²¹³ nai²² ŋo⁴² təu²¹³ ɕiaŋ⁴², ŋo⁴² təu²¹³ kən⁵⁵ tʰa⁵⁵ mən⁰ tɕiaŋ⁴², ŋo⁴² suo²² ŋo⁴² kan⁵⁵ tsʰuei²¹³, ŋo⁴² nai²² mai²¹³ tʰu⁴² tʰiɛ²² tsʰan⁴² ti⁰ ma⁰, tʰa⁵⁵ suo²² xau⁴² a⁰ xau⁴² a⁰, ni⁴² mai²¹³ ŋo⁴² təu²¹³, tʰiɛn⁵⁵ tʰiə⁰ ti⁰ ŋo⁴² təu²¹³ xuei²¹³ nai²² tsau²¹³ ku²¹³ sən⁵⁵ i²¹³。

结果我就，好，我就想到拿腊肉的话外面买的，我也不晓得他到底是搞么子炕的，因为现在外面卖的好多都不是搞正宗材，我看起就不好吃。tɕiɛ²² ko⁴² ŋo⁴² təu²¹³, xau⁴², ŋo⁴² təu²¹³ ɕiaŋ⁴² tau²¹³ na²² na²² zu²² ti⁰ xua²¹³ uai²¹³ miɛn²¹³ mai⁴² ti⁰, ŋo⁴² iɛ⁴² pu²² ɕiau⁴² tɛ²² tʰa⁵⁵ tau²¹³ ti⁴² sɿ²¹³ kau⁴² mo⁰ tsɿ⁰ kʰaŋ²¹³ ti⁰, in⁵⁵ uei²² ɕiɛn²¹³ tsai²¹³ uai²¹³ miɛn²¹³ mai²¹³ ti⁰ xau⁴² tuo⁵⁵ təu⁵⁵ pu²² sɿ²¹³ kau⁴² tsən⁵⁵ tsoŋ⁵⁵ tsʰai²², ŋo⁴² kʰan²¹³ tɕʰi⁴² təu²¹³ pu²² xau⁴² tsʰɿ²²。

我就决定自己搞。ŋo⁴² təu²¹³ tɕyɛ²² tin²¹³ tsɿ²¹³ tɕi⁴² kau⁴²。

嗯，我，我就是那种性格，说搞就搞，反正说起要做的就是风风火火，我就觉得。ən⁰, ŋo⁴², ŋo⁴² təu²¹³ sɿ²¹³ na²¹³ tsoŋ⁴² ɕin²¹³ kɛ²², suo²² kau⁴² təu²¹³ kau⁴², fan⁴² tsən⁵⁵ suo²² tɕʰi⁴² iau²¹³ tsu²¹³ ti⁰ təu²¹³ sɿ²¹³ foŋ⁵⁵ foŋ⁵⁵ xo⁴² xo⁴², ŋo⁴² təu²¹³ tɕyo²² tɛ²²。

因为朗˝们˝个啊，你有那个想法，你就必须要去行动，你光有想法你不行动，诶我考虑考虑，考虑到后头说不定你的热情一降低了之后，结果哦结果流产哒，结果没得用哒。in⁵⁵ uei²² naŋ²² mən⁰ ko²¹³ a⁰, ni⁴² iəu⁴² na²¹³ ko²¹³ ɕiaŋ⁴² fa²², ni⁴² təu²¹³ pi²² ɕy⁵⁵ iau²¹³ tɕʰi²¹³ ɕin²² toŋ²¹³, ni⁴² kuaŋ⁵⁵ iəu⁴² ɕiaŋ⁴² fa²² ni⁴² pu²² ɕin²² toŋ²¹³, ei⁰ ŋo⁴² kʰau⁴² nuei²¹³ kʰau⁴² nuei²¹³, kʰau⁴² nuei²¹³ tau²¹³ xəu²¹³ tʰəu⁰ suo²² pu²² tin²¹³ ni⁴² ti⁰ zɛ²² tɕʰin²² i²² tɕiaŋ²¹³ ti⁵⁵ na⁰ tsɿ⁵⁵ xəu²¹³, tɕiɛ²² ko⁴² o⁰ tɕiɛ²² ko⁴² niəu²² tsʰan⁴² ta⁰, tɕiɛ²² ko⁴² mei⁵⁵ tɛ²² yoŋ²¹³ ta⁰。

　　所以说，我就架势搞，搞烤……烤房，因为在城里做起的话，烤房的话，搞烟子，搞柴火的话，城管他就要管，因为有点，就烟子他就觉得污染嘛，所以我在乡里搞的烤房。suo⁴² i⁴² suo²², ŋo⁴² təu²¹³ tɕia²¹³ sʅ²¹³ kau⁴², kau⁴² kʰau⁴²…… kʰau⁴² faŋ²², in⁵⁵ uei²² tai²¹³ tsʰən²² ni⁴² tsu²¹³ tɕʰi⁴² ti⁰ xua²¹³, kʰau⁴² faŋ²² ti⁰ xua²¹³, kau⁴² iɛn⁵⁵ tsʅ⁰, kau⁴² tsʰai²² xo⁴² ti⁰ xua²¹³, tsʰən²² kuan⁴² tʰa⁵⁵ təu²¹³ iau²¹³ kuan⁴², in⁵⁵ uei²² iəu⁴² tiɛn⁴², təu²¹³ iɛn⁵⁵ tsʅ⁰ tʰa⁵⁵ təu²¹³ tɕyo²² tɛ²² u⁵⁵ zan⁴² ma⁰, suo⁴² i⁴² ŋo⁴² tai²¹³ ɕiaŋ⁵⁵ ni⁴² kau⁴² ti⁰ kʰau⁴² faŋ²²。

　　唉，想起来哪……太累哒。ai⁰, ɕiaŋ⁴² tɕʰi⁴² nai²² na²¹³……tʰai²¹³ nuei²¹³ ta⁰。

　　好，自己，我要去选肉，因为从小到大我一直没搞过迩种事情，好，结果就，啊，去选肉，刚开始我就不会，啊，因为我现在就不可能个人去喂猪是不是，好，就去买那个土猪肉。xau⁴², tsʅ²¹³ tɕi⁴², ŋo⁴² iau²¹³ tɕʰi²¹³ ɕyɛn⁴² zu²², in⁵⁵ uei²² tsʰoŋ²² ɕiau⁴² tau²¹³ ta²¹³ ŋo⁴² i²² tsʅ²² mei⁵⁵ kau⁴² ko²¹³ niɛ²² tsoŋ⁴² sʅ²¹³ tɕʰin²², xau⁴², tɕiɛ²² ko⁴² təu²¹³, a⁰, tɕʰi²¹³ ɕyɛn⁴² zu²², kaŋ⁵⁵ kʰai⁵⁵ sʅ⁴² ŋo⁴² təu²¹³ pu²² xuei²⁴, a⁰, in⁵⁵ uei²² ŋo⁴² ɕiɛn²¹³ tsai²¹³ təu²¹³ pu²² kʰo⁴² nən²² ko²¹³ zən²² tɕʰi²¹³ uei²¹³ tsu⁵⁵ sʅ²¹³ pu²² sʅ²¹³, xau⁴², təu²¹³ tɕʰi²¹³ mai⁴² na²¹³ ko²¹³ tʰu⁴² tsu⁵⁵ zu²²。

　　因为你饲料猪肉和土猪肉吃出来的口感完全不一样。in⁵⁵ uei²² ni⁴² sʅ²¹³ niau²¹³ tsu⁵⁵ zu²² xo²² tʰu⁴² tsu⁵⁵ zu²² tsʰʅ²² tsʰu²² nai²² ti⁰ kʰəu⁴² kan⁴² uan²² tɕʰyɛn²² pu²² i²² iaŋ²¹³。

　　我就不懂嘛，我就说，那，那反正那个猪肉你看的都是猪肉，但是实际不一样，所以我就去找他们请教，讨教经验去，他们就带我去看，哪种是土猪肉哪种是饲料猪肉。ŋo⁴² təu²¹³ pu²² toŋ⁴² ma⁰, ŋo⁴² təu²¹³ suo²², na²¹³, na²¹³ fan⁴² tsən⁵⁵ na²¹³ ko²¹³ tsu⁵⁵ zu²² ni⁴² kʰan²¹³ ti⁰ təu⁵⁵ sʅ²¹³ tsu⁵⁵ zu²², tan²¹³ sʅ²¹³ sʅ²² tɕi²¹³ pu²² i²² iaŋ²¹³, suo⁴² i⁴² ŋo⁴² təu²¹³ tɕʰi²¹³ tsau⁴² tʰa⁵⁵ mən⁰ tɕʰin⁴² tɕiau⁵⁵, tʰau⁴² tɕiau⁵⁵ tɕin⁵⁵ niɛn²¹³ tɕʰi²¹³, tʰa⁵⁵ mən⁰ təu²¹³ tai²¹³ ŋo⁴² tɕʰi²¹³ kʰan²¹³, na⁴² tsoŋ⁴² sʅ²¹³ tʰu⁴² tsu⁵⁵ zu²² na⁴² tsoŋ⁴² sʅ²¹³ sʅ²¹³ niau²¹³ tsu⁵⁵ zu²²。

所以我就去学学学，好，学哒结果，我就每一天，冬天的时候，要冬天炕嘛，因为我们那边炕肉只能冬天炕，不能说是夏天炕，夏天根本就不行，要臭。suo⁴² i⁴² ŋo⁴² təu²¹³ tɕhi²¹³ ɕyo²² ɕyo²² ɕyo²²，xau⁴²，ɕyo²² ta⁰ tɕiɛ²² ko⁴²，ŋo⁴² təu²¹³ mei⁴² i²² thiɛn⁵⁵，toŋ⁵⁵ thiɛn⁵⁵ ti⁰ sʅ²² xəu²¹³，iau²¹³ toŋ⁵⁵ thiɛn⁵⁵ khaŋ²¹³ ma⁰，in⁵⁵ uei²² ŋo⁴² mən⁰ na²¹³ piɛn⁵⁵ khaŋ²¹³ zu²² tsʅ²² nən²² toŋ⁵⁵ thiɛn⁵⁵ khaŋ²¹³，pu²² nən²² suo²² sʅ²¹³ ɕia²¹³ thiɛn⁵⁵ khaŋ²¹³，ɕia²¹³ thiɛn⁵⁵ kən⁵⁵ pən⁴² təu²¹³ pu²² ɕin²²，iau²¹³ tshəu²¹³。

早上我四点钟，冬天的时候儿，我好冷，爬起来就去，到处去收购，在乡里面都要去收嘛，乡里面的土猪肉多些嘛。tsau⁴² saŋ²¹³ ŋo⁴² sʅ²¹³ tiɛn⁴² tsoŋ⁵⁵，toŋ⁵⁵ thiɛn⁵⁵ ti⁰ sʅ²² xɚ²¹³，ŋo⁴² xau⁴² nən⁴²，pha²² tɕhi⁴² nai²² təu²¹³ tɕhi²¹³，tau²¹³ tshu⁴² tɕhi²¹³ səu⁵⁵ kəu²¹³，tai²¹³ ɕiaŋ⁵⁵ ni⁴² miɛn²¹³ təu⁵⁵ iau²¹³ tɕhi²¹³ səu⁵⁵ ma⁰，ɕiaŋ⁵⁵ ni⁴² miɛn²¹³ ti⁰ thu⁴² tsu⁵⁵ zu²² tuo⁵⁵ ɕiɛ⁵⁵ ma⁰。

好，结果那些屠户就看到我一个，一个一个女的，一个女孩子去，就讲，你太牛了吧，因为一买要买它几百斤，我就搞不来，就是迩些屠夫亲自给我送上门。xau⁴²，tɕiɛ²² ko⁴² na²¹³ ɕiɛ⁵⁵ thu²² fu²¹³ təu²¹³ khan²¹³ tau²¹³ ŋo⁴² i²² ko²¹³，i²² ko²¹³ i²² ko²¹³ ny⁴² ti⁰，i²² ko²¹³ ny⁴² xai²² tsʅ⁰ tɕhi²¹³，təu²¹³ tɕiaŋ⁴²，ni⁴² thai²¹³ niəu²² na⁰ pa⁰，in⁵⁵ uei²² i²² mai⁴² iau²¹³ mai⁴² tha⁵⁵ tɕi⁵⁵ pɛ²² tɕin⁵⁵，ŋo⁴² təu²¹³ kau⁴² pu²² nai²²，təu²¹³ sʅ²¹³ niɛ⁵⁵ ɕiɛ⁵⁵ thu²² fu⁵⁵ tɕhin⁵⁵ tsʅ²¹³ kei⁴² ŋo⁴² soŋ²¹³ saŋ²¹³ mən²²。

所以说我觉得也还好，他们就会亲自帮我送上门来搞啊，我就回来自己腌，腌了自己就拿去炕，反正就是特别辛苦。suo⁴² i⁴² suo²² ŋo⁴² tɕyo²² tɛ²² iɛ⁴² xai²² xau⁴²，tha⁵⁵ mən⁰ təu²¹³ xuei²¹³ tɕhin⁵⁵ tsʅ²¹³ paŋ⁵⁵ ŋo⁴² soŋ²¹³ saŋ²¹³ mən²² nai²² kau⁴² a⁰，ŋo⁴² təu²¹³ xuei²² nai²² tsʅ²¹³ tɕi⁴² iɛn⁵⁵，iɛn⁵⁵ na⁰ tsʅ²¹³ tɕi⁴² təu²¹³ na²² tɕhi²¹³ khaŋ²¹³，fan⁴² tsən⁵⁵ təu²¹³ sʅ²¹³ thiɛ²² piɛ²² ɕin⁵⁵ khu⁴²。

而且我就觉得，我也到网上去卖，我也没想到我的事情会那个，顺风顺水地成功。ɚ²² tɕhiɛ⁴² ŋo⁴² təu²¹³ tɕyo²² tɛ²²，ŋo⁴² iɛ⁴² tau²¹³ uaŋ⁴² saŋ²¹³ tɕhi²¹³ mai²¹³，ŋo⁴² iɛ⁴² mei⁵⁵ ɕiaŋ⁴² tau²¹³ ŋo⁴² ti⁰ sʅ²¹³ tɕhin²² xuei²¹³ na²¹³ ko²¹³，suən²¹³ foŋ⁵⁵ suən²¹³ suei⁴² ti²¹³ tshən²² koŋ⁵⁵。

好，到现在，热天来了之后，因为土特产很多东西就不能寄出去嘛，因为寄的话，天气太热，嗯……在那个，嗯……快递车那个集装箱里面，温度特别高就容易坏。xau⁴² , tau²¹³ ɕiɛn²¹³ tsai²¹³ , zɛ²² tʰiɛn⁵⁵ nai²² naʰ⁰ tsʅ⁵⁵ xəu²¹³ , in⁵⁵ uei²² tʰu⁴² tʰiɛ²² tsʰan²¹ xɛ⁴² tuo⁵⁵ toŋ⁵⁵ ɕi⁵⁵ təu²¹³ pu⁰ nən²¹³ tɕi²¹³ tsʰu²² tɕʰi²¹³ ma⁰ , in⁵⁵ uei²² tɕi²¹³ tiʰ⁰ xua²¹³ , tʰiɛn⁵⁵ tɕʰi²¹³ tʰai²¹³ zɛ²² , ən⁰ …… tai²¹³ na²¹³ ko²¹³ , ən⁰ …… kʰuai²¹³ ti²¹³ tsʰɛ⁵⁵ na²¹³ ko²¹³ tɕi²² tsuaŋ⁵⁵ ɕiaŋ⁵⁵ ni⁴² miɛn²¹³ , uən⁵⁵ tu²¹³ tʰiɛ²² piɛ²² kau⁵⁵ təu²¹³ zoŋ²² i²¹³ xuai²¹³ 。

所以说，为了就……能够高品质啊，给别个吃的，就外头的人吃到我们那边的好的土特产，所以我就跟他们讲，那段时间呢，我就不得，不得寄，要等天空，天气凉快了之后，我再次来做。suo⁴² i⁴² suo²² , uei²² naʰ⁰ təu²¹³ …… nən²² kəu²¹³ kau⁵⁵ pʰin⁴² tsʅ²² aʰ⁰ , kei⁴² piɛ²² koʰ²¹³ tsʰʅ²² tiʰ⁰ , təu²¹³ uai²¹³ tʰəuʰ⁰ tiʰ⁰ zən²² tsʰʅ²² tau²¹³ ŋo⁴² mənʰ⁰ na²¹³ piɛn⁵⁵ tiʰ⁰ xau⁴² tiʰ⁰ tʰu⁴² tʰiɛ²² tsʰan⁴² , suo⁴² i⁴² ŋo⁴² təu²¹³ kən⁵⁵ tʰa⁵⁵ mənʰ⁰ tɕiaŋ⁴² , na²¹³ tuan²¹³ sʅ²² kan⁵⁵ nɛ⁰ , ŋo⁴² təu²¹³ pu²² tɛ²² , pu²² tɛ²² tɕi²¹³ , iau²¹³ tən⁴² tʰiɛn⁵⁵ kʰoŋ⁵⁵ , tʰiɛn⁵⁵ tɕʰi²¹³ niaŋ²² kʰuai²¹³ naʰ⁰ tsʅ⁵⁵ xəu²¹³ , ŋo⁴² tsai²¹³ tsʰʅ²¹³ nai²² tsu²¹³ 。

所以我就选择做水果，因为水果那一块的话，嗯……是，现在是，热天是，正是季节嘛，而且我选择的水果是经过考察来考察去，啊，选择的那种，就，你必须到基地去，去现摘现发的那种，因为比较新鲜。suo⁴² i⁴² ŋo⁴² təu²¹³ ɕyɛn⁴² tsʰɛ²² tsu²¹³ suei⁴² ko⁴² , in⁵⁵ uei²² suei⁴² ko⁴² na²¹³ i²² kʰuai²¹³ tiʰ⁰ xua²¹³ , ən⁰ …… sʅ²¹³ , ɕiɛn²¹³ tsai²¹³ sʅ²¹³ , zɛ²² tʰiɛn⁵⁵ sʅ²¹³ , tsən⁵⁵ sʅ²¹³ tɕi²¹³ tɕiɛ²² ma⁰ , ɚ²² tɕʰiɛ²² ŋo⁴² ɕyɛn⁴² tsʰɛ²² tiʰ⁰ suei⁴² ko⁴² sʅ²¹³ tɕin⁵⁵ ko²¹³ kʰau⁴² tsʰa²² nai²² kʰau⁴² tsʰa²² tɕʰi²¹³ , a⁰ , ɕyɛn⁴² tsʰɛ²² tiʰ⁰ na²¹³ tsoŋ⁴² , təu²¹³ , ni⁴² pi²² ɕy⁵⁵ tau²¹³ tɕi⁵⁵ ti²¹³ tɕʰi²¹³ , tɕʰi²¹³ ɕiɛn²¹³ tsɛ²² ɕiɛn²¹³ fa²² tiʰ⁰ na²¹³ tsoŋ⁴² , in⁵⁵ uei²² pi⁴² tɕiau⁴² ɕin⁵⁵ ɕiɛn⁵⁵ 。

像么子啊，现在很多超市里去买的，水果啊，那些基本上都是那种，它才保持得久嘛，你不然的话就不行。tɕʰiaŋ²¹³ moʰ⁰ tsʅʰ⁰ a⁰ , ɕiɛn²¹³ tsai²¹³ xɛ⁴² tuo⁵⁵ tsʰau⁵⁵ sʅ²¹³ ni⁴² tɕʰi²¹³ mai⁴² tiʰ⁰ , suei⁴² ko⁴² a⁰ , na²¹³ ɕiɛ⁵⁵ tɕi⁵⁵ pən⁴² saŋ²¹³ təu⁵⁵ sʅ²¹³ na²¹³ tsoŋ⁴² , tʰa⁵⁵ tsʰai²² pau⁴² tsʰʅ²² tɛ²² tɕiəu⁴² ma⁰ , ni⁴² pu²² zan²² tiʰ⁰ xua²¹³ təu²¹³ pu²² ɕin²² 。

所以我就，因为我卖那个东西之前，我就先去自己尝试，我买很多水果吃，好，结果就现摘，都是要现摘现发。suo⁴² i⁴² ŋo⁴² təu²¹³ , in⁵⁵ uei²² ŋo⁴² mai²¹³ na²¹³ ko²¹³ toŋ⁵⁵ ɕi⁵⁵ tsʅ⁵⁵ tɕʰiɛn²², ŋo⁴² təu²¹³ ɕiɛn⁵⁵ tɕʰi²¹³ tsʅ²¹³ tɕi⁴² saŋ²² sʅ²¹³, ŋo⁴² mai⁴² xɛ⁴² tuo⁵⁵ suei⁴² ko⁴² tsʰ˞²², xau⁴², tɕiɛ²² ko⁴² təu²¹³ ɕiɛn²¹³ tsɛ²², təu⁵⁵ sʅ²¹³ iau²¹³ ɕiɛn²¹³ tsɛ²² ɕiɛn²¹³ fa²²。

　　而且我就觉得要给我包理赔的，因为打比方我去买东西来，坏了你不帮我赔了，我不是亏是不是啊？ ᴀ²² tɕʰiɛ⁴² ŋo⁴² təu²¹³ tɕyo²² tɛ²² iau²¹³ kei⁴² ŋo⁴² pau⁴² ni⁴² pʰei²² ti⁰, in⁵⁵ uei²² ta⁴² pi⁴² faŋ⁵⁵ ŋo⁴² tɕʰi²¹³ mai⁴² toŋ⁵⁵ ɕi⁵⁵ nai²², xuai²¹³ na⁰ ni⁴² pu²² paŋ⁵⁵ ŋo⁴² pʰei²² na⁰, ŋo⁴² pu²² sʅ²¹³ kʰuei⁵⁵ sʅ²¹³ pu²² sʅ²¹³ a⁰？

　　所以说那一个我都考察好了之后，好，结果就选择了，嗯⋯⋯做⋯⋯果园嘛。suo⁴² i⁴² suo²² na²¹³ i²² ko²¹³ ŋo⁴² təu⁵⁵ kʰau⁴² tsʰa²² xau⁴² na⁰ tsʅ⁵⁵ xəu²¹³, xau⁴², tɕiɛ²² ko⁴² təu²¹³ ɕyɛn⁴² tsʰɛ²² na⁰, ən⁰ ⋯⋯ tsu²¹³⋯⋯ko⁴² yɛn²² ma⁰。

　　那水果我觉得其实蛮好的，他们都是你下单之后，所以就是有点慢，嗯，唯一不好的就是有点慢。na²¹³ suei⁴² ko⁴² ŋo⁴² tɕyo²² tɛ²² tɕʰi²² sʅ²² man²² xau⁴² ti⁰, tʰa⁵⁵ mən⁰ təu⁵⁵ sʅ²¹³ ni⁴² ɕia²¹³ tan⁵⁵ tsʅ⁵⁵ xəu²¹³, suo⁴² i⁴² təu²¹³ sʅ²¹³ iəu⁴² tiɛn⁴² man²¹³, ən⁰, uei²² i²² pu²² xau⁴² ti⁰ təu²¹³ sʅ²¹³ iəu⁴² tiɛn⁴² man²¹³。

　　因为那个按你下单之后，他接单了之后，选倒个人去摘，他摘回来要选，选过，选了之后才给你发出来，好，寄。in⁵⁵ uei²² na²¹³ ko²¹³ ŋan²¹³ ni⁴² ɕia²¹³ tan⁵⁵ tsʅ⁵⁵ xəu²¹³, tʰa⁵⁵ tɕiɛ²² tan⁵⁵ na⁰ tsʅ⁵⁵ xəu²¹³, ɕyɛn⁴² tau⁴² ko²¹³ zən²² tɕʰi²¹³ tsɛ²², tʰa⁵⁵ tsɛ²² xuei²² nai²² iau²¹³ ɕyɛn⁴², ɕyɛn⁴² ko²¹³, ɕyɛn⁴² na⁰ tsʅ⁵⁵ xəu²¹³ tsʰai²² kei⁴² ni⁴² fa²² tsʰu²² nai²², xau⁴², tɕi²¹³。

　　但是我觉得也还挺好，我一发出去，可能是他们都比较相信我，嗯⋯⋯只要我一发迥些东西，他们就能卖⋯⋯tan²¹³ sʅ²¹³ ŋo⁴² tɕyo²² tɛ²² iɛ⁴² xai²² tʰin⁴² xau⁴², ŋo⁴² i²² fa²² tsʰu²² tɕʰi²¹³, kʰo⁴² nən²² sʅ²¹³ tʰa⁵⁵ mən⁰ təu⁵⁵ pi⁴² tɕiau⁴² ɕiaŋ⁵⁵ ɕin²¹³ ŋo⁴², ən⁰ ⋯⋯ tsʅ²² iau²¹³ ŋo⁴² i²² fa²² niɛ²² ɕiɛ⁵⁵ toŋ⁵⁵ ɕi⁵⁵, tʰa⁵⁵ mən⁰ təu²¹³ nən²² mai²¹³ ⋯⋯

　　有些就价格都不问，只要一说，你只要说，好多钱他们有时候给你红包都甩过来之后，我啥子搞不清楚，因为到底要么子东西。iəu⁴² ɕiɛ⁵⁵ təu²¹³ tɕia²¹³ kɛ²² təu⁵⁵ pu²² uən²¹³, tsʅ²² iau²¹³ i²² suo²², ni⁴² tsʅ²² iau²¹³ suo²², xau⁴² tuo⁵⁵ tɕʰiɛn²² tʰa⁵⁵ mən⁰ iəu⁴² sʅ²² xəu²¹³ kei⁴² ni⁴² xoŋ²² pau⁵⁵ təu⁵⁵ suai⁴² ko²¹³ nai²² tsʅ⁵⁵ xəu²¹³，ŋo⁴² sa⁴² tsʅ⁰ kau⁴² pu²² tɕʰin⁵⁵ tsʰu⁴²，in⁵⁵ uei²² tau²¹³ ti⁴² iau²¹³ mo⁰ tsʅ⁰ toŋ⁵⁵ ɕi⁵⁵。

所以说，嗯，那一点ㄦ我就，就觉得什么呢，他们说什么啦，嗯……诚信，就是人品，变得特别特别重要。suo⁴² i⁴² suo²²，ən⁰，na²¹³ i²² tiə⁰ ŋo⁴² təu²¹³，təu²¹³ tɕyo²² tɛ²² sən²² mo⁰ nɛ⁰，tʰa⁵⁵ mən⁰ suo²² sən²² mo⁰ na⁰，ən⁰……tsʰən²² ɕin²¹³，təu²¹³ sʅ²¹³ zən²² pʰin⁴²，piɛn²¹³ tɛ²² tʰiɛ²² piɛ²² tʰiɛ²² piɛ²² tsoŋ²¹³ iau²¹³。

所以说，我教育我姑娘就啥子，你也做，做任何事情，说任何话的时候ㄦ啊，先要考虑清楚，想清楚之后，三思而后行嘛。suo⁴² i⁴² suo²²，ŋo⁴² tɕiau⁵⁵ iəu²² ŋo⁴² ku⁵⁵ niaŋ²² təu²¹³ sa⁴² tsʅ⁰，ni⁴² iɛ⁴² tsu²¹³，tsu²¹³ zən²² xo²² sʅ²¹³ tɕʰin²²，suo²² zən²² xo²² xua²¹³ tiº sʅ²² xəu²¹³ a⁰，ɕiɛn⁵⁵ iau²¹³ kʰau⁴² nuei²¹³ tɕʰin⁵⁵ tsʰu⁴²，ɕiaŋ⁴² tɕʰin⁵⁵ tsʰu⁴² tsʅ⁵⁵ xəu²¹³，san⁵⁵ sʅ⁵⁵ ɚ²² xəu²¹³ ɕin²² ma⁰。

所以你，但是你说出的话，做出的事你必须自己负责任，所以我觉得她那点也还好。suo⁴² i⁴² ni⁴²，tan²¹³ sʅ²¹³ ni⁴² suo²² tsʰu²² tiº xua²¹³，tsu²¹³ tsʰu²² tiº sʅ²¹³ ni⁴² pi²² ɕy⁵⁵ tsʅ²¹³ tɕi⁴² fu²¹³ tsɛ²² zən²²，suo⁴² i⁴² ŋo⁴² tɕyo²² tɛ²² tʰa⁵⁵ na²¹³ tiɛn⁴² iɛ⁴² xai²² xau⁴²。

包括像对我姑娘的教育，我虽然说我前头那些年在球场，没，没朗ˮ们ˮ带到她啊，但是有点，她打个比方，给我打电话说，妈妈我想你了，我想回来。pau⁵⁵ kua²² tɕʰiaŋ²¹³ tuei²¹³ ŋo⁴² ku⁵⁵ niaŋ²² tiº tɕiau⁵⁵ iəu²²，ŋo⁴² ɕy⁵⁵ zan²² suo²² ŋo⁴² tɕʰiɛn²² tʰəu⁰ na²¹³ ɕiɛ⁵⁵ niɛn²² tai²¹³ tɕʰiəu²² tsʰaŋ⁴²，mei⁵⁵，mei⁵⁵ naŋ²² mən⁰ tai²¹³ tau²¹³ tʰa⁵⁵ a⁰，tan²¹³ sʅ²¹³ iəu⁴² tiɛn⁴²，tʰa⁵⁵ ta⁴² ko²¹³ pi⁴² faŋ⁵⁵，kei⁴² ŋo⁴² ta⁴² tiɛn²¹³ xua²¹³ suo²²，ma⁵⁵ ma⁵⁵ ŋo⁴² ɕiaŋ⁴² ni⁴² na⁰，ŋo⁴² ɕiaŋ⁴² xuei²² nai²²。

如果我答应她行了，我好久好久回来，就那几天，哪怕是再忙，但是我就必须，不论如何，我宁愿你工资我不要，但是我都要，要回来，因为我答应的事情我就必须要办到。zu²² ko⁴² ŋo⁴² ta²² in⁵⁵ tʰa⁵⁵ ɕin²² na⁰，ŋo⁴² xau⁴² tɕiəu⁴² xau⁴² tɕiəu⁴² xuei²² nai²²，təu²¹³ na²¹³ tɕi⁵⁵ tʰiɛn⁵⁵，na⁴² pʰa²¹³ sʅ²¹³ tsai²¹³ maŋ²²，tan²¹³ sʅ²¹³ ŋo⁴² təu²¹³ pi²² ɕy⁵⁵，pu²² nən²² zu²² xo²²，ŋo⁴² nin²² yɛn²¹³ ni⁴² koŋ⁵⁵ tsʅ⁵⁵ ŋo⁴² pu²² iau²¹³，tan²¹³ sʅ²¹³ ŋo⁴² təu⁵⁵ iau²¹³, iau²¹³ xuei²² nai²², in⁵⁵ uei²² ŋo⁴² ta²² in⁵⁵ ti⁰ sʅ²¹³ tɕʰin²² ŋo⁴² təu²¹³ pi²² ɕy⁵⁵ iau²¹³ pan²¹³ tau²¹³。

因为那个跟她就说么子啊，身教大于言传，言传嘛，是吧。in⁵⁵ uei²² na²¹³ ko²¹³ kən⁵⁵ tʰa⁵⁵ təu²¹³ suo²² mo⁰ tsʅ⁰ a⁰, sən⁵⁵ tɕiau⁵⁵ ta²¹³ y²² iɛn²² tsʰuan²², iɛn²² tsʰuan²² ma⁰, sʅ²¹³ pa⁰。

你如果，你的事情，你的言行，和你，和你的行动都不一致的话，给她的影响就是特别大。ni⁴² zu²² ko⁴², ni⁴² ti⁰ sʅ²¹³ tɕʰin²², ni⁴² ti⁰ iɛn²² ɕin²², xo²² ni⁴², xo²² ni⁴² ti⁰ ɕin²² toŋ²¹³ təu⁵⁵ pu²² i²² tsʅ²¹³ ti⁰ xua²¹³, kei⁴² tʰa⁵⁵ ti⁰ in⁴² ɕiaŋ⁴² təu²¹³ sʅ²¹³ tʰiɛ²² piɛ²² ta²¹³。

所以说她现在就要对我，我对她的要求也是，所以我们的相处模式特别好，啊，像她么子答应我的事情啊，可以，她就，她就答应了之后，她就会做到。suo⁴² i⁴² suo²² tʰa⁵⁵ ɕiɛn²¹³ tsai²¹³ təu²¹³ iau²¹³ tuei²¹³ ŋo⁴², ŋo⁴² tuei²¹³ tʰa⁵⁵ ti⁰ iau²¹³ tɕʰiəu²² iɛ⁴² sʅ²¹³, suo⁴² i⁴² ŋo⁴² mən⁰ ti⁰ ɕiaŋ⁵⁵ tsʰu⁴² mo²² sʅ²¹³ tʰiɛ²² piɛ²² xau⁴², a⁰, tɕʰiaŋ²¹³ tʰa⁵⁵ mo⁰ tsʅ⁰ ta²² in⁵⁵ ŋo⁴² ti⁰ sʅ²¹³ tɕʰin²² a⁰, kʰo⁴² i⁴², tʰa⁵⁵ təu²¹³, tʰa⁵⁵ təu²¹³ ta²² in⁵⁵ na⁰ tsʅ⁵⁵ xəu²¹³, tʰa⁵⁵ təu²¹³ xuei²¹³ tsu²¹³ tau²¹³。

而且我就像她，包……包括她现在去练书法，就说，也不说是特别有成就，她之前要去练的时候ₐ，她就，她特别喜欢书法。ə²² tɕʰiɛ⁴² ŋo⁴² təu²¹³ tɕʰiaŋ²¹³ tʰa⁵⁵, pau⁵⁵……pau⁵⁵ kua²² tʰa⁵⁵ ɕiɛn²¹³ tsai²¹³ tɕʰi²¹³ niɛn²¹³ su⁵⁵ fa²², təu²¹³ suo²², iɛ⁴² pu²² suo²² sʅ²¹³ tʰiɛ²² piɛ²² iəu⁴² tsʰən²² təu²¹³, tʰa⁵⁵ tsʅ⁵⁵ tɕʰiɛn²² iau²¹³ tɕʰi²¹³ niɛn²¹³ ti⁰ sʅ²¹³ xə²¹³, tʰa⁵⁵ təu²¹³, tʰa⁵⁵ tʰiɛ²² piɛ²² ɕi⁴² xuai⁵⁵ su⁵⁵ fa²²。

我说那行，你去，但是，有点ₐ啊，我说我给你三天的时间考虑，你要考虑清楚些，想好去，你确确实实是特别喜欢那个东西，那我行，我说再贵我都送你去。ŋo⁴² suo²² na²¹³ ɕin²², ni⁴² tɕʰi²¹³, tan²¹³ sʅ²¹³, iəu⁴² tiə⁰ a⁰, ŋo⁴² suo²² ŋo⁴² kei⁴² ni⁴² san⁵⁵ tʰiɛn⁵⁵ ti⁰ sʅ²¹³ kan⁵⁵ kʰau⁴² nuei²¹³, ni⁴² iau²¹³ kʰau⁴² nuei²¹³ tɕʰin⁵⁵ tsʰu⁴² ɕiɛ⁵⁵, ɕiaŋ⁴² xau⁴² tɕʰi²¹³, ni⁴² tɕʰyo⁴² tɕʰyo²² sʅ²² sʅ²² sʅ²¹³ tʰiɛ²² piɛ²² ɕi⁴² xuai⁵⁵ na²¹³ ko²¹³ toŋ⁵⁵ ɕi⁵⁵, na²¹³ ŋo⁴² ɕin²², ŋo⁴² suo²² tsai²¹³ kuei²¹³ ŋo⁴² təu⁵⁵ soŋ²¹³ ni⁴² tɕʰi²¹³。

嗯……我说那是搞个两天半三天半了，因为小孩子嘛，他不像大人那个……所以说，啊，我说你想清楚莫搞个三天半你不去，那就不行。ən⁰……ŋo⁴² suo²² na²¹³ sๅ²¹³ kau⁴² ko²¹³ niaŋ⁴² tʰiɛn⁵⁵ pan²¹³ san⁵⁵ tʰiɛn⁵⁵ pan²¹³ na⁰, in⁵⁵ uei²² ɕiau⁴² xai²² tsๅˀ ma⁰, tʰa⁵⁵ pu²² tɕʰiaŋ²¹³ ta²¹³ zən²² na²¹³ ko²¹³…… suo⁴² i⁴² suo²², a⁰, ŋo⁴² suo²² ni⁴² ɕiaŋ⁴² tɕʰin⁵⁵ tsʰu⁴² mo²² kau⁴² ko²¹³ san⁵⁵ tʰiɛn⁵⁵ pan²¹³ ni⁴² pu²² tɕʰiˀ²¹³, na²¹³ təu²¹³ pu²² ɕin²²。

好，三天过后她告诉我，她还是要去，我那就行，但是你决定好哒，我说那是因为是你的决定，我说你莫搞个三天半不去了，那就不行，天上下刀子你都必须给我去。xau⁴², san⁵⁵ tʰiɛn⁵⁵ ko²¹³ xəu²¹³ tʰa⁵⁵ kau²¹³ su²¹³ ŋo⁴², tʰa⁵⁵ xai²² sๅ²¹³ iau²¹³ tɕʰiˀ²¹³, ŋo⁴² na²¹³ təu²¹³ ɕin²², tan²¹³ sๅ²¹³ ni⁴² tɕyɛ²² tin²¹³ xau⁴² ta⁰, ŋo⁴² suo²² na²¹³ sๅ²¹³ in⁵⁵ uei²² sๅ²¹³ ni⁴² ti⁰ tɕyɛ²² tin²¹³, ŋo⁴² suo²² ni⁴² mo²² kau⁴² ko²¹³ san⁵⁵ tʰiɛn⁵⁵ pan²¹³ pu²² tɕʰiˀ²¹³ na⁰, na²¹³ təu²¹³ pu²² ɕin²², tʰiɛn⁵⁵ saŋ²¹³ ɕia²¹³ tau⁵⁵ tsๅˀ ni⁴² təu⁵⁵ pi²² ɕy⁵⁵ kei⁴² ŋo⁴² tɕʰi²¹³。

好，所以说，她就她那边呢，就特别好，她就会一直坚持，而且像么子，她之前要说想去报口才班，我说那也行，我也给你三天时间考虑。xau⁴², suo⁴² i⁴² suo²², tʰa⁵⁵ təu²¹³ tʰa⁵⁵ na²¹³ piɛn⁵⁵ nə⁰, təu²¹³ tʰiɛ²² piɛ²² xau⁴², tʰa⁵⁵ təu²¹³ xuei²¹³ i²² tsๅˀ²² tɕiɛn⁵⁵ tsʰๅˀ²², ɚ²² tɕʰiɛ⁴² tɕʰiaŋ²¹³ mo⁰ tsๅˀ⁰, tʰa⁵⁵ tsๅˀ⁵⁵ tɕʰiɛn²² iau²¹³ suo²² ɕiaŋ⁴² tɕʰiˀ pau²¹³ kʰəu⁴² tsʰai²² pan⁵⁵, ŋo⁴² suo²² na²¹³ iɛ⁴² ɕin²², ŋo⁴² iɛ⁴² kei⁴² ni⁴² san⁵⁵ tʰiɛn⁵⁵ sๅˀ²² kan⁵⁵ kʰau⁴² nuei²¹³。

她考虑下，她可能还是不太喜欢，就行了那我不去哒，她说。tʰa⁵⁵ kʰau⁴² nuei²¹³ xa⁰, tʰa⁵⁵ kʰo⁴² nən²² xai²² sๅˀ²¹³ pu²² tʰai²¹³ ɕi⁴² xuai⁵⁵, təu²¹³ ɕin²² na⁰ na²¹³ ŋo⁴² pu²² tɕʰiˀ²¹³ ta⁰, tʰa⁵⁵ suo²²。

那也行嘛，像包括现在，嗯……她对穿那块ₐ她其实真的特别不讲究。na²¹³ iɛ⁴² ɕin²² ma⁰, tɕʰiaŋ²¹³ pau⁵⁵ kua²² ɕiɛn²¹³ tsai²¹³, ən⁰……tʰa⁵⁵ tuei²¹³ tsʰuan⁵⁵ na²¹³ kʰuɚ²¹³ tʰa⁵⁵ tɕʰiˀ²² sๅˀ²² tsən⁵⁵ ti⁰ tʰiɛ²² piɛ²² pu²² tɕiaŋ⁴² tɕiəu⁵⁵。

啊，像穿的，有时候像我……有些细娃ₐ比她大些，那些是特别好的，没穿烂的啊，他们就说——我就说给我姑娘穿嘛。a⁰, tɕʰiaŋ²¹³ tsʰuan⁵⁵ ti⁰, iəu⁴² sๅˀ²² xəu²¹³ tɕʰiaŋ²¹³ ŋo⁴²……iəu⁴² ɕiɛ⁵⁵ ɕi²¹³ ua²² pi⁴² tʰa⁵⁵ ta²¹³ ɕiɛ⁵⁵, na²¹³ ɕiɛ⁵⁵ sๅˀ²¹³ tʰiɛ²² piɛ²² xau⁴² ti⁰, mei⁵⁵ tsʰuan⁵⁵ nan²¹³ ti⁰ a⁰, tʰa⁵⁵ mən⁰ təu²¹³ suo²²——ŋo⁴² təu²¹³ suo²² kei⁴² ŋo⁴² ku⁵⁵ niaŋ²² tsʰuan⁵⁵ ma⁰。

　　拿回来她也不讲究，给她，哎呀好啊，弄个好的衣服可以。na²² xuei²² nai²² tʰa⁵⁵ iɛ⁴² pu²² tɕiaŋ⁴² tɕiəu⁵⁵，kei⁴² tʰa⁵⁵，ai⁰ ia⁰ xau⁴² a⁰，noŋ²¹³ ko²¹³ xau⁴² ti⁰ i⁵⁵ fu²² kʰo⁴² i⁴²。

　　我讲，你不怕丑啊？怕么丑啊，她讲，嗯，嗯……他们给新衣服穿啦，你还节约点钱，节约点钱你就可以带我出去，去旅游。ŋo⁴² tɕiaŋ⁴²，ni⁴² pu²² pʰa²¹³ tsʰəu⁴² a⁰？ pʰa²¹³ mo⁰ tsʰəu⁴² a⁰，tʰa⁵⁵ tɕiaŋ⁴²，ən⁰，ən⁰…… tʰa⁵⁵ mən⁰ kei⁴² ɕin⁵⁵ i⁵⁵ fu²² tsʰuan⁵⁵ na⁰，ni⁴² xai²² tɕiɛ²² yo²² tiɛn⁴² tɕʰiɛn²²，tɕiɛ²² yo²² tiɛn⁴² tɕʰiɛn²² ni⁴² təu²¹³ kʰo⁴² i⁴² tai²¹³ ŋo⁴² tsʰu²² tɕʰi²¹³，tɕʰi²¹³ nuei⁴² iəu²²。

　　她就特别喜欢出去旅游，可能也跟我有关系，我，因为我也特别好……tʰa⁵⁵ təu²¹³ tʰiɛ²² piɛ²² ɕi⁴² xuai⁵⁵ tsʰu²² tɕʰi²¹³ nuei⁴² iəu²²，kʰo⁴² nən²² iɛ⁴² kən⁵⁵ ŋo⁴² iəu⁴² kuan⁵⁵ ɕi²¹³，ŋo⁴²，in⁵⁵ uei²² ŋo⁴² iɛ⁴² tʰiɛ²² piɛ²² xau⁴²……

　　啊，我觉得女孩子啊，他们常说，富养富养，对姑娘要富养，我觉得，在我的理解当中，富养就是多带她出去见识、开阔，并不是说，你给，你天天ㄦ给，你给，给几大百啊，几大千啊，天天ㄦ给你买名牌啊。a⁰，ŋo⁴² tɕyo²² tɛ²² ny⁴² xai²² tsʅ⁰ a⁰，tʰa⁵⁵ mən⁰ saŋ²² suo²²，fu²¹³ iaŋ⁴² fu²¹³ iaŋ⁴²，tuei²¹³ ku⁵⁵ niaŋ²² iau²¹³ fu²¹³ iaŋ⁴²，ŋo⁴² tɕyo²² tɛ²²，tai²¹³ ŋo⁴² ti⁰ ni⁴² kai⁴² taŋ⁵⁵ tsoŋ⁵⁵，fu²¹³ iaŋ⁴² təu²¹³ sʅ²¹³ tuo⁵⁵ tai²¹³ tʰa⁵⁵ tsʰu²² tɕʰi²¹³ tɕiɛn²¹³ sʅ²²、kʰai⁵⁵ kʰo²²，pin²¹³ pu²² sʅ²¹³ suo²²，ni⁴² kei⁴²，ni⁴² tʰiɛn⁵⁵ tʰiɚ⁰ kei⁴²，ni⁴² kei⁴²，kei⁴² tɕi⁵⁵ ta²¹³ pɛ²² a⁰，tɕi⁵⁵ ta²¹³ tɕʰiɛn⁵⁵ a⁰，tʰiɛn⁵⁵ tʰiɚ⁰ kei⁴² ni⁴² mai⁴² min²² pʰai²² a⁰。

　　啊，嗯，我觉得因为每个人的观点都不一样嘛。a⁰，ən⁰，ŋo⁴² tɕyo²² tɛ²² in⁵⁵ uei²² mei⁴² ko²¹³ zən²² ti⁰ kuan⁵⁵ tia⁴² təu⁵⁵ pu²² i²² iaŋ²¹³ ma⁰。

　　所以我就有一点钱，就喜欢带她到处去，出去，看看ㄦ呀，增长下见识啊。suo⁴² i⁴² ŋo⁴² təu²¹³ iəu⁴² i²² tiɛn⁴² tɕʰiɛn²²，təu²¹³ ɕi⁴² xuai⁵⁵ tai²¹³ tʰa⁵⁵ tau²¹³ tsʰu⁴² tɕʰi²¹³，tsʰu²² tɕʰi²¹³，kʰan²¹³ kʰɚ⁰ ia⁰，tsən⁵⁵ tsaŋ⁵⁵ xa⁰ tɕiɛn²¹³ sʅ²² a⁰。

　　就说因为天天ㄦ就，咸丰，我们咸丰就不大点ㄦ，天天ㄦ在那ㄦ就天天ㄦ见那些人啊，事啊，只有那个大点ㄦ的眼界嘛。təu²¹³ suo²² in⁵⁵ uei²² tʰiɛn⁵⁵ tʰiə⁰ təu²¹³, xan²² foŋ⁵⁵, ŋo⁴² mən⁰ xan²² foŋ⁵⁵ təu²¹³ pu²² ta²¹³ tiə⁰, tʰiɛn⁵⁵ tʰiə⁰ tai²¹³ nə²¹³ təu²¹³ tʰiɛn⁵⁵ tʰiə⁰ tɕiɛn²¹³ na²¹³ ɕiɛ⁵⁵ zən²² a⁰, sʅ²¹³ a⁰, tsʅ²² iəu⁴² na²¹³ ko²¹³ ta²¹³ tiə⁴² ti⁰ iɛn⁴² kai²¹³ ma⁰。

出去外面的世界更宽阔、更广阔的话，她看到的东西更⋯⋯更大。
tsʰu²² tɕʰi²¹³ uai²¹³ miɛn²¹³ ti⁰ sʅ²¹³ kai²¹³ kən⁵⁵ kʰuan⁵⁵ kʰo²²、kən⁵⁵ kuaŋ⁴² kʰo²² ti⁰ xua¹³, tʰa⁵⁵ kʰan²¹³ tau²¹³ ti⁰ toŋ⁵⁵ ɕi⁵⁵ kən⁵⁵ ⋯⋯ kən⁵⁵ ta²¹³。

而且像出去，啊，么子像，我们现在去买票哒之后啊，我就是全程让她自己，帮我取票，帮她自己取票。ə²² tɕʰiɛ⁴² tɕʰiaŋ²¹³ tsʰu²² tɕʰi²¹³, a⁰, mo⁰ tsʅ⁰ tɕʰiaŋ²¹³, ŋo⁴² mən⁰ ɕiɛn²¹³ tsai²¹³ tɕʰi²¹³ mai⁴² pʰiau²¹³ ta⁰ tsʅ⁵⁵ xəu²¹³ a⁰, ŋo⁴² təu²¹³ sʅ²¹³ tɕʰyɛn²² tsʰən²² zaŋ²¹³ tʰa⁵⁵ tsʅ²¹³ tɕi⁴², paŋ⁵⁵ ŋo⁴² tɕʰy⁴² pʰiau²¹³, paŋ⁵⁵ tʰa⁵⁵ tsʅ²¹³ tɕi⁴² tɕʰy⁴² pʰiau²¹³。

要去问路，好，我也让她去问，但是我，我不会让你离开我的视线范围之内，就起码在，在五米之内嘛，我就跟着你。iau²¹³ tɕʰi²¹³ uən²¹³ nu²¹³, xau⁴², ŋo⁴² iɛ⁴² zaŋ²¹³ tʰa⁵⁵ tɕʰi²¹³ uən²¹³, tan²¹³ sʅ²¹³ ŋo⁴², ŋo⁴² pu²² xuei²¹³ zaŋ²¹³ ni⁴² ni²² kʰai⁵⁵ ŋo⁴² ti⁰ sʅ²¹³ ɕiɛn²¹³ fan²¹³ uei²² tsʅ⁵⁵ nuei²¹³, təu²¹³ tɕʰi⁴² ma⁴² tai²¹³, tai²¹³ u⁴² mi⁴² tsʅ⁵⁵ nuei²¹³ ma⁰, ŋo⁴² təu²¹³ kən⁵⁵ tsuo²² ni⁴²。

我就看你朗⁼们⁼个和别人交流迻一块，因为我要培，培训她的那个交际能力嘛。ŋo⁴² təu²¹³ kʰan²¹³ ni⁴² naŋ²² mən⁰ ko²¹³ xo²² piɛ²² zən²² tɕiau⁵⁵ niəu²² niɛ²² i²² kʰuai²¹³, in⁵⁵ uei²² ŋo⁴² iau²¹³ pʰei²², pʰei²² ɕyən²¹³ tʰa⁵⁵ ti⁰ na²¹³ ko²¹³ tɕiau⁵⁵ tɕi²¹³ nən²² ni²² ma⁰。

嗯⋯⋯还有一个就像么子，嗯⋯⋯出去之后啊，嗯⋯⋯路线图啊，全部都是由你个定，你说到那下，那就行。ən⁰ ⋯⋯ xai²² iəu⁴² i²² ko²¹³ təu²¹³ tɕʰiaŋ²¹³ mo⁰ tsʅ⁰, ən⁰ ⋯⋯ tsʰu²² tɕʰi²¹³ tsʅ⁵⁵ xəu²¹³ a⁰, ən⁵⁵ ⋯⋯ nu²¹³ ɕiɛn²¹³ tʰu²² a⁰, tɕʰyɛn²² pu²¹³ təu⁵⁵ sʅ²¹³ iəu²² ni⁴² ko²¹³ tin²¹³, ni⁴² suo²² tau²¹³ na²¹³ xa⁰, na²¹³ təu²¹³ ɕin²²。

嗯⋯⋯包括像后来我去买，给她出去，带她出去买东西那一块呀，就是那种，因为我不喜欢亲手就么子东西我给你包办完，我要让你参与到其中去。ən⁰ ⋯⋯ pau⁵⁵ kua²² tɕʰiaŋ²¹³ xəu²¹³ nai²² ŋo⁴² tɕʰi²¹³ mai⁴², kei⁴² tʰa⁵⁵ tsʰu²² tɕʰi²¹³, tai²¹³ tʰa⁵⁵ tsʰu²² tɕʰi²¹³ mai⁴² toŋ⁵⁵ ɕi⁵⁵ na²¹³ i²² kʰuai²¹³ ia⁰, təu²¹³ sʅ²¹³ na²¹³ tsoŋ⁴², in⁵⁵ uei²² ŋo⁴² pu²² ɕi⁴² xuai⁵⁵ tɕʰin⁵⁵ səu⁴² təu²¹³ mo⁰ tsๅ⁰ toŋ⁵⁵ ɕi⁵⁵ ŋo⁴² kei⁴² ni⁴² pau⁵⁵ pan²¹³ uan²², ŋo⁴² iau²¹³ zaŋ²¹³ ni⁴² tsʰan⁵⁵ y⁴² tau²¹³ tɕʰi²² tsoŋ⁵⁵ tɕʰi²¹³。

就要像，包括她练毛笔字那些，所以她特别觉得有，嗯……就说她存在感嘛。təu²¹³ iau²¹³ tɕʰiaŋ²¹³，pau⁵⁵ kua²² tʰa⁵⁵ niɛn²¹³ mau²² pi²² tsๅ²¹ na²¹³ ɕiɛ⁵⁵，suo⁴² i⁴² tʰa⁵⁵ tʰiɛ²² piɛ²² tɕʑo²² tɛ²² iəu⁴²，ən⁰……təu²¹³ suo²² tʰa⁵⁵ tsʰən²² tai²¹³ kan⁴² ma⁰。

去买那些东西的时候，我就会去，让她自己亲自去选，因为我说迻些东西是你在用，不是我在用，我说你选好了之后，我就给你付钱都可以。tɕʰi²¹³ mai⁴² na²¹³ ɕiɛ⁵⁵ toŋ⁵⁵ ɕi⁵⁵ ti⁰ sๅ²² xəu²¹³，ŋo⁴² təu²¹³ xuei²¹³ tɕʰi²¹³，zaŋ²¹³ tʰa⁵⁵ tsๅ²¹³ tɕi⁴² tɕʰin⁵⁵ tsๅ²¹³ tɕʰi²¹³ ɕyɛn⁴²，in⁵⁵ uei²² ŋo⁴² suo²² niɛ²² ɕiɛ⁵⁵ toŋ⁵⁵ ɕi⁵⁵ sๅ²¹³ ni⁴² tai²¹³ yoŋ²¹³，pu²² sๅ²¹³ ŋo⁴² tai²¹³ yoŋ²¹³，ŋo⁴² suo²² ni⁴² ɕyɛn⁴² xau⁴² na⁰ tsๅ⁵⁵ xəu²¹³，ŋo⁴² təu²¹³ kei⁴² ni⁴² fu²¹³ tɕʰiɛn²² təu⁵⁵ kʰo⁴² i⁴²。

但是你要，要有，觉得要选实用的，所以全全她那些，那，那一系列东西都是她自己选择的。tan²¹³ sๅ²¹³ ni⁴² iau²¹³，iau²¹³ iəu⁴²，tɕʑo²² tɛ²² iau²¹³ ɕyɛn⁴² sๅ²² yoŋ²¹³ ti⁰，suo⁴² i⁴² tɕʰyɛn²² tɕʰyɛn²² tʰa⁵⁵ na²¹³ ɕiɛ⁵⁵，na²¹³，na²¹³ i²² ɕi²¹³ niɛ²² toŋ⁵⁵ ɕi⁵⁵ təu⁵⁵ sๅ²¹³ tʰa⁵⁵ tsๅ²¹³ tɕi⁴² ɕyɛn⁴² tsʰɛ²² ti⁰。

她，而且她就会，选择回来之后，我就会说，哎，哪个好用一些，哪个好用一些，她就会能够感受。tʰa⁵⁵，ə²² tɕʰiɛ⁴² tʰa⁵⁵ təu²¹³ xuei²¹³，ɕyɛn⁴² tsʰɛ²² xuei²² nai²² tsๅ⁵⁵ xəu²¹³，ŋo⁴² təu²¹³ xuei²¹³ suo²²，ai⁰，na⁴² ko²¹³ xau⁴² yoŋ²¹³ i²² ɕiɛ⁵⁵，na⁴² ko²¹³ xau⁴² yoŋ²¹³ i²² ɕiɛ⁵⁵，tʰa⁵⁵ təu²¹³ xuei²¹³ nən²² kəu²¹³ kan⁴² səu²¹³。

哦，最，最大的那个感觉，就是有一次我带她去买鞋。o⁰，tsuei²¹³，tsuei²¹³ ta²¹³ ti⁰ na²¹³ ko²¹³ kan⁴² tɕiau²¹³，təu²¹³ sๅ²¹³ iəu⁴² i²² tsʰๅ²¹³ ŋo⁴² tai²¹³ tʰa⁵⁵ tɕʰi²¹³ mai⁴² xai²²。

嗯，她就特别喜欢，因为小姑娘嘛，都喜欢爱美，就喜欢一双小皮鞋带点儿跟的。ən⁰，tʰa⁵⁵ təu²¹³ tʰiɛ²² piɛ²² ɕi⁴² xuai⁵⁵，in⁵⁵ uei²² ɕiau⁴² ku⁵⁵ niaŋ²² ma⁰，təu⁵⁵ ɕi⁴² xuai⁵⁵ ŋai²¹³ mei⁴²，təu²¹³ ɕi⁴² xuai⁵⁵ i²² suaŋ⁵⁵ ɕiau⁴² pʰi²² xai²² tai²¹³ tiə⁴² kən⁵⁵ ti⁰。

她就特别想穿那一点儿，带一点儿高跟的啊，也不特别高，因为小孩子太……另外一双就是一双板鞋，脚穿起来走路特别舒服。tʰa⁵⁵ təu²¹³ tʰiɛ^{22} piɛ^{22} ɕiaŋ^{42} tsʰuan^{55} na^{213} i^{22} tiɤ^{42}, tai^{213} i^{22} tiɤ^{42} kau^{55} kən^{55} ti^{0} a^{0}, iɛ^{42} pu^{22} tʰiɛ^{22} piɛ^{22} kau^{55}, in^{55} uei^{22} ɕiau^{42} xai^{22} tsʅ^{0} tʰai^{213} …… nin^{213} uai^{213} i^{22} suaŋ^{55} təu^{213} sʅ^{213} i^{22} suaŋ^{55} pan^{42} xai^{22}, tɕyo^{22} tsʰuan^{55} tɕʰi^{42} nai^{22} tsəu^{42} nu^{213} tʰiɛ^{22} piɛ^{22} su^{55} fu^{22}。

她就想要，我就说那行，你自己选择啊，两双鞋子，她就两双，她就只能选择一双。tʰa^{55} təu^{213} ɕiaŋ^{42} iau^{213}, ŋo^{42} təu^{213} suo^{22} na^{213} ɕin^{22}, ni^{42} tsʅ^{213} tɕi^{42} ɕyɛn^{42} tsʰɛ^{22} a^{0}, niaŋ^{42} suaŋ^{55} xai^{22} tsʅ^{0}, tʰa^{55} təu^{213} niaŋ^{42} suaŋ^{55}, tʰa^{55} təu^{213} tsʅ^{22} nən^{22} ɕyɛn^{42} tsʰɛ^{22} i^{22} suaŋ^{55}。

好，她就说，嗯……想要高跟的，我说那行，你先试，把两双鞋子都穿在脚上试下，那你再选择。xau^{42}, tʰa^{55} təu^{213} suo^{22}, ən^{0} …… ɕiaŋ^{42} iau^{213} kau^{55} kən^{55} ti^{0}, ŋo^{42} suo^{22} na^{213} ɕin^{22}, ni^{42} ɕiɛn^{55} sʅ^{213}, pa^{42} niaŋ^{42} suaŋ^{55} xai^{22} tsʅ^{0} təu^{55} tsʰuan^{55} tai^{213} tɕyo^{22} saŋ^{213} sʅ^{213} xa^{0}, na^{213} ni^{42} tsai^{213} ɕyɛn^{42} tsʰɛ^{22}。

好，她就穿起来之后，她走走几步了之后，她觉得我还是拿板鞋，我说为什么，你那么喜欢高跟鞋，高跟鞋走路太不舒服她脚很吃亏。xau^{42}, tʰa^{55} təu^{213} tsʰuan^{55} tɕʰi^{42} nai^{22} tsʅ^{55} xəu^{213}, tʰa^{55} tsəu^{42} tsəu^{42} tɕi^{55} pu^{213} na^{0} tsʅ^{55} xəu^{213}, tʰa^{55} tɕyo^{22} tɛ^{22} ŋo^{42} xai^{22} sʅ^{213} na^{22} pan^{42} xai^{22}, ŋo^{42} suo^{22} uei^{22} sən^{22} mo^{0}, ni^{42} na^{213} mo^{0} ɕi^{42} xuai^{55} kau^{55} kən^{55} xai^{22}, kau^{55} kən^{55} xai^{22} tsəu^{42} nu^{213} tʰai^{213} pu^{22} su^{55} fu^{22} tʰa^{55} tɕyo^{22} xɛ^{42} tsʰʅ^{22} kʰuei^{55}。

我说对，那点就是说，你包括以后做任何事情，你就个人要去尝试，你尝试之后，任何，哪样事情适合你，哪样东西不适合你的，不能整表面。ŋo^{42} suo^{22} tuei^{213}, na^{213} tiɛn^{42} təu^{213} sʅ^{213} suo^{22}, ni^{42} pau^{55} kua^{22} i^{42} xəu^{213} tsu^{213} zən^{22} xo^{22} sʅ^{213} tɕʰin^{22}, ni^{42} təu^{213} ko^{213} zən^{22} iau^{213} tɕʰi^{213} saŋ^{22} sʅ^{213}, ni^{42} saŋ^{22} sʅ^{213} tsʅ^{55} xəu^{213}, zən^{22} xo^{22}, na^{42} iaŋ^{213} sʅ^{213} tɕʰin^{22} sʅ^{22} xo^{22} ni^{42}, na^{42} iaŋ^{213} toŋ^{55} ɕi^{55} pu^{22} sʅ^{22} xo^{22} ni^{42} ti^{0}, pu^{22} nən^{22} tsən^{42} piau^{42} miɛn^{213}。

嗯……所以说她买任何东西我都会带她出去，亲自让她自己去参与，因为那个，参与到其中她才能够感知，如果我任何一切包办之后，女孩子长大之后，自己的审美观念也没得，么子事情自己的主见也没得。ən^{0} …… suo^{42} i^{42} suo^{22} tʰa^{55} mai^{22} zən^{22} xo^{22} toŋ^{55} ɕi^{55} ŋo^{42} təu^{55} xuei^{213} tai^{213} tʰa^{55} tsʰu^{22} tɕʰi^{213}, tɕʰin^{55} tsʅ^{213} zaŋ^{213} tʰa^{55} tsʅ^{213} tɕi^{42} tɕʰi^{213} tsʰan^{55} y^{42}, in^{55}

uei²² na²¹³ ko²¹³, tsʰan⁵⁵ y⁴² tau²¹³ tɕʰi²² tsoŋ⁵⁵ tʰa⁵⁵ tsʰai²² nən²² kəu²¹³ kan⁴² tsɿ⁵⁵, zu²² ko⁴² ŋo⁴² zən²² xo²² i²² tɕʰiɛ²² pau⁵⁵ pan²¹³ tsɿ⁵⁵ xəu²¹³, ny⁴² xai²² tsɿ⁰ tsaŋ⁴² ta²¹³ tsɿ⁵⁵ xəu²¹³, tsɿ²¹³ tɕi⁴² ti⁰ sən⁴² mei⁴² kuan⁵⁵ niɛn²¹³ iɛ⁴² mei⁵⁵ tɛ²², mo⁰ tsɿ⁰ sɿ²¹³ tɕʰin²² tsɿ²¹³ tɕi⁴² ti⁰ tsu⁴² tɕiɛn²¹³ iɛ⁴² mei⁵⁵ tɛ²²。

所以说，我就觉得，我都不会，所以任何东西叫我再忙再累我都会陪她去，只要她想要的东西可以。suo⁴² i⁴² suo²², ŋo⁴² təu²¹³ tɕyo²² tɛ²², ŋo⁴² təu⁵⁵ pu²² xuei²¹³, suo⁴² i⁴² zən²² xo²² toŋ⁵⁵ ɕi⁵⁵ tɕiau²¹³ ŋo⁴² tsai²¹³ maŋ²² tsai²¹³ nuei²¹³ ŋo⁴² təu⁵⁵ xuei²¹³ pʰei²² tʰa⁵⁵ tɕʰi²¹³, tsɿ²² iau²¹³ tʰa⁵⁵ ɕiaŋ⁴² iau²¹³ ti⁰ toŋ⁵⁵ ɕi⁵⁵ kʰo⁴² i⁴²。

但是，还有点，她像学习上的迥个事情，我是绝对，就说，无条件的大力支持。tan²¹³ sɿ²¹³, xai²² iəu⁴² tiɛn⁴², tʰa⁵⁵ tɕʰiaŋ²¹³ ɕyo²² ɕi²² saŋ²¹³ ti⁰ niɛ²² ko²¹³ sɿ²¹³ tɕʰin²², ŋo⁴² sɿ²¹³ tɕyɛ²² tuei²¹³, təu²¹³ suo²², u²² tʰiau²¹³ tɕiɛn²¹³ ti⁰ ta²¹³ ni²² tsɿ⁵⁵ tsʰɿ²²。

但是其实还是事情都跟她讲得很清楚，我其他往的事情我不得支持你。tan²¹³ sɿ²¹³ tɕʰi²² sɿ²² xai²² sɿ²¹³ sɿ²¹³ tɕʰin²² təu⁵⁵ kən⁵⁵ tʰa⁵⁵ tɕiaŋ⁴² tɛ²² xɛ⁴² tɕʰin⁵⁵ tsʰu⁴², ŋo⁴² tɕʰi²² tʰa⁵⁵ uaŋ⁴² ti⁰ sɿ²¹³ tɕʰin²² ŋo⁴² pu²² tɛ²² tsɿ⁵⁵ tsʰɿ²² ni⁴²。

就说你像么子学习上啊，你要去，想去参加么子比赛呀，那个我觉得，花再多钱我觉得都值。təu²¹³ suo²² ni⁴² tɕʰiaŋ²¹³ mo⁰ tsɿ⁰ ɕyo²² ɕi²² saŋ²¹³ a⁰, ni⁴² iau²¹³ tɕʰi²¹³, ɕiaŋ⁴² tɕʰi²¹³ tsʰan⁵⁵ tɕia⁵⁵ mo⁰ tsɿ⁰ pi⁴² sai²¹³ ia⁰, na²¹³ ko²¹³ ŋo⁴² tɕyo²² tɛ²², xua⁵⁵ tsai²¹³ tuo⁵⁵ tɕʰiɛn²² ŋo⁴² tɕyo²² tɛ²² təu⁵⁵ tsɿ²²。

所以说，嗯……那天她书法一练完之后，把那幅作品写下之后，我们旁边的就说，你迥两年洗肉都觉得值得吧，我看到确实，就相对来说还是比较欣慰啊。suo⁴² i⁴² suo²², ən⁰ ……na²¹³ tʰiɛn⁵⁵ tʰa⁵⁵ su⁵⁵ fa²² i²² niɛn²¹³ uan²² tsɿ⁵⁵ xəu²¹³, pa⁴² na²¹³ fu²² tsuo²² pʰin⁴² ɕiɛ⁴² ɕia²¹³ tsɿ⁵⁵ xəu²¹³, ŋo⁴² mən⁰ pʰaŋ²² piɛn⁵⁵ ti⁰ təu²¹³ suo²², ni⁴² niɛ²² niaŋ⁴² niɛn²² ɕi⁴² zu²² təu²² tɕyo²² tɛ²² tsɿ²² tɛ²² pa⁰, ŋo⁴² kʰan²¹³ tau²¹³ tɕʰyo²² sɿ²², təu²¹³ ɕiaŋ⁵⁵ tuei²¹³ nai²² suo²² xai²² sɿ²¹³ pi²² tɕiau⁴² ɕin⁵⁵ uei²¹³ a⁰。

其实我们的，作为父母讲，嗯……当有了小孩之后，当父母的感想就要……那个是不一样哒。tɕʰi²² sʅ²² ŋo⁴² mən⁰ ti⁰, tsuo²² uei²² fu²¹³ mu⁴² tɕiaŋ⁴², ən⁰…… taŋ⁵⁵ iəu⁴² na⁰ ɕiau⁴² xai²² tsʅ⁵⁵ xəu²¹³, taŋ⁵⁵ fu²¹³ mu⁴² ti⁰ kan⁴² ɕiaŋ⁴² təu²¹³ iau²¹³…… na²¹³ ko²¹³ sʅ²¹³ pu²² i²² iaŋ²¹³ ta⁰。

主要不是说你取得么子特别特别的成就，起码要，你觉得，你个人能够对你自己的言行负责呀，还有就，不去搞歪门邪道啊。tsu⁴² iau²¹³ pu²² sʅ²¹³ suo²² ni⁴² tɕʰy⁴² tɛ²² mo⁰ tsʅ⁰ tʰiɛ²² piɛ²² tʰiɛ²² piɛ²² ti⁰ tsʰən²² təu²¹³, tɕʰi⁴² ma⁴² iau²¹³, ni⁴² tɕyo²² tɛ²², ni⁴² ko²¹³ zən²² nən²² kəu²¹³ tuei²¹³ ni⁴² tsʅ²¹³ tɕi⁴² ti⁰ iɛn²² ɕin²² fu²¹³ tsɛ²² ia⁰, xai²² iəu⁴² təu²¹³, pu²² tɕʰi²¹³ kau⁴² uai⁵⁵ mən²² ɕiɛ²² tau²¹³ a⁰。

因为你像现在，现在你小，你做任何一些东西我们可以不给你负责，但是等……但是我觉得跟她建议说，十岁过后你的任何东西，其实从小，你的言行你就必须自己负责。in⁵⁵ uei²² ni⁴² tɕʰiaŋ²¹³ ɕiɛn²¹³ tsai²¹³, ɕiɛn²¹³ tsai²¹³ ni⁴² ɕiau⁴², ni⁴² tsu²¹³ zən²² xo²² i²² ɕiɛ⁵⁵ toŋ⁵⁵ ɕi⁵⁵ ŋo⁴² mən⁰ kʰo⁴² i⁴² pu²² kei⁴² ni⁴² fu²¹³ tsɛ²², tan²¹³ sʅ²¹³ tən⁴²…… tan²¹³ sʅ²¹³ ŋo⁴² tɕyo²² tɛ²² kən⁵⁵ tʰa⁵⁵ tɕiɛn²¹³ i²¹³ suo²², sʅ²² suei²¹³ ko²¹³ xəu²¹³ ni⁴² ti⁰ zən²² xo²² toŋ⁵⁵ ɕi⁵⁵, tɕʰi²² sʅ²² tsʰoŋ²² ɕiau⁴², ni⁴² ti⁰ iɛn²² ɕin²² ni⁴² təu²¹³ pi²² ɕy⁵⁵ tsʅ²¹³ tɕi⁴² fu²¹³ tsɛ²²。

十四岁过后你的任何言行，你就么子违法犯罪迩些事情，那父母根本就不能帮你。sʅ²² sʅ²¹³ suei²¹³ ko²¹³ xəu²¹³ ni⁴² ti⁰ zən²² xo²² iɛn²² ɕin²², ni⁴² təu²¹³ mo⁰ tsʅ⁰ uei²² fa²² fan²¹³ tsuei²¹³ niɛ²² ɕiɛ⁵⁵ sʅ²¹³ tɕʰin²², na²¹³ fu²¹³ mu⁴² kən⁵⁵ pən⁴² təu²¹³ pu²² nən²² paŋ⁵⁵ ni⁴²。

十六岁之后你的言行更加要，要想下，你就要做任何事情，反正就要三思而后行。sʅ²² nu²² suei²¹³ tsʅ⁵⁵ xəu²¹³ ni⁴² ti⁰ iɛn²² ɕin²² kən⁵⁵ tɕia⁵⁵ iau²¹³, iau²¹³ ɕiaŋ⁴² xa⁰, ni⁴² təu²¹³ iau²¹³ tsu²² zən²² xo²² sʅ²¹³ tɕʰin²², fan⁴² tsən⁵⁵ təu²¹³ iau²¹³ san⁵⁵ sʅ⁵⁵ ə²² xəu²¹³ ɕin²²。

所以我的，嗯……叫理念就是了，虽然说我书读得不多，但是我就觉得，就因为我自己受的苦就是，文化程度不是特别高，所以我就不想我女儿走我的路。suo⁴² i⁴² ŋo⁴² ti⁰, ən⁰…… tɕiau²¹³ ni⁴² niɛn²¹³ təu²¹³ sʅ²¹³ na⁰, ɕy⁵⁵ zan²² suo²² ŋo⁴² su⁵⁵ tu²² tɛ²² pu²² tuo⁵⁵, tan²¹³ sʅ²¹³ ŋo⁴² təu²¹³ tɕyo²² tɛ²², təu²¹³ in⁵⁵ uei²² ŋo⁴² tsʅ²¹³ tɕi⁴² səu²¹³ ti⁰ kʰu⁴² təu²¹³ sʅ²¹³, uən²² xua²¹³

tsʰən²² tu²¹³ pu²² sʅ²¹³ tʰiɛ²² piɛ²² kau⁵⁵, suo⁴² i⁴² ŋo⁴² təu²¹³ pu²² ɕiaŋ⁴² ŋo⁴²
ny⁴² ə²² tsəu⁴² ŋo⁴² ti⁰ nu²¹³。

　　就说，虽然现在啊，在中国目前来说，只有靠知识的那一块ㄦ来改变自己的命运，因为那是没有办法的啊，不像国外啊，你像条件好，你可以去随便读个好的大学啊，也不行嘛。təu²¹³ suo²², ɕy⁵⁵ zan²² ɕiɛn²¹³ tsai²¹³ a⁰, tai²¹³ tsoŋ⁵⁵ kuɛ²² mu²² tɕʰiɛn²² nai²² suo²², tsʅ²² iəu⁴² kʰau²¹³ tsʅ⁵⁵ sʅ²² ti⁰ na²¹³ i²² kʰuə⁰ nai²² kai⁴² piɛn²¹³ tsʅ²¹³ tɕi⁴² ti⁰ min²¹³ yən²¹³, in⁵⁵ uei²² na²¹³ sʅ²¹³ mei⁵⁵ iəu⁴² pan²¹³ fa²² ti⁰ a⁰, pu²² tɕʰiaŋ²¹³ kuɛ²² uai²¹³ a⁰, ni⁴² tɕʰiaŋ²¹³ tʰiau²² tɕiɛn²¹³ xau⁴², ni⁴² kʰo⁴² i⁴² tɕʰi²¹³ suei²² pʰiɛn²² tu²² ko²¹³ xau⁴² ti⁰ ta²¹³ ɕyo²² a⁰, iɛ⁴² pu²² ɕin²² ma⁰。

五　多人对话

　　说明： 多人对话共三人，一人为冯正佩先生，一人为张仕波先生，一人为覃秋琼女士。下文分别用姓代表说话人。介绍了咸丰的历史和地理，包括咸丰的土司制度、当地行政区划的变化、地名观音桥的由来、咸丰民族师范学校的历史以及部分历史人物故事等。

　　冯： 那个，我们迥咸丰人哦，咸丰人对咸丰的历史，有些年轻人呢，还不一定都了解。我就是向你们两个呢介绍一下那个咸丰的历史。那个咸丰，从县志上头看呢，它是……有明文记载的呢，是从——后周开始。后周开始就有明文记载哒。那么在后周之前，是一片空白，记载上是一片空白，但实际上又不是空白。在清朝的时候啊，我们咸丰县县衙门里头就立了一块岩头，那个岩头就是一个碑。那个碑呢，高头，从高头记载一些字呢，就清清楚楚地就是西晋武帝太康年间的，记载咸丰当时发生一些事情的一块石碑，后来被咸丰的一些文人啊，就叫它"太康碑"。迥个太康碑呢就在清朝末年不在了。不在了有好多种说法，有的说着强盗偷哒，有的说呢着县官——卸任的县官带起跑哒，反正不在哒。na²¹³ ko²¹³, ŋo⁴² mən⁰ niɛ²² xan²² foŋ⁵⁵ zən²² o⁰, xan²² foŋ⁵⁵ zən²² tuei²¹³ xan²² foŋ⁵⁵ ti⁰ ni²² sʅ⁴², iəu⁴² ɕiɛ⁵⁵ niɛn²² tɕʰin⁵⁵ zən²² nɛ⁰, xai²² pu²² i²² tin²¹³ təu⁵⁵

niau⁴² kai⁴²。ŋo⁴² təu²¹³ sๅ²¹³ ɕiaŋ²¹³ ni⁴² mən⁰ niaŋ⁴² ko²¹³ nɛ⁰ kai²¹³ sau²¹³ i²²
xa⁵⁵ na²¹³ ko²¹³ xan²² foŋ⁵⁵ ti⁰ ni²² sๅ⁴²。na²¹³ ko²¹³ xan²² foŋ⁵⁵, tsʰoŋ²² ɕiɛn²¹³
tsๅ²¹³ saŋ²¹³ tʰəu⁰ kʰan²¹³ nɛ⁰, tʰa⁵⁵ sๅ²¹³……iəu⁴² mən²² uən²² tɕi²¹³ tsai⁴² ti⁰
nɛ⁰, sๅ²¹³ tsʰoŋ²² —— xəu²¹³ tsəu⁵⁵ kʰai⁵⁵ sๅ²¹³。xəu²¹³ tsəu⁵⁵ kʰai⁵⁵ sๅ⁴² təu²¹³
iəu⁴² mən²² uən²² tɕi²¹³ tsai⁴² ta⁰。na²¹³ mo⁰ tai²¹³ xəu²¹³ tsəu⁵⁵ tsๅ⁵⁵ tɕʰiɛn²²,
sๅ²¹³ i²² pʰiɛn²¹³ kʰoŋ⁵⁵ pɛ²², tɕi²¹³ tsai⁴² saŋ²¹³ sๅ²¹³ i²² pʰiɛn²¹³ kʰoŋ⁵⁵ pɛ²²,
tan²¹³ sๅ²² tɕi²¹³ saŋ²¹³ iəu²¹³ pu²² sๅ²¹³ kʰoŋ⁵⁵ pɛ²²。tai²¹³ tɕʰin⁵⁵ tsau⁵⁵ ti⁰ sๅ²²
xəu²¹³ a⁰, ŋo⁴² mən⁰ xan²² foŋ⁵⁵ ɕiɛn²¹³ ɕiɛn²¹³ ia²² mən²² ni⁴² tʰəu⁰ təu²¹³ ni²²
na⁰ i²² kʰuai²¹³ ŋai²² tʰəu⁰, na²¹³ ko²¹³ ŋai²² tʰəu⁰ təu²¹³ sๅ²¹³ i²² ko²¹³ pei⁵⁵。
na²¹³ ko²¹³ pei⁵⁵ nɛ⁰, kau⁵⁵ tʰəu⁰, tsʰoŋ²² kau⁵⁵ tʰəu⁰ tɕi²¹³ tsai⁴² i²² ɕiɛ⁵⁵ tsๅ²¹³
nɛ⁰, təu²¹³ tɕʰin⁵⁵ tɕʰin⁵⁵ tsʰu⁴² tsʰu⁴² ti²¹³ təu²¹³ sๅ²¹³ ɕi⁵⁵ tɕin²¹³ u⁴² ti²¹³ tʰai²¹³
kʰaŋ⁵⁵ niɛn²² kan⁵⁵ ti⁰, tɕi²¹³ tsai⁴² xan²² foŋ⁵⁵ taŋ⁵⁵ sๅ²² fa²² sən⁵⁵ i²² ɕiɛ⁵⁵
sๅ²¹³ tɕʰin²² ti⁰ i²² kʰuai²¹³ sๅ²² pei⁵⁵, xəu²¹³ nai²² pei²¹³ xan²² foŋ⁵⁵ ti⁰ i²² ɕiɛ⁵⁵
uən²² zən²² a⁰, təu²¹³ tɕiau²¹³ tʰa⁵⁵ "tʰai²¹³ kʰaŋ⁵⁵ pei⁵⁵"。niɛ²² ko²¹³ tʰai²¹³ kʰaŋ⁵⁵
pei⁵⁵ nɛ⁰ təu²¹³ tai²¹³ tɕʰin⁵⁵ tsau⁵⁵ mo²² niɛn²² pu²² tai²¹³ na⁰。 pu²² tai²¹³ na⁰
iəu⁴² xau⁴² tuo⁵⁵ tsoŋ⁴² suo²² fa²², iəu⁴² ti⁰ suo²² tsuo²² tɕiaŋ²² tau²¹³ tʰəu⁵⁵
ta⁰, iəu⁴² ti⁰ suo²² nɛ⁰ tsuo²² ɕiɛn²¹³ kuan⁵⁵ —— ɕiɛ²¹³ zən²² ti⁰ ɕiɛn²¹³ kuan⁵⁵
tai²¹³ tɕʰi⁴² pʰau⁴² ta⁰, fan²² tsən⁵⁵ pu²² tai²¹³ ta⁰。

张：意思就说我们咸丰基本上就有……i²¹³ sๅ⁵⁵ təu²¹³ suo²² ŋo⁴² mən⁰
xan²² foŋ⁵⁵ tɕi⁵⁵ pən⁴² saŋ²¹³ təu²¹³ iəu⁴²……

冯：那是公元前，公元200多年时候ㄦ……na²¹³ sๅ²¹³ koŋ⁵⁵ yɛn²²
tɕʰiɛn²², koŋ⁵⁵ yɛn²² niaŋ⁴² pɛ²² tuo⁵⁵ niɛn²² sๅ²² xə²¹³……

张：两千多年哒！niaŋ⁴² tɕʰiɛn⁵⁵ tuo⁵⁵ niɛn²² ta⁰！

冯：哦，两千年历史。迩个，就那个时候ㄦ写的太康碑哒。迩，迩
个西——那个后周之前呢是没得文字记载。有文字记载，有明文记载，从
县志高头看出来是在后周过后。那么那个真正咸丰的历史，比较清晰的，
清晰记载就是，那个，那个，那个说——土司，就是宋朝年后，末年，宋
朝末年那个散毛土司。o⁰, niaŋ⁴² tɕʰiɛn⁵⁵ niɛn²² ni²² sๅ⁴²。niɛ²² ko²¹³, təu²¹³
na²¹³ ko²¹³ sๅ²² xə²¹³ ɕiɛ⁴² ti⁰ tʰai²¹³ kʰaŋ⁵⁵ pei⁵⁵ ta⁰。niɛ²², niɛ²² ko²¹³ ɕi⁵⁵ ——
na²¹³ ko²¹³ xəu²¹³ tsəu⁵⁵ tsๅ⁵⁵ tɕʰiɛn²² nɛ⁰ sๅ²¹³ mei⁵⁵ tɛ²² uən²² tsๅ²¹³ tɕi²¹³ tsai⁴²。

iəu⁴² uən²² tsʅ²¹³ tɕi²¹³ tsai⁴², iəu⁴² mən²² uən²² tɕi²¹³ tsai⁴², tsʰoŋ²² ɕiɛn²¹³ tsʅ²¹³ kau⁵⁵ tʰəu⁰ kʰan²¹³ tsʰu²² nai²² sʅ²¹³ tai²¹³ xəu²¹³ tsəu⁵⁵ ko²¹³ xəu²¹³。na²¹³ mo⁰ na²¹³ ko²¹³ tsən⁵⁵ tsən⁵⁵ xan²² foŋ⁵⁵ tiˀ⁰ ni²² sʅ⁴², pi⁴² tɕiau⁴² tɕʰin⁵⁵ ɕi²² tiˀ⁰, tɕʰin⁵⁵ ɕi²² tɕi²¹³ tsai⁴² təu²¹³ sʅ²¹³, na²¹³ ko²¹³, na²¹³ ko²¹³, na²¹³ ko²¹³ suo²²——tʰu⁴² sʅ⁵⁵, təu²¹³ sʅ²¹³ soŋ²¹³ tsau⁵⁵ niɛn²² xəu²¹³, mo²² niɛn²², soŋ²¹³ tsau⁵⁵ mo²² niɛn²² na²¹³ ko²¹³ san⁴² mau²² tʰu⁴² sʅ⁵⁵。

张：就是……təu²¹³ sʅ²¹³……

冯：就是那个"扎摩伙"。"扎摩伙"的话，原来，现在人喊错哒，叫"扎摩伙"，"扎摩伙"，都错哒。那叫"散毛伙"。təu²¹³ sʅ²¹³ na²¹³ ko²¹³ "tsa²² mo⁵⁵ xo⁴²"。"tsa²² mo⁵⁵ xo⁴²" tiˀ⁰ xua²¹³, yɛn²² nai²², ɕiɛn²¹³ tsai²¹³ zən²² xan⁴² tsʰuo²¹³ taˀ⁰, tɕiau²¹³ "tsa²² mo⁵⁵ xo⁴²"，"tsa²² mo⁵⁵ xo⁴²"，təu⁵⁵ tsʰuo²¹³ taˀ⁰。na²¹³ tɕiau²¹³ "san⁴² mau²² xo⁴²"。

张：哦！oˀ⁰！
覃：哦！oˀ⁰！

冯："散毛伙"，那个"散毛伙"的名字就是三茂司迻么来的。再后来就是唐崖司，金峒司，龙潭司，西坪，菖蒲，隆奉，杨洞——我们咸丰数数，我数去数来有九个至十个土司。在，在……可能在中国，在全国都是少有……"san⁴² mau²² xo⁴²"，na²¹³ ko²¹³ "san⁴² mau²² xo⁴²" tiˀ⁰ min²² tsʅ²¹³ təu²¹³ sʅ²¹³ san⁵⁵ mau²¹³ sʅ⁵⁵ niɛ²² mo⁰ nai²² tiˀ⁰。tsai²¹³ xəu²¹³ nai²² təu²¹³ sʅ²¹³ tʰaŋ²² ŋai²² sʅ⁵⁵, tɕin⁵⁵ toŋ²¹³ sʅ⁵⁵, noŋ²² tʰan²² sʅ⁵⁵, ɕi⁵⁵ pʰin²², tsʰaŋ⁵⁵ pʰu²², noŋ²² foŋ²¹³, iaŋ²² toŋ²¹³——ŋo⁴² mən⁰ xan²² foŋ⁵⁵ su⁴² su⁴², ŋo⁴² su⁴² tɕʰi²¹³ su⁴² nai²² iəu⁴² tɕiəu⁴² ko²¹³ tsʅ²¹³ sʅ²² ko²¹³ tʰu⁴² sʅ⁵⁵。tai²¹³, tai²¹³……kʰo⁴² nən²² tai²¹³ tsoŋ⁵⁵ kuɛ²², tai²¹³ tɕʰyɛn²² kuɛ²² təu⁵⁵ sʅ²¹³ sau⁴² iəu⁴²……

张：但是我们迻个……tan²¹³ sʅ²¹³ ŋo⁴² mən⁰ niɛ²² ko²¹³……

覃：就是那个那下ₙ……təu²¹³ sʅ²¹³ na²¹³ ko²¹³ na²¹³ xə⁰……

冯：现在已经被确认的嘛，就是——确认的嘛，六个么。六个再加上活龙坪那边有一个哟；还有一个就是喊的龙凤土司哟，传说。反正那个叫不叫龙凤土司还不一定，杨洞土司那个肯定是存在的。ɕiɛn²¹³ tsai²¹³ i⁴² tɕin⁵⁵ pei²¹³ tɕʰyo²² zən²¹³ tiˀ⁰ maˀ⁰, təu²¹³ sʅ²¹³——tɕʰyo²² zən²¹³ tiˀ⁰ maˀ⁰, nu²² ko²¹³ mo⁰。nu²² ko²¹³ tsai²¹³ tɕia⁵⁵ saŋ²¹³ xo²² noŋ²² pʰin²² na²¹³ piɛn⁵⁵ iəu⁴² i²² ko²¹³ sa⁰；xai²² iəu⁴² i²² ko²¹³ təu²¹³ sɿ²¹³ xan⁴² ti⁰ noŋ²² foŋ²¹³ tʰu⁴² tsɿ⁰ sa⁰, tsʰuan²² suo²²。 fan⁴² tsən²¹³ na²¹³ ko²¹³ tɕiau²¹³ pu²² tɕiau²¹³ noŋ²² foŋ²¹³ tʰu⁴² sɿ⁵⁵ xai²² pu²² i²² tin²¹³，iaŋ²² toŋ²¹³ tʰu⁴² sɿ⁵⁵ na²¹³ ko²¹³ kʰən⁴² tin²¹³ sɿ²¹³ tsʰən²² tai²¹³ ti⁰。

张、覃： 哦！o⁰！

张： 但是比较出名的……tan²¹³ sɿ²¹³ pi⁴² tɕiau⁴² tsʰu²² min²² ti⁰……

冯： 再就是那个"饮水"土司，活龙坪，水坝营，水土司，那是肯定的。就是至少有迥九个土司。tsai²¹³ təu²¹³ sɿ²¹³ na²¹³ ko²¹³ "in⁴² suei⁴²" tʰu⁴² sɿ⁵⁵，xo²² noŋ²² pʰin²²，suei⁴² pa²¹³ yən²²，suei⁴² tʰu⁴² sɿ⁵⁵，na²¹³ sɿ²¹³ kʰən⁴² tin²¹³ ti⁰。 təu²¹³ sɿ²¹³ tsɿ²¹³ sau⁴² iəu⁴² niɛ²² tɕiəu⁴² ko²¹³ tʰu⁴² sɿ⁵⁵。

张、覃： 哦！o⁰！

冯： 那么土司，存在的历史就比较久远哒。从宋朝末年开始，慢慢ɪ——那时候ɪ还不叫土司哦。慢慢儿，后来么，按照现在说法叫土司。na²¹³ mo⁰ tʰu⁴² sɿ⁵⁵，tsʰən²² tai²¹³ ti⁰ ni²² sɿ⁴² təu²¹³ pi⁴² tɕiau⁴² tɕiəu⁴² yɛn⁴² ta⁰。 tsʰoŋ²² soŋ²¹³ tsau⁵⁵ mo²² niɛn²² kʰai⁵⁵ sɿ⁴²，man²¹³ mɚ⁰ —— na²¹³ sɿ²² xɚ²¹³ xai²² pu²² tɕiau²¹³ tʰu⁴² sɿ⁵⁵ o⁰。 man²¹³ man²¹³ ɚ²²，xəu²¹³ nai²² mo⁰，ŋan²¹³ tsau²¹³ ɕiɛn²¹³ tsai²¹³ suo²² fa²² tɕiau²¹³ tʰu⁴² sɿ⁵⁵。

张： 那个，那个，那个"尖山"土司是在后头的吧？那个起兵那个。na²¹³ ko²¹³，na²¹³ ko²¹³，na²¹³ ko²¹³ "tɕiɛn⁵⁵ san⁵⁵" tʰu⁴² sɿ⁵⁵ sɿ²¹³ tai²¹³ xəu²¹³ tʰəu⁰ ti⁰ pa⁰？ na²¹³ ko²¹³ tɕʰi⁴² pin⁵⁵ na²¹³ ko²¹³。

冯： 那个啊，秦朝那个时候ɪ，那是元……na²¹³ ko²¹³ a⁰，tɕʰin²² tsau⁵⁵ na²¹³ ko²¹³ sɿ²² xɚ²¹³，na²¹³ sɿ²¹³ yɛn²²……

张： 明朝时候ɪ。min²² tsʰau²² sɿ²¹³ xɚ²¹³。

冯： 明朝时候ɪ，明朝时候ɪ，哎！明朝的时候ɪ，现在就是那个，世界文化遗产，土司遗址，世遗，就是唐崖土司哟。唐崖真的还没得——最早的还是散毛土司。min²² tsʰau²² sɿ²² xɚ²¹³，min²² tsʰau²² sɿ²² xɚ²¹³，ɛ⁰！ min²² tsʰau²² ti⁰ sɿ²² xɚ²¹³，ɕiɛn²¹³ tsai²¹³ təu²¹³ sɿ²¹³ na²¹³ ko²¹³，sɿ²¹³ kai²¹³ uən²² xua²¹³ i²² tsʰan⁴²，tʰu⁴² sɿ⁵⁵ i²² tsɿ²²，sɿ²¹³ i²²，təu²¹³ sɿ²¹³ tʰaŋ²² ŋai²² tʰu⁴² sɿ⁵⁵ sa⁰。 tʰaŋ²² ŋai²² tsən⁵⁵ ti⁰ xai²² mei⁵⁵ tɛ²² —— tsuei²¹³ tsau⁴² ti⁰ xai²² sɿ²¹³ san⁴² mau²² tʰu⁴² sɿ⁵⁵。

张：哦！o⁰！

冯：散毛土司最早！那么土司过后，土司过后就是从明朝，朱元璋建立明朝过后，就看见那些土司经常造反哟，造反不服朝廷管，就派蓝玉，派蓝玉呢，就喊的蓝，凉国公。他是明朝的开国元帅。叫他呢，率大兵呢，来把那个散毛司，就灭哒！灭哒就把分国哒，分国大部分呢分到来凤去哒，小部分就归到咸丰。归到咸丰就成立么子啊？叫大田千户，来，来正式纳入中央直接管理哒。大田千户所是个军事机关。那个，嗯，湖北督军府，下头有个施州卫，施州卫呢，全国一个卫管一个土司，就是那个恩施州卫就是管我们大田土司。san⁴² mau²² tʰu⁴² sʅ⁵⁵ tsuei²¹³ tsau⁴²！ na²¹³ mo⁰ tʰu⁴² sʅ⁵⁵ ko²¹³ xəu²¹³, tʰu⁴² sʅ⁵⁵ ko²¹³ xəu²¹³ təu²¹³ sʅ²¹³ tsʰoŋ²² min²² tsʰau²², tsu⁵⁵ yɛn²² tsaŋ⁵⁵ tɕiɛn²¹³ ni²² min²² tsʰau²² ko²¹³ xəu²¹³, təu²¹³ kʰan²¹³ tɕiɛn²¹³ na²¹³ ɕiɛ⁵⁵ tʰu⁴² sʅ⁵⁵ tɕin⁵⁵ saŋ²² tsʰau²¹³ fan⁴² sa⁰, tsʰau²¹³ fan⁴² pu²² fu²² tsau⁵⁵ tʰin²² kuan⁴², təu²¹³ pʰai²¹³ nan²² y²², pʰai²¹³ nan²² y²² nɛ⁰, təu²¹³ xan⁴² tiⁿ⁰ nan²², niaŋ²² kuɛ²² koŋ⁵⁵。 tʰa⁵⁵ sʅ²¹³ min²² tsʰau²² tiⁿ⁰ kʰai⁵⁵ kuɛ²² yɛn²² suai²¹³。 tɕiau²¹³ tʰa⁵⁵ nɛ⁰, suai²¹³ ta²¹³ pin⁵⁵ nɛ⁰, nai²² pa⁴² na²¹³ ko²¹³ san⁴² mau²² sʅ⁵⁵, təu²¹³ miɛ²² ta⁰！ miɛ²² ta⁰ təu²¹³ pa⁴² fən⁵⁵ kuɛ²² ta⁰, fən⁵⁵ kuɛ²² ta²¹³ pu²¹³ fən⁵⁵ nɛ⁰ fən⁵⁵ tau²¹³ nai²² foŋ⁵⁵ tɕʰi²¹³ ta⁰, ɕiau⁴² pu²¹³ fən⁵⁵ təu²¹³ kuei⁵⁵ tau²¹³ xan²² foŋ⁵⁵。 kuei⁵⁵ tau²¹³ xan²² foŋ⁵⁵ təu²¹³ tsʰən²² ni²² mo⁰ tsʅⁿ⁰ a⁰？ tɕiau²¹³ ta²¹³ tʰiɛn²² tɕʰiɛn⁵⁵ fu²¹³, nai²², nai²² tsən⁵⁵ sʅ²¹³ na²² zu²² tsoŋ⁵⁵ iaŋ⁵⁵ tsʅ²² tɕiɛ²² kuan⁴² ni⁴² ta⁰。 ta²¹³ tʰiɛn²² tɕʰiɛn⁵⁵ fu²¹³ suo⁴² sʅ²¹³ ko²¹³ tɕyən⁵⁵ sʅ²¹³ tɕi⁵⁵ kuan⁵⁵。 na²¹³ ko²¹³, ən⁰, fu²² pɛ²² tu²² tɕyən⁵⁵ fu⁴², ɕia²¹³ tʰəuⁿ⁰ iəu⁴² ko²¹³ sʅ⁵⁵ tsəu⁵⁵ uei²¹³, sʅ⁵⁵ tsəu⁵⁵ uei²¹³ nɛ⁰, tɕʰyɛn²² kuɛ²² i²² ko²¹³ uei²¹³ kuan⁴² i²² ko²¹³ tʰu⁴² sʅ⁵⁵, təu²¹³ sʅ²¹³ na²¹³ ko²¹³ ŋən⁵⁵ sʅ⁵⁵ tsəu⁵⁵ uei²¹³ təu²¹³ sʅ²¹³ kuan⁴² ŋo⁴² mən⁰ ta²¹³ tʰiɛn²² tʰu⁴² sʅ⁵⁵。

张：就是我们咸丰那个……təu²¹³ sʅ²¹³ ŋo⁴² mən⁰ xan²² foŋ⁵⁵ na²¹³ ko²¹³……

冯：千户所哟，大田千户所！大田千户所就是现在老县委那个地方。tɕʰiɛn⁵⁵ fu²¹³ suo⁴² sa⁰, ta²¹³ tʰiɛn²² tɕʰiɛn⁵⁵ fu²¹³ suo⁴²！ ta²¹³ tʰiɛn²² tɕʰiɛn⁵⁵ fu²¹³ suo⁴² təu²¹³ sʅ²¹³ ɕiɛn²¹³ tsai²¹³ nau⁴² ɕiɛn²¹³ uei⁴² na²¹³ ko²¹³ ti²¹³ faŋ⁵⁵。

张：哦！o⁰！

冯：就是你屋那个，你屋那个旮旯ₙ里出来，那个……下。təu²¹³ sɿ²¹³ ni⁴² u²² na²¹³ ko²¹³, ni⁴² u²² na²¹³ ko²¹³ kʰa⁵⁵ kʰə⁰ ni⁴² tsʰu²² nai²², na²¹³ ko²¹³……xa⁰。

覃：就是现在老县委啦！təu²¹³ sɿ²¹³ ɕiɛn²¹³ tsai²¹³ nau⁴² ɕiɛn²¹³ uei⁴² na⁰！

冯：大田所啦！那个地方老地面。现在还有人叫大田所，包括你们大伯都有可能都是那个大田所。那个，嗯……历史，那个那块ₙ就——大田千户所过后呢，就后来就清朝，那个雍正十三年改土归流就建了咸丰啰。[①]ta²¹³ tʰiɛn²² suo⁴² na⁰！na²¹³ ko²¹³ ti²¹³ faŋ⁵⁵ nau⁴² ti²¹³ miɛn²¹³。ɕiɛn²¹³ tsai²¹³ xai²² iəu⁴² zən²² tɕiau²¹³ ta²¹³ tʰiɛn²² suo⁴², pau⁵⁵ kua²² ni⁴² mən⁰ ta²¹³ pɛ²² təu⁵⁵ iəu⁴² kʰo⁴² nən²² təu⁵⁵ sɿ²¹³ na²¹³ ko²¹³ ta²¹³ tʰiɛn²² suo⁴²。na²¹³ ko²¹³, ən⁰……ni²² sɿ⁴², na²¹³ ko²¹³ na²¹³ xuə²¹³ təu²¹³ —— ta²¹³ tʰiɛn²² tɕiɛn⁵⁵ fu²¹³ suo⁴² ko²¹³ xəu²¹³ nɛ⁰, təu²¹³ xəu²¹³ nai²² təu²¹³ tɕʰin⁵⁵ tsau⁵⁵, na²¹³ ko²¹³ yoŋ⁵⁵ tsən⁵⁵ sɿ²² san⁵⁵ niɛn²² kai⁴² tʰu⁴² kuei⁵⁵ niəu²² təu²¹³ tɕiɛn²¹³ na⁰ xan²² foŋ⁵⁵ nuo⁰。

张：我原来一直以为我们咸丰和那个咸丰的朝代……ŋo⁴² yɛn²² nai²² i²² tsɿ²² i⁴² uei²² ŋo⁴² mən⁰ xan²² foŋ⁵⁵ xo²² na²¹³ ko²¹³ xan²² foŋ⁵⁵ ti⁰ tsau⁵⁵ tai²¹³……

冯：那个没有关系，一百多年。na²¹³ ko²¹³ mei⁵⁵ iəu⁴² kuan⁵⁵ ɕi²¹³, i²² pɛ²² tuo⁵⁵ niɛn²²。

覃：我听那个说是，那个是，雍正年间时，咸庆丰年嘛。ŋo⁴² tʰin⁵⁵ na²¹³ ko²¹³ suo²² sɿ²¹³, na²¹³ ko²¹³ sɿ²¹³, yoŋ⁵⁵ tsən⁵⁵ niɛn²² kan⁵⁵ sɿ²², xan²² tɕʰin²¹³ foŋ⁵⁵ niɛn²² ma⁰。

冯：那不是，那是后来一些文人杜撰的，没得那回事。……不知道那个话是从哪ₙ来的。就是建立咸丰县，一百多年过后呢，出现个……出

---

① 　清朝雍正十三年改土归流，冬月初七，合大田军民千户所原辖地、唐崖、金峒、龙潭诸土司地设置咸丰县。

现个咸丰皇帝，迥个与我们咸丰没有关系。na²¹³ pu²² sᴀ²¹³, na²¹³ sᴀ²¹³ xəu²¹³ nai²² i²² ɕiɛ⁵⁵ uən²² zən²² tu²¹³ tsuan²¹³ ti⁰, mei⁵⁵ tɛ²² na²¹³ xuei²² sᴀ²¹³。…… pu²² tsᴀ⁵⁵ tau²¹³ na²¹³ ko²¹³ xua²¹³ sᴀ²¹³ tsʰoŋ²² nə⁴² nai²² ti⁰。 təu²¹³ sᴀ²¹³ tɕiɛn²¹³ ni²² xan²² foŋ⁵⁵ ɕiɛn²¹³, i²² pɛ²² tuo⁵⁵ niɛn²² ko²¹³ xəu²¹³ nɛ⁰, tsʰu²² ɕiɛn²¹³ ko²¹³…… tsʰu²² ɕiɛn²¹³ ko²¹³ xan²² foŋ⁵⁵ xuaŋ²² ti²¹³, niɛ²² ko²¹³ y⁴² ŋo⁴² mən⁰ xan²² foŋ⁵⁵ mei⁵⁵ iəu⁴² kuan⁵⁵ ɕi²¹³。

张： 等于咸丰与咸丰皇帝……tən⁴² y²² xan²² foŋ⁵⁵ y⁴² xan²² foŋ⁵⁵ xuaŋ²² ti²¹³……

冯： 那，之前一百多年。na²¹³, tsᴀ⁵⁵ tɕʰiɛn²² i²² pɛ²² tuo⁵⁵ niɛn²²。

张： 哦。o⁰。

冯： 那个咸丰县建立过后呢，那就一直到解放，一直到现在，有段时间叫咸丰县哦。咸丰城，那我们就说咸丰城吧。咸丰城，那我们就说咸丰城的建设和变化和发展哦。咸丰城的那个——原来解放前呢，就是有，喊的鸡肠子街，又窄又短——喊的鸡肠子街，有两三条，有两三条鸡肠街。咸丰城有好多大呢？有观音桥，到观音桥那么大……建咸丰城。后来慢慢ɪ就扩大了哟。现在，因为解放后啊，出现……解放后，八〇年——八七年，八七年咸丰城才八条街。现在咸丰城好多街呢？九十六条街了！你想一下，是那个时候ɪ的一十，一十二倍了。na²¹³ ko²¹³ xan²² foŋ⁵⁵ ɕiɛn²¹³ tɕiɛn²¹³ ni²² ko²¹³ xəu²¹³ nɛ⁰, na²¹³ təu²¹³ i²² tsᴀ²² tau²¹³ kai⁴² faŋ²¹³, i²² tsᴀ²² tau²¹³ ɕiɛn²¹³ tsai²¹³, iəu⁴² tuan²¹³ sᴀ²² kan⁵⁵ tɕiau²¹³ xan²² foŋ⁵⁵ ɕiɛn²¹³ o⁰。 xan²² foŋ⁵⁵ tsʰən²², na²¹³ ŋo⁴² mən⁰ təu²¹³ suo²² xan²² foŋ⁵⁵ tsʰən²² pa⁰。 xan²² foŋ⁵⁵ tsʰən²², na²¹³ ŋo⁴² mən⁰ təu²¹³ suo²² xan²² foŋ⁵⁵ tsʰən²² ti⁰ tɕiɛn²¹³ sɛ²² xo²² piɛn²¹³ xua²¹³ xo²² fa²² tsan⁴² o⁰。 xan²² foŋ⁵⁵ tsʰən²² ti⁰ na²¹³ ko²¹³ —— yɛn²² nai²² kai⁴² faŋ²¹³ tɕʰiɛn²² nɛ⁰, təu²¹³ sᴀ²¹³ iəu⁴², xan⁴² ti⁰ tɕi⁵⁵ tsʰaŋ²² tsᴀ⁰ kai⁵⁵, iəu²¹³ tsɛ²² iəu²¹³ tuan²² —— xan⁴² ti⁰ tɕi⁵⁵ tsʰaŋ²² tsᴀ⁰ kai⁵⁵, iəu⁴² niaŋ⁴² san⁵⁵ tʰiau²², iəu⁴² niaŋ⁴² san⁵⁵ tʰiau²² tɕi⁵⁵ tsʰaŋ²² kai⁵⁵。 xan²² foŋ⁵⁵ tsʰən²² iəu⁴² xau⁴² tuo⁵⁵ ta²¹³ nɛ⁰? iəu⁴² kuan⁵⁵ in⁵⁵ tɕʰiau²², tau²¹³ kuan⁵⁵ in⁵⁵ tɕʰiau²² na²¹³ mo⁰ ta²¹³……tɕiɛn²¹³ xan²² foŋ⁵⁵ tsʰən²²。 xəu²¹³ nai²² man²¹³ mə⁰ təu²¹³ kʰo²² ta²¹³ na⁰ sa⁰。 ɕiɛn²¹³ tsai²¹³, in⁵⁵ uei²² kai⁴² faŋ²¹³ xəu²¹³ a⁰, tsʰu²² ɕiɛn²¹³……kai⁴² faŋ²¹³ xəu²¹³, pa²² nin²² niɛn²² —— pa²² tɕʰi²² niɛn²², pa²² tɕʰi²² niɛn²² xan²² foŋ⁵⁵ tsʰən²² tsʰai²² pa²² tʰiau²² kai⁵⁵。ɕiɛn²¹³ tsai²¹³ xan²² foŋ⁵⁵ tsʰən²² xau⁴² tuo⁵⁵ kai⁵⁵ nɛ⁰? tɕiəu⁴² sŋ²² nu²² tʰiau²² kai⁵⁵ na⁰! ni⁴² ɕiaŋ⁴² i²² xa⁰，sŋ²¹³ na²¹³ ko²¹³ sŋ²² xə²¹³ tiº i²² sŋ²²，i²² sŋ²² ə²¹³ pei²¹³ na⁰。

张： 我们小时候记得的咸丰的街，我们提到的像猪巷啊……一直到十字街……ŋo⁴² mən⁰ ɕiau⁴² sŋ²² xəu²¹³ tɕi²¹³ tɛ²² tiº xan²² foŋ⁵⁵ tiº kai⁵⁵，ŋo⁴² mən⁰ tʰi²² tau²¹³ tiº tɕʰiaŋ²¹³ tsu⁵⁵ xaŋ²¹³ a⁰……i²² tsŋ²² tau²¹³ sŋ²² tsŋ²¹³ kai⁵⁵……

冯： 你们住的那个地方叫五爪沟，就是五个爪爪儿哦，五叉咻，所以叫五爪沟。五爪沟你们，五爪沟张家在当时的咸丰是有名的。你们那个……看有块进士匾，你们张家当时出过进士的。ni⁴² mən⁰ tsu²¹³ tiº na²¹³ ko²¹³ tiº²¹³ faŋ⁵⁵ tɕiau²¹³ u⁴² tsua⁴² kəu⁵⁵，təu²¹³ sŋ²¹³ u⁴² ko²¹³ tsua⁴² tsuaⁿ⁰ o⁰，u⁴² tsʰa⁵⁵ sa⁰，suo⁴² i⁴² tɕiau²¹³ u⁴² tsua⁴² kəu⁵⁵。u⁴² tsua⁴² kəu⁵⁵ ni⁴² mən⁰，u⁴² tsua⁴² kəu⁵⁵ tsaŋ⁵⁵ tɕia⁵⁵ tai²¹³ taŋ⁵⁵ sŋ²² tiº xan²² foŋ⁵⁵ sŋ²¹³ iəu⁴² min²² tiº。ni⁴² mən⁰ na²¹³ ko²¹³……kʰan²¹³ iəu⁴² kʰuai²¹³ tɕin²¹³ sŋ²¹³ piɛn⁴²，ni⁴² mən⁰ tsaŋ⁵⁵ tɕia⁵⁵ taŋ⁵⁵ sŋ²² tsʰu²² ko²¹³ tɕin²¹³ sŋ²¹³ tiº。

张： 那个朝门……我们好像——na²¹³ ko²¹³ tsʰau²² mən²²……ŋo⁴² mən⁰ xau⁴² tɕʰiaŋ²¹³——

冯： 出过进士的，你们把那个事情，你把我们——你晓得不吗？你跟我们讲。tsʰu²² ko²¹³ tɕin²¹³ sŋ²¹³ tiº，ni⁴² mən⁰ pa⁴² na²¹³ ko²¹³ sŋ²¹³ tɕʰin²²，ni⁴² pa⁴² ŋo⁴² mən⁰——ni⁴² ɕiau⁴² tɛ²² pu²² ma⁰? ni⁴² kən⁵⁵ ŋo⁴² mən⁰ tɕiaŋ⁴²。

张： 具体我搞不太清楚哒。但是我晓得那个朝门是木头做的。后头像我们大概十几岁的时候垮了么，后头我们又斗①钱啦，出钱出力啊，又重新修了的，变成一个混凝土结构的了。原来是个木的。但是具体哪个是进士，我还搞不清楚。tɕy²¹³ tʰi⁴² ŋo⁴² kau⁴² pu²² tʰai²¹³ tɕʰin⁵⁵ tsʰu⁴² ta⁰。tan²¹³ sŋ²¹³ ŋo⁴² ɕiau⁴² tɛ²² na²¹³ ko²¹³ tsʰau²² mən²² sŋ²¹³ mu²² tʰəu⁰ tsu²¹³ tiº。xəu²¹³ tʰəu⁰ tɕʰiaŋ²¹³ ŋo⁴² mən⁰ ta²¹³ kʰai²¹³ sŋ²² tɕi⁵⁵ suei²¹³ tiº sŋ²² xəu²¹³

———

① 斗 təu²¹³：凑。

kʰua⁴² na⁰ mo⁰, xəu²¹³ tʰəu⁰ ŋo⁴² mən⁰ iəu²¹³ təu²¹³ tɕʰiɛn²² na⁰, tsʰu²² tɕʰiɛn²²
tsʰu²² ni²² a⁰, iəu²¹³ tsʰoŋ²² ɕin⁵⁵ ɕiəu⁵⁵ na⁰ ti⁰, piɛn²¹³ tsʰən²² i²² ko²¹³ xuən²¹³
nin²² tʰu⁴² tɕiɛ²² kəu²¹³ ti⁰ na⁰。 yɛn²² nai²² sʅ²¹³ ko²¹³ mu²² ti⁰。 tan²¹³ sʅ²¹³
tɕy²¹³ tʰi⁴² na⁴² ko²¹³ sʅ²¹³ tɕin²¹³ sʅ²¹³, ŋo⁴² xai²² kau⁴² pu²² tɕʰin⁵⁵ tsʰu⁴²。

冯： 那你们肯定有人听到一些什么吧？ na²¹³ ni⁴² mən⁰ kʰən⁴² tin²¹³ iəu⁴²
zən²² tʰin⁵⁵ tau²¹³ i²² ɕiɛ⁵⁵ sən²² mo⁰ pa⁰ ？

张： 听到过我公伯说过。 tʰin⁵⁵ tau²¹³ ko²¹³ ŋo⁴² koŋ⁵⁵ pɛ²² suo²² ko²¹³。

冯： 又，又，又出了个进士的。 iəu²¹³, iəu²¹³, iəu²¹³ tsʰu²² na⁰ ko²¹³
tɕin²¹³ sʅ²¹³ ti⁰。

张： 进士就相当于现在……tɕin²¹³ sʅ²¹³ təu²¹³ ɕiaŋ⁵⁵ taŋ⁵⁵ y²² ɕiɛn²¹³
tsai²¹³……

冯： 进士考每年，每每每——全国考试，每五年还是三年考一次？
三年吧？考一次殿试哟。就是皇帝亲自监考。那个第一名叫状元啦，考
状元就是那个事情哦。二三名呢，就是探花进士啰。tɕin²¹³ sʅ²¹³ kʰau⁴²
mei⁴² niɛn²², mei⁴² mei⁴² mei⁴²——tɕʰyɛn²² kuɛ²² kʰau²¹³ sʅ²¹³, mei⁴² u⁴² niɛn²²
xai²² sʅ²¹³ san⁵⁵ niɛn²² kʰau⁴² i²² tsʰʅ²¹³ ？ san⁵⁵ niɛn²² pa⁰ ？ kʰau⁴² i²² tsʰʅ²¹³
tiɛn²¹³ sʅ²¹³ sa⁰。 təu²¹³ sʅ²¹³ xuaŋ²² ti²¹³ tɕʰin⁵⁵ tsʅ²¹³ tɕiɛn⁵⁵ kʰau⁴²。 na²¹³
ko²¹³ ti²¹³ i²² min²² tɕiau²¹³ tsuaŋ²¹³ yɛn²² na⁰, kʰau⁴² tsuaŋ²¹³ yɛn²² təu²¹³
sʅ²¹³ na²¹³ ko²¹³ sʅ²¹³ tɕʰin²² o⁰。 ə²¹³ san⁵⁵ min²² nɛ⁰, təu²¹³ sʅ²¹³ tʰan²¹³ xua⁵⁵
tɕin²¹³ sʅ²¹³ nuo⁰。

张： 哦，等于进士属于当时的……o⁰, tən⁴² y²² tɕin²¹³ sʅ²¹³ su²² y²²
taŋ⁵⁵ sʅ²² ti⁰……

冯： 状元只有一个，探花可能有一两个，进士可能有十几个，十多
个啊？ tsuaŋ²¹³ yɛn²² tsʅ²² iəu⁴² i²² ko²¹³, tʰan²¹³ xua⁵⁵ kʰo⁴² nən²² iəu⁴² i²² niaŋ⁴²
ko²¹³, tɕin²¹³ sʅ²¹³ kʰo⁴² nən²² iəu⁴² sʅ²² tɕin⁵⁵ ko²¹³, sʅ²² tuo⁵⁵ ko²¹³ a⁰ ？

张： 进士……进士是第四名吗，还是什么回事？ tɕin²¹³ sʅ²¹³ ……
tɕin²¹³ sʅ²¹³ sʅ²¹³ ti²¹³ sʅ²¹³ min²² ma⁰, xai²² sʅ²¹³ sən²² mo⁰ xuei²² sʅ²¹³ ？

冯： 第三，它是并列第三。那后头都升进士哒。ti²¹³ san⁵⁵, tʰa⁵⁵ sʅ²¹³
pin²¹³ niɛ²² ti²¹³ san⁵⁵。 na²¹³ xəu²¹³ tʰəu⁰ təu⁵⁵ sən⁵⁵ tɕin²¹³ sʅ²¹³ ta⁰。

张： 不是有么榜眼吗？ pu²² sʅ²¹³ iəu⁴² mo⁰ paŋ⁴² iɛn⁴² ma⁰ ？

冯：榜眼是第二咁。paŋ⁴² iɛn⁴² sⁿ²¹³ ti²¹³ ə²¹³ sa⁰。

覃：探花也有。tʰan²¹³ xua⁵⁵ iɛ⁴² iəu⁴²。

张：探花还有个？tʰan²¹³ xua⁵⁵ xai²² iəu⁴² ko²¹³？

冯：哦，榜眼——状元……o⁰，paŋ⁴² iɛn⁴² —— tsuaŋ²¹³ yɛn²²……

张：榜眼。paŋ⁴² iɛn⁴²。

冯：哎，探花，进士，哎。ɛ⁰，tʰan²¹³ xua⁵⁵，tɕin²¹³ sⁿ²¹³，ɛ⁰。

张：哦。和我们张家人……o⁰，xo²² ŋo⁴² mən⁰ tsaŋ⁵⁵ tɕia⁵⁵ zən²²……

冯：你们有个进士啊，那还是不简单的！探花，进士，好像是，我也搞不清楚。那是你们张家，你也搞不清楚啊？ni⁴² mən⁰ iəu⁴² ko²¹³ tɕin²¹³ sⁿ²¹³ a⁰，na²¹³ xai²² sⁿ²¹³ pu²² tɕiɛn⁴² tan⁵⁵ tiᵒ！tʰan²¹³ xua⁵⁵，tɕin²¹³ sⁿ²¹³，xau⁴² tɕʰiaŋ²¹³ sⁿ²¹³，ŋo⁴² iɛ⁴² kau⁴² pu²² tɕʰin⁵⁵ tsʰu⁴²。na²¹³ sⁿ²¹³ ni⁴² mən⁰ tsaŋ⁵⁵ tɕia⁵⁵，ni⁴² iɛ⁴² kau⁴² pu²² tɕʰin⁵⁵ tsʰu⁴² a⁰？

张：搞不太清楚。我反正晓得有个朝门。kau⁴² pu²² tʰai²¹³ tɕʰin⁵⁵ tsʰu⁴²。ŋo⁴² fan⁴² tsən⁵⁵ ɕiau⁴² tɛ²² iəu⁴² ko²¹³ tsʰau²² mən²²。

冯：有个朝门，哎。iəu⁴² ko²¹³ tsʰau²² mən²²，ɛ⁰。

张：那个进士匾。因为我们小的时候ᵣ那会ᵣ应该是没得那个进士匾。那个进士匾是后头……搞的一个匾。na²¹³ ko²¹³ tɕin²¹³ sⁿ²¹³ piɛn⁴²。in⁵⁵ uei²² ŋo⁴² mən⁰ ɕiau⁴² tiᵒ sⁿ²² xə²¹³ na²¹³ xuə²¹³ in⁵⁵ kai⁵⁵ sⁿ²¹³ mei⁵⁵ tɛ²² na²¹³ ko²¹³ tɕin²¹³ sⁿ²¹³ piɛn⁴²。na²¹³ ko²¹³ tɕin²¹³ sⁿ²¹³ piɛn⁴² sⁿ²¹³ xəu²¹³ tʰəu⁰…… kau⁴² tiᵒ i²² ko²¹³ piɛn⁴²。

冯：嗯，反正有迣么回事ᵣ，你们谱书上有记载。ən⁰，fan⁴² tsən⁵⁵ iəu⁴² niɛ²² moᵒ xuei²² sə²¹³，ni⁴² mən⁰ pʰu⁴² su⁵⁵ saŋ²¹³ iəu⁴² tɕi²¹³ tsai⁴²。

张：哦，我晓得，好像我们那ᵣ是个学堂。o⁰，ŋo⁴² ɕiau⁴² tɛ²²，xau⁴² tɕʰiaŋ²¹³ ŋo⁴² mən⁰ nə²¹³ sⁿ²¹³ ko²¹³ ɕyo²² tʰaŋ²²。

冯：所以说，你们现在张家是，原来还是很辉煌的哦！细娃ᵣ盘他们读书啊，盘他们读书。读书你管他现在读书啊——你管他长大搞么事，你莫——先莫去管他，首先把那个书盘出来。尽最大的努力，吃苦耐劳啊，大人辛苦一点呀、劳累一点都没有问题，把书盘出来，别的不管朗ˮ们ˮ都不得错。suo⁴² i⁴² suo²²，ni⁴² mən⁰ ɕiɛn²¹³ tsai²¹³ tsaŋ⁵⁵ tɕia⁵⁵ sⁿ²¹³，yɛn²² nai²² xai²² sⁿ²¹³ xɛ⁴² xuei⁵⁵ xuaŋ²² tiᵒ o⁰！ɕi²¹³ uə²² pʰan²² tʰa⁵⁵ mən⁰ tu²² su⁵⁵ a⁰, pʰan²² tʰa⁵⁵ mən⁰ tu²² su⁵⁵。 tu²² su⁵⁵ ni⁴² kuan⁴² tʰa⁵⁵ ɕiɛn²¹³ tsai²¹³ tu²² su⁵⁵ a⁰ —— ni⁴² kuan⁴² tʰa⁵⁵ tsaŋ⁴² ta²¹³ kau⁴² mo⁰ sʅ²¹³, ni⁴² mo²² —— ɕiɛn⁵⁵ mo²² tɕʰi²¹³ kuan⁴² tʰa⁵⁵, səu⁴² ɕiɛn⁵⁵ pa⁴² na²¹³ ko²¹³ su⁵⁵ pʰan²² tsʰu²² nai²²。 tɕin⁴² tsuei²¹³ ta²¹³ ti⁰ nu⁴² ni²², tsʰʅ²² kʰu⁴² nai²¹³ nau²² a⁰, ta²¹³ zən²² ɕin⁵⁵ kʰu⁴² i²² tiɛn⁴² ia⁰、nau²² nuei²¹³ i²² tiɛn⁴² təu⁵⁵ mei⁵⁵ iəu⁴² uən²¹³ tʰi²², pa⁴² su⁵⁵ pʰan²² tsʰu²² nai²², piɛ²² ti⁰ pu²² kuan⁴² naŋ²² mən⁰ təu⁵⁵ pu²² tɛ²² tsʰuo²¹³。

张：但是……tan²¹³ sʅ²¹³……

冯：你覃秋琼，在外面ₙ打了那么多年工，你晓得读书的重要性，哦。所以你现在……ni⁴² tɕin²² tɕʰiəu⁵⁵ tɕʰyən²², tai²¹³ uai²¹³ miə⁰ ta⁴² na⁰ na²¹³ mo⁰ tuo⁵⁵ niɛn²² koŋ⁵⁵, ni⁴² ɕiau⁴² tɛ²² tu²² su⁵⁵ ti⁰ tsoŋ²¹³ iau²¹³ ɕin²¹³, o⁰。 suo⁴² i⁴² ni⁴² ɕiɛn²¹³ tsai²¹³……

覃：再穷不能穷教育啊！tsai²¹³ tɕʰyoŋ²² pu²² nən²² tɕʰyoŋ²² tɕiau²¹³ iəu²² a⁰！

冯：培养你的邢歌黎，你还是比较能够下得耐的哦！比较下得耐。还是在尽力地培养——在外头辛辛苦苦打工啊，哎……pʰei²² iaŋ⁴² ni⁴² ti⁰ ɕin²² ko⁵⁵ ni²², ni⁴² xai²² sʅ²¹³ pi⁴² tɕiau⁴² nən²² kəu²¹³ ɕia²¹³ tɛ²² nai²¹³ ti⁰ o⁰！ pi⁴² tɕiau⁴² ɕia²¹³ tɛ²² nai²¹³。 xai²² sʅ²¹³ tai²¹³ tɕin⁴² ni²² ti⁰ pʰei²² iaŋ⁴² —— tai²¹³ uai²¹³ tʰəu⁰ ɕin⁵⁵ ɕin⁵⁵ kʰu⁴² kʰu⁴² ta⁴² koŋ⁵⁵ a⁰, ɛ⁰……

冯：那个，迺也是你们住的地方，那条河是我们咸丰城著名的观音桥——子房沟。子房沟原来高头有座桥，叫观音桥。观音桥那是咸丰的城——赶场的啊，市场交易的中心。所以说有句，有个歇后语叫么子啊？"观音桥买麦李ₙ①——两头赶"，还有一句呢"观音桥买麦李ₙ——两头滚"。na²¹³ ko²¹³, niɛ²² iɛ⁴² sʅ²¹³ ni⁴² mən⁰ tsu²¹³ ti⁰ ti²¹³ faŋ⁵⁵, na²¹³ tʰiau²² xo²² sʅ²¹³ ŋo⁴² mən⁰ xan²² foŋ⁵⁵ tsʰən²² tsu²¹³ min²² ti⁰ kuan⁵⁵ in⁵⁵ tɕʰiau²² —— tsʅ⁰ faŋ²² kəu⁵⁵。 tsʅ⁰ faŋ²² kəu⁵⁵ yɛn²² nai²² kau⁵⁵ tʰəu⁰ iəu⁴² tsuo²¹³ tɕʰiau²², tɕiau²¹³ kuan⁵⁵ in⁵⁵ tɕʰiau²²。 kuan⁵⁵ in⁵⁵ tɕʰiau²² na²¹³ sʅ²¹³ xan²² foŋ⁵⁵ ti⁰ tsʰən²² —— kan⁴² tsʰaŋ⁴² ti⁰ a⁰, sʅ²¹³ tsʰaŋ⁴² tɕiau⁵⁵ ni²¹³ ti⁰ tsoŋ⁵⁵ ɕin⁵⁵。 suo⁴² i⁴² suo²² iəu⁴² tɕy²¹³, iəu⁴² ko²¹³ ɕiɛ²² xəu²¹³ y⁴² tɕiau²¹³ mo⁰ tsʅ⁰ a⁰？ " kuan⁵⁵ in⁵⁵ tɕʰiau²²

---

① 麦李ₙ mɛ²² niə⁰：当地产的一种李子，个头较小。

mai^{42} mɛ^{22} niə^{0}——niaŋ^{42} tʰəu^{0} kan^{42}", xai^{22} iəu^{42} i^{22} tɕy^{213} nɛ^{0} " kuan^{55} in^{55} tɕʰiau^{22} mai^{42} mɛ^{22} niə^{0}——niaŋ^{42} tʰəu^{0} kuən^{42}"。

张、覃:（轻笑）

冯: 它那个什么意思呢？观音桥两头赶呢，就是说上街的人也是上观音桥来买麦李儿，下街的也是到那哈儿来买麦李儿，买麦李儿都到那哈儿。tʰa^{55} na^{213} ko^{213} sən^{22} mo^{0} i^{213} sʅ^{55} nɛ^{0}？ kuan^{55} in^{55} tɕʰiau^{22} niaŋ^{42} tʰəu^{0} kan^{42} nɛ^{0}, təu^{213} sʅ^{213} suo^{22} saŋ^{213} kai^{55} ti^{0} zən^{22} iɛ^{42} sʅ^{213} saŋ^{213} kuan^{55} in^{55} tɕʰiau^{22} nai^{22} mai^{42} mɛ^{22} niə^{0}, ɕia^{213} kai^{55} ti^{0} iɛ^{42} sʅ^{213} tau^{213} na^{213} xə^{55} nai^{22} mai^{42} mɛ^{22} niə^{0}, mai^{42} mɛ^{22} niə^{0} təu^{55} tau^{213} na^{213} xə^{55}。

覃: 集中到那一块儿。tɕi^{22} tsoŋ^{55} tau^{213} na^{213} i^{22} kʰuə^{213}。

冯: 集中到那哈儿，最集中。那么两头"滚"呢，就是说呢，那些人呢两面三刀的，就是那个意思。那么观音桥的河，你应该——你还记得不，那个……鱼虾成群的，你还记得不？ tɕi^{22} tsoŋ^{55} tau^{213} na^{213} xə^{55}, tsuei^{213} tɕi^{22} tsoŋ^{55}。na^{213} mo^{0} niaŋ^{42} tʰəu^{0} "kuən^{42}" nɛ^{0}, təu^{213} sʅ^{213} suo^{22} nɛ^{0}, na^{213} ɕiɛ^{55} zən^{22} nɛ^{0} niaŋ^{42} miɛn^{213} san^{55} tau^{55} ti^{0}, təu^{213} sʅ^{213} na^{213} ko^{213} i^{213} sʅ^{55}。na^{213} mo^{0} kuan^{55} in^{55} tɕʰiau^{22} ti^{0} xo^{22}, ni^{42} in^{55} kai^{55}——ni^{42} xai^{22} tɕi^{213} tɛ^{22} pu^{22}, na^{213} ko^{213}……y^{22} ɕia^{55} tsʰən^{22} tɕʰyən^{22} ti^{0}, ni^{42} xai^{22} tɕi^{213} tɛ^{22} pu^{22}？

覃: 那个鱼虾成群倒是记不倒，但是我记得倒，洗衣服洗啊，经常就是洗衣服，洗菜啊洗衣服经常在那条河。现在那条河已经污染的不行哒。na^{213} ko^{213} y^{22} ɕia^{55} tsʰən^{22} tɕʰyən^{22} tau^{42} sʅ^{213} tɕi^{213} pu^{22} tau^{42}, tan^{213} sʅ^{213} ŋo^{42} tɕi^{213} tɛ^{22} tau^{42}, ɕi^{42} i^{55} fu^{22} ɕi^{42} a^{0}, tɕin^{55} saŋ^{22} təu^{213} sʅ^{213} ɕi^{42} i^{55} fu^{22}, ɕi^{42} tsʰai^{213} a^{0} ɕi^{42} i^{55} fu^{22} tɕin^{55} saŋ^{22} tai^{213} na^{213} tʰiau^{22} xo^{22}。ɕiɛn^{213} tsai^{213} na^{213} tʰiau^{22} xo^{22} i^{42} tɕin^{55} u^{55} zan^{42} ti^{0} pu^{22} ɕin^{22} ta^{0}。

张: 那个那会儿，我记得我们学校，实验小学……也在那旁边，读书的时候儿还往那里走。na^{213} ko^{213} na^{213} xuə^{213}, ŋo^{42} tɕi^{213} tɛ^{22} ŋo^{42} mən^{0} ɕyo^{22} ɕiau^{213}, sʅ^{22} niɛn^{213} ɕiau^{42} ɕyo^{22}……iɛ^{42} tai^{213} na^{213} pʰaŋ^{55} piɛn^{55}, tu^{22} su^{55} ti^{0} sʅ^{22} xə^{213} xai^{22} uaŋ^{42} na^{213} ni^{42} tsəu^{42}。

覃: 反正那个时候儿洗衣服，基本上都是拿的……fan^{42} tsən^{55} na^{213} ko^{213} sʅ^{22} xə^{213} ɕi^{42} i^{55} fu^{22}, tɕi^{55} pən^{42} saŋ^{213} təu^{55} sʅ^{213} na^{22} ti^{0}……

冯: 九二年——九一年，九一年……他妈在河坝洗猪草，打了个娃娃儿鱼，卖了三千多块钱呐。用背篓，背篓园的啦……背起园一条娃娃儿鱼啦。tɕiəu⁴² ə²¹³ niɛn²² —— tɕiəu⁴² i²² niɛn²², tɕiəu⁴² i²² niɛn²² …… tʰa⁵⁵ ma⁵⁵ tai²¹³ xo²² pa²¹³ ɕi⁴² tsu⁵⁵ tsʰau⁴², ta⁴² na⁰ ko²¹³ ua²² uə⁰ y²², mai²¹³ na⁰ san⁵⁵ tɕʰiɛn⁵⁵ tuo⁵⁵ kʰuai²¹³ tɕʰiɛn²² na⁰。yoŋ²¹³ pei⁵⁵ nəu⁴², pei⁵⁵ nəu⁴² kʰaŋ⁴² ti⁰ na⁰…… pei⁵⁵ tɕʰi⁴² kʰaŋ⁴² i²² tʰiau²² ua²² uə⁰ y²² na⁰。

张：九二年的事啦？ tɕiəu⁴² ə²¹³ niɛn²² ti⁰ sɿ²¹³ na⁰？

冯：九一年，九二年。tɕiəu⁴² i²² niɛn²², tɕiəu⁴² ə²¹³ niɛn²²。

张：那证明那下儿水还比较清。na²¹³ tsən²¹³ mən²² na²¹³ xə⁰ suei⁴² xai²² pi⁴² tɕiau⁴² tɕʰin⁵⁵。

覃：那时候儿水都还好。na²¹³ sɿ²² xə²¹³ suei⁴² təu⁵⁵ xai²² xau⁴²。

冯：都得卖三千多块钱！卖八百块钱，卖八百块钱哦。买她娃娃儿鱼那个人呢，车身① 就卖三千块钱，她怄死哒！ təu⁵⁵ tɛ²² mai²¹³ san⁵⁵ tɕʰiɛn⁵⁵ tuo⁵⁵ kʰuai²¹³ tɕʰiɛn²²！ mai²¹³ pa²² pɛ²² kʰuai²¹³ tɕʰiɛn²², mai²¹³ pa²² pɛ²² kʰuai²¹³ tɕʰiɛn²² o⁰。 mai⁴² tʰa⁵⁵ ua²² uə⁰ y na²¹³ ko²¹³ zən²² nɛ⁰, tsʰɛ⁵⁵ sən⁵⁵ təu²¹³ mai²¹³ san⁵⁵ tɕʰiɛn⁵⁵ kʰuai²¹³ tɕʰiɛn²², tʰa⁵⁵ ŋəu²¹³ sɿ⁴² ta⁰！

张：但是现在……tan²¹³ sɿ²¹³ ɕiɛn²¹³ tsai²¹³……

覃：那……na²¹³……

冯：二级保护动物。他那个时候儿不得找咻。ə²¹³ tɕi²² pau⁴² fu²¹³ toŋ²¹³ u²²。 tʰa⁵⁵ na²¹³ ko²¹³ sɿ²² xə²¹³ pu²¹³ tɛ²² tsau⁴² sa⁰。

张：你说虽然说现在城市大，污染迦么严重，莫说娃娃儿鱼，秧子鱼可能也没得！ ni⁴² suo²² suei⁵⁵ zan²² suo²² ɕiɛn²¹³ tsai²¹³ tsʰən²² sɿ²¹³ ta²¹³, u⁵⁵ zan⁴² niɛ²² mo⁰ iɛn²² tsoŋ²¹³, mo²² suo²² ua²² uə⁰ y²², iaŋ⁵⁵ tsɿ⁰ y²² kʰo⁴² nən²² iɛ⁴² mei⁵⁵ tɛ²²！

冯：你还有没观音桥……ni⁴² xai²² iəu⁴² mei⁵⁵ kuan⁵⁵ in⁵⁵ tɕʰiau²²……

覃：那个时候儿我记得他们在观音桥卖鸡蛋，就是在那下儿挖一个凼凼儿，把鸡蛋放到凼凼儿里头。（笑）na²¹³ ko²¹³ sɿ²² xə²¹³ ŋo⁴² tɕi²¹³ tɛ²² tʰa⁵⁵ mən⁰ tai²¹³ kuan⁵⁵ in⁵⁵ tɕʰiau²² mai²¹³ tɕi⁵⁵ tan²¹³, təu²¹³ sɿ²¹³ tai²¹³ na²¹³ xə⁰ ua²² i²² ko²¹³ taŋ²¹³ tə⁰, pa⁴² tɕi⁵⁵ tan²¹³ faŋ²¹³ tau²¹³ taŋ²¹³ tə⁰ ni⁴² tʰəu⁰。

---

① 车身 tsʰɛ⁵⁵ sən⁵⁵：转身。

张：什么意思啊？ sən²² mo⁰ i²¹³ sʅ⁵⁵ a⁰ ？

覃：那去买嘛。是的，那地方摆哟。na²¹³ tɕʰi²¹³ mai⁴² ma⁰。 sʅ²¹³ ti⁰, na²¹³ ti²¹³ faŋ⁵⁵ pai⁴² sa⁰。

冯：他放在凼凼ₙ里头，他人可以走开。tʰa⁵⁵ faŋ²¹³ tai²¹³ taŋ²¹³ tə⁰ ni⁴² tʰəu⁰, tʰa⁵⁵ zən²² kʰo⁴² i⁴² tsəu⁴² kʰai⁵⁵。

覃：哎，人可以走，他就放到凼凼ₙ里。ε⁰, zən²² kʰo⁴² i⁴² tsəu⁴², tʰa⁵⁵ təu²¹³ faŋ²¹³ tau²¹³ taŋ²¹³ tə⁰ ni⁴²。

冯：人可以走开。到时卖鸡蛋的就把鸡蛋数起走哒，把钱放到凼凼ₙ里头。zən²² kʰo⁴² i⁴² tsəu⁴² kʰai⁵⁵。 tau²¹³ sʅ²² mai²¹³ tɕi⁵⁵ tan²¹³ ti⁰ təu²¹³ pa⁴² tɕi⁵⁵ tan²¹³ su⁴² tɕʰi⁴² tsəu⁴² ta⁰, pa⁴² tɕʰiεn²² faŋ²¹³ tau²¹³ taŋ²¹³ tə⁰ ni⁴² tʰəu⁰。

覃：嗯。就那个……ən⁰。 təu²¹³ na²¹³ ko²¹³……

冯：把钱就是的。pa⁴² tɕʰiεn²² təu²¹³ sʅ²¹³ ti⁰。

覃：他说挖个洞洞ₙ。tʰa⁵⁵ suo²² ua²² ko²¹³ toŋ²¹³ tə⁰。

冯：那时候ₙ的人就是那么朴实。na²¹³ sʅ²² xə²¹³ ti⁰ zən²² təu²¹³ sʅ²¹³ na²¹³ mo⁰ pʰu²² sʅ²²。

覃：就是，那个他不去贪那个，把那个跑了。təu²¹³ sʅ²¹³, na²¹³ ko²¹³ tʰa⁵⁵ pu²² tɕʰi²¹³ tʰan⁵⁵ na²¹³ ko²¹³, pa⁴² na²¹³ ko²¹³ pʰau⁴² na⁰。

冯：那个是真的。na²¹³ ko²¹³ sʅ²¹³ tsən⁵⁵ ti⁰。

覃：挖个凼凼ₙ嘛。挖个凼凼ₙ把鸡蛋放到……ua²² ko²¹³ taŋ²¹³ tə⁰ ma⁰。 ua²² ko²¹³ taŋ²¹³ tə⁰ pa⁴² tɕi⁵⁵ tan²¹³ faŋ²¹³ tau²¹³……

冯：我也听到过迍个，它鸡蛋不得礧=①哟！ ŋo⁴² iε⁴² tʰin⁵⁵ tau²¹³ ko²¹³ niε²² ko²¹³, tʰa⁵⁵ tɕi⁵⁵ tan²¹³ pu²² tε²² nuei⁵⁵ sa⁰ ！

覃：哎。ε⁰。

冯：你说卖鸡蛋的他人——他卖鸡蛋的把鸡蛋放哒，走哒，回去做活路去哒。他回去做活路去，经常下半天来。鸡蛋被别个买走哒，钱……ni⁴² suo²² mai²¹³ tɕi⁵⁵ tan²¹³ ti⁰ tʰa⁵⁵ zən²² —— tʰa⁵⁵ mai²¹³ tɕi⁵⁵ tan²¹³ ti⁰ pa⁴² tɕi⁵⁵ tan²¹³ faŋ²¹³ ta⁰, tsəu⁴² ta⁰, xuei²² tɕʰi²¹³ tsu²¹³ xo²² nu²¹³ tɕʰi²¹³ ta⁰。 tʰa⁵⁵ xuei²²

① 礧 nuei⁵⁵：滚动。

tɕʰi²¹³ tsu²¹³ xo²² nu²¹³ tɕʰi²¹³, tɕin⁵⁵ saŋ²² ɕia²¹³ pan²¹³ tʰiɛn⁵⁵ nai²²。tɕi⁵⁵ tan²¹³ pei²¹³ piɛ²² ko²¹³ mai⁴² tsəu⁴² ta⁰, tɕʰiɛn²² ……

覃：钱在迤里放到凼凼ₐ里。tɕʰiɛn²² tai²¹³ niɛ²² ni⁴² faŋ²¹³ tau²¹³ taŋ²¹³ tə⁰ ni⁴²。

冯：那时候ₐ……na²¹³ sɿ²² xə²¹³ ……

覃：也是观音桥。iɛ⁴² sɿ²¹³ kuan⁵⁵ in⁵⁵ tɕʰiau²²。

冯：那时候ₐ人就是迤么个啰。na²¹³ sɿ²² xə²¹³ zən²² təu²¹³ sɿ²¹³ niɛ²² mo⁰ ko²¹³ nuo⁰。

张：所以那个时候ₐ的观音桥就是现在的十字街哦，最繁华的地方。suo⁴² i⁴² na²¹³ ko²¹³ sɿ²² xə²¹³ ti⁰ kuan⁵⁵ in⁵⁵ tɕʰiau²² təu²¹³ sɿ²¹³ ɕiɛn²¹³ tsai²¹³ ti⁰ sɿ²² tsɿ²¹³ kai⁵⁵ o⁰, tsuei²¹³ fan²² xua²² ti⁰ ti²¹³ faŋ⁵⁵。

冯：咸丰商业街，赶场的中心啊。xan²² foŋ⁵⁵ saŋ⁵⁵ niɛ²² kai⁵⁵, kan⁴² tsʰaŋ⁴² ti⁰ tsoŋ⁵⁵ ɕin⁵⁵ a⁰。

覃：别个朗″们″说的，以前的观音桥是咸丰的CBD，晓得不？（笑）piɛ²² ko²¹³ naŋ²² mən⁰ suo²² ti⁰, i⁴² tɕʰiɛn²² ti⁰ kuan⁵⁵ in⁵⁵ tɕʰiau²² sɿ²¹³ xan²² foŋ⁵⁵ ti⁰ CBD, ɕiau⁴² tɛ²² pu²²？

冯：是的啦！最集中。sɿ²¹³ ti⁰ na⁰！tsuei²¹³ tɕi²² tsoŋ⁵⁵。

覃：嗯。ən⁰。

冯：赶场都那哈ₐ，最闹热。kan⁴² tsʰaŋ⁴² təu⁵⁵ na²¹³ xə⁵⁵, tsuei²¹³ nau²¹³ zɛ²²。

张：但是现在观音桥……tan²¹³ sɿ²¹³ ɕiɛn²¹³ tsai²¹³ kuan⁵⁵ in⁵⁵ tɕʰiau²² ……

冯：那个卖菜的，卖炭的，卖吃喝的，卖……油粑粑ₐ的。na²¹³ ko²¹³ mai²¹³ tsʰai²¹³ ti⁰, mai²¹³ tʰan²¹³ ti⁰, mai²¹³ tsʰɿ²² xo²² ti⁰, mai²¹³……iəu²² pa⁵⁵ pə⁰ ti⁰。

覃：但是现在为朗″们″把十字街原来喊老车站？那个我们没朗″们″印象了。tan²¹³ sɿ²¹³ ɕiɛn²¹³ tsai²¹³ uei²² naŋ²² mən⁰ pa⁴² sɿ²² tsɿ²¹³ kai⁵⁵ yɛn²² nai²² xan⁴² nau⁴² tsʰɛ⁵⁵ tsan²¹³？na²¹³ ko²¹³ ŋo⁴² mən⁰ mei⁵⁵ naŋ²² mən⁰ in²¹³ ɕiaŋ²¹³ na⁰。

冯：那个原来是条马路！na²¹³ ko²¹³ yɛn²² nai²² sɿ²¹³ tʰiau²² ma⁴² nu²¹³！

覃：……

冯：那个马路就是原来的公路。公路那里有个车站，那个车站，汽车站是个木头脚架。木头脚架是抗日战争修公路，大概国民党政府修的那个车站。一直到七五年才撤，七五年才撤。那都管好多年了。na²¹³ ko²¹³ ma⁴² nu²¹³ təu²¹³ sɿ²¹³ yɛn²² nai²² ti⁰ koŋ⁵⁵ nu²¹³。koŋ⁵⁵ nu²¹³ na²¹³ ni⁴² iəu⁴² ko²¹³ tsʰɛ⁵⁵ tsan²¹³，na²¹³ ko²¹³ tsʰɛ⁵⁵ tsan²¹³，tɕʰi²¹³ tsʰɛ⁵⁵ tsan²¹³ sɿ²¹³ ko²¹³ mu²² tʰəu⁰ tɕyo²² tɕia²¹³。mu²² tʰəu⁰ tɕyo²² tɕia²¹³ sɿ²¹³ kʰaŋ²¹³ zɿ²² tsan²¹³ tsən⁵⁵ ɕiəu⁵⁵ koŋ⁵⁵ nu²¹³，ta²¹³ kʰai²¹³ kuɛ²² min²² taŋ⁴² tsən²¹³ fu⁴² ɕiəu⁵⁵ ti⁰ na²¹³ ko²¹³ tsʰɛ⁵⁵ tsan²¹³。i²² tsɿ²² tau²¹³ tɕʰi²² u⁴² niɛn²² tsʰai²² tsʰɛ²²，tɕʰi²² u⁴² niɛn²² tsʰai²² tsʰɛ²²。na²¹³ təu⁵⁵ kuan⁴² xau⁴² tuo⁵⁵ niɛn²² na⁰。

张：我都没听说……ŋo⁴² təu⁵⁵ mei⁵⁵ tʰin⁵⁵ suo²²……

覃：不是的，现在我们那边都是喊十字街，稍微些了年纪他们都是喊老车站。pu²² sɿ²¹³ ti⁰，ɕiɛn²¹³ tsai²¹³ ŋo⁴² mən⁰ na²¹³ piɛn⁵⁵ təu⁵⁵ sɿ²¹³ xan⁴² sɿ²² tsɿ²¹³ kai⁵⁵，sau⁵⁵ uei⁵⁵ ɕi⁵⁵ na⁰ niɛn²² tɕi⁴² tʰa⁵⁵ mən⁰ təu⁵⁵ sɿ²¹³ xan⁴² nau⁴² tsʰɛ⁵⁵ tsan²¹³。

冯：喊老车站，老车站。我们还是，我们都是喊老车站。xan⁴² nau⁴² tsʰɛ⁵⁵ tsan²¹³，nau⁴² tsʰɛ⁵⁵ tsan²¹³。ŋo⁴² mən⁰ xai²² sɿ²¹³，ŋo⁴² mən⁰ təu⁵⁵ sɿ²¹³ xan⁴² nau⁴² tsʰɛ⁵⁵ tsan²¹³。

覃：哎，我们喊十字街了嘛。ɛ⁰，ŋo⁴² mən⁰ xan⁴² sɿ²² tsɿ²¹³ kai⁵⁵ na⁰ ma⁰。

冯：年轻那帮人呢，因为那时候ㄦ晚上，那时候ㄦ咸丰，晚上有电灯了哦，那ㄦ有个大电灯，还有个高音喇叭，安起的。唱样板戏啊，那一天到晚叫它广播吼梗夜。那些年轻人来唱来跳吵。就跑那ㄦ听广播。有个大电灯，照起又亮吵。晚上年轻人在那打扑克啊，下跳棋，跳棋啊，搞那些——有的听音乐，听样板戏。所以那地方就闹热，也热闹晚上。那么那个时候ㄦ电灯不是照通夜哦，到十二点钟就停电。像火车那个蒸汽机发电，它不能一天到晚开起吵，它到十二点钟它就不发电了，电灯熄了以后就回去了。niɛn²² tɕʰin⁵⁵ na²¹³ paŋ⁵⁵ zən²² nɛ⁰，in⁵⁵ uei²² na²¹³ sɿ²² xɚ²¹³ uan⁴² saŋ²¹³，na²¹³ sɿ²² xɚ²¹³ xan²² foŋ⁵⁵，uan⁴² saŋ²¹³ iəu⁴² tiɛn²¹³ tən⁵⁵ na⁰ o⁰，nɚ²¹³ iəu⁴² ko²¹³ ta²¹³ tiɛn²¹³ tən⁵⁵，xai²² iəu⁴² ko²¹³ kau⁵⁵ in⁵⁵ na⁴² pa⁵⁵，ŋan⁵⁵ tɕʰi⁴² ti⁰。tsʰaŋ²¹³ iaŋ²¹³ pan⁴² ɕi²¹³ a⁰，na²¹³ i²² tʰiɛn⁵⁵ tau²¹³ uan⁴²

tɕiau²¹³ tʰa⁵⁵ kuaŋ⁴² po⁵⁵ xəu⁴² kən⁴² iɛ²¹³。 na²¹³ ɕiɛ⁵⁵ niɛn²² tɕʰin⁵⁵ zən²² nai²²
tsʰaŋ²¹³ nai²² tʰiau²¹³ sa⁰。 təu²¹³ pʰau⁴² nə²¹³ tʰin⁵⁵ kuaŋ⁴² po⁵⁵。 iəu⁴² ko²¹³ ta²¹³
tiɛn²¹³ tən⁵⁵, tsau²¹³ tɕʰi⁴² iəu²¹³ niaŋ²¹³ sa⁰。 uan⁴² saŋ²¹³ niɛn²² tɕʰin⁵⁵ zən²²
tai²¹³ na²¹³ ta⁴² pʰu²² kʰɛ²² a⁰, ɕia²¹³ tʰiau²¹³ tɕʰi²¹³, tʰiau²¹³ tɕʰi²² a⁰, kau⁴² na²¹³
ɕiɛ⁵⁵ —— iəu⁴² ti⁰ tʰin⁵⁵ in⁵⁵ yo²², tʰin⁵⁵ iaŋ²¹³ pan⁴² ɕi²¹³。 suo⁴² i⁴² na²¹³ ti²¹³
faŋ⁵⁵ təu²¹³ nau²¹³ zɛ²², iɛ⁴² zɛ²² nau²¹³ uan⁴² saŋ²¹³。 na²¹³ mo⁰ na²¹³ ko²¹³
sɿ²² xə²¹³ tiɛn²¹³ tən⁵⁵ pu²² sɿ²¹³ tsau²¹³ tʰoŋ⁵⁵ iɛ²¹³ o⁰, tau²¹³ sɿ²² ə²¹³ tiɛn⁴²
tsoŋ⁵⁵ təu²¹³ tʰin²² tiɛn²¹³。 tɕʰiaŋ²¹³ xo⁴² tsʰɛ⁵⁵ na²¹³ ko²¹³ tsən⁵⁵ tɕʰi²¹³ tɕi⁵⁵
fa²² tiɛn²¹³, tʰa⁵⁵ pu²² nən²² i²² tʰiɛn⁵⁵ tau²¹³ uan⁴² kʰai⁵⁵ tɕʰi⁴² sa⁰, tʰa⁵⁵ tau²¹³
sɿ²² ə²¹³ tiɛn⁴² tsoŋ⁵⁵ tʰa⁵⁵ təu²¹³ pu²² fa²² tiɛn²¹³ na⁰, tiɛn²¹³ tən⁵⁵ ɕi²² na⁰ i⁴²
xəu²¹³ təu²¹³ xuei²² tɕʰi²¹³ na⁰。

张：莫说那时候ᵣ，我们小时候ᵣ觉得车站都是在停电，三不之ᵣ停
电，三不之ᵣ停电。mo²² suo²² na²¹³ sɿ²² xə²¹³, ŋo⁴² mən⁰ ɕiau⁴² sɿ²² xə²¹³
tɕyo²² tɛ²² tsʰɛ⁵⁵ tsan²¹³ təu⁵⁵ sɿ²¹³ tai²¹³ tʰin²² tiɛn²¹³, san⁵⁵ pu²² tsə⁰ tʰin²²
tiɛn²¹³, san⁵⁵ pu²² tsə⁰ tʰin²² tiɛn²¹³。

冯：那时候ᵣ，那时候ᵣ水电啦，最先老车站热闹的时候什么啊？就
是那个农电厂那地，有条那个蒸汽——就是现在的火车头，叫老式蒸汽
火车脑壳，拖起做动力发电。na²¹³ sɿ²² xə²¹³, na²¹³ sɿ²² xə²¹³ suei⁴² tiɛn²¹³
na⁰, tsuei²¹³ ɕiɛn⁵⁵ nau⁴² tsʰɛ⁵⁵ tsan²¹³ zɛ²² nau²¹³ ti⁰ sɿ²² xəu²¹³ sən²² mo⁰
a⁰？ təu²¹³ sɿ²¹³ na²¹³ ko²¹³ noŋ²² tiɛn²¹³ tsʰaŋ⁴² na²¹³ ti²¹³, iəu⁴² tʰiau²² na²¹³
ko²¹³ tsən⁵⁵ tɕʰi²¹³ —— təu²¹³ sɿ²¹³ ɕiɛn²¹³ tsai²¹³ ti⁰ xo⁴² tsʰɛ⁵⁵ tʰəu⁰, tɕiau²¹³
nau⁴² sɿ²¹³ tsən⁵⁵ tɕʰi²¹³ xo⁴² tsʰɛ⁵⁵ nau⁴² kʰo²², tʰuo⁵⁵ tɕʰi⁴² tsu²¹³ toŋ²¹³ ni²²
fa²² tiɛn²¹³。

张：那时候ᵣ记得，我们小时候ᵣ那一个月才用度把电，一家人……
na²¹³ sɿ²² xə²¹³ tɕi²¹³ tɛ²², ŋo⁴² mən⁰ ɕiau⁴² sɿ²² xə²¹³ na²¹³ i²² ko²¹³ yɛ²² tsʰai²²
yoŋ²¹³ tu²¹³ pa⁴² tiɛn²¹³, i²² tɕia⁵⁵ zən²²……

冯：十瓦的灯泡。sɿ²² ua⁴² ti⁰ tən⁵⁵ pʰau⁵⁵。

覃：原来老车站那哈ᵣ，现在十字街了，建筑啊那些，我们见到
的基本上还是那个老建筑，都跟之前的老车站完全不一样。yɛn²² nai²²
nau⁴² tsʰɛ⁵⁵ tsan²¹³ na²¹³ xə⁵⁵, ɕiɛn²² tsai²¹³ sɿ²² tsɿ²¹³ kai⁵⁵ na⁰, tɕiɛn²¹³ tsu²²

a^0 na^{213} ɕiɛ^{55}，ŋo^{42} mən^0 tɕiɛn^{213} tau^{213} ti^0 tɕi^{55} pən^{42} saŋ^{213} xai^{22} sɿ^{213} na^{213} ko^{213} nau^{42} tɕiɛn^{213} tsu^{22}，təu^{55} kən^{55} tsɿ^{55} tɕʰiɛn^{22} ti^0 nau^{42} tsʰɛ^{55} tsan^{213} uan^{22} tɕʰyɛn^{22} pu^{22} i^{22} iaŋ^{213}。

冯：那个那原来，最闹热时候儿，那个就是……na^{213} ko^{213} na^{213} yɛn^{22} nai^{22}，tsuei^{213} nau^{213} zɛ^{22} sɿ^{22} xa^{213}，na^{213} ko^{213} təu^{213} sɿ^{213}……

张：现在那哈儿租也租不起……ɕiɛn^{213} tsai^{213} na^{213} xæ^{55} tsu^{55} iɛ^{42} tsu^{55} pu^{22} tɕʰi^{42}……

覃：那个观音桥外面喊的火石坝坝儿，迡个是朗〞们〞来的，火石坝坝儿？na^{213} ko^{213} kuan^{55} in^{55} tɕʰiau^{213} uai^{213} miɛn^{213} xan^{42} ti^0 xo^{42} sɿ^{22} pa^{213} pæ^0，niɛ^{22} ko^{213} sɿ^{213} naŋ^{22} mən^0 nai^{22} ti^0，xo^{42} sɿ^{22} pa^{213} pæ^0？

冯：火石坝坝儿烧火的，火灾啦！老百货公司那哈儿，老百货公司被那个那个，那个那个，有个仓库保管员。他，他他贪污哒。贪污呢，他毁灭证据，他一火就把百货烧哒。烧哒呢，他就说，他说是失火哒。最后公安局调查是他纵的火，他放的火。关起啦！xo^{42} sɿ^{22} pa^{213} pæ^0 sau^{55} xo^{42} ti^0，xo^{42} tsai^{55} na^0！nau^{42} pɛ^{22} xo^{213} koŋ^{55} sɿ^{55} na^{213} xæ^0，nau^{42} pɛ^{22} xo^{213} koŋ^{55} sɿ^{55} pei^{213} na^{213} ko^{213} na^{213} ko^{213}，na^{213} ko^{213} na^{213} ko^{213}，iəu^{42} ko^{213} tsʰaŋ^{55} kʰu^{213} pau^{42} kuan^{42} yɛn^{22}。tʰa^{55}，tʰa^{55} tʰa^{55} tʰan^{55} u^{55} ta^0。tʰan^{55} u^{55} nɛ^0，tʰa^{55} xuei^{42} miɛ^{22} tsən^{213} tɕy^{213}，tʰa^{55} i^{22} xo^{42} təu^{213} pa^{42} pɛ^{22} xo^{213} sau^{55} ta^0。sau^{55} ta^0 nɛ^0，tʰa^{55} təu^{213} suo^{22}，tʰa^{55} suo^{22} sɿ^{213} sɿ^{213} xo^{42} ta^0。tsuei^{213} xəu^{213} koŋ^{55} ŋan^{55} tɕy^{22} tiau^{213} tsa^{55} sɿ^{213} tʰa^{55} tsoŋ^{213} ti^0 xo^{42}，tʰa^{55} faŋ^{213} ti^0 xo^{42}。kuan^{55} tɕʰi^{42} ti^0 na^0！

张：那得好多年哒。na^{213} tɛ^{22} xau^{42} tuo^{55} niɛn^{22} ta^0。

冯：那得好多年哒，判好多年哦！na^{213} tɛ^{22} xau^{42} tuo^{55} niɛn^{22} ta^0，pʰan^{213} xau^{42} tuo^{55} niɛn^{22} o^0！

覃：迡个我们只晓得喊火石坝坝儿唦。niɛ^{22} ko^{213} ŋo^{42} mən^0 tsɿ^{22} ɕiau^{42} tɛ^{22} xan^{42} xo^{42} sɿ^{22} pa^{213} pæ^0 sa^0。

冯：嗯，火烧坝坝儿，那是烧完以后了。ən^0，xo^{42} sau^{55} pa^{213} pæ^0，na^{213} sɿ^{213} sau^{55} uan^{22} i^{42} xəu^{213} na^0。

张：就是现在那个……təu^{213} sɿ^{213} ɕiɛn^{213} tai^{213} na^{213} ko^{213}……

冯：那火石坝坝儿烧了在……对门，就是以前我们住的那对门。院子那些人家都是火灾受灾户搬那儿去的。na²¹³ xo⁴² sɿ²² pa²¹³ pə⁰ sau⁵⁵ na⁰ tai²¹³……tuei²¹³ mən²², təu²¹³ sɿ²¹³ i⁴² tɕʰiɛn²² ŋo⁴² mən⁰ tsu²¹³ ti⁰ na²¹³ tuei²¹³ mən²²。yɛn²¹³ tsɿ⁰ na²¹³ ɕiɛ⁵⁵ zən²² tɕia⁵⁵ təu⁵⁵ sɿ²¹³ xo⁴² tsai⁵⁵ səu²¹³ tsai⁵⁵ fu²¹³ pan⁵⁵ nə²¹³ tɕʰi²¹³ ti⁰。

张：嗯。ən⁰。

冯：原来火石坝坝ⱼₗ那ⱼₗ住。yɛn²² nai²² xo⁴² sɿ²² pa²¹³ pə⁰ nə²¹³ tsu²¹³。

张：火石坝坝ⱼₗ就是现在的……xo⁴² sɿ²² pa²¹³ pə⁰ təu²¹³ sɿ²¹³ ɕiɛn²¹³ tai²¹³ ti⁰……

冯：解放初期……kai⁴² faŋ²¹³ tsʰu⁵⁵ tɕʰi⁵⁵……

覃：现在就是那个菜市场嘛。ɕiɛn²¹³ tai²¹³ təu²¹³ sɿ²¹³ na²¹³ ko²¹³ tsʰai²¹³ sɿ²¹³ tsʰaŋ⁴² ma⁰。

张：现在那里……哦。ɕiɛn²¹³ tai²¹³ na²¹³ ni⁴²……o⁰。

冯：就是现在星光大酒店那哈ⱼₗ。təu²¹³ sɿ²¹³ ɕiɛn²¹³ tai²¹³ ɕin⁵⁵ kuaŋ⁵⁵ ta²¹³ tɕiəu⁴² tiɛn²¹³ na²¹³ xə⁰。

张：星光大酒店那哈ⱼₗ。ɕin⁵⁵ kuaŋ⁵⁵ ta²¹³ tɕiəu⁴² tiɛn²¹³ na²¹³ xə⁰。

冯：哎，星光大酒店那哈ⱼₗ。ɛ⁰，ɕin⁵⁵ kuaŋ⁵⁵ ta²¹³ tɕiəu⁴² tiɛn²¹³ na²¹³ xə⁰。

张：但是我记得那哈ⱼₗ……炸个包谷……。tan²¹³ sɿ²¹³ ŋo⁴² tɕi²¹³ tɛ²² na²¹³ xə⁰……tsa²¹³ ko²¹³ pau⁵⁵ ku²²。

冯：哎，是的哟，炸两个苞谷……ɛ⁰，sɿ²¹³ ti⁰ sa⁰，tsa²¹³ niaŋ⁴² ko²¹³ pau⁵⁵ ku²²……

张：哦，那就是火烧坝，那个地方。o⁰，na²¹³ təu²¹³ sɿ²¹³ xo⁴² sau⁵⁵ pa²¹³，na²¹³ ko²¹³ ti²¹³ faŋ⁵⁵。

冯：喊的火场坝坝ⱼₗ，不是火烧坝坝ⱼₗ。xan⁴² ti⁰ xo⁴² tsʰaŋ⁴² pa²¹³ pə⁰，pu²² sɿ²¹³ xo⁴² sau⁵⁵ pa²¹³ pə⁰。

张：火场坝坝ⱼₗ。xo⁴² tsʰaŋ⁴² pa²¹³ pə⁰。

冯：火场坝坝ⱼₗ，那是被火烧的。那房子烧完哒，就剩下一个坝坝ⱼₗ哒，所以叫火场坝坝。xo⁴² tsʰaŋ⁴² pa²¹³ pə⁰，na²¹³ sɿ²¹³ pei²¹³ xo⁴² sau⁵⁵ ti⁰。na²¹³ faŋ²² tsɿ⁰ sau⁵⁵ uan²² ta⁰，təu²¹³ sən²¹³ ɕia²¹³ i⁴² ko²¹³ pa²¹³ pə⁰ ta⁰，suo⁴² i⁴² tɕiau²¹³ xo⁴² tsʰaŋ⁴² pa²¹³ pə⁰。

覃：那时候_儿是木房子吗，全部是木房子吗？ na²¹³ sᴝ²² xə²¹³ sᴝ²¹³ mu²² faŋ²² tsᴝ⁰ ma⁰, tɕʰyɛn²² pu²¹³ sᴝ²¹³ mu²² faŋ²² tsᴝ⁰ ma⁰?

冯：哎。解放初期百货公司，烧百货公司哟。ε⁰。kai⁴² faŋ²¹³ tsʰu⁵⁵ tɕʰi⁵⁵ pε²² xo²¹³ koŋ⁵⁵ sᴝ⁵⁵, sau⁵⁵ pε²² xo²¹³ koŋ⁵⁵ sᴝ⁵⁵ sa⁰。

张：哦。o⁰。

冯：邵壮^①认得的啦。他说他他，他先把账单册毁了哟。毁了他说失火哒。最后七问八问，公安局一调查，是他纵的火，他承认哒。sau²¹³ tsuaŋ²¹³, zən²¹³ tε²² ti⁰ na⁰。tʰa⁵⁵ suo²² tʰa⁵⁵ tʰa⁵⁵, tʰa⁵⁵ ɕiɛn⁵⁵ pa⁴² tsaŋ²¹³ tan⁵⁵ tsʰε²² xuei⁴² na⁰ sa⁰。xuei⁴² na⁰ tʰa⁵⁵ suo²² sᴝ²² xo⁴² ta⁰。tsuei²¹³ xəu²¹³ tɕʰi²² uən²¹³ pa²² uən²¹³, koŋ⁵⁵ ŋan⁵⁵ tɕy²² i²² tiau²¹³ tsa⁵⁵, sᴝ²¹³ tʰa⁵⁵ tsoŋ²¹³ ti⁰ xo⁴², tʰa⁵⁵ tsʰən²² zən²¹³ ta⁰。

张：等于就是……哦。tən⁴² y²² təu²¹³ sᴝ²¹³……o⁰。

覃：原来还有武汉，还有个么子？还有个老师范啦。那个师范还是……yɛn²² nai²² xai²² iəu⁴² u⁴² xan²¹³, xai²² iəu⁴² ko²¹³ mo⁰ tsᴝ⁰? xai²² iəu⁴² ko²¹³ nau⁴² sᴝ⁵⁵ fan²¹³ na⁰。na²¹³ ko²¹³ sᴝ⁵⁵ fan²¹³ xai²² sᴝ²¹³……

冯：就是现在民族中学哟。təu²¹³ sᴝ²¹³ ɕiɛn²¹³ tai²¹³ min²² tsʰu²² tsoŋ⁵⁵ ɕyo²² sa⁰。

覃：就是现在民族中学！那个师范是，就说，也很，很那个么，很有名气嘛！təu²¹³ sᴝ²¹³ ɕiɛn²¹³ tai²¹³ min²² tsʰu²² tsoŋ⁵⁵ ɕyo²²! na²¹³ ko²¹³ sᴝ⁵⁵ fan²¹³ sᴝ²¹³, təu²¹³ suo²², iε⁴² xən⁴², xən⁴² na²¹³ ko²¹³ mo⁰, xən⁴² iəu⁴² min²² tɕʰi²¹³ ma⁰!

冯：那很出名哪，那出好多人哦。na²¹³ xən⁴² tsʰu²² min²² na⁰, na²¹³ tsʰu²² xau⁴² tuo⁵⁵ zən²² o⁰。

覃：那哈儿哦。na²¹³ xə⁰ o⁰。

冯：那出省级干部的，学校。na²¹³ tsʰu²² sən⁴² tɕi²² kan⁵⁵ pu²¹³ ti⁰, ɕyo²² ɕiau²¹³。

覃：现在那些树还是那时候_儿栽的哦！ɕiɛn²¹³ tai²¹³ na²¹³ ɕiε⁵⁵ su²¹³ xai²² sᴝ²¹³ na²¹³ sᴝ²² xə²¹³ tsai⁵⁵ ti⁰ o⁰!

---

① 邵壮，人名，音同。

冯：嗯。ən⁰。

张：那校门一排一排的。na²¹³ ɕiau²¹³ mən²² i²² pʰai²² i²² pʰai²² ti⁰。

冯：那个学校，原来就是恩施地区，八个县哟？ na²¹³ ko²¹³ ɕyo²²
ɕiau²¹³，yɛn²² nai²² təu²¹³ sʅ²¹³ ŋən⁵⁵ sʅ⁵⁵ ti²¹³ tɕʰy⁵⁵，pa²² ko²¹³ ɕiɛn²¹³ sa⁰？

覃：嗯。ən⁰。

冯：恩施八个县呢，有两所师范学校。一所建的恩施的，叫恩施
地区恩施师范；咸丰我们现在民族中学那个地方，原来叫恩施地区咸
丰师范，就简称咸师。你说是哪ㄦ毕业的，你说是咸师毕业的，那不
得了哎！那时候ㄦ考个咸师比考个大学都难。ŋən⁵⁵ sʅ⁵⁵ pa²² ko²¹³ ɕiɛn²¹³
nɛ⁰，iəu⁴² niaŋ⁴² suo⁴² sʅ⁵⁵ fan²¹³ ɕyo²² ɕiau²¹³。i²² suo⁴² tɕiɛn²¹³ ti⁰ ŋən⁵⁵
sʅ⁵⁵ ti⁰，tɕiau²¹³ ŋən⁵⁵ sʅ⁵⁵ ti²¹³ tɕʰy⁵⁵ ŋən⁵⁵ sʅ⁵⁵ sʅ⁵⁵ fan²¹³；xan²² foŋ⁵⁵ ŋo⁴²
mən⁰ ɕiɛn²¹³ tai²¹³ min²¹³ tsʰu²² tsoŋ⁵⁵ ɕyo²² na²¹³ ko²¹³ ti²¹³ faŋ⁵⁵，yɛn²² nai²²
tɕiau²¹³ ŋən⁵⁵ sʅ⁵⁵ ti²¹³ tɕʰy⁵⁵ xan²² foŋ⁵⁵ sʅ⁵⁵ fan²¹³，təu²¹³ tɕiɛn⁴² tsʰən⁵⁵
xan²² sʅ⁵⁵。ni⁴² suo²² sʅ²¹³ nə⁴² pi²² niɛ²² ti⁰，ni⁴² suo²² sʅ²¹³ xan²² sʅ⁵⁵ pi²²
niɛ²² ti⁰，na²¹³ pu²² tɛ²² niau⁴² ɛ⁰！ na²¹³ sʅ²¹³ xə²¹³ kʰau⁴² ko²¹³ xan²² sʅ⁵⁵ pi⁴²
kʰau⁴² ko²¹³ ta²¹³ ɕyo²² təu⁵⁵ nan²²。

覃：哦！现在那里面的房子还是那个时候ㄦ修的哦？ o⁰！ ɕiɛn²¹³
tai²¹³ na²¹³ ni⁴² miɛn²¹³ ti⁰ faŋ²² tsʅ⁰ xai²² sʅ²¹³ na²¹³ ko²¹³ sʅ²² xə²¹³ ɕiəu⁵⁵ ti⁰
o⁰？

冯：嗯，里面还有几栋老房子。ən⁰，ni⁴² miɛn²¹³ xai²² iəu⁴² tɕi⁴² toŋ²¹³
nau⁴² faŋ²² tsʅ⁰。

张：就看那个校门，就是岩头敲的啊，我看。那个牌坊不得了啊。
təu²¹³ kʰan²¹³ na²¹³ ko²¹³ ɕiau²¹³ mən²²，təu²¹³ sʅ²¹³ ŋai²² tʰəu⁰ kʰau⁵⁵ ti⁰ a⁰，
ŋo⁴² kʰan²¹³。na²¹³ ko²¹³ pʰai²² faŋ²² pu²² tɛ²² niau⁴² a⁰。

冯：那是后面搞的。那后来搞的。那是后来建，升格为教育学院
哒。na²¹³ sʅ²¹³ xəu²¹³ miɛn²¹³ kau⁴² ti⁰。na²¹³ xəu²¹³ nai²² kau⁴² ti⁰。na²¹³
sʅ²¹³ xəu²¹³ nai²² tɕiɛn²¹³，sən⁵⁵ kɛ²² uei²² tɕiau⁵⁵ iəu²² ɕyo²² yɛn²¹³ ta⁰。

张：那是岩头敲的。na²¹³ sʅ²¹³ ŋai²² tʰəu⁰ kʰau⁵⁵ ti⁰。

冯：是岩头打的。迤边老房子还有，还有两栋什么的，学生宿舍。
我今年我都是叫他们把老房子保护下来，不得拆。sʅ²¹³ ŋai²² tʰəu⁰ ta⁴² ti⁰。

niɛ²² piɛn⁵⁵ nau⁴² faŋ²² tsʅ⁰ xai²² iəu⁴², xai²² iəu⁴² niaŋ⁴² toŋ²¹³ sən²² mo⁰ ti⁰, ɕyo²² sən⁵⁵ səu²¹³ sɛ⁴²。ŋo⁴² tɕin⁵⁵ niɛn²² ŋo⁴² təu⁵⁵ sʅ²¹³ tɕiau²¹³ tʰa⁵⁵ mən⁰ pa⁴² nau⁴² faŋ²² tsʅ⁰ pau⁴² fu²¹³ ɕia²¹³ nai²², pu²² tɛ²² tsʰɛ²²。

覃： 还有那个中和堂又是朗＝们＝来的？xai²² iəu⁴² na²¹³ ko²¹³ tsoŋ⁵⁵ xo²² tʰaŋ²² iəu²¹³ sʅ²¹³ naŋ⁴² mən⁰ nai²² ti⁰？

冯： 中和堂是那个，中和堂是一个药铺。tsoŋ⁵⁵ xo²² tʰaŋ²² sʅ²¹³ na²¹³ ko²¹³，tsoŋ⁵⁵ xo²² tʰaŋ²² sʅ²¹³ i²² ko²¹³ yo²² pʰu²¹³。

覃： 哦。o⁰。

张： 那药铺的名字是中和堂，所以现在喊中和堂。na²¹³ yo²² pʰu⁵⁵ ti⁰ min²² tsʅ²¹³ sʅ²¹³ tsoŋ⁵⁵ xo²² tʰaŋ²²，suo⁴² i⁴² ɕiɛn²¹³ tai²¹³ xan⁴² tsoŋ⁵⁵ xo²² tʰaŋ²²。

冯： 中和堂刘家，刘家的先生哟，开的药铺。叫中和堂。tsoŋ⁵⁵ xo²² tʰaŋ²² niəu²² tɕia⁵⁵，niəu²² tɕia⁵⁵ ti⁰ ɕiɛn⁵⁵ sən⁵⁵ sa⁰，kʰai⁵⁵ ti⁰ yo²² pʰu²¹³。tɕiau²¹³ tsoŋ⁵⁵ xo²² tʰaŋ²²。

覃： 哦。我就觉得那个为朗＝们＝叫中和堂？o⁰。ŋo⁴² təu²¹³ tɕiau²¹³ tɛ²² na²¹³ ko²¹³ uei²² naŋ⁴² mən⁰ tɕiau²¹³ tsoŋ⁵⁵ xo²² tʰaŋ²²？

冯： 哎，中和堂刘家哟。ɛ⁰，tsoŋ⁵⁵ xo²² tʰaŋ²² niəu²² tɕia⁵⁵ sa⁰。

覃： 就是说现在好多年轻人找不到，但是老的都晓得，一说中和堂我都晓得，找不到朗＝们＝来的嘛！təu²¹³ sʅ²¹³ suo²² ɕiɛn²¹³ tsai²¹³ xau⁴² tuo⁵⁵ niɛn²² tɕʰin⁵⁵ zən²² tsau⁴² pu²² tau²¹³，tan²¹³ sʅ²¹³ nau⁴² ti⁰ təu⁵⁵ ɕiau⁴² tɛ²²，i²² suo²² tsoŋ⁵⁵ xo²² tʰaŋ²² ŋo⁴² təu⁵⁵ ɕiau⁴² tɛ²²，tsau⁴² pu²² tau²¹³ naŋ²² mən⁰ nai²² ti⁰ ma⁰！

张： 中和堂找不到朗＝们＝来的。tsoŋ⁵⁵ xo²² tʰaŋ²² tsau⁴² pu²² tau²¹³ naŋ²² mən⁰ nai²² ti⁰。

冯： 你们还有么找不到，我来，我看我找得不，问嘛。ni⁴² mən⁰ xai²² iəu⁴² mo⁰ tsau⁴² pu²² tau²¹³，ŋo⁴² nai²²，ŋo⁴² kʰan²¹³ ŋo⁴² tsau⁴² tɛ²² pu²²，uən²¹³ ma⁰。

覃： 哎，那个就是现在……对面那哈儿就是叫中和堂哟？ɛ⁰，na²¹³ ko²¹³ təu²¹³ sʅ²¹³ ɕiɛn²¹³ tsai²¹³……tuei²¹³ miɛn²¹³ na²¹³ xə⁵⁵ təu²¹³ sʅ²¹³ tɕiau²¹³ tsoŋ⁵⁵ xo²² tʰaŋ²² sa⁰？

冯：……在背后，在坡坡儿上。…… tai²¹³ pei²¹³ xəu²¹³, tai²¹³ pʰo⁵⁵ pʰə⁰ saŋ²¹³。

覃：哦，现在的……对面原来是有个，有个……o⁰, ɕiɛn²¹³ tsai²¹³ ti⁰…… tuei²¹³ miɛn²¹³ yɛn²² nai²² sʅ²¹³ iəu⁴² ko²¹³, iəu⁴² ko²¹³……

冯：那不是。na²¹³ pu²² sʅ²¹³。

张：那是地税局。na²¹³ sʅ²¹³ ti²¹³ suei²¹³ tɕy²²。

冯：那儿是那个，那是禹王宫。nə²¹³ sʅ²¹³ na²¹³ ko²¹³, na²¹³ sʅ²¹³ y⁴² uaŋ²² koŋ⁵⁵。

覃：哎，对对对。ɛ⁰, tuei²¹³ tuei²¹³ tuei²¹³。

冯：那是庙。na²¹³ sʅ²¹³ miau²¹³。

覃：哎，就是！有个庙庙儿嘛，那哈儿。ɛ⁰, təu²¹³ sʅ²¹³！ iəu⁴² ko²¹³ miau²¹³ miə²¹³ ma⁰, na²¹³ xə⁵⁵。

冯：有几所庙？五所庙。那个地方。iəu⁴² tɕi⁵⁵ suo⁴² miau²¹³？ u⁴² suo⁴² miau²¹³。 na²¹³ ko²¹³ ti²¹³ faŋ⁵⁵。

张：那个地名我从来没听过。na²¹³ ko²¹³ ti²¹³ min²² ŋo⁴² tsʰoŋ²² nai²² mei⁵⁵ tʰin⁵⁵ ko²¹³。

冯：有五所庙。iəu⁴² u⁴² suo⁴² miau²¹³。

覃：那个地方我听讲过但是不晓得。na²¹³ ko²¹³ ti²¹³ faŋ⁵⁵ ŋo⁴² tʰin⁵⁵ tɕiaŋ⁴² ko²¹³ tan²¹³ sʅ²¹³ pu²² ɕiau⁴² tɛ²²。

冯：那五所庙，高头还有么子，叫那个，淮阴楼啊。淮阴楼后那座山就叫，就叫韩信坡啦，就是那么来的！ na²¹³ u⁴² suo⁴² miau²¹³, kau⁵⁵ tʰəu⁰ xai²² iəu⁴² mo⁰ tsʅ⁰, tɕiau²¹³ na²¹³ ko²¹³, xuai²² in⁵⁵ nəu²² a⁰。 xuai²² in⁵⁵ nəu²² xəu²¹³ na²¹³ tsuo²¹³ san⁵⁵ təu²¹³ tɕiau²¹³, təu²¹³ tɕiau²¹³ xan²² ɕin²¹³ pʰo⁵⁵ na⁰, təu²¹³ sʅ²¹³ na²¹³ mo⁰ nai²² ti⁰！

张：就是现在西部家园那头地方啊？ təu²¹³ sʅ²¹³ ɕiɛn²¹³ tsai²¹³ ɕi⁵⁵ pu²¹³ tɕia⁵⁵ yɛn²² na²¹³ tʰəu²¹³ ti²¹³ faŋ⁵⁵ a⁰？

冯：……那个么子啊？刘家屋里那个？高头…… …… na²¹³ ko²¹³ mo⁰ tsʅ⁰ a⁰？ niəu²² tɕia⁵⁵ u²² ni⁴² na²¹³ ko²¹³？ kau⁵⁵ tʰəu⁰……

张：……

冯：哎，对。在张家屋那儿，张家明①那个对门。ε⁰, tuei²¹³。 tai²¹³ tsaŋ⁵⁵ tɕia⁵⁵ u²² nə²¹³, tsaŋ⁵⁵ tɕia⁵⁵ mən²² na²¹³ ko²¹³ tuei²¹³ mən²²。

张：那个包包儿……na²¹³ ko²¹³ pau⁵⁵ pə⁰……

冯：张家屋对门，那个包包儿。tsaŋ⁵⁵ tɕia⁵⁵ u²² tuei²¹³ mən²², na²¹³ ko²¹³ pau⁵⁵ pə⁰。

张：包包儿上是庙哟？pau⁵⁵ pə⁰ saŋ²¹³ sɿ²¹³ miau²¹³ sa⁰？

冯：那个不是，不是庙，是淮阴楼。纪念那个的，纪念韩信的。na²¹³ ko²¹³ pu²² sɿ²¹³, pu²² sɿ²¹³ miau²¹³, sɿ²¹³ xuai²² in⁵⁵ nəu²²。 tɕi⁴² niεn²¹³ na²¹³ ko²¹³ ti⁰, tɕi⁴² niεn²¹³ xan²² ɕin²¹³ ti⁰。

张：哦，那还搞不清楚。o⁰, na²¹³ xai²² kau⁴² pu²² tɕʰin⁵⁵ tsʰu⁴²。

冯：它那个淮阴楼，淮阴楼，所以那个山叫韩信坡啦。所以我们咸丰两个地名，一个是子房沟啦。子房沟不是指哪哈儿建纸厂的，那不是。张子房诶，张良诶。张良是那个离楚归汉的时候儿经过咸丰……那个时候儿和韩信两个，在坡坡上战赢了。所以留下两个地名啦，有个子房沟啦，就是张良啦，张子房啦。那边韩信啦，韩信后来被封为淮阴侯哟，所以叫淮——那个，建那个纪念楼，那个楼就是淮阴楼啦。淮阴楼我都看到过的。tʰa⁵⁵ na²¹³ ko²¹³ xuai²² in⁵⁵ nəu²², xuai²² in⁵⁵ nəu²², suo⁴² i⁴² na²¹³ ko²¹³ san⁵⁵ tɕiau²¹³ xan²² ɕin²¹³ pʰo⁵⁵ na⁰。 suo⁴² i⁴² ŋo⁴² mən⁰ xan²² foŋ⁵⁵ niaŋ⁴² ko²¹³ ti²¹³ min²², i²² ko²¹³ sɿ²¹³ tsɿ⁰ faŋ²² kəu⁵⁵ na⁰。 tsɿ⁰ faŋ²² kəu⁵⁵ pu²² sɿ²¹³ tsɿ⁴² na⁴² xə⁵⁵ tɕiεn²¹³ tsɿ⁴² tsʰaŋ⁴² ti⁰, na²¹³ pu²² sɿ²¹³。 tsaŋ⁵⁵ tsɿ⁰ faŋ²² ei⁰, tsaŋ⁵⁵ niaŋ²² ei⁰。 tsaŋ⁵⁵ niaŋ²² sɿ²¹³ na²¹³ ko²¹³ ni²² tsʰu⁴² kuei⁵⁵ xan²¹³ ti⁰ sɿ²² xə²¹³ tɕin⁵⁵ ko²¹³ xan²² foŋ⁵⁵……na²¹³ ko²¹³ sɿ²² xə²¹³ xo²² xan²² ɕin²¹³ niaŋ⁴² ko²¹³, tai²¹³ pʰo⁵⁵ pʰo⁵⁵ saŋ²² tsan²¹³ in²² na⁰。 suo⁴² i⁴² niəu²² ɕia²¹³ niaŋ⁴² ko²¹³ ti²¹³ min²² na⁰, iəu⁴² ko²¹³ tsɿ⁰ faŋ²² kəu⁵⁵ na⁰, təu²¹³ sɿ²¹³ tsaŋ⁵⁵ niaŋ²² na⁰, tsaŋ⁵⁵ tsɿ⁰ faŋ²² na⁰。 na²¹³ piεn⁵⁵ xan²² ɕin²¹³ na⁰, xan²² ɕin²¹³ xəu²¹³ nai²² pei²¹³ foŋ⁵⁵ uei²² xuai²² in⁵⁵ xəu²² sa⁰, suo⁴² i⁴² tɕiau²¹³ xuai²² —— na²¹³ ko²¹³, tɕiεn²¹³ na²¹³ ko²¹³ tɕi⁴² niεn²¹³ nəu²², na²¹³ ko²¹³ nəu²² təu²¹³ sɿ²¹³ xuai²² in⁵⁵ nəu²² na⁰。 xuai²² in⁵⁵ nəu²² ŋo⁴² təu⁵⁵ kʰan²¹³ tau²¹³ ko²¹³ ti⁰。

---

① 张家明，人名，同音。

张： 我们小时候儿那儿就叫猪场口。ŋo⁴² mən⁰ ɕiau⁴² sʅ²² xə²¹³ nə²¹³ təu²¹³ tɕiau²¹³ tsu⁵⁵ tsʰaŋ⁴² kʰəu⁴²。

冯： 猪场口那是后来——那猪场口是朗˝们˝个呢？是咸丰，就是那个，盐茶大道，从咸——那个重庆彭水的郁山镇，老郁山挑盐，再从四川的西沱镇挑盐，挑盐挑过来，有的从西沱挑到利川，挑到小村挑到咸丰，再挑到来凤挑到龙山。tsu⁵⁵ tsʰaŋ⁴² kʰəu⁴² na²¹³ sʅ²¹³ xəu²¹³ nai²²——na²¹³ tsu⁵⁵ tsʰaŋ⁴² kʰəu⁴² sʅ²¹³ naŋ²² mən⁰ ko²¹³ nɛ⁰？ sʅ²¹³ xan²² foŋ⁵⁵, təu²¹³ sʅ²¹³ na²¹³ ko²¹³, iɛn²² tsʰa²¹³ ta²¹³ tau²¹³, tsʰoŋ²² xan²²——na²¹³ ko²¹³ tsʰoŋ²² tɕʰin²¹³ pʰən²² suei⁴² ti⁰ iəu²² san⁵⁵ tsən²¹³, nau⁴² iəu²² san⁵⁵ tʰiau⁵⁵ iɛn²², tsai²¹³ tsʰoŋ²² sʅ²¹³ tsʰuan⁵⁵ ti⁰ ɕi⁵⁵ tʰuo²² tsən²¹³ tʰiau⁵⁵ iɛn²², tʰiau⁵⁵ iɛn²² tʰiau⁵⁵ ko²¹³ nai²², iəu⁴² ti⁰ tsʰoŋ²² ɕi⁵⁵ tʰuo²² tʰiau⁵⁵ tau²¹³ ni²¹³ tsʰuan⁵⁵, tʰiau⁵⁵ tau²¹³ ɕiau⁴² tsʰən⁵⁵ tʰiau⁵⁵ tau²¹³ xan foŋ⁵⁵, tsai²¹³ tʰiau⁵⁵ tau²¹³ nai²² foŋ²¹³ tʰiau⁵⁵ tau²¹³ noŋ²² san⁵⁵。

张： 哦，经过那儿的。o⁰, tɕin⁵⁵ ko²¹³ nə²¹³ ti⁰。

冯： 经过猪场口，所以猪场口就形成了盐大道，喊的盐茶大道——喊盐茶古道。那哈儿就喊的赶场道路，于是那地方就那么其他生意就跟着起来了哟。卖盐的啊，做生意的啊，卖猪呀，新猪行哟。猪行那个垭口上有猪行，所以就叫猪场垭口。所以我们咸丰就说卖猪的生猪交易市场又叫猪行又叫猪场，所以猪场垭口就是那么来的。你们那儿后面叫宽大路你记得不？tɕin⁵⁵ ko²¹³ tsu⁵⁵ tsʰaŋ⁴² kʰəu⁴², suo⁴² i⁴² tsu⁵⁵ tsʰaŋ⁴² kʰəu⁴² təu²¹³ ɕin²² tsʰən²² na⁰ iɛn²² ta²¹³ tau²¹³, xan⁴² ti⁰ iɛn²² tsʰa²¹³ ta²¹³ tau²¹³——xan⁴² iɛn²² tsʰa²¹³ ku⁴² tau²¹³。na²¹³ xə⁵⁵ təu²¹³ xan⁴² ti⁰ kan⁴² tsʰaŋ⁴² tau²¹³ nu²¹³, y²² sʅ²¹³ na²¹³ ti²¹³ faŋ⁵⁵ təu²¹³ na²¹³ mo⁰ tɕʰi²² tʰa⁵⁵ sən⁵⁵ i²¹³ təu²¹³ kən⁵⁵ tsuo²² tɕʰi⁴² nai²² na⁰ sa⁰。mai²¹³ iɛn²² ti⁰ a⁰, tsu²¹³ sən⁵⁵ i²¹³ ti⁰ a⁰, mai²¹³ tsu⁵⁵ ia⁰, ɕin⁵⁵ tsu⁵⁵ xaŋ²² sa⁰。tsu⁵⁵ xaŋ²² na²¹³ ko²¹³ ia⁵⁵ kʰəu⁴² saŋ²¹³ iəu⁴² tsu⁵⁵ xaŋ²², suo⁴² i⁴² təu²¹³ tɕiau²¹³ tsu⁵⁵ tsʰaŋ⁴² ia⁵⁵ kʰəu⁴²。suo⁴² i⁴² ŋo⁴² mən⁰ xan²² foŋ⁵⁵ təu²¹³ suo²² mai²¹³ tsu⁵⁵ ti⁰ sən⁵⁵ tsu⁵⁵ tɕiau⁵⁵ ni²¹³ sʅ²¹³ tsʰaŋ⁴² iəu²¹³ tɕiau²¹³ tsu⁵⁵ xaŋ²² iəu²¹³ tɕiau²¹³ tsu⁵⁵ tsʰaŋ⁴², suo⁴² i⁴² tsu⁵⁵ tsʰaŋ⁴² ia⁵⁵ kʰəu⁴² təu²¹³ sʅ²¹³ na²¹³ mo⁰ nai²² ti⁰。ni⁴² mən⁰ nə²¹³ xəu²¹³ miɛn²¹³ tɕiau²¹³ kʰuan⁵⁵ ta²¹³ nu²¹³ ni⁴² tɕi²¹³ tɛ²² pu²²？

张：……小时候儿那些老年人晓得。……ɕiau⁴² sʅ²² xə²¹³ na²¹³ ɕiɛ⁵⁵ nau⁴² niɛn²² zən²² ɕiau⁴² tɛ²²。

冯：宽大路就是赶场大路，就是我们喊的盐茶古道。kʰuan⁵⁵ ta²¹³ nu²¹³ təu²¹³ sʅ²¹³ kan⁴² tsʰaŋ⁴² ta²¹³ nu²¹³, təu²¹³ sʅ²¹³ ŋo⁴² mən⁰ xan⁴² ti⁰ iɛn²² tsʰa²² ku⁴² tau²¹³。

张：是呢，那时候儿听我爷爷儿讲。他那时候儿，那时候儿有些，现在卖粉的位置，有那个旅——小，小饭馆呢。sʅ²¹³ nɛ⁰, na²¹³ sʅ²² xə²¹³ tʰin⁵⁵ ŋo⁴² iɛ²² iə⁰ tɕiaŋ⁴²。 tʰa⁵⁵ na²¹³ sʅ²² xə²¹³, na²¹³ sʅ²² xə²¹³ iəu⁴² ɕiɛ⁵⁵, ɕiɛn²¹³ tsai²¹³ mai²¹³ fən⁴² ti⁰ uei²¹³ tsʅ²², iəu⁴² na²¹³ ko²¹³ nuei⁴² —— ɕiau⁴², ɕiau⁴² fan²¹³ kuan⁴² nɛ⁰。

冯：那是那，店子啦，它那就是，从土地关下来哟。来凤过来土地关哟，土地关经过咸丰城哟。就从你们后头宽大路哟，下太平沟儿，上赵家山，下大河边，梅坪到大河边那个路，石板路，青的，踩得光骏骏儿的！na²¹³ sʅ²¹³ na²¹³, tiɛn²¹³ tsʅ⁰ na⁰, tʰa⁵⁵ na²¹³ təu²¹³ sʅ²¹³, tsʰoŋ²¹³ tʰu⁴² ti²¹³ kuan⁵⁵ ɕia²¹³ nai²² sa⁰。 nai²² foŋ²¹³ ko²¹³ nai²² tʰu⁴² ti²¹³ kuan⁵⁵ sa⁰, tʰu⁴² ti²¹³ kuan⁵⁵ tɕin⁵⁵ ko²¹³ xan²² foŋ⁵⁵ tsʰən²² sa⁰。 təu²¹³ tsʰoŋ²¹³ ni⁴² mən⁰ xəu²¹³ tʰəu⁰ kʰuan⁵⁵ ta²¹³ nu²¹³ sa⁰, ɕia²¹³ tʰai²¹³ pʰin²² kə⁵⁵, saŋ²¹³ tsau²¹³ tɕia⁵⁵ san⁵⁵, ɕia²¹³ ta²¹³ xo²² piɛn⁵⁵, mei²² pʰin²² tau²¹³ ta²¹³ xo²² piɛn⁵⁵ na²¹³ ko²¹³ nu²¹³, sʅ²² pan⁴² nu²¹³, tɕʰin⁵⁵ ti⁰, tsʰai⁴² tɛ²² kuaŋ⁵⁵ tɕʰy⁵⁵ tɕʰyə⁰ ti⁰！

张：现在……ɕiɛn²¹³ tsai²¹³……

冯：拆毁了。tsʰɛ²² xuei⁴² na⁰。

张：现在变成高速路了。ɕiɛn²¹³ tsai²¹³ piɛn²¹³ tsʰən²² kau⁵⁵ su²² nu²¹³ na⁰。

覃：现在没得了。ɕiɛn²¹³ tsai²¹³ mei⁵⁵ tɛ²² na⁰。

张：高速路被占了。kau⁵⁵ su²² nu²¹³ pei²¹³ tsan²¹³ na⁰。

冯：现在没的哪个走了。盐茶大道就在那个坡坡儿上。坡坡儿上陡得陡。那经过清坪过小村过利川哟，盐大道哟。那面嘛……经过咸丰城嘛，也可以走那哈儿……ɕiɛn²¹³ tsai²¹³ mei⁵⁵ ti⁰ na⁴² ko²¹³ tsəu⁴² na⁰。 iɛn²² tsʰa²² ta²¹³ tau²¹³ təu²¹³ tai²¹³ na²¹³ ko²¹³ pʰo⁵⁵ pʰə⁰ saŋ²¹³。 pʰo⁵⁵ pʰə⁰ saŋ²¹³ təu⁴² tɛ²² təu⁴²。 na²¹³ tɕin⁵⁵ ko²¹³ tɕʰin⁵⁵ pʰin²² ko²¹³ ɕiau⁴² tsʰən⁵⁵ ko²¹³ ni²¹³ tsʰuan⁵⁵ sa⁰, iɛn²² ta²¹³ tau²¹³ sa⁰。 na²¹³ miɛn²¹³ ma⁰…… tɕin⁵⁵ ko²¹³ xan²² foŋ⁵⁵ tsʰən²² ma⁰, iɛ⁴² kʰo⁴² i⁴² tsəu⁴² na²¹³ xə⁵⁵ ……

张： 过去我们……交通要道。ko²¹³ tɕʰi²¹³ ŋo⁴² mən⁰ …… tɕiau⁵⁵ tʰoŋ⁵⁵ iau²¹³ tau²¹³。

冯： 那是啊，修猪行那是很要商业——它那个地方要位置嘛。na²¹³ sɿ²¹³ a⁰, ɕiəu⁵⁵ tsu⁵⁵ xaŋ²² na²¹³ sɿ²¹³ xən⁴² iau²¹³ saŋ⁵⁵ niɛ²² —— tʰa⁵⁵ na²¹³ ko²¹³ ti²¹³ faŋ⁵⁵ iau²¹³ uei²¹³ tsɿ²² ma⁰。

张： 嗯。所以那些地方你们老年人不说我们找不到啊！ən⁰。 suo⁴² i⁴² na²¹³ ɕiɛ⁵⁵ ti²¹³ faŋ⁵⁵ ni⁴² mən⁰ nau⁴² niɛn²² zən²² pu²² suo²² ŋo⁴² mən⁰ tsau⁴² pu²² tau²¹³ a⁰！

覃： 再到下一代根本就找不到了。tsai²¹³ tau²¹³ ɕia²¹³ i²² tai²¹³ kən⁵⁵ pən⁴² təu²¹³ tsau⁴² pu²² tau²¹³ na⁰。

冯： 它有名字变了嘛。tʰa⁵⁵ iəu⁴² min²² tsɿ²¹³ piɛn²¹³ na⁰ ma⁰。

覃： 对啊。你说现在那个中和堂啊，老车站啊，它下一代晓得不？tuei²¹³ a⁰。ni⁴² suo⁴² ɕiɛn²¹³ tsai²¹³ na²¹³ ko²¹³ tsoŋ⁵⁵ xo²² tʰaŋ²² a⁰, nau⁴² tsʰɛ⁵⁵ tsan²¹³ a⁰, tʰa⁵⁵ ɕia²¹³ i²² tai²¹³ ɕiau⁴² tɛ²² pu²²？

冯： 中和堂下头啊？那下头那个地方叫高坎子。原来街不是平的，有几个坎坎ₗ，车子都不通。是徐鼐解放——国民党政府的最后一任县长，叫徐鼐，他才把那个地方挖平。挖平把观音桥拆哒……走汽车，就是走车子。tsoŋ⁵⁵ xo²² tʰaŋ²² ɕia²¹³ tʰəu⁰ a⁰？na²¹³ ɕia²¹³ tʰəu⁰ na²¹³ ko²¹³ ti²¹³ faŋ⁵⁵ tɕiau²¹³ kau⁵⁵ kʰan⁴² tsɿ⁰。yɛn²² nai²² kai⁵⁵ pu²² sɿ²¹³ pʰin²² ti⁰, iəu⁴² tɕi⁵⁵ ko²¹³ kʰan⁴² kʰə⁰, tsʰɛ⁵⁵ tsɿ⁰ təu⁵⁵ pu²² tʰoŋ⁵⁵。sɿ²¹³ ɕy²² nai²¹³ kai⁴² faŋ²¹³—— kuɛ²² min²² taŋ⁴² tsən²¹³ fu⁴² ti⁰ tsuei²¹³ xəu²¹³ i²² zən²² ɕiɛn²¹³ tsaŋ⁴², tɕiau²¹³ ɕy²² nai²¹³, tʰa⁵⁵ tsʰai²² pa⁴² na²¹³ ko²¹³ ti²¹³ faŋ⁵⁵ ua²² pʰin²²。ua²² pʰin²² pa⁴² kuan⁵⁵ in⁵⁵ tɕʰiau²² tsʰɛ²² ta⁰ …… tsəu⁴² tɕʰi²¹³ tsʰɛ⁵⁵, təu²¹³ sɿ²¹³ tsəu⁴² tsʰɛ⁵⁵ tsɿ⁰。

覃： 嗯。ən⁰。

张： 所以现在和老年人摆龙门阵的机会也越来越少哒。连我们下一代……看看电视啊。suo⁴² i⁴² ɕiɛn²¹³ tsai²¹³ xo²² nau⁴² niɛn²² zən²² pai⁴² noŋ²² mən²² tsən²¹³ ti⁰ tɕi⁵⁵ xuei²¹³ iɛ⁴² yɛ²² nai²² yɛ²² sau⁴² ta⁰。niɛn²² ŋo⁴² mən⁰ ɕia²¹³ i²² tai²¹³ …… kʰan²¹³ kʰan²¹³ tiɛn²¹³ sɿ²¹³ a⁰。

冯：嗯。你那个……ən⁰。 ni⁴² na²¹³ ko²¹³……

覃：看看电视啊。现在的小河坝那个喊的凉风洞，那个是朗⁼们⁼来的哦？kʰan²¹³ kʰan²¹³ tiɛn²¹³ sʅ²¹³ a⁰。 ɕiɛn²¹³ tsai²¹³ ti⁰ ɕiau⁴² xo²² pa²¹³ na²¹³ ko²¹³ xan⁴² ti⁰ niaŋ²² foŋ⁵⁵ toŋ²¹³, na²¹³ ko²¹³ sʅ²¹³ naŋ²² mən⁰ nai²² ti⁰ o⁰？

冯：那个就是原来的一个崖凹啊。na²¹³ ko²¹³ təu²¹³ sʅ²¹³ yɛn²² nai²² ti⁰ i²² ko²¹³ ŋai²² au⁵⁵ a⁰。

覃：哦，就是崖凹哦。o⁰, təu²¹³ sʅ²¹³ ŋai²² au⁵⁵ o⁰。

冯：就是"文革"后期，就是"深挖洞、广积粮、不称王"的时候，挖防空洞，说美帝国主义、苏联修正主义要，要轰炸我们。要轰炸我们，就欺负我们，挖的防空洞。təu²¹³ sʅ²¹³ "uən²² kɛ²²" xəu²¹³ tɕʰi⁵⁵, təu²¹³ sʅ²¹³ " sən⁵⁵ ua²² toŋ²¹³、kuaŋ⁴² tɕi²² niaŋ²² 、pu²² tsʰən⁵⁵ uaŋ²²" ti⁰ sʅ²¹³ xəu²¹³, ua²² faŋ²² kʰoŋ⁵⁵ toŋ²¹³, suo²² mei⁴² ti²¹³ kuɛ²² tsu⁴² ni²¹³ 、su⁵⁵ niɛn²² ɕiəu⁵⁵ tsən²¹³ tsu⁴² ni²¹³ iau²¹³, iau²¹³ xoŋ⁵⁵ tsa²¹³ ŋo⁴² mən⁰。 iau²¹³ xoŋ⁵⁵ tsa²¹³ ŋo⁴² mən⁰, təu²¹³ tɕʰi⁵⁵ fu²¹³ ŋo⁴² mən⁰, ua²² ti⁰ faŋ²² kʰoŋ⁵⁵ toŋ²¹³。

张：但是那ㄦ夏天确实有凉风啊。tan²¹³ sʅ²¹³ nə²¹³ ɕia²¹³ tʰiɛn⁵⁵ tɕʰyo²² sʅ²² iəu⁴² niaŋ²² foŋ⁵⁵ a⁰。

覃：但是是有一股凉风。tan²¹³ sʅ²¹³ sʅ²¹³ iəu⁴² i²² ku⁴² niaŋ²² foŋ⁵⁵。

冯：那洞都是么事啊？那洞是有凉风嘛。na²¹³ toŋ²¹³ təu⁵⁵ sʅ²¹³ mo⁰ sʅ²¹³ a⁰？ na²¹³ toŋ²¹³ sʅ²¹³ iəu⁴² niaŋ²² foŋ⁵⁵ ma⁰。

张：而且蛮喜欢的。ə²² tɕʰiɛ⁴² man²² ɕi⁴² xuai⁵⁵ ti⁰。

冯：它底下，地温，它地下是凉快的啊，十几度二十，最多二十三度了不得了。你到外头三四十度的时候ㄦ，那二十几度，风吹吹是凉快嘛。tʰa⁵⁵ ti⁴² ɕia²¹³, ti²¹³ uən⁵⁵, tʰa⁵⁵ ti²¹³ ɕia²¹³ sʅ²¹³ niaŋ²² kʰuai²¹³ ti⁰ a⁰, sʅ²² tɕi⁴² tu²¹³ ə²¹³ sʅ²², tsuei²¹³ tuo⁵⁵ ə²¹³ sʅ²² san⁵⁵ tu²¹³ niau⁰ pu²² tɛ²² na⁰。 ni⁴² tau²¹³ uai²¹³ tʰəu⁰ san⁵⁵ sʅ²¹³ sʅ²¹³ tu²¹³ ti⁰ sʅ²² xə²¹³, na²¹³ ə²¹³ sʅ²² tɕi⁵⁵ tu²¹³, foŋ⁵⁵ tsʰuei⁵⁵ tsʰuei⁵⁵ sʅ²¹³ niaŋ²² kʰuai²¹³ ma⁰。

第六章　口头文化

本章我们收录了 4 则民间故事，22 条俗语谚语，8 则谜语，9 类民歌及 6 首童谣。将相关的方言录音转写成文字，并配上国际音标，记录如下。

一　民间故事

（一）见面为界的石门坎

下面我来给你们讲一个，那个，见面为界的石门坎，摆啊个龙门阵啊。
ɕia²¹³ miɛn²¹³ ŋo⁴² nai²² kei⁴² ni⁴² mən⁰ tɕiaŋ⁴² i²² ko²¹³, na²¹³ ko²¹³, tɕiɛn²¹³ miɛn²¹³ uei²² kai²¹³ ti⁰ sʅ²² mən²² kʰan⁴², pai⁴² a⁰ ko²¹³ noŋ²² mən²² tsən²¹³ a⁰。

在我们咸丰和重庆的黔江区接界的地方，有个叫作水井槽。tai²¹³ ŋo⁴² mən⁰ xan²² foŋ⁵⁵ xo²² tsʰoŋ²² tɕʰin²¹³ ti⁰ tɕʰiɛn²² tɕiaŋ⁵⁵ tɕʰy⁵⁵ tɕiɛ²² kai²¹³ ti⁰ ti²¹³ faŋ⁵⁵, iəu⁴² ko²¹³ tɕiau²¹³ tsu²¹³ suei⁴² tɕin⁴² tsʰau²²。

在水井槽附近呢，有个小地名，叫石门坎。tai²¹³ suei⁴² tɕin⁴² tsʰau²² fu²¹³ tɕin²¹³ nɛ⁰, iəu⁴² ko²¹³ ɕiau⁴² ti²¹³ min²², tɕiau²¹³ sʅ²² mən²² kʰan⁴²。

迩个石门坎是朗˝们˝来的呢？那下面迩个龙门阵就讲它的来历。niɛ²² ko²¹³ sʅ²² mən²² kʰan⁴² sʅ²¹³ naŋ²² mən⁰ nai²² ti⁰ nɛ⁰？ na²¹³ ɕia²¹³ miɛn²¹³ niɛ²² ko²¹³ noŋ²² mən²² tsən²¹³ təu²¹³ tɕiaŋ⁴² tʰa⁵⁵ ti⁰ nai²² ni²²。

迩个哦，可能是在明朝么、清朝时候ⱼ，啊。niɛ²² ko²¹³ o⁰, kʰo⁴² nən²² sʅ²¹³ tai²¹³ min²² tsʰau⁵⁵ mo⁰、tɕʰin⁵⁵ tsʰau⁵⁵ sʅ²² xɚ²¹³, a⁰。

我们那个咸丰与黔江交界的地方，有个赶场的地方叫作水井槽，啊，叫水井槽。ŋo⁴² mən⁰ na²¹³ ko²¹³ xan²² foŋ⁵⁵ y⁴² tɕʰiɛn²² tɕiaŋ⁵⁵ tɕiau⁵⁵ kai²¹³ ti⁰

ti²¹³ faŋ⁵⁵, iəu⁴² ko²¹³ kan⁴² tsʰaŋ⁴² ti⁰ ti²¹³ faŋ⁵⁵ tɕiau²¹³ tsu²¹³ suei⁴² tɕin⁴²
tsʰau²², a⁰, tɕiau²¹³ suei⁴² tɕin⁴² tsʰau²²。

嗯，那个边界上呢，两边的人呢，喊迤喊迤……ən⁰, na²¹³ ko²¹³ piɛn⁵⁵
kai²¹³ saŋ²¹³ nɛ⁰, niaŋ⁴² piɛn⁵⁵ ti⁰ zən²² nɛ⁰, xan⁴² niɛ²² xan⁴² niɛ²²……

迤，黔江那边的人，四川那哈儿叫四川。niɛ²², tɕʰiɛn²² tɕiaŋ⁵⁵ na²¹³
piɛn⁵⁵ ti⁰ zən²², sɿ²¹³ tsʰuan⁵⁵ na²¹³ xɚ⁵⁵ tɕiau²¹³ sɿ²¹³ tsʰuan⁵⁵。

黔江那边的人呢，也住在迤边的，他田头在那边。tɕʰiɛn²² tɕiaŋ⁵⁵
na²¹³ piɛn⁵⁵ ti⁰ zən²² nɛ⁰, iɛ⁴² tsu²¹³ tai²¹³ niɛ²² piɛn⁵⁵ ti⁰, tʰa⁵⁵ tʰiɛn²² tʰəu⁰
tai²¹³ na²¹³ piɛn⁵⁵。

咸丰那边的人呢，诶，房子在迤边呢，那个田头呢，诶，也在那边。
xan²² foŋ⁵⁵ na²¹³ piɛn⁵⁵ ti⁰ zən²² nɛ⁰, ei⁰, faŋ²² tsɿ⁰ tai²¹³ niɛ²² piɛn⁵⁵ nɛ⁰,
na²¹³ ko²¹³ tʰiɛn²² tʰəu⁰ nɛ⁰, ei⁰, iɛ⁴² tai²¹³ na²¹³ piɛn⁵⁵。

有的呢是咸丰人，在黔江那边的地主家里当长工。iəu⁴² ti⁰ nɛ⁰ sɿ²¹³
xan²² foŋ⁵⁵ zən²², tai²¹³ tɕʰiɛn²² tɕiaŋ⁵⁵ na²¹³ piɛn⁵⁵ ti⁰ ti²¹³ tsu⁴² tɕia⁵⁵ ni⁴²
taŋ⁵⁵ tsʰaŋ⁴² koŋ⁵⁵。

有的是黔江那边的人呢到咸丰迤边的地主当长工。iəu⁴² ti⁰ sɿ²¹³
tɕʰiɛn²² tɕiaŋ⁵⁵ na²¹³ piɛn⁵⁵ ti⁰ zən²² nɛ⁰ tau²¹³ xan²² foŋ⁵⁵ niɛ²² piɛn⁵⁵ ti⁰ ti²¹³
tsu⁴² taŋ⁵⁵ tsʰaŋ⁴² koŋ⁵⁵。

所以说那个地方的边界，一直呢，定不下来。suo⁴² i⁴² suo²² na²¹³ ko²¹³
ti²¹³ faŋ⁵⁵ ti⁰ piɛn⁵⁵ kai²¹³, i²² tsɿ²² nɛ⁰, tin²¹³ pu²² ɕia²¹³ nai²²。

最后呢，两个省，就是湖北省和四川省呢，迤两个省就商量，诶，
我们先呢就谈。tsuei²¹³ xəu²¹³ nɛ⁰, niaŋ⁴² ko²¹³ sən⁴², təu²¹³ sɿ²¹³ fu²² pɛ²²
sən⁴² xo²² sɿ²¹³ tsʰuan⁵⁵ sən⁴² nɛ⁰, niɛ²² niaŋ⁴² ko²¹³ sən⁴² təu²¹³ saŋ⁵⁵ niaŋ²²,
ei⁰, ŋo⁴² mən⁰ ɕiɛn⁵⁵ nɛ⁰ təu²¹³ tʰan²²。

谈呢，嗯，先呢就把那个边界定在那个水井槽。tʰan²² nɛ⁰, ən⁰,
ɕiɛn⁵⁵ nɛ⁰ təu²¹³ pa⁴² na²¹³ ko²¹³ piɛn⁵⁵ kai²¹³ tin²¹³ tai²¹³ na²¹³ ko²¹³ suei⁴²
tɕin⁴² tsʰau²²。

隔水井槽几里远的地方，啊，河、河边，叫唐崖河边。kɛ²² suei⁴²
tɕin⁴² tsʰau²² tɕi⁵⁵ ni⁴² yɛn⁴² ti⁰ ti²¹³ faŋ⁵⁵, a⁰, xo²²、xo²² piɛn⁵⁵, tɕiau²¹³
tʰaŋ²² ŋai²² xo²² piɛn⁵⁵。

又叫县坝，及县坝那个河，就是唐崖河为界。iəu²¹³ tɕiau²¹³ ɕiɛn²¹³ pa²¹³, tɕi²² ɕiɛn²¹³ pa²¹³ na²¹³ ko²¹³ xo²², təu²¹³ sʅ²¹³ tʰaŋ²² ŋai²² xo²² uei²² kai²¹³。

县坝的，那个唐崖河的西边呢，就属黔江管；东边呢，就归咸丰管。ɕiɛn²¹³ pa²¹³ ti⁰, na²¹³ ko²¹³ tʰaŋ²² ŋai²² xo²² ti⁰ ɕi⁵⁵ piɛn⁵⁵ nɛ⁰, təu²¹³ su²² tɕʰiɛn²² tɕiaŋ⁵⁵ kuan⁴²; toŋ⁵⁵ piɛn⁵⁵ nɛ⁰, təu²¹³ kuei⁵⁵ xan²² foŋ⁵⁵ kuan⁴²。

那么一商量好哒呢，一公布，一出，那时候ⱼₗ喊告示，一告示黔江老百姓不干。na²¹³ mo⁰ i²² saŋ⁵⁵ niaŋ²² xau⁴² ta⁰ nɛ⁰, i²² koŋ⁵⁵ pu²¹³, i²² tsʰu²², na²¹³ sʅ²² xə²¹³ xan⁴² kau²¹³ sʅ²¹³, i²² kau²¹³ sʅ²¹³ tɕʰiɛn²² tɕiaŋ⁵⁵ nau⁴² pɛ²² ɕin²¹³ pu²² kan⁵⁵。

"那不行"，他说。好，后来又开会，两个省又来商量，哦，朗＝们＝搞呢？" na²¹³ pu²² ɕin²²", tʰa⁵⁵ suo²²。xau⁴², xəu²¹³ nai²² iəu²¹³ kʰai⁵⁵ xuei²¹³, niaŋ⁴² ko²¹³ sən⁴² iəu²¹³ nai²² saŋ⁵⁵ niaŋ²², o⁰, naŋ²² mən⁰ kau⁴² nɛ⁰?

又把那个边界定在哪哈ⱼₗ呢？定在我们咸丰，现在咸丰的那边呢，叫作那个，哦，那个青岗坝。iəu²¹³ pa⁴² na²¹³ ko²¹³ piɛn⁵⁵ kai²¹³ tin²¹³ tai²¹³ na⁴² xə⁵⁵ nɛ⁰? tin²¹³ tai²¹³ ŋo⁴² mən⁰ xan²² foŋ⁵⁵, ɕiɛn²¹³ tsai²¹³ xan²² foŋ⁵⁵ ti⁰ na²¹³ piɛn⁵⁵ nɛ⁰, tɕiau²¹³ tsu²¹³ na²¹³ ko²¹³, o⁰, na²¹³ ko²¹³ tɕʰin⁵⁵ kaŋ⁵⁵ pa²¹³。

啊，青岗坝，迥个搞了咸丰人又不干，诶，咸丰人不干，都不干，那、那个事情搞不下来。a⁰, tɕʰin⁵⁵ kaŋ⁵⁵ pa²¹³, niɛ²² ko²¹³ kau⁴² na⁰ xan²² foŋ⁵⁵ zən²² iəu²¹³ pu²² kan⁵⁵, ei⁰, xan²² foŋ⁵⁵ zən²² pu²² kan⁵⁵, təu⁵⁵ pu²² kan⁵⁵, na²¹³、na²¹³ ko²¹³ sʅ²¹³ tɕʰin²² kau⁴² pu² ɕia²¹³ nai²²。

迥个事情扯过去，扯过来、过来、扯了好多年。niɛ²² ko²¹³ sʅ²¹³ tɕʰin²² tsʰɛ⁴² ko²¹³ tɕʰi²¹³, tsʰɛ⁴² ko²¹³ nai²²、ko²¹³ nai²²、tsʰɛ⁴² na⁰ xau⁴² tuo⁵⁵ niɛn²²。

好多年呢，那些官府他又找不到是么原因，后来当地有个秀才，他又把咸丰的县官说。xau⁴² tuo⁵⁵ niɛn²² nɛ⁰, na²¹³ ɕiɛ⁵⁵ kuan⁵⁵ fu⁴² tʰa⁵⁵ iəu²¹³ tsau⁴² pu²² tau²¹³ sʅ²¹³ mo⁰ yɛn²² in⁵⁵, xəu²¹³ nai²² taŋ⁵⁵ ti²¹³ iəu⁴² ko²¹³ ɕiəu²¹³ tsʰai²², tʰa⁵⁵ iəu²¹³ pa⁴² xan²² foŋ⁵⁵ ti⁰ ɕiɛn²¹³ kuan⁵⁵ suo²²。

他说哪，那个水井，那个咸丰和湖北四川的边界，水井槽的边界定不下来，定不下来呢，你们晓得原因不？tʰa⁵⁵ suo²² na⁰, na²¹³ ko²¹³ suei⁴² tɕin⁴², na²¹³ ko²¹³ xan²¹³ foŋ⁵⁵ xo²² fu²² pɛ²² sɿ²¹³ tsʰuan⁵⁵ ti⁰ piɛn⁵⁵ kai²¹³, suei⁴² tɕin⁴² tsʰau²² ti⁰ piɛn⁵⁵ kai²¹³ tin²¹³ pu²² ɕia²¹³ nai²², tin²¹³ pu²² ɕia²¹³ nai²² nɛ⁰, ni⁴² mən⁰ ɕiau⁴² tɛ²² yɛn²² in⁵⁵ pu²²?

那个，那个县官说："那我找不倒哦！""我帮你说吧。"na²¹³ ko²¹³, na²¹³ ko²¹³ ɕiɛn²¹³ kuan⁵⁵ suo²²: "na²¹³ ŋo⁴² tsau⁴² pu²² tau⁴² o⁰!" "ŋo⁴² paŋ⁵⁵ ni⁴² suo²² pa⁰。"

他那个边界定不下来，争过来争过去的，既不是为了争山，也不是为了争水，是争水井槽那个乡场，都想呢，把水井槽把那个乡场划到他们那个地方去。tʰa⁵⁵ na²¹³ ko²¹³ piɛn⁵⁵ kai²¹³ tin²¹³ pu²² ɕia²¹³ nai²², tsən⁵⁵ ko²¹³ nai²² tsən⁵⁵ ko²¹³ tɕʰi²¹³ ti⁰, tɕi²¹³ pu²² sɿ²¹³ uei²² na⁰ tsən⁵⁵ san⁵⁵, iɛ⁴² pu²² sɿ²¹³ uei²² na⁰ tsən⁵⁵ suei⁴², sɿ²¹³ tsən⁵⁵ suei⁴² tɕin⁴² tsʰau²² na²¹³ ko²¹³ ɕiaŋ⁵⁵ tsʰaŋ⁴², təu⁵⁵ ɕiaŋ⁴² nɛ⁰, pa⁴² suei⁴² tɕin⁴² tsʰau²² pa⁴² na²¹³ ko²¹³ ɕiaŋ⁵⁵ tsʰaŋ⁴² xua²² tau²¹³ tʰa⁵⁵ mən⁰ na²¹³ ko²¹³ ti²¹³ faŋ⁵⁵ tɕʰi²¹³。

"哦"，县官晓得，马上就写禀帖和到湖北省呢，那时候ㄦ叫巡抚衙门。"o⁰", ɕiɛn²¹³ kuan⁵⁵ ɕiau⁴² tɛ²², ma⁴² saŋ²¹³ təu²¹³ ɕiɛ⁴² pin⁴² tʰiɛ²² xo²² tau²¹³ fu²² pɛ²² sən⁴² nɛ⁰, na²¹³ sɿ²² xə²¹³ tɕiau²¹³ ɕyən²² fu⁴² ia²² mən²²。

四川那边的黔江县，也把禀帖送到四川那边的，诶，成都巡抚衙门。sɿ²¹³ tsʰuan⁵⁵ na²¹³ piɛn⁵⁵ ti⁰ tɕʰiɛn²² tɕian⁵⁵ ɕiɛn²¹³, iɛ⁴² pa⁴² pin⁴² tʰiɛ²² soŋ²¹³ tau²¹³ sɿ²¹³ tsʰuan⁵⁵ na²¹³ piɛn⁵⁵ ti⁰, ei⁰, tsʰən²² təu⁵⁵ ɕyən²² fu⁴² ia²² mən²²。

这样呢，过了，没过好久呢，那个，两个省啊，就把迥个事情，重新勘定边界，勒个事，勒个办法就商量好哒。tsɛ²² iaŋ²¹³ nɛ⁰, ko²¹³ na⁰, mei⁵⁵ ko²¹³ xau⁴² tɕiəu⁴² nɛ⁰, na²¹³ ko²¹³, niaŋ⁴² ko²¹³ sən⁴² a⁰, təu²¹³ pa⁴² niɛ²² ko²¹³ sɿ²¹³ tɕʰin²², tsʰoŋ²² ɕin⁵⁵ kʰan⁵⁵ tin²¹³ piɛn⁵⁵ kai²¹³, nɛ²² ko²¹³ sɿ²¹³, nɛ²² ko²¹³ pan²¹³ fa²² təu²¹³ saŋ⁵⁵ niaŋ²² xau⁴² ta⁰。

啊，商量好哒。a⁰, saŋ⁵⁵ niaŋ²² xau⁴² ta⁰。

这样一来呢，迥个事，朗˝们˝，朗˝们˝个商量的呢，就是湖北迥边派个人，背一块岩头，那是界碑石；黔江那边，派个人呢，背一块岩头。tsɛ²² iaŋ²¹³ i²² nai²² nɛ⁰, niɛ²² ko²¹³ sʅ²¹³, naŋ²² mən⁰, naŋ²² mən⁰ ko²¹³ saŋ⁵⁵ niaŋ²² ti⁰ nɛ⁰, təu²¹³ sʅ²¹³ fu²² pɛ²² niɛ²² piɛn⁵⁵ pʰai²¹³ ko²¹³ zən²², pei⁵⁵ i²² kʰuai²¹³ ŋai²² tʰəu⁰, na²¹³ sʅ²¹³ kai²¹³ pei⁵⁵ sʅ²²; tɕʰiɛn²² tɕiaŋ⁵⁵ na²¹³ piɛn⁵⁵, pʰai²¹³ ko²¹³ zən²² nɛ⁰, pei⁵⁵ i²² kʰuai²¹³ ŋai²² tʰəu⁰。

两个呢，诶，同时从规定的地方往中间走，就往水井槽方向走，黔江那里的人往东边走，往东走；咸丰迻边的人呢，往西走。niaŋ⁴² ko²¹³ nɛ⁰, ei⁰, tʰoŋ²² sʅ²² tsʰoŋ²² kuei⁵⁵ tin²¹³ ti⁰ ti²¹³ faŋ⁵⁵ uaŋ⁴² tsoŋ⁵⁵ kan⁵⁵ tsəu⁴², təu²¹³ uaŋ⁴² suei⁴² tɕin⁴² tsʰau²² faŋ⁵⁵ ɕiaŋ²¹³ tsəu⁴², tɕʰiɛn²² tɕiaŋ⁵⁵ na²¹³ ni⁴² ti⁰ zən²² uaŋ⁴² toŋ⁵⁵ piɛn⁵⁵ tsəu⁴², uaŋ⁴² toŋ⁵⁵ tsəu⁴²; xan²² foŋ⁵⁵ niɛ²² piɛn⁵⁵ ti⁰ zən²² nɛ⁰, uaŋ⁴² ɕi⁵⁵ tsəu⁴²。

嗯，那个走哪条路都说好哒，那个地方会合。ən⁰, na²¹³ ko²¹³ tsəu⁴² na⁴² tʰiau²² nu²¹³ təu⁵⁵ suo²² xau⁴² ta⁰, na²¹³ ko²¹³ ti²¹³ faŋ⁵⁵ xuei²¹³ xo²²。

那会合两个人碰头的那个地方，就是湖北、四川两省的边界。na²¹³ xuei²¹³ xo²² niaŋ⁴² ko²¹³ zən²² pʰoŋ²¹³ tʰəu⁰ ti⁰ na²¹³ ko²¹³ ti²¹³ faŋ⁵⁵, təu²¹³ sʅ²¹³ fu²² pɛ²²、sʅ²¹³ tsʰuan⁵⁵ niaŋ⁴² sən⁴² ti⁰ piɛn⁵⁵ kai²¹³。

诶，叫作，所以叫作么子呢，我们先评论说，见面为界，两个人背岩头的人，见面，那个地方就有个界，就没争的哒。ei⁰, tɕiau²¹³ tsu²¹³, suo⁴² i⁴² tɕiau²¹³ tsu²¹³ mo⁰ tsʅ²¹ nɛ⁰, ŋo⁴² mən⁰ ɕiɛn⁵⁵ pʰin²² nən²² suo²², tɕiɛn²¹³ miɛn²¹³ uei²² kai²¹³, niaŋ⁴² ko²¹³ zən²² pei⁵⁵ ŋai²² tʰəu⁰ ti⁰ zən²², tɕiɛn²¹³ miɛn²¹³, na²¹³ ko²¹³ ti²¹³ faŋ⁵⁵ təu²¹³ iəu⁴² ko²¹³ kai²¹³, təu²¹³ mei⁵⁵ tsən⁵⁵ ti⁰ ta⁰。

后来迻两个人呢，当时候儿，两方的重头，那就背起那个拼命跑，他越跑得远呢，湖北省的边界就越往西边那边移。xəu²¹³ nai²² niɛ²² niaŋ⁴² ko²¹³ zən²² nɛ⁰, taŋ⁵⁵ sʅ²² xə²¹³, niaŋ⁴² faŋ⁵⁵ ti⁰ tsoŋ²¹³ tʰəu⁰, na²¹³ təu²¹³ pei⁵⁵ tɕʰi⁴² na²¹³ ko²¹³ pʰin⁵⁵ min²¹³ pʰau⁴², tʰa⁵⁵ yɛ²² pʰau⁴² ti⁰ yɛn⁴² nɛ⁰, fu²² pɛ²² sən⁴² ti⁰ piɛn⁵⁵ kai²¹³ təu²¹³ yɛ²² uaŋ⁴² ɕi⁵⁵ piɛn⁵⁵ na²¹³ piɛn⁵⁵ i²²。

黔江那边是一样的，他越跑得远呢，越跑得快呢，他就，哦，他那边就越争的多些，嗯，那个边界线就往东边划。tɕʰiɛn²² tɕiaŋ⁵⁵ na²¹³ piɛn⁵⁵ sʅ²¹³ i²² iaŋ²¹³ ti⁰, tʰa⁵⁵ yɛ²² pʰau⁴² tɛ²² yɛn⁴² nɛ⁰, yɛ²² pʰau⁴² tɛ²² kʰuai²¹³ nɛ⁰, tʰa⁵⁵ təu²¹³, o⁰, tʰa⁵⁵ na²¹³ piɛn⁵⁵ təu²¹³ yɛ²² tsən⁵⁵ ti⁰ tuo⁵⁵ ɕiɛ⁵⁵, ən⁰, na²¹³ ko²¹³ piɛn⁵⁵ kai²¹³ ɕiɛn²¹³ təu²¹³ uaŋ⁴² toŋ⁵⁵ piɛn⁵⁵ xua²²。

所以两个都为了本省本地方争边界。suo⁴² i⁴² niaŋ⁴² ko²¹³ təu⁵⁵ uei²² na⁰ pən⁴² sən⁴² pən⁴² ti²¹³ faŋ⁵⁵ tsən⁵⁵ piɛn⁵⁵ kai²¹³。

那有一天，事情时间定哒，两个人就背起碑岩呢，啊，那个界碑石呢，往中间跑，啊，就是相对而行。na²¹³ iəu⁴² i²² tʰiɛn⁵⁵, sʅ²¹³ tɕʰin²² sʅ²² kan⁵⁵ tin²¹³ ta⁰, niaŋ⁴² ko²¹³ zən²² təu²¹³ pei⁵⁵ tɕʰi⁴² pei⁵⁵ ŋai²² nɛ⁰, a⁰, na²¹³ ko²¹³ kai²¹³ pei⁵⁵ sʅ²² nɛ⁰, uaŋ⁴² tsoŋ⁵⁵ kan⁵⁵ pʰau⁴², a⁰, təu²¹³ sʅ²¹³ ɕiaŋ⁵⁵ tuei²¹³ ɚ²² ɕin²²。

现在讲行程就是相对而行，那个咸丰那个是跑下坡路，四川那边跑上坡路，所以咸丰迺边远五里路。ɕiɛn²¹³ tsai²¹³ tɕiaŋ⁴² ɕin²² tsʰən²² təu²¹³ sʅ²¹³ ɕiaŋ⁵⁵ tuei²¹³ ɚ²² ɕin²², na²¹³ ko²¹³ xan²² foŋ⁵⁵ na²¹³ ko²¹³ sʅ²¹³ pʰau⁴² ɕia²¹³ pʰo⁵⁵ nu²¹³, sʅ²¹³ tsʰuan⁵⁵ na²¹³ piɛn⁵⁵ pʰau⁴² saŋ²¹³ pʰo⁵⁵ nu²¹³, suo⁴² i⁴² xan²² foŋ⁵⁵ niɛ²² piɛn⁵⁵ yɛn⁴² u⁴² ni⁴² nu²¹³。

定的时候就定了的，那，双方都同意，那个咸丰那个人呢，就是，大，十二点子时，准时出发，两边都掐死了的。tin²¹³ ti⁰ sʅ²² xəu²¹³ təu²¹³ tin²¹³ na⁰ ti⁰, na²¹³, suaŋ⁵⁵ faŋ⁵⁵ təu⁵⁵ tʰoŋ²² i²¹³, na²¹³ ko²¹³ xan²² foŋ⁵⁵ na²¹³ ko²¹³ zən²² nɛ⁰, təu²¹³ sʅ²¹³, ta²¹³, sʅ²¹³ ɚ²¹³ tiɛn⁴² tsʅ⁴² sʅ²², tɕyən⁴² sʅ²² tsʰu²² fa²², niaŋ⁴² piɛn⁵⁵ təu⁵⁵ kʰa²² sʅ⁴² na⁰ ti⁰。

十二点出发呢，咸丰那个人就背起往下坡跑，下坡跑呢他，他跑步呢，他的脚呢踢到个东西。sʅ²² ɚ²¹³ tiɛn⁴² tsʰu²² fa²² nɛ⁰, xan²² foŋ⁵⁵ na²¹³ ko²¹³ zən²² təu²¹³ pei⁵⁵ tɕʰi⁴² uaŋ⁴² ɕia²¹³ pʰo⁵⁵ pʰau⁴², ɕia²¹³ pʰo⁵⁵ pʰau⁴² nɛ⁰ tʰa⁵⁵, tʰa⁵⁵ pʰau⁴² pu²¹³ nɛ⁰, tʰa⁵⁵ ti⁰ tɕyo²² nɛ⁰ tʰi²² tau²¹³ ko²¹³ toŋ⁵⁵ ɕi⁵⁵。

……他一看呢，是那个挖煤的那个拖船子[①]。…… tʰa⁵⁵ i²² kʰan²¹³ nɛ⁰, sʅ²¹³ na²¹³ ko²¹³ ua²² mei²² ti⁰ na²¹³ ko²¹³ tʰuo⁵⁵ tsʰuan²² tsʅ⁰。

"咃"，他说迺可以利用啊，那岩头迺么重哦，他把岩头就捆到那个拖船子里头，拖起往下坡跑，拼命地跑，跑跑跑就超过水井槽哒。"iɛ⁵⁵", tʰa⁵⁵ suo²² niɛ²² kʰo⁴² i⁴² ni²¹³ yoŋ²¹³ a⁰, na²¹³ ŋai²² tʰəu⁵⁵ niɛ²² mo⁰ tsoŋ²¹³ o⁰, tʰa⁵⁵ pa⁴² ŋai²² tʰəu⁰ təu²¹³ kʰuən⁴² tau²¹³ na²¹³ ko²¹³ tʰuo⁵⁵ tsʰuan²²

---

① 拖船子 tʰuo⁵⁵ tsʰuan²² tsʅ⁰：矿车。

tsๅ⁰ ni⁴² tʰəu⁰, tʰuo⁵⁵ tɕʰi⁴² uaŋ⁴² ɕia²¹³ pʰo⁵⁵ pʰau⁴², pʰin⁵⁵ min²¹³ ti⁰ pʰau⁴²,
pʰau⁴² pʰau⁴² pʰau⁴² təu²¹³ tsʰau⁵⁵ ko²¹³ suei⁴² tɕin⁴² tsʰau²² ta⁰。

他的目的就是要超过水井槽，他一超过水井槽，水井槽就到咸丰来
哒。tʰa⁵⁵ ti⁰ mu²² ti⁰ təu²¹³ sๅ²¹³ iau²¹³ tsʰau⁵⁵ ko²¹³ suei⁴² tɕin⁴² tsʰau²², tʰa⁵⁵
i²² tsʰau⁵⁵ ko²¹³ suei⁴² tɕin⁴² tsʰau²², suei⁴² tɕin⁴² tsʰau²² təu²¹³ tau²¹³ xan²²
foŋ⁵⁵ nai²² ta⁰。

那黔江那边的那个也是想拼命跑，把水，超过水井槽。na²¹³ tɕʰiɛn²²
tɕiaŋ⁵⁵ na²¹³ piɛn⁵⁵ ti⁰ na²¹³ ko²¹³ iɛ⁴² sๅ²¹³ ɕiaŋ⁴² pʰin⁵⁵ min²¹³ pʰau⁴², pa⁴²
suei⁴², tsʰau⁵⁵ ko²¹³ suei⁴² tɕin⁴² tsʰau²²。

但是咸丰迥个呢，他又借助了那个拖船子，跑，跑超过水井槽哒。
tan²¹³ sๅ²¹³ xan²² foŋ⁵⁵ niɛ²² ko²¹³ nɛ⁰, tʰa⁵⁵ iəu²¹³ tɕiɛ²¹³ tsu²¹³ na⁰ na²¹³ ko²¹³
tʰuo⁵⁵ tsʰuan²² tsๅ⁰, pʰau⁴², pʰau⁴² tsʰau⁵⁵ ko²¹³ suei⁴² tɕin⁴² tsʰau²² ta⁰。

就在离水井槽西边，大概一百、两百米的地方，不到五百米吧，啊
他就，那个地方他就碰到了黔江那个背岩头的啦。təu²¹³ tai²¹³ ni²² suei⁴²
tɕin⁴² tsʰau²² ɕi⁵⁵ piɛn⁵⁵, ta²¹³ kʰai²¹³ i²² pɛ²² 、niaŋ⁴² pɛ²² mi⁴² ti⁰ ti²¹³ faŋ⁵⁵,
pu²² tau²¹³ u⁴² pɛ²² mi⁴² pa⁰, a⁰ tʰa⁵⁵ təu²¹³, na²¹³ ko²¹³ ti²¹³ faŋ⁵⁵ tʰa⁵⁵ təu²¹³
pʰoŋ²¹³ tau²¹³ na⁰ tɕʰiɛn²² tɕiaŋ⁵⁵ na²¹³ ko²¹³ pei⁵⁵ ŋai²² tʰəu⁰ ti⁰ na⁰。

啊，两个人见面哒啦，那几个定界的啦，啊，就站那不动哒。a⁰,
niaŋ⁴² ko²¹³ zən²² tɕiɛn²¹³ miɛn²¹³ ta⁰ na⁰, na²¹³ tɕi⁵⁵ ko²¹³ tin²¹³ kai²¹³ ti⁰ na⁰,
a⁰, təu²¹³ tsan²¹³ na²¹³ pu²² toŋ²¹³ ta⁰。

啊，两个人呢，就把岩头放下来，啊，作揖打躬的，啊，两个人是
汗流浃背啊。a⁰, niaŋ⁴² ko²¹³ zən²² nɛ⁰, təu²¹³ pa⁴² ŋai²² tʰəu⁰ faŋ²¹³ ɕia²¹³
nai²², a⁰, tsuo²² i²² ta⁴² koŋ⁵⁵ ti⁰, a⁰, niaŋ⁴² ko²¹³ zən²² sๅ²¹³ xan²¹³ niəu²² ka²²
pei⁵⁵ a⁰。

迥个，就敬了土地，敬了山神，两个就把两个岩头呢，各自背的
岩头立起。niɛ²² ko²¹³, təu²¹³ tɕin²¹³ na⁰ tʰu⁴² ti²¹³, tɕin²¹³ na⁰ san⁵⁵ sən²²,
niaŋ⁴² ko²¹³ təu²¹³ pa⁴² niaŋ⁴² ko²¹³ ŋai²² tʰəu⁰ nɛ⁰, ko²² tsๅ²¹³ pei⁵⁵ ti⁰ ŋai²²
tʰəu⁰ ni²² tɕʰi⁴²。

迥个，嗯，咸丰人背的迥个岩头呢，它也是两、一面，一面写的湖
北界，那边写的四川界。niɛ²² ko²¹³, ən⁰, xan²² foŋ⁵⁵ zən²² pei⁵⁵ ti⁰ niɛ²²

ko²¹³ ŋai²² tʰəu⁰ nɛ⁰, tʰa⁵⁵ iɛ⁴² sɿ²¹³ niaŋ⁴²、i²² miɛn²¹³, i²² miɛn²¹³ ɕiɛ⁴² ti⁰ fu²² pɛ²² kai²¹³, na²¹³ piɛn⁵⁵ ɕiɛ⁴² ti⁰ sɿ²¹³ tsʰuan⁵⁵ kai²¹³。

　　黔江那个背岩头的，也，那个岩头也是写客气的，湖北界，四川界。tɕʰiɛn²² tɕiaŋ⁵⁵ na²¹³ ko²¹³ pei⁵⁵ ŋai²² tʰəu⁰ ti⁰, iɛ⁴², na²¹³ ko²¹³ ŋai²² tʰəu⁰ iɛ⁴² sɿ²¹³ ɕiɛ⁴² kʰɛ²² tɕʰi²¹³ ti⁰, fu²² pɛ²² kai²¹³, sɿ²¹³ tsʰuan⁵⁵ kai²¹³。

　　迥两个岩头背靠背，一边，哦，就，立到那儿，立到那儿，并排立起，诶，并排立起。niɛ²² niaŋ⁴² ko²¹³ ŋai²² tʰəu⁰ pei⁵⁵ kʰau²¹³ pei⁵⁵, i²² piɛn⁵⁵, o⁰, təu²¹³, ni²² tau²¹³ nə²¹³, ni²² tau²¹³ nə²¹³, pin²¹³ pʰai²² ni²² tɕʰi⁴², ei⁰, pin²¹³ pʰai²² ni²² tɕʰi⁴²。

　　迥立起来，两边都看得到字，湖北迥边的一看，啊，四川界，湖北界，四川那边的人，看到哒，也是湖北界、四川界。niɛ²² ni²² tɕʰi⁴² nai²², niaŋ⁴² piɛn⁵⁵ təu⁵⁵ kʰan²¹³ tɛ²² tau²¹³ tsɿ²¹³, fu²² pɛ²² niɛ²² piɛn⁵⁵ ti⁰ i²² kʰan²¹³, a⁰, sɿ²¹³ tsʰuan⁵⁵ kai²¹³, fu²² pɛ²² kai²¹³, sɿ²¹³ tsʰuan⁵⁵ na²¹³ piɛn⁵⁵ ti⁰ zən²², kʰan²¹³ tau²¹³ ta⁰, iɛ⁴² sɿ²¹³ fu²² pɛ²² kai²¹³、sɿ²¹³ tsʰuan⁵⁵ kai²¹³。

　　在迥个地方呢，因为定两块界碑石日益密切，迥个地方后来就取名石门坎，迥个石门坎就是那么来的。tai²¹³ niɛ²² ko²¹³ ti²¹³ faŋ⁵⁵ nɛ⁰, in⁵⁵ uei²² tin²¹³ niaŋ⁴² kʰuai²¹³ kai²¹³ pei⁵⁵ sɿ²² zɿ²² i²² mi²² tɕʰiɛ²², niɛ²² ko²¹³ ti²¹³ faŋ⁵⁵ xəu²¹³ nai²² təu²¹³ tɕʰy⁴² min²² sɿ²² mən²² kʰan⁴², niɛ²² ko²¹³ sɿ²² mən²² kʰan⁴² təu²¹³ sɿ²¹³ na²¹³ mo⁰ nai²² ti⁰。

（二）杜家塘的来历

　　在我们咸丰县城的那个东边，啊，东北边哪，有一个一口天然的山塘，叫作杜家塘。tai²¹³ ŋo⁴² mən⁰ xan²² foŋ⁵⁵ ɕiɛn²¹³ tsʰən²² ti⁰ na²¹³ ko²¹³ toŋ⁵⁵ piɛn⁵⁵, a⁰, toŋ⁵⁵ pɛ²² piɛn⁵⁵ na⁰, iəu⁴² i²² ko²¹³ i²² kʰəu⁴² tʰiɛn⁵⁵ zan²² ti⁰ san⁵⁵ tʰaŋ²², tɕiau²¹³ tsu²¹³ tu²¹³ tɕia⁵⁵ tʰaŋ²²。

　　杜就是杜甫的杜，家就是家庭的家，塘呢就是钱塘江的那个塘，迥是一口天然的山塘。tu²¹³ təu²¹³ sɿ²¹³ tu²¹³ fu⁴² ti⁰ tu²¹³, tɕia⁵⁵ təu²¹³ sɿ²¹³ tɕia⁵⁵ tʰin²² ti⁰ tɕia⁵⁵, tʰaŋ²² nɛ⁰ təu²¹³ sɿ²¹³ tɕʰiɛn²² tʰaŋ²² tɕiaŋ⁵⁵ ti⁰ na²¹³ ko²¹³ tʰaŋ²², niɛ²² sɿ²¹³ i²² kʰəu⁴² tʰiɛn⁵⁵ zan²² ti⁰ san⁵⁵ tʰaŋ²²。

　　迥个山塘呢，按照，按那个县志记载，它是一百六十几年前发生地震垮塌下去的，塌陷哒，最后呢又出，出现哒积水，也就形成了个山塘。
niɛ²² ko²¹³ san⁵⁵ tʰaŋ²² nɛ⁰, ŋan²¹³ tsau²¹³, ŋan²¹³ na²¹³ ko²¹³ ɕiɛn²¹³ tsʅ²¹³
tɕi²¹³ tsai⁴², tʰa⁵⁵ sʅ²¹³ i²² pɛ²² nu²² sʅ²² tɕi⁵⁵ niɛn²² tɕʰiɛn²² fa²² sən⁵⁵ ti²¹³
tsən²¹³ kʰua⁴² tʰa²² ɕia²¹³ tɕʰi²¹³ ti⁰, tʰa²² xan²¹³ ta⁰, tsuei²¹³ xəu²¹³ nɛ⁰ iəu²¹³
tsʰu²², tsʰu²² ɕiɛn²¹³ ta⁰ tɕi²² suei⁴², iɛ⁴² təu²¹³ ɕin²² tsʰən²² na⁰ ko²¹³ san⁵⁵
tʰaŋ²²。

但是在民间，这个杜家塘，却有一段传奇故事，现在我呢，就把迩
个龙门阵呢摆给大家听哈ₙ。tan²¹³ sʅ²¹³ tai²¹³ min²² kan⁵⁵, tsɛ²² ko²¹³ tu²¹³
tɕia⁵⁵ tʰaŋ²², tɕʰyo²² iəu⁴² i²² tuan²¹³ tsʰuan²² tɕi⁵⁵ ku²¹³ sʅ²¹³, ɕiɛn²¹³ tsai²¹³
ŋo⁴² nɛ⁰, təu²¹³ pa⁴² niɛ²² ko²¹³ noŋ²² mən²² tsən²¹³ nɛ⁰ pai⁴² kei⁴² ta²¹³ tɕia⁵⁵
tʰin⁵⁵ xɚ⁰。

那个杜家塘那个地方原来没的塘，是一块平地。平地上呢住的一家
人，姓杜，是当地的一个小地主。na²¹³ ko²¹³ tu²¹³ tɕia⁵⁵ tʰaŋ²² na²¹³ ko²¹³
ti²¹³ faŋ⁵⁵ yɛn²² nai²² mei⁵⁵ ti⁰ tʰaŋ²², sʅ²¹³ i²² kʰuai²¹³ pʰin²² ti²¹³。pʰin²² ti²¹³
saŋ²¹³ nɛ⁰ tsu²¹³ ti⁰ i²² tɕia⁵⁵ zən²², ɕin²¹³ tu²¹³, sʅ²¹³ taŋ⁵⁵ ti²¹³ ti⁰ i²² ko²¹³
ɕiau⁴² ti²¹³ tsu⁴²。

他屋呢，也请了帮人的，就说有长工，也请的有丫鬟、弄饭的啊都
有。tʰa⁵⁵ u²² nɛ⁰, iɛ⁴² tɕʰin⁴² na⁰ paŋ⁵⁵ zən²² ti⁰, təu²¹³ suo²² iəu⁴² tsʰaŋ⁴² koŋ⁵⁵,
iɛ⁴² tɕʰin⁴² ti⁰ iəu⁴² ia⁵⁵ xuan⁰、noŋ²¹³ fan²¹³ ti⁰ a⁰ təu⁵⁵ iəu⁴²。

那个，在那个离杜家塘不远的地方有一家人，姓刘。na²¹³ ko²¹³,
tai²¹³ na²¹³ ko²¹³ ni²² tu²¹³ tɕia⁵⁵ tʰaŋ²² pu²² yɛn⁴² ti⁰ ti²¹³ faŋ⁵⁵ iəu⁴² i²² tɕia⁵⁵
zən²², ɕin²¹³ niəu²²。

刘家是个穷人，他那个姑娘呢，还小，十一二岁，就被他大人送到
杜家来。niəu²² tɕia⁵⁵ sʅ²¹³ ko²¹³ tɕʰyoŋ²² zən²², tʰa⁵⁵ na²¹³ ko²¹³ ku⁵⁵ niaŋ²²
nɛ⁰, xai²² ɕiau⁴², sʅ²² i²² ɚ²¹³ suei²¹³, təu²¹³ pei²¹³ tʰa⁵⁵ ta²¹³ zən²² soŋ²¹³ tau²¹³
tu²¹³ tɕia⁵⁵ nai²²。

啊，当然那个是也有媒人的，在中间起作用。当童养媳，也叫小媳妇ₙ。
a⁰, taŋ⁵⁵ zan²² na²¹³ ko²¹³ sʅ²¹³ iɛ⁴² iəu⁴² mei²² zən²² ti⁰, tai²¹³ tsoŋ⁵⁵ kan⁵⁵
tɕʰi⁴² tsuo²² yoŋ²¹³。taŋ⁵⁵ tʰoŋ²² iaŋ⁴² ɕi²², iɛ⁴² tɕiau²¹³ ɕiau⁴² ɕi²² fuɚ²¹³。

那个当童养媳……杜家那个细娃ₙ呢，那个儿子呢才岁把两岁，很

小，他不能结婚。na^{213} ko^{213} taŋ^{55} tʰoŋ^{22} iaŋ^{42} ɕi^{22}……tu^{213} tɕia^{55} na^{213} ko^{213} ɕi^{213} uə^{22} nɛ^{0}, na^{213} ko^{213} ə^{22} tsʅ^{0} nɛ^{0} tsʰai^{22} suei^{213} pa^{42} niaŋ^{42} suei^{213}, xɛ^{42} ɕiau^{42}, tʰa^{55} pu^{22} nən^{22} tɕia^{22} xuən^{55}。

那不能结婚就让她屋做事啦，就帮着一天弄饭啦。na^{213} pu^{22} nən^{22} tɕiɛ^{22} xuən^{55} təu^{213} zaŋ^{213} tʰa^{55} u^{22} tsu^{213} sʅ^{213} na^{0}, təu^{213} paŋ^{55} tsuo^{22} i^{22} tʰiɛn^{55} noŋ^{213} fan^{213} na^{0}。

啊，杜家，地主家的一家人的饭，那几个长工的饭，都是迺个姑娘弄。a^{0}, tu^{213} tɕia^{55}, ti^{213} tsu^{42} tɕia^{55} ti^{0} i^{22} tɕia^{55} zən^{22} ti^{0} fan^{213}, na^{213} tɕi^{55} ko^{213} tsʰaŋ^{42} koŋ^{55} ti^{0} fan^{213}, təu^{55} sʅ^{213} niɛ^{22} ko^{213} ku^{55} niaŋ^{22} noŋ^{213}。

嗯……有一天，那个，有个……嗯，雀儿，他那个杜家厨房外边有个杨柳树，有个雀儿呢就在那树上叫，叫呢："杜家搬，杜家搬，杜家不搬着水淹。" ən^{0}……iəu^{42} i^{22} tʰiɛn^{55}, na^{213} ko^{213}, iəu^{42} ko^{213}……ən^{0}, tɕʰyo^{22} ə^{22}, tʰa^{55} na^{213} ko^{213} tu^{213} tɕia^{55} tsʰu^{22} faŋ^{22} uai^{213} piɛn^{55} iəu^{42} ko^{213} iaŋ^{22} niəu^{42} su^{213}, iəu^{42} ko^{213} tɕʰyo^{22} ə^{22} nɛ^{0} təu^{213} tai^{213} na^{213} su^{213} saŋ^{213} tɕiau^{213}, tɕiau^{213} nɛ^{0}："tu^{213} tɕia^{55} pan^{55}, tu^{213} tɕia^{55} pan^{55}, tu^{213} tɕia^{55} pu^{22} pan^{55} tsuo^{22} suei^{42} ŋan^{55}。"

水淹就是被水淹哒的意思哦。suei^{42} ŋan^{55} təu^{213} sʅ^{213} pei^{213} suei^{42} iɛn^{55} ta^{0} ti^{0} i^{213} sʅ^{55} o^{0}。

叫了一天又一天，叫了一天又一天，叫啊几天哒。tɕiau^{213} na^{0} i^{22} tʰiɛn^{55} iəu^{213} i^{22} tʰiɛn^{55}, tɕiau^{213} na^{0} i^{22} tʰiɛn^{55} iəu^{213} i^{22} tʰiɛn^{55}, tɕiau^{213} a^{0} tɕi^{55} tʰiɛn^{55} ta^{0}。

那个那个姑娘么她也听不懂。哎，她听得……那个雀儿叫是什么意思，她也她也没理会迺个事情。na^{213} ko^{213} na^{213} ko^{213} ku^{55} niaŋ^{22} mo^{0} tʰa^{55} iɛ^{42} tʰin^{55} pu^{22} toŋ^{42}。ɛ^{0}, tʰa^{55} tʰin^{55} tɛ^{22}……na^{213} ko^{213} tɕʰyo^{22} ə^{22} tɕiau^{213} sʅ^{213} sən^{22} mo^{0} i^{213} sʅ^{55}, tʰa^{55} iɛ^{42} tʰa^{55} iɛ^{42} mei^{55} ni^{42} xuei^{213} niɛ^{22} ko^{213} sʅ^{213} tɕʰin^{22}。

但是第四天，第四天呢，她正在弄中饭，把中饭弄熟哒。tan^{213} sʅ^{213} ti^{213} sʅ^{213} tʰiɛn^{55}, ti^{213} sʅ^{213} tʰiɛn^{55} nɛ^{0}, tʰa^{55} tsən^{55} tai^{213} noŋ^{55} tsoŋ^{55} fan^{213}, pa^{42} tsoŋ^{55} fan^{213} noŋ^{213} su^{22} ta^{0}。

她把那狗子，啊，黄狗，她呢弄熟哒就把菜呢一些舀到盘子里头，舀到碗里头，准备喊他们回来吃中饭。tʰa^{55} pa^{42} na^{213} kəu^{42} tsʅ^{0}, a⁰, xuaŋ²² kəu⁴², tʰa⁵⁵ nɛ⁰ noŋ²¹³ su²² ta⁰ təu²¹³ pa⁴² tsʰai²¹³ nɛ⁰ i²² ɕiɛ⁵⁵ iau⁴² tau²¹³ pʰan²² tsʅ⁰ ni⁴² tʰəu⁰, iau⁴² tau²¹³ uan⁴² ni⁴² tʰəu⁰, tɕyən⁴² pei²¹³ xan⁴² tʰa⁵⁵ mən⁰ xuei²² nai²² tsʰʅ² tsoŋ⁵⁵ fan²¹³。

也正在舀的时候ル呢把锅铲拿在手里，那狗子啊，黄狗跑过来一口就把锅铲衔起跑哒。iɛ⁴² tsən⁵⁵ tai²¹³ iau⁴² ti⁰ sʅ²² xə²¹³ nɛ⁰ pa⁴² ko⁵⁵ tsʰuan⁴² na²² tai²¹³ səu⁴² ni⁴², na²¹³ kəu⁴² tsʅ⁰ a⁰, xuaŋ²² kəu⁴² pʰau⁴² ko²¹³ nai²² i²² kʰəu⁴² təu²¹³ pa⁴² ko⁵⁵ tsʰuan⁴² xan²² tɕʰi⁴² pʰau⁴² ta⁰。

她就后头礌＝哦，礌＝哦礌＝哦礌＝哦，礌＝到对面山上去哒。礌＝到对面山上去哒，才把那锅铲礌＝到。tʰa⁵⁵ təu²¹³ xəu²¹³ tʰəu⁰ nuei⁵⁵ o⁰, nuei⁵⁵ o⁰ nuei⁵⁵ o⁰ nuei⁵⁵ o⁰, nuei⁵⁵ tau²¹³ tuei²¹³ miɛn²¹³ san⁵⁵ saŋ²¹³ tɕʰi²¹³ ta⁰。 nuei⁵⁵ tau²¹³ tuei²¹³ miɛn²¹³ san⁵⁵ saŋ²¹³ tɕʰi²¹³ ta⁰, tsʰai²² pa⁴² na²¹³ ko⁵⁵ tsʰuan⁴² nuei⁵⁵ tau²¹³。

礌＝到呢就慢慢ル拿回来。正在，正在礌＝到，拿到那个锅铲的时候ル呢，地皮子①一扯……震动，她也找不到么事。nuei⁵⁵ tau²¹³ nɛ⁰ təu²¹³ man²¹³ mə⁰ na²² xuei²² nai²²。 tsən⁵⁵ tai²¹³, tsən⁵⁵ tai²¹³ nuei⁵⁵ tau²¹³, na²² tau²¹³ na²¹³ ko²¹³ ko⁵⁵ tsʰuan⁴² ti⁰ sʅ²² xə²¹³ nɛ⁰, ti²¹³ pʰi²² tsʅ⁰ i²² tsʰɛ⁴²……tsən²¹³ toŋ²¹³, tʰa⁵⁵ iɛ⁰ tsau⁴² pu²² tau²¹³ sʅ²¹³ mo⁰ sʅ²¹³。

嗯，她回来一看呢，拐哒吧！房子、那棵杨柳树全部不在哒。ən⁰, tʰa⁵⁵ xuei²² nai²² i²² kʰan²¹³ nɛ⁰, kuai⁴² ta⁰ pa⁰! faŋ²² tsʅ⁰、na²¹³ kʰo⁵⁵ iaŋ²² niəu⁴² su²¹³ tɕʰyɛn²² pu²¹³ pu²² tai²¹³ ta⁰。

她们住那个地方变成了一个大坑，而且那个水呀看倒看倒涨起来。看倒看倒涨起来，结果变成一个塘哒。tʰa⁵⁵ mən⁰ tsu²¹³ na²¹³ ko²¹³ ti²¹³ faŋ⁵⁵ piɛn²¹³ tsʰən²² na⁰ i²² ko²¹³ ta²¹³ kʰən⁵⁵, ə²² tɕʰiɛ⁴² na²¹³ ko²¹³ suei⁴² ia⁰ kʰan²¹³ tau⁴² kʰan²¹³ tau⁴² tsaŋ⁴² tɕʰi⁴² nai²²。 kʰan²¹³ tau⁴² kʰan²¹³ tau⁴² tsaŋ⁴² tɕʰi⁴² nai²², tɕiɛ²² ko⁴² piɛn²¹³ tsʰən²² i²² ko²¹³ tʰaŋ²² ta⁰。

好了么，杜家的老伴ル，就是她的未来的丈夫，她的公婆都个陷到那个，因为地陷哪，都蒙在泥巴头哒，都没看到。xau⁴² na⁰ mo⁰, tu²¹³ tɕia⁵⁵ ti⁰ nau⁴² pə²¹³, təu²¹³ sʅ²¹³ tʰa⁵⁵ ti⁰ uei²¹³ nai²² ti⁰ tsaŋ²¹³ fu⁵⁵, tʰa⁵⁵ ti⁰

---

① 地皮子 ti²¹³ pʰi²² tsʅ⁰：地面，地壳。

koŋ⁵⁵ pʰo²² təu⁵⁵ ko²¹³ xan²¹³ tau²¹³ na²¹³ ko²¹³, in⁵⁵ uei²² ti²¹³ xan²¹³ na⁰, təu⁵⁵ moŋ⁵⁵ tai²¹³ ni²² pa⁵⁵ tʰəu⁰ ta⁰, təu⁵⁵ mei⁵⁵ kʰan²¹³ tau²¹³。

　　那个，那个刘家姑娘呢，那个童养媳啊，她的良心好。她哭哦哭哦，那个哭，哭得伤哎，死去活来。na²¹³ ko²¹³, na²¹³ ko²¹³ niəu²² tɕia⁵⁵ ku⁵⁵ niaŋ²² nɛ⁰, na²¹³ ko²¹³ tʰoŋ²² iaŋ⁴² ɕi²² a⁰, tʰa⁵⁵ ti⁰ niaŋ²² ɕin⁵⁵ xau⁴²。tʰa⁵⁵ kʰu²² o⁰ kʰu²² o⁰, na²¹³ ko²¹³ kʰu²², kʰu²² tɛ²² saŋ⁵⁵ ɛ⁰, sɿ⁴² tɕʰi²¹³ xo²² nai²²。

　　我们那个地方呢喊她那个未来的丈夫，因为才岁把两岁，她喊弟娃ᵣ，毛弟ᵣ。ŋo⁴² mən⁰ na²¹³ ko²¹³ ti²¹³ faŋ⁵⁵ nɛ⁰ xan⁴² tʰa⁵⁵ na²¹³ ko²¹³ uei²¹³ nai²² ti⁰ tsaŋ²¹³ fu⁵⁵, in⁵⁵ uei²² tsʰai²² suei²¹³ pa⁴² niaŋ⁴² suei²¹³, tʰa⁵⁵ xan⁴² ti²¹³ uə²², mau²² tiə²¹³。

　　她"我的毛弟ᵣ诶，我的，诶……"她喊她未来的公婆她喊的，哦，那个伯娘，伯伯ᵣ、伯娘，"我的伯伯ᵣ、伯娘诶……"。tʰa⁵⁵ " ŋo⁴² ti⁰ mau²² tiə²¹³ ei⁰, ŋo⁴² ti⁰, ei⁰ …… " tʰa⁵⁵ xan⁴² tʰa⁵⁵ uei²¹³ nai²² ti⁰ koŋ⁵⁵ pʰo²² tʰa⁵⁵ xan⁴² ti⁵⁵, o⁰, na²¹³ ko²¹³ pɛ²² niaŋ²², pɛ²² pə⁰、pɛ²² niaŋ²², " ŋo⁴² ti⁰ pɛ²² pə⁰、pɛ²² niaŋ²² ei⁰ …… "。

　　就迺么哭哦，哭得死去活来。哪个喊喊不住，劝也劝不住。təu²¹³ niɛ²² mo⁰ kʰu²² o⁰, kʰu²² tɛ²² sɿ⁴² tɕʰi²¹³ xo²² nai²²。na⁴² ko²¹³ xan⁴² xan⁴² pu²² tsu²¹³, tɕʰyɛn²¹³ iɛ⁴² tɕʰyɛn²¹³ pu²² tsu²¹³。

　　最后过来个老汉ᵣ，他说啊：姑娘啊，你听我说，啊，他说迺个事情是天意，啊。tsuei²¹³ xəu²¹³ ko²¹³ nai²² ko²¹³ nau⁴² xə⁰, tʰa⁵⁵ suo²² a⁰: ku⁵⁵ niaŋ²² a⁰, ni⁴² tʰin⁵⁵ ŋo⁴² suo²², a⁰, tʰa⁵⁵ suo²² niɛ²² ko²¹³ sɿ²¹³ tɕʰin²² sɿ²¹³ tʰiɛn⁵⁵ i²¹³, a⁰。

　　前几天你听那个雀儿叫，叫"杜家搬，杜家搬，杜家不搬着水淹"，那个就是和你递信呢，就说迺个地方着水淹呢。tɕʰiɛn²² tɕi⁵⁵ tʰiɛn⁵⁵ ni⁴² tʰin⁵⁵ na²¹³ ko²¹³ tɕʰyo²² ə²² tɕiau²¹³, tɕiau²¹³ " tu²¹³ tɕia⁵⁵ pan⁵⁵, tu²¹³ tɕia⁵⁵ pan⁵⁵, tu²¹³ tɕia⁵⁵ pu²² pan⁵⁵ tsuo²² suei⁴² ŋan⁵⁵", na²¹³ ko²¹³ təu²¹³ sɿ²¹³ xo²² ni⁴² ti²¹³ ɕin²¹³ nɛ⁰, təu²¹³ suo²² niɛ²² ko²¹³ ti²¹³ faŋ⁵⁵ tsuo²² suei⁴² ŋan⁵⁵ nɛ⁰。

　　那么那个雀儿啊，朗⁼们⁼递信呢？你迺个人良心好，啊。na²¹³ mo⁰ na²¹³ ko²¹³ tɕʰyo²² ə²² a⁰, naŋ²² mən⁰ ti²¹³ ɕin²¹³ nɛ⁰？ni⁴² niɛ²² ko²¹³ zən²² nian²² ɕin⁵⁵ xau⁴², a⁰。

你屋那个老辈ₙ呢，那个你屋那，那个那个杜家那个地主啊，就是克扣长工的工资，做生意呢大秤进小秤出，大斗进小秤出，搞剥削！ni⁴² u²² na²¹³ ko²¹³ nau⁴² pə²¹³ nɛ⁰, na²¹³ ko²¹³ ni⁴² u²² na²¹³, na²¹³ ko²¹³ na²¹³ ko²¹³ tu²¹³ tɕia⁵⁵ na²¹³ ko²¹³ ti²¹³ tsu⁴² a⁰, təu²¹³ sʅ²¹³ kʰɛ²² kʰəu²¹³ tsʰaŋ⁴² koŋ⁵⁵ ti⁰ koŋ⁵⁵ tsʅ⁵⁵, tsu²¹³ sən⁵⁵ i²¹³ nɛ⁰ ta²¹³ tsʰən²¹³ tɕin²¹³ ɕiau⁴² tsʰən²¹³ tsʰu²², ta²¹³ təu⁴² tɕin²¹³ ɕiau⁴² tsʰən²¹³ tsʰu²², kau⁴² po²² ɕiəu⁵⁵！

啊，像做生意是奸商，诶，当地主是糜末 ① 地主。a⁰, tɕʰiaŋ²¹³ tsu²¹³ sən⁵⁵ i²¹³ sʅ²¹³ tɕiɛn⁵⁵ saŋ⁵⁵, ei⁰, taŋ⁵⁵ ti²¹³ tsu⁴² sʅ²¹³ mi²² mo²² ti²¹³ tsu⁴²。

诶，他那他们就是，当时迡个地方垮哒，没哪个告诉他，那雀儿告诉你，你又听不懂。ei⁰, tʰa⁵⁵ na²¹³ tʰa⁵⁵ mən⁰ təu²¹³ sʅ²¹³, taŋ⁵⁵ sʅ²² niɛ²² ko²¹³ ti²¹³ faŋ⁵⁵ kʰua⁴² ta⁰, mei⁵⁵ na⁴² ko²¹³ kau²¹³ su²¹³ tʰa⁵⁵, na²¹³ tɕʰyo²² ɚ²² kau²¹³ su²¹³ ni⁴², ni⁴² iəu²¹³ tʰin⁵⁵ pu²² toŋ⁴²。

雀儿帮，帮忙又没帮像，赶忙呢狗子又来哒，你看哪。那些扁毛啊，那些动物啊、家畜啊都帮你帮忙诶，那都是都是你迡个人良心好啊，哎，它们来搭救你啊！tɕʰyo²² ɚ²² paŋ⁵⁵, paŋ⁵⁵ maŋ²² iəu²¹³ mei⁵⁵ paŋ⁵⁵ tɕʰiaŋ²¹³, kan⁴² maŋ²² nɛ⁰ kəu⁴² tsʅ⁰ iəu²¹³ nai⁵⁵ ta⁰, ni⁴² kʰan²¹³ na⁴², na²¹³ ɕiɛ⁵⁵ pia⁴² mau²² a⁰, na²¹³ ɕiɛ⁵⁵ toŋ²¹³ u²² a⁰、tɕia⁵⁵ tsʰu²² a⁰ təu⁵⁵ paŋ⁵⁵ ni⁴² paŋ⁵⁵ maŋ²² ei⁰, na²¹³ təu⁵⁵ sʅ²¹³ təu⁵⁵ sʅ²¹³ ni⁴² niɛ²² ko²¹³ zən²² nian²² ɕin⁵⁵ xau⁴² a⁰, ɛ⁰, tʰa⁵⁵ mən⁰ nai²² ta²² tɕiəu²¹³ ni⁴² a⁰！

所以你莫哭哒。啊，我晓得你，你那个在杜家屋啊生活迡么多年哒，对他们有感情，啊，但是迡个没得法，天意不可违。suo⁴² i⁴² ni⁴² mo²² kʰu²² ta⁰。 a⁰, ŋo²² ɕiau⁴² tɛ²² ni⁴², ni⁴² na²¹³ ko²¹³ tai²¹³ tu²¹³ tɕia⁵⁵ u²² a⁰ sən⁵⁵ xo²² niɛ²² mo⁰ tuo⁵⁵ niɛn²² ta⁰, tuei²¹³ tʰa⁵⁵ mən⁰ iəu⁴² kan⁴² tɕʰin²², a⁰, tan²¹³ sʅ²¹³ niɛ²² ko²¹³ mei⁵⁵ tɛ²² fa²², tʰiɛn⁵⁵ i²¹³ pu²² kʰo⁴² uei²²。

那你，反正你屋呢，家还在，父母亲还在，那个，哦……你还有个去处，有退路，不要紧的，啊。na²¹³ ni⁴², fan⁴² tsən⁵⁵ ni⁴² u²² nɛ⁰, tɕia⁵⁵ xai²² tai²¹³, fu²¹³ mu⁴² tɕʰin⁵⁵ xai²² tai²¹³, na²¹³ ko²¹³, o⁰……ni⁴² xai²² iəu⁴²

---

① 糜末 mi²² mo²²：吝啬。

ko²¹³ tɕʰi²¹³ tsʰu⁴², iəu⁴² tʰuei²¹³ nu²¹³, pu²² iau²¹³ tɕin⁴² ti⁰, a⁰。

你呢二天①还是，啊，多做善事，啊，老天爷看到起的，多做善事。
ni⁴² nɛ⁰ ə²¹³ tʰiɛn⁵⁵ xai²² sŋ²¹³, a⁰, tuo⁵⁵ tsu²¹³ san²¹³ sŋ²¹³, a⁰, nau⁴² tʰiɛn⁵⁵ ia²² kʰan²¹³ tau²¹³ tɕʰi⁴² ti⁰, tuo⁵⁵ tsu²¹³ san²¹³ sŋ²¹³。

好，那个姑娘听他迣么说么，那些长工哦，就把她扶起哦……都喜欢她，大家都劝她，那你还是回去啊。xau⁴², na²¹³ ko²¹³ ku⁵⁵ niaŋ²² tʰin⁵⁵ tʰa⁵⁵ niɛ²² mo⁰ suo²² mo⁰, na²¹³ ɕiɛ⁵⁵ tsʰaŋ⁴² koŋ⁵⁵ o⁰, təu²¹³ pa⁴² tʰa⁵⁵ fu²² tɕʰi⁴² o⁰……təu⁵⁵ ɕi⁴² xuai⁵⁵ tʰa⁵⁵, ta²¹³ tɕia⁵⁵ təu⁵⁵ tɕʰyɛn²¹³ tʰa⁵⁵, na²¹³ ni⁴² xai²² sŋ²¹³ xuei²² tɕʰi²¹³ a⁰。

你要我们送不，不要我们送呢，我们——你们就个人回去。ni⁴² iau²¹³ ŋo⁴² mən⁰ soŋ²¹³ pu²², pu²² iau²¹³ ŋo⁴² mən⁰ soŋ²¹³ nɛ⁰, ŋo⁴² mən⁰——ni⁴² mən⁰ təu²¹³ ko²¹³ zən²² xuei²² tɕʰi²¹³。

于是呢，那个刘家姑娘就告别了那些长工，告别了那个那个老汉ₙ和那个黄狗啊，就往她娘家走去哒。y²² sŋ²¹³ nɛ⁰, na²¹³ ko²¹³ niəu²² tɕia⁵⁵ ku⁵⁵ niaŋ²² təu²¹³ kau²¹³ piɛ²² na⁰ na²¹³ ɕiɛ⁵⁵ tsʰaŋ⁴² koŋ⁵⁵, kau²¹³ piɛ²² na⁰ na²¹³ ko²¹³ na²¹³ ko²¹³ nau⁴² xə⁰ xo²² na²¹³ ko²¹³ xuaŋ²² kəu⁴² a⁰, təu²¹³ uaŋ⁴² tʰa⁵⁵ niaŋ²² tɕia⁵⁵ tsəu⁵⁵ tɕʰi²¹³ ta⁰。

（三）九眼泉的故事

我来讲个九眼泉的故事。ŋo⁴² nai²² tɕiaŋ⁴² ko²¹³ tɕiəu⁴² ŋan⁴² tɕʰyɛn²² ti⁰ ku²¹³ sŋ²¹³。

九眼泉它实际上按普通话读呢，是九眼泉，眼睛的眼，我们方言就读九眼（ŋan⁴²）泉，眼眼，就是眼眼的意思。tɕiəu⁴² ŋan⁴² tɕʰyɛn²² tʰa⁵⁵ sŋ²² tɕi²¹³ saŋ²¹³ ŋan²¹³ pʰu⁴² tʰoŋ⁵⁵ xua²¹³ tu²² nɛ⁰, sŋ²¹³ tɕiəu⁴² iɛn⁴² tɕʰyɛn²², iɛn⁴² tɕin⁵⁵ ti⁰ iɛn⁴², ŋo⁴² mən⁰ faŋ⁵⁵ iɛn²² təu²¹³ tu²² tɕiəu⁴² ŋan⁴² tɕʰyɛn²², ŋan⁴² ŋan⁴², təu²¹³ sŋ²¹³ iɛn⁴² iɛn⁴² ti⁰ i²¹³ sŋ⁵⁵。

那个在我们咸丰城的南面有一条山沟峡谷叫作瓦窑沟，瓦窑沟的尽头就在最上缘，那个地方呢，有十几个泉眼，甚至几十个，涨大水的

---

① 二天 ə²¹³ tʰiɛn⁵⁵：以后，往后，将来。

时候几十个泉眼，我们就把迩个地方就喊成"九眼泉"。na²¹³ ko²¹³ tai²¹³ ŋo⁴² mən⁰ xan²² foŋ⁵⁵ tsʰən²² ti⁰ nan²² miɛn²¹³ iəu⁴² i²² tʰiau²² san⁵⁵ kəu⁵⁵ ɕia²² ku²² tɕiau²¹³ tsuo²² ua⁴² iau²² kəu⁵⁵, ua⁴² iau²² kəu⁵⁵ ti⁰ tɕin⁴² tʰəu⁰ təu²¹³ tai²¹³ tsuei²¹³ saŋ²¹³ yɛn²², na²¹³ ko²¹³ ti²¹³ faŋ⁵⁵ nɛ⁰, iəu⁴² sɿ²² tɕi⁵⁵ ko²¹³ tɕʰyɛn²² iɛn⁴², sən²¹³ tsɿ²¹³ tɕi⁵⁵ sɿ²² ko²¹³, tsaŋ⁴² ta²¹³ suei⁴² ti⁰ sɿ²² xəu²¹³ tɕi⁵⁵ sɿ²² ko²¹³ tɕʰyɛn²² iɛn⁴², ŋo⁴² mən⁰ təu²¹³ pa⁴² niɛ²² ko²¹³ ti²¹³ faŋ⁵⁵ təu²¹³ xan⁴² tsʰən²² "tɕiəu⁴² ŋan⁴² tɕʰyɛn²²"。

九眼泉呢，在二○○一年以前，是我们咸丰县城自来水的水源，水源地。tɕiəu⁴² ŋan⁴² tɕʰyɛn²² nɛ⁰, tai²¹³ ɚ²¹³ nin²² nin²² i²² niɛn²² i⁴² tɕʰiɛn²², sɿ²¹³ ŋo⁴² mən⁰ xan²² foŋ⁵⁵ ɕiɛn²¹³ tsʰən²² tsɿ²¹³ nai²² suei⁴² ti⁰ suei⁴² yɛn²², suei⁴² yɛn²² ti²¹³。

到后来呢，就人口增加来就不够哒，但是现在还在供水。那个九眼泉呢，它是一个大，有个大泉，最大的一个。tau²¹³ xəu²¹³ nai²² nɛ⁰, təu²¹³ zən²² kʰəu⁴² tsən⁵⁵ tɕia⁵⁵ nai²² təu²¹³ pu²² kəu²¹³ ta⁰, tan²¹³ sɿ²¹³ ɕiɛn²¹³ tsai²¹³ xai²² tai²¹³ koŋ²¹³ suei⁴²。na²¹³ ko²¹³ tɕiəu⁴² ŋan⁴² tɕʰyɛn²² nɛ⁰, tʰa⁵⁵ sɿ²¹³ i²² ko²¹³ ta²¹³, iəu⁴² ko²¹³ ta²¹³ tɕʰyɛn²², tsuei²¹³ ta²¹³ ti⁰ i²² ko²¹³。

它从山洞里头流出来的，山洞里头流出来的呢，里头就有一个传说故事哒，就是阳虹虹ₗ的故事。tʰa⁵⁵ tsʰoŋ²² san⁵⁵ toŋ²¹³ ni⁴² tʰəu⁰ niəu²² tsʰu²² nai²² ti⁰, san⁵⁵ toŋ²¹³ ni⁴² tʰəu⁰ niəu²² tsʰu²² nai²² ti⁰ nɛ⁰, ni⁴² tʰəu⁰ təu²¹³ iəu⁴² i²² ko²¹³ tsʰuan²² suo²² ku²¹³ sɿ²¹³ ta⁰, təu²¹³ sɿ²¹³ iaŋ²² tin⁵⁵ tiɚ⁵⁵ ti⁰ ku²¹³ sɿ²¹³。

这个，有一年哪，传说有一年，天干，地旱，外头的那个河头啊，瓦窑沟那个那条山沟来就断流哒。tsɛ²² ko²¹³, iəu⁴² i²² niɛn²² na⁰, tsʰuan²² suo²² iəu⁴² i²² niɛn²², tʰiɛn⁵⁵ kan⁵⁵, ti²¹³ xan²¹³, uai²¹³ tʰəu⁰ ti⁰ na²¹³ ko²¹³ xo²² tʰəu⁰ a⁰, ua⁴² iau²² kəu⁵⁵ na²¹³ ko²¹³ na²¹³ tʰiau²² san⁵⁵ kəu⁵⁵ nai²² təu²¹³ tuan²¹³ niəu²² ta⁰。

那断流哒呢，外头就是峡谷口口ₗ上呢，又住的好多人家，有大片的农田，大片农田，田没得水灌溉，农夫呢，住户呢没水吃，饮水困难。na²¹³ tuan²¹³ niəu²² ta⁰ nɛ⁰, uai²¹³ tʰəu⁰ təu²¹³ sɿ²¹³ ɕia²² ku²² kʰəu⁴² kʰɚ⁰ saŋ²¹³ nɛ⁰, iəu²¹³ tsu²¹³ ti⁰ xau⁴² tuo⁵⁵ zən²² tɕia⁵⁵, iəu⁴² ta²¹³ pʰiɛn²¹³ ti⁰ noŋ²² tʰiɛn²², ta²¹³ pʰiɛn²¹³ noŋ²² tʰiɛn²², tʰiɛn²² mei⁵⁵ tɛ²² suei⁴² kuan²¹³ kʰai²¹³, noŋ²² fu⁵⁵ nɛ⁰, tsu²¹³ fu²¹³ nɛ⁰ mei⁵⁵ suei⁴² tsʰ1²², in⁴² suei⁴² kʰuən²¹³ nan²²。

饮水困难呢，看那个羊——那个田头啊，干爹^①口哒，样子都快干枯死哒，老百姓着急哒，朗⁼们⁼搞啊迥个事情，天又不能下雨诶。in⁴² suei⁴² kʰuən²¹³ nan²² nɛ⁰, kʰan²¹³ na²¹³ ko²¹³ iaŋ²² —— na²¹³ ko²¹³ tʰiɛn²² tʰəu⁴² a⁰, kan⁵⁵ tsa⁵⁵ kʰəu⁴² ta⁰, iaŋ²¹³ ts1⁰ təu⁵⁵ kʰuai²¹³ kan⁵⁵ kʰu⁵⁵ s1⁴² ta⁰, nau⁴² pɛ²² ɕin²¹³ tsuo²² tɕi²² ta⁰, naŋ²² mən⁰ kau⁴² a⁰ niɛ²² ko²¹³ s1²¹³ tɕʰin²², tʰiɛn⁵⁵ iəu²¹³ pu²² nən²² ɕia²¹³ y⁴² ei⁰。

他们就七访听八访听，访到那个龙山，来凤龙山那个有个杨师傅。杨师傅是么？就是道士、端公，是这路的人。tʰa⁵⁵ mən⁰ təu²¹³ tɕʰi²² faŋ⁴² tʰin⁵⁵ pa²² faŋ⁴² tʰin⁵⁵, faŋ⁴² tau²¹³ na²¹³ ko²¹³ noŋ²² san⁵⁵, nai²² foŋ²¹³ noŋ²² san⁵⁵ na²¹³ ko²¹³ iəu⁴² ko²¹³ iaŋ²² s1⁵⁵ fu²¹³。 iaŋ²² s1⁵⁵ fu²¹³ s1²¹³ mo⁰？ təu²¹³ s1²¹³ tau²¹³ s1²¹³、tuan⁵⁵ koŋ⁵⁵, s1²¹³ tsɛ²² nu²¹³ ti⁰ zən²²。

他们就喊迥些人，喊师傅哟，喊杨师傅或者杨老师，都行，啊。tʰa⁵⁵ mən⁰ təu²¹³ xan⁴² niɛ²² ɕiɛ⁵⁵ zən²², xan⁴² s1⁵⁵ fu²¹³ sa⁰, xan⁴² iaŋ²² s1⁵⁵ fu²¹³ xuai²¹³ tsɛ⁴² iaŋ²² nau⁴² s1⁵⁵, təu⁵⁵ ɕin²², a⁰。

那个人呢说他，能够降妖捉魔，他们就把他请起来哒。请起来呢，杨师傅就带，带两个徒弟，就跑到九眼泉一看。na²¹³ ko²¹³ zən²² nɛ⁰ suo²² tʰa⁵⁵, nən²² kəu²¹³ ɕiaŋ²¹³ iau⁵⁵ tsuo²² mo²², tʰa⁵⁵ mən⁰ təu²¹³ pa⁴² tʰa⁵⁵ tɕʰin⁴² tɕʰi⁴² nai²² ta⁰。 tɕʰin⁴² tɕʰi⁴² nai²² nɛ⁰, iaŋ²² s1⁵⁵ fu²¹³ təu²¹³ tai²¹³, tai²¹³ niaŋ⁴² ko²¹³ tʰu²² ti²¹³, təu²¹³ pʰau⁴² tau²¹³ tɕiəu⁴² iɛn⁴² tɕʰyɛn²² i²² kʰan²¹³。

一看呢，他说迥个事情我来搞吧，你们，你们两个徒弟到外头啊，就鸣鼓。i²² kʰan²¹³ nɛ⁰, tʰa⁵⁵ suo²² niɛ²² ko²¹³ s1²¹³ tɕʰin²² ŋo⁴² nai²² kau⁴² pa⁰, ni⁴² mən⁰, ni⁴² mən⁰ niaŋ⁴² ko²¹³ tʰu²² ti²¹³ tau²¹³ uai²¹³ tʰəu⁰ a⁰, təu²¹³ min²² ku⁴²。

那鸣鼓呢他就把他草鞋，杨师傅，杨老师就把他草鞋呢脱到外头，他"我进洞去啊，你们两个在外头守着些，把鼓槌槌ㄦ拿好，拿稳些哈。我进去过后，你们看那个草鞋在跳哒呢，两草鞋要是跳哒，你们就

---

① 爹 tsa⁵⁵：裂口。

打鼓啊"，他"你们打鼓就是我助威哦，你们鼓打得越起鼓子①，那么我就越有力，那个才能打败迤个洞神"。na²¹³ min²² ku⁴² nɛ⁰ tʰa⁵⁵ təu²¹³ pa⁴² tʰa⁵⁵ tsʰau⁴² xai²², iaŋ²² sʅ⁵⁵ fu²¹³, iaŋ²² nau⁴² sʅ⁵⁵ təu²¹³ pa⁴² tʰa⁵⁵ tsʰau⁴² xai²² nɛ⁰ tʰuo²² tau²¹³ uai²¹³ tʰəu⁰, tʰa⁵⁵ " ŋo⁴² tɕin²¹³ toŋ²¹³ tɕʰi²¹³ a⁰, ni⁴² mən⁰ niaŋ⁴² ko²¹³ tai²¹³ uai²¹³ tʰəu⁰ səu⁴² tsuo²² ɕiɛ⁵⁵, pa⁴² ku⁴² tsʰuei²² tsʰuə⁰ na²² xau⁴², na²² uən⁴² ɕiɛ⁵⁵ xa⁵⁵。ŋo⁴² tɕin²¹³ tɕʰi²¹³ ko²¹³ xəu²¹³, ni⁴² mən⁰ kʰan²¹³ na²¹³ ko²¹³ tsʰau⁴² xai²² tai²¹³ tʰiau²¹³ ta⁰ nɛ⁰, niaŋ⁴² tsʰau⁴² xai²² iau²¹³ sʅ²¹³ tʰiau²¹³ ta⁰, ni⁴² mən⁰ təu²¹³ ta⁴² ku⁴² a⁰", tʰa⁵⁵ "ni⁴² mən⁰ ta⁴² ku⁴² təu²¹³ sʅ²¹³ ŋo⁴² tsu²¹³ uei⁵⁵ o⁰, ni⁴² mən⁰ ku⁴² ta⁴² tɛ²² yɛ²² tɕʰi⁴² ku⁴² tsʅ⁰, na²¹³ mo⁰ ŋo⁴² təu²¹³ yɛ²² iəu⁴² ni²², na²¹³ ko²¹³ tsʰai²² nən²² ta⁴² pai²¹³ niɛ²² ko²¹³ toŋ²¹³ sən²²"。

那把它打败哒，他才能，他才迤个呢，他才把那个，搞水出——放水出来呢。na²¹³ pa⁴² tʰa⁵⁵ ta⁴² pai²¹³ ta⁰, tʰa⁵⁵ tsʰai²² nən²², tʰa⁵⁵ tsʰai²² niɛ²² ko²¹³ nɛ⁰, tʰa⁵⁵ tsʰai²² pa⁴² na²¹³ ko²¹³, kau⁴² suei⁴² tsʰu²²——faŋ²¹³ suei⁴² tsʰu²² nai²² nɛ⁰。

好，那个，两个徒弟就在外头打鼓呢。杨师傅，杨老师就进去哒。进去过一刚刚ₗ，当真两个草鞋就跳起来哒。xau⁴², na²¹³ ko²¹³, niaŋ⁴² ko²¹³ tʰu²² ti²¹³ təu²¹³ tai²¹³ uai²¹³ tʰəu⁰ ta⁴² ku⁴² nɛ⁰。iaŋ²² sʅ⁵⁵ fu²¹³, iaŋ²² nau⁴² sʅ⁵⁵ təu²¹³ tɕin²¹³ tɕʰi²¹³ ta⁰。tɕin²¹³ tɕʰi²¹³ ko²¹³ i²² kaŋ⁵⁵ kɚ⁵⁵, taŋ⁵⁵ tsən⁵⁵ niaŋ⁴² ko²¹³ tsʰau⁴² xai²² təu²¹³ tʰiau²¹³ tɕʰi⁴² nai²² ta⁰。

那个徒弟就打鼓打鼓打鼓，咚咚咚咚咚咚咚咚打。那个草鞋后来跳几多高，越跳越高，那两个徒弟娃ₗ看哈在那ₗ，就把手头鼓忘记哒，忘记打哒。na²¹³ ko²¹³ tʰu²² ti²¹³ təu²¹³ ta⁴² ku⁴² ta⁴² ku⁴² ta⁴² ku⁴², toŋ⁵⁵ toŋ⁵⁵ toŋ⁵⁵ toŋ⁵⁵ toŋ⁵⁵ toŋ⁵⁵ toŋ⁵⁵ toŋ⁵⁵ ta⁴²。na²¹³ ko²¹³ tsʰau⁴² xai²² xəu²¹³ nai²² tʰiau²¹³ tɕi⁴² tuo⁵⁵ kau⁵⁵, yɛ²² tʰiau²¹³ yɛ²² kau⁵⁵, na²¹³ niaŋ⁴² ko²¹³ tʰu²² ti²¹³ uɚ²² kʰan²¹³ xa⁵⁵ tai²¹³ nɚ²¹³, təu²¹³ pa⁴² səu⁴² tʰəu⁰ ku⁴² uaŋ²¹³ tɕi²¹³ ta⁰, uaŋ²¹³ tɕi²¹³ ta⁴² ta⁰。

好，只听那个洞里头"轰"的一声像打雷的，草鞋不跳哒，哎，草

---

① 起鼓子 tɕʰi⁴² ku⁴² tsʅ⁷⁰：起劲。

鞋不跳哒。xau⁴², tsๅ²² tʰin⁵⁵ na²¹³ ko²¹³ toŋ²¹³ ni⁴² tʰəu⁰ "xoŋ⁵⁵" ti⁰ i²² sən⁵⁵ tɕʰiaŋ²¹³ ta⁴² nuei²² ti⁰, tsʰau⁴² xai²² pu²² tʰiau²¹³ ta⁰, ɛ⁰, tsʰau⁴² xai²² pu²² tʰiau²¹³ ta⁰。

那个是朗"们"回事呢？就是那个杨老师进洞就和洞神两个打架，两个斗的时候ₙ，由于外头助威不利，他打败哒。na²¹³ ko²¹³ sๅ²¹³ naŋ²² mən⁰ xuei²² sๅ²¹³ nɛ⁰？ təu²¹³ sๅ²¹³ na²¹³ ko²¹³ iaŋ²² nau⁴² sๅ⁵⁵ tɕin²¹³ toŋ²¹³ təu²¹³ xo²² toŋ²¹³ sən²² niaŋ⁴² ko²¹³ ta⁴² tɕia²¹³, niaŋ⁴² ko²¹³ təu²¹³ ti⁰ sๅ²² xə²¹³, iəu²² y²² uai²¹³ tʰəu⁰ tsu²¹³ uei⁵⁵ pu²² ni²¹³, tʰa⁵⁵ ta⁴² pai²¹³ ta⁰。

打败哒，那个洞神呢，就有个大石板，大岩板从洞脑壳上插下，就把杨老师关到洞头，他不得出来哒。ta⁴² pai²¹³ ta⁰, na²¹³ ko²¹³ toŋ²¹³ sən²² nɛ⁰, təu²¹³ iəu⁴² ko²¹³ ta²¹³ sๅ²² pan⁴², ta²¹³ ŋai²² pan⁴² tsʰoŋ²² toŋ²¹³ nau⁴² kʰo²² saŋ²¹³ tsʰa²² ɕia²¹³, təu²¹³ pa⁴² iaŋ²² nau⁴² sๅ⁵⁵ kuan⁵⁵ tau²¹³ toŋ²¹³ tʰəu⁰, tʰa⁵⁵ pu²² tɛ²² tsʰu²² nai²² ta⁰。

他不得出来呢，那个杨师傅他也有本事呢，他人钻不出来，他马上摇身一变，变成一个阳虹虹ₙ，阳虹虹ₙ是什么呢，蜻蜓，就是蜻蜓。tʰa⁵⁵ pu²² tɛ²² tsʰu²² nai²² nɛ⁰, na²¹³ ko²¹³ iaŋ²² sๅ⁵⁵ fu²¹³ tʰa⁵⁵ iɛ⁴² iəu⁴² pən⁴² sๅ²¹³ nɛ⁰, tʰa⁵⁵ zən²² tsuan⁵⁵ pu²² tsʰu²² nai²², tʰa⁵⁵ ma⁴² saŋ²¹³ iau²² sən⁵⁵ i²² piɛn²¹³, piɛn²¹³ tsʰən²² i²² ko²¹³ iaŋ²² tin⁵⁵ tiə⁰, iaŋ²² tin⁵⁵ tiə⁰ sๅ²¹³ sən²² mo⁰ nɛ⁰, tɕʰin⁵⁵ tʰin²², təu²¹³ sๅ²¹³ tɕʰin⁵⁵ tʰin²²。

那个，那个岩板从那洞上插下来它是有缝缝ₙ哟，它硬是按是按不死哒，他从洞洞ₙ里飞出来哒。na²¹³ ko²¹³, na²¹³ ko²¹³ ŋai²² pan⁴² tsʰoŋ²² na²¹³ toŋ²¹³ saŋ²¹³ tsʰa²² ɕia²¹³ nai²² tʰa⁵⁵ sๅ²¹³ iəu⁴² foŋ²² fə²² sa⁰, tʰa⁵⁵ ŋən²¹³ sๅ²¹³ ŋan²¹³ sๅ²¹³ ŋan²¹³ pu²² sๅ⁴² ta⁰, tʰa⁵⁵ tsʰoŋ²² toŋ²¹³ tə⁰ ni⁴² fei⁵⁵ tsʰu²² nai²² ta⁰。

飞出来哒呢，他就打败哒哟。打败哒他就在外头，哎呀，很很很，很伤心。fei⁵⁵ tsʰu²² nai²² ta⁰ nɛ⁰, tʰa⁵⁵ təu²¹³ ta⁴² pai²¹³ ta⁰ sa⁰。 ta⁴² pai²¹³ ta⁰ tʰa⁵⁵ təu²¹³ tai²¹³ uai²¹³ tʰəu⁰, ɛ⁰ ia⁰, xən⁴² xən⁴² xən⁴², xɛ⁴² saŋ⁵⁵ ɕin⁵⁵。

他逎次打败哒，他也没去埋怨徒弟娃ₙ，他没脸见人哒，他愧对当地老百姓哒，他一头就撞，撞到岩头上，洞岩头上，撞死哒！tʰa⁵⁵ niɛ²² tsʰๅ²¹³ ta⁴² pai²¹³ ta⁰, tʰa⁵⁵ iɛ⁴² mei⁵⁵ tɕʰi²¹³ mai²² yɛn²¹³ tʰu²² ti²¹³ uə²², tʰa⁵⁵ mei⁵⁵ niɛn⁴² tɕiɛn²¹³ zən²² ta⁰, tʰa⁵⁵ kʰuei²¹³ tuei²¹³ taŋ⁵⁵ ti²¹³ nau⁴² pɛ²² ɕin²¹³ ta⁰, tʰa⁵⁵ i²² tʰəu⁰ təu²¹³ tsuaŋ²¹³, tsuaŋ²¹³ tau²¹³ ŋai²² tʰəu⁰ saŋ²¹³, toŋ²¹³ ŋai²² tʰəu⁰ saŋ²¹³, tsuaŋ²¹³ sʅ⁴² ta⁰！

撞死哒，那个血啊从脑壳上流下来，流到河头。tsuaŋ²¹³ sʅ⁴² ta⁰, na²¹³ ko²¹³ ɕyɛ²² a⁰ tsʰoŋ²² nau⁴² kʰo²² saŋ²¹³ niəu²² ɕia²¹³ nai²², niəu²² tau²¹³ xo²² tʰəu⁰。

好，就从流血那个地方起，水就涌出来哒，洞头水就涌出来哒，跟那个血往下头流，滔滔河水，滔滔河水。xau⁴², təu²¹³ tsʰoŋ²² niəu²² ɕyɛ²² na²¹³ ko²¹³ ti²¹³ faŋ⁵⁵ tɕʰi⁴², suei⁴² təu²¹³ yoŋ⁴² tsʰu²² nai²² ta⁰, toŋ²¹³ tʰəu⁰ suei⁴² təu²¹³ yoŋ⁴² tsʰu²² nai²² ta⁰, kən⁵⁵ na²¹³ ko²¹³ ɕyɛ²² uaŋ⁴² ɕia²¹³ tʰəu⁰ niəu²², tʰau⁵⁵ tʰau⁵⁵ xo²² suei⁴², tʰau⁵⁵ tʰau⁵⁵ xo²² suei⁴²。

好，那个现在，我们那个说到九眼泉就是打电筒，就照那个洞，脑壳那皮面，天花板上，那个阳虹虹儿还扒[1]在高头的，哎，扒倒的。xau⁴², na²¹³ ko²¹³ ɕiɛn²¹³ tsai²¹³, ŋo⁴² mən⁰ na²¹³ ko²¹³ suo²² tau²¹³ tɕiəu⁴² ŋan⁴² tɕʰyɛn²² təu²¹³ sʅ²¹³ ta⁴² tiɛn²¹³ tʰoŋ⁴², təu²¹³ tsau²¹³ na²¹³ ko²¹³ toŋ²¹³, nau⁴² kʰo²² na²¹³ pʰi²² miɛn²¹³, tʰiɛn⁵⁵ xua⁵⁵ pan⁴² saŋ²¹³, na²¹³ ko²¹³ iaŋ²² tin⁵⁵ tiə⁵⁵ xai²² pa⁵⁵ tai²¹³ kau⁵⁵ tʰəu⁰ ti⁰, ɛ⁰, pa⁵⁵ tau⁴² ti⁰。

所以说，后来些人呢就不喊杨老师也不喊杨师傅哒，就把喊个阳虹虹儿，他变的个阳虹虹儿，他又姓杨。suo⁴² i⁴² suo²², xəu²¹³ nai²² ɕiɛ⁵⁵ zən²² nɛ⁰ təu²¹³ pu²² xan⁴² iaŋ²² nau⁴² sʅ⁵⁵ iɛ⁴² pu²² xan⁴² iaŋ²² sʅ⁵⁵ fu²¹³ ta⁰, təu²¹³ pa⁴² xan⁴² ko²¹³ iaŋ²² tin⁵⁵ tiə⁵⁵, tʰa⁵⁵ piɛn²¹³ ti⁰ ko²¹³ iaŋ²² tin⁵⁵ tiə⁵⁵, tʰa⁵⁵ iəu²¹³ ɕin²¹³ iaŋ²²。

所以迥个就是九眼泉的传说故事。suo⁴² i⁴² niɛ²² ko²¹³ təu²¹³ sʅ²¹³ tɕiəu⁴² ŋan⁴² tɕʰyɛn²² ti⁰ tsʰuan²² suo²² ku²¹³ sʅ²¹³。

（四）牛郎织女

我来摆一个牛郎织女的龙门阵。ŋo⁴² nai²² pai⁴² i²² ko²¹³ niəu²² naŋ²² tsʅ²² ny⁴² ti⁰ noŋ²² mən²² tsən²¹³。

---

[1]　扒 pa⁵⁵：紧贴，牢牢抓住使不掉下来。

从前哪，有户穷苦人家，嗯……老汉儿老婆婆，这嘞，盘的一个细娃儿，叫牛郎。tsʰoŋ²² tɕʰiɛn²² na⁰，iəu⁴² fu²¹³ tɕʰioŋ²² kʰu⁴² zən²² tɕia⁵⁵，ən⁰……nau⁴² xɚ²¹³ nau⁴² pʰo²² pʰo⁰，tsɛ²¹³ nɛ²²，pʰan²² ti⁰ i²² ko²¹³ ɕi²¹³ uɚ²²，tɕiau²¹³ niəu²² naŋ²²。

那个老汉儿、老婆婆身体不大好，那牛郎刚刚长成人的时候儿嘞，两个老都病死哒，就剩下牛郎。na²¹³ ko²¹³ nau⁴² xɚ²¹³，nau⁴² pʰo²² pʰo⁰ sən⁵⁵ tʰi⁴² pu²² ta²¹³ xau⁴²，na²¹³ niəu²² naŋ²² kaŋ⁵⁵kaŋ⁵⁵tsaŋ⁴² tsʰən²² zən²² ti⁰ sɿ²² xɚ²¹³ nɛ⁰，niaŋ⁴² ko²¹³ nau⁴² təu⁵⁵pin²¹³ sɿ⁴² ta⁰，tɕiəu²¹³ sən²¹³ ɕia²¹³ niəu²² naŋ²²。

不过嘞，他家里喂的一个牛，那个牛来，也是一头老牛，那个老牛嘞就和牛郎两个相依为命。pu²² ko²¹³ nɛ⁰，tʰa⁵⁵ tɕia⁵⁵ni⁴² uei²¹³ ti⁰ i²² ko²¹³ niəu²²，na²¹³ ko²¹³ niəu²² nɛ⁰，iɛ⁴² sɿ²¹³ i²² tʰəu²² nau⁴² niəu²²，na²¹³ ko²¹³ nau⁴² niəu²² nɛ⁰tɕiəu²¹³ xo²² niəu²² naŋ²² niaŋ⁴² ko²¹³ ɕiaŋ⁵⁵ i⁵⁵ uei²² min²¹³。

嗯……有一天晚上，那个老牛嘞，就给牛郎托个梦。ən⁰……iəu⁴² i²² tʰiɛn⁵⁵ uan⁴² saŋ²¹³，na²¹³ ko²¹³ nau⁴² niəu²² nɛ⁰，tɕiəu²¹³ kei⁴² niəu²² naŋ²² tʰuo²² ko²¹³ moŋ²¹³。

他说"牛郎啊，你嘞，有那么大岁数哒，安个家哒，我来帮你撮合一个婚事。tʰa⁵⁵ suo²² "niəu²² naŋ²² a⁰，ni⁴² nɛ⁰，iəu⁴² na²¹³ mo⁰ ta²¹³ suei²¹³ su²¹³ ta⁰，ŋan⁵⁵ ko²¹³ tɕia⁵⁵ ta⁰，ŋo⁴² nai⁴² paŋ⁵⁵ni⁴² tsʰuo²² xo²² i²² ko²¹³ xuən⁵⁵sɿ²¹³。

那个明天早晨嘞，你打塘跟前去，看那个塘跟前嘞，嗯，有一些姑娘儿她都洗澡，她把那个衣服嘞，就挂哒树上的。na²¹³ ko²¹³ min²² tʰiɛn⁵⁵ tsau⁴² sən²² nɛ⁰，ni⁴² ta⁴² tʰaŋ²² kən⁵⁵ tɕʰiɛn²² tɕʰy²¹³，kʰan²¹³ na²¹³ ko²¹³ tʰaŋ²² kən⁵⁵ tɕʰiɛn²² nɛ⁰，ən⁰，iəu²¹³ i²² ɕiɛ⁵⁵ ku⁵⁵ niɚ²² tʰa⁵⁵ təu²² ɕi⁴² tsau⁴²，tʰa⁵⁵pa⁴² na²¹³ ko²¹³ i⁵⁵fu²² nɛ⁰，tɕiəu²¹³ kua²¹³ ta⁰ su²¹³ saŋ²¹³ ti⁰。

你就把那水红色的那件那坨衣服嘞，就□起跑，躲到垄头等她们。ni⁴² tɕiəu²¹³ pa⁴² na⁴² suei⁴² xoŋ²² sɛ²¹³ ti⁰ na⁴² tɕiɛn²¹³ na⁴² tʰuo²² i⁵⁵fu²² nɛ⁰，tɕiəu²¹³ tiaŋ⁵⁵tɕʰi⁴² pʰau⁴²，tuo⁴² tau²¹³ noŋ²² tʰəu²² tən⁴² tʰa⁵⁵mən⁰。

嗯……那个来找水红色衣服的那个嘞，就是你的媳妇儿，你就把她喊回来，啊，你们两个成家。"ən⁰……na²¹³ ko²¹³ nai²² tsau⁴² suei⁴² xoŋ²² sɛ²¹³ i⁵⁵ fu²² ti⁰ na²¹³ ko²¹³ nɛ⁰，tɕiəu²¹³ sɿ²¹³ ni⁴² ti⁰ ɕi²² fɚ²¹³，ni⁴² tɕiəu²¹³ pa⁴² tʰa⁵⁵ xan⁴² xuei²² nai²²，a⁰，ni⁴² mən²² niaŋ⁴² ko²¹³ tsʰən²² tɕia⁵⁵。"

后来，那个梦就醒哒。xəu²¹³ nai²², na²¹³ ko²¹³ moŋ²¹³ tɕiəu²¹³ ɕin⁴² ta⁰。

醒哒嘞，啊，那个牛郎就觉得奇怪，他哪么做恁个梦嘞，他轻信不信的。ɕin⁴² ta⁰ nɛ⁰, a⁰, na²¹³ ko²¹³ niəu²² naŋ²² tɕiəu²¹³ tɕyɛ²¹³ tɛ⁰ tɕʰi²² kuai²¹³, tʰa⁵⁵ na⁴² mo⁰ tsuo²¹³ nən²¹³ ko²¹³ moŋ²¹³ nɛ⁰, tʰa⁵⁵ tɕin⁵⁵ ɕin²¹³ pu²² ɕin²¹³ ti⁰。

原来那个那头老牛啊，是天上下来的金牛星。yɛn²² nai²² na²¹³ ko²¹³ na²¹³ tʰəu⁰ nau⁴² niəu²² a⁰, sɿ²¹³ tʰiɛn⁵⁵ saŋ²¹³ ɕia²¹³ nai²² ti⁰ tɕin⁵⁵ niəu²² ɕin⁵⁵。

哦，那个牛郎嘞，他找不到哦，他反正晓得那个牛郎那个托哒个梦，是那个老牛托的梦是真的是假的，管它我去看下。o⁰, na²¹³ ko²¹³ niəu²² naŋ²² nɛ²², tʰa⁵⁵ tsau⁴² pu²² tau²¹³ o⁰, tʰa⁵⁵ fan⁴² tsən²¹³ ɕiau⁴² tɛ⁰ na²¹³ ko²¹³ niəu²² naŋ²² na²¹³ ko²¹³ tʰuo²² ta⁰ ko²¹³ moŋ²¹³, sɿ²¹³ na²¹³ ko²¹³ nau⁴² niəu²² tʰuo²² ti⁰ moŋ²¹³ sɿ²¹³ tsən⁵⁵ ti⁰ sɿ²¹³ tɕia⁴² ti⁰, kuan⁴² tʰa⁵⁵ ŋo⁴² tɕʰy²¹³ kʰan²¹³ xa⁰。

他当真早饭吃哒，他就跑到塘跟前去。tʰa⁵⁵ taŋ²¹³ tsən⁵⁵ tsau⁴² fan²¹³ tsʰɿ²² ta⁰, tʰa⁵⁵ tɕiəu²¹³ pʰau⁵⁵ tau²¹³ tʰaŋ²² kən⁵⁵ tɕʰiɛn²² tɕʰy²¹³。

当真就，嗯，有好几个姑娘大都塘头洗澡，嗯，他嘞，就在树上找，在树上找，真的有一套水红色的衣服挂那ₗ的。taŋ²¹³ tsən⁵⁵ tɕiəu²¹³, ən⁰, iəu⁴² xau⁴² tɕi²¹³ ko²¹³ ku⁵⁵niaŋ²² ta²¹³ təu⁵⁵ tʰaŋ²² tʰəu⁰ ɕi⁴² tsau⁴², ən⁰, tʰa⁵⁵ nɛ⁰, tɕiəu⁴² tsai²¹³ su²¹³ tsaŋ²¹³ tsau⁴², tsai²¹³ su²¹³ saŋ²¹³ tsau⁴², tsən⁵⁵ ti⁰ iəu⁴² i²² tʰau²¹³ suei⁴² xoŋ²² sɛ²¹³ ti⁰ i⁵⁵ fu²² kua²¹³ nə⁴² ti⁰。

他悄悄把那个衣服嘞，抱起跑哒，就躲到水塘，水塘塘旁边的垄头等。tʰa⁵⁵ tɕʰiau⁵⁵ tɕʰiau⁰ pa⁴² na²¹³ ko²¹³ i⁵⁵ fu²² nɛ⁰, pau²¹³ tɕʰi⁴² pʰau⁵⁵ ta⁰, tɕiəu²¹³ tuo⁴² tau²¹³ suei⁴² tʰaŋ²², suei⁴² tʰaŋ²² tʰaŋ⁰ pʰaŋ²² piɛn⁵⁵ ti⁰ noŋ²¹³ tʰəu⁰ tən⁴²。

一刚刚ₗ过后嘞，那个姑娘ₗ嘞，就洗澡洗归一哒，就上岸来穿衣服，穿衣服嘞，就有其中有一个嘞就找……找衣服。i²² kaŋ⁵⁵ kə⁰ ko²¹³ xəu²¹³ nɛ⁰, na²¹³ ko²¹³ ku⁵⁵niə²² nɛ⁰, tɕiau²¹³ ɕi⁴² tsau⁴² ɕi⁴² kuei⁵⁵ i²² ta⁰, tɕiəu²¹³ saŋ²¹³ ŋan²¹³ nai²² tsʰuan⁵⁵ i⁵⁵ fu²², tsʰuan²¹³ i⁵⁵ fu²² nɛ⁰, tɕiəu²¹³ iəu⁴² tɕʰi²² tsʰoŋ⁵⁵ iəu⁴² i²² ko²¹³ nɛ⁰ tɕiəu²¹³ tsau⁴²……tsau⁴² i⁵⁵ fu²²。

她说："你们看到，姐妹们，你们看到我那个那件那套粉红色衣服没，水红色衣服没？" tʰa⁵⁵suo²²: "ni⁴² mən⁰ kʰan²¹³ tau²¹³, tɕiɛ⁴² mei²¹³ mən⁰, ni⁴² mən⁰ kʰan²¹³ tau²¹³ ŋo⁴² na²¹³ ko²¹³ na²¹³ tɕiɛn²¹³ na²¹³ tʰau²¹³ fən⁴² xoŋ²² sɛ²¹³ i⁵⁵fu²² mε⁵⁵，suei⁴²xoŋ²²sε²¹³i⁵⁵fu²²mε⁵⁵？"。

　　嗯，那些说"没看到啊！"ən⁰，na²¹³ɕiɛ⁵⁵suo²²"mε⁵⁵kʰan²¹³tau²¹³a⁰！"

　　"咦，那晓得到哪去哒，我去找下。"i²²，na²¹³ɕiau⁴²tɛ⁰tau²¹³na⁴²tɕʰy²¹³ta⁰，ŋo⁴²tɕʰy²¹³tsau⁴²xa⁰。

　　她到处找，找找找，就牛郎躲的那个地方，一看跑到牛郎手里的。tʰa⁵⁵tau²¹³tsʰu²¹³tsau⁴²，tsau⁴²tsau⁴²tsau⁴²，tɕiəu²¹³niəu²²naŋ²²tuo⁴²ti⁰na²¹³ko²¹³ti²¹³faŋ⁵⁵，i²²kʰan²¹³pʰau⁴²tau²¹³niəu²²naŋ²²səu⁴²ni²¹³ti⁰。

　　啊，那个，嗯，那个牛郎就说，他说："你是我的媳妇儿，你今夜跟我走。"a⁰，na²¹³ko²¹³，ən⁰，na²¹³ko²¹³niəu²²naŋ²²tɕiəu²¹³suo，tʰa⁵⁵suo²²："ni⁴²sɿ²¹³ŋo⁴²ti⁰ɕi²²fɚ²¹³，ni⁴²tɕʰin⁵⁵iɛ²¹³kən⁵⁵ŋo⁴²tsəu⁴²。"

　　当然，那个织那个那个女的嘞，她，她也明白嘞，那是都是天意，她就跟着牛郎回去哒。taŋ⁵⁵zan²²，na²¹³ko²¹³tsɿ²²na²¹³ko²¹³na²¹³ko²¹³ny⁴²ti⁰nɛ⁰，tʰa⁵⁵，tʰa⁵⁵iɛ⁴²min²²pɛ²²nɛ⁰，na²¹³sɿ²¹³təu⁵⁵sɿ²¹³tʰiɛn⁵⁵i²¹³，tʰa⁵⁵tɕiəu²¹³kən⁵⁵tsuo²²niəu²²naŋ²²xuei²²tɕʰy²¹³ta⁰。

　　嗯，回去嘞，她就跟牛郎说，她说："我嘞，不是凡间女子，我是天上的织女。"ən⁰，xuei²²tɕʰy²¹³nɛ⁰，tʰa⁵⁵tɕiəu²¹³kən⁵⁵niəu²²naŋ²²suo²²，tʰa⁵⁵suo²²："uo⁴²nɛ⁰，pu²²sɿ²¹³fan²²tɕiɛn⁵⁵ny⁴²tsɿ，ŋo⁴²sɿ²¹³tʰiɛn⁵⁵saŋ²¹³ti⁰tsɿ²²ny⁴²。

　　嗯，那个下来嘞，到凡间到人间来看下来，不，哎，不想遇到哒你。ən⁰，na²¹³ko²¹³ɕia²¹³nai²²nɛ⁰，tau²¹³fan²²tɕiɛn⁵⁵tau²¹³zən²²tɕiɛn⁵⁵nai²²kʰan²¹³xa⁰nai⁰，pu²²，ai⁰，pu²²ɕiaŋ⁴²y²¹³tau²¹³ta⁰ni⁴²。

　　嗯，你嘞，我也，你的身世我也晓得，你嘞，善良、勤劳、孤苦伶仃的，嗯，我愿意和你成为夫妻。"ən⁰，ni⁴²nɛ⁰，ŋo⁴²iɛ⁰，ni⁴²ti⁰sən⁵⁵sɿ²¹³ŋo⁴²iɛ⁰ɕiau⁴²tɛ⁰，ni⁴²nɛ⁰，san²¹³niaŋ²²、tɕʰin²²nau²²、ku⁵⁵kʰu⁴²nin²²tin⁵⁵ti⁰，ən⁰，ŋo⁴²yɛn²¹³i⁴²xo²²ni⁴²tsʰən²²uei²²fu⁵⁵tɕʰi⁵⁵。"

　　嗯，他们就生活在一起哒。ən⁰，tʰa⁵⁵mən⁰tɕiəu²¹³sən⁵⁵xo²²tsai²¹³i²²tɕʰi⁴²ta⁰。

　　生活在一起的嘞，没好久嘞，就，嗯，男耕女织嘛，牛郎就，嗯，上坡种田哪，种地，嗯，办阳春。sən⁵⁵xo²²tsai²¹³i²²tɕʰi⁴²tɛ⁰nɛ⁰，mei⁵⁵xau⁴²tɕiəu⁴²nɛ⁰，tɕiəu²¹³，ən⁰，nan²²kən⁵⁵ny⁴²tsɿ²²ma⁰，niəu²²naŋ²²tɕiəu²¹³，ən⁰，saŋ²¹³pʰo⁵⁵tsoŋ²¹³tʰiɛn²²na⁰，tsoŋ²¹³ti²¹³，ən⁰，pan²¹³iaŋ²²tsʰuən⁵⁵。

织……织女就在屋里泡茶弄饭，洗衣浆裳，嗯，把屋里搞得嘞，嗯，像模像样的。tsๅ²²……tsๅ²² ny⁴² tɕiəu²¹³ tsai²¹³ u²² ni⁴² pʰau⁴² tsʰa²² noŋ²¹³ fan²¹³，ɕi⁴² i⁵⁵tɕiaŋ²¹³ saŋ²²，ən⁰，pa⁴² u²² ni⁴² kau⁴² tɛ⁰ nɛ⁰，ən⁰，tɕʰiaŋ²¹³ mo²² tɕʰiaŋ²¹³ iaŋ²¹³ ti⁰。

嗯，过一段时间以后，那个织女嘞，还给牛郎生哒一儿一女。ən⁰，ko²¹³ i²² tuan²¹³ sๅ²² kan⁵⁵i⁴² xəu²¹³，na²¹³ ko²¹³ tsๅ²² ny²² nɛ⁰，xai²² kei⁴² niəu²² naŋ²² sən⁵⁵ ta⁰ i²² ɚ²² i²² ny⁴²。

一家人嘞，欢欢喜喜，笑笑和和，快快乐乐过哒一段时间。i²² tɕia⁵⁵zən²² nɛ⁰，xuai⁵⁵xuai⁵⁵ɕi⁴² ɕi⁴²，ɕiau²¹³ ɕiau²¹³ xo²² xo²²，kʰuai²¹³ kʰuai⁴² nuo²² nuo²² ko²¹³ ta⁰ i²² tuan²¹³ sๅ²² kan⁵⁵。

迥个好日子嘞，过得不长，没好久嘞，那个王母娘娘啊，就被告状哒，说，有个织女啊，搞跑到凡间去，安家的嘞，思凡安家的嘞，过一……niɛ²² ko²¹³ xau⁴² zๅ²¹³ tsๅ⁰ nɛ⁰，ko²¹³ tɛ⁰ pu²² tsʰaŋ²²，mei⁵⁵xau⁴² tɕiəu⁴² nɛ⁰，na²¹³ ko²¹³ uaŋ²² mu⁴² niaŋ²² niaŋ⁰ a⁰，tɕiəu²¹³ pei²¹³ kau²¹³ tsuaŋ²¹³ ta⁰，suo²²，iəu⁴² ko²¹³ tsๅ²² ny⁴² a⁰，kau⁴² pʰau⁴² tau²¹³ fan²² tɕiɛn⁵⁵ tɕʰy²¹³，ŋan⁵⁵ tɕia⁵⁵ ti⁰ nɛ⁰，sๅ⁵⁵fan²² ŋan⁵⁵tɕia⁵⁵ti⁰ nɛ⁰，kuo²¹³ i²²……。

那个那……王母娘娘说："那不得了，快点儿把她捉回来，惩罚她。" na²¹³ ko²¹³ na²¹³……uaŋ²² mu⁴² niaŋ²² niaŋ⁰ suo²²："na²¹³ pu²¹³ tɛ⁰ niau⁴²，kʰuai²¹³ tiɚ⁴² pa⁴² tʰa⁵⁵tsuo²² xuei²¹³ nai²²，tsʰən⁴² fa²² tʰa⁵⁵。"

好，于是嘞，就派天兵天将就下凡来。xau⁴²，y²² sๅ²¹³ nɛ⁰，tɕiəu²¹³ pʰai²¹³ tʰiɛn⁵⁵ pin⁵⁵ tʰiɛn⁵⁵ tɕiaŋ²¹³ tɕiəu²¹³ ɕia²¹³ fan²² nai²²。

下凡嘞，就把那个织女嘞，就弄起……捆起走哒。ɕia²¹³ fan²² nɛ⁰，tɕiəu⁴² pa⁴² na²¹³ ko²¹³ tsๅ²² ny⁴² nɛ⁰，tɕiəu²¹³ noŋ²² tɕʰi⁰……kʰuən⁴² tɕʰi⁰ tsəu⁴² ta⁰。

捆起走嘞，牛郎那时儿没在屋，在坡上做活路。kʰuən⁴² tɕʰi⁰ tsəu⁴² nɛ⁰，niəu²² naŋ²² na²¹³ sɚ²² mei⁵⁵ tsai²¹³ u²²，tsai²¹³ pʰo⁵⁵saŋ²¹³ tsu²¹³ xo²² nu²¹³。

两个细娃儿哎，看到妈嘞，被一些一些……嗯……天兵天将抓起走哒，就哭。niaŋ⁴² ko²¹³ ɕi²¹³ uɚ²² ai⁰，kʰan²¹³ tau²¹³ ma⁵⁵ nɛ⁰，pei²¹³ i²² ɕiɛ⁵⁵ i²² ɕiɛ⁵⁵……ən⁰……tʰiɛn⁵⁵pin⁵⁵tʰiɛn⁵⁵tɕiaŋ²¹³ tsua⁵⁵tɕʰi⁰ tsəu⁴² ta⁰，tɕiəu²¹³ kʰu²²。

边哭边跑哦，喊……喊他爸爸哦，喊他老汉儿哦，他说"老汉儿，

快回来呀"，他说"妈让坏人抓起走哒呀，快点儿回来呀！"piɛn⁵⁵kʰu²²
piɛn⁵⁵pʰau²² o⁰，xan⁴²……xan⁴² tʰa⁴² pa²¹³ pa⁰ o⁰，xan⁴² tʰa⁴² nau⁴² xə²¹³ o⁰，
tʰa⁵⁵suo²² "nau⁴² xə²¹³，kʰuai²¹³ xuei²² nai² ia⁰"，tʰa⁵⁵suo²² "ma⁵⁵zaŋ²¹³ xuai²¹³
zən²² tsua²² tɕʰi⁰ tsəu⁴² ta⁰ ia⁰，kʰuai²¹³ tiə⁴² xuei²² nai²² ia⁰！"

哦，牛郎就赶回来，赶回来看，当真已飞到半空中去哒。o⁰，niəu²²
naŋ²² tɕiəu²¹³ kan⁴² xuei²² nai²²，kan⁴² xuei²² nai² kʰan²¹³，taŋ²¹³ tsən⁵⁵ i⁴²
fei⁵⁵tau²¹³ pan²¹³ kʰoŋ⁵⁵tsoŋ⁴² tɕʰy²¹³ ta⁰。

他就，那就礚⁼不到啊，礚⁼不到，那就……嗯……三爷子就抱起
哭啊，哭成一坨巴坨啊，在地下哭。tʰa⁵⁵ tɕiəu²¹³，na²¹³ tɕiəu²¹³ nuei²² pu²²
tau²¹³ a⁰，nuei²² pu²² tau²¹³，na²¹³ tɕiəu²¹³……ən⁰……san⁵⁵iɛ²² ɿ²¹ tɕiəu²¹³
pau²¹³ tɕʰi⁰ kʰu²² a⁰，kʰu²² tsʰən²² i²² tʰuo²² pa⁵⁵tʰuo²² a⁰，tai²¹³ ti²¹³ xa²¹³ kʰu²²。

那时候儿嘞，那个老牛就走过来哒。na²¹³ sɿ²² xə²¹³ nɛ⁰，na²¹³ ko²¹³ nau⁴²
niəu²² tɕiəu²¹³ tsəu⁴² ko²¹³ nai²² ta⁰。

它说"牛郎，你莫哭，啊，你莫哭，过几天我要帮你打主意"。tʰa⁵⁵suo²²
"niəu²² naŋ²²，ni⁴² mo²¹³ kʰu²²，a⁰，ni⁴² mo²¹³ kʰu²²，ko²¹³ tɕi⁴² tʰiɛn⁵⁵ ŋo⁴² iau²¹³
paŋ⁵⁵ni⁴² ta⁴² tsu⁴² i²¹³"。

哦，嗯……那个，七月，就是农历的七月初六，初六那天，那个
牛老牛就帮牛郎托个梦。o⁰，ən⁰……na²¹³ ko²¹³，tɕʰi²² yɛ²²，tɕiəu²¹³ sɿ²¹³
noŋ²² ni⁴² ti⁰ tɕʰi²² yɛ²² tsʰu⁵⁵nəu²¹³，tsʰu⁵⁵nəu²¹³ na²¹³ tʰiɛn⁵⁵，na²¹³ ko²¹³ niəu²²
nau⁴² niəu²² tɕiəu²¹³ paŋ⁵⁵niəu²² naŋ²² tʰuo⁵⁵ko²¹³ moŋ²¹³。

它说"牛郎啊，明儿天早晨哦，你把我那个角角掰下来，两个角掰
下　来。tʰa⁵⁵ suo²² "niəu²² naŋ²² a⁰，mə²² tʰiɛn⁵⁵tsau⁴² sən²² o⁰，ni⁴² pa⁴² ŋo⁴²
na²¹³ ko²¹³ ko²² ko⁰ pai⁵⁵ ɕia²¹³ nai⁰，niaŋ⁴² ko²¹³ ko²² pai⁵⁵ ɕia²¹³ nai⁰。

嗯，掰下来有用，哦，掰下来变成一条箩筐，你就把两个细娃儿
一个箩筐头装一个，挑起往回头走，跟着鸦雀走。"ən⁰，pai⁵⁵ɕia²¹³ nai⁰
iəu⁴² yoŋ²¹³，o⁰，pai⁵⁵xa⁰ nai⁰ piɛn²¹³ tsʰən²² i²² tʰiau²² nuo²² təu⁵⁵，ni⁴² tɕiəu²¹³
pa⁴² niaŋ⁴² ko²¹³ ɕi²¹³ ua²² i²² ko²¹³ nuo²² təu⁵⁵ tʰəu⁰ tsuan⁵⁵i²² ko²¹³，tʰiau⁵⁵ tɕʰi⁰
uaŋ⁴² xuei²² tʰəu⁰ tsəu⁴²，kən⁵⁵tsuo²² ia⁵⁵tɕʰyo²¹³ tsəu⁴²。"

那个牛郎，梦一醒，因为头一次，那个老牛托梦哎，它它它是应验
的嘞，啊，那他就相信哒。na²¹³ ko²¹³ niəu²² naŋ²²，moŋ²¹³ i²² ɕin⁴²，in⁵⁵uei²²

tʰəu²² i²² tsʰŋ²¹³, na²¹³ ko²¹³ nau⁴² niəu²² tʰuo⁵⁵moŋ²¹³ ai⁰, tʰa⁵⁵ tʰa⁵⁵ tʰa⁵⁵ sŋ²¹³ in²¹³ iεn²¹³ ti⁰ nε⁰, a⁰, na²¹³ tʰa⁵⁵tɕiəu²¹³ ɕiaŋ⁵⁵ɕin²¹³ ta⁰。

　　第二天早晨，就是七月初七嘞不是，嗯，农历七月初七，当真那个牛郎就把牛角掰下来哒，掰下来一下就变成两只箩筬哒。ti²¹³ ə⁴² tʰiεn⁵⁵tsau⁴² sən²², tɕiəu²¹³ sŋ²¹³ tɕʰi²² yε²² tsʰu⁵⁵tɕʰi²² nε⁰ pu²² sŋ²¹³, ən⁰, noŋ²² ni²² tɕʰi²² yε²² tsʰu⁵⁵tɕʰi²², taŋ²¹³ tsən⁵⁵na²¹³ ko²¹³ niəu²² naŋ²² tɕiəu²¹³ pa⁴² niəu²² ko²² pai⁵⁵ ɕia²¹³ nai⁰ ta⁰, pai⁵⁵ ɕia²¹³ nai i²² xa⁰ tɕiəu²¹³ piεn²¹³ tsʰən²² niaŋ⁴² tsŋ⁵⁵nuo²² təu⁵⁵ta⁰。

　　变成箩筬哎，那个牛郎刚把两个细娃儿抱起来，一个箩筬头装一个，装一个扁担挑起，一走出门就挡住啰，那个鸦雀哦，听到一群一群的往同一个方向飞。piεn²¹³ tsʰən²² nuo²² təu⁵⁵ai⁰, na²¹³ ko²¹³ niəu²² naŋ²² kaŋ⁵⁵pa⁴² niaŋ⁴² ko²¹³ ɕi²¹³ uə²² pau⁴² tɕʰi²² nai⁰, i²² ko²¹³ nuo²² təu⁵⁵tsuaŋ⁵⁵i²² ko²¹³, tsuaŋ⁵⁵ i²² ko²¹³ piεn⁴² tan²¹³ tʰiau⁵⁵ tɕʰi⁴², i²² tsəu⁴² tsʰu²² mən²² tɕiəu²¹³ taŋ⁴² tsu²¹³ nuo⁰, na²¹³ ko²¹³ ia⁵⁵tɕʰyo²² o⁰, tʰin⁵⁵ tau²¹³ i²² tɕʰyən²² i²² tɕʰyən²² ti⁰ uaŋ⁴² tʰoŋ²² i²² ko²¹³ faŋ⁵⁵ɕiaŋ²¹³ fei⁵⁵。

　　那个牛郎就跟到鸦雀跑，跑跑跑跑跑，看那鸦雀嘞都集中哒，集中嘞搭成一座桥。na²¹³ ko²¹³ niəu²² naŋ²² tɕiəu²¹³ kən⁵⁵tau⁰ ia⁵⁵tɕʰyo²² pʰau⁴², pʰau⁴² pʰau⁴² pʰau⁴² pʰau⁴² pʰau⁴², kʰan²¹³ na²¹³ ia⁵⁵tɕʰyo²² nε⁰ təu⁵⁵tɕi²² tsoŋ⁵⁵ta⁰, tɕi²² tsoŋ⁵⁵nε⁰ ta²² tsʰən²² i²² tsuo²¹³ tɕʰiau²²。

　　嗯，搭成一座桥，他就顺着那个桥就上去哒，上上到那个半空中去的，看到那个织女从那边来哒。ən⁰, ta²² tsʰən²² i²² tsuo²¹³ tɕʰiau²², tʰa⁵⁵ tɕiəu²¹³ suən²¹³ tsuo²² na²¹³ ko²¹³ tɕʰiau²² tɕiəu⁴² saŋ²¹³ tɕʰy²¹³ ta⁰, saŋ²¹³ saŋ⁰ tau²¹³ na²¹³ ko²¹³ pan²¹³ kʰoŋ⁵⁵tsoŋ⁵⁵tɕʰy²¹³ ti⁰, kʰan²¹³ tau²¹³ na²¹³ ko²¹³ tsŋ²² ny⁴² tsʰoŋ²² na⁴² piεn⁵⁵nai²² ta⁰。

　　哎呀，他，他牛郎说哎呀，说他，"细娃儿！"他说"看你妈来哒，快点儿快点儿，我们快点儿走！"ai⁴² iə⁰, tʰa⁵⁵, tʰa⁵⁵niəu²² naŋ²² suo²² ai⁴² iə⁰, suo²² tʰa⁵⁵, "ɕi²¹³ uə²² ！" tʰa⁵⁵ suo²² "kʰan²¹³ ni⁴² ma⁵⁵nai²² ta⁰, kʰuai²¹³ tiə⁴² kʰuai²¹³ tiə⁴², ŋo⁴² mən⁰ kʰuai²¹³ tiə⁴² tsəu⁴² ！"

　　迺个时候儿嘞，那个时候儿王母娘娘晓得这个事情哒，王母娘娘晓得这个事情就把脑壳上的簪子甩……取下来。nε²¹³ ko⁴² sŋ²² xə²¹³ nε⁰, na²¹³ ko⁴² sɿ²² xə²¹³ uaŋ²² mu⁴² niaŋ²² niaŋ⁰ ɕiau⁴² tɛ⁰ tsɛ²¹³ ko⁴² sɿ²¹³ tɕʰin²² ta⁰， uaŋ²² mu⁴² niaŋ²² niaŋ⁰ ɕiau⁴² tɛ⁰ tsɛ²¹³ ko⁴² sɿ²¹³ tɕʰin²² tɕiəu²¹³ pa⁴² nau⁴² kʰo⁰ saŋ²¹³ ti⁰ tsan⁵⁵tsɿ⁰ suai⁴²……tɕʰy⁴² ɕia²¹³ nai⁰。

甩下去，甩下去就，牛郎和织女中间嘞变成一条大河。suai⁴² ɕia²¹³ tɕʰy⁰，suai⁴² ɕia²¹³ tɕʰy⁰ tɕiəu²¹³，niəu²² naŋ²² xo²² tsɿ²² ny⁴² tsʰoŋ⁵⁵kan⁵⁵nɛ⁰ piɛn²¹³ tsʰən²² i²² tʰiau²² ta²¹³ xo²²。

那个，那个就不得过去的喽，他两个，就隔在河两边的喽。na²¹³ ko²¹³，na²¹³ ko²¹³ tɕiəu²¹³ pu²² tɛ⁰ ko²¹³ tɕʰy⁴² ti⁰ nəu⁰，tʰa⁵⁵niaŋ⁴² ko²¹³，tɕiəu²¹³ kɛ²² tsai²¹³ xo²² niaŋ⁴² piɛn⁵⁵ti⁰ nəu⁰。

啊，就遥望，你望着我哭，我望着你哭。a⁰，tɕiəu²¹³ iau²² uaŋ²¹³，ni⁴² uaŋ²¹³ tsuo²² ŋo⁴² kʰu²²，ŋo⁴² uaŋ²¹³ tsuo²² ni⁴² kʰu²²。

那个，嗯，这就是，把那个，嗯，叫么子嘞，就是就是那个河嘞，现在我们说的那个银河，也叫天河。na²¹³ ko²¹³，ən⁰，tsɛ²¹³ tɕiəu⁴² sɿ²¹³，pa⁴² na²¹³ ko⁴²，ən⁰，tɕiau²¹³ mo⁵⁵tsɿ⁰ nɛ⁰，tɕiəu²¹³ sɿ²¹³ tɕiəu²¹³ sɿ²¹³ na²¹³ ko⁴² xo²² nɛ⁰，ɕiɛn²¹³ tsai²¹³ ŋo⁴² mən⁰ suo²² ti⁰ na²¹³ ko⁴² in²² xo²²，iɛ⁴² tɕiau²¹³ tʰiɛn⁵⁵xo²²。

就牛郎织女被王母娘娘簪子变成天河，隔在哒两边。tɕiəu²¹³ niəu²² naŋ²² tsɿ²² ny⁴² pei²¹³ uaŋ²² mu⁴² niaŋ²² niaŋ⁰ tsan⁵⁵tsɿ⁰ piɛn²¹³ tsʰən²² tʰiɛn⁵⁵xo²²，kɛ²² tsai²¹³ ta⁰ niaŋ²² piɛn⁵⁵。

现在你如果天晴天的话晚上啊，你看那个银河，就是，天上一条白杠杠，啊，那就是银河，哎。ɕiɛn²¹³ tsai²¹³ ni⁴² zu²² ko⁴² tʰiɛn⁵⁵tɕʰin²² tʰiɛn⁵⁵ti⁰ xua²¹³ uan⁴² saŋ²¹³ a⁰，ni⁴² kʰan²¹³ na²¹³ ko²¹³ in²² xo²²，tɕiəu²¹³ sɿ²¹³，tʰiɛn⁵⁵saŋ²¹³ i²² tʰiau²² pɛ²² kaŋ²¹³ kaŋ⁰，a⁰，na²¹³ tɕiəu²¹³ sɿ⁴² in²² xo²²，ai⁰。

那个银河来，哎，有三颗星，一边就是一颗叫织女星，河对面有两颗星，一颗就是牛郎星，另一颗就是金牛星。na²¹³ ko²¹³ in²² xo²² nai²²，ai⁰，iəu⁴² san⁵⁵ kʰo⁵⁵ɕin⁵⁵，i²² piɛn⁵⁵ tɕiəu²¹³ sɿ²¹³ i²² kʰo⁵⁵tɕiau²¹³ tsɿ²² ny⁴² ɕin⁵⁵，xo²² tuei²¹³ miɛn²¹³ iəu⁴² niaŋ⁴² kʰo⁴² ɕin⁵⁵，i²² kʰo⁵⁵ tɕiəu²¹³ sɿ²¹³ niəu²² naŋ²² ɕin⁵⁵，nin²¹³ i²² kʰo⁴² tɕiəu²¹³ sɿ²¹³ tɕin⁵⁵ niəu²² ɕin⁵⁵。

这就是我们传说中的牛郎织女的龙门阵。tsɛ²¹³ tɕiəu²¹³ sɿ²¹³ ŋo⁴² mən⁰ tsʰuan²² suo²² tsoŋ⁵⁵ti⁰ niəu²² naŋ²² tsɿ²² ny⁴² ti⁰ noŋ²² mən²² tsən²¹³。

二 俗语谚语

（一）农谚

二月清明你莫忙，三月清明早下秧。ə²¹³ yɛ²² tɕʰin⁵⁵ min²² ni⁴² mo²² maŋ²²，san⁵⁵ yɛ²² tɕʰin⁵⁵ min²² tsau⁴² ɕia²¹³ iaŋ⁵⁵。

芒种栽茗斤打斤，夏至栽茗光筋筋ﾉ。maŋ²² tsoŋ⁴² tsai⁵⁵ sau²² tɕin⁵⁵ ta⁴² tɕin⁵⁵，ɕia²¹³ tsˋ²¹³ tsai⁵⁵ sau²² kuaŋ⁵⁵ tɕin⁵⁵ tɕiə⁰。

桐子打得鼓，包谷才下土；要得包谷大，横竖一锄把。tʰoŋ²² tsˋ⁰ ta⁴² tɛ²² ku⁴²，pau⁵⁵ ku²² tsʰai²² ɕia²¹³ tʰu⁴²；iau²¹³ tɛ²² pau⁵⁵ ku²² ta²¹³，xuən²² su²¹³ i²² tsʰu²² pa⁴²。

有詹无詹①，单看八月十三。iəu⁴² tsan⁵⁵ mu²² tsan⁵⁵，tan⁵⁵ kʰan⁵⁵ pa²² yɛ²² sˋ²² san⁵⁵。

太阳打反照，晒得变鬼叫。tʰai²¹³ iaŋ²² ta⁴² fan⁴² tsau²¹³，sai²¹³ tɛ²² piɛn²¹³ kuei⁴² tɕiau²¹³。

十月打雷小阳春。sˋ²² yɛ²² ta⁴² nuei²² ɕiau⁴² iaŋ²² tsʰuən⁵⁵。

一虹虹西，干断河溪；一虹虹东，一日三冲。i²² kaŋ²¹³ kaŋ²¹³ ɕi⁵⁵，kan⁵⁵ tuan²¹³ xo²² tɕʰi⁵⁵；i²² kaŋ²¹³ kaŋ²¹³ toŋ⁵⁵，i²² zˋ²² san⁵⁵ tsʰoŋ⁵⁵。

（二）俗语

穷不丢猪，富不丢书。tɕʰyoŋ²² pu²² tiəu⁵⁵ tsu⁵⁵，fu²¹³ pu²² tiəu⁵⁵ su⁵⁵。

石头冒汗，等水煮饭。sˋ²² tʰəu⁰ mau²¹³ xan²¹³，tən⁴² suei⁴² tsu⁴² fan²¹³。

九月重阳，移火进堂。tɕiəu⁴² yɛ²² tsʰoŋ²² iaŋ²²，i²² xo⁴² tɕin²¹³ tʰaŋ²²。

大人过生吃嘎嘎ﾉ②，细娃ﾉ过生一餐打。ta²¹³ zən²² ko²¹³ sən⁵⁵ tsʰˋ²² ka⁵⁵ kə⁰，ɕi²¹³ uə²² ko²¹³ sən⁵⁵ i²² tsʰan⁵⁵ ta⁴²。

马桑树ﾉ长不高，长到三尺就弯腰。ma⁴² saŋ⁵⁵ suə²¹³ tsaŋ⁴² pu²² kau⁵⁵，tsaŋ⁴² tau²¹³ san⁵⁵ tsʰˋ²² təu²¹³ uan⁵⁵ iau⁵⁵。

怕骗匠不怕瓦匠。pʰa²¹³ san²¹³ tɕiaŋ²¹³ pu²² pʰa²¹³ ua⁴² tɕiaŋ²¹³。

---

① 詹 tsan⁵⁵：咸丰季节时令名。也作"詹天"。农历八月十三日至九月初一这十八天叫"詹日"。如这段时间多雨叫"有詹"，多晴则叫"无詹"。
② 嘎嘎ﾉ ka⁵⁵ kə⁰：肉。精~，瘦肉；肥~，肥肉。

半夜吃桃子，摸到炻的捏。pan²¹³ iɛ²¹³ tsʰ̩²² tʰau²² tsʅ⁴², mo²² tau²¹³ pʰa⁵⁵ ti⁴² niɛ²²。

心中有鬼心中怯，心中无事硬如铁。ɕin⁵⁵ tsoŋ⁵⁵ iəu⁴² kuei⁴² ɕin⁵⁵ tsoŋ⁵⁵ tɕʰyɛ²², ɕin⁵⁵ tsoŋ⁵⁵ u²² sʅ²¹³ ŋən²¹³ zu²² tʰiɛ²²。

落雨躲到堰塘①头。nuo²² y⁴² tuo⁴² tau²¹³ iɛn²¹³ tʰaŋ²² tʰəu²²。

学人不学艺，挑断箩筷②系。ɕyo²² zən²² pu²² ɕyo²² ni²¹³, tʰiau⁵⁵ tuan²¹³ nuo²² təu⁵⁵ ɕi²¹³。

慢工出细活，三天出个牛打脚③。man²¹³ koŋ⁵⁵ tsʰu²² ɕi²¹³ xo²², san⁵⁵ tʰiɛn⁵⁵ tsʰu²² ko²¹³ niəu²² ta⁴² tɕyo²²。

睁起眼睛跳崖。tsən⁵⁵ tɕʰi⁴² iɛn⁴² tɕin⁵⁵ tʰiau²¹³ ŋai²²。

盘儿不盘书，则若④盘个猪。pʰan²² ɚ²² pu²² pʰan²² su⁵⁵, tsɛ²² zuo²² pʰan²² ko²¹³ tsu⁵⁵。

白天白说，黑哒黑说。pɛ²² tʰiɛn⁵⁵ pɛ²² suo²², xɛ²² ta⁰ xɛ²² suo²²。

正月莫看鹰打鸟，二月莫看狗连裆⑤，三月莫看蛇相晤⑥，四月莫看人成双，五月莫捡困滩鱼，六月莫捡路边衫。tsən⁵⁵ yɛ²² mo²² kʰan²¹³ in⁵⁵ ta⁴² niau⁴², ɚ²¹³ yɛ²² mo²² kʰan²¹³ kəu⁴² niɛn²² taŋ⁵⁵, san⁵⁵ yɛ²² mo²² kʰan²¹³ sɛ²² ɕiaŋ⁵⁵ u²¹³, sʅ²¹³ yɛ²² mo²² kʰan²¹³ zən²² tsʰən²² suaŋ, u⁴² yɛ²² mo²² tɕiɛn⁴² kʰuən²¹³ tʰan⁵⁵ y²², nu²² yɛ²² mo²² tɕiɛn⁴² nu²¹³ piɛn⁵⁵ san⁵⁵。

（三）歇后语

木脑壳下水 —— 不成（沉）mu²² nau⁴² kʰo²² ɕia²¹³ suei⁴²——pu²² tsʰən²²

夜蚊子咬菩萨——认错了人 iɛ²¹³ uən²² tsʅ⁴² ŋau⁴² pʰu²² sa²²——zən²¹³ tsʰuo²¹³ niau⁴² zən²²

---

① 堰塘 iɛn²¹³ tʰaŋ²²：储水用于灌溉的池塘。
② 箩筷 nuo²² təu⁵⁵：篓子。
③ 牛打脚 niəu²² ta⁴² tɕyo²²：犁铧上连接纤绳和犁铧的牵引横木。
④ 则若 tsɛ²² zuo²²：就像，如同。
⑤ 狗连裆 kəu⁴² niɛn²² taŋ⁵⁵：狗交媾。
⑥ 蛇相晤 sɛ²² ɕiaŋ⁵⁵ u²¹³：蛇交媾。

顶起碓窝 ^① 舞狮子 —— 费力不讨好 tin⁴² tɕʰi⁴² tuei²¹³ uo⁵⁵ u⁴² sʅ⁵⁵ tsʅ⁴²——fei²¹³ ni²² pu²² tʰau⁴² xau⁴²

一个头发遮得住脸——翻脸不认人 i²² ko²¹³ tʰəu²² fa²² tsɛ⁵⁵ tɛ²² tsu²¹³ niɛn⁴²——fan⁵⁵ niɛn⁴² pu²² zən²¹³ zən²²

韭菜炒青椒——亲（青）上加亲（青）tɕiəu⁴² tsʰai²¹³ tsʰau⁴² tɕʰin⁵⁵ tɕiau⁵⁵——tɕʰin⁵⁵ saŋ²¹³ tɕia⁵⁵ tɕʰin⁵⁵

驼背子打翻筋斗 —— 两头不落实 tʰuo²² pei⁵⁵ tsʅ⁰ ta⁴² fan⁵⁵ tɕin⁵⁵ təu⁴²——niaŋ⁴² tʰəu²² pu²² nuo²² sʅ²²

两个老鼠子打架 —— 争一颗儿米 niaŋ⁴² ko²¹³ nau⁴² su⁴² tsʅ⁰ ta⁴² tɕia²¹³——tsən⁵⁵ i²² kʰuə⁴² mi⁴²

三 谜语

（一）茶罐

怪相怪相，鼻子生在背上。kuai²¹³ ɕiaŋ²¹³ kuai²¹³ ɕiaŋ²¹³，pi²² tsʅ⁰ sən⁵⁵ tai²¹³ pei²¹³ saŋ²¹³。

（二）猕猴桃

黄牛毛，虼蚤 ^② 骨，小小谜儿猜得哭。xuaŋ²² niəu²² mau²²，kɛ²² tsau⁴² ku²²，ɕiau⁴² ɕiau⁴² mi²² ɚ²² tsʰai⁵⁵ tɛ²² kʰu²²。

（三）舌头

红朝门，白粉墙，里头住的个耍二郎。xoŋ²² tsau⁵⁵ mən²²，pɛ²² fən⁴² tɕʰiaŋ²²，ni⁴² tʰəu⁰ tsu²¹³ ti⁰ ko²¹³ sua⁴² ɚ²¹³ naŋ²²。

（四）老式挂锁

老鼠子爬门枋，搂屁股一火枪。nau⁴² su⁴² tsʅ⁰ pa⁵⁵ mən²² faŋ⁵⁵，nəu⁵⁵

---

① 碓窝 tuei²¹³ uo⁵⁵：舂米的石臼。
② 虼蚤 kɛ²² tsau⁴²：跳蚤。

pʰi²¹³ ku⁴² i²² xo⁴² tɕʰiaŋ⁵⁵。

（五）毛笔

穿起鞋子睡，脱了鞋子行。走了几多弯弯路，遇到几多读书人。
tsʰuan⁵⁵ tɕʰi⁴² xai²² tsʅ⁰ suei²¹³，tʰuo²² niau⁴² xai²² tsʅ⁰ ɕin²²。 tsəu⁴² na⁰ tɕi⁴²
tuo⁵⁵ uan⁵⁵ uan⁵⁵ nu²¹³，y²¹³ tau²¹³ tɕi⁴² tuo⁵⁵ tu²² su⁵⁵ zən²²。

（六）喂奶

一个肉锥锥ₙ，对个肉眼眼ₙ，上头抱脑壳，下头扳屁眼。i²² ko²¹³
zu²² tsuei⁵⁵ tsuə⁰，tuei²¹³ ko²¹³ zu²² iɛn⁴² iə⁰，saŋ²¹³ tʰəu⁰ pau²¹³ nau⁴² kʰo²²，
ɕia²¹³ tʰəu⁰ pan⁵⁵ pʰi²¹³ iɛn⁴²。

（七）麻子

雨打沙洲地，钉鞋踩烂泥。y⁴² ta⁴² sa⁵⁵ tsəu⁵⁵ ti²¹³，tin⁵⁵ xai²² tsʰai⁴²
nan²¹³ ni²²。

（八）鞋子

裁谜猜，穿红鞋。早晨去，黑哒来。tsʰai²² mi²² tsʰai⁵⁵，tsʰuan⁵⁵ xoŋ²²
xai²²。 tsau⁴² tsʰən²² tɕʰi²¹³，xɛ²² ta⁰ nai²²。

四　民歌

（一）哭嫁歌

女子出嫁前以哭的形式所唱的歌，有"哭爹娘""哭哥哥""哭嫂
嫂""哭姐姐""哭妹妹""哭伯伯""哭叔叔""六哭""十哭"等。

十哭·节选

一哭我的爷，爷孙要分离，爷孙分离舍不得。i²² kʰu²² ŋo⁴² ti⁰ iɛ²²，
iɛ²² sən⁵⁵ iau²¹³ fən⁵⁵ ni²²，iɛ²² sən⁵⁵ fən⁵⁵ ni²² sɛ⁴² pu²² tɛ²²。
二哭我的爹，今年六十一，盘你的冤家为哪些？a²¹³ kʰu²² ŋo⁴² ti⁰

tiɛ⁵⁵, tɕin⁵⁵ niɛn²² nu²² sŋ²² i²², pʰan²² ni⁴² ti⁰ yɛn⁵⁵ tɕia⁵⁵ uei²² na⁴² ɕiɛ⁵⁵？

　　三哭我的妈，不该盘冤家，十七八岁走婆家。san⁵⁵ kʰu²² ŋo⁴² ti⁰ ma⁵⁵, pu²² kai⁵⁵ pʰan²² yɛn⁵⁵ tɕia⁵⁵, sŋ²² tɕʰi²² pa²² suei²¹³ tsəu⁴² pʰo²² tɕia⁵⁵。

　　四哭我幺叔，一屋两头住，大事小务要你做。sŋ²¹³ kʰu²² ŋo⁴² iau⁵⁵ su²², i²² u²² niaŋ⁴² tʰəu⁰ tsu²¹³, ta²¹³ sŋ²¹³ ɕiau⁴² u²¹³ iau⁵⁵ ni⁴² tsu²¹³。

　　五哭我幺婶，幺婶去送亲，把你的侄女送出门。u⁴² kʰu²² ŋo⁴² iau⁵⁵ sən⁴², iau⁵⁵ sən⁴² tɕʰi²¹³ soŋ²¹³ tɕʰin⁵⁵, pa⁴² ni⁴² ti⁰ tsŋ²² ny⁴² soŋ²¹³ tsʰu²² mən²²。

　　六哭我哥哥儿，姊妹又不多，逢年过节来接我。nu²² kʰu²² ŋo⁴² ko⁵⁵ kə⁰, tsŋ⁴² mei²¹³ iəu²¹³ pu²² tuo⁵⁵, foŋ²² niɛn²² ko²¹³ tɕiɛ²² nai²² tɕiɛ²² ŋo⁴²。

　　七哭我的妹，小奴两三岁，雕花绣朵没学会。tɕʰi²² kʰu²² ŋo⁴² ti⁰ mei²¹³, ɕiau⁴² nu²² niaŋ⁴² san⁵⁵ suei²¹³, tiau⁵⁵ xua⁵⁵ ɕiəu²¹³ tuo⁴² mei⁵⁵ ɕyo²² xuei²¹³。

　　八哭我兄弟，还在学堂里，读书识字要努力。pa²² kʰu²² ŋo⁴² ɕyoŋ⁵⁵ ti²¹³, xai²² tai²¹³ ɕyo²² tʰaŋ²² ni⁴², tu²² su⁵⁵ sŋ²² tsŋ²¹³ iau²¹³ nu⁴² ni²²。

　　九哭我媒人，媒人瞎眼睛，把我送进火炉儿坑。tɕiəu⁴² kʰu²² ŋo⁴² mei²² zən²², mei²² zən²² ɕia²² iɛn⁴² tɕin⁵⁵, pa⁴² ŋo⁴² soŋ²¹³ tɕin²¹³ xo⁴² nuə²² kʰən⁵⁵。

　　十哭都哭清，越哭越伤心，把我推进蕺麻林①。sŋ²² kʰu²² təu⁵⁵ kʰu²² tɕʰin⁵⁵, yɛ²² kʰu²² yɛ²² saŋ⁵⁵ ɕin⁵⁵, pa⁴² ŋo⁴² tʰuei⁵⁵ tɕin²¹³ xo²² ma²² nin²²。

（二）撒马粮歌

　　迎亲程序之一，新娘落轿后，迎亲管事将辞祖祭神用过的五谷杂粮往轿前抛撒时所唱的歌。

　　新娘落轿要起程，家先出门来送行。五谷撒地喂宝马，四蹄起风驾祥云。

------

　　① 蕺麻林 xo²² ma²² nin²²：荨麻丛，比喻苦难境地。

ɕin⁵⁵ niaŋ²² nuo²² tɕiau²¹³ iau²¹³ tɕʰi⁴² tsʰən²², tɕia⁵⁵ ɕiɛn⁵⁵ tsʰu²² mən²² nai²² soŋ²¹³ ɕin²²。u⁴² ku²² sa²² ti²¹³ uei²¹³ pau⁴² ma⁴², sʅ²¹³ tʰi²² tɕʰi⁴² foŋ⁵⁵ tɕia²¹³ ɕiaŋ²² yən²²。

（三）参厨歌

婚礼结束后，新娘在婆婆、嫂子等人的陪同下，端上装满瓜果糕点、手帕红包等物的礼盆到厨房答谢厨师，厨师一边接过礼物，一边所唱的歌。

金盆银盆圆又圆，里面装的样样ɻ全。糍粑、泡粑、印子粑，红帕、绿帕、花帕帕ɻ，核桃、板栗、落花生，还有烟叶和葵花。粑粑ɻ圆又圆，儿孙代代点状元。红包一双，米谷满仓。帕子一对，荣华富贵。烟叶喷喷ɻ香，早把家来当。

tɕin⁵⁵ pʰən²² in²² pʰən²² yɛn²² iəu²¹³ yɛn²², ni⁴² miɛn²¹³ tsuaŋ⁵⁵ ti⁰ iaŋ²¹³ iə⁰ tɕʰyɛn²²。 tsʰʅ²² pa⁵⁵、pʰa⁵⁵ pa⁵⁵、in²¹³ tsʅ⁰ pa⁵⁵, xoŋ²² pʰa²¹³、nu²² pʰa²¹³、xua⁵⁵ pʰa²¹³ pʰə⁰, xɛ²² tʰau²²、pan⁴² ni²²、nuo²² xua⁵⁵ sən⁵⁵, xai²² iəu⁴² iɛn⁵⁵ iɛ²² xo²² kʰuei²² xua⁵⁵。 pa⁵⁵ pə⁰ yɛn²² iəu²¹³ yɛn²², ə²² sən⁵⁵ tai²¹³ tai²¹³ tiɛn⁴² tsuaŋ²¹³ yɛn²²。 xoŋ²² pau⁵⁵ i²² suaŋ⁵⁵, mi⁴² ku²² man⁴² tsʰaŋ⁵⁵。 pʰa²¹³ tsʅ⁰ i²² tuei²¹³, zoŋ²² xua²² fu²¹³ kuei²¹³。 iɛn⁵⁵ iɛ²² fən⁵⁵ fə⁰ ɕiaŋ⁵⁵, tsau⁴² pa⁴² tɕia⁵⁵ nai²² taŋ⁵⁵。

收拾完礼物，厨师便往礼盆里舀水，且一边舀水一边继续唱：

新人今天来帮忙，金莲缓步进厨房。新人莫忙走，厨子打水你洗个手。一瓢金水，二瓢银水，三瓢潲水。此水洗了你的手，你儿子儿孙代代有。此水洗了你的碗，大米白饭你吃不完。此水洗了你的筷，三荤四素拈起来。此水喂猪猪肯长，槽头吃潲，槽尾长膘，日长千斤，夜长万两。此水喂牛马，牛马长得好，上坡吃草像镰刀，下河喝水像瓢浇，翻土犁田，拖起飞跑。此水喂鸡鸭，鸡鸭叫嘎嘎，公子母子打成坨，黑的白的一大浪^①，早晨放出去一百单，黑哒邀回来一百双。

ɕin⁵⁵ zən²² tɕin⁵⁵ tʰiɛn⁵⁵ nai²² paŋ⁵⁵ maŋ²²，tɕin⁵⁵ niɛn²² xuan⁴² pu²¹³ tɕin²¹³ tsʰu²² faŋ²²。ɕin⁵⁵ zən²² mo²² maŋ²² tsəu⁴²，tsʰu²² tsʅ⁰ ta⁴² suei⁴² ni⁴² ɕi⁴² ko²¹³ səu⁴²。i²² pʰiau²² tɕin⁵⁵ suei⁴²，ɚ²¹³ pʰiau²² in²² suei⁴²，san⁵⁵ pʰiau²² sau²¹³ suei⁴²。tsʰʅ⁴² suei⁴² ɕi⁴² niau⁴² ni⁴² ti⁰ səu⁴²，ni⁴² ɚ²² tsʅ⁰ ɚ²² sən⁵⁵ tai²¹³ tai²¹³ iəu⁴²。tsʰʅ⁴² suei⁴² ɕi⁴² niau⁴² ni⁴² ti⁰ uan⁴²，ta²¹³ mi⁴² pɛ²² fan²¹³ ni²² tsʰʅ²² pu²² uan²²。tsʰʅ⁴² suei⁴² ɕi⁴² niau⁴² ni⁴² ti⁰ kʰuai²¹³，san⁵⁵ xuən⁵⁵ sʅ²¹³ su²¹³ niɛn⁵⁵ tɕi⁴² nai²²。tsʰʅ⁴² suei⁴² uei²¹³ tsu⁵⁵ tsu⁵⁵ kʰən⁴² tsaŋ⁴²，tsʰau²² tʰəu⁰ tsʰʅ²² sau²¹³，tsʰau²² uei⁴² tsaŋ⁴² piau⁵⁵，zʅ²² tsaŋ⁴² tɕʰiɛn⁵⁵ tɕin⁵⁵，iɛ²¹³ tsaŋ⁴² uan²¹³ niaŋ⁴²。tsʰʅ⁴² suei⁴² uei²¹³ niəu²² ma⁴²，niəu²² ma⁴² tsaŋ⁴² tɛ²² xau⁴²，saŋ²¹³ pʰo⁵⁵ tsʰʅ²² tsʰau⁴² tɕʰiaŋ²¹³ niɛn²² tau⁵⁵，ɕia²¹³ xo²² xo²² suei⁴² tɕʰiaŋ²¹³ pʰiau²² tɕiau⁵⁵，fan⁵⁵ tʰu⁴² ni²² tʰiɛn²²，tʰuo⁵⁵ tɕʰi⁴² fei⁵⁵ pʰau⁴²。tsʰʅ⁴² suei⁴² uei²¹³ tɕi⁵⁵ ia²²，tɕi⁵⁵ ia²² tɕiau²¹³ tɕia⁵⁵ tɕia⁵⁵，koŋ⁵⁵ tsʅ⁰ mu⁴² tsʅ⁰ ta⁴² tsʰən²² tʰuo²²，xɛ²² ti⁰ pɛ²² ti⁰ i²² ta²¹³ naŋ²¹³，tsau⁴² tsʰən²² faŋ²¹³ tsʰu²² tɕʰi²¹³ i²² pɛ²² tan⁵⁵，xɛ²² ta⁰ iau⁵⁵ xuei²² nai²² i²² pɛ²² suaŋ⁵⁵。

（四）盘歌

咸丰以猜谜语为主要内容的山歌，由一个人唱出谜面的"出歌"，再由另一个人根据"出歌"唱出谜底的"对歌"。

（甲）三百牯牛赶下河，好多耳朵好多角？好多尾巴遮屁股？又有好多牛蹄壳？

（乙）三百牯牛赶下河，千二耳朵千二角，六百尾巴遮屁股，四千八百牛蹄壳。

（甲）san⁵⁵ pɛ²² ku⁴² niəu²² kan⁴² ɕia²¹³ xo²²，xau⁴² tuo⁵⁵ ɚ⁴² tuo⁴² xau⁴² tuo⁵⁵ tɕyo²²？xau⁴² tuo⁵⁵ i⁴² pa⁵⁵ tsɛ⁵⁵ pʰi²¹³ ku⁴²？iəu²¹³ iəu⁴² xau⁴² tuo⁵⁵ niəu²² tʰi²² kʰo²²？

---

^①　一大浪 i²² ta²¹³ naŋ²¹³：一大群。

（乙）san⁵⁵ pɛ²² ku⁴² niəu²² kan⁴² ɕia²¹³ xo²², tɕʰiɛn⁵⁵ ɚ²¹³ ɚ⁴² tuo⁴² tɕʰiɛn⁵⁵ ɚ²¹³ tɕyo²², nu²² pɛ²² i⁴² pa⁵⁵ tsɛ⁵⁵ pʰi²¹³ ku⁴², sŋ²¹³ tɕʰiɛn⁵⁵ pa²² pɛ²² niəu²² tʰi²² kʰo²²。

（五）扯白歌

咸丰山歌题材名。也作"扯谎歌"。扯白歌以故意说反话、说假话为内容，具有幽默的特点。

一

长年① 清早下绣楼，鞋子穿在袜子头。放出麂子去撵狗，扯挑萝卜去打油。

tsʰaŋ²² niɛn²² tɕʰin⁵⁵ tsau⁴² ɕia²¹³ ɕiəu²¹³ nəu²², xai²² tsŋ⁰ tsʰuan⁵⁵ tai²¹³ ua²² tsŋ⁰ tʰəu⁰。 faŋ²¹³ tsʰu²² tɕi⁴² tsŋ⁰ tɕʰi²¹³ niɛn⁴² kəu⁴², tsʰɛ⁴² tʰiau⁵⁵ nuo²² pu⁰ tɕʰi²¹³ ta⁴² iəu²²。

二

看到太阳要落坡②，听我唱个扯谎歌。四两棉花沉海底，一扇磨子漂过河。

kʰan⁵⁵ tau²¹³ tʰai²¹³ iaŋ²² iau²¹³ nuo²² pʰo⁵⁵, tʰin⁵⁵ ŋo⁴² tsʰaŋ²¹³ ko²¹³ tsʰɛ⁴² xuaŋ⁴² ko⁵⁵。 sŋ²¹³ niaŋ⁴² miɛn²² xua⁵⁵ tsʰən²² xai⁴² ti⁴², i²² san⁵⁵ mo²¹³ tsŋ⁰ pʰiau⁵⁵ ko²¹³ xo²²。

三

扯白就扯白，六月落大雪。满河都是水，船都撑不得。牛圈关猫儿，脚都伸不得。筛篮③ □④ 蛀虫，气都出不得。纤索套鸡公，扯成几半截。花线捆牯牛，板 ⁼⑤ 都板 ⁼ 不得。

tsʰɛ⁴² pɛ²² tɕiəu²¹³ tsʰɛ⁴² pɛ²², nu²² yɛ²² nuo²² ta²¹³ ɕyɛ²²。 man⁴² xo²²

---

① 长年 tsʰaŋ²² niɛn²²：长工。
② 落坡 nuo²² pʰo⁵⁵：下山。
③ 筛篮 sai⁵⁵ nan²²：大眼竹筛。
④ □ kʰaŋ⁴²：扣。
⑤ 板 ⁼ pan⁴²：同音替代，这里是挣扎的意思。

təu⁵⁵ sๅ²¹³ suei⁴², tsʰuan²² təu⁵⁵ tsʰən⁵⁵ pu²² tɛ²²。niəu²² tɕʰyɛn²¹³ kuan⁵⁵ mau⁵⁵ ə²²，tɕyo²² təu⁵⁵ sən⁵⁵ pu²² tɛ²²。sai⁵⁵ nan²² kʰaŋ⁴² kɛ²² tsau⁴²，tɕʰi²¹³ təu⁵⁵ tsʰu²² pu²² tɛ²²。tɕʰiɛn⁵⁵ suo⁴² tʰau²¹³ tɕi⁵⁵ koŋ⁵⁵，tsʰɛ⁴² tsʰən²² tɕi⁵⁵ pan²¹³ tɕiɛ²²。xua⁵⁵ ɕiɛn²¹³ kʰuən⁴² ku⁴² niəu²²，pan⁴² təu⁵⁵ pan⁴² pu²² tɛ²²。

（六）烧火佬歌

咸丰山歌题材名，以男女情爱为主要题材。

一

昨野连娇①去得黑，碰到野猪吃燕麦。野猪大哥莫吓我，你是强盗我是贼。

tsuo²² iɛ⁴² niɛn²² tɕiau⁵⁵ tɕʰi²¹³ tɛ²² xɛ²²，pʰoŋ²¹³ tau²¹³ iɛ⁴² tsu⁵⁵ tsʰๅ²² iɛn⁵⁵ mɛ²²。iɛ⁴² tsu⁵⁵ ta²¹³ ko⁵⁵ mo²² xɛ²² ŋo⁴²，ni⁴² sๅ²¹³ tɕiaŋ²² tau²¹³ ŋo⁴² sๅ²¹³ tsɛ²²。

二

一把扇子二面花，情姐爱我我爱她。情姐爱我的花扇子，我爱情姐的肚皮炮。

i²² pa⁴² san²¹³ tsๅ⁰ ə²¹³ miɛn²¹³ xua⁵⁵，tɕʰin²² tɕiɛ⁴² ŋai²¹³ ŋo⁴² ŋo⁴² ŋai²¹³ tʰa⁵⁵。tɕʰin²² tɕiɛ⁴² ŋai²¹³ ŋo⁴² ti⁰ xua⁵⁵ san²¹³ tsๅ⁰，ŋo⁴² ŋai²¹³ tɕʰin²² tɕiɛ⁴² ti⁰ tu²¹³ pʰi²² pʰa⁵⁵。

（七）柴歌

砍柴时唱的歌，多以自吟自唱为主，内容涉及砍柴劳动的场面，青年男子思慕女子的情恋。

① 连娇 niɛn²² tɕiau⁵⁵：与女子厮混。

一

清早起来去砍柴，一匹老鹰飞过来，老鹰叼的斑鸠肉，我饿起肚子上山岩。

tɕʰin⁵⁵ tsau⁴² tɕʰi⁴² nai²² tɕʰi²¹³ kʰan⁴² tsʰai²², i²² pʰi²² nau⁴² in⁵⁵ fei⁵⁵ ko²¹³ nai²², nau⁴² in⁵⁵ tiau⁵⁵ ti⁰ pan⁵⁵ tɕiəu⁵⁵ zu²², ŋo⁴² uo²¹³ tɕʰi⁴² tu⁴² tsʅ⁰ saŋ²¹³ san⁵⁵ ŋai²²。

二

往日与郎玩得好，腊肉还放猪油炒。如今与郎失了义，过路上下嗾①狗咬。

uan⁴² zʅ²² y⁴² naŋ²² uan²² tɛ²² xau⁴², na²² zu²² xai²² faŋ²¹³ tsu⁵⁵ iəu²² tsʰau⁴²。 zu²² tɕin⁵⁵ y⁴² naŋ²² sʅ²² niau⁴² ni²¹³, ko²¹³ nu²¹³ saŋ²¹³ ɕia²¹³ sua⁴² kəu⁴² ŋau⁴²。

三

砍柴莫砍桐子柴，桐子打油划得来。桐油挂在帐钩上，郎（我）做文章我（她）做鞋。

kʰan⁴² tsʰai²² mo²² kʰan⁴² tʰoŋ²² tsʅ⁰ tsʰai²², tʰoŋ²² tsʅ⁰ ta⁴² iəu²² xua²² tɛ²² nai²²。 tʰoŋ²² iəu²² kua²¹³ tai²¹³ tsaŋ²¹³ kəu⁵⁵ saŋ²¹³, naŋ²²（ŋo⁴²）tsu²¹³ uən²² tsaŋ⁵⁵ ŋo⁴²（tʰa⁵⁵）tsu²¹³ xai²²。

四

遭孽不过郎遭孽，抹汗帕儿都没得。一双衣袖揩烂哒，还揩哒几把桐子叶。

tsau⁵⁵ niɛ²² pu²² ko²¹³ naŋ²² tsau⁵⁵ niɛ²², ma²² xan²¹³ pʰa²¹³ ɚ²² təu⁵⁵ mei⁵⁵ tɛ²²。 i²² suaŋ⁵⁵ i⁵⁵ ɕiəu²¹³ kʰai⁵⁵ nan²¹³ ta⁰, xai²² kʰai⁵⁵ ta⁰ tɕi⁵⁵ pa⁴² tʰoŋ²² tsʅ⁰ iɛ²²。

（八）茶歌

咸丰农村妇女采茶时所唱的歌，多以采茶劳动、妇女操守和男婚女嫁为题材，表现采茶劳动的苦乐，反映农村妇女的思想情感和人生态度。

---

① 嗾 sua⁴²：唆狗进攻、咬人或猎物。

一

姑娘采茶进茶林，各人兴①来各人淋②。山伯思想③祝小姐，妹妹_儿思想美郎君。

ku⁵⁵ niaŋ²² tsʰai⁴² tsʰa²² tɕin²¹³ tsʰa²² nin²²，ko²² zən²² ɕin⁵⁵ nai²² ko²² zən²² nin²²。san⁵⁵ pɛ²² sɿ⁵⁵ ɕiaŋ⁴² tsu²² ɕiau⁴² tɕiɛ⁴²，mei²¹³ mə⁰ sɿ⁵⁵ ɕiaŋ⁴² mei⁴² naŋ²² tɕyən⁵⁵。

二

茶叶树儿发嫩苔，写封书信与郎带。莫让野藤挂脚背，为姐等你早回来。

tsʰa²² iɛ²² su²¹³ ɚ²² fa²² nən²¹³ tʰai⁵⁵，ɕiɛ⁴² foŋ⁵⁵ su⁵⁵ ɕin²¹³ y⁴² naŋ²² tai²¹³。mo²² zaŋ²¹³ iɛ⁴² tʰən²² kua²¹³ tɕyo²² pei²¹³，uei²² tɕiɛ⁴² tən⁴² ni⁴² tsau⁴² xuei²² nai²²。

三

（甲）我摘西来你摘东，笆斗④缠在半腰中。西边月亮才落山，东边太阳上半空。西边不晒凉幽幽，东边晒得像蒸笼。

（乙）我摘东来你摘西，笆斗挂在怀怀_儿里。东边太阳热烘烘，西边月亮冷凄凄。东边茶叶发得好，西边茶叶生不齐。

（甲）ŋo⁴² tsɛ²² ɕi⁵⁵ nai²² ni⁴² tsɛ²² toŋ⁵⁵，pa⁵⁵ təu⁴² tsʰan²² tai²¹³ pan²¹³ iau⁵⁵ tsoŋ⁵⁵。ɕi⁵⁵ piɛn⁵⁵ yɛ²² niaŋ²¹³ tsʰai²² nuo²² san⁵⁵，toŋ⁵⁵ piɛn⁵⁵ tʰai²¹³ iaŋ²² saŋ²¹³ pan²¹³ kʰoŋ⁵⁵。ɕi⁵⁵ piɛn⁵⁵ pu²² sai²¹³ niaŋ²² iəu⁵⁵ iəu⁵⁵，toŋ⁵⁵ piɛn⁵⁵ sai²¹³ tɛ²² tɕʰiaŋ²¹³ tsən⁵⁵ noŋ²²。

（乙）ŋo⁴² tsɛ²² toŋ⁵⁵ nai²² ni⁴² tsɛ²² ɕi⁵⁵，pa⁵⁵ təu⁴² kua²¹³ tai²¹³ xuai²² xuə⁰ ni⁴²。toŋ⁵⁵ piɛn⁵⁵ tʰai²¹³ iaŋ²² zɛ²² xoŋ⁵⁵ xoŋ⁵⁵，ɕi⁵⁵ piɛn⁵⁵ yɛ²² niaŋ²¹³ nən⁴² tɕʰi⁵⁵ tɕʰi⁵⁵。toŋ⁵⁵ piɛn⁵⁵ tsʰa²² iɛ²² fa²² tɛ²² xau⁴²，ɕi⁵⁵ piɛn⁵⁵ tsʰa²² iɛ²² sən⁵⁵ pu²² tɕʰi²²。

---

① 兴 ɕin⁵⁵：这里是培养、发展的意思。
② 淋 nin²²：淋粪，施肥。
③ 思想 sɿ⁵⁵ ɕiaŋ⁴²：想念，思念。
④ 笆斗 pa⁵⁵ təu⁴²：用竹子或柳条编的圆底器物，此处为茶篓。

（九）撬石号子

石工的劳动号子。分撬石号子、拉石号子和抬石号子等。

一

只要大家肯齐心，哪怕石王重千斤。哪怕石工千斤重，四两也能拨千斤。

tsɿ²² iau²¹³ ta²¹³ tɕia⁵⁵ kʰən⁴² tɕʰi²² ɕin⁵⁵, na⁴² pʰa²¹³ sɿ²² uaŋ²² tsoŋ²¹³ tɕʰiɛn⁵⁵ tɕin⁵⁵。 na⁴² pʰa²¹³ sɿ²² koŋ⁵⁵ tɕʰiɛn⁵⁵ tɕin⁵⁵ tsoŋ²¹³, sɿ²¹³ niaŋ⁴² iɛ⁴² nən²² po²² tɕʰiɛn⁵⁵ tɕin⁵⁵。

二

号子喊得柳叶尖，惊动上天鲁班仙。鲁班仙师天上看，看见弟子把岩牵。

xau²² tsɿ⁰ xan⁴² tɛ²² niəu⁴² iɛ²² tɕiɛn⁵⁵, tɕin⁵⁵ toŋ²¹³ saŋ²¹³ tʰiɛn⁵⁵ nu⁴² pan⁵⁵ ɕiɛn⁵⁵。 nu⁴² pan⁵⁵ ɕiɛn⁵⁵ sɿ⁵⁵ tʰiɛn⁵⁵ saŋ²¹³ kʰan²¹³, kʰan²¹³ tɕiɛn²¹³ ti²¹³ tsɿ⁰ pa⁴² ŋai²² tɕʰiɛn⁵⁵。

三

六月太阳当顶晒，喊起号子抬起岩。麻绳杠子两边摆，打杵成行往前来。

nu²² yɛ²² tʰai²¹³ iaŋ²² taŋ⁵⁵ tin⁴² sai²¹³, xan⁴² tɕʰi⁴² xau²² tsɿ⁰ tʰai²² tɕʰi⁴² ŋai²²。 ma²² suən²² kaŋ²¹³ tsɿ⁰ niaŋ⁴² piɛn⁵⁵ pai⁴², ta⁴² tsʰu⁴² tsʰən²² xaŋ²² uaŋ⁴² tɕʰiɛn²² nai²²。

五 童谣

（一）张打铁

咸丰幼儿体智游戏名。游戏方法：两儿对坐，伸出双掌，自我相拍一掌，再与对方同边掌相拍一掌，然后又自我相拍一掌，再换手与对方同边掌相拍一掌，如此反复。拍掌时配以儿歌《张打铁》这一游戏在于训练幼儿的动作协调性和节奏感，同时兼有幼儿口语训练的目的。

　　张打铁，李打铁，打把剪刀送姐姐儿。姐姐儿留我歇①，我不歇，我要回去学打铁。打把刀，送大婶，大婶拿去杀日本；打把枪，送大孃②，大孃拿去守宜昌。打把锁，锁门口。门口锁得咯咯叫，后头有个大强盗。

　　tsaŋ⁵⁵ ta⁴² tʰiɛ²², ni⁴² ta⁴² tʰiɛ²², ta⁴² pa⁴² tɕiɛn⁴² tau⁵⁵ soŋ²¹³ tɕiɛ⁴² tɕiə⁰。 tɕiɛ⁴² tɕiə⁰ niəu²² ŋo⁴² ɕiɛ²², ŋo⁴² pu²² ɕiɛ²², ŋo⁴² iau²¹³ xuei²² tɕʰi²¹³ ɕyo²² ta⁴² tʰiɛ²²。 ta⁴² pa⁴² tau⁵⁵, soŋ²¹³ ta²¹³ sən⁴², ta²¹³ sən⁴² na⁴² tɕʰi²¹³ sa²² zʅ²² pən⁴²; ta⁴² pa⁴² tɕʰiaŋ⁵⁵, soŋ²¹³ ta²¹³ niaŋ⁵⁵, ta²¹³ niaŋ⁵⁵ na²² tɕʰi²¹³ səu⁴² ni²² tsʰaŋ⁵⁵。 ta⁴² pa⁴² suo⁴², suo⁴² mən²² kʰəu⁴²。 mən²² kʰəu⁴² suo⁴² tɛ²² ko⁵⁵ ko⁵⁵ tɕiau²¹³, xəu²¹³ tʰəu⁰ iəu⁴² ko²¹³ ta²¹³ tɕiaŋ²² tau²¹³。

（二）小宝宝

　　依照咸丰生育习俗，月蛋壳须存积起来，等到婴儿满月时，选择太阳落山后至升起前的时段集中倾倒在附近行人往来较多的十字路口，以便千人踩万人踏。如果生的是男孩，在倾倒月蛋壳时还轻声吟唱《小宝宝》祝福。

　　小宝宝儿、小宝宝儿，奶奶儿喝得饱，觉觉儿睡得好。今年下地走，明年满坡跑。样子生得标③，个子长得高。学堂上得早，诗书读得饱。骑马从此过，进京去赶考。金榜有题名，前殿穿紫袍。坐轿从此过，衣锦还乡早。捐金又出银，小路改官道。

　　ɕiau⁴² pau⁴² pə⁰、ɕiau⁴² pau⁴² pə⁰、nai⁵⁵ nə⁰ xo²² tɛ²² pau⁴², kau²¹³ kə⁰ suei²¹³ tɛ²² xau⁴²。 tɕin⁵⁵ niɛn²² ɕia²¹³ ti²¹³ tsəu⁴², mən²² niɛn²² man⁴² pʰo⁵⁵ pʰau⁴²。 iaŋ²¹³ tsʅ⁰ sən⁵⁵ tɛ²² piau⁵⁵, ko²¹³ tsʅ⁰ tsaŋ⁴² tɛ²² kau⁵⁵。 ɕyo²² tʰaŋ²² saŋ²¹³ tɛ²² tsau⁴², sʅ⁵⁵ su⁵⁵ tu²² tɛ²² pau⁴²。 tɕʰi²² ma⁴² tsʰoŋ²² tsʰʅ⁴² ko²¹³, tɕin²¹³ tɕin⁵⁵ tɕʰi²¹³ kan⁴² kʰau⁴²。 tɕin⁵⁵ paŋ⁴² iəu⁴² tʰi²² min²², tɕʰiɛn²² tiɛn²¹³ tsʰuan⁵⁵ tsʅ⁴² pʰau²²。 tsuo²¹³ tɕiau²¹³ tsʰoŋ²² tsʰʅ⁴² ko²¹³, i⁵⁵ tɕin⁴²

---

　　① 歇 ɕiɛ²²：住宿。
　　② 孃 niaŋ⁵⁵：姑妈。
　　③ 标 piau⁵⁵：标致。

xuan²² ɕiaŋ⁵⁵ tsau⁴²。 tɕyɛn⁵⁵ tɕin⁵⁵ iəu²¹³ tsʰu²² in²², ɕiau⁴² nu²¹³ kai⁴² kuan⁵⁵
tau²¹³。

（三）虫虫飞

咸丰婴儿体智游戏名。此游戏需在成年人的带动下进行。游戏时，大人的双手分别握住婴儿的食指，和着《虫虫飞》的儿歌，帮助婴儿先将食指尖与食指尖点几点，然后张开双臂，作飞行状，近似体操中的伸展运动。如此反复，以训练婴儿的乐感和锻炼动作的协调性。

虫虫虫虫ₙ飞，飞到家家ₙ[1]屋里去。家家ₙ不撵狗，要咬虫虫ₙ的手；家家ₙ不称肉，虫虫ₙ不进屋；家家ₙ不打蛋，虫虫ₙ不吃饭；家家ₙ不杀鸡，虫虫ₙ要回去。

tsʰoŋ²² tsʰoŋ²² tsʰoŋ²² tsʰɚ⁰ fei⁵⁵, fei⁵⁵ tau²¹³ ka⁵⁵ kɚ⁰ u²² ni⁴² tɕʰi²¹³。 ka⁵⁵
kɚ⁰ pu²² niɛn⁴² kəu⁴², iau²¹³ ŋau⁴² tsʰoŋ²² tsʰɚ⁰ ti⁰ səu⁴²; ka⁵⁵ kɚ⁰ pu²² tsʰən⁵⁵
zu²², tsʰoŋ²² tsʰɚ⁰ pu²² tɕin²¹³ u²²; ka⁵⁵ kɚ⁰ pu²² ta⁴² tan²¹³, tsʰoŋ²² tsʰɚ⁰ pu²²
tsʰ̩²² fan²¹³; ka⁵⁵ kɚ⁰ pu²² sa²² tɕi⁵⁵, tsʰoŋ²² tsʰɚ⁰ iau²¹³ xuei²² tɕʰi²¹³。

（四）排排坐

咸丰儿歌名。是一首应用顶真和押串韵手法创作的儿歌。

排排ₙ坐，吃果果ₙ。果果ₙ香，买辣姜。辣姜辣，买水鸪[2]。水鸪板⁼，买花碗。花碗花，买冬瓜。冬瓜烂，买鸭蛋。鸭蛋黄，买姑娘。姑娘脚尖，嫁给犁辕。犁辕拱背，嫁给陶贵。陶贵逃走，嫁给毛狗[3]。毛狗骚臭，嫁给幺舅。幺舅嫌她，嫁给田家。田家不要她，扯根头发吊死她！

---

① 家家ₙ ka⁵⁵ kɚ⁰：外婆。
② 水鸪 suei⁴² ua⁵⁵：鸬鹚。
③ 毛狗 mau²² kəu⁴²：狐狸。

pʰai²² pʰə⁰ tsuo²¹³, tsʰɿ²² ko⁴² kuə⁰。ko⁴² kuə⁰ ɕiaŋ⁵⁵, mai⁴² na²²
tɕiaŋ⁵⁵。na²² tɕiaŋ⁵⁵ na²², mai⁴² suei⁴² ua⁵⁵。suei⁴² ua⁵⁵ pan⁵⁵, mai⁴² xua⁵⁵
uan⁴²。xua⁵⁵ uan⁴² xua⁵⁵, mai⁴² toŋ⁵⁵ kua⁵⁵。toŋ⁵⁵ kua⁵⁵ nan²¹³, mai⁴² ia²²
tan²¹³。ia²² tan²¹³ xuaŋ²², mai⁴² ku⁵⁵ niaŋ²²。ku⁵⁵ niaŋ²² tɕyo²² tɕiɛn⁵⁵,
tɕia²¹³ kei⁴² ni²² yɛn²²。ni²² yɛn²² koŋ⁴² pei²¹³, tɕia²¹³ kei⁴² tʰau²² kuei²¹³。
tʰau²² kuei²¹³ tʰau²² tsəu⁴², tɕia²¹³ kei⁴² mau²² kəu⁴²。mau²² kəu⁴² sau⁵⁵
tsʰəu²¹³, tɕia²¹³ kei⁴² iau⁵⁵ tɕiəu²¹³。iau⁵⁵ tɕiəu²¹³ ɕiɛn²² tʰa⁵⁵, tɕia²¹³ tɕi²²
tʰiɛn²² tɕia⁵⁵。tʰiɛn²² tɕia⁵⁵ pu²² iau²¹³ tʰa⁵⁵, tsʰɛ⁴² kən⁵⁵ tʰəu²² fa²² tiau²¹³ sɿ⁴²
tʰa⁵⁵！

（五）叮叮马儿当当

咸丰儿童体智游戏名。本游戏分两种搭腿形式：一种形式为两人一组，抬起同边的腿互相勾搭在一起；另一种形式为若干人围成圆圈，再依次往后抬起左腿，脚尖勾搭在后者抬起的大腿上而连成一体。搭腿完成后，便和着歌谣《叮叮马儿当当》的节奏，一边齐声拍手，一边齐步单足往前跳跃转圈。此游戏有利于训练节奏感和协调性、锻炼腿部筋骨。

叮叮马儿当当，将军去守边疆。拖门炮，挼①杆枪，快马加鞭上前方。枪一响，炮一盏②，吓得鞑子③钻裤裆。叮叮马儿当当，前进又前进！叮叮马儿当当，前进上战场！叮叮马儿当当，前进打胜仗！

tin⁵⁵ tin⁵⁵ mə⁰ taŋ⁵⁵ taŋ⁵⁵, tɕiaŋ⁵⁵ tɕyən⁵⁵ tɕʰi²¹³ səu⁴² piɛn⁵⁵ tɕiaŋ⁵⁵。
tʰuo⁵⁵ mən²² pʰau²¹³, nau⁴² kan⁵⁵ tɕʰiaŋ⁵⁵, kʰuai²¹³ ma⁴² tɕia⁵⁵ piɛn⁵⁵ saŋ²¹³
tɕʰiɛn²² faŋ⁵⁵。tɕʰiaŋ⁵⁵ i²² ɕiaŋ⁴², pʰau²¹³ i²² ŋaŋ⁵⁵, xɛ²² tɛ²² ta²² tsɿ⁰ tsuan⁵⁵
kʰu²¹³ taŋ⁵⁵。tin⁵⁵ tin⁵⁵ mə⁰ taŋ⁵⁵ taŋ⁵⁵, tɕʰiɛn²² tɕin²¹³ iəu²¹³ tɕʰiɛn²²
tɕin²¹³！tin⁵⁵ tin⁵⁵ mə⁰ taŋ⁵⁵ taŋ⁵⁵, tɕʰiɛn²² tɕin²¹³ saŋ²¹³ tsan²¹³ tsʰaŋ⁴²！

---

① 挼 nau⁴²：扛。

② 盏 ŋaŋ⁵⁵：拟声词，炮声。

③ 鞑子 ta²² tsɿ⁰：泛指外敌。

tin⁵⁵ tin⁵⁵ mɚ⁰ taŋ⁵⁵ taŋ⁵⁵, tɕʰiɛn²² tɕin²¹³ ta⁴² sən²¹³ tsaŋ²¹³！

（六）咯磨嘎磨

咸丰婴幼儿体智操名。也作"推磨嘎磨"。这种体智操由大孩子或成年人协助进行，协助者与婴幼儿相对而坐，双手分别握住婴幼儿的双手，和着歌谣《咯磨嘎磨》的节奏交替反复推拉（类似于体操中的冲拳运动），以训练婴幼儿的节奏感、锻炼其肢体，提高动作的协调性。

咯磨嘎磨[①]，赶场卖货，烧饼八个，吃哒不饿。推粑粑ₙ，接家家ₙ，家家ₙ不吃酸粑粑ₙ；推豆腐，接舅母，舅母不吃酸豆腐。

kɛ²² mo²¹³ ka²² mo²¹³, kan⁴² tsʰaŋ⁴² mai²¹³ xo²¹³, sau⁵⁵ pin⁴² pa²² ko²¹³, tsʰʅ²² ta⁰ pu²² uo²¹³。 tʰuei⁵⁵ pa⁵⁵ pɚ⁰, tɕiɛ²² ka⁵⁵ kɚ⁰, ka⁵⁵ kɚ⁰ pu²² tsʰʅ²² suan⁵⁵ pa⁵⁵ pɚ⁰；tʰuei⁵⁵ təu²¹³ fu⁴², tɕiɛ²² tɕiəu²¹³ mu⁴², tɕiəu²¹³ mu⁴² pu²² tsʰʅ²² suan⁵⁵ təu²¹³ fu⁴²。

---

① 咯磨嘎磨 kɛ²² mo²¹³ ka²² mo²¹³：推磨。

参考文献

丁声树，《方言调查词汇手册》，《方言》1989 年第 2 期。

冯正佩，《西南方言·湖北咸丰方言》，湖北人民出版社，2010。

付乔，《湖北恩施咸丰方言音系记略》，《天水师范学院学报》2012 年第 1 期。

教育部语言文字信息管理司，《中国语言资源调查手册·汉语方言》，商务印书馆，2015。

李治平，《咸丰方言谚语研究》，《湖北理工学院学报》（人文社会科学版）2020 年第 1 期。

刘春华、张曼，《湖北咸丰方言生活话题语篇典藏与连接功能分析》，《教育观察》2018 年第 9 期。

汪国胜，《湖北方言调查手册》，2019（内部资料）。

咸丰县志编纂委员会，《咸丰县志》，武汉大学出版社，1990。

咸丰县志编纂委员会，《咸丰县志》1986—2005，方志出版社，2011。

杨佳璐，《咸丰方言"VV 的"》，《现代语文》（语言研究版）2017 年第 5 期。

杨佳璐，《咸丰方言体貌研究》，硕士学位论文，华中师范大学，2018。

赵元任，《湖北方言调查报告》，商务印书馆，1948。

中国社会科学院语言研究所，《方言调查字表》（修订本），商务印书馆，1981。

后　记

　　中国语言资源保护工程"湖北方言调查·咸丰卷"的基础材料终于整理完毕即将付梓，回想起 2018 年的调查经历，内心感慨万千。

　　一个从事方言研究的学人，对田野总是带有特殊的感情，因为那里不仅有你永远都无法预知的精彩语料，更有为地域方言默默耕耘的文化自觉者，他们扎根乡土，几十年如一日，挖掘、记录、整理着当地的方言、文化与风俗。

　　咸丰方言调查之前，我通过朋友介绍，认识了撰写《西南方言·湖北咸丰方言》这本书的作者冯正佩先生，之后我们就结下了不解之缘，他不仅自己做我们最主要的方言合作人，而且还帮我介绍了冯家利、覃秋琼、张仕波等其他三位发音人。冯先生中师毕业后在尖山小学工作了很长一段时间，后来调任公务员，一直对当地方言怀有很深的感情。他从工作开始就有意识地搜集咸丰各地的方言词，并且痴迷其中。令我印象深刻的是，早年，他走访了不少当地的小煤窑，向煤矿工人请教他们在矿井下使用的"隐语"。因为当时这些内容都被当作封建迷信，所以当事人一般都不会说出来。冯先生得知有一位矿工知道很多有关矿井的"隐语"，就跋山涉水去拜访他，但是跑了好几次，人家要么推脱没空，要么说几个词之后就说不知道了，让他空手而归。最后实在没有办法，他也就豁出去了，提了几瓶酒，当天就住在矿井，跟人家一起喝酒，打算第二天就打道回府了。冯先生自己不会喝酒，所以几杯下肚，早已经昏昏沉沉，但是对方喝了酒之后就开始打开话匣子了，说那"忌谩子"（矿井下的隐语、禁忌用语）多得很，什么"老爷"（山神）、"拖船子"（矿车）、"蛇皮"（绳索）、"皮坛子"（肚子）、"撑花"（雨伞）、"白根子"（萝卜）、"江娃子"（猪）、"摆山子"（鱼）、"放堆子"（解大便）、"赶黑牯牛"（挖煤）……冯先生见状，心中大喜，没想到最后打算放弃了，一顿酒竟引出好词句来了！于是马上拿出纸笔，凭感觉一一记录下来，而这些材料也成了绝响，因为之后的二三十年，小煤矿逐渐倒闭，退出了历史舞台，当然这些"忌谩子"也消失无踪了。可幸，冯先生的记录，给我们保留了一份珍贵的材料。

就目前中国方言现状来看，基础材料挖掘依然是研究的核心。我们缺少的不是理论，而是愿意一心走入田野的学者，把那些珍贵的方言材料发掘整理出来，令其流传后世。目前计算机的发展，已经为处理海量方言数据做好了准备，通过软件可以实现方言在文字、语音、视频等方面的立体展现。方言在人文地理信息领域、人工智能语音识别领域都得到了长足的进展，但是目前最大的制约因素，依然是第一手材料。单点方言系统全面且细致入微的调查，依然缺乏。

当然，制约基础材料调查工作的因素有很多，综合起来，主要有二。一方面是田野调查学者队伍的缺乏，或者说愿意勤恳耕耘于田野的调查者越来越少。有能力的没有时间，有时间的又力有不逮，使得大部分的田野调查材料如蜻蜓点水，无法深入。另一方面则是方言调查材料的出版不易。数据浩繁，工程浩大，整理烦琐，各种音标符号也令编辑头疼，对调查原始数据的取舍更是令人为难，再加上出版资金困难，造成大部分的田野调查材料最终淹没在研究者的故纸堆之中。实在是一件遗憾的事情。

我要感谢我的导师汪国胜先生，作为湖北省语保工程的首席专家，他时时提醒各个调查小组，一定要把调查质量放在第一位，"要为历史负责！"正是导师的谆谆教诲，让我们在调查的每一个阶段，都打起十二分的精神，把严谨求实的工作作风落实到每一个字词、每一个音标符号。

我要感谢武汉大学文学院对本书出版的资助。不少专家对纯粹方言基础材料总是带有"理论不足"的偏见，教授委员会最终通过对本书的资助决议，展现了学院一贯的"章黄"朴学传统，体现文学院学术团体对方言基础材料的挖掘和调查工作的重视和认可。

　　我要感谢调查团队的成员：南小兵、吴梦丽、冯苗、陈樱苹、谢天、潘伟东、谢飘飘、王雯琪，感谢你们不分昼夜的调查和数据处理；感谢曹馨予、王霆威对语保工程音视频的剪辑和后期处理；感谢恩施州宣传科吕行女士，对调查团队的帮助；感谢李爱民、丁德煜、周礼乐、梅雨婷、熊成林、秦雪松、李树芬、蒋涵，尤其是杨佳璐以及她的家人，不仅帮助我们联系方言合作人，安排住宿，而且还是我们的向导和生活顾问，再次对他们表示真诚的谢意！

　　还有我的研究生们，李安淇、李青霖、吴梦丽、陈语柔、卢丽洁、史丙浩、王莎莎、华烽余等，对书稿的校对、核查、材料转录等，做出了贡献，本书的出版，也跟你们的付出，不可分割。

　　最后，我要感谢社会科学文献出版社负责本书编辑的李建廷先生，是他促成本书的最终出版。

　　近些年来，随着方言调查研究的深入，我越来越感到中国方言及时记录和保存的紧迫性，而全须全尾的详细深入的记录和调查又并非人人有条件能够做到。明末清初文学家申涵光有言："行天下而后知天下之大也，我不可以自恃；行天下而后知天下之小也，我亦不可自馁。"方言调查，亦作如是观。

阮桂君

2020 年 8 月于武昌寓所

图书在版编目（CIP）数据

湖北咸丰方言资源典藏 / 阮桂君，南小兵著. -- 北
京：社会科学文献出版社，2022.4
ISBN 978 - 7 - 5201 - 9726 - 7

Ⅰ.①湖…　Ⅱ.①阮…　②南…　Ⅲ.①西南官话 - 咸
丰县　Ⅳ.①H172.3

中国版本图书馆 CIP 数据核字（2022）第 019935 号

湖北咸丰方言资源典藏

著　　　者／阮桂君　南小兵

出 版 人／王利民
责任编辑／李建廷
责任印制／王京美

出　　　版／社会科学文献出版社·人文分社（010）59367215
　　　　　　地址：北京市北三环中路甲 29 号院华龙大厦　邮编：100029
　　　　　　网址：www. ssap. com. cn
发　　　行／社会科学文献出版社（010）59367028
印　　　装／唐山玺诚印务有限公司

规　　　格／开本：787mm×1092mm　1/16
　　　　　　印张：21.75　插页：0.25　字数：330 千字
版　　　次／2022 年 4 月第 1 版　2022 年 4 月第 1 次印刷
书　　　号／ISBN 978 - 7 - 5201 - 9726 - 7
定　　　价／268.00 元

读者服务电话：4008918866